職場の安全と健康
会社に求められるもの

木村 大樹 著

エイデル研究所

はじめに

　人が働くにあたって、その安全を確保し、健康が保持できるようにすることは、いわば働くことに関するインフラであり、最低限必要なものです。

1　職場の安全と健康に関する民事責任

　働く人たちの安全と健康に関しては、かつては労働災害や職業性疾病の問題として論じられてきました。たとえば、労働災害による死亡者数は、ピーク時の昭和36年（1961年）には6,712人に達していました。この数が平成20年（2008年）には1,268人とピーク時の5分の1以下にまで減らすことができました。

　このように労働災害を減らすことができたのは、昭和47年（1772年）に労働安全衛生法が制定されるなどの法律の整備が進んだことやこれに基づく対策が強力に推進されてきたこと、関係者の目覚ましい努力があったことなどが挙げられます。

　しかし、会社が働く人たちに対して負う職場の安全と健康に関する法的責任は、なにも労働安全衛生法など国会で成立した実定法に限られるものではありません。たとえば、労働災害が発生した場合には、労災保険から業務上災害として給付が行われますが、これに加えて、会社側にその労働災害を発生させたことに故意または過失があったような場合には、不法行為に該当するものとして損害賠償責任が発生します。

　このような不法行為責任を問う裁判は、太平洋戦争後間もなくの頃から提起されていました。そして、昭和50年には、最高裁判所において、安全配慮義務という考え方が示され、労働契約において職場の安全と健康に関する会社側の義務に関する規定があろうがなかろうが、労働契約上当然に会社側には働く人たちの安全と健康を確保する義務があるのだという考えが定着してきました。

　数年前、労働基準法の改正に関連して、一定の要件を満たすホワイトカラーを労働時間に関する規制の適用から除外することを内容とするホワイトカラー・エグゼンプション（自己管理型労働制）の導入が検討された際には、労働基準法の労働時間に関する規制の適用から除外されることになれば、その者は自己責任によって労働時間を管理せざるを得ないと考えられていましたが、実はそのことに

よって働く人が健康を害するようなことがあれば、やはり会社には民事責任が発生しますので、このような考えは必ずしも当てはまるものではありません。

この民事責任に関しては、特に平成になって以降損害賠償額の高額化が進んでいて、最近では約2億円という裁判例まで現れていますので、会社としては、労働安全衛生法などを守ることと並んで、安全配慮義務を履行することが会社としての責任であるとと同時に経済的リスクを回避する上でも重要だということが認識されるようになりました。

2　職場の安全と健康をめぐる課題の変化

一方では、職場の安全と健康をめぐる課題も大きく変化しています。労働災害や職業性疾病の防止は、労働災害による死亡者数が5分の1になっても、その重要性が減少するとは考えられませんが、一方で、新たな課題が数多く生まれています。

(1) 過重な業務による脳・心臓疾患（過労死）

その代表的な問題が過重な業務による脳・心臓疾患の発症、いわゆる過労死の問題です。脳・心臓疾患の発症のメカニズムは必ずしも明確になっていないこともあって、多くの事件が裁判で争われています。

我が国で働く人たちの高齢化には目覚ましいものがあり、その中位年齢は40歳代半ばになっています。高齢化が進めば基礎疾患を持つ人は当然に増えてきます。そして、その基礎疾患が脳・心臓疾患の発症のリスクを高めることになります。

したがって、会社としては、働く人たちがこういうリスクを保有していることを前提とした働き方をさせることが必要になっており、そのような働き方をさせない場合には優秀な社員を病気によって休ませざるを得ない、さらには失うという結果につながり、さらには高額の賠償金を負担せざるを得ないという事態も生じます。

このため、優秀な人材を確保し、リスクを避けるためにも過労死の問題には、会社として適切に対応する必要があります。

従来から、労働衛生に関しては、作業管理、作業環境管理および健康管理の3つの管理を総合的に行うことが重要であるということが言われてきましたが、過

労死の問題への対応も同様で、これら3つの管理を総合的に推進していくことが重要です。

(2) 過重な業務などによる精神障害（過労自殺）

過労死以上に深刻なのが、過重な業務などによる精神障害の発症です。近年これをめぐる裁判が急速に増えています。精神障害にはその症状として自殺願望を招くことがありますので、自殺につながることも決して例外ではありません。このため、過労自殺とも呼ばれています。

精神障害を発症させるのは業務には限りません。家庭内の問題を含め個人的な事情が大きく影響することは避けられないことであり、その上に本人の性格や体質などによって事情が変わってきます。

現状では、なかなか精神障害、特にうつ病などの発症を防止することは困難な面がありますので、適切なケアを行うことによって、回復させることや症状を悪化させないことなどが重要となっています。

精神障害を発症させる業務上の要因にはセクハラやいじめ、いやがらせなど働く人同士の関係や顧客などの人と人との関係もあります。

労働災害においても、誰かの不安全行動によって他の誰かが労働災害に被災するというケースがあり、また、暴行などによる労働災害もあって、人と人との関係に起因する労働災害がまったくなかったわけではありませんが、セクハラやいじめ、いやがらせなどは外形的に見出しがたいこと、いわゆるパワハラについては上司による部下の管理そのものが問題となるなど、これに対する対応にはきわめて困難を伴います。

(3) 雇用形態の多様化、非正規の増加と職場の安全と健康

雇用形態の多様化によって、非正規で働く人たちが増えていることも職場の安全と健康問題を複雑にする可能性があります。たとえば、労働災害についても、経験の未熟な者にその発生率が高いということはこれまでの経験で明らかになっていますが、非正規で働く人は一般に勤続が短いために、災害の発生のリスクが高いことは否定できません。加えて、非正規で働くことは、雇用の安定性に問題があることは今回の世界同時不況で明らかになりましたが、そのことがメンタルの面に

も影響します。

その一方で、正規で働く人たちの場合には長時間労働の問題があります。その背景としては相対的に高い報酬が考えられますが、長時間労働は脳や心臓、精神の健康に確実に悪影響を及ぼしています。

3　職場の安全と健康の問題へのアプローチ法

　職場の安全と健康の問題にアプローチする方法は、いくつかあります。1つは、安全衛生に関する技術や医療などの面からアプローチする方法です。2つめが労働安全衛生法令などの実定法からアプローチする方法です。そして、3つ目が職場の安全と健康に関する民事責任、すなわち、会社の損害賠償責任にアプローチする方法です。本書は、このうち第3の方法によって、職場の安全と健康の問題に迫ろうとするものです。

　会社の債務不履行責任の根拠となる安全配慮義務については、現在労働契約法第5条に規定されていますので、広い意味では実定法に規定があると言ってもよいのかもしれませんが、あくまで、安全配慮義務の根拠となるのは民法第415条の債務不履行の規定であり、不法行為責任を問う場合を含めて、その内容は裁判例の蓄積によって形成されています。

　裁判例は具体的な事例に即した判断です。そして、裁判所は、実定法の規定よりも広い責任が会社にあることを明らかにしています。

　このため、本書は、実定法では明らかになっていないものの、職場の安全と健康を確保するためには会社が法的に行わなければならない事項についてもできるだけ明確にすることによって、職場の安全衛生管理の水準の一層の向上に役立つことを目指しています。

　本書が職場の安全と健康や法務などに携わる人たちなど多くの関係者に活用されることを強く願っています。

平成21年7月

　　　　　　　　　　　　　　　　　　　　　　　　　　　　木村　大樹

目　次

はじめに　3

第1部　労働安全衛生法などが求めるもの

第1章　労働安全衛生法が求めるもの　27
「労働安全衛生法が求めるもの」のポイント　28

1　総則　31
　　(1)目的／(2)労働者の範囲／(3)関係者の責務

2　安全衛生管理体制　33
　　(1)労働災害を防止するための一般的な安全衛生管理体制／(2)1つの場所において請負契約関係下にある数企業が混在して事業を行うことから生ずる労働災害を防止するための安全衛生管理体制／(3)安全管理者などに対する教育

3　労働者の危険または健康障害を防止するための措置　48
　　(1)使用者の講ずべき措置／(2)労働者の遵守／(3)技術上の指針／(4)自主的な安全衛生活動の促進／(5)使用者以外の関係者の講ずべき措置

4　機械・設備および有害物に関する規制　65
　　(1)製造の許可など／(2)譲渡などの制限／(3)個別検定／(4)型式検定／(5)自主検査／(6)製造などの禁止／(7)製造の許可／(8)表示など／(9)文書の交付など／(10)化学物質の有害性の調査

5　安全衛生教育　74
　　(1)雇入れ時などの安全衛生教育／(2)危険有害業務に関する特別の安全衛生教育／(3)職長などの安全衛生教育

6　就業制限　79

7　中高年齢者などについての配慮　80

8　健康の保持増進　80

　（1）健康の保持のための3管理／（2）作業環境測定／（3）作業管理／（4）健康診断／（5）面接指導／（6）健康管理手帳／（7）病者の就業禁止／（8）健康の保持増進のための措置／（9）快適な職場環境の形成のための措置

9　安全衛生改善計画など　90

　（1）安全衛生改善計画の作成の指示／（2）安全衛生改善計画の遵守／（3）計画の届出など／（4）報告など

第2章　労働基準法などの求めているもの　93

「労働基準法などの求めているもの」のポイント　94

1　労働時間、休憩、休日に関する労働基準法などの規制　96

　（1）労働時間の範囲／（2）労働時間の長さ／（3）変形労働時間制／（4）みなし労働時間制／（5）休憩時間／（6）休日／（7）時間外・休日労働／（8）深夜業／（9）労働時間規制の適用除外／（10）自動車運転者の労働時間等の改善のための基準／（11）労働時間の適正な把握

2　男女雇用機会均等法によるセクハラの防止　137

　（1）セクハラの範囲／（2）セクハラの防止のために使用者が講ずべき措置

3　事業附属寄宿舎に関する労働基準法などの規制　140

　（1）事業附属寄宿舎／（2）寄宿舎生活の自治／（3）寄宿舎規則／（4）寄宿舎の設備および安全衛生

第3章　労災補償の認定　145

「労災補償の認定」のポイント　146

1　業務上の認定　147

(1)使用者の支配・管理下で業務に従事している場合／(2)使用者の支配・管理下にあるが、業務に従事していない場合／(3)使用者の支配下にあるが、管理下を離れて業務に従事している場合

2　疾病に関する認定基準　150

(1)脳・心臓疾患の業務上の認定／(2)精神障害などの業務上の認定／(3)セクハラによる精神障害などの業務上の認定／(4)上司の「いじめ」による精神障害などの業務上の認定

第2部　労働者の安全や健康の確保に関する使用者の責任

第4章　労働者の安全や健康の確保に関する使用者の責任　181

「労働者の安全や健康の確保に関する使用者の責任」のポイント　182

1　使用者の責任の根拠　184

(1)労働契約上の債務不履行責任／(2)不法行為責任／(3)労働契約法の安全配慮義務

2　安全配慮義務の意味　186

3　安全や健康の確保に関する使用者の責任についての立証　188

(1)安全配慮義務に関する立証責任／(2)使用者側の安全配慮義務違反が認定された裁判例／(3)労働者側の立証責任が十分尽くされていないと判断された裁判例

4　安全配慮義務の履行補助者　195

(1)安全配慮義務の履行補助者の範囲／(2)安全配慮義務の履行補助者と判断された裁判例／(3)安全配慮義務の履行補助者ではないと判断された裁判例

5　損害賠償請求権の時効　202

　　（1）履行すべき安全配慮義務の個数／（2）消滅時効の起算点

  6　損害賠償の範囲など　207

　　（1）慰謝料の取扱い／（2）業務による被ばく期間の長さと損害賠償／（3）債務の遅滞に陥る時期／（4）遅延損害金の利率／（5）国の規制権限不行使と損害賠償との関係

第3部　労働災害や職業性疾病の防止

第5章　労働災害や職業性疾病の防止に関する基本　213

「労働災害や職業性疾病の防止に関する基本」のポイント　214

  1　労働災害や職業性疾病の防止に関する責任　215
  2　業務の性格の違いによる安全配慮義務の範囲の違い　217
  3　危険な業務に従事する義務　218
  4　使用者が安全配慮義務を履行しない場合の労務の提供　219
  5　安全配慮義務の履行の請求　220

第6章　労働災害や職業性疾病の防止に関する具体的な措置　223

「労働災害や職業性疾病の防止に関する具体的な措置」のポイント　224

  1　労働災害や職業性疾病の防止に関する措置　225
  2　作業施設や設備、機械器具・機材、原材料などの物的な危険を防止すること　227

　　（1）事故の型に応じた危険の防止／（2）職業性疾病の種類に応じた健康障害の防止／（3）施設・設備などの整備

  3　業務の遂行に当たっての適切な人員配置　269

(1) 経験や能力の面で業務の遂行に問題がある者に従事させる場合の必要なサポートを行う体制の整備／(2) 必要な場合には応援を行うことができる体制の整備／(3) 業務を適切に行うために必要な数の人員の確保／(4) 必要以上の人員を配置しないこと／(5) 非常時に対応できる体制の整備／(6) 適切に業務を行うことのできる能力を有する者の配置

4 安全衛生教育の実施や不安全な行動に対しては厳しく注意することなどにより、労働者が危険な作業方法を取らないようにすること　276

(1) 労働者に対して業務に必要な安全衛生教育を行うこと／(2) 知的障害者など能力面で問題のある労働者に対する安全衛生教育／(3) 不安全な行動に対して注意すること／(4) 資格を有していない者の機械・設備の操作を禁止すること

5 作業上の連絡や調整を的確に行い、整然とした工程で作業を行わせることによる労働災害の発生の防止　297

(1) 労働者間の作業の連絡・調整／(2) 必要な監視員の配置／(3) 事業者間の作業の連絡・調整／(4) 分割発注にあたって講ずべき措置／(5) 作業間の連絡・調整などに問題がないとされた裁判例

6 労働時間などの管理を適切に行うことによる労働災害や職業性疾病の発生の防止　303

(1) 労働時間などの管理を適切に行うことにより、疲労により注意力散漫や緊張低下状態になることによって発生する事故の防止／(2) 有害な業務に従事する労働者の作業時間を適切に管理することによる職業性疾病の発症の防止

7 職業性疾病などが発症しないように、労働者の健康状態を適切に把握して、これに基づき、健康状態などに応じた適正な配置その他必要な措置を講ずること　308

(1) 健康状態の把握／(2) 医師の意見の尊重／(3) 健康状態を悪化させないために作業方法の改善、業務量の軽減などの措置／(4) 健康状

態を悪化させないための休憩時間や休憩場所などに関する措置／(5)労働者の健康状態に応じた適切な配置

8 　業務中に労働者に事故が発生したときには、適切な治療を受けさせること　322

9 　使用者として講ずべき義務の範囲を超えるとされる場合　322

(1)国の対策を上回る対策を先んじて講ずる義務／(2)その疾病を発症させるような要因が業務に認められない疾病を発症した場合／(3)被災者に裁量のある事項に関することについて、被災者にどのような措置を講ずるかを委ねていた場合／(4)事故などを発生させた者の個人的な過失である場合／(5)偶発的な原因によって生じたような場合

第7章　労働災害や職業性疾病を防止する措置の構造　327

「労働災害や職業性疾病を防止する措置の構造」のポイント　328

1 　業務との相当因果関係　330

(1)相当因果関係／(2)職業性疾病について業務との相当因果関係があると判断された裁判例／(3)業務との相当因果関係がないと判断された裁判例／(4)業務との相当因果関係に関連して、別の事情によるものであると判断した裁判例／(5)業務などとの相当因果関係について十分な立証が行われていないと判断された裁判例

2 　危険の予見　347

(1)危険に関する予見可能性があったと判断された裁判例／(2)危険に関する予見可能性がなかったと判断された裁判例

3 　結果の回避　364

(1)危険を回避するために講ずべき措置の程度／(2)使用者が危険を回避するための措置を十分に講じたと判断した裁判例

目　次

第8章　労働災害や職業性疾病の防止に関する民事責任と労働安全衛生法令などとの関係　373

「労働災害や職業性疾病の防止に関する民事責任と労働安全衛生法令などとの関係」のポイント　374

1　労働災害や職業性疾病の防止に関する民事責任と安全衛生法令に定める危害防止基準との関係　375

（1）労働災害や職業性疾病の防止に関する使用者などが民事責任として行わなければならない措置と労働安全衛生法などに定める危害防止基準との関係／（2）労働災害や職業性疾病の防止に関する使用者が民事責任として行わなければならない措置と船員法および船員労働安全衛生規則に定める危害防止基準との関係／（3）労働災害や職業性疾病の防止に関する使用者が民事責任として行わなければならない措置と鉱山保安法などに定める危害防止基準との関係

2　労働災害や職業性疾病の防止に関する使用者が民事責任として行わなければならない措置と労働安全衛生法などに定める努力義務などの規定との関係　390

（1）労働災害や職業性疾病の防止に関する使用者が民事責任として行わなければならない措置と労働安全衛生法などに定める努力義務などの規定との関係／（2）労働災害や職業性疾病の防止に関する使用者が民事責任として行わなければならない措置と労働安全衛生法の趣旨などとの関係

3　労働災害や職業性疾病の防止に関する使用者が民事責任として行わなければならない措置と法令に基づかない指針や通達などとの関係　393

（1）腰痛／（2）振動障害／（3）難聴

4　労働災害や職業性疾病の防止に関する使用者が民事責任として行わなければならない措置と労働基準法などに定める一般労働条件の基準

との関係　396

　　(1)労働災害や職業性疾病の防止に関する使用者が民事責任として行わなければならない措置と労働基準法などに定める一般労働条件の基準との関係／(2)労働災害や職業性疾病の防止に関する使用者が民事責任として行わなければならない措置と労働基準法の趣旨などとの関係

5　労働災害や職業性疾病の防止に関する使用者が民事責任として行わなければならない措置と労災補償の認定との関係　398

6　労働災害や職業性疾病の防止に関する使用者が民事責任として行わなければならない措置と労働安全衛生法令に定めのない事項　400

　　(1)労働安全衛生法令に定めのない事項を実施すべき義務／(2)労働安全衛生法令に定める基準を満たした機械・設備など

7　労働災害や職業性疾病の防止に関する使用者が民事責任として行わなければならない措置と行政指導との関係　403

　　(1)行政指導を受けた事項／(2)行政指導などがない事項

8　事業所内部で危険性が指摘されていた事項と使用者が民事責任として行わなければならない措置　405

第9章　労働災害や職業性疾病の防止に関する措置を講ずべき関係者　407

「労働災害や職業性疾病の防止に関する措置を講ずべき関係者」のポイント　408

1　発注者の責任　410

　　(1)造船業を除く製造業の元方事業者／(2)造船業の元方事業者／(3)建設業の元方事業者／(4)鉱業の元方事業者／(5)建設工事や運送・配送などの発注者／(6)元方事業主などの請負事業の労働者に対する責任が否定された裁判例

目　次

2　建設共同企業体の構成企業の労働者に対する責任　443

3　船舶所有者の乗組員に対する責任　444

4　親会社の子会社の労働者に対する責任　445

5　関連会社の他方の会社の労働者に対する責任　445

(1)一方の会社が他方の会社の1部門であって安全衛生対策について両者の協力が不可欠である場合／(2)両社間の業務内容、人的、物的構成、経理などの区分が明確でない場合

6　営業譲受人の責任　447

7　作業に関連する企業の責任　448

8　受注した修理事業者の責任　448

9　特殊な就業関係　449

(1)出向者／(2)シルバー人材センター／(3)職業紹介事業者／(4)在日米軍に勤務する労働者／(5)個人事業者に対する責任

10　機械・設備などの設置・管理者の責任　461

(1)設置した機械・設備／(2)道路の設置・管理者

11　機械・設備などの製造者の責任　464

12　会社の代表者その他の関係者の責任　465

(1)会社の代表者の責任／(2)その他の従業員などの責任／(3)事業の執行について従業員などに不法行為がある場合の使用者の責任／(4)外部の第三者の責任

13　労働者本人の責任(過失相殺)　479

(1)労働者に重大な過失がある場合／(2)労働者に大きな過失がある場合／(3)労働者にも相当な過失があり、使用者の安全配慮義務の不履行などとあいまって災害が生じた場合／(4)労働者にも責任の一端がある場合／(5)過失相殺の割合が明示されずに相殺が行われる場合／(6)使用者に安全配慮義務違反が大きいなどのために、過失相殺が否定される場合／(7)労働者に過失がない場合／(8)労働者本人の事情

などと使用者の責任との関係

第4部　過重労働による脳・心臓疾患などの発症の防止

第10章　過重労働による脳・心臓疾患などの発症の要因　499

「過重労働による脳・心臓疾患などの発症の要因」のポイント　500

1　過重労働による脳・心臓疾患などの発症のメカニズム　502

2　発症のおそれのある疾病　503

3　過重労働による脳・心臓疾患などの発症の要因　505

(1)発症直前から前日までの間において、「異常な出来事」に遭遇したこと／(2)発症に近接した時期に、「短期間の過重業務」に就労したこと／(3)発症前に「長期間の過重業務」に就労したこと

4　基礎疾患　510

(1)心筋梗塞の既往症があり、合併症として高脂血症に罹患していた労働者が急性心筋虚血により死亡したケース／(2)高血圧症の労働者が急性心筋虚血により死亡したケース／(3)拡張型心筋症の労働者が急性心臓死したケース／(4)高血圧や高脂血症の労働者が脳梗塞を発症したケース／(5)高血圧症の労働者がクモ膜下出血により死亡したケース／(6)高血圧症の労働者が脳出血により死亡したケース／(7)高血圧症の労働者が脳梗塞を発症したケース／(8)高血圧症の労働者が脳梗塞により死亡したケース／(9)高血圧症の労働者が脳内出血により死亡したケース

5　労働時間　513

(1)労働時間の長さ／(2)労働時間の範囲／(3)通勤時間

6　勤務の形態　523

(1)拘束時間／(2)実業務時間／(3)深夜勤務／(4)宿日直勤務

目　次

7　休日　528

　（1）長期に休日をとっていないことが問題となった裁判例／（2）休日の日数が少ないことが問題となった裁判例／（3）直近の休日労働が問題となった裁判例

8　出張　531

9　作業環境　532

　（1）高温環境が問題となった裁判例／（2）低温環境が問題となった裁判例／（3）高温環境と低温環境とに交互に変動することが問題となった裁判例／（4）休養を取るための設備が問題となった裁判例

10　精神的緊張を伴う業務など　534

　（1）精神的緊張を伴う業務／（2）業務の過重性がないと判断された裁判例／（3）精神的緊張を伴う出来事

第11章　労働者の脳・心臓疾患などの発症の防止　545

「労働者の脳・心臓疾患などの発症の防止」のポイント　546

1　過重な労働による脳・心臓疾患などの発症の防止　547

　（1）労働時間などの適正な労働所件の確保／（2）労働者の年齢、健康状態などに応じた適切な健康管理に関する措置

2　労働者の脳・心臓疾患などの発症を防止するための具体的な措置　549

　（1）適正な労働条件の確保／（2）適切な健康管理／（3）健康状態を悪化させないための措置の実施

3　使用者が労働者の脳・心臓疾患などの発症を防止するために講ずべき措置と労働者の健康管理に関する責任との関係　572

第12章　労働者の脳・心臓疾患などの発症を防止する措置の構造　575

「労働者の脳・心臓疾患などの発症を防止する措置の構造」のポイント　576

1　業務との相当因果関係　578

(1) 労働者の脳・心臓疾患などの発症についての業務との相当因果関係／(2) 業務との相当因果関係がないと判断された裁判例

2　危険の予見　585

(1) 労働者の脳・心臓疾患などの発症に関して、予見可能性があったと判断された裁判例／(2) 予見可能性がなかったと判断された裁判例

3　結果の回避　592

(1) 結果を回避するための措置を講じていないと判断された裁判例／(2) 結果を回避するための措置が十分ではないと判断された裁判例／(3) 結果を回避するための措置について問題がないと判断された裁判例

第13章　脳・心臓疾患などの発症の防止に関する民事責任と労働安全衛生法令などとの関係　603

「脳・心臓疾患などの発症の防止に関する民事責任と労働安全衛生法令などとの関係」のポイント　604

1　脳・心臓疾患などの発症の防止に関する民事責任として行わなければならない措置と労働安全衛生法との関係　605

(1) 労働安全衛生法の目的や事業者の責務に関する規定との関係／(2) 労働衛生管理体制に関する規定との関係／(3) 作業管理に関する規定との関係／(4) 健康診断に関する規定との関係

2　脳・心臓疾患などの発症の防止に関する民事責任として行わなければならない措置と労働基準法との関係　613

(1)時間外・休日労働の時間・日数との関係／(2)時間外・休日労働協定(36協定)との関係／(3)変形労働時間制との関係／(4)みなし労働時間制との関係／(5)管理・監督者に関する取扱い／(6)労働者か否かが問題となる者

3 脳・心臓疾患などの発症の防止に関する民事責任として行わなければならない措置と「自動車運転者の労働時間等の改善のための基準」との関係　622

4 脳・心臓疾患などの発症の防止に関する民事責任として行わなければならない措置と労災補償に関する認定基準との関係　624
(1)「脳血管疾患及び虚血性心疾患等の認定基準」は、使用者の労災民事賠償責任に関しても、その基準になると判断した裁判例／(2)「脳血管疾患及び虚血性心疾患等の認定基準」は、使用者の労災民事賠償責任に関しても、その基準にはならないと判断した裁判例／(3)労災補償の認定が行われたことを理由として、業務との因果関係を肯定した裁判例／(4)労災補償の認定手続とは異なる判断をした裁判例

第14章　脳・心臓疾患の発症の防止に関する措置を講ずべき関係者　627

「脳・心臓疾患の発症の防止に関する措置を講ずべき関係者」のポイント　628

1 営業譲受人の責任　628
2 会社の代表者の責任　629
3 その他の従業員などの責任　631
(1)業務の責任者に関する裁判例／(2)上司に関する裁判例／(3)担当者に関する裁判例／(4)産業医に関する裁判例
4 労働者本人の責任　633
(1)労働者本人が業務の軽減を行わなかったこと／(2)労働者本人が

事故や健康状態などについて使用者に申告しなかったこと／(3)労働者本人が自らの健康悪化を防止するための措置を講じなかったこと／(4)喫煙、飲酒などの生活習慣があること／(5)その他の労働者本人の事情があること／(6)基礎疾患があること

第5部　精神障害などの発症の防止

第15章　精神障害を発症させるなどの要因　651

「精神障害を発症させるなどの要因」のポイント　652

1　精神障害が発症するなどのメカニズム　654
　　(1)精神障害が発症するなどのメカニズム／(2)業務による心理的負荷の要因／(3)業務以外の心理的負荷の要因／(4)労働者本人の資質

2　仕事の量や質の変化　656
　　(1)労働時間／(2)勤務の形態／(3)休日／(4)業務内容の変化

3　仕事の失敗や過重な責任の発生など　665
　　(1)仕事の失敗／(2)過重な責任／(3)精神的緊張を伴う業務

4　企業内などでの身分や役割、地位などの変化　674
　　(1)昇進／(2)左遷／(3)配置転換／(4)解雇の不安

5　企業内などでの対人関係のトラブル　677
　　(1)上司とのトラブル（パワハラや嫌がらせ）／(2)同僚とのトラブル／(3)セクハラ

6　企業内などでの対人関係の変化　683
　　(1)親しい同僚の転勤／(2)信頼する先輩の配置換え

7　その他の要因　684
　　(1)企業内などでの事故や災害の体験／(2)出張業務／(3)職場環境

8　業務以外による心理的負荷の要因　685

(1)心的負荷による精神障害等に係る業務上外の判断指針／(2)業務以外による心理的負荷の要因を否定する裁判例／(3)業務以外による心理的負荷の要因があることを認めつつも、病気の発症や自殺に至るほどのものではないと判断した裁判例／(4)業務以外による心理的負荷の要因があることを認めた裁判例

9　労働者本人の個体的要因　690
　　(1)心理的負荷による精神障害等に係る業務上外の判断指針／(2)労働者本人の資質／(3)基礎疾患／(4)アルコールへの依存

10　精神障害を発症するなどの過程　694
　　(1)精神障害を発症するなど過程／(2)精神障害の発症などに至る過程で本人に明るさが見られる場合に触れた裁判例

第16章　精神障害の発症などの防止　701

「精神障害の発症などの防止」のポイント　702

1　精神障害の発症などの防止　703
　　(1)過重な労働による精神障害の発症などの防止／(2)嫌がらせやいじめによる精神障害の発症などの防止／(3)セクハラによる精神障害の発症などの防止

2　精神障害の発症などを防止する措置の内容　714
　　(1)過重な労働による精神障害の発症などを防止する措置の内容／(2)嫌がらせやいじめなどによる精神障害の発症などの防止の措置の内容／(3)セクハラによる精神障害の発症などの防止の措置の内容

第17章　労働者の精神障害の発症などを防止する措置の構造　739

「労働者の精神傷害の発症などを防止する措置の構造」のポイント
740

1　業務との相当因果関係　741

　（1）労働者の精神障害の発症について、業務との相当因果関係があると判断された裁判例／（2）労働者の自殺について、業務との相当因果関係があると判断された裁判例／（3）労働者の自殺について業務による精神障害の発症との間に相当因果関係があると判断された裁判例／（4）労働者の精神障害の発症について、業務との相当因果関係がないと判断された裁判例

2　危険の予知　752

　（1）労働者の精神障害の発症などに関して、予見可能性があったと判断された裁判例／（2）予見可能性がなかったと判断された裁判例

3　結果の回避　765

　（1）結果を回避するための措置を講じていないと判断された裁判例／（2）結果を回避するための措置が十分ではないと判断された裁判例／（3）結果を回避するための措置について問題がないと判断された裁判例

第18章　精神障害の発症などの防止に関する措置と労働安全衛生法令などとの関係　783

「精神障害の発症などの防止に関する措置と労働安全衛生法令などとの関係」のポイント　784

1　精神障害の発症などの防止に関する民事責任として行わなければならない措置と労働安全衛生法との関係　784

　（1）事業者の責務に関する規定などとの関係／（2）作業管理に関する規定との関係／（3）健康診断結果に基づく事後措置に関する規定との関係

2　精神障害の発症などの防止に関する民事責任として行わなければならない措置と労働規準法との関係　787

3 　精神障害の発症などの防止に関する民事責任として行わなければならない措置と「精神障害等に関する業務上外の判断指針」との関係　788
　　(1)「精神障害等に関する業務上外の判断指針」に沿って判断するとする裁判例／(2)「精神障害等に関する業務上外の判断指針」を引用している裁判例
4 　労災補償の認定との関係　789

第19章　精神障害の発症などの防止に関する措置を講ずべき関係者　791

「精神障害の発症などの防止に関する措置を講ずべき関係者」のポイント　792

1 　請負事業における責任　793
　　(1)発注者の責任／(2)請負事業者の責任
2 　出向者に関する責任　794
　　(1)被災者が出向者である場合の責任／(2)セクハラの加害者が出向者である場合の責任
3 　管理・監督者や裁量労働者などに関する責任　796
　　(1)管理・監督者に関する裁判例／(2)裁量労働的な事案に関する裁判例
4 　上司や同僚の責任　800
　　(1)上司の責任／(2)同僚の責任
5 　労働者本人の責任　804
　　(1)労働者本人の勤務態度／(2)労働者本人の性格／(3)労働者本人の基礎疾患／(4)労働者本人が精神障害防止のための措置を十分行わなかったこと／(5)労働者本人の不正行為
6 　家族の責任　810
　　(1)家族が労働者本人の健康状況などを使用者や医師などに連絡しな

かったこと／(2)家族が精神障害防止のための措置を十分行わなかったこと／(3)そのほかの家族の行為

第6部　労働者の安全と健康を確保するために使用者が行うべきそのほかの措置

第20章　労働者の安全と健康を確保するために使用者が行うべきそのほかの措置　817

「労働者の安全と健康を確保するために使用者が行うべきそのほかの措置」のポイント　818

1　寮や宿泊施設に寄宿する労働者の安全や健康の確保　819
　　(1)寮生の転落／(2)寮の火災／(3)入寮者の病気
2　職場などでの暴力行為などの防止　827
　　(1)職場の同僚、上司などからの暴行／(2)顧客からの暴行／(3)外部の侵入者による暴行
3　職場などでの受動喫煙による健康被害の防止　833
4　健康診断に関する措置　838
　　(1)健康診断結果の通知／(2)健康診断結果に基づく病者の就業制限／(3)健康診断に関する産業医の職務
5　負傷や疾病による休職などからの復職　840
　　(1)職場復帰2か月後に急性心不全で死亡したケース／(2)復職後10ヵ月で再発・増意により再入院したケース／(3)自らの希望により職場復帰を果たした後、転勤を希望して単身赴任していた者が自殺したケース

判例一覧　844

第1部

労働安全衛生法などが求めるもの

第1章
労働安全衛生法が求めるもの

「労働安全衛生法が求めるもの」のポイント
1 総則
2 安全衛生管理体制
3 労働者の危険または健康障害を防止するための措置
4 機械・設備および有害物に関する規制
5 安全衛生教育
6 就業制限
7 中高年齢者などについての配慮
8 健康の保持増進
9 安全衛生改善計画など

「労働安全衛生法が求めるもの」のポイント

1　労働安全衛生法は、使用者が労働者の安全と健康を確保するために行わなければならない①安全衛生管理体制、②労働者の危険または健康障害を防止するための措置、③機械設備や有害物に関する規制、④労働者の就業に当たっての措置、⑤健康の保持増進のための措置、⑥快適な職場環境の形成など措置を規定し、これらの措置を使用者が適切に行うように求めている。

2　使用者は、業種や規模に応じて、総括安全衛生管理者、安全管理者、衛生管理者、安全衛生推進者または衛生推進者、産業医を選任し、安全委員会、衛生委員会を設置しなければならない。また、労働災害を防止するための管理を必要とする作業については、作業主任者を選任し、その作業に従事する労働者の指揮などを行わせなければならない。

3　使用者は、危険や健康障害を防止するため必要な措置を講じるとともに、労働者を就業させる作業場について、通路、床面、階段などの保全や換気、採光、照明、保温、防湿、休養、避難、清潔など労働者の健康、風紀および生命の保持のために必要な措置や労働者の作業行動から生ずる労働災害を防止するために必要な措置などを講じなければならない。また、労働者も、使用者が講ずる措置に応じて、必要な事項を守らなければならない。

4　使用者は、建設物や設備などによる危険性や有害性などの調査を行い、その結果に基づき労働者の危険や健康障害を防止するための措置を講ずるよう努めなければならない。

5　注文者や元方事業者、機械などの貸与者なども労働災害を防止するため必要な措置を講じなければならない。

6　特定機械等を製造しようとする者などは、あらかじめ、都道府県労

働局長の許可などを受けなければならない。また、検査証を受けていない特定機械等は、使用してはならない。一定の機械・設備は、厚生労働大臣が定める規格や安全装置を具備しなければ、譲渡し、貸与し、または設置してはならない。また、機械・設備の種類に応じて個別検定や型式検定を受け、あるいは自主検査や資格を有する者による特定自主検査を行わなければならない。

7　労働者の知識、経験の不足などによって発生する労働災害を防止するため、使用者は、雇入れ時や作業内容の変更時、危険有害業務に就かせるときなどに、労働者に対して安全衛生教育を行わなければならない。また、製造業などの新たに職務に就く職長などに対しても、安全衛生のための教育を行わなければならない。

8　使用者は、クレーンや建設機械の運転などの業務については、都道府県労働局長の免許を受けた者または技能講習を修了した者などの資格を有する者でなければ、その業務に就かせてはならない。

9　使用者は、有害な業務を行う作業場においては、作業環境測定を行わなければならない。

10　使用者は、労働者の健康に配慮して、その従事する作業を適切に管理するように努めなければならない。

11　使用者は、雇入れ時や定期に一般健康診断を行い、業務に起因する疾病の可能性の高い業務については特殊健康診断を実施するとともに、健康診断結果の記録と保存、本人への通知、健康診断の結果について医師などからの意見聴取、医師などの意見を勘案し、必要があるときは就業場所の変更、作業の転換、労働時間の短縮、深夜業の回数の減少、施設・設備の設置・整備などの措置などを講じなければならない。

12　時間外労働が月100時間を超す労働者から申し出がある場合には、使用者は、医師による面接指導を行わなければならない。

13　使用者は、事業所における安全衛生の水準の向上を図るため、

> ①作業環境を快適な状態に維持管理するための措置、②労働者の従事する作業について、その方法を改善するための措置、③作業に従事することによる労働者の疲労を回復するための施設・設備の設置・整備、④その他の快適な職場環境を形成するため必要な措置を継続的かつ計画的に講ずることにより、快適な職場環境を形成するように努めなければならない。

　職場において業務に従事するに当たっては、労働者に危険や健康障害を発生させる要因が存在します。例えば、作業施設や設備、機械器具・機材などの生産設備や原材料などに不備や欠陥があり、危険なものであれば、労働者が作業を行う上で、労働災害や職業性疾病などに被災し、罹患する可能があります。同様に、労働者が作業を行う上で安全でない作業方法や行動を取った場合や業務の遂行に当たって適切な人員配置が行われないために、あるいは、複数の労働者がそれぞれ別の作業を行っている場合に労働者の作業間の連絡調整が適切に行われないことなどにより、労働災害が発生することもあります。

　さらに、労働災害や職業性疾病と並んで、労働者の健康に関して、大きな社会的問題となっているものとして、過重労働などによる脳・心臓疾患や精神障害の発症などの問題があります。例えば、脳・心臓疾患は広く一般の人々の間に数多く発症する疾病ですが、長時間にわたる労働など仕事による過度な負担が加わることにより、血管の病的な変化などがその自然経過を超えて著しく悪化し、これらの病気を発症することがあります。また、恒常的な長時間にわたる労働や嫌がらせやいじめ、セクシャルハラスメント（以下「セクハラ」という）などは、精神障害を発症させるおそれを秘めています。

　労働災害や職業性疾病、過重労働などによる脳・心臓疾患や精神障害の発症などを防止し、労働者の安全と健康を確保することは、労働者を雇用して、その指揮の下に就業させる立場にある使用者にとって、最低限行

わなければならない責務です。この労働者の安全と健康を確保するための基本的な枠組みを定めているのが労働安全衛生法です。

労働安全衛生法は、使用者が労働者の安全と健康を確保するために行わなければならない①安全衛生管理体制、②労働者の危険または健康障害を防止するための措置、③機械設備や有害物に関する規制、④労働者の就業に当たっての措置、⑤健康の保持増進のための措置、⑥快適な職場環境の形成など措置を規定し、これらの措置を使用者が適切に行うように求めています。

1 総則

(1) 目的

労働安全衛生法は、労働災害の防止など職場における労働者の安全と健康を確保するため、危害防止基準の確立、責任体制の明確化および自主的活動の促進の措置など事業者が講ずべき措置を定めるとともに、快適な職場環境の形成を促進することを目的としています（同法第1条）。

(2) 労働者の範囲

労働基準法や労働安全衛生法などが適用される労働者とは、「職業の種類を問わず、事業に使用される者で、賃金を支払われる者」をいいます（労働基準法第9条）。一般的には、請負契約による場合などは、その業務を自己の業務として注文主から独立して処理するものである限り、たとえ本人が労務に従事する場合であっても同法の「労働者」になることはありません（昭和23年1月9日基発第14号など）。たとえば、工場がその建物などの施設を大工に修繕させる場合は、請負契約に該当するので、同法の「労働者」にはなりません（昭和23年12月25日基収第4281号）。しかしながら、形式上は請負のような形をとっていても、その実体において使用従属関係があるときは、その関係は労働関係であり、その請負事業者は同法の「労

働者」に該当します。

「労働者」に当たるか否かについては、①勤務時間・勤務場所の拘束の程度と有無、②業務の内容及び遂行方法に対する指揮命令の有無、③仕事の依頼に対する諾否の自由の有無、④機械や器具の所有や負担関係、⑤報酬の額や性格、⑥専属性の有無などの要素を総合的に考慮して判断されます。

(3) 関係者の責務

① 使用者の責務

　　使用者は、単に労働安全衛生法で定める労働災害の防止のための最低基準を守るだけでなく、快適な職場環境の実現と労働条件の改善を通じて職場における労働者の安全と健康を確保するようにしなければなりません（同法第3条第1項）。

② 機械などの設計者などの責務

　　機械、器具その他の設備を設計し、製造し、もしくは輸入する者、原材料を製造し、もしくは輸入する者または建設物を建設し、もしくは設計する者は、これらの物の設計、製造、輸入又は建設に際して、これらの物が使用されることによる労働災害の発生の防止に資するように努めなければなりません（同条第2項）。

③ 建設工事の注文者などの責務

　　建設工事の注文者など仕事を他人に請け負わせる者は、施工方法、工期などについて、安全で衛生的な作業の遂行をそこなうおそれのある条件を附さないように配慮しなければなりません（同条第3項）。

④ 労働者の協力

　　労働者は、労働災害を防止するため必要な事項を守るほか、使用者その他の関係者が実施する労働災害の防止に関する措置に協力するように努めなければなりません（同法第4条）。

2　安全衛生管理体制

　労働災害を防止する本来的な責任は使用者にありますが、企業の自主的な活動なしには、労働災害の絶滅を期することはできません。その企業の自主的な安全衛生活動を制度的に担保するために、労働安全衛生法では、必要な安全衛生管理体制について定めています。

(1) 労働災害を防止するための一般的な安全衛生管理体制

　すべての業種に共通する労働災害を防止するための一般的な安全衛生管理体制としては、次のようなものがあります。

ア　総括安全衛生管理者

　表1の業種の区分に応じて、常時それぞれに定める数以上の労働者を使用する事業所においては、その事業を統括管理する者を総括安全衛生管理者に選任しなければなりません（同法第10条）。

表1　総括安全衛生管理者を選任すべき業種および規模

業　　　　　種	労働者数
①　林業、鉱業、建設業、運送業および清掃業	100人
②　製造業、電気業、ガス業、熱供給業、水道業、通信業、各種商品卸・小売業、家具・建具・じゅう器等卸・小売業、旅館業、ゴルフ場業、自動車整備業および機械修理業	300人
③　①および②以外の業種	1,000人

　この場合の「事業を統括管理する者」とは、例えば、工場であれば工場長などその事業所のトップをいいます。総括安全衛生管理者は、安全管理者、衛生管理者などを指揮するとともに、次の業務を統括管理します。

①　労働者の危険または健康障害を防止するための措置
②　労働者の安全衛生教育の実施
③　健康診断の実施など健康の保持増進のための措置

④　労働災害の原因の調査および再発防止対策
⑤　安全衛生に関する方針の表明
⑥　危険性または有害性などの調査およびその結果に基づき講ずる措置
⑦　安全衛生に関する計画の作成、実施、評価および改善

　都道府県労働局長は、労働災害を防止するため必要があるときは、総括安全衛生管理者の業務の執行について使用者に勧告することができます。また、労働災害が発生した場合に、その再発を防止するため必要があるときは、総括安全衛生管理者に都道府県労働局長の指定する者が行う講習を受けさせるよう指示することができます（同法第99条の2）。

イ　安全管理者

　常時50人以上の労働者を使用する次の業種の事業所においては、安全管理者を選任しなければなりません（同法第11条）。

林業、鉱業、建設業、運送業、清掃業、製造業、電気業、ガス業、熱供給業、水道業、通信業、各種商品卸・小売業、家具・建具・じゅう器等卸・小売業、燃料小売業、旅館業、ゴルフ場業、自動車整備業および機械修理業

　安全管理者は、労働安全コンサルタント資格を有するか、または一定の学歴と実務経験があり、かつ、安全管理者選任時研修を修了した者の中からその事業所に専属の者を選任しなければなりません。安全管理者は、次の安全に関する技術的事項を管理します。

①　労働者の危険を防止するための措置
②　労働者の安全のための教育の実施
③　安全に関する労働災害の原因の調査および再発防止対策
④　安全に関する方針の表明
⑤　危険性などの調査およびその結果に基づき講ずる措置

⑥　安全に関する計画の作成、実施、評価および改善に関すること。

　安全管理者は、作業場などを巡視し、設備、作業方法などに危険のおそれがあるときは、直ちに、その危険を防止するため必要な措置を講じなければなりません。また、使用者は、安全管理者に対し、安全に関する措置をなし得る権限を与えなければなりません。

　労働基準監督署長は、労働災害を防止するため必要があるときは、安全管理者の増員または解任を命ずることができます。また、都道府県労働局長は、労働災害が発生した場合に、その再発を防止するため必要があるときは、安全管理者に都道府県労働局長の指定する者が行う講習を受けさせるよう指示することができます（同法第99条の2）。

ウ　衛生管理者

　常時50人以上の労働者を使用する事業所においては、表2の業種の区分に応じて定められた免許を有する者または医師、歯科医師、労働衛生コンサルタントなどのうちから、衛生管理者を選任しなければなりません（同法第12条）。この場合、また、坑内労働などに常時30人以上の労働者を使用する500人以上の労働者を使用する事業所にあっては、衛生管理者のうち1人は衛生工学衛生管理者免許を有する者のうちから選任しなければなりません。

表2　衛生管理の選任に関する業種および免許

①　農林畜水産業、鉱業、建設業、製造業、電気業、ガス業、水道業、熱供給業、運送業、自動車整備業、機械修理業、医療業および清掃業掃業	第1種衛生管理者免許または衛生工学衛生管理免許
②　①以外の業種	第1種衛生管理者免許、第2種衛生管理者免許もしくは衛生工学衛生管理者免許

　選任すべき衛生管理者の数は、常時使用する労働者の数に応じて表3の常時使用する労働者の数に応じて定める数以上です。常時1000人

（坑内労働などに常時30人以上の労働者を使用する事業所の場合は500人）以上の労働者を使用する事業所にあっては、少なくとも1人は専任としなければなりません。

表3　選任すべき衛生管理者の数

常時使用する労働者の数	衛生管理者の人数
50人以上200人以下	1人以上
200人を超え500人以下	2人以上
500人を超え1,000人以下	3人以上
1,000人を超え2,000人以下	4人以上
2,000人を超え3,000人以下	5人以上
3,000人を超える場合	6人以上

　衛生管理者は、次の衛生に関する技術的事項を管理します。

① 労働者の健康障害を防止するための措置
② 労働者の衛生のための教育の実施
③ 健康診断の実施など健康の保持増進のための措置
④ 衛生に関する労働災害の原因の調査および再発防止対策
⑤ 衛生に関する方針の表明
⑥ 有害性などの調査およびその結果に基づき講ずる措置
⑦ 衛生に関する計画の作成、実施、評価および改善

　衛生管理者は、少なくとも毎週1回作業場などを巡視し、設備、作業方法または衛生状態に有害のおそれがあるときは、直ちに、労働者の健康障害を防止するため必要な措置を講じなければなりません。また、使用者は、衛生管理者に対し、衛生に関する措置をなし得る権限を与えなければなりません。

　労働基準監督署長は、労働災害を防止するため必要があるときは、衛生管理者の増員または解任を命ずることができます。また、都道府県労働局長は、労働災害が発生した場合に、その再発を防止するため必要があるときは、衛生管理者に都道府県労働局長の指定する者が行う講習を受けさ

エ　**安全衛生推進者**など

常時10人以上50人未満の労働者を使用する事業所においては、表4の業種の区分に応じて、安全衛生推進者または衛生推進者を選任しなければなりません（同法第12条の2）。

表4　**安全衛生推進者**または**衛生推進者**を選任すべき業種

	業　　　　　種	区　　分
①	林業、鉱業、建設業、運送業、清掃業、製造業、電気業、ガス業、熱供給業、水道業、通信業、各種商品卸・小売業、家具・建具・じゅう器等卸・小売業、旅館業、ゴルフ場業、自動車整備業および機械修理業	安全衛生推進者
②	①以外の業種	衛生推進者

安全衛生推進者は次の業務を、衛生推進者は次の業務のうち衛生に関するものを担当し、これらの業務を担当するため必要な能力を有するその事業所に専属の者のうちから選任しなければなりません。

① 労働者の危険または健康障害を防止するための措置
② 労働者の安全または衛生のための教育の実施
③ 健康診断の実施など健康の保持増進のための措置
④ 労働災害の原因の調査および再発防止対策
⑤ 安全および衛生に関する方針の表明
⑥ 危険性または有害性などの調査およびその結果に基づき講ずる措置
⑦ 安全および衛生に関する計画の作成、実施、評価および改善に関すること。

使用者は、安全衛生推進者または衛生推進者を選任したときは、その氏名を作業場の見やすい箇所に掲示するなどにより関係の労働者に周知しなければなりません。

オ　産業医

　常時50人以上の労働者を使用する事業所においては、労働者の健康管理などを行うのに必要な医学に関する知識についての研修を修了するなどの要件を備えた医師のうちから産業医を選任しなければなりません。常時1,000人（一定の有害な業務に従事する場合には500人）以上の労働者を使用する事業所においては専属の産業医を、常時3,000人をこえる労働者を使用する事業所においては2人以上の産業医を、それぞれ選任しなければなりません（同法第13条）。

　産業医は、次の医学に関する専門的知識を必要とする事項を担当します。

① 健康診断や面接指導などの実施、これらの結果に基づく労働者の健康を保持するための措置
② 作業環境の維持管理
③ 作業の管理
④ その他の労働者の健康管理
⑤ 健康教育、健康相談など労働者の健康の保持増進を図るための措置
⑥ 衛生教育
⑦ 労働者の健康障害の原因の調査および再発防止のための措置

　塩酸、硝酸、硫酸、亜硫酸、フッ化水素、黄りんその他歯またはその支持組織に有害な物のガス、蒸気または粉じんを発散する場所における業務に常時50人以上の労働者を従事させる事業所においては、使用者は、労働者の歯またはその支持組織に関する事項について、適時、歯科医師（産業歯科医）の意見を聴くようにしなければなりません。

　産業医および産業歯科医は、労働者の健康を確保するため必要があるときは、使用者または総括安全衛生管理者に対し労働者の健康管理などについて必要な勧告をし、衛生管理者に対し指導助言をすることができま

す。使用者などは、この勧告などを受けたときは、これを尊重しなければなりません。

　使用者は、産業医がその職務を十分に行うことができるよう、権限を与えなければなりません。また、産業医が勧告などを行ったことを理由として、解任など不利益な取扱いをしないようにしなければなりません。

　産業医は、少なくとも毎月1回作業場などを巡視し、作業方法や衛生状態に有害のおそれがあるときは、直ちに、労働者の健康障害を防止するため必要な措置を講じなければなりません。また、使用者は、産業医に対し、必要な権限を与えなければなりません。

　常時50人未満の労働者を使用する事業所においても、労働者の健康管理などを行うのに必要な医学に関する知識を有する医師または地域産業保健センター事業（国が郡市区医師会に委託して行う労働者の健康管理などの業務についての相談、情報の提供などの援助の事業）の実施に当たり備えている労働者の健康管理などに必要な知識を有する者の名簿に記載されている保健師に労働者の健康管理などの全部または一部を行わせるように努めなければなりません（同法第13条の2）。

カ　作業主任者

　次の労働災害を防止するための管理を必要とする作業については、免許を受けた者または法定の技能講習を修了した者のうちから、作業の区分に応じて、作業主任者を選任し、その者にその作業に従事する労働者の指揮などを行わせなければなりません（同法第14条、労働安全衛生法施行令（以下「令」という）第6条）。

① 高圧室内作業
② アセチレン溶接装置またはガス集合溶接装置を用いて行う金属の溶接、溶断または加熱の作業
③ 機械集材装置もしくは運材索道の組立て、解体、変更もしくは修理の作業またはこれらの設備による集材もしくは運材の作業

④　小型ボイラーを除くボイラーの取扱いの作業
⑤　放射線業務の作業
⑥　ガンマ線照射装置を用いて行う透過写真の撮影の作業
⑦　木材加工用機械を所定の台数以上有する事業所において行うその機械の作業
⑧　動力により駆動されるプレス機械を5台以上有する事業所において行うその機械の作業
⑨　乾燥設備による物の加熱乾燥の作業
⑩　コンクリート破砕器を用いて行う破砕の作業
⑪　掘削面の高さが2m以上となるずい道およびたて坑以外の坑の掘削を除く地山の掘削の作業
⑫　土止め支保工の切りばりまたは腹おこしの取付けもしくは取りはずしの作業
⑬　ずい道およびたて坑以外の坑の掘削の作業（掘削用機械を用いて行う掘削の作業のうち労働者が切羽に近接することなく行うものを除く）またはこれに伴うずり積み、ずい道支保工の組立て、ロックボルトの取付けもしくはコンクリートなどの吹付けの作業
⑭　ずい道型わく支保工の組立て、移動もしくは解体または組立て若しくは移動に伴うコンクリートの打設の作業
⑮　掘削面の高さが2m以上となる岩石の採取のための掘削の作業
⑯　高さが2m以上のはいのはい付けまたははいくずしの作業（荷役機械の運転者のみによって行われるものを除く）
⑰　船舶に荷を積み、船舶から荷を卸し、または船舶において荷を移動させる作業（総t数500t未満の船舶において揚貨装置を用いないで行うものを除く）
⑱　型わく支保工の組立てまたは解体の作業
⑲　ゴンドラのつり足場を除くつり足場、張出し足場または高さが5m以上の構造の足場の組立て、解体または変更の作業

⑳　高さが5m以上の金属製の部材により構成される建築物の骨組みまたは塔の組立て、解体または変更の作業
㉑　高さが5m以上または上部構造のうち橋梁の支間が30m以上の金属製の部材により構成される橋梁の上部構造の架設、解体または変更の作業
㉒　軒の高さが5m以上の木造建築物の構造部材の組立てまたはこれに伴う屋根下地もしくは外壁下地の取付けの作業
㉓　高さが5m以上のコンクリート造の工作物の解体または破壊の作業
㉔　高さが5m以上または上部構造のうち橋梁の支間が30m以上のコンクリート造の橋梁の上部構造の架設または変更の作業
㉕　小型圧力容器などを除く第一種圧力容器の取扱いの作業
㉖　特定化学物質を製造し、または取り扱う作業（試験研究のため取り扱う作業を除く）
㉗　遠隔操作によって行う隔離室におけるものなどを除く鉛業務の作業
㉘　遠隔操作によって行う隔離室におけるものなどを除く四アルキル鉛等業務の作業
㉙　酸素欠乏危険場所における作業
㉚　屋内作業場またはタンク、船倉もしくは坑の内部などの場所において所定の有機溶剤などを製造し、または取り扱う業務の作業
㉛　試験研究のため取り扱う作業を除く石綿などを取り扱う作業または石綿などを試験研究のため製造する作業

　作業主任者は、その作業に従事する労働者を直接指揮するほか、作業開始前に作業方法を決定すること、安全装置を点検すること、作業中に安全帯の使用状況を確認することなどを行います。
　使用者は、1つの作業を同一の場所で行う場合にその作業について作業主任者を2人以上選任したときは、それぞれの作業主任者の職務の分担を定めなければなりません。また、作業主任者を選任したときは、その氏名

を作業場の見やすい箇所に掲示するなどにより関係の労働者に周知しなければなりません。

キ　安全委員会

　労働災害を防止するためには、労働者代表が参加して、職場の安全問題を審議することにより、労働者の意見を反映させ、また、職場の安全問題に関心を持ってもらうことが必要です。このため、表5の業種の区分に応じて、それぞれに定める人数以上の労働者を常時使用する事業所においては、安全委員会を設置しなければなりません（同法第17条）。

表5　安全委員会を設置すべき業種および規模

業　種	人　数
①　林業、鉱業、建設業、木材・木製品製造業、化学工業、鉄鋼業、金属製品製造業および輸送用機械器具製造業、道路貨物運送業および港湾運送業、自動車整備業、機械修理業ならびに清掃業	50人
②　道路貨物運送業および港湾運送業以外の運送業、木材・木製品製造業、化学工業、鉄鋼業、金属製品製造業および輸送用機械器具製造業以外の製造業、電気業、ガス業、熱供給業、水道業、通信業、各種商品卸・小売業、家具・建具・じゅう器等卸・小売業、燃料小売業、旅館業ならびにゴルフ場業	100人

　安全委員会は、次の委員で構成されます。

①　総括安全衛生管理者またはこれに準ずる事業者が指名した者1人
②　事業者が指名した安全管理者
③　事業者が指名した安全に関し経験を有する労働者

　安全委員会の議長は、①の委員がなります。また、①以外の委員の半数については、その事業所に労働者の過半数で組織する労働組合があるときはその労働組合、労働者の過半数で組織する労働組合がないときは労働者の過半数を代表する者の推薦に基づき指名しなければなりません。安全委員会は、次の事項を調査審議し、使用者に対し意見の申し出を行います。

① 労働者の危険を防止するための基本となるべき対策
② 安全に関する労働災害の原因および再発防止対策
③ 安全に関する規程の作成
④ 危険性などの調査およびその結果に基づき講ずる措置
⑤ 安全に関する計画の作成、実施、評価および改善
⑥ 安全教育の実施計画の作成
⑦ 労働者の危険の防止に関し関係行政機関から文書により命令、指示、勧告または指導を受けた事項

　安全委員会は毎月1回以上開催するようにしなければなりません。また、安全委員会の開催の都度、委員会における議事の概要を常時各作業場の見やすい場所に掲示し、または備え付けることなどの方法によって労働者に周知するとともに、委員会における議事で重要なものの記録を作成して、3年間保存しなければなりません。

ク　衛生委員会

　安全委員会と同様の理由で、常時50人以上の労働者を使用する事業所においては、衛生委員会を設置しなければなりません（同法第18条）。
　衛生委員会は、次の委員で構成されます。

① 総括安全衛生管理者またはこれに準ずる事業者が指名した者1人
② 事業者が指名した衛生管理者
③ 事業者が指名した産業医
④ 事業者が指名した衛生に関し経験を有する労働者

　ただし、作業環境測定を実施している作業環境測定士である労働者を衛生委員会の委員として指名することができます。
　衛生委員会の議長は、①の委員がなります。また、①以外の委員の半数については、その事業所に労働者の過半数で組織する労働組合がある

きはその労働組合、労働者の過半数で組織する労働組合がないときは労働者の過半数を代表する者の推薦に基づき指名しなければなりません。衛生委員会は、次の事項を調査審議し、使用者に対し意見の申し出を行います。

① 労働者の健康障害を防止するための基本となるべき対策
② 労働者の健康の保持増進を図るための基本となるべき対策
③ 衛生に関する労働災害の原因および再発防止対策
④ 衛生に関する規程の作成
⑤ 有害性などの調査およびその結果に基づき講ずる措置
⑥ 衛生教育の実施計画の作成、実施、評価および改善
⑦ 有害性などの調査およびその結果に対する対策の樹立
⑧ 作業環境測定の結果に対する対策の樹立
⑨ 健康診断および医師の診断、診察または処置の結果ならびにその結果に対する対策の樹立
⑩ 労働者の健康の保持増進を図るため必要な措置の実施計画の作成
⑪ 長時間にわたる労働による労働者の健康障害の防止を図るための対策の樹立
⑫ 労働者の精神的健康の保持増進を図るための対策の樹立
⑬ 労働者の健康障害の防止に関する関係行政機関から文書により命令、指示、勧告または指導を受けた事項

　衛生委員会は毎月1回以上開催するようにしなければなりません。また、衛生委員会の開催の都度、委員会における議事の概要を常時各作業場の見やすい場所に掲示し、または備え付けることなどの方法によって労働者に周知するとともに、委員会における議事で重要なものの記録を作成して、3年間保存しなければなりません。

ケ　安全衛生委員会

　安全委員会および衛生委員会を設けなければならない使用者は、それぞれの委員会の設置に代えて、安全衛生委員会を設置することができます（同法第19条）。

　なお、安全委員会、衛生委員会または安全衛生委員会を設けていない使用者も、安全または衛生に関する事項について、関係する労働者の意見を聴くための機会を設けるようにしなければなりません。

(2) 1つの場所において請負契約関係下にある数企業が混在して事業を行うことから生ずる労働災害を防止するための安全衛生管理体制

　1つの場所において請負関係下にある数企業が混在して事業を行う場合については、そのことによって生ずる労働災害を防止するための特別の安全衛生管理体制として、次のものがあります。

ア　統括安全衛生責任者

　建設業または造船業の元方事業者（1つの場所において行う事業の仕事の一部を請負人に請け負わせている事業者で、当該事業の仕事の一部を請け負わせる契約が2つ以上あるため、その者が2人以上いるときは、当該請負契約のうちの最も先次の請負契約における注文者をいう。建設業または造船業の元方事業者を以下「特定元方事業者」という）は、その労働者および請負関係にある複数事業所の労働者が同一の作業場所で混在して仕事をすることから生ずる労働災害を防止するため、表6の仕事の区分に応じて、その場所で作業する労働者の数がそれぞれ定める人数以上である場合には、統括安全衛生責任者を選任し、その者に元方安全衛生管理者の指揮をさせる（建設業の場合）とともに、特定元方事業者の講ずべき措置を統括管理させなければなりません（同法第15条）。

表6　統括安全衛生責任者を選任すべき仕事

仕 事 の 区 分	人　数
① ずい道などの建設、一定の橋梁の建設または圧気工法による作業	30人
② ①以外の仕事	50人

　統括安全衛生責任者は、その場所においてその事業の実施を統括管理する者を充てなければなりません。

　都道府県労働局長は、労働災害を防止するため必要があるときは、統括安全衛生責任者の業務の執行について使用者に勧告することができます（同法第99条の2）。

イ　元方安全衛生管理者

　統括安全衛生責任者を選任する建設業の使用者は、一定の学歴と実務経験を有するその事業所に専属の者のうちから元方安全衛生管理者を選任し、その者に元方事業者の講ずべき措置のうち技術的事項を管理させなければなりません（同法第15条の2第1項）。

　使用者は、元方安全衛生管理者に対し、その労働者および請負人の労働者の作業が同一の場所で行われることによって生ずる労働災害を防止するため必要な措置をなし得る権限を与えなければなりません。

　労働基準監督署長は、労働災害を防止するため必要があるときは、使用者に対し、元方安全衛生管理者の増員または解任を命ずることができます（同条第2項）。

ウ　店社安全衛生管理者

　建設業の元方事業者は、表7の仕事の区分に応じて、その場所で作業する労働者の数がそれぞれ定める人数以上である場合には、建設工事に係る請負契約を締結している事業所ごとに、一定の学歴または実務経験を有する者のうちから店社安全衛生管理者を選任しなければなりません。

表7 店社安全衛生管理者を選任すべき仕事

仕 事 の 区 分	人　　数
① ずい道などの建設、一定の橋梁の建設または圧気工法による作業	20人～29人
② 主要構造部が鉄骨造または鉄骨鉄筋コンクリート造である建築物の建設の仕事	29人～49人

　店社安全衛生管理者には、次の事項を行わせなければなりません（同法第15条の3）。

① 元方事業者として行う労働災害防止のための事項を担当する者に対する指導などを行うこと。
② 少なくとも毎月1回労働者が作業を行う場所を巡視すること。
③ 労働者の作業の種類その他作業の実施の状況を把握すること。
④ 協議組織の会議に随時参加すること。
⑤ 仕事の工程に関する計画および作業場所における機械、設備などの配置に関する計画に関しその機械、設備などを使用する作業に関し請負人が法令に基づき講ずべき措置を講じていることについて確認すること。

エ　安全衛生責任者

　統括安全衛生責任者を選任すべき使用者以外の自らその仕事を行う請負人は、安全衛生責任者を選任し、その旨を元方事業者に通報するとともに、その者に次の事項を行わせなければなりません（同法第16条）。

① 統括安全衛生責任者との連絡
② 統括安全衛生責任者から連絡を受けた事項の関係者への連絡
③ 統括安全衛生責任者から連絡を受けた事項の実施についての管理
④ その労働者の作業の実施に関し請負人が作成する計画と特定元方事業者が作成する計画との整合性の確保を図るための統括安全衛生責任者との調整
⑤ その労働者の行う作業とそれ以外の者の行う作業によって生ずる労

働災害の発生の危険の有無の確認
⑥　仕事の一部をさらに再請負人に請け負わせている場合の再請負人の安全衛生責任者との作業間の連絡および調整

(3) 安全管理者などに対する教育

　使用者は、安全衛生の水準の向上を図るため、安全管理者、衛生管理者、安全衛生推進者、衛生推進者など労働災害の防止のための業務に従事する者に対し、これらの者が従事する業務に関する能力の向上を図るための教育、講習などを行い、またはこれらを受ける機会を与えるように努めなければなりません（同法第19条の2）。

3　労働者の危険または健康障害を防止するための措置

(1) 使用者の講ずべき措置

ア　使用者は、次の危険を防止するため必要な措置を講じなければなりません（同法第20条、第21条）。なお、ここでいう「危険」とは、その危険の発生が労働者の注意力の偏倚、疲労その他の原因による精神的弛緩、作業に対する不馴れなどによる場合をも含め、労働者が作業の過程で危害の発生する危険をいい、その危険が熟練した注意深い労働者からみて異常とみられる作業方法により、または労働者の重大な過失により生じうるものであると否とを問いません（西田工業事件　最高裁第三小法廷昭和48年7月24日判時715－110）。

1）　機械、器具などの設備による危険

　機械、器具などの設備による危険について、労働安全衛生規則（以下「則」という）、ボイラー及び圧力容器安全規則（以下「ボイラー則」という）、クレーン等安全規則（以下「クレーン則」という）およびゴンドラ安全規則（以下「ゴンドラ則」という）においては、次の事項が規定されています。

労働者の危険または健康障害を防止するための措置

(1) 機械設備に関する安全基準
　①一般基準(則第101条～第111条)
　②工作機械(則第112条～第121条)
　③木材加工用機械(則第122条～第130条)
　④プレス機械およびシャー(則第131条～第137条)
　⑤遠心機械(則第138条～第141条)
　⑥粉砕機および混合機(則第142条、第143条)
　⑦ロール機など(則第144条～第148条)
　⑧高速回転体(第149条～第150条の2)
　⑨産業用ロボット(則第150条の3～第151条)
(2) 荷役運搬機械など
　①車両系荷役運搬機械などの総則(則第151条の2～第151条の15)
　②フォークリフト(則第151条の16～第151条の26)
　③ショベルローダーなど(則第151条の27～第151条の35)
　④ストラドルキャリヤー(則第151条の36～第151条の42)
　⑤不整地運搬車(則第151条の43～第151条の58)
　⑥構内運搬車(則第151条の59～第151条の64)
　⑦貨物自動車(則第151条の65～第151条の76)
　⑧コンベヤー(則第151条の77～第151条の83)
(3) 建設機械など
　①車両系建設機械の構造やその使用に係る危険の防止など(則第152条～則第171条)
　②コンクリートポンプ車(則第171条の2、第171条の3)
　③ブレーカ(則第171条の4)
　④くい打機、くい抜機およびボーリングマシン(則第172条～第194条の3)
　⑤ジャッキ式つり上げ機械(則第194条の4～第194条の7)
　⑥高所作業車(則第194条の8～第194条の28)

⑦軌道装置および手押し車両（則第195条～第236条）
(4)　その他
　①　型わく支保工に関する規制（則第237条～第247条）
(5)　ボイラーおよび圧力容器
　①ボイラー（ボイラー則第3条～第48条）
　②第一種圧力容器（ボイラー則第49条～第83条）
　③第二種圧力容器（ボイラー則第84条～第90条）
　④小型ボイラーおよび小型圧力容器（ボイラー則第90条の2～第96条）
(6)　クレーンなど
　①クレーン（クレーン則第3条～第52条）
　②移動式クレーン（クレーン則第53条～第93条）
　③デリック（クレーン則第94条～第137条）
　④エレベーター（クレーン則第138条～第171条）
　⑤建設用リフト（クレーン則第172条～第201条）
　⑥簡易リフト（クレーン則第202条～第212条）
　⑦ゴンドラに関する規制（ゴンドラ則）

　なお、これに関して、使用者が講ずべき機械・設備に関する危害防止の措置は、当該機械・設備の所有・管理が何人に帰属するかを問わず、広く労働者にこのような危険な機械・設備に接近して作業をさせる使用者に対しても要求されるとする裁判例（労働基準法違反被告事件　名古屋高裁金沢支部昭和46年3月30日判時634-92）があります。

2)　爆発性の物、発火性の物、引火性の物などによる危険

　令第9条の3および別表第1は、爆発性、発火性、引火性などの危険物質を指定しています。また、これらの危険物質について、則、ボイラー則および高気圧作業安全衛生規則（以下「高圧則」という）においては、次の事項が規定されています。

①溶融高熱物などによる爆発火災などを防止するための措置（則第248条～第255条）
②危険物の製造・取扱に関する措置（則第256条～第267条）
③化学設備に関する措置（則第268条～第278条）
④火気などの管理の措置（則第279条～第292条）
⑤乾燥設備に関する措置（則第293条～第300条）
⑥アセチレン溶接装置に関する措置（則第301条～第307条、第312条、第314条～第317条）
⑦ガス集合溶接装置に関する措置（則第308条～第311条、第313条～第317条）
⑧発破の作業に関する措置（則第318条～第321条）
⑨コンクリート破砕器を用いて破砕の作業に関する措置（則第321条の2～第321条の4）
⑩建設工事に関する措置（則第322条、第381条～第382条の3、第389条～第389条の6、第642条、第642条の2）
⑪ボイラーおよび圧力容器に関する措置（ボイラー則）
⑫高圧室内業務に関する措置（高圧則第17条、第22条、第23条、第25条の2～第26条）

3）　電気、熱などのエネルギーによる危険

　危険を生ずるエネルギーについて、則においては、次の事項が規定されています。

①電気機械器具に関する措置　　（則第280条～第282条、第329条～第335条）
②配線および移動電線に関する措置（則第336条～第338条）
③停電作業に関する措置（則第339条、第340条）
④活線作業および活線近接作業に関する措置（則第341条～第349条）
⑤作業の管理に関する措置（則第350条～第352条）

4) 掘削、採石、荷役、伐木などの業務における作業方法から生ずる危険

　危険を生ずる作業方法について、則およびクレーン則においては、次の事項が規定されています。

> （1）　掘削作業
> 　①明り掘削の作業（則第355条～378条）
> 　②ずい道などの建設の作業（則第379条～398条）
> 　③採石作業（則第399条～第416条））
> （2）　荷役作業
> 　①貨物取扱作業（則第418条～第435条）
> 　②港湾荷役作業（則第449条～第476条））
> （3）　林業の作業
> 　①伐木作業（則第477条～第479条）
> 　②造材作業（則第480条～第481条）
> 　③木馬運材作業（則第485条～第490条）
> 　④雪そり運材作業（則第491条～第497条）
> 　⑤機械集材装置および運材索道による作業（則第498条～第517条）
> （4）　建設の作業（則第517条の2～第第517条の24）
> 　①建築物などの鉄骨の組立てなどの作業
> 　②鋼橋架設などの作業
> 　③木造建築物の組立てなどの作業
> 　④コンクリート造の工作物の解体などの作業
> 　⑤コンクリート橋架設などの作業
> （5）玉掛けの作業（クレーン則第213条～第222条）

5)　労働者が墜落するおそれのある場所、土砂などが崩壊するおそれのある場所などに関する危険

　危険を生ずる場所について、則においては、次の事項が規定されています。

労働者の危険または健康障害を防止するための措置

①墜落などによる危険を防止するための措置（則第518条～533条）
②飛来崩壊による危険を防止するための措置（則第534条～第539条など）
③土石流による危険を防止するための措置（則第575条の9～第575条の13）

イ　使用者は、次の健康障害を防止するために必要な措置を講じなければなりません（同法第22条）。

①原材料、ガス、蒸気、粉じん、酸素欠乏空気、病原体などによる健康障害
②放射線、高温、低温、超音波、騒音、振動、異常気圧などによる健康障害
③計器監視、精密工作などの作業による健康障害
④排気、排液または残さい物による健康障害

　労働者の健康障害を防止するための措置について、則、石綿障害予防規則、粉じん障害防止規則、有機溶剤中毒予防規則、鉛中毒予防規則、四アルキル鉛中毒予防規則、特定化学物質等障害予防規則（以下「特化則」という）、高圧則、電離放射線障害防止規則および酸素欠乏症等防止規則（以下「酸欠則」という）においては、次の事項が規定されています。

（1）　有害な作業環境に関する措置（則第576条～第589条）
　　①有害原因の除去
　　②ガスなどの発散の抑制など
　　③内燃機関の使用禁止
　　④排気の処理
　　⑤排液の処理
　　⑥病原体の処理
　　⑦粉じんの飛散の防止

⑧坑内の炭酸ガス濃度の基準

　　　⑨騒音を発する場所の明示など

　　　⑩騒音の伝ぱの防止

　　　⑪有害な場所への立入禁止

　　　⑬作業環境測定などの措置

（2）　有害な業務に労働者を従事させる場合のその業務に応じた保護具などの使用とその適切な管理(則第593条〜第597条)

（3）　特定の作業や物質などに関する措置

　　　①石綿などを取り扱う業務などに関する措置　（石綿障害予防規則）

　　　②廃棄物の焼却施設における作業に関する措置(則第592条の2〜第592条の7)

　　　③粉じん作業に関する措置(粉じん障害防止規則)

　　　④有機溶剤業務に関する措置(有機溶剤中毒予防規則)

　　　⑤鉛業務に関する措置(鉛中毒予防規則)

　　　⑥四アルキル鉛等業務に関する措置(四アルキル鉛中毒予防規則)

　　　⑦特定化学物質等を取り扱う業務に関する措置(特化則)

　　　⑧高圧室内業務および潜水業務に関する措置(高圧則)

　　　⑨放射線業務に関する措置(電離放射線障害防止規則)

　　　⑩酸素欠乏危険作業に関する措置(酸欠則)

ウ　使用者は、労働者を就業させる建設物などの作業場について、通路、床面、階段などの保全ならびに換気、採光、照明、保温、防湿、休養、避難、清潔など労働者の健康、風紀および生命の保持のために必要な措置を講じなければなりません(同法第23条)。

　これらの保全ならびに労働者の健康、風紀および生命の保持のための措置について、則および事務所衛生基準規則においては、次の事項が規定されています。

労働者の危険または健康障害を防止するための措置

①通路、床面、階段などに関する措置（則第540条〜第558条）
②化学設備を内部に設ける建築物などは不燃性の材料とするなどの措置（則第268条など）
③足場に関する措置（則第559条〜第575条）
④作業構台に関する措置（則第575条の2〜第575条の8）
⑤気積および換気に関する措置　（則第600条〜第603条）
⑥採光および照明に関する措置（則第604条〜第605条）
⑦温度および湿度に関する措置（則第606条〜第612条）
⑧休養に関する措置（則第606条〜第618条）
⑨清潔に関する措置（則第619条〜第628条）
⑩食堂および炊事場に関する措置（則第619条〜第628条）
⑪事務所の衛生に関する措置（事務所衛生基準規則）

エ　使用者は、労働者の作業行動から生ずる労働災害を防止するために必要な措置を講じなければなりません（同法第24条）。

　労働者の不安全行動には、次のようなものがあります。作業に伴う危険に対する知識の不足については、安全衛生教育により不足する安全衛生に関する知識の補強などを行う必要があります（同法第59条〜第60条の2）。また、日頃の安全衛生活動や安全衛生委員会などを通じて、安全衛生に対するやる気の高揚などを図ることが重要になります。

① 　作業に伴う危険に対する知識の不足による不安全行動
② 　安全に作業を遂行する技能未熟による不安全行動
③ 　安全に対する意欲の欠如による不安全行動
④ 　人間の特性としてのエラーによる不安全行動

オ　事業者は、労働災害発生の急迫した危険があるときには、作業を直ちに中止し、労働者を作業場から退避させるなど必要な措置を講じなければなりません（同法第25条）。

労働者を作業場から退避させるなどの措置について、則、特化則および酸欠則においては、次の事項が規定されています。

① 労働災害の発生に備えて、救急用具の備付けならびにその備付け場所および使用方法を労働者に周知させること(則第633条、第644条)。
② 救護組織の確立、関係者の訓練などの措置(特化則第26条)
③ 異常な事態が発生した場合における作業規程の定め(則第274条など)
④ 避難所・避難階の設備などの設置(則第321条、第546条～第549条)、
⑤ 避難用具の設置(酸欠則第15条など)
⑥ 緊急しゃ断装置の設置(則第273条の4など)
⑦ 警報設備の設置(則第273条の3など)
⑧ 労働災害発生の急迫した危険があるときは、直ちに作業を中止し、労働者を安全な場所に退避させ、労働災害のおそれのないことを確認するまでの間、関係者以外の立入りを禁止すること(則第274条の2など)。

カ　建設業の出入口からの距離が1,000m以上の場所において行う作業または深さが50m以上となるたて坑の掘削を伴うずい道やゲージ圧力が0.1MPa以上で行う圧気工法による作業の事業者は、爆発、火災などが生じたことに伴い労働者の救護に関する措置がとられる場合における労働災害の発生を防止するため、次の労働者の救護に関する措置を講じなければなりません(同法第25条の2第1項)。

① 　空気呼吸器または酸素呼吸器、メタン、硫化水素、一酸化炭素および酸素の濃度を測定するため必要な測定器具、懐中電灯などの携帯用照明器具などの労働者の救護に関し必要な機械、器具などの設備の備付けと管理
② 　労働者の救護に関し必要な機械・器具などの使用方法、救急そ生の方法その他の救急処置などの労働者の救護に関し必要な事項についての訓練

③ 救護に関する組織、救護に関し必要な機械・器具などの点検および整備、救護に関する訓練の実施などの労働者の救護の安全に関する事項を定めること。
④ 作業を行う労働者の人数と氏名を常時確認すること。

　また、この場合に、使用者は、その仕事に3年以上の実務経験を有するその事業所に専属の者のうちから、労働者の救護の安全に関する技術的事項を管理する者を選任し、その者に技術的事項を管理させなければなりません。また、救護に関する技術的事項を管理する者に対し、労働者の救護の安全に関し必要な措置をなし得る権限を与えなければなりません（同条第2項）。

(2) 労働者の遵守

　労働者は、使用者が講ずる措置に応じて、必要な事項を守らなければなりません（同法第26条）。

(3) 技術上の指針

　厚生労働大臣は、使用者が講ずべき措置の適切かつ有効な実施を図るため必要な業種または作業ごとの技術上の指針および特定の化学物質を製造または取り扱う使用者が化学物質による労働者の健康障害を防止するための指針を公表します。技術上の指針を定めるに当たっては、中高年齢者に関して、特に配慮します。技術上の指針または労働者の健康障害を防止するための指針を公表した場合に必要があるときは、使用者またはその団体に対し、技術上の指針などに関し必要な指導などを行うことができます（同法第28条）。

　なお、現在、工作機械の構造の安全基準に関する技術上の指針など15の技術上の指針と18の化学物質による労働者の健康障害を防止するための指針が公表されています。

(4) 自主的な安全衛生活動の促進

　使用者は、次の危険性や有害性など調査を行い、その結果に基づき労働者の危険や健康障害を防止するための措置を講ずるよう努めなければなりません（同法第28条の2第1項）。

① 　建設物・設備・原材料・ガス・蒸気・粉じんなどによる危険性や有害性など
② 　作業行動など業務に起因する危険性や有害性など

　ただし、これらの調査のうち、労働者の危険または健康障害を生ずるおそれのある化学物質、化学物質を含有する製剤など以外のものについては、次の業種の使用者が行わなければなりません。

林業、鉱業、建設業、運送業、清掃業、製造業、電気業、ガス業、熱供給業、水道業、通信業、各種商品卸・小売業、家具・建具・じゅう器等卸・小売業、燃料小売業、旅館業、ゴルフ場業、自動車整備業および機械修理業

　また、これらの調査を行うのは、次の時期です。

① 　建設物の設置・移転・変更・解体
② 　設備・原材料などの新規採用または変更
③ 　作業方法・作業手順の新規採用または変更
④ 　建設物・設備・原材料・ガス・蒸気・粉じんなどによる危険性や有害性などまたは作業行動など業務に起因する危険性や有害性などについて変化または変化のおそれのある時期

　このような危険性や有害性などの調査およびその結果に基づく労働者の危険や健康障害を防止するための措置ならびに安全衛生水準の向上のために、次の自主的活動（労働安全衛生マネジメントシステム）を一連の過程を定めて行うことを労働基準監督署長が認定した場合には、一定の労働基準監督署長への計画の届出が免除されます（同法第88条第1項）。

①安全衛生に関する方針の表明
②安全衛生に関する目標の設定
③安全衛生に関する計画の作成・実施・評価・改善

　厚生労働大臣は、その適切かつ有効な実施を図るため、「危険性又は有害性等の調査等に関する指針（平成18年3月10日公示第1号）」を定めており、これに基づき、使用者や使用者団体に対し、必要な指導援助などを行うことができます。

　また、「労働安全衛生マネジメントシステムに関する指針（平成11年4月30日労働省告示第53号）」も定めています。

(5) 使用者以外の関係者の講ずべき措置

　労働安全衛生法は、使用者のほか、次のようにさまざまな関係者の講ずべき措置を定めています。

ア　元方事業者の講ずべき措置

　元方事業者（45頁参照）は、関係請負人およびその労働者が、請け負わせた仕事に関し、労働安全衛生法令に違反しないよう必要な指導を行わなければなりません。元方事業者は、関係請負人またはその労働者が、請け負わせた仕事に関し、労働安全衛生法令に違反していると認めるときは、是正のため必要な指示を行わなければなりません。また、指示を受けた関係請負人またはその労働者は、その指示に従わなければなりません（同法第29条）。

イ　建設業の元方事業者の講ずべき措置

　建設業の元方事業者は、次の場所において、請負人の労働者が作業を行うときは、請負人が講ずべき危険を防止するための措置が適正に講ぜられるように、技術上の指導など必要な措置を講じなければなりません（同法

第29条の2)。

① 土砂などが崩壊するおそれのある場所
② 土石流が発生するおそれのある場所
③ 機械・設備が転倒するおそれのある場所
④ 充電電路に労働者の身体などが接触し、または接近することにより感電の危険が生ずるおそれのある架空電線の充電電路に近接する場所
⑤ 埋設物やれんが壁、コンクリートブロック塀、擁壁などの建設物が損壊するなどのおそれのある場所

ウ　特定元方事業者の講ずべき措置

　建設業および造船業の特定元方事業者は、その労働者および請負人の労働者の作業が同一の場所において行われることによって生ずる労働災害を防止するため、次の措置を講じなければなりません(同法第30条)。

① 特定元方事業者およびすべての請負人が参加する協議組織を設置し、その会議を定期的に開催すること。
② 随時、特定元方事業者と請負人との間および請負人相互間における作業間の連絡および調整を行うこと。
③ 作業場所の巡視を毎作業日に少なくとも1回行うこと。
④ 教育を行う場所の提供、教育に使用する資料の提供などの請負人が行う安全衛生教育に対する指導および援助を行うこと。
⑤ 工程表などの仕事の工程に関する計画ならびにその作業場所における主要な機械、設備および作業用の仮設の建設物の配置に関する計画を作成し、請負人が定める作業計画などがこれらの計画に適合するよう指導すること。
⑥ クレーンなどの運転についての合図の統一を行い、これを請負人に周知させ、およびこれを実施すること。
⑦ 事故現場などを表示する標識の統一を行い、これを請負人に周知させるとともに、これを実施し、および労働者の立入りを禁止すること。

⑧　有機溶剤などの容器や有機溶剤などを入れてあった容器で有機溶剤などの蒸気が発散するおそれのあるものを集積する箇所の統一を行い、これを請負人に周知させ、およびこれを実施すること。
⑨　X線装置に電力が供給されている場合、放射性物質を装備している機器により照射が行われている場合および火災が発生した場合の警報の統一を行い、これを請負人に周知させるとともに、これを実施し、および警報が行われたときに労働者を退避させること。
⑩　避難などの訓練の実施時期や実施方法の統一を行い、これを請負人に周知させ、およびこれを実施すること。

エ　製造業の元方事業者の講ずべき措置

　製造業の元方事業者は、その労働者および請負人の労働者の作業が同一の場所において行われることによって生ずる労働災害を防止するため、次の措置を講じなければなりません（同法第30条の2）。

①　元方事業者と請負人との間、請負人相互間の連絡調整を随時行うこと。
②　クレーンなどの運転についての合図の統一を行い、これを請負人に周知させ、およびこれを実施すること。
③　事故現場などを表示する標識の統一を行い、これを請負人に周知させるとともに、これを実施し、および労働者の立入りを禁止すること。
④　有機溶剤などの容器や有機溶剤などを入れてあった容器で有機溶剤などの蒸気が発散するおそれのあるものを集積する箇所の統一を行い、これを請負人に周知させ、およびこれを実施すること。
⑤　X線装置に電力が供給されている場合、放射性物質を装備している機器により照射が行われている場合および火災が発生した場合の警報の統一行い、これを請負人に周知させるとともに、これを実施し、および警報が行われたときに労働者を退避させること。

オ　建設業の元方事業者の講ずべき措置

建設業の特定の工事の仕事が数次の請負契約によって行われる場合には、元方事業者は、その場所において作業に従事するすべての労働者に関し、爆発火災などに伴う労働者の救護に関する次の措置を講じなければなりません（同法第30条の3）。

① 空気呼吸器または酸素呼吸器、メタン、硫化水素、一酸化炭素および酸素の濃度を測定するために必要な測定器具、懐中電灯などの携帯用照明器具などの労働者の救護に関し必要な機械、器具などの設備の備付けおよび管理を行うこと。
② 労働者の救護に関し必要な機械などの使用方法、救急そ生の方法などの救急処置などの労働者の救護に関し必要な事項についての訓練を行うこと。
③ 救護に関する組織、救護に関し必要な機械などの点検整備、救護に関する訓練の実施などの労働者の救護の安全に関する事項を定めること。
④ 作業を行う労働者の人数および氏名を常時確認することができる措置を講ずること。
⑤ その仕事に3年以上の実務経験を有するその事業所に専属の者のうちから、労働者の救護の安全に関する技術的事項を管理する者を選任し、その者にその事項を管理させ、労働者の救護の安全に関し必要な措置をなし得る権限を与えること。

カ　注文者の講ずべき措置

建設業および造船業において、その事業の仕事を自ら行う注文者は、建設物、設備または原材料を、その仕事を行う場所においてその請負人の労働者に使用させるときは、その労働災害を防止するため、くい打機やくい抜機、軌道装置、型わく支保工、アセチレン溶接装置などについて定められた基準に適合したものとすることなどの必要な措置を講じなければなりません

(同法第31条)。

キ 化学物質の危険有害情報の提供

次の設備の改造、修理、清掃などでその設備を分解する作業またはその設備の内部に立ち入る作業の注文者は、製造・取扱い設備の中の化学物質の危険・有害性、作業の注意事項、安全衛生確保のための措置、事故発生時の応急措置などの危険・有害情報を文書などにより請負人に提供しなければなりません(同法第31条の2)。

① 爆発性・発火性・酸化性・引火性・可燃性のある化学物質の製造・取扱い設備
② 引火点が65度以上の物を引火点以上の温度で行う製造・取扱い設備
③ 一定の特定化学物質の製造・取扱い設備

ク 建設業の発注者などの講ずべき措置

建設業の仕事を行う複数の使用者の労働者が1つの場所において機体重量が3t以上のパワー・ショベル、ドラグ・ショベルおよびクラムシェル、くい打機、くい抜機、アース・ドリル、アース・オーガーならびにつり上げ荷重が3t以上の移動式クレーンの作業を行う場合、その作業の仕事を自ら行う発注者または元方事業者は、その場所において作業に従事するすべての労働者の労働災害を防止するため、次の措置を講じなければなりません(同法第31条の3)。

① 発注者または元方事業者とその請負人との間および請負人相互間における作業の内容や作業の指示の系統、立入禁止区域について必要な連絡および調整を行うこと。
② ①の措置を講ずべき者がいないときは、その措置を講ずる者を指名するなど必要な配慮をすること。

ケ　違法な指示の禁止
　注文者は、その請負人に対し、請け負わせた仕事に関し、その指示に従って請負人の労働者を労働させたならば、労働安全衛生法令に違反する指示をしてはなりません（同法第31条の4）。

コ　請負人の講ずべき措置
　元方事業者または注文者の講ずる措置に応じて、請負人も労働災害の防止に必要な措置を講じなければなりません（同法第32条）。

サ　機械等貸与者の講ずべき措置
　一定の機械・設備を他の使用者に貸与する機械等貸与者（リース業者）は、貸与を受けた使用者の事業所における機械・設備による労働災害を防止するため必要な措置を講じなければなりません。また、機械・設備の貸与を受けた者は、その機械・設備を操作する者がその使用する労働者でないときは、機械・設備の操作による労働災害を防止するため必要な措置を講じなければなりません（同法第33条）。

シ　建築物貸与者の講ずべき措置
　建築物を他の使用者に貸与する建築物貸与者は、建築物の全部を1人の使用者に貸与するときを除き、その建築物の貸与を受けた使用者の事業についての建築物による労働災害を防止するため必要な措置を講じなければなりません（同法第34条）。

ス　重量表示
　重量が1t以上の1個の貨物を発送しようとする者は、包装されていない重量が一見して明らかである貨物である場合を除き、見やすく、かつ、容易に消滅しない方法で、その貨物にその重量を表示しなければなりません（同法第35条）。

4 機械・設備および有害物に関する規制

(1) 製造の許可など

　特定機械等(①ボイラー、②第一種圧力容器、③つり上げ荷重が3t以上のクレーン、④つり上げ荷重が3t以上の移動式クレーン、⑤つり上げ荷重が2t以上のデリック、⑥積載荷重が1t以上のエレベーター、⑦ガイドレールの高さが18m以上の建設用リフト、⑧ゴンドラ)については、次の規制があります。

① 特定機械等を製造しようとする者は、あらかじめ、都道府県労働局長の許可を受けなければならない（同法第37条）。
② 特定機械等を製造し、もしくは輸入した者、一定期間設置されなかった特定機械等を設置しようとする者または使用を廃止した特定機械等を再び設置し、もしくは使用しようとする者は、その特定機械等について、都道府県労働局長（特定廃熱ボイラーについては登録製造時等検査機関）の検査を受けなければならない（同法第38条1項、第2項）。
③ 特定機械等の設置、特定機械等の一定部分の変更または使用を休止した特定機械等の再使用をする者は、その特定機械等について、労働基準監督署長の検査を受けなければならない（同法第38条第3項）。
④ 検査証を受けていない特定機械等は、使用してはならない。また、検査証を受けた特定機械等は、検査証とともにするのでなければ、譲渡し、または貸与してはならない（同法第40条）。

(2) 譲渡などの制限

　次の危険もしくは有害な作業を必要とする機械・設備、危険な場所において使用する機械・設備または危険もしくは健康障害を防止するため使用する機械・設備は、それぞれの機械・設備の種類ごとに厚生労働大臣が定

める規格または安全装置を具備しなければ、譲渡し、貸与し、または設置してはなりません。また、これらの機械・設備については、機械・設備の種類に応じて定められた厚生労働大臣が定める規格または安全装置を具備したものでなければ、使用してはなりません(同法第42条、令第13条第3項)。

① ゴム、ゴム化合物または合成樹脂を練るロール機およびその急停止装置
② 船舶に用いられるものなどを除く第2種圧力容器
③ 船舶に用いられるものなどを除く小型ボイラー
④ 船舶に用いられるものなどを除く小型圧力容器
⑤ プレス機械またはシャーの安全装置
⑥ 船舶に用いられるものを除く防爆構造電気機械器具
⑦ クレーンまたは移動式クレーンの過負荷防止装置
⑧ ろ過材または面体を有していないものを除く防じんマスク
⑨ ハロゲンガス用、有機ガス用、一酸化炭素用、アンモニア用および亜硫酸ガス用防毒マスク
⑩ 木材加工用丸のこ盤およびその反発予防装置または歯の接触予防装置
⑪ 動力により駆動されるプレス機械
⑫ 交流アーク溶接機用自動電撃防止装置
⑬ その電圧が、直流の場合750Vを、交流の場合300Vを超える充電電路に用いられる絶縁用保護具
⑭ その電圧が、直流の場合750Vを、交流の場合300Vを超える充電電路に用いられる絶縁用防具
⑮ 物体の飛来もしくは落下または墜落による危険を防止するための保護帽
⑯ アセチレン溶接装置のアセチレン発生器
⑰ 研削盤、研削といしおよび研削といしの覆い
⑱ 手押しかんな盤およびその刃の接触予防装置

⑲　アセチレン溶接装置またはガス集合溶接装置の安全器
⑳　その電圧が、直流の場合750Vを、交流の場合600Vを超える充電電路に用いられる活線作業用装置
㉑　その電圧が、直流の場合750Vを、交流の場合300Vを超える充電電路に用いられる活線作業用器具
㉒　対地電圧が50Vを超える充電電路に用いられる絶縁用防護具
㉓　フォークリフト
㉔　車両系建設機械
㉕　型わく支保工用のパイプサポート、補助サポートおよびウイングサポート
㉖　鋼管足場用の部材および附属金具
㉗　つり足場用のつりチェーンおよびつりわく
㉘　アピtまたはカポールをフェノール樹脂などにより接着した合板足場板
㉙　つり上げ荷重が0.5t以上3t未満（スタッカー式クレーンの場合は0.5t以上1t未満）のクレーン
㉚　つり上げ荷重が0.5t以上3t未満の移動式クレーン
㉛　つり上げ荷重が0.5t以上2t未満のデリック
㉜　積載荷重が0.25t以上1t未満のエレベーター
㉝　ガイドレールの高さが10m以上18m未満の建設用リフト
㉞　積載荷重が0.25t以上の簡易リフト
㉟　再圧室
㊱　潜水器
㊲　波高値による定格管電圧が10kV以上のX線装置（X線またはX線装置の研究または教育のため使用のつど組み立てるものおよび医療機器を除く）
㊳　ガンマ線照射装置（医療機器を除く）
㊴　ビーター、シリンダーなどの回転体を有する紡績機械および製綿機械
㊵　船舶に用いられるものなどを除く蒸気ボイラーおよび温水ボイラー

㊶　船舶に用いられるものなどを除く第一種圧力容器以外の容器
㊷　大気圧を超える圧力を有する気体をその内部に保有する容器
㊸　墜落による危険を防止するための安全帯
㊹　内燃機関を内蔵し、排気量が40m³以上のチェーンソー
㊺　ショベルローダー
㊻　フォークローダー
㊼　ストラドルキャリヤー
㊽　不整地運搬車
㊾　作業床の高さが2m以上の高所作業車

　また、次の防護のための措置が施されていない動力により駆動される機械・設備を、譲渡し、貸与し、または譲渡もしくは貸与の目的で展示してはなりません（同法第43条、則第25条）。
①　作動部分上の突起物は、埋頭型とするかまたは覆いを設けること。
②　動力伝導部分または調速部分には、覆いまたは囲いを設けること。

(3) 個別検定

　次の機械・設備を製造し、または輸入した者は、登録個別検定機関が個々の機械・設備について行う検定を受けなければなりません（同法第44条第1項、令第14条）。
①　ゴム、ゴム化合物または合成樹脂を練るロール機の電気的制動方式の急停止装置
②　船舶に用いられるものなどを除く第2種圧力容器
③　船舶に用いられるものなどを除く小型ボイラー
④　船舶に用いられるものなどを除く小型圧力容器

(4) 型式検定

　次の機械・設備を製造し、または輸入した者は、登録型式検定機関が型

式について行う検定を受けなければなりません(同法第44条の2第1項、令第14条の2)。

① ゴム、ゴム化合物または合成樹脂を練るロール機の電気的制動方式以外の制動方式の急停止装置
② プレス機械またはシャーの安全装置
③ 船舶に用いられるものを除く防爆構造電気機械器具
④ クレーンまたは移動式クレーンの過負荷防止装置
⑤ ろ過材および面体を有する防じんマスク
⑥ ハロゲンガス用、有機ガス用、一酸化炭素用、アンモニア用および亜硫酸ガス用防毒マスク
⑦ 木材加工用丸のこ盤の可動式の歯の接触予防装置
⑧ スライドによる危険を防止するための機構を有する動力により駆動されるプレス機械
⑨ 交流アーク溶接機用自動電撃防止装置
⑩ その電圧が、直流の場合750Vを、交流の場合300Vを超える充電電路に用いられる絶縁用保護具
⑪ その電圧が、直流の場合750Vを、交流の場合300Vを超える充電電路に用いられる絶縁用防具
⑫ 物体の飛来もしくは落下または墜落による危険を防止するための保護帽

(5) 自主検査

次の機械・設備については、定期に自主検査を行い、その結果を記録しておかなければなりません(同法第45条、令第15条第1項)。

① 小型ボイラーなどを除くボイラー
② 小型圧力容器などを除く第一種圧力容器
③ つり上げ荷重が3t(スタッカー式クレーンは1t)以上のクレーン
④ つり上げ荷重が3t以上の移動式クレーン

⑤　つり上げ荷重が2t以上のデリック

⑥　積載荷重が1t以上のエレベーター

⑦　ガイドレール（昇降路を有するものは昇降路）の高さが18m以上で積載荷重が0.25t以上の建設用リフト

⑧　ゴンドラ

⑨　その電圧が、直流の場合750Vを、交流の場合600Vを超える充電電路に用いられる活線作業用装置

⑩　その電圧が、直流の場合750Vを、交流の場合300Vを超える充電電路に用いられる活線作業用器具

⑪　フォークリフト

⑫　車両系建設機械

⑬　つり上げ荷重が0.5t以上3t未満（スタッカー式クレーンの場合は0.5t以上1t未満）のクレーン

⑭　つり上げ荷重が0.5t以上3t未満の移動式クレーン

⑮　つり上げ荷重が0.5t以上2t未満のデリック

⑯　積載荷重が0.25t以上1t未満のエレベーター

⑰　ガイドレールの高さが10m以上18m未満の建設用リフト

⑱　積載荷重が0.25t以上の簡易リフト

⑲　ショベルローダー

⑳　フォークローダー

㉑　ストラドルキャリヤー

㉒　不整地運搬車

㉓　作業床の高さが2m以上の高所作業車

㉔　船舶に用いられるものなどを除く第2種圧力容器

㉕　船舶に用いられるものなどを除く小型ボイラー

㉖　船舶に用いられるものなどを除く小型圧力容器

㉗　その電圧が、直流の場合750Vを、交流の場合300Vを超える充電電路に用いられる絶縁用保護具

㉘　その電圧が、直流の場合750Vを、交流の場合300Vを超える充電電路に用いられる絶縁用防具
㉙　動力により駆動されるプレス機械
㉚　動力により駆動されるシャー
㉛　動力により駆動される遠心機械
㉜　配管を除く化学設備およびその附属設備
㉝　地下に埋設された配管を除くアセチレン溶接装置およびガス集合溶接装置
㉞　乾燥設備およびその附属設備
㉟　鉄道営業法などの適用を受けるものを除く、軌条により人または荷を運搬する用に供される動力車および動力により駆動される巻上げ装置
㊱　局所排気装置、プッシュプル型換気装置、除じん装置、排ガス処理装置および排液処理装置
㊲　特定化学設備およびその附属設備
㊳　透過写真の撮影に用いられるガンマ線照射装置

　このうち、次の機械・設備の自主検査については、その使用する資格を有する労働者または検査業者に実施させる特定自主検査を行わなければなりません（同法第45条第2項、令第15条第2項）。

①　フォークリフト
②　車両系建設機械
③　不整地運搬車
④　作業床の高さが2m以上の高所作業車
⑤　動力により駆動されるプレス機械

(6) 製造などの禁止

　次の労働者に重度の健康障害を生ずる物は、製造、輸入、譲渡、提供または使用してはなりません（同法第55条、令第16条第1項）。

① 黄りんマッチ
② ベンジジンおよびその塩
③ 四-アミノジフエニルおよびその塩
④ 石綿
⑤ 四-ニトロジフエニルおよびその塩
⑥ ビス(クロロメチル)エーテル
⑦ ベーターナフチルアミンおよびその塩
⑧ その含有するベンゼンの容量がゴムのりの希釈剤を含む溶剤の5%を超えるベンゼンを含有するゴムのり
⑨ ②、③若しくは⑤から⑦までの物をその重量の1%または④の物をその重量の0.1%を超えて含有する製剤その他の物

(7) 製造の許可

次の労働者に重度の健康障害を生ずるおそれのある物を製造しようとする者は、あらかじめ、物ごとに、かつ、製造するプラントごとに、厚生労働大臣の許可を受けなければなりません(同法第56条第1項、令第17条、別表第3、特化則第48条)。

① ジクロルベンジジンおよびその塩
② アルフアーナフチルアミンおよびその塩
③ 塩素化ビフエニル(別名PCB)
④ オルトートリジンおよびその塩
⑤ ジアニシジンおよびその塩
⑥ ベリリウムおよびその化合物
⑦ ベンゾトリクロリド
⑧ ①から⑥までの物をその重量の1%または⑦の物をその重量の0.5%を超えて含有する製剤その他の物(合金の場合は、ベリリウムをその重量の3%を超えて含有するもの)

(8) 表示など

　爆発性の物、発火性の物、引火性の物その他の労働者に危険を生ずるおそれのある物もしくはベンゼン、ベンゼンを含有する製剤などの労働者に健康障害を生ずるおそれのあるものまたはジクロルベンジジン、ジクロルベンジジンを含有する製剤などの労働者に重度の健康障害を生ずるおそれのある物を容器に入れまたは包装して譲渡し、または提供する者は、その容器または包装に次の事項を表示しなければなりません（同法第57条）。

① 名称
② 成分およびその含有量
③ 人体に及ぼす作用
④ 貯蔵または取扱い上の注意
⑤ 注意を喚起するための標章

(9) 文書の交付など

　アクリルアミド、アクリル酸などの労働者に危険や健康障害を生ずるおそれのある物を譲渡し、または提供する者は、文書の交付などの方法によりその物に関する次の事項を譲渡し、または提供する相手方に通知しなければなりません（同法第57条の2）。

① 名称
② 成分およびその含有量
③ 物理的および化学的性質
④ 人体に及ぼす作用
⑤ 貯蔵または取扱い上の注意
⑥ 流出その他の事故が発生した場合において講ずべき応急の措置

(10) 化学物質の有害性の調査

　既存の化学物質以外の新規化学物質を製造し、または輸入しようとする事業者は、あらかじめ、その新規化学物質が労働者の健康に与える影響

についての有害性の調査を行い、その化学物質の名称、有害性の調査の結果などを厚生労働大臣に届け出なければなりません（同法第57条の3）。

5 安全衛生教育

(1) 雇入れ時などの安全衛生教育

労働者を雇い入れたときには、原則として次のうちその労働者が従事する業務に関する安全または衛生のために必要な事項について、教育を行わなければなりません。

① 機械や原材料などの危険性または有害性およびこれらの取扱い方法
② 安全装置や有害物抑制装置、保護具の性能およびこれらの取扱い方法
③ 作業手順
④ 作業開始時の点検
⑤ その業務に関して発生するおそれのある疾病の原因や予防
⑥ 整理、整頓および清潔の保持
⑦ 事故時などにおける応急措置および退避
⑧ その業務に関する安全または衛生のために必要な事項

ただし、次の業種以外の事業所においては、①から④までの事項についての教育を省略することができます（同法第59条）。

林業、鉱業、建設業、運送業、清掃業、製造業、電気業、ガス業、熱供給業、水道業、通信業、各種商品卸・小売業、家具・建具・じゅう器等卸・小売業、燃料小売業、旅館業、ゴルフ場業、自動車整備業および機械修理業

なお、十分な知識または技能を有していると認められる労働者については、その事項についての教育を省略することができます。

また、労働者の作業内容を変更した時にも、同様の安全衛生教育が必要です。

(2) 危険有害業務に関する特別の安全衛生教育

　次の危険または有害な業務に労働者をつかせるときは、その業務に関する安全または衛生のための特別の教育を行わなければなりません。ただし、十分な知識および技能を有している労働者については、その科目についての特別教育を省略することができます。また、特別の教育を行ったときは、特別の教育の受講者、科目などの記録を作成して、これを3年間保存しておかなければなりません（同法第59条3項、則第36条）。

① 研削といしの取替えまたは取替え時の試運転の業務
② 動力プレスの金型、シャーの刃部またはプレス機械もしくはシャーの安全装置もしくは安全囲いの取付け、取外しまたは調整の業務
③ アーク溶接などの業務
④ 高圧（直流の場合は750Vを、交流の場合は600Vを超え、7,000V以下である電圧）もしくは特別高圧（7,000Vを超える電圧）の充電電路もしくは充電電路の支持物の敷設、点検、修理もしくは操作の業務、低圧（直流の場合は750V以下、交流の場合は600V以下である電圧）の充電電路（対地電圧が50V以下であるもの及び電信用のもの、電話用のものなどで感電による危害を生ずるおそれのないものを除く）の敷設もしくは修理の業務または配電盤室、変電室等区画された場所に設置する低圧の電路（対地電圧が50V以下であるものおよび電信用のもの、電話用のものなどで感電による危害の生ずるおそれのないものを除く）のうち充電部分が露出している開閉器の操作の業務
⑤ 最大荷重1t未満のフォークリフトの運転の業務
⑥ 最大荷重1t未満のショベルローダーまたはフォークローダーの運転の業務
⑦ 最大積載量が1t未満の不整地運搬車の運転の業務

⑧　制限荷重5t未満の揚貨装置の運転の業務
⑨　機械集材装置の運転の業務
⑩　胸高直径が70cm以上の立木の伐木、胸高直径が20cm以上で、かつ、重心が著しく偏している立木の伐木、つりきりその他特殊な方法による伐木またはかかり木でかかっている木の胸高直径が20cm以上であるものの処理の業務
⑪　チェーンソーを用いて行う立木の伐木、かかり木の処理または造材の業務
⑫　機体重量が3t未満の車両系建設機械の運転の業務
⑬　車両系建設機械以外の基礎工事用機械の運転の業務
⑭　基礎工事用車両系建設機械の作業装置の操作の業務
⑮　締固め用車両系建設機械の運転の業務
⑯　コンクリート打設用機械の作業装置の操作の業務
⑰　ボーリングマシンの運転の業務
⑱　建設工事の作業を行う場合におけるジャッキ式つり上げ機械の調整または運転の業務
⑲　作業床の高さが2m以上10m未満の高所作業車の運転の業務
⑳　電気ホイスト、エヤーホイストおよびこれら以外の巻上げ機でゴンドラに係るものを除く動力により駆動される巻上げ機の運転の業務
㉑　巻上げ装置を除く軌条により人または荷を運搬する用に供される動力車及び動力により駆動される巻上げ装置（鉄道営業法などの適用を受けるものを除く）の運転の業務
㉒　小型ボイラーの取扱いの業務
㉓　つり上げ荷重が5t未満の移動式クレーンを除くクレーンまたはつり上げ荷重が5t以上の跨線テルハの運転の業務
㉔　つり上げ荷重が1t未満の移動式クレーンの運転の業務
㉕　つり上げ荷重が5t未満のデリックの運転の業務
㉖　建設用リフトの運転の業務

㉗　つり上げ荷重が1t未満のクレーン、移動式クレーンまたはデリックの玉掛けの業務
㉘　ゴンドラの操作の業務
㉙　作業室および気閘室へ送気するための空気圧縮機を運転する業務
㉚　高圧室内作業に係る作業室への送気の調節を行うためのバルブまたはコックを操作する業務
㉛　気閘室への送気または気閘室からの排気の調整を行うためのバルブまたはコックを操作する業務
㉜　潜水作業者への送気の調節を行うためのバルブまたはコックを操作する業務
㉝　再圧室を操作する業務
㉞　高圧室内作業の業務
㉟　四アルキル鉛等業務
㊱　酸素欠乏危険場所における業務
㊲　第一種圧力容器の整備の業務を除く特殊化学設備の取扱い、整備および修理の業務
㊳　X線装置またはガンマ線照射装置を用いて行う透過写真の撮影の業務
㊴　原子炉等規正法に規定する加工施設、再処理施設または使用施設などの管理区域内において核燃料物質もしくは使用済燃料またはこれらによって汚染された原子核分裂生成物を含む物を取り扱う業務
㊵　原子炉等規正法に規定する原子炉施設の管理区域内において、核燃料物質もしくは使用済燃料またはこれらによって汚染された原子核分裂生成物を含む物を取り扱う業務
㊶　設備による注水または注油をしながら行う作業を除く特定粉じん作業
㊷　ずい道などの内部において行われるその掘削の作業またはこれに伴うずり、資材などの運搬、覆工のコンクリートの打設などの業務
㊸　産業用ロボットの駆動源を遮断して行うものを除く産業用ロボットの

可動範囲内において産業用ロボットについて行うマニプレータの動作の教示などまたは教示などを行う労働者と共同して産業用ロボットの可動範囲外において行う教示などの機器の操作の業務
㊹　産業用ロボットの運転中に産業用ロボットの可動範囲内において行う産業用ロボットの検査などまたは検査などを行う労働者と共同して産業用ロボットの可動範囲外において行う検査などの機器の操作の業務
㊺　二輪自動車を除く自動車用タイヤの組立てにおいて、空気圧縮機を用いてタイヤに空気を充てんする業務
㊻　廃棄物の焼却施設においてばいじんおよび焼却灰その他の燃え殻を取り扱う業務
㊼　廃棄物の焼却施設に設置された廃棄物焼却炉、集じん機などの設備の保守点検などの業務
㊽　廃棄物の焼却施設に設置された廃棄物焼却炉、集じん機などの設備の解体などの業務ならびにこれに伴うばいじんおよび焼却灰その他の燃え殻を取り扱う業務
㊾　石綿などが使用されている建築物または工作物の解体などの作業
㊿　石綿などの封じ込めまたは囲い込みの作業

　また、その事業所における安全衛生の水準の向上を図るため、危険または有害な業務に現に就いている者に対し、その従事する業務に関する安全または衛生のための教育を行うように努めなければなりません。厚生労働大臣は、この教育の適切かつ有効な実施を図るため必要な「危険又は有害な業務に現に就いている者に対する安全衛生教育に関する指針（平成元年5月22日公示第1号）」を公表しており、この指針に従い、事業者またはその団体に対し、必要な指導などを行うことができます（同法第60条の2）。

(3) 職長などの安全衛生教育

表8の業種において、新たに職務に就く職長その他の作業中の労働者を直接指導または監督する者に対しては、同表に定める事項について、安全または衛生のための教育を行わなければなりません（同法第60条）。

表8　職長などの安全衛星教育を行わなければならない業種および事項

業種	建設業、製造業（食料品・たばこ製造業（うま味調味料製造業および動植物油脂製造業を除く）、繊維工業（紡績業および染色整理業を除く）、衣服その他の繊維製品製造業、紙加工品製造業（セロファン製造業を除く）、新聞業、出版業、製本業および印刷物加工業を除く）、電気業、ガス業、自動車整備業および機械修理業
事項	① 作業方法の決定および労働者の配置に関すること。 ② 労働者に対する指導または監督の方法に関すること。 ③ その他現場監督者として行うべき労働災害防止活動に関すること。

6　就業制限

次の業務については、都道府県労働局長の免許を受けた者または技能講習を修了した者などの資格を有する者でなければ、その業務に就かせてはなりません。また、これらの業務につくことができる資格を有する者でなければ、その業務を行ってはなりません。これらの業務につく資格を有する者は、その業務に従事するときは、免許証その他その資格を証する書面を携帯していなければなりません（同法第61条、同法施行令第20条）。

① 発破の場合におけるせん孔、装てん、結線、点火ならびに不発の装薬または残薬の点検および処理の業務
② 制限荷重が5t以上の揚貨装置の運転の業務
③ 小型ボイラーを除くボイラーの取扱いの業務
④ 小型ボイラーを除くボイラーまたは小型圧力容器を除く第一種圧力容器の自動溶接機によるものなどを除く溶接の業務
⑤ 小型ボイラーなどを除くボイラーまたは小型圧力容器などを除く第一種圧力容器の整備の業務
⑥ つり上げ荷重が5t以上の跨線テルハを除くクレーンの運転の業務

⑦　つり上げ荷重が1t以上の移動式クレーンの運転の業務
⑧　つり上げ荷重が5t以上のデリックの運転の業務
⑨　潜水器を用い、かつ、空気圧縮機もしくは手押しポンプによる送気またはボンベからの給気を受けて、水中において行う業務
⑩　可燃性ガスおよび酸素を用いて行う金属の溶接、溶断または加熱の業務
⑪　最大荷重が1t以上のフォークリフトの運転の業務
⑫　機体重量が3t以上の一定の車両系建設機械の運転の業務
⑬　最大荷重が1t以上のショベルローダーまたはフォークローダーの運転の業務
⑭　最大積載量が1t以上の不整地運搬車の運転の業務
⑮　作業床の高さが10m以上の高所作業車の運転の業務
⑯　制限荷重が1t以上の揚貨装置またはつり上げ荷重が1t以上のクレーン、移動式クレーンもしくはデリックの玉掛けの業務

7　中高年齢者などについての配慮

　中高年齢者その他労働災害の防止上その就業に当たって特に配慮を必要とする者については、その心身の条件に応じて適正な配置を行うように努めなければなりません（同法第62条）。

8　健康の保持増進

(1) 健康の保持のための3管理
　職場における労働者の健康の保持のためには、次の3つの管理が総合的に機能することが必要です。
①　作業環境を良好な状態に維持管理すること（作業環境の管理）。
②　労働者の疲労やストレスが過度にならないように作業を適切に管理す

ること(作業の管理)。
③ 労働者の健康状態を的確に把握し、必要な措置を講ずること(健康の管理)。

(2) 作業環境測定

作業環境管理は、作業環境中の有害要因を取り除くことを目的としており、作業環境管理を進めるに当たっては、作業環境を正確に把握し、その結果の評価に基づき、必要な場合には施設・設備の設置・整備などの措置を講ずる必要があります。

ア 作業環境測定

作業環境を正確に把握するために、使用者は、必要な作業環境測定を行わなければなりません。この作業環境測定とは、作業環境の実態を把握するため空気環境その他の作業環境について行うデザイン、サンプリングおよび解析を含む分析をいいます(同法第2条第4号)。

作業環境測定を行わなければならないのは、次の有害な業務を行う作業場です(同法第65条第1項、令第21条)。

① 土石、岩石、鉱物、金属または炭素の粉じんを著しく発散する屋内作業場
② 暑熱、寒冷または多湿の屋内作業場
③ 著しい騒音を発する屋内作業場
④ 坑内の作業場
⑤ 中央管理方式の空気調和設備を設けている建築物の事務所用の室
⑥ 放射線業務を行う作業場
⑦ 特定化学物質などを製造し、もしくは取り扱う屋内作業場またはコークス炉上においてもしくはコークス炉に接してコークス製造を行う作業場
⑧ 遠隔操作によって行う隔離室におけるものを除く鉛業務を行う屋内

作業場
⑨　酸素欠乏危険場所の作業場
⑩　所定の有機溶剤を製造し、または取り扱う業務を行う屋内作業場

　このうち、①、⑦、⑧および⑩の作業場ならびに放射性物質取扱作業室において作業環境測定を行う場合には、作業環境測定士にこれを実施させなければなりません。また、その作業環境測定を行うことができないときは、その作業環境測定を作業環境測定機関に委託しなければなりません（作業環境測定法第3条）。作業環境測定は、厚生労働大臣の定める作業環境測定基準に従って行わなければなりません。また、作業環境測定の結果を記録しておかなければなりません（労働安全衛生法第65条第1項、第2項）。

　厚生労働大臣は、作業環境測定の適切かつ有効な実施を図るため作業環境測定指針を公表し、必要があるときは、事業者もしくは作業環境測定機関またはこれらの団体に対し必要な指導などを行うことができます。また、都道府県労働局長は、作業環境の改善により労働者の健康を保持する必要があるときは、事業者に対し、作業環境測定の実施などを指示することができます（同法第65条第4項、第5項）。

イ　作業環境測定の結果の評価など

　作業環境測定を行った場合には、その結果の評価を行う必要がありますが、この評価は、厚生労働大臣の定める作業環境評価基準に従って行わなければなりません（同法第65条の2第2項）。

　作業環境測定の結果の評価に基づいて、労働者の健康を保持するため必要があるときは、事業者は、施設・設備の設置・整備、健康診断の実施などの適切な措置を講じなければなりません。また、作業環境測定の結果の評価を行ったときは、その結果を記録しておかなければなりません（同法第65条の2第1項、第3項）。

(3) 作業管理

ア　作業の管理

使用者は、労働者の健康に配慮して、その従事する作業を適切に管理するように努めなければなりません（同法第65条の3）。

イ　作業時間の制限

健康障害を生ずるおそれのある高圧室内業務および潜水業務に従事させる労働者については、作業時間についての基準に違反して、その業務に従事させてはなりません（同法第65条の4、高圧則第15条、第27条）。

(4) 健康診断

個々の労働者の健康状態を把握し、適切な健康管理を行い、その健康状況から職場の有害因子を発見し改善していくためには、健康診断が必要です。

ア　一般健康診断

使用者は、労働者に対し、医師による次の一般健康診断を行わなければなりません（同法第66条1項、則第43条～第47条）。

① 常時使用する労働者を雇い入れるときに行う健康診断
② 常時使用する労働者（③の労働者を除く）に対し、1年以内ごとに1回、定期に行う健康診断
③ 深夜業を含む業務など特定業務に常時従事する労働者に対し、その業務への配置替えの際および6月以内ごとに1回、定期に行う健康診断
④ 労働者を本邦外の地域に6月以上派遣しようとするときおよび本邦外の地域に6月以上派遣した労働者を本邦の地域内における業務に就かせるときに行う健康診断
⑤ 事業に附属する食堂または炊事場における給食の業務に従事する

労働者に対し、その雇入れの際またはその業務への配置替えの際に行う検便による健康診断

イ　有害業務従事者の健康診断

　業務に起因する疾病の可能性の高い次の業務については、これに起因する疾病の早期発見や適切な事後措置などの健康管理を行うために、その業務に応じた特殊健康診断を行わなければなりません（同法第66条第1項、令第22条第1項）。

① 潜函工法その他の圧気工法により、大気圧を超える気圧下の作業室またはシャフトの内部において行う高圧室内作業
② 潜水器を用い、かつ、空気圧縮機もしくは手押しポンプによる送気またはボンベからの給気を受けて、水中において行う業務
③ 放射線業務
④ 特定化学物質を製造し、もしくは取り扱う業務
⑤ アモサイトおよびクロシドライトを除く石綿またはこれを含有する製剤などを製造し、もしくは取り扱う業務
⑥ 石綿またはこれを含有する製剤などの製造または取扱いに伴い石綿の粉じんを発散する場所における業務
⑦ 黄りんマッチ、ベンジジンおよびその塩、4―アミノジフエニルおよびその塩、アモサイト、クロシドライト、4―ニトロジフエニルおよびその塩、ビス（クロロメチル）エーテル、ベーターナフチルアミンおよびその塩、アモサイトおよびクロシドライトを除く石綿を含有する一定の製品、ベンゼンを含有する一定のゴムのり、これらの物を含有する一定の製剤などを試験研究のため製造し、もしくは使用する業務
⑧ 遠隔操作によって隔離室で行うものを除く鉛業務
⑨ 遠隔操作によって隔離室で行うものを除く四アルキル鉛等業務
⑩ 屋内作業場またはタンク、船倉もしくは坑の内部などの場所において有機溶剤を製造し、または取り扱う業務

また、次の有害な業務に従事させたことがあり、現に使用している労働者についても、その業務に応じた特殊健康診断を行わなければなりません（同法第66条第1項、令第22条第2項）。

① ベンジジンおよびその塩
② アモサイト
③ クロシドライト
④ ビス（クロロメチル）エーテル
⑤ ベーターナフチルアミンおよびその塩
⑥ ジクロルベンジジンおよびその塩
⑦ アルフアーナフチルアミンおよびその塩
⑧ オルトートリジンおよびその塩
⑨ ジアニシジンおよびその塩
⑩ ベリリウムおよびその化合物
⑪ ベンゾトリクロリド
⑫ アモサイトおよびクロシドライトを除く石綿
⑬ エチレンイミン
⑭ 塩化ビニル
⑮ オーラミン
⑯ クロム酸およびその塩
⑰ クロロメチルメチルエーテル
⑱ コールタール
⑲ 三酸化砒素
⑳ 三・三′－ジクロロ－四・四′－ジアミノジフエニルメタン
㉑ 重クロム酸およびその塩
㉒ ニッケルカルボニル
㉓ パラージメチルアミノアゾベンゼン
㉔ ベータープロピオラクトン
㉕ ベンゼン

㉖　マゼンタ
㉗　①から㉖の物を含有する製剤など

　事業者は、塩酸、硝酸、硫酸、亜硫酸、フッ化水素、黄りんその他歯またはその支持組織に有害な物のガス、蒸気または粉じんを発散する場所における業務に従事する労働者に対し、歯科医師による健康診断を行わなければなりません（同法第66条第3項）。

　都道府県労働局長は、労働者の健康を保持するため必要があるときは、労働衛生指導医の意見に基づき、使用者に対し、臨時の健康診断の実施などを指示することができます（同条第4項）。

　労働者は、使用者の指定した医師または歯科医師が行う健康診断を受けることを希望しない場合に、他の医師または歯科医師の行うこれらの健康診断に相当する健康診断を受け、その結果を証明する書面を使用者に提出したときを除き、使用者が行う健康診断を受けなければなりません（同条第5項）。

ウ　自発的健康診断

　過去6か月間を平均して1か月当たり4回以上深夜業に従事した労働者は、自ら受けた健康診断の結果を証明する書面を使用者に提出することができます（同法第66条の2）。

エ　健康診断に関する措置

　自発的健康診断の場合を含め健康診断に関して、使用者は、次の措置を講じなければなりません。

①　健康診断個人票を作成して健康診断の結果を記録し、一般健康診断については5年間、特殊健康診断についてはその種類ごとに定められた期間保存しなければならない（同法第66条の3）。

②　健康診断の結果（健康診断の項目に異常の所見があると診断され

た労働者に限る)に基づき、その労働者の健康を保持するために必要な措置について、医師または歯科医師の意見を聴かなければならない(同法第66条の4)。
③ 医師や歯科医師の意見を勘案し、その必要があるときは、労働者の実情を考慮して、就業場所の変更、作業の転換、労働時間の短縮、深夜業の回数の減少、作業環境測定の実施、施設・設備の設置・整備、医師や歯科医師の意見の衛生委員会などへの報告などの適切な措置を講じなければならない(同法第66条の5)。
④ 健康診断を受けた労働者に健康診断の結果を通知しなければならない(同法第66条の6)。
⑤ 健康診断の結果、特に健康の保持に努める必要があると認める労働者に対し、医師や保健師による保健指導を行うよう努めなければならない(同法第66条の7)。

(5) 面接指導

ア 面接指導

時間外労働が月100時間を超えており、かつ、疲労の蓄積が見られる労働者から申出がある場合には、その申出後遅滞なく、医師が問診などにより心身の状況を把握し、これに応じて面接により指導を行う面接指導を行わなければなりません(同法第66条の8第1項)。

労働者は、使用者の指定した医師が行う面接指導を受けることを希望しない場合に、他の医師の行う面接指導を受け、その結果を証明する書面を使用者に提出したときを除き、使用者が行う面接指導を受けなければなりません(同条第2項)。

イ 面接指導について講ずべき措置

面接指導についても、使用者は、次の措置を講じなければなりません。
① 面接指導の結果の記録を作成し、5年間保存すること同条第3項)。

② 面接指導の結果に基づき、遅滞なく医師から意見を聴取すること（同条第4項）。
③ 医師の意見を勘案し、労働者の実情を考慮して、就業場所の変更、作業の転換、労働時間の短縮、深夜業の回数の減少、医師の意見の衛生委員会などへの報告などの適切な措置を講ずること（同条第5項）。

また、面接指導の義務のない労働者であっても、長時間の労働により疲労の蓄積が認められ、または健康上の不安のあるものに対して、その申し出に基づき面接指導を行うよう努めなければなりません（同法第66条の9）。

(6) 健康管理手帳

都道府県労働局長は、がんなどの健康障害を生ずるおそれのある業務に従事していた者のうち所定の要件に該当する者に対し、離職の際または離職後に、無料で健康診断を受診できる健康管理手帳を交付します（同法第67条）。

(7) 病者の就業禁止

事業者は、病毒伝ぱのおそれのある伝染性の疾病や労働のため病勢が著しく増悪するおそれのある心臓、腎臓、肺などの疾病にかかった者などについては、あらかじめ、産業医その他専門の医師の意見を聴いて、その就業を禁止しなければなりません（同法第68条、則第61条）

(8) 健康の保持増進のための措置
ア 健康教育など

使用者は、労働者に対する健康教育および健康相談など他労働者の健康の保持増進を図るため必要な措置を継続的かつ計画的に講ずるように努めなければなりません。また、労働者は、事業者が講ずる措置を利

用して、その健康の保持増進に努めなければなりません（同法第69条）。

イ　体育活動などについての便宜供与
　使用者は、労働者の健康の保持増進を図るため、体育活動、レクリエーションなどの活動についての便宜を供与するなど必要な措置を講ずるように努めなければなりません（同法第70条）。

ウ　健康の保持増進のための指針の公表
　厚生労働大臣は、使用者が講ずべき健康の保持増進のための措置に関して、その適切かつ有効な実施を図るため「事業場における労働者の健康保持増進のための指針（昭和63年9月1日公示第1号）」などを公表しており、この指針に従い、使用者や使用者団体に対し、必要な指導などを行うことができます（同法第70条の2）。

(9) 快適な職場環境の形成のための措置
ア　使用者の講ずる措置
　使用者は、事業所における安全衛生の水準の向上を図るため、①作業環境を快適な状態に維持管理するための措置、②労働者の従事する作業について、その方法を改善するための措置、③作業に従事することによる労働者の疲労を回復するための施設・設備の設置・整備、④その他の快適な職場環境を形成するため必要な措置を継続的かつ計画的に講ずることにより、快適な職場環境を形成するように努めなければなりません（同法第71条の2）。

イ　快適な職場環境の形成のための指針の公表
　厚生労働大臣は、使用者が講ずべき快適な職場環境の形成のための措置に関して、その適切かつ有効な実施を図るため「事業者が講ずべき快適な職場環境の形成のための措置に関する指針（平成4年7月1日告

示第59号)」を公表しており、この指針に従い、使用者や使用者団体に対し、必要な指導などを行うことができます(同法第71条の3)。

9 安全衛生改善計画など

(1) 安全衛生改善計画の作成の指示

都道府県労働局長は、事業所の施設などについて労働災害の防止を図るため総合的な改善措置を講ずる必要があるときは、使用者に対し、安全衛生改善計画を作成することを指示することができます(同法第78条第1項)。

使用者は、安全衛生改善計画を作成しようとする場合には、その事業所に労働者の過半数で組織する労働組合があるときはその労働組合、労働者の過半数で組織する労働組合がないときは労働者の過半数を代表する者の意見を聴かなければなりません(同条第2項)。

(2) 安全衛生改善計画の遵守

使用者およびその労働者は、安全衛生改善計画を守らなければなりません(同法第79条)。

(3) 計画の届出など

製造業(食料品・たばこ製造業(うま味調味料製造業および動植物油脂製造業を除く)、繊維工業(紡績業および染色整理業を除く)、衣服その他の繊維製品製造業、紙加工品製造業(セロファン製造業を除く)、新聞業、出版業、製本業および印刷物加工業を除く)、電気業、ガス業、自動車整備業、機械修理業の使用者は、電気使用設備の定格容量の合計が300kw以上のものの建設物もしくは機械・設備を設置もしくは移転またはその主要構造部分の変更をしようとするときは、その計画を工事開始30日前までに、労働基準監督署長に届け出なければなりません。ただし、危険性・有害性

などの調査およびその結果に基づき講ずる措置及び指針に従って自主的活動を講じているものとして労働基準監督署長が認定した使用者については、この限りではありません。また、建設業の仕事のうち重大な労働災害を生ずるおそれがある特に大規模な仕事を開始しようとするときは、その計画を当該仕事の開始30日前までに厚生労働大臣に届け出なければなりません（同法第88条）。

(4) 報告など

　厚生労働大臣、都道府県労働局長または労働基準監督署長は、使用者、労働者、機械等貸与者、建築物貸与者またはコンサルタントに対し、必要な事項を報告させ、または出頭を命ずることができます。また、労働基準監督官も使用者または労働者に対し、必要な事項を報告させ、または出頭を命ずることができます。労働者が労働災害に被災した場合には、使用者は、労働基準監督署に死傷病報告書を提出しなければなりません。死傷病報告書は、労働災害その他就業中または事業場内・付属建設物内における負傷、窒息または急性中毒により死亡、休業の場合に提出する必要があります。死亡や休業4日以上の傷病の場合にはその都度、休業3日以内の傷病の場合には、3か月に1度その期間の最後の月の翌月末日までに提出しなければなりません（同法第100条）。

第2章
労働基準法などの求めているもの

「労働基準法などの求めているもの」のポイント
1　労働時間、休憩、休日に関する労働基準法などの規制
2　男女雇用機会均等法によるセクハラの防止
3　事業附属寄宿舎に関する労働基準法などの規制

「労働基準法などの求めているもの」のポイント

1　労働時間とは、労働者が使用者の指揮命令下に置かれている時間をいい、労働時間に該当するか否かは、労働者の行為が使用者の指揮命令下に置かれたものと評価することができるか否かにより客観的に定まるものであり、労働契約や就業規則、労働協約などの定めのいかんにより決定されるものではない。

2　使用者は、労働者に、休憩時間を除き、原則として、1週間について40時間（特例措置の事業所においては44時間）を超えて、1週間のそれぞれの日について8時間を超えて、労働させてはならない。

3　変形労働時間制とは、業務の繁閑に応じて、所定労働時間をあらかじめ傾斜的に配分することを可能とする制度をいい、1か月単位の変形労働時間制、1年単位の変形労働時間制、1週間単位の非定型的変形労働時間制およびフレックスタイム制があり、それぞれの適用要件を満たしていなければ、採用できない。

4　みなし労働時間制には、事業場外労働時間制、専門業務型裁量労働時間制および企画業務型裁量労働時間制があり、この場合には、一定の労働時間労働したものとみなされる。

5　休憩時間は、労働者が権利として労働から離れることを保障されている時間をいい、単に作業に従事していない手待ち時間は労働時間であり、休憩時間ではなく、①労働時間が6時間を超える場合には45分、②労働時間が8時間を超える場合には1時間以上の休憩時間を、労働時間の途中に与えなければならない。休憩時間は、原則として一斉に与え、労働者に自由に利用させなければならない。

6　使用者は、労働者に対して、毎週1回または4週間を通じ4日以上の休日を与えなければならない。

7　使用者が、36協定をし、労働基準監督署長に届け出た場合には、

労働時間または休日に関する規定にかかわらず労働時間を延長し、または休日に労働させることができるが、36協定の内容は限度基準に適合したものとなるようにしなければならない。

8　時間外労働の場合には2割5分（平成22年4月からは、限度時間を超える時間外労働に対する割増賃金の率は2割5分を超える率とするように努めること。1か月60時間を超える時間外労働については5割（中小企業を除く））増しの割増賃金を、休日労働の場合には3割5分の割増賃金を、深夜業の場合には2割5分増しの割増賃金を、支払わなければならない。

9　労働基準法は原則としてあらゆる事業に適用されるが、①農業、畜産・養蚕・水産業に従事する者、②管理・監督の地位にある者、機密の事務を取り扱う者、③監視・継続的な労働に従事する者で行政官庁の許可を得た者については、労働時間、休憩および休日に関する規定は適用されない。このうち、②の管理監督者は、労働時間、休憩、休日などに関する規制の枠を超えて活動することが要請されざるを得ない、重要な職務と責任を有し、現実の勤務態様も、労働時間などの規制になじまないような立場にある者に限られる。

10　自動車運転者については、労働基準法による規制に加えて、「自動車運転者の労働時間等の改善のための基準」が定められている。

11　労働時間の適正な把握などを図るため、「労働時間の適正な把握のために使用者が講ずべき措置に関する基準」が定められている。

12　使用者は、職場におけるセクハラを防止するために雇用管理上必要な措置を講じなければならない。

13　常態として相当人数の労働者が宿泊し、共同生活の実態を備える寄宿舎が事業経営の必要上その一部として設けられているような事業との関連を持つ場合には、事業附属寄宿舎として、労働基準法などの規制を受ける。

1 労働時間、休憩、休日に関する労働基準法などの規制

1 労働時間、休憩、休日に関する労働基準法などの規制

　労働基準法は、すべての事業を適用事業とし、広く一般労働者を保護の対象とする労働条件の基本法で、その内容も賃金、労働時間、休日、休憩、労働契約、就業規則など広範囲の労働条件を規制対象としていますが、特に、労働者の安全や健康に影響があるのは、労働時間や休憩、休日に関する規定です。

(1) 労働時間の範囲

　労働時間は、労働者が使用者の指揮命令下に置かれている時間をいいます。このため、労働時間に該当するか否かは、労働者の行為が使用者の指揮命令下に置かれたものと評価することができるか否かにより客観的に定まるものであり、労働契約や就業規則、労働協約などの定めのいかんにより決定されるものではありません（三菱重工業長崎造船所事件　最高裁第一小法廷平成12年3月9日民集54－3－801）。

　労働時間の範囲については、次のように取り扱われています。

ア　就業に関連する行為

　労働者が就業を命じられた業務の準備行為などを事業所内において行うことを使用者から義務付けられる行為は、就業規則などにおいてその行為を所定労働時間外に行うものとされている場合でも、特段の事情のない限り、使用者の指揮命令下に置かれたものと評価できますので、その行為を行うために要した時間は、それが社会通念上必要と認められるものである限り、労働時間に該当します。具体的には、事業所内の更衣所において作業服や保護具などの装着、資材などの受出し、月数回の散水が義務付けられている場合には、①更衣所での作業服や保護具などの装着、②準

備体操場までの移動、③資材などの受出し、④月数回の散水、⑤作業場から更衣所までの移動、⑥作業服や保護具などの脱離については、使用者の指揮命令下に置かれたと評価されています（三菱重工業長崎造船所事件）。

　一方、⑦入退場門から更衣所までの移動、⑧午前終業時刻後の作業場から食堂までの移動、⑨現場控所における作業服や保護具などの一部の脱離、⑩午後始業時刻前の食堂などから作業場や準備体操場までの移動、⑪脱離した作業服や保護具などの再装着、⑫手洗や洗面、洗身、入浴、⑬更衣所から入退場門までの移動については、労働時間には該当しないと評価されています（三菱重工業長崎造船所事件）。

　また、駅務員が行う点呼や出勤点呼後の勤務場所への移動は、使用者の指揮命令下に置かれているから、これに要した時間は、それが社会通念上必要と認められるものに限り、労働時間に当たるが、始業時刻の一定時間前に引継を行うために勤務場所に出向くことが明示あるいは黙示に義務付けられていない場合に、駅務員が出勤点呼終了後直ちに勤務場所に赴き、引継事項がある場合に始業時刻前に引継を完了させることがあるとしても、これは任意に行われているので、この引継に要した時間は労働時間ではないとする裁判例（東京急行電鉄事件　東京地裁平成14年2月28日労判824－5）があります。

イ　手待時間

　実際には業務を行っていなくても、いつでも使用者の指示に従って労働に従事できる状態にある時間を「手待時間」といいます。手待時間については、労働者は労働契約に基づき使用者の指示を受け次第労務を遂行すべき職務上の義務を負っており、この義務を履行するために場所的に拘束されるなど使用者の指揮命令下に置かれて労務の提供を継続していますから、実際に労務を遂行しなくても、原則として労働時間に該当します（日本貨物鉄道事件　東京地裁平成10年6月12日労判745－16）。

しかしながら、長距離トラックの運転手が荷物待ちなどのために費やされる時間や運転荷扱い終了後の待機時間を自由に過ごすことができ、仮に突然の指示がきても、自ら応諾するかしないか判断することが許されている場合には労働時間には該当しないとする裁判例（大虎運輸事件　大阪地裁平成18年6月15日労判924-72）があります。

ウ　仮眠時間

　実作業に従事していない仮眠時間が労働時間に該当するか否かは、労働者が仮眠時間において使用者の指揮命令下に置かれていたものと評価することができるか否かにより客観的に決まり、仮眠時間において労働者が実作業に従事していないというだけでは使用者の指揮命令下から離脱しているということはできず、その時間に労働者が労働から離れることを保障されていて初めて、労働者が使用者の指揮命令下に置かれていないものと評価されます。このため、仮眠時間であっても労働からの解放が保障されていない場合には、労働時間に当たります（大星ビル管理事件　最高裁第一小法廷平成14年2月28日民集56-2-361）。

　例えば、仮眠時間中に、労働契約に基づく義務として、仮眠室における待機と警報や電話などに対して直ちに相当の対応をすることが義務付けられていて、実作業への従事がその必要が生じた場合に限られていても、その必要が生じることが皆無に等しいなど実質的にこのような義務付けがされていないと認めることができるような事情も存しない場合には、仮眠時間は全体として労働からの解放が保障されているとはいえないので、その仮眠時間は労働時間と評価されます（大星ビル管理事件）。これに対し、実作業への従事の必要が生じることが皆無に等しいなど実質的に相当の対応をすべき義務づけがされていないと認められるような事情がある場合には、仮眠時間は労働時間には該当しないとする裁判例（ビル代行事件　東京高裁平成17年7月20日労判899-13）があります。

エ　不活動時間

　労働者が実作業に従事していない不活動時間が労働時間に該当するか否かも、労働者が不活動時間において使用者の指揮命令下に置かれていたものと評価することができるか否かにより客観的に定まり、例えば、マンションの管理人が、所定労働時間外においても管理人室の照明の点消灯、ごみ置場の扉の開閉、テナント部分の冷暖房装置の運転の開始および停止などの断続的な業務に従事すべき旨の指示に従い、その業務に従事していた場合や午前7時から午後10時までの時間に管理人室の照明を点灯しておくように指示され、マニュアルにも所定労働時間外でも、午前7時から午後10時までの時間は住民などが管理人による対応を期待し、その要望に随時対応するために、事実上待機せざるを得ない状態に置かれていた場合には労働時間に該当するが、土曜日については1人体制で執務するように明確な指示があり、労働者もこれを承認し、業務量も1人で処理できないようなものであったともいえない場合には、1人のみが業務に従事したものとして労働時間を算定し、また、病院への通院、犬の運動に要した時間は、会社の指揮命令下にあったということはできないから、労働時間には該当しない（大林ファシリティーズ（オークビルサービス）事件　最高裁第二小法廷平成19年10月19日　労判946-31）と判断されています。

オ　移動時間

　出張中における移動時間は、一般的にいえば、労働拘束性の程度が低く、労働時間に当たるとするのは困難である（横河電機事件　東京地裁平成6年9月27日労判660-35）と解されています。また、寮から工事現場までの往復の時間は通勤時間の延長ないしは拘束時間中の自由時間である以上、労働時間に当たらないし、資材置場に立ち寄ったというだけでは寮から工事現場までの往復が労働時間であるということもできないとする裁判例（高栄建設事件　東京地裁平成10年11月16日労判758-63）もあります。

カ　始業時刻より前に出勤する時間

　始業時刻より前に出勤する時間に関し、始業時刻より前に出勤することはが通勤のために乗車する列車時刻などの事情があることからすると一般的に極めて当然のことであり、列車時刻などの事情により生じた単なる始業時までの個人的な時間で、労働時間ではないとする裁判例（札幌東労基署長（北洋銀行）事件　札幌高裁平成20年2月28日労判968-136）があります。

キ　小集団活動・教育訓練

　小集団活動や教育訓練は、一般的には、その費用を使用者が負担していても、労働者が参加するか否かは全くその自由に委ねられ、会社から参加を強制されていない場合には、業務として行なわれたとはいえないので、労働時間には該当しませんが、全労働者が参加する趣旨で設けられ、委員会の役員には手当が支給され、また、すべての労働者いずれかの委員会に配属されている場合には、委員会に出席して活動した時間は労働時間である（八尾自動車興産事件　大阪地裁昭和58年2月14日労判405-64）と解されています。

　また、安全衛生教育は、労働者がその業務に従事する場合の労働災害を防止するためのものであり、使用者の責任において実施されなければならないので、安全衛生教育を行う時間は労働時間に該当します。安全・衛生委員会の会議の開催に要する時間も同様です（昭和47年9月18日基発第602号）。なお、これに関して、職場安全会議は会社が業務遂行上の安全対策の一環として当該職場全従業員の出席を求めて開催するもので、会社の設定した施策の伝達および従業員の安全教育のためにするものであることに鑑みると、職場安全会議への出席時間は労働時間であるとする裁判例（丸十東鋼運輸倉庫事件　大阪地裁堺支部昭和53年1月11日労判304-61）があります。

ク　健康診断

　健康診断の受診に要した時間については、一般健康診断は、一般的な健康の確保を図ることを目的として事業者に実施を義務づけたものであり、業務遂行との関連において行われるものではありませんので、必ずしも労働時間ではありませんが、労働者の健康の確保は、事業の円滑な運営に不可欠な条件ですので、その受診に要した時間を労働時間として取り扱うことが望ましく、また、特殊健康診断は、業務の遂行にからんで当然に実施されなければならない性格のものですので、その実施に要する時間は労働時間です（昭和47年9月18日基発第602号）。

ケ　黙示の指示

　労働者が使用者からの黙示の指示によって労働している場合には、労働時間に該当します（昭和25年9月14日基収第2983号）。裁判例では、次のような場合には、黙示の指示があると判断されています。

① 　午前7時から午後10時までの時間は住民等が管理員室の照明を点灯しておくように指示し、マニュアルにも、所定労働時間外においても午前7時から午後10時までの時間は住民等が管理員による対応を期待し、その要望に随時対応するために、事実上待機せざるを得ない状態に置かれていて、会社がこの対応を管理日報の提出により認識している場合（大林ファシリティーズ（オークビルサービス）事件　最高裁第二小法廷平成19年10月19日労判946-31）

② 　従業員が深夜労働の申告承認の手続を取っていなかったとしても、タイムカードの記載から深夜に労働していたことが認識できる場合（ドワンゴ事件　京都地裁平成18年5月29日労判920-57）

③ 　駐車場の門扉の開閉装置が夜間に故障した際の対応、病人、火災の発生の対応など、事務の性質上労働者が勤務時間外に行わざるを得ない場合（互光建物管理事件　大阪地裁平成17年3月11日労判898-77）

④　事実上出席が義務付けられている会議への出席や多数の労働者が一定の時刻まで業務に従事している実態が特殊なものではなく、勤務終了予定時間を記載した予定表が作成されている場合（京都銀行事件　大阪高裁平成13年6月28日労判811−5）
⑤　使用者の指示による業務量が就業時間内にこなすことができないほどのもので、時間外労働に従事せざるを得ない状況にある場合（千里山生活協同組合事件　大阪地裁平成11年5月31日労判772−60）

(2) 労働時間の長さ

　使用者は、労働者に、休憩時間を除き、原則として、1週間について40時間（常時10人未満の労働者を使用する物品の販売、配給、保管もしくは賃貸または理容の事業、映画の映写または演劇その他興行の事業、病者または虚弱者の治療、看護その他保健衛生の事業および旅館、料理店、飲食店、接客業または娯楽場の事業所（以下「特例措置の事業所」という）においては44時間）を超えて、また、1週間のそれぞれの日について8時間を超えて、労働させてはなりません（労働基準法第32条、第40条）。ただし、宿直または日直の勤務で断続的な業務について、労働基準監督署長の許可を受けた労働者については、この範囲を超えて、使用することができます（同法施行規則第23条）。

(3) 変形労働時間制

　変形労働時間制とは、業務の繁閑に応じて、所定労働時間をあらかじめ傾斜的に配分することを可能とする制度をいい、1か月単位の変形労働時間制、1年単位の変形労働時間制、1週間単位の非定型的変形労働時間制およびフレックスタイム制があります。変形労働時間制は、それぞれごとに定める適用要件を満たさなければ、採用できません。

ア　1か月単位の変形労働時間制

　使用者は、その事業所に労働者の過半数で組織する労働組合があるときはその労働組合、労働者の過半数で組織する労働組合がないときは労働者の過半数を代表する者との書面による労使協定または就業規則その他これに準ずるものにより、1か月以内の一定の期間を平均し1週間当たりの労働時間が40時間を超えない定めをしたときは、その定めにより、特定された週において40時間または特定された日において8時間を超えて、労働させることができます（同法第32条の2）。

　1か月単位の変形労働時間制を採用する場合には、使用者が特定の日または週に法定労働時間を超えて労働させることが可能となる反面、過密な労働や規則正しい日常生活が乱されて健康を害したり、余暇時間や私生活の設計を困難にさせたりするなど労働者の生活に与える影響が大きいため、次の要件を満たす必要があります。

① その事業所の労働者の過半数で組織する労働組合があるときはその労働組合、労働者の過半数で組織する労働組合がないときは労働者の過半数を代表する者との書面による労使協定または就業規則その他これに準ずるものにより、変形期間におけるそれぞれの日、週の労働時間（始業・終業時刻）を定めること。
② 1か月以内の変形期間の労働時間を平均して、1週間の労働時間は40時間（特例措置の事業所においては44時間）を超えないこと。
③ 変形期間の起算日を定めておくこと。
④ 労使協定の有効期間の定めをすること。
⑤ 労使協定は、所轄の労働基準監督署長に届け出ること。
⑥ 常時10人に満たない労働者を使用する使用者が定めをした場合には、これを労働者に周知させること。

イ　1年単位の変形労働時間制
1）労使協定

　使用者は、その事業所に労働者の過半数で組織する労働組合があるときはその労働組合、労働者の過半数で組織する労働組合がないときは労働者の過半数を代表する者との書面による労使協定により、次の事項を定め、労働基準監督署長に届け出たときは、その労使協定で対象期間として定められた1か月を超え1年以内の期間を平均し1週間当たりの労働時間が40時間（特例措置の事業所においても40時間）を超えない範囲内において、その労使協定で定めるところにより、特定された週において40時間または特定された日において8時間を超えて、労働させることができます（同法第32条の4）。

① 対象労働者の範囲
② 1か月を超え1年以内の対象期間（その期間を平均し1週間当たりの労働時間が40時間を超えない範囲内において労働させる期間）
③ 特定期間（②の対象期間中の特に業務が繁忙な期間）
④ ②の対象期間における労働日と労働日ごとの労働時間（対象期間を1か月以上の期間ごとに区分する場合には、その区分による最初の期間における労働日と労働日ごとの労働時間および最初の期間を除く各期間における労働日数と総労働時間）
⑤ 労使協定の有効期間の定め
⑥ 変形期間の起算日

　なお、労使協定において、④の区分をし、最初の期間を除く各期間における労働日数と総労働時間を定めたときは、各期間の30日以上前に過半数労働組合などの同意を得て、書面により、その労働日数を超えない範囲内において各期間における労働日とその総労働時間を超えない範囲内において各期間における労働日ごとの労働時間を定めなければなりません（同法第32条の4第2項）。

2）労働時間や労働日の設定の要件

1年単位の変形労働時間制を採用するためには、労働時間や労働日について、次の要件を満たさなければなりません。

① 変形期間の1週間の労働時間の平均が40時間（特例措置の事業所においても40時間）を超えないこと。
② 対象期間内の所定労働日数は、原則として1年当たり280日までとすること。
③ 所定労働時間は、原則として1日10時間、1週52時間以内とすること。
④ 対象期間内において、週48時間を超える所定労働時間の週は、連続3週間以内とすること。
⑤ 対象期間を起算日から3か月ごとに区切った各期間において、週48時間を超える所定労働時間の週は、3週以内とすること。
⑥ 連続して労働させることができる日数は、6日以内とすること。ただし、特定期間については、週に1日の休日が確保できる範囲で所定労働日を設定できること。

3）中途採用者および退職者の取扱い

対象期間の途中から採用されたり、途中で退職する労働者など対象期間を通じて使用されない労働者の場合には、使用者は、対象期間中労働させた期間を平均し1週間当たり40時間を超えて労働させたときは、その超えた時間について労働基準法第37条に規定する法定割増賃金の算定方式の例により割増賃金を支払わなければなりません（同法第32条の4の2）。

ウ 1週間単位の非定型的変形労働時間制

1）労使協定

日ごとの業務に著しい繁閑の差が生ずることが多く、かつ、これを予測し

た上で就業規則その他これに準ずるものにより各日の労働時間を特定することが困難であると認められる常時使用する労働者の数が30人未満の小売業、旅館、料理店および飲食店の事業において、使用者が、次の事項について、その事業所に労働者の過半数で組織する労働組合があるときはその労働組合、労働者の過半数で組織する労働組合がないときは労働者の過半数を代表する者との書面による労使協定を締結し、労働基準監督署長に届け出たときは、1日について10時間まで労働させることができます（同法第32条の5）。

ただし、1週間のそれぞれの日の労働時間を決めるに当たっては、労働者の意向を聞き、これを尊重するように努めなければなりません（同法施行規則第12条の5第5項）。

① 所定労働時間は1週間40時間（特例措置の事業所も40時間）以内とすること。
② 変形期間の起算日

2）労働者への通知

1週間のそれぞれの日の労働時間については、原則としてその週の始まる前までに労働者に書面で通知しなければなりません。緊急でやむを得ない事由が生じた場合には、すでに通知した労働時間を変更しようとする日の前日までに書面により労働者に通知しなければなりません（同法第32条の5第3項）。

なお、ここでいう「緊急でやむを得ない事由がある場合」とは、使用者の主観的な必要性でなく、例えば台風の接近、豪雨、雪などの天候の急変などにより予約が大量にキャンセルになった場合や団体客を急に引き受けることになった場合など当初想定した業務の繁閑に大幅な変更が生じたことが客観的に認められる場合に限られます。

エ　フレックスタイム制

　就業規則その他これに準ずるものにより、その労働者についての始業および終業の時刻をその労働者の決定にゆだねることとした労働者についてその事業所に労働者の過半数で組織する労働組合があるときはその労働組合、労働者の過半数で組織する労働組合がないときは労働者の過半数を代表する者との書面による労使協定により次の事項を定めたときは、その労使協定で1か月以内の清算期間として定められた期間を平均し1週間当たりの労働時間が40時間を超えない範囲内において、1週間において40時間または1日において8時間を超えて、労働させることができます（同法第32条の3、同法施行規則第12条の2、第12条の3）。

① 　対象とする労働者の範囲
② 　1か月以内の清算期間（その期間を平均し1週間当たりの労働時間が40時間（特例措置の事業所においては44時間）を超えない範囲内において労働させる期間）
③ 　清算期間における総労働時間
④ 　標準となる1日の労働時間
⑤ 　労働者が労働しなければならない時間帯（コアタイム）を定める場合には、その時間帯の開始および終了の時刻
⑥ 　労働者がその選択により労働することができる時間帯（フレキシブルタイム）に制限を設ける場合には、その時間帯の開始および終了の時刻
⑦ 　変形期間の起算日

　フレックスタイム制においては、週または日については適用されませんが、清算期間の1週間の労働時間の平均は40時間（特例措置の事業所においては44時間）を超えてはなりません。

　なお、フレックスタイム制において、実際に労働した時間が清算期間における総労働時間として定められた時間に比べて過不足が生じた場合に、次の清算期間に繰り越すことについては、次によります（昭和63年1月1日

基発第1号)。

① 清算期間における実際の労働時間に過剰があった場合に、総労働時間として定められた時間分はその期間の賃金支払日に支払うが、それを超えて労働した時間分を次の清算期間中の総労働時間の一部に充当することは、その清算期間内における労働の対価の一部がその期間の賃金支払日に支払われないことになり、労働基準法第24条に違反し、許されない。

② 清算期間における実際の労働時間に不足があった場合に、総労働時間として定められた時間分の賃金はその期間の賃金支払日に支払うが、それに達しない時間分を、次の清算期間中の総労働時間に上積みして労働させることは、法定労働時間の総枠の範囲内である限り、その清算期間においては実際の労働時間に対する賃金よりも多く賃金を支払い、次の清算期間でその分の賃金の過払を清算するものと考えられ、同条に違反するものではない。

オ　変形労働時間制が適用されない場合

1) 妊産婦

　使用者は、妊娠中および産後1年を経過しない妊産婦が請求したときは、1か月単位の変形労働時間制、1年単位の変形労働時間制および1週間単位の非定型的変形労働時間制によって労働させる場合であっても、その者を、1週40時間(1か月単位の変形労働時間制の場合には特例措置の事業所においては44時間)または1日8時間を超えて労働させてはなりません(同法第66条第1項)。

　また、妊産婦がこの請求をしたことまたは労働をしなかったことを理由として、不利益な取扱いをしてはなりません(雇用の分野における男女の均等な機会及び待遇の確保等に関する法律(以下「男女雇用機会均等法」という)第9条第3項)。

2）年少者

満18歳未満の年少者については、1週間について48時間、1日について8時間の範囲内で、1か月単位の変形労働時間制および1年単位の変形労働時間制を適用することができますが、1週間単位の非定型的変形労働時間制およびフレックスタイム制を適用することはできません。ただし、1週間に40時間の範囲内で、1週間のうち1日の労働時間を4時間以内に短縮する場合には、他の日の労働時間を10時間まで延長することができます（労働基準法第60条）。

3）育児を行う者などに対する配慮

1か月単位の変形労働時間制、1年単位の変形労働時間制または1週間単位の非定型的変形労働時間制を、育児を行う者、老人などの介護を行う者、職業訓練または教育を受ける者などの特別の配慮を要する者に適用する場合には、これらの者が育児などに必要な時間を確保できるよう配慮しなければなりません（同法施行規則第12条の6）。

（4）みなし労働時間制

ア　事業場外労働

労働者が労働時間の全部または一部について事業所外で業務に従事した場合に、労働時間を算定し難いときは、所定労働時間労働したものとみなします。ただし、その業務を遂行するためには通常所定労働時間を超えて労働することが必要となる場合には、その業務の遂行に通常必要とされる時間労働したものとみなします。また、この場合に、使用者が、その事業所に労働者の過半数で組織する労働組合があるときはその労働組合、労働者の過半数で組織する労働組合がないときは労働者の過半数を代表する者との書面による労使協定を締結し、労働基準監督署長に届け出たときは、その労使協定で定める時間労働したものとみなします（同法第38条の2）。したがって、「事業場外労働に関するみなし労働時間制」によりみな

されるのは、次のとおりです。

① 労働時間の全部または一部について事業所外で業務に従事した場合において、労働時間を算定し難いときは、所定労働時間労働したものとみなす。
② その業務を遂行するためには通常所定労働時間を超えて労働することが必要となる場合には、その業務の遂行に通常必要とされる時間労働したものとみなす。
③ 「業務の遂行に通常必要とされる時間」について、労使協定が締結された場合には、労使協定で定める時間を、「業務の遂行に通常必要とされる時間」とみなす。

　事業場外労働時間制は、事業所外で業務に従事した場合に労働時間を算定し難いときに限り所定労働時間労働したものとみなしますので、例えば、次のような場合には、事業所外で業務に従事する場合であっても、使用者の具体的な指揮監督が及んでいる場合については、労働時間の算定が可能ですので、みなし労働時間制の適用はありません（昭和63年1月1日基発第1号）。

① 何人かのグループで事業所外労働に従事する場合で、そのメンバーの中に労働時間の管理をする者がいる場合
② 事業所外で業務に従事するが、携帯電話などによって随時使用者の指示を受けながら労働している場合
③ 事業所において、訪問先、帰社時刻など当日の業務の具体的指示を受けたのち、事業所外で指示どおりに業務に従事し、その後事業所にもどる場合

　裁判例では、次のような場合には、事業場外労働に関するみなし労働時間制は適用されないと判断しています。
① 営業社員が基本的に会社に出社して毎朝実施されている朝礼に出

席し、その後外勤勤務に出、基本的に午後6時までに帰社して事務所内の掃除をして終業となるが、その内容はメモ書き程度の簡単なものとはいえ、その日の行動内容を記載した予定表を会社に提出し、外勤中に行動を報告したときには、会社においてその予定表の該当欄に線を引くなどしてこれを抹消しており、さらに、営業社員全員に会社所有の携帯電話を持たせている場合（光和商事事件　大阪地裁平成14年7月19日労判833－22）。

② 展覧会での展示販売が、業務に従事する場所および時間が限定されており、支店長なども業務場所に赴いている場合（ほるぷ事件　東京地裁平成9年8月1日労民集48－4－312）。

イ　専門業務型裁量労働制

使用者が、その事業所に労働者の過半数で組織する労働組合があるときはその労働組合、労働者の過半数で組織する労働組合がないときは労働者の過半数を代表する者との書面による労使協定を締結し、次の1）から7）までの事項を定めて、労働基準監督署長に届け出た場合に、労働者を1）の業務に就かせたときは、その労働者は、2）の時間労働したものとみなします（同法第38条の3）。

1）業務の性質上その遂行の方法を大幅にその業務に従事する労働者の裁量にゆだねる必要があるため、その業務の遂行の手段および時間配分の決定などに関し使用者が具体的な指示をすることが困難な次の業務のうち、労働者に就かせる対象業務

① 新商品・新技術の研究開発または人文科学・自然科学に関する研究の業務
② 情報処理システムの分析または設計の業務
③ 新聞・出版の事業の記事または放送番組の製作のための取材・編集の業務

④　衣服・室内装飾・工業製品・広告などの新たなデザインの考案の業務
⑤　放送番組・映画などの製作の事業におけるプロデューサー・ディレクターの業務
⑥　コピーライターの業務
⑦　システムコンサルタントの業務
⑧　インテリアコーディーネーターの業務
⑨　ゲーム用ソフトウェアの創作の業務
⑩　証券アナリストの業務
⑪　金融工学などの知識を用いて行う金融商品の開発の業務
⑫　学校教育法に規定する大学の教授、助教授または講師の業務
⑬　公認会計士の業務
⑭　弁護士の業務
⑮　建築士（一級建築士、二級建築士および木造建築士）の業務
⑯　不動産鑑定士の業務
⑰　弁理士の業務
⑱　税理士の業務
⑲　中小企業診断士の業務

2)　対象業務に従事する労働者の労働時間として算定される時間
3)　その業務の遂行の手段および時間配分の決定などに関し、対象業務に従事する労働者に使用者が具体的な指示をしないこと。
4)　対象業務に従事する労働者の健康および福祉を確保するための措置を講ずること。
5)　対象業務に従事する労働者からの苦情の処理に関する措置を講ずること。
6)　労使協定の有効期間
7)　4)および5)に関し、労働者ごとに講じた措置の記録を協定の有効期

間およびその期間の満了後3年間保存すること。

なお、専門業務型裁量労働制の適用の単位は事業所毎とされていますので、本社で本社の過半数労働者の代表者と労使協定を締結し、本社に対応する労働基準監督署に届け出ても、本社とは別個の事業所にはその労使協定の効力は及びません（ドワンゴ事件　京都地裁平成18年5月29日労判920−57）。

ウ　企画業務型裁量労働制
1）　労使委員会の決議

賃金、労働時間その他のその事業所の労働条件に関する事項を調査審議し、事業主に対し意見を述べることを目的とする使用者およびその事業場の労働者を代表する者を構成員とする委員会（以下「労使委員会」という）が設置された事業所において、労使委員会がその委員の5分の4以上の多数による議決により次の事項に関する決議をし、かつ、使用者が、その決議を労働基準監督署長に届け出た場合には、②の労働者の範囲に属する労働者をその事業所の①の業務に就かせたときは、その労働者は、③の時間労働したものとみなします（労働基準法38条の4）。

①　対象となる業務の具体的な範囲
②　対象となる労働者の具体的な範囲
③　労働時間として算定される時間
④　使用者が対象となる労働者の勤務状況に応じて実施する健康および福祉を確保するための措置の具体的内容
⑤　使用者が対象となる労働者からの苦情の処理のため実施する措置の具体的内容
⑥　本制度の適用について労働者本人の同意を得なければならないことおよび不同意の従業員に対し不利益な取扱いをしてはならないこと
⑦　労使委員会の決議の有効期間
⑧　労働者ごとの次の記録を、決議の有効期間中およびその満了後3年

間保存すること。
ⅰ 労働者の労働時間の状況ならびに④の労働者の健康および福祉を確保するための措置として講じた措置
ⅱ ⑤の労働者からの苦情の処理に関する措置として講じた措置
ⅲ ⑥の労働者本人の同意

2) 企画業務型裁量労働制を導入できる事業所

企画業務型裁量労働制を導入できる事業所は、次のとおりです。

① 本社・本店
② その事業所の属する企業などが取り扱う主要な製品・サービスなどの事業計画の決定などを行っている事業本部
③ その事業所の属する企業などが事業活動の対象としている主要な地域における生産、販売などの事業計画や営業計画の決定などを行っている地域本社や地域を統轄する支社・支店など
④ 本社・本店の具体的な指示を受けることなく、独自にその事業所の属する企業などが取り扱う主要な製品・サービスなどの事業計画の決定などを行っている工場など
⑤ 本社・本店の具体的な指示を受けることなく、独自にその事業所を含む複数の支社・支店などの事業活動の対象となる地域における生産、販売などの事業計画や営業計画の決定などを行っている支社・支店など
⑥ 本社・本店の具体的な指示を受けることなく、独自にその事業所のみの事業活動の対象地域の生産、販売などの事業計画や営業計画の決定などを行っている支社・支店など

3) 企画業務型裁量労働制の対象となる業務

企画業務型裁量労働制に関するみなし労働時間制の対象となる業務は、次のとおりです。

① 事業の運営に関する事項についての業務であること。
② 企画、立案、調査または分析の業務であること。
③ その業務の性質上これを適切に遂行するにはその遂行の方法を大幅に労働者の裁量にゆだねる必要がある業務であること。
④ その業務の遂行の手段および時間配分の決定などに関し使用者が具体的な指示をしない業務であること。

4） 労使委員会の要件

企画業務型裁量労働制に関する決議を行う労使委員会は、次の要件を満たなければなりません。

（1） 労使委員会の委員の構成は、次によること。
　① 労働者代表の委員と使用者代表の委員で構成されていること。
　② 労使代表各2名以上で、労働者代表の委員が半数を占めていなければならないこと。
　③ 使用者代表の委員は使用者側の指名により選出されるが、労働者代表の委員は、その事業所に労働者の過半数で組織する労働組合があるときはその労働組合、労働者の過半数で組織する労働組合がないときは労働者の過半数を代表する者の指名により、管理監督者以外から任期を定めて選出されること。
（2） 労使委員会の開催の都度議事録が作成され、その開催の日（決議が行われた会議については決議の有効期間の満了の日）から3年間保存されること。
（3） 労使委員会の議事録は、事業所の労働者に次のいずれかの方法で周知が図られていること。
　① 常時各作業場の見やすい場所へ掲示し、または備え付けること。
　② 書面を労働者に交付すること。
　③ 磁気テープ、磁気ディスクその他これらに準ずる物に記録し、かつ、各作業場に労働者がその記録の内容を常時確認できる機器を設置

すること
(4)　労使委員会の招集、定足数、議事その他労使委員会の運営について必要な事項を規定する運営規程を定めていること。
(5)　労働者が労使委員会の委員であることもしくは労使委員会の委員になろうとしたことまたは労使委員会の委員として正当な行為をしたことを理由として不利益な取扱いをしないこと。

5)　労働者の健康および福祉を確保するための措置の実施状況についての報告

　企画業務型裁量労働制に関するみなし労働時間制の決議の届出をした使用者は、決議が行われた日から起算して6月以内に1回、およびその後1年以内ごとに1回、労働者の労働時間の状況ならびに労働者の健康および福祉を確保するための措置の実施状況について労働基準監督署長に報告しなければなりません(同法第38条の4第4項)。

(5) 休憩時間
ア　休憩時間の範囲
　休憩時間は、労働者が権利として労働から離れることを保障されている時間をいい、単に作業に従事していない手待時間は労働時間であり、休憩時間ではありません(昭和22年9月13日基発第17号)。したがって、休憩時間といえるためには、労働から完全に解放された時間であることが必要で、持ち場を離れることができず、休憩時間中に訪問者があればその応対をすることとなっている場合には休憩時間とすることはできません(関西警備保障事件　大阪地裁平成13年4月27日労経速1774−15)。

　裁判例では、次のような場合には、休憩時間を与えたことにはならないと判断しています。

① 　仮眠時間において、外部からの電話は仮眠室に繋がっており、機械警備などの警報が発報した場合には事故の確認その他の指示を受け

ることになっており、残業した従業員の退出を管理する業務がある場合（関西警備保障事件）
② 食事休憩時間に運転車両および積荷の管理保管のために監視などの業務に従事していた場合（立正運輸事件　大阪地裁昭和58年8月30日労判416-40）
③ 客が途切れた時などに適宜休憩してもよいというものにすぎず、現に客が来店した際には即時その業務に従事しなければならない場合（すし処「杉」事件　大阪地裁昭和56年3月24日労経速1091-3）
④ 休憩時間中、操炉現場を離れることを禁止され、作業に従事することが命じられている場合（住友化学工業事件　最高裁第三小法廷昭和54年11月13日労経速1032-7、名古屋高裁昭和50年3月30日労判299-17）

イ　休憩時間の長さ

使用者は、次の時間以上の休憩時間を、労働時間の途中に与えなければなりません（同法第34条第1項）。
① 労働時間が6時間を超える場合には45分
② 労働時間が8時間を超える場合には1時間

ここでいう労働時間とは実労働時間の意味ですから、例えば、所定労働時間が1日8時間の者が時間外労働によって8時間を超える場合には、所定労働時間の途中の休憩時間を含めて少なくとも1時間の休憩時間が与えなければなりません（昭和22年11月27日基発第401号）。

ウ　休憩時間の一斉付与

休憩時間は、原則として一斉に与えなければなりません（同法第34条第2項）。ただし、次の場合には、一斉に付与する必要はありません。
① その事業所に労働者の過半数で組織する労働組合がある場合に

はその労働組合、労働者の過半数で組織する労働組合がない場合には労働者の過半数を代表する者と一斉に休憩を与えない労働者の範囲およびその労働者に対する休憩の与え方について定めた書面による労使協定があるとき（同項ただし書、平成11年1月29日基発第45号）
② 運輸交通業・商業・金融広告業・映画・演劇業・通信業・保健衛生業・接客娯楽業・官公署（同法施行規則第32条第1項）。
③ 平成11年の労働基準法改正前に労働基準監督署長の許可を受けて一斉休憩の適用が除外されている場合

エ 休憩時間の自由利用

休憩時間は、労働者に自由に利用させなければなりません（同法第34条第2項）。ただし、休憩時間の利用について事業所の規律保持上必要な制限を加えることは、休憩の目的を害わない限り差し支えありません（昭和22年9月13日基発第17号）。また、休憩時間中の外出について所属長の許可を受けさせることは、事業所内において自由に休憩しうる場合には、必ずしも違法にはなりません（昭和23年10月30日基発第1575号）。

(6) 休日

ア 休日の日数

使用者は、労働者に対して、毎週1回または4週間を通じ4日以上の休日を与えなければなりません（労働基準法35条）。

休日については、これを特定すべきことを要求していませんが、就業規則の中で単に1週間につき1日といっただけではなく具体的に一定の日を休日と定める方法を規定するよう指導が行われています。また、休日は、原則として暦日（午前0時から午後12時までの継続24時間をいう）で与えなければなりませんが、次の要件を満たす8時間3交替制勤務については、休日は継続24時間を与えれば差し支えありません（昭和63年3月14日基発第150号）。

① 番方編成による交替制によることが就業規則などにより定められており、制度として運用されていること。
② 各番方の交替が規則的に定められているものであって、勤務割表などによりその都度設定されるものではないこと。

なお、出張中の休日はその日に旅行するなどの場合でも、旅行中における物品の監視など別段の指示がある場合の外は休日労働として取扱わなくても差し支えありません（昭和33年2月13日基発第90号）。

イ　休日の振替

業務上の都合によって定められた休日に労働者に労働させる必要が生じた場合に、定められた休日を労働日とし、その代わりに特定の労働日を休日とすることを休日の振替といいます。休日が特定されている場合に、他の労働日を休日にするかわりに就業規則で特定されている休日を労働日とすることができるとする就業規則の定めは有効であり、あらかじめ別の日を休日として特定してなされる限り、使用者は個々の労働者の同意がなくても休日を振り替えることができます（三菱重工業横浜造船所事件　横浜地裁昭和55年3月28日労判339−20）。

ウ　代休

あらかじめ振替休日を特定しないまま、就業規則で休日とされている日に労働させ、事後的に休日を与えることを代休といいます。代休の場合には、休日は労働日に変更されないので、休日労働させることになり、その休日が法定休日に該当する場合には休日労働となりますので、36協定の締結・届出と休日割増賃金の支払いが必要です（昭和63年3月14日基発第150号）。

(7) 時間外・休日労働
ア　非常災害の場合の時間外・休日労働

　災害その他避けることのできない事由によって臨時の必要が発生した場合には、労働基準監督署長の許可（事態急迫のために労働基準監督署長の許可を受ける暇がない場合には、事後に遅滞なく届出）により、その必要な限度において法定時間外・休日労働をさせることができます（同法第33条第1項）。

　「災害その他避けることのできない事由」には災害発生が客観的に予見される場合を含みます（昭和33年2月13日基発第90号）。また、これによって臨時の必要が発生した場合に該当するのは、急病、ボイラーの破裂その他人命または公益を保護するために必要な場合や事業の運営を不可能ならしめるような突発的な機械の故障があった場合、電圧低下により保安などの必要がある場合、天災地変、急病、ボイラーの破裂など事業運営上通常予想し得ない場合で、単なる業務の繁忙や事業所において通常発生するトラブルの場合、通常予見される部分的な修理、定期的な手入れなどは、これに該当しません（昭和26年10月11日基発第696号）。

　なお、非常災害の届出があった場合に、労働基準監督署長がその労働時間の延長または休日の労働を不適当と認めるときは、その後にその時間に相当する休憩または休日を与えるべきことを、命ずることができます（同法第33条2項）。

　また、公務のために臨時の必要がある場合には、官公署の事業に従事する国家公務員および地方公務員については、時間外・休日労働をさせることができます（同法第33条第3項）。

イ　時間外・休日労働協定（36協定）の締結による時間外・休日労働
1）時間外・休日労働協定（36協定）の締結

　使用者が、次の事項について、その事業所に労働者の過半数で組織する労働組合があるときはその労働組合、労働者の過半数で組織する労働

組合がないときは労働者の過半数を代表する者と有効期間の定めをした書面による協定（36協定）をし、労働基準監督署長に届け出た場合には、労働時間または休日に関する規定にかかわらず、その協定で定めるところによって労働時間を延長し、または休日に労働させることができます（同法第36条第1項）。

① 時間外または休日の労働をさせる必要のある具体的事由
② 業務の種類
③ 労働者の数
④ 1日および1日を超える一定の期間についての延長することができる時間または労働させることができる休日

なお、親睦会代表との間で締結している36協定は協定当事者が労働者の過半数を代表する者ではないので無効であり、このような場合には、労働者は時間外・休日労働命令に従う義務はないとする判例（トーコロ事件最高裁第二小法廷平成13年6月22日労判808-11）があります。

2）限度基準

厚生労働大臣は、労働時間の延長を適正なものとするため、36協定で定める労働時間の延長の限度その他の必要な事項について、労働者の福祉、時間外労働の動向その他の事情を考慮して基準を定めることができます（労働基準法第36条第2項）。これに基づいて、「労働基準法第36条第1項の協定で定める労働時間の延長の限度、労働時間の延長に係る割増賃金の率等に関する基準（平成10年12月28日労働省告示第154号。以下「限度基準」という）」が定められています。36協定をする使用者および労働組合または労働者の過半数を代表する者は、36協定で労働時間の延長を定めるに当たり、36協定の内容が限度基準に適合したものとなるようにしなければなりません（同条第3項）。

限度基準には、次の事項が定められています。

① 業務の種類について定めるに当たっては、業務の区分を細分化することにより業務の範囲を明確にすること。
② 「1日を超える一定の期間」については、「1日を超え3か月以内の期間」および「1年間」とすること。
③ 36協定において一定期間についての延長時間は、④の場合を除き、表9の区分に応じ、同表に定められた限度時間を超えないこと。
④ あらかじめ、定められた限度時間以内の時間の一定期間についての延長時間を定め、かつ、限度時間を超えて労働時間を延長しなければならない特別の臨時的な事情が生じたときに限り、その一定期間ごとに、労使当事者間において定める手続を経て、限度時間を超える一定の時間まで労働時間を延長することができる旨を定める特別条項がある場合には、その例外とすることができること。

表9　限度基準に定められた限度時間

期間	一般労働者の場合	対象期間が3ヶ月を超える1年単位の変形労働時間制の対象者の場合
1週間	15時間	14時間
2週間	27時間	25時間
4週間	43時間	40時間
1ヶ月	45時間	42時間
2ヶ月	81時間	75時間
3ヶ月	120時間	110時間
1年間	360時間	320時間

なお、限度基準は、次の事業または業務の36協定には、限度時間のうち1年間以外の期間については適用されません（限度基準第5条）。
① 工作物の建設などの事業
② 自動車の運転の業務
③ 新技術、新商品などの研究開発の業務
④ 季節的要因などにより事業活動もしくは業務量の変動が著しい次の事業または業務
　ⅰ 鹿児島県および沖縄県における砂糖製造業（砂糖精製業を除く）
　ⅱ 造船事業における船舶の改造または修繕に関する業務

iii　郵政事業の年末・年始における業務
　　iv　都道府県労働局長が労働省労働基準局長の承認を得て地域を限って指定する事業または業務
　⑤　公益上の必要により集中的な作業が必要とされる次の業務
　　i　電気事業における発電用原子炉およびその附属設備の定期検査ならびにそれに伴う電気工作物の工事に関する業務
　　ii　ガス事業におけるガス製造設備の工事に関する業務

3）特別条項付き協定

　限度時間を超えて時間外労働を行う「特別の事情」が予想される場合には、限度時間を超えて労働させることができる特別条項付き協定を締結することができます。この特別条項付き協定では、次の事項を定める必要があります。
① 限度時間以内の時間の一定期間についての延長時間
② 限度時間を超えて労働時間を延長しなければならない特別の事情
③ 限度時間以内の時間を延長する場合に労使がとる手続
④ 限度時間を超える一定の時間
⑤ 限度時間を超える時間外労働に対する割増賃金の率（平成22年4月から）

　このうち②の「特別の事情」については、一時的または突発的に時間外労働を行わせる必要があるもので、全体として1年の半分を超えないことが見込まれるものに限られています。また、特別条項付き協定には、1日を超え3か月以内の一定期間について、原則となる延長時間を超え、特別延長時間まで労働時間を延長することができる回数を協定しなければなりませんが、この回数は、特定の労働者についての特別条項付き協定の適用が1年のうち半分を超えないものとする必要があります。
　さらに、⑤の率は法定割増賃金率（25％）を超える率とするように努める

こと、また、限度時間を超える時間外労働をできる限り短くするように努めること、が必要となります（平成22年4月から）。

4）助言指導

　労働基準監督署長は、限度基準に関し、使用者および労働組合または労働者の過半数を代表する者に対し、必要な助言指導を行うことができます（同条第4項）。

ウ　時間外労働・休日労働の制限
1）健康上特に有害な業務

　健康上特に有害な次の業務の労働時間の延長は、1日について2時間を超えてはなりません（同条第1項ただし書）。

① 　坑内労働
② 　多量の高熱物体を取り扱う業務および著しく暑熱な場所における業務
③ 　多量の低温物体を取り扱う業務および著しく寒冷な場所における業務
④ 　ラジウム放射線、X線その他の有害放射線にさらされる業務
⑤ 　土石、獣毛等のじんあいまたは粉末を著しく飛散する場所における業務
⑥ 　異常気圧下における業務
⑦ 　削岩機、鋲打機などの使用によって身体に著しい振動を与える業務
⑧ 　重量物の取扱いなど重激なる業務
⑨ 　ボイラー製造など強烈な騒音を発する場所における業務
⑩ 　鉛、水銀、クロム、砒素、黄りん、弗素、塩素、塩酸、硝酸、亜硫酸、硫酸、一酸化炭素、二硫化炭素、青酸、ベンゼン、アニリン、その他これに準ずる有害物の粉じん、蒸気またはガスを発散する場所における業務

2) 妊産婦

妊産婦が請求した場合には、妊産婦に時間外労働や休日労働をさせてはなりません（同法66条2項）。この場合に妊産婦が請求したことまたは労働をしなかったことを理由として、不利益な取扱いをしてはなりません（男女雇用機会均等法9条3項）。

3) 年少者

18歳未満の年少者には、非常災害の場合を除き、時間外労働や休日労働をさせてはなりません（労働基準法60条1項）。

4) 育児・介護を行う者

小学校就学始期前の子の養育または要介護状態の対象家族を介護する者が請求した場合には、1か月24時間、1年150時間を超える時間外労働をさせてはなりません（育児休業、介護休業等育児又は家族介護を行う労働者の福祉に関する法律（以下「育児・介護休業法」という）17条、23条）。

エ　時間外・休日労働の場合の割増賃金

時間外労働の場合には2割5分（平成22年4月からは1か月60時間を超える時間外労働については5割（中小企業については当分の間2割5分））増しの割増賃金を、休日労働の場合には3割5分の割増賃金を支払わなければなりません。ただし、平成22年4月からはその事業所に労働者の過半数で組織する労働組合があるときはその労働組合、労働者の過半数で組織する労働組合がないときは労働者の過半数を代表する者と有効期間の定めをした書面による協定を締結すれば、1か月に60時間を超える時間外労働を行った労働者に対して2割5分の割増賃金の支払に代えて、有給の休暇を与えることができます（労働基準法第37条第3項、労働基準法第37条第1項の時間外及び休日の割増賃金に係る率の最低限度を定

める政令)。

(8) 深夜業
ア 深夜業の範囲
　深夜業は、午後10時から午前5時まで(厚生労働大臣が必要であると認める地域または期間については午後11時から午前6時まで)の間の労働をいいます。

イ 深夜業の制限
1)妊産婦
　妊産婦が請求した場合には、深夜業をさせてはなりません(同法第66条第3項)。妊産婦が請求したことまたは労働をしなかったことを理由として、不利益な取扱いをしてはなりません(男女雇用機会均等法第9条第3項)。

2)年少者
　18歳未満の年少者については、次の場合を除き、深夜業をさせてはなりません。労働基準監督署長から許可を受けて満15歳に達した日以後の最初の3月31日するまでの児童を使用する場合は、午後8時から午前5時までの間は使用してはなりません(労働基準法第61条)。

① 満16歳以上満18歳未満の男性を交替制で午後10時から午前5時までの深夜業に従事させる場合
② 交替制によって労働させる事業において、労働基準監督署長から許可を受けて、午後10時30分まで労働させ、または午前5時30分から労働させる場合
③ 災害などによる臨時の必要がある場合に労働時間を延長し、もしくは休日に労働させる場合
④ 農林の事業、畜産、養蚕もしくは水産の事業、保健衛生の事業または電話交換の業務に従事させる場合

3）育児・介護を行う者

小学校就学始期前の子の養育または要介護状態の対象家族を介護する者が請求した場合には、深夜業をさせてはなりません（育児・介護休業法第17条、第23条）。

ウ　深夜業の場合の割増賃金

深夜業の場合には2割5分増しの割増賃金を支払わなければなりません（労働基準法第37条第3項、労働基準法第37条第1項の時間外及び休日の割増賃金に係る率の最低限度を定める政令）。

（9）労働時間規制の適用除外

労働基準法は原則としてあらゆる事業に適用されますが、労働の性質やその態様が、法定労働時間や週休制などを適用することにふさわしくない事業または業務に従事する労働者がいます。これを大別すると、次の3つのグループに分かれます（同法第41条）。

これらの労働者については、労働時間、休憩および休日に関する規定は適用されません。一方、深夜業に関する規制は適用されます。

① 農業、畜産・養蚕・水産業に従事する労働者
② 管理・監督の地位にある者、機密の事務を取り扱う者
③ 監視・継続的な労働に従事する者で行政官庁の許可を得た者

ア　農業、畜産・養蚕・水産業に従事する労働者

次のいずれかの事業に従事する労働者は、天候気象などの自然条件によって労働時間、休憩、休日が左右されることが多いので、労働時間や休憩、休日の規定が適用されません。

① 「土地の耕作もしくは開墾または植物の栽植、栽培、採取もしくは伐採の事業その他農林の事業」から林業を除いたもの

②　動物の飼育または水産動植物の採捕もしくは養殖の事業その他の畜産、養蚕または水産の事業

イ　管理・監督の地位にある者および機密の事務を取り扱う者

　管理監督者は、一般的には、部長、工場長など労働条件の決定その他労務管理について経営者と一体的な立場にある者の意味であり、名称にとらわれず、実態に即して、次の考え方により判断されます（昭和22年9月13日発基第17号）。

①　原則

　労働基準法に規定する労働時間、休憩、休日などの労働条件は、最低基準を定めたものであるから、この規制の枠を超えて労働させる場合には、法所定の割増賃金を支払うべきことは、すべての労働者に共通する基本原則であり、企業が人事管理上あるいは営業政策上の必要などから任命する職制上の役付者であれば全てが管理監督者として例外的取扱いが認められるものではないこと。

②　適用除外の趣旨

　これらの職制上の役付者のうち、労働時間、休憩、休日などに関する規制の枠を超えて活動することが要請されざるを得ない、重要な職務と責任を有し、現実の勤務態様も、労働時間などの規制になじまないような立場にある者に限って管理監督者として同法第41条による適用の除外が認められる趣旨であること。従って、その範囲はその限りに、限定しなければならないものであること。

③　実態に基づく判断

　一般に、企業においては、職務の内容と権限などに応じた地位（以下「職位」という）と経験、能力などに基づく格付（以下「資格」という）とによって人事管理が行われている場合があるが、管理監督者の範囲を決めるにあたっては、かかる資格および職位の名称にとらわれることなく、職務内容、責任と権限、勤務態様に着目する必要があること。

④　待遇に対する留意

　管理監督者であるかの判定にあたっては、①から③までのほか、賃金などの待遇面についても無視しえないものであること。この場合、定期給与である基本給、役付手当などにおいて、その地位にふさわしい待遇がなされているか否か、ボーナスなどの一時金の支給率、その算定基礎賃金などについても役付者以外の一般労働者に比し優遇措置が講じられているか否かなどについて留意する必要があること。なお、一般労働者に比べ優遇措置が講じられているからといって、実態のない役付者が管理監督者に含まれるものではないこと。

⑤　スタッフ職の取扱い

　法制定当時には、あまり見られなかったいわゆるスタッフ職が、本社の企画、調査などの部門に多く配置されており、これらスタッフの企業内における処遇の程度によっては、管理監督者と同様に取扱い、法の規制外においても、これらの者の地位からして特に労働者の保護に欠けるおそれがないと考えられ、かつ、同法が監督者のほかに、管理者も含めていることに着目して、一定の範囲の者については、同法第41条第2号該当者に含めて取り扱うことが妥当であると考えられること。

　また、機密の事務を取り扱う者とは、秘書その他職務が経営者または監督若しくは管理の地位にある者の活動と一体不可分であって、出社退社などについて厳格な制限を受けない者をいいます（昭和22年9月13日発基第17号）。

ウ　監視・断続的な労働に従事する者

1）監視・断続的な労働

　監視労働とは、例えば守衛、警備員のように、原則として一定の部署にあって監視することを本来の業務とし、常態として身体の疲労または精神的緊張の少ない労働のことをいい、①交通関係の監視、車両誘導を行う駐車

場などの監視など精神的緊張の高い業務、②プラントなどにおける計器類を常態として監視する業務、③危険または有害な場所における業務はこれに該当しません。また、断続的労働とは、例えば寮や寄宿舎の管理人や給食調理人のように、本来業務が間欠的で、作業時間が長く継続することなく中断し、しばらくして再び同じような態様の作業が行われ、また中断するというように繰り返されるもので、労働時間中においても手待時間が多く実作業時間が少ない業務をいい、①修繕係など通常は業務が閑散で、事故発生に備えて待機するものや②寄宿舎の賄人などについては、その者の勤務時間を基礎にして作業時間と手待時間が折半程度までの場合で実労働時間の合計が8時間を超えないもの、③1日の交通量10往復程度まで鉄道踏切番、④役員専属自動車運転者、⑤寄宿舎の寮母や看護師などがこれに該当し、新聞配達従業員、タクシー運転者、常勤消防職員などはこれに該当しません（昭和22年9月13日発基第17号）。なお、断続的労働と通常の労働とが1日の中において混在し、または日によって反覆するような場合には、常態として断続的労働に従事する者には該当しません（昭和63年3月14日基発第150号）。

2）監視・断続的な労働の許可

　監視・断続的な労働の労働態様はまちまちであり、これを使用者の主観的な判断に任せることは妥当でないので、その適用除外については、労働基準監督署長の許可を受けなければなりません。

3）宿日直勤務

　宿日直勤務に従事する場合においても、労働密度の点から過度の労働に至らず、労働時間、休憩および休日に関する法的規制を宿日直勤務に関する限り除外しても労働者の保護に欠けるところがないから、監視・断続的な労働の1類型として、行政官庁の許可があれば、労働基準法の労働時間、休憩および休日に関する規定が適用されません（北海道教育委員

会事件　札幌地裁平成2年12月26日労判578-40)。

(10) 自動車運転者の労働時間等の改善のための基準

　自動車運転者の労働時間などの労働条件の向上を図るため、自動車運転者については、労働基準法による規制に加えて、「自動車運転者の労働時間等の改善のための基準(平成元年2月9日労働省告示第7号。以下「改善基準」という)」が定められています。

　ここでいう「自動車運転者」とは、四輪以上の自動車の運転の業務に主として従事する労働者をいいます。

　労働関係の当事者は、改善基準を理由として自動車運転者の労働条件を低下させてはならないことはもとより、その向上に努めなければなりません。また、使用者は、季節的繁忙その他の事情により、36協定に基づき臨時に労働時間を延長し、または休日に労働させる場合においても、その時間数または日数を少なくするように努めなければなりません(改善基準第1条)。

ア　タクシーの運転業務に従事する自動車運転者(改善基準第2条)
1)隔日勤務以外のタクシーの運転業務に従事する自動車運転者
a.車庫待ちなど(顧客の需要に応ずるため常態として車庫などにおいて待機する就労形態をいう)以外のタクシー運転者

① 1か月についての拘束時間(労働時間、休憩時間その他の使用者に拘束されている時間をいう)は、299時間を超えないこと。
② 1日(始業時刻から起算して24時間をいう)についての拘束時間は、13時間を超えないものとし、当該拘束時間を延長する場合であっても、1日についての拘束時間の限度(以下「最大拘束時間」という)は16時間とすること。
③ 勤務終了後、継続8時間以上の休息期間(使用者の拘束を受けない期間をいう)を与えること。

b.車庫待ちなどのタクシー運転者
① 労使協定があるときの1か月についての拘束時間は、322時間を超えないこと。
② 1か月に7回まで16時間を超え24時間以内の拘束時間とすることができること。ただし、拘束時間が18時間を超える場合には、夜間4時間以上の仮眠時間を与えること。
③ 勤務終了後、継続20時間以上の休息期間を与えること。

2)隔日勤務のタクシーの運転業務に従事する自動車運転者
a.車庫待ちなど以外のタクシー運転者
① 拘束時間は、2暦日に21時間、1か月に262時間(特別の事情があり、かつ労使協定があるときは、1年のうちの6か月の各月について270時間)を超えないものとすること。
② 勤務終了後、継続20時間以上の休息期間を与えること。

b.車庫待ちなどのタクシー運転者
① 夜間4時間以上の仮眠時間を与えれば、1か月に7回に限り2暦日に24時間、1か月に282時間(労使協定に定めがある場合には290時間)を超えないこと。
② 勤務終了後、継続20時間以上の休息期間を与えること。

3)36協定に定める延長時間の対象期間の取扱い
36協定に定める延長時間の対象期間は、1か月とすること。

4)休日労働に関する取扱い
休日労働は2週間について1回を超えないものとすること。

イ　ハイヤーの運転業務に従事する自動車運転者（改善基準第3条）

　36協定においてハイヤー業務に従事する自動車運転者の延長時間について協定するに当たっては、当該延長時間についての一定期間は1か月または3か月および1年間とするとともに、当該期間の延長時間は、原則として、次の表の期間に応じてそれぞれ定める延長時間の目安時間以内とするよう努めること。

期間	延長時間の目安
1か月	50時間
3か月	140時間
1年間	450時間

ウ　トラックなどの運転業務に従事する自動車運転者（改善基準第4条）

1）拘束時間および休息期間

　トラックなどの運転業務に従事する自動車運転者については、原則として次によること。

① 　1か月の拘束時間は、293時間を超えないこと。ただし、労使協定があるときは、1年間の拘束時間が3516時間を超えない範囲内において、1年のうち6か月までは320時間まで延長することができること。

② 　1日の拘束時間は13時間を超えないものとし、拘束時間を延長する場合であっても、最大拘束時間は16時間とすること。この場合に、1日の拘束時間が15時間を超える回数は、1週間に2回以内とすること。

③ 　勤務終了後、継続8時間以上の休息期間を与えること。

④ 　運転時間は、2日（始業時間から起算して48時間をいう）を平均し1日当たり9時間、2週間を平均し1週間当たり44時間を超えないこと。

⑤ 　連続運転時間は、4時間を超えないこと。運転時間4時間以内に1回が10分以上で、かつ、合計が30分以上の運転しない時間をおくこと。

⑥ 　自動車運転者の住所地における休息期間がそれ以外の場所における休息期間より長くなるように努めること。

ただし、次のいずれかに該当する場合には、拘束時間および休息期間に関し厚生労働省労働基準局長が別に定めるところによることができること。

① 業務の必要上、勤務の終了後継続8時間以上の休息期間を与えることが困難な場合
② 1台の自動車に同時に2人以上乗務する場合
③ 隔日勤務に就く場合
④ フェリーに乗船する場合

2) 36協定の対象期間

36協定において一定期間についての延長時間について協定するときは、その期間は2週間および1か月以上3か月以内の一定の期間とすること。

3) 休日労働

休日労働は2週間に1回以内とし、休日労働によって拘束時間および最大拘束時間の限度を超えないこと。

エ バスなどの運転業務に従事する自動車運転者（改善基準第5条）
1) 拘束時間、休息期間および運転時間

バスなどの運転業務に従事する自動車運転者については、原則として次によること。

① 拘束時間は、4週間を平均し1週間当たり65時間を超えないこと。ただし、貸切バスを運行する営業所において運転の業務に従事する者および特定運転者（貸切バスに乗務する者および起点から終点までのキロ程がおおむね100kmを超える運行系統を運行する一般乗合旅客自動車運送事業の用に供する自動車であって、高速自動車国道および自動車専用道路の利用区間のキロ程が50km以上であり、かつ、当該キロ程が起点から終点までのキロ程の4分の1以上のものに乗務する者

をいう)については、労使協定があるときは、52週間のうち16週間までは、4週間を平均し1週間当たり71.5時間まで延長することができること。
② 1日についての拘束時間は13時間を超えないものとし、拘束時間を延長する場合であっても、最大拘束時間は16時間とすること。
③ 勤務終了後、継続8時間以上の休息期間を与えること。
④ 運転時間は、2日平均で1日当たり9時間、4週間平均で1週間当たり40時間を超えないこと。ただし、貸切バスを運行する営業所において運転の業務に従事する者、貸切バスに乗務する者および特定運転者については、労使協定があるときは、52週間についての運転時間が2,080時間を超えない範囲内において、52週間のうち16週間まで、4週間を平均し1週間当たり44時間まで延長することができること。
⑤ 連続運転時間は4時間を超えないこと。運転時間4時間以内に1回が10分以上で、かつ、合計が30分以上の運転しない時間をおくこと。
⑥ バス運転者等の住所地における休息期間がそれ以外の場所における休息期間より長くなるように努めること。

ただし、次のいずれかに該当する場合には、厚生労働省労働基準局長が拘束時間および休息期間に関し別に定めるところによることができること。
① 業務の必要上、勤務の終了後継続8時間以上の休息期間を与えることが困難な場合
② 1台の自動車に同時に2人以上乗務する場合
③ 隔日勤務に就く場合
④ フェリーに乗船する場合

2) 36協定の対象期間

36協定において一定期間についての延長時間について協定するときは、一定期間は2週間および1か月以上3か月以内の一定の期間とすること。

3）休日労働

休日労働は2週間に1回以内とし、休日労働によって拘束時間および最大拘束時間の限度を超えないこと。

(11) 労働時間の適正な把握

労働時間の適正な把握などに関し、次のような内容の「労働時間の適正な把握のために使用者が講ずべき措置に関する基準（平成13年4月6日基発第339号）」が定められています。

(1) 対象労働者

対象労働者は、いわゆる管理監督者およびみなし労働時間制が適用される労働者（事業場外労働を行う者にあっては、みなし労働時間制が適用される時間に限る）を除くすべての者とすること。適用除外労働者についても、健康確保を図る必要があり、適正な労働時間管理を行う責務があること。

(2) 労働時間の適正な把握

ア　労働時間を適正に管理するため、労働時間数の把握のみでなく、労働日ごとの始業・終業時刻を確認し、これを記録すること。

イ　始業・終業時刻を確認し、記録する方法としては、原則として次のいずれかの方法によること。

① 使用者が自ら現認することにより確認し、記録すること。

② タイムカード、ICカードなどの客観的な記録を基準として確認し、記録すること。

ウ　自己申告制により行わざるを得ない場合には、次の措置を講ずること。

① 自己申告制を導入する前に、その対象者に対して、労働時間の実態を正しく記録し、適正に自己申告を行うことなどについて十分な説明を行うこと。

② 自己申告制により把握した労働時間が実際の労働時間と合致

しているか否かについて、必要に応じて実態調査を実施すること。
③　労働時間の適正な申告を阻害する目的で時間外労働時間数の上限を設定するなどの措置を講じないこと。また、時間外労働時間の削減のための社内通達や時間外労働手当の定額払いなどの措置が、労働時間の適正な申告を阻害する要因となっていないかについて確認するとともに、その要因となっている場合においては、改善のための措置を講ずること。

エ　労働時間の記録に関する書類について、最後の記載がなされた日から起算して3年間保存すること。

オ　労務管理を行う部署の責任者は、労働時間の適正な把握など労働時間管理の適正化に関する事項を管理し、労働時間管理上の問題点の把握およびその解消を図ること。

カ　労働時間管理の状況を踏まえ、必要に応じ労働時間短縮推進委員会などの労使協議組織を活用し、労働時間管理の現状を把握の上、労働時間管理上の問題点およびその解消策などの検討を行うこと。

2　男女雇用機会均等法によるセクハラの防止

　使用者は、職場におけるセクハラを防止するために雇用管理上必要な措置を講じなければなりません（男女雇用機会均等法第11条）。このセクハラには、女性に対するセクハラのみならず、男性に対するセクハラも含みます。

(1) セクハラの範囲

　セクハラには、次のように、性的な言動に対する対応により労働者が労働条件上不利益を受ける「対価型セクハラ」と性的な言動により労働者の就業環境が害される「環境型セクハラ」を含んでいます（事業主が職場にお

ける性的な言動に起因する問題に関して雇用管理上講ずべき措置についての指針（平成18年10月11日厚生労働省告示第615号。以下「セクハラ指針」という）。

ア　対価型セクハラ

「対価型セクハラ」とは、職場において行われる労働者の意に反する性的な言動に対する労働者の対応により、その労働者が解雇、降格、減給などの不利益を受けることで、その典型的な例としては、次のようなものがあります。

① 事務所内において使用者が労働者に対して性的な関係を要求したが、拒否されたため、その労働者を解雇すること。
② 出張中の車中において上司が労働者の腰、胸などに触ったが、抵抗されたため、その労働者について不利益な配置転換をすること。
③ 営業所内において使用者が日頃から労働者に関する性的な事柄について公然と発言していたが、抗議されたため、その労働者を降格すること。

イ　環境型セクハラ

「環境型セクハラ」とは、職場において行われる労働者の意に反する性的な言動により労働者の就業環境が不快なものとなったため、能力の発揮に重大な悪影響が生じるなど労働者が就業する上で見過ごせない程度の支障が生じることで、その典型的な例としては、次のようなものがあります。

① 事務所内において使用者が労働者の腰、胸などに度々触ったため、その労働者が苦痛に感じてその就業意欲が低下していること。
② 同僚が取引先において労働者に係る性的な内容の情報を意図的かつ継続的に流布したため、その労働者が苦痛に感じて仕事が手につかないこと。
③ 労働者が抗議をしているにもかかわらず、事務所内にヌードポスター

を掲示しているため、その労働者が苦痛に感じて業務に専念できないこと。

　また、この場合の職場とは、労働者が通常就業している場所だけでなく、例えば、取引先の事務所や取引先と打ち合わせをする飲食店、顧客の自宅などであっても、労働者が業務を遂行する場所であれば、職場に該当します。

(2) セクハラの防止のために使用者が講ずべき措置

　セクハラの防止のために、使用者は次の措置を講じなければなりません（セクハラ指針）。

ア　使用者の方針の明確化およびその周知・啓発
　①　就業規則などの服務規律を定めた文書に職場におけるセクハラの内容および職場におけるセクハラはあってはならない旨の方針を明確化し、管理監督者を含む労働者に対して、広報啓発資料や研修、講習などにより、周知・啓発すること。
　②　職場におけるセクハラに関する性的な言動を行った者については、厳正に対処する旨の方針や懲戒規定の適用対象となることなどの対処の内容を就業規則などの服務上の規律を定めた文書に規定し、管理監督者を含む労働者に対して、周知・啓発すること。
イ　相談に応じ、適切に対応するために必要な体制の整備
　①　相談担当者の選任、相談に対応するための制度の整備、外部機関に対する相談への対応の委託などにより、相談窓口を定めること。
　②　相談窓口の担当者と人事部門との連携体制や相談マニュアルの整備など相談窓口の担当者が適切に対応できるようにすること。
ウ　セクハラが生じた場合における事後の迅速かつ適切な対応
　①　相談窓口の担当者や人事部門、専門の委員会による相談者および行為者の双方からの事実関係の確認、事実関係についての主張

に不一致がある場合の第三者による確認、事実関係の確認が困難な場合における第三者機関への紛争処理の委託などにより、事実関係を迅速かつ正確に確認すること。
② 事実確認ができた場合には、行為者に対する就業規則に基づく制裁措置や被害者の不利益の回復措置（第三者機関に委託した場合にはその紛争解決案に従った措置）により、行為者および被害者に対する措置を適切に行うこと。
③ 広報啓発資料や研修、講習などにより、周知・啓発を行い、再発防止措置を講ずること。

エ　セクハラについての情報の保護
　職場におけるセクハラについての相談者・行為者の情報はそのプライバシーに属することから、相談マニュアルの整備などその保護のために必要な措置を講ずるとともに、広報啓発資料などにより、労働者に対して周知すること。

オ　相談苦情を理由とする不利益な取扱いの禁止
　職場におけるセクハラに関して、労働者が相談をし、または事実関係の確認に協力したことなどを理由として、不利益な取扱いを行ってはならない旨を就業規則などの服務規律を定めた文書に定めるとともに、広報啓発資料などにより、労働者に周知・啓発すること。

3　事業附属寄宿舎に関する労働基準法などの規制

(1) 事業附属寄宿舎

　常態として相当人数の労働者が宿泊し、共同生活の実態を備えるものを寄宿舎といい、それが事業経営の必要上その一部として設けられているような事業との関連を持つ場合には、事業附属寄宿舎として、労働基準法などの適用を受けます。

　事業附属寄宿舎であるためには、「寄宿舎であること」と「事業に附属し

ていること」が必要です。
　このうち、寄宿舎であるか否かについては、次の基準で判断します。
① 相当人数の労働者が宿泊しているか否か。
② その場所が独立または区画された施設であるか否か。
③ 共同生活の実態を備えているか否か。すなわち単に便所、炊事場、浴室などが共同となっているだけでなく、一定の規律、制限により労働者が通常、起居寝食などの生活態様をともにしているか否か。

　また、事業に附属するか否かについては、次の基準によって判断します。
① 宿泊している労働者について、労務管理上共同生活が要請されているか否か。
② 事業場内またはその付近にあるか否か。

(2) 寄宿舎生活の自治

　事業附属の寄宿舎においては、寄宿する労働者の私生活の自由を侵す行為をしてはなりません（同法第94条第1項）。なお、ここでいう「私生活」とは、広く業務から解放された労働関係外の生活をいい、始業時間前、終業時間後の生活が含まれ、寄宿舎に寄宿する労働者の私生活の自由を侵す行為とは、次のような場合です。
① 外出または外泊について使用者の承認を受けさせること。
② 教育、娯楽その他の行事に参加を強制すること。
③ 共同の利益を害する場所および時間を除き、面会の自由を制限すること。

　私生活の自由を前提とする寄宿舎生活の秩序は、寄宿する労働者の自治によって維持されるべきであり、このため寮長、室長などの寄宿舎生活の自治に必要な役員の選任に対する使用者の干渉はしてはなりません（同条第2項）。

(3) 寄宿舎規則

　事業に附属した宿舎に労働者を寄宿させる場合には、寄宿舎生活の秩序を保つとともに、労働者の私生活を確保するために、次の事項を定めた寄宿舎規則を寄宿舎に寄宿する労働者の過半数を代表する者の同意を得て作成し、労働基準監督署長に届け出なければなりません（同法第95条第1項～第3項）。

① 　起床、就寝、外出および外泊
② 　行事
③ 　食事
④ 　安全および衛生
⑤ 　建設物および設備の管理

　使用者は、労働基準法および事業附属寄宿舎規程または建設業附属寄宿舎規程ならびに寄宿舎規則を、寄宿舎の見易い場所に掲示し、または備え付けるなどの方法によって、寄宿舎に寄宿する労働者に周知するとともに、寄宿舎に労働者を寄宿させるに際し、寄宿舎規則を示さなければなりません（同法106条2項）。

　使用者および寄宿舎に寄宿する労働者は、寄宿舎規則を遵守しなければなりません（同法第95条第4項）。

(4) 寄宿舎の設備および安全衛生

　事業の附属寄宿舎については、換気、採光、照明、保温、防湿、清潔、避難、定員の収容、就寝に必要な措置など労働者の健康、風紀および生命の保持に必要な措置を講じなければなりません。また、なるべく教養、娯楽、面会のための室など寄宿舎に寄宿する労働者のための適当な福利施設を設けなければなりません（同法第96条第1項）。

　また、常時10人以上の労働者を就業させる事業などに附属する寄宿舎を設置、移転、変更する場合には、寄宿舎則などに定められた危害防止な

事業附属寄宿舎に関する労働基準法などの規制

どに関する基準に従って定めた計画を、工事着手2週間前までに労働基準監督署長に届け出なければなりません(同法第96条の2第1項)。

第3章
労災補償の認定

「労災補償の認定」のポイント
1 業務上の認定
2 疾病に関する認定基準

「労災補償の認定」のポイント

1 業務上の災害と認定されるためには、労働者が労働契約に基づいて使用者の支配下にある状態にあること(業務遂行性)と業務と傷病などとの間に一定の因果関係が存すること(業務起因性)があることが必要である。

2 労災給付について業務上であるか否かを判断し、保険給付を行うか否かの決定をするのは所轄の労働基準監督署長であるが、労働基準監督署長が迅速・適正な認定を行うことができるとともに、全国斉一的な認定ができるように、主な疾病については、認定基準が示されている。

3 脳・心臓疾患の業務上の認定については、「脳血管疾患及び虚血性心疾患等(負傷に起因するものを除く)の認定基準」に基づいて行われる。業務による明らかな過重負荷が加わることによって、血管病変等がその自然経過を超えて著しく増悪し、脳・心臓疾患が発症する場合があり、そのような経過をたどり発症した脳・心臓疾患は、その発症に当たって、業務が相対的に有力な原因であると判断し、業務に起因する疾病として取り扱われる。脳・心臓疾患の発症に影響を及ぼす業務による明らかな過重負荷としては、発症に近接した時期における負荷のほか、長期間にわたる疲労の蓄積があり、また、業務の過重性の評価に当たっては、労働時間、勤務形態、作業環境、精神的緊張の状態について、総合的に判断される。

4 精神障害などの業務上の認定については、「心理的負荷による精神障害等に係る業務上外の判断指針」に基づいて行われる。労働者の精神障害が業務に起因するか否かについては、精神障害の発病の有無、発病時期および疾患名を明らかにした上で、①業務による心理的負荷、②業務以外の心理的負荷、③個体側要因(精神障

> 害の既往歴など)について評価し、これらと発病した精神障害との関連性について総合的に判断される。また、業務上の精神障害によって、正常の認識、行為選択能力が著しく阻害され、または自殺行為を思いとどまる精神的な抑制力が著しく阻害されている状態で自殺が行われた場合には、結果の発生を意図した故意には該当しないので、このような場合には、業務と自殺との間の相当因果関係が認められる。
> 5　セクハラによる精神障害などの業務上の認定に関する通達や上司の「いじめ」による精神障害などの業務上の認定に関する通達もある。

　業務上の事由などによる労働者の負傷、疾病、障害、死亡などに対して迅速公正な保護をするため、必要な保険給付を行うことなどを目的として、労災保険制度が整備されています(労働者災害補償保険法(以下「労災保険法」という)第1条、第12条の8第2項)。

1　業務上の認定

　業務上の事由による負傷、疾病、障害、死亡に対する給付を受けるためには、業務上の災害と認定されなければなりません。
　業務上の災害と認定されるためには、労働者が労働契約に基づいて使用者の支配下にある状態にあること(業務遂行性)と業務と傷病などとの間に一定の因果関係が存すること(業務起因性)があることが必要です。これについては、次のように考えられています。

(1) 使用者の支配・管理下で業務に従事している場合

　労働者が、予め定められた担当の仕事をしている場合や特命業務に従事している場合、担当業務を行う上で必要な行為、作業中の用便、飲水などの生理的行為を行っている場合その他労働関係の本旨に照らして合理的と認められる行為を行っているなどの場合には、災害は、業務としての行為や事業所の施設・設備の管理状況などが原因となって発生しますので、他に業務上と認め難い事情がない限り、業務上と認められます。なお、ここでいう「業務上と認め難い特別の事情」としては、次のような場合があります。

① 　就業中に私的行為を行い、または恣意的行為をしていて、その私的行為または恣意的行為が原因となって災害が発生した場合
② 　故意に災害を発生させた場合
③ 　個人的なうらみなどにより、第三者から暴行などを受けて被災した場合
④ 　地震、台風、火災など天災地変によって被災した場合(この場合、事業所の立地条件などにより、天災地変に際して災害を被り易い業務上の事情があるときは、業務起因性が認められます)

　一方、第三者の加害行為による災害の場合でも、加害者と被害者との間に私的な怨恨関係がなく、災害の原因が業務にあって業務と災害との間に相当因果関係が認められる場合には、業務起因性が認められます。

　また、例えば、業務行為中に事業所施設に危険な事態が生じたため、業務行為の継続が困難と判断し、危険を避けるために施設外へ避難するという労働者の行為は、単なる私的行為または恣意行為と異なり、合理的な業務附随行為であり、避難行為が私的行為、恣意行為と認められない限りは、業務上になります(昭和49年10月25日基収第2950号)。

(2) 使用者の支配・管理下にあるが、業務に従事していない場合

　休憩時間に事業所構内でキャッチボールをしている場合や社員食堂で食事をしている場合、休憩室で休んでいる場合、通勤専用に提供した交通機関を利用しているなどの場合で、出社して事業所施設内にいる限り、労働契約に基づき施設管理下にあるので業務遂行性は認められますが、休憩時間や始業前終業後は実際に仕事をしているわけではないので、行為そのものは私的行為です。

　ただし、例えば、昼食をとりに社内食堂へ行く途中の階段で足を滑らせてけがをした場合に、事業所の施設・設備の管理状況などが原因となって発生したと評価されるときは、業務上になります。

(3) 使用者の支配下にあるが、管理下を離れて業務に従事している場合

　出張や社用での外出、運送、配達、営業などのため事業所の外で仕事をする場合、事業所外の就業場所への往復、食事、用便など事業所外での業務に付随する行為を行うなどの場合で、出張や社用での外出など事業所施設外で業務に従事する場合は、施設管理下を離れてはいますが、労働契約に基づき、使用者の命令を受けて仕事をしていますので、仕事の場所はどこであっても、途中で労働者が積極的私的行為を行うなど特段の事情がない限り、一般的に業務遂行性が認められます。そして、業務遂行性が認められるものについては、業務起因性について特にこれを否定すべき事情がない限り、一般的には業務上と認められます。例えば、次のような場合です。

① 　営業員が取引先があるビル内で崩れ落ちてきた積荷で頭部を打ち、死亡した場合で、業務に従事していた事実が証明されたとき。
② 　休日に事故があったため、自宅などから使用者の呼出しを受けて現場にかけつける途上や予め休日に出勤を命ぜられている場合に自宅から現場までの途上でけがをしたとき(昭和24年1月19日基収第337

> 5号)。
> ③ 駅頭で商品の宣伝パンフレットを配布している途中で第三者から蹴られてけがをした場合で、加害者の私怨や私的関係に由来していないとき。

　特に出張中はその出張業務の成否や遂行方法について包括的に使用者が責任を負っていますので、出張過程の全般について使用者の支配下にあると評価され、積極的な私用や私的行為あるいは本人の恣意行為による場合を除き、一般に出張に当然または通常伴う行為とみて、業務遂行性が認められます。したがって、出張中の食事や喫茶、列車内での睡眠中の事故、旅館やホテルなどでのたとえば宿泊中の火災、食事による食中毒などの宿泊中の災害も、業務起因性が認められて業務上の災害となります。

　また、社外行事への参加については、強制参加の場合には一般に業務と評価されますが、費用の全額が会社が負担している場合であっても、強制参加とされていない場合には業務とは評価されません。一方、行事そのものが業務とみなされない場合でも、その行事に世話役などとしてその職務の一環として参加する場合には業務と評価され、業務遂行性が認められます。

2 疾病に関する認定基準

　労災給付について業務上であるか否かを判断し、保険給付を行うか否かの決定をするのは所轄の労働基準監督署長ですが、労働基準監督署長が迅速・適正な認定を行うことができるとともに、全国斉一的な認定ができるように、主な疾病については、認定基準が示されています。

(1) 脳・心臓疾患の業務上の認定

　脳・心臓疾患の業務上の認定は、「脳血管疾患及び虚血性心疾患等

（負傷に起因するものを除く）の認定基準（平成13年12月12日基発第1063号）」によって行われていますが、その内容は、次のとおりです。

ア　基本的な考え方

　脳・心臓疾患は、その発症の基礎となる動脈硬化などによる血管病変または動脈瘤、心筋変性等の基礎的病態（以下「血管病変等」という）が長い年月の生活の営みの中で形成され、それが徐々に進行し、増悪するといった自然経過をたどり発症に至る。しかしながら、業務による明らかな過重負荷が加わることによって、血管病変等がその自然経過を超えて著しく増悪し、脳・心臓疾患が発症する場合があり、そのような経過をたどり発症した脳・心臓疾患は、その発症に当たって、業務が相対的に有力な原因であると判断し、業務に起因することの明らかな疾病として取り扱う。脳・心臓疾患の発症に影響を及ぼす業務による明らかな過重負荷として、発症に近接した時期における負荷のほか、長期間にわたる疲労の蓄積も考慮する。また、業務の過重性の評価に当たっては、労働時間、勤務形態、作業環境、精神的緊張の状態などを具体的かつ客観的に把握、検討し、総合的に判断する。

イ　対象疾病

1) 脳血管疾患：脳内出血（脳出血）、くも膜下出血、脳梗塞、高血圧性脳症
2) 虚血性心疾患等：心筋梗塞、狭心症、心停止（心臓性突然死を含む）、解離性大動脈瘤

ウ　認定要件

　次の業務による明らかな過重負荷を受けたことにより発症した脳・心臓疾患は、業務上の認定を行う。

① 発症直前から前日までの間において、発生状態を時間的及び場所的に明確にし得る異常な出来事（以下「異常な出来事」という）に遭遇

したこと。
② 発症に近接した時期において、特に過重な業務(以下「短期間の過重業務」という)に就労したこと。
③ 発症前の長期間にわたって、著しい疲労の蓄積をもたらす特に過重な業務(以下「長期間の過重業務」という)に就労したこと。

エ 認定要件の運用
1)脳・心臓疾患の疾患名および発症時期の特定
① 疾患名の特定
　脳・心臓疾患の発症と業務との関連性を判断する上で、発症した疾患名は重要であるので、臨床所見、解剖所見、発症前後の身体の状況などから疾患名を特定し、対象疾病に該当することを確認すること。
(注)
　i 脳卒中として請求された事案については、可能な限り疾患名を確認すること。その結果、対象疾病以外の疾病であることが確認された場合を除き、本認定基準によって判断して差し支えない。
　ii 急性心不全(急性心臓死、心臓麻痺などという場合もある)は、疾患名ではないから、可能な限り疾患名を確認すること。その結果、急性心不全の原因となった疾病が、対象疾病以外の疾病であることが確認された場合を除き、本認定基準によって判断して差し支えない。
　iii 「不整脈による突然死等」は、「心停止(心臓性突然死を含む)」に含めて取り扱う。
② 発症時期の特定
　通常、脳・心臓疾患は、発症(血管病変等の破綻(出血)または閉塞した状態をいう)の直後に症状が出現(自覚症状または他覚所見が明らかに認められることをいう)するので、臨床所見、症状の経過などから症状が出現した日を特定し、その日をもって発症日とする。なお、前駆症状(脳・心臓疾患発症の警告の症状をいう)が認められる場合で、前駆

症状と発症した脳・心臓疾患との関連性が医学的に明らかとされたときは、前駆症状が確認された日をもって発症日とする。

2）過重負荷

　過重負荷とは、医学経験則に照らして、脳・心臓疾患の発症の基礎となる血管病変等をその自然経過を超えて著しく増悪させ得ることが客観的に認められる負荷をいい、業務による明らかな過重負荷として、「異常な出来事」、「短期間の過重業務」および「長期間の過重業務」に区分し、認定要件とした。ここでいう自然経過とは、加齢、一般生活などにおいて生体が受ける通常の要因による血管病変等の形成、進行および増悪の経過をいう。

① 異常な出来事について

　ⅰ 異常な出来事

　異常な出来事とは、具体的には次の出来事である。

（ア）極度の緊張、興奮、恐怖、驚がくなどの強度の精神的負荷を引き起こす突発的または予測困難な異常な事態

（イ）緊急に強度の身体的負荷を強いられる突発的または予測困難な異常な事態

（ウ）急激で著しい作業環境の変化

　ⅱ 評価期間

　異常な出来事と発症との関連性については、通常、負荷を受けてから24時間以内に症状が出現するので、発症直前から前日までの間を評価期間とする。

　ⅲ 過重負荷の有無の判断

　異常な出来事と認められるか否かについては、①通常の業務遂行過程においては遭遇することがまれな事故または災害などで、その程度が甚大であったか、②気温の上昇または低下などの作業環境の変化が急激で著しいものであったかなどについて検討し、これらの出来事による身体的、精神的負荷が著しいと認められるか否かという観点から、客観的

かつ総合的に判断する。

② 短期間の過重業務

ⅰ 特に過重な業務

特に過重な業務とは、日常業務に比較して特に過重な身体的、精神的負荷を生じさせたと客観的に認められる業務をいい、日常業務に就労する上で受ける負荷の影響は血管病変等の自然経過の範囲にとどまる。ここでいう日常業務とは、通常の所定労働時間内の所定業務内容をいう。

ⅱ 評価期間

発症に近接した時期とは、発症前おおむね1週間をいう。

ⅲ 過重負荷の有無の判断

(ア) 特に過重な業務に就労したと認められるか否かについては、業務量、業務内容、作業環境等を考慮し、同僚労働者または同種労働者(以下「同僚等」という)にとっても、特に過重な身体的、精神的負荷と認められるか否かという観点から、客観的かつ総合的に判断する。ここでいう同僚等とは、当該労働者と同程度の年齢、経験などを有する健康な状態にある者のほか、基礎疾患を有していたとしても日常業務を支障なく遂行できる者をいう。

(イ) 短期間の過重業務と発症との関連性を時間的にみた場合、医学的には、発症に近いほど影響が強く、発症から遡るほど関連性は希薄となるとされているので、次の業務と発症との時間的関連を考慮して、特に過重な業務と認められるか否かを判断する。

a 発症に最も密接な関連性を有する業務は、発症直前から前日までの間の業務であるので、まず、この間の業務が特に過重であるか否かを判断する。

b 発症直前から前日までの間の業務が特に過重であると認められない場合であっても、発症前おおむね1週間以内に過重な業務が継続している場合には、業務と発症との関連性があるので、この間の業務が特に

過重であるか否かを判断する。なお、発症前おおむね1週間以内に過重な業務が継続している場合の継続とは、この期間中に過重な業務に就労した日が連続しているという趣旨であり、必ずしもこの期間を通じて過重な業務に就労した日が間断なく続いている場合のみをいうものではない。したがって、発症前おおむね1週間以内に就労しなかった日があったとしても、このことをもって、直ちに業務起因性を否定するものではない。

(ウ)　業務の過重性の具体的な評価に当たっては、次の負荷要因について十分検討する。

a　労働時間

労働時間の長さは、業務量の大きさを示す指標であり、また、過重性の評価の最も重要な要因であるので、評価期間における労働時間については、十分に考慮する。例えば、発症直前から前日までの間に特に過度の長時間労働が認められるか、発症前おおむね1週間以内に継続した長時間労働が認められるか、休日が確保されていたかなどの観点から評価する。

b　不規則な勤務

不規則な勤務については、予定された業務スケジュールの変更の頻度・程度、事前の通知状況、予測の度合、業務内容の変更の程度などの観点から評価する。

c　拘束時間の長い勤務

拘束時間の長い勤務については、拘束時間数、実労働時間数、労働密度（実作業時間と手待時間との割合など）、業務内容、休憩・仮眠時間数、休憩・仮眠施設の状況（広さ、空調、騒音など）などの観点から評価する。

d　出張の多い業務

出張については、出張中の業務内容、出張（特に時差のある海外出張）の頻度、交通手段、移動時間および移動時間中の状況、宿泊の有無、

宿泊施設の状況、出張中における睡眠を含む休憩・休息の状況、出張による疲労の回復状況などの観点から評価する。

e　交替制勤務・深夜勤務

交替制勤務・深夜勤務については、勤務シフトの変更の度合、勤務と次の勤務までの時間、交替制勤務における深夜時間帯の頻度などの観点から評価する。

f　作業環境

作業環境については、脳・心臓疾患の発症との関連性が必ずしも強くないことから、過重性の評価に当たっては付加的に考慮する。

(a)　温度環境

温度環境については、寒冷の程度、防寒衣類の着用の状況、一連続作業時間中の採暖の状況、暑熱と寒冷との交互のばく露の状況、激しい温度差がある場所への出入りの頻度等の観点から評価する。なお、温度環境のうち高温環境については、脳・心臓疾患の発症との関連性が明らかでないことから、一般的に発症への影響は考え難いが、著しい高温環境下で業務に就労している状況が認められる場合には、過重性の評価に当たって配慮する。

(b)　騒音

騒音については、おおむね80dBを超える騒音の程度、そのばく露時間・期間、防音保護具の着用の状況などの観点から評価する。

(c)　時差

飛行による時差については、5時間を超える時差の程度、時差を伴う移動の頻度などの観点から評価する。

g　精神的緊張を伴う業務

精神的緊張を伴う業務については、158、159頁の表の具体的業務または出来事に該当する場合には、負荷の程度を評価する視点により評価する。また、精神的緊張と脳・心臓疾患の発症との関連性については、医学的に十分な解明がなされていないこと、精神的緊張は業務

疾病に関する認定基準

以外にも多く存在することなどから、精神的緊張の程度が特に著しいと認められるものについて評価する。

③　長期間の過重業務
ⅰ　疲労の蓄積の考え方

恒常的な長時間労働等の負荷が長期間にわたって作用した場合には、「疲労の蓄積」が生じ、これが血管病変等をその自然経過を超えて著しく増悪させ、その結果、脳・心臓疾患を発症させることがあることから、発症との関連性において業務の過重性を評価するに当たっては、発症前の一定期間の就労実態などを考察し、発症時における疲労の蓄積がどの程度であったかという観点から判断する。

ⅱ　特に過重な業務

特に過重な業務の考え方は、②のⅰの「特に過重な業務」の場合と同様である。

ⅲ　評価期間

発症前の長期間とは、発症前おおむね6か月間をいう。なお、発症前おおむね6か月より前の業務については、疲労の蓄積に係る業務の過重性を評価するに当たり、付加的要因として考慮する。

ⅳ　過重負荷の有無の判断

(ア)　著しい疲労の蓄積をもたらす特に過重な業務に就労したと認められるか否かについては、業務量、業務内容、作業環境などを考慮し、同僚等にとっても、特に過重な身体的、精神的負荷と認められるか否かという観点から、客観的かつ総合的に判断する。

(イ)　業務の過重性の具体的な評価に当たっては、疲労の蓄積の観点から、労働時間のほか、負荷要因について十分検討する。その際、疲労の蓄積をもたらす最も重要な要因と考えられる労働時間に着目すると、その時間が長いほど業務の過重性が増すところであり、具体的には、発症日を起点とした1か月単位の連続した期間をみて、

a　発症前1か月間ないし6か月間にわたって、1か月当たりおおむね45

> 時間を超える時間外労働が認められない場合は、業務と発症との関連性が弱いが、おおむね45時間を超えて時間外労働時間が長くなるほど、業務と発症との関連性が徐々に強まると評価できること、
> b　発症前1か月間におおむね100時間または発症前2か月間ないし6か月間にわたって、1か月当たりおおむね80時間を超える時間外労働が認められる場合は、業務と発症との関連性が強いと評価できること、

を踏まえて判断する。ここでいう時間外労働時間数は、1週間当たり40時間を超えて労働した時間数である。

また、休日のない連続勤務が長く続くほど業務と発症との関連性をより強め、逆に、休日が十分確保されている場合は疲労は回復ないし回復傾向を示す。

精神的緊張を伴う業務

	具体的業務	負荷の程度を評価する視点
日常的に精神的緊張を伴う業務	常に自分あるいは他人の生命、財産が脅かされる危険性を有する業務	
	危険回避責任がある業務	
	人命や人の一生を左右しかねない重大な判断や処置が求められる業務	
	極めて危険な物質を取り扱う業務	
	会社に多大な損失をもたらし得るような重大な責任のある業務	
	過大なノルマがある業務	ノルマの内容、困難性・強制性、ペナルティの有無など
	決められた時間（納期など）どおりに遂行しなければならないような困難な業務	阻害要因の大きさ、達成の困難性、ペナルティの有無、納期等の変更の可能性など
	顧客との大きなトラブルや複雑な労使紛争の処理などを担当する業務	顧客の位置付け、損害の程度、労使紛争の解決の困難性など
	周囲の理解や支援のない状況下での困難な業務	業務の困難度、社内での立場など
	複雑困難な新規事業、会社の建て直しを担当する業務	プロジェクト内での立場、実行の困難性など

疾病に関する認定基準

精神的緊張を伴う業務

<table>
<tr><th colspan="2">出来事</th><th>負荷の程度を評価する視点</th></tr>
<tr><td rowspan="8">発症に近接した時期における精神的緊張を伴う業務に関連する出来事</td><td>労働災害で大きな怪我や病気をした</td><td>被災の程度、後遺障害の有無、社会復帰の困難性など</td></tr>
<tr><td>重大な事故や災害の発生に直接関与した</td><td>事故の大きさ、加害の程度など</td></tr>
<tr><td>悲惨な事故や災害の体験(目撃)をした</td><td>事故や被害の程度、恐怖感、異常性の程度など</td></tr>
<tr><td>重大な事故(事件)について責任を問われた</td><td>事故(事件)の内容、責任の度合、社会的反響の程度、ペナルティの有無など</td></tr>
<tr><td>仕事上の大きなミスをした</td><td>失敗の程度・重大性、損害などの程度、ペナルティの有無など</td></tr>
<tr><td>ノルマが達成できなかった</td><td>ノルマの内容、達成の困難性、強制性、達成率の程度、ペナルティの有無など</td></tr>
<tr><td>異動(転勤、配置転換、出向など)があった</td><td>業務内容・身分などの変化、異動理由、不利益の程度など</td></tr>
<tr><td>上司、顧客などとの大きなトラブルがあった</td><td>トラブル発生時の状況、程度など</td></tr>
</table>

(2) 精神障害などの業務上の認定

また、精神障害などの業務上の認定は、「心理的負荷による精神障害等に係る業務上外の判断指針(平成11年9月14日基発第544号)」によって行われますが、その内容は、次のとおりです。

ア 基本的考え方

心理的負荷による精神障害の業務上外の判断に当たっては、精神障害の発病の有無、発病の時期および疾患名を明らかにすることはもとより、精神障害の発病に関与したと認められる業務による心理的負荷の強度の評価が重要である。その際、本人がその心理的負荷の原因となった出来事をどのように受け止めたかではなく、多くの人々が一般的にはどう受け止めるかという客観的な基準によって評価する必要がある。また、業務以外の心理的負荷についても同様に評価する必要がある。さらに、個体側要因についても評価されなければならない。精神障害の既往歴が認められる場合や、生活史(社会適応状況)、アルコールなど依存状況、性格傾向等に特に問題が認められる場合は、個体側要因(心理面の反応性、脆弱性)が大きい。

以上のことから、まず、精神障害の発病の有無などを明らかにした上で、

業務による心理的負荷、業務以外の心理的負荷および個体側要因の各事項について具体的に検討し、労働者に発病した精神障害との関連性について総合的に判断する必要がある。

イ　対象疾病

対象疾病は、原則としてICD―10第Ⅴ章「精神および行動の障害」に分類される精神障害とする。なお、いわゆる心身症は、本指針の精神障害には含まれない。

ウ　判断要件

次の①、②および③の要件のいずれをも満たす精神障害は、業務上の認定を行う。

① 　対象疾病に該当する精神障害を発病していること。

② 　対象疾病の発病前おおむね6か月の間に、客観的に精神障害を発病させるおそれのある業務による強い心理的負荷が認められること。

③ 　業務以外の心理的負荷および個体側要因により精神障害を発病したとは認められないこと。

エ　判断要件の運用

業務上外の判断は、まず、1により精神障害の発病の有無などを明らかにし、次に2から4までの事項について検討を加えた上で、5に基づき行う。なお、具体的な検討に当たっては、客観的な判断が必要なことから、複数の専門家による合議などによって行う。

1　精神障害の判断など

（1）　精神障害の発病の有無などの判断

精神障害の発病の有無、発病時期および疾患名の判断に当たっては、ICD―10作成の専門家チームによる「ICD―10診断ガイドライン」に基づき、治療経過などの関係資料、家族、友人、職場の上司、同僚、部

下などの関係者からの聴取内容、産業医の意見、業務の実態を示す資料、その他の情報から得られた事実関係により行う。なお、精神障害の治療歴の無い事案については、関係者からの聴取内容などを偏りなく検討し、ICD—10診断ガイドラインに示されている診断基準を満たす事実が認められる場合、あるいはその事実が十分に確認できなくても種々の状況から診断項目に該当すると合理的に推定される場合には、その疾患名の精神障害が発病したものとして取り扱う。

(2) 業務との関連で発病する可能性のある精神障害

対象疾病のうち主として業務に関連して発病する可能性のある精神障害は、ICD—10のF0からF4に分類される精神障害である。なお、このうちF0およびF1に分類される精神障害については、他の認定基準などにより、頭部外傷、脳血管障害、中枢神経変性疾患など器質性脳疾患の業務起因性を判断した上で、その併発疾病などとして認められるか否かを判断する。

2 業務による心理的負荷の強度の評価

業務による心理的負荷の強度の評価に当たっては、その心理的負荷の原因となった出来事およびその出来事後の状況が持続する程度について、別表1「職場における心理的負荷評価表」（以下「別表1」という）を指標として総合的に検討する。

別表1は、出来事およびその出来事後の状況が持続する程度をより具体的かつ客観的に検討するため、

① 精神障害の発病に関与したと認められる出来事が、一般的にはどの程度の強さの心理的負荷と受け止められるかを判断する「(1)平均的な心理的負荷の強度」の欄

② 出来事の個別の状況を斟酌し、その出来事の内容などに即して心理的負荷の強度を修正するための「(2)心理的負荷の強度を修正する視点」の欄

③ 出来事後の状況が後どの程度持続、拡大あるいは改善したかにつ

いて評価するための「(3)(1)の出来事後の状況が持続する程度を検討する視点（総合評価を行う際の視点）」の欄から構成されている。

業務による心理的負荷の強度の評価は、まず①および②により精神障害の発病に関与したと認められる出来事の強度が「Ⅰ」、「Ⅱ」、「Ⅲ」のいずれに該当するかを評価する。なお、この心理的負荷の強度「Ⅰ」は日常的に経験する心理的負荷で一般的に問題とならない程度の心理的負荷、心理的負荷の強度「Ⅲ」は人生の中でまれに経験することもある強い心理的負荷、心理的負荷の強度「Ⅱ」はその中間に位置する心理的負荷である。

次に、③によりその出来事後の状況が持続する程度による心理的負荷がどの程度過重であったかを評価する。その上で出来事の心理的負荷の強度およびその出来事に伴う変化などに係る心理的負荷の過重性を併せて総合評価（「弱」、「中」、「強」）するが、具体的には以下の手順により行う。なお、②および③を検討するに当たっては、本人がその出来事および出来事後の持続する程度を主観的にどう受け止めたかではなく、同種の労働者が、一般的にどう受け止めるかという観点から検討されなければならない。ここで「同種の労働者」とは職種、職場における立場や経験などが類似する者をいう。

(1) 出来事の心理的負荷の評価

精神障害発病前おおむね6か月の間に、精神障害の発病に関与したと考えられる業務によるどのような出来事があったのか、その出来事の心理的負荷の強度はどの程度と評価できるかについて、次の①および②の手順により検討を行う。

① 出来事の平均的な心理的負荷の強度の評価

別表1の「出来事の類型」に示した「具体的出来事」は、職場において通常起こり得る多種多様な出来事を一般化したものである。そのため、事案ごとに、発病前おおむね6か月の間に、精神障害の発病に関与したと考えられる業務による出来事としてどのような出来事があったのか

を具体的に把握し、その出来事が別表1の（1）の欄のどの「具体的出来事」に該当するかを判断して平均的な心理的負荷の強度を「Ⅰ」、「Ⅱ」、「Ⅲ」のいずれかに評価する。なお、「具体的出来事」に合致しない場合には、どの「具体的出来事」に近いかを類推して評価する。

② 出来事の平均的な心理的負荷の強度の修正

　出来事の平均的な心理的負荷の強度は、別表1の（1）の欄により評価するが、その出来事の内容などによってはその強度を修正する必要が生じる。そのため、出来事の具体的内容、その他の状況等を把握した上で、別表1の（2）に掲げる視点に基づいて、①により評価した「Ⅰ」、「Ⅱ」、「Ⅲ」の位置付けを修正する必要はないかを検討する。なお、出来事の発生以前から続く恒常的な長時間労働、例えば所定労働時間が午前8時から午後5時までの労働者が、深夜時間帯に及ぶような長時間の時間外労働を度々行っているような状態や1か月平均の時間外労働がおおむね100時間を超えるような状態などが認められる場合には、それ自体で、別表1の（2）の欄による心理的負荷の強度を修正する。

(2) 出来事後の持続する程度による心理的負荷の評価

　その出来事後の持続する程度に係る心理的負荷がどの程度過重であったかを評価するため、出来事に伴う変化として別表1の（3）の各項目に基づき、出来事後の状況がどの程度持続、拡大あるいは改善したかについて検討する。具体的には次の①から⑥までに基づき、出来事後の持続する程度による心理的負荷の評価に当たり考慮すべき点があるか否か検討する。

① 仕事の量（労働時間など）の変化後の持続する程度

　恒常的な長時間労働は精神障害の準備状態を形成する要因となる可能性が高いことから、(1)の②に示した恒常的な長時間労働が認められる場合には十分に考慮する。なお、仕事の量の変化は基本的には労働時間の長さなどの変化によって判断するが、仕事の密度などの変化が過大なものについても考慮する。

② 仕事の質の変化後の持続する程度

職種の変更、仕事の内容の大きな変化、一般的に求められる適応能力を超えた要求などその変化が通常予測される変化と比べて過大であると認められるものについて考慮する。

③ 仕事の責任の変化後の持続する程度

事業所内で通常行われる昇進に伴う責任の変化など通常の責任の増大を大きく超える責任の増大について考慮する。

④ 仕事の裁量性の欠如

単調で孤独な繰り返し作業など仕事の遂行についての裁量性が極端に欠如すると考えられる場合について考慮する。

⑤ 職場の物的、人的環境の変化後の持続する程度

騒音、暑熱など物理的負荷要因などの多くが、その身体的作用のみでなく、同時に不快感を起こし、心理的刺激作用として働き、精神疲労を引き起こすことがあるので、これらが著しい場合について考慮する。職場における人間関係から生じるトラブルなど通常の心理的負荷を大きく超えるものについて考慮する。

⑥ 職場の支援・協力などの欠如の状況

事業者が講じた支援、協力などは、心理的負荷を緩和させる上で重要な役割を果たすので、出来事に対処するため、仕事のやり方の見直し改善、応援体制の確立、責任の分散など上司、同僚などによる必要な支援、協力がなされていたかなどについて検討し、これらが十分でない場合に考慮する。

(3) 業務による心理的負荷の強度の総合評価

業務による心理的負荷の強度の総合評価は、(1)および(2)の手順によって評価した心理的負荷の強度の総体が、客観的に精神障害を発病させるおそれのある程度の心理的負荷と認められるか否かについて行う。なお、「客観的に精神障害を発病させるおそれのある程度の心理的負荷」とは、別表1の総合評価が「強」と認められる程度の心理的負

荷とする。ここで「強」と認められる心理的負荷とは次の場合をいう。
① 別表1の(2)の欄に基づき修正された心理的負荷の強度が「Ⅲ」と評価され、かつ、別表1の(3)の欄による評価が相当程度過重であると認められるとき（「相当程度過重」とは、別表1の(3)の欄の各々の項目に基づき、多方面から検討して、同種の労働者と比較して業務内容が困難で、業務量も過大であるなどが認められる状態をいう）。
② 別表1の(2)の欄により修正された心理的負荷の強度が「Ⅱ」と評価され、かつ、別表1の(3)の欄による評価が特に過重であると認められるとき（「特に過重」とは、別表1の(3)の欄の各々の項目に基づき、多方面から検討して、同種の労働者と比較して業務内容が困難であり、恒常的な長時間労働が認められ、かつ、過大な責任の発生、支援・協力の欠如など特に困難な状況が認められる状態をいう。)。

(4) 特別な出来事などの総合評価

業務による心理的負荷の強度は、基本的には、(3)により総合評価されるが、次の①から③までの事実が認められる場合には、(3)にかかわらず総合評価を「強」とすることができる。

① 心理的負荷が極度のもの
別表1の(2)の欄に基づき修正された心理的負荷の強度が「Ⅲ」と評価される出来事のうち、生死に関わる事故への遭遇など心理的負荷が極度のもの

② 業務上の傷病により6か月を超えて療養中の者に発病した精神障害
業務上の傷病によりおおむね6か月を超える期間にわたって療養中の者に発病した精神障害については、病状が急変し極度の苦痛を伴った場合など①に準ずる程度のものと認められるもの

③ 極度の長時間労働
極度の長時間労働、例えば数週間にわたり生理的に必要な最小限度の睡眠時間を確保できないほどの長時間労働により、心身の極度の疲弊、消耗を来し、それ自体がうつ病などの発病原因となるおそれのある

もの

3 　業務以外の心理的負荷の強度の評価

　業務以外の心理的負荷の強度は、発病前おおむね6か月の間に起きた客観的に一定の心理的負荷を引き起こすと考えられる出来事について、別表2「職場以外の心理的負荷評価表」(以下「別表2」という)により評価する。

　別表2に示した出来事は、業務以外の日常生活において通常起こり得る多種多様の出来事を一般化したものであるので、個々の事案ごとに各々の出来事がどの「具体的出来事」に該当するかを判断して心理的負荷の強度を評価する。また、「具体的出来事」に合致しない場合は、どの「具体的出来事」に近いかを類推して評価する。なお、別表2においても別表1と同様、出来事の具体的内容などを勘案の上、その平均的な心理的負荷の強度を変更し得るものである。別表2で示した心理的負荷の強度「Ⅰ」、「Ⅱ」、「Ⅲ」は、別表1で示したものと同程度の強度のものである。

　収集された資料により、別表2に示された心理的負荷の強度が「Ⅲ」に該当する出来事が認められる場合には、その具体的内容を関係者からできるだけ調査し、その出来事による心理的負荷が客観的に精神障害を発病させるおそれのある程度のものと認められるか否かについて検討する。

4 　個体側要因の検討

　次の(1)から(4)に示す事項に個体側要因として考慮すべき点が認められる場合は、それらが客観的に精神障害を発病させるおそれのある程度のものと認められるか否かについて検討する。

(1) 　既往歴

　精神障害の既往歴が認められる場合には、個体側要因として考慮する。また、治療のための医薬品による副作用についても考慮する。

(2) 　生活史(社会適応状況)

過去の学校生活、職業生活、家庭生活などにおける適応に困難が認められる場合には、個体側要因として考慮する。

(3) アルコールなど依存状況

アルコール依存症とは診断できないまでも、軽いアルコール依存傾向でも身体的に不眠、食欲低下、自律神経症状が出たり、逃避的、自棄的衝動から自殺行動に至ることもあるので、個体側要因として考慮する。過度の賭博の嗜好など破滅的行動傾向も同様に考慮する。

(4) 性格傾向

性格特徴上偏りがあると認められる場合には、個体側要因として考慮する。

ただし、それまでの生活史を通じて社会適応状況に特別の問題がなければ、個体側要因として考慮する必要はない。

5 業務上外の判断に当たっての考え方

精神障害は、業務による心理的負荷、業務以外の心理的負荷および個体側要因が複雑に関連して発病するから、1により精神障害の発病が明らかになった場合には、2、3および4の各事項について各々検討し、その上でこれらと精神障害の発病との関係について総合判断する。具体的には、次の場合に分けて判断する。

(1) 業務以外の心理的負荷、個体側要因が特段認められない場合

調査の結果、業務による心理的負荷以外には特段の心理的負荷、個体側要因が認められない場合で、2による検討において別表1の総合評価が「強」と認められるときには、業務起因性があると判断して差し支えない。

(2) 業務以外の心理的負荷、個体側要因が認められる場合

調査の結果、業務による心理的負荷以外に特段の心理的負荷、個体側要因が認められる場合には、2による検討において別表1の総合評価が「強」と認められる場合であっても、3、4の検討結果を併せて総合評価し、第3の(2)および(3)の要件のいずれをも満たすか否かについて

判断する。なお、業務による心理的負荷以外に特段の心理的負荷、個体側要因が認められる場合の判断の考え方は、次の①および②のとおりである。

① 業務による心理的負荷と業務以外の心理的負荷との関係

判断指針の別表1の総合評価が「強」と認められる場合であって、判断指針の別表2による心理的負荷の強度が「Ⅲ」に該当する出来事が認められる場合には、業務以外の出来事の内容を関係者からできるだけ具体的に調査し、業務による心理的負荷と業務以外の心理的負荷の関係について検討を行う必要がある。この場合、一般的には、強度「Ⅲ」に該当する業務以外の心理的負荷が極端に大きかったり、強度「Ⅲ」に該当する出来事が複数認められるなど業務以外の心理的負荷が精神障害発病の有力な原因となったと認められる状況がなければ業務起因性があると判断して差し支えない。

② 業務による心理的負荷と個体側要因との関係

判断指針の別表1の総合評価が「強」と認められる場合であって、個体側要因に問題が認められる場合には、①の場合と同様、業務による心理的負荷と個体側要因の関係について検討を行う必要がある。この場合、一般的には、精神障害の既往歴や生活史、アルコールなど依存状況、性格傾向に顕著な問題が認められ、その内容、程度などから個体側要因が精神障害発病の有力な原因となったと認められる状況がなければ業務起因性があると判断して差し支えない。

6 調査に当たっての留意事項

調査は、業務による心理的負荷の内容、程度のほか業務以外の心理的負荷の内容、程度、さらには個体側要因について調査を要する。その際、調査の性格から、プライバシーに触れざるを得ないこともあり、調査に当たってはその保護に十分配慮する必要がある。

オ 治ゆなど

心理的負荷による精神障害にあっては、その原因を取り除き、適切な療養を行えば全治する場合が多い。その際、療養期間の目安を一概に示すことは困難であるが、業務による心理的負荷による精神障害にあっては、精神医学上一般的には6か月から1年程度の治療で治ゆする例が多い。また、業務上の精神障害が治ゆした後再び精神障害が発病した場合には、発病のたびにその時点での業務による心理的負荷、業務以外の心理的負荷および個体側要因を各々検討し、業務起因性を判断する。

カ　自殺の取扱い

1　精神障害による自殺

ICD—10のF0からF4に分類される多くの精神障害では、精神障害の病態としての自殺念慮が出現する蓋然性が高いと医学的に認められることから、業務による心理的負荷によってこれらの精神障害が発病したと認められる者が自殺を図った場合には、精神障害によって正常の認識、行為選択能力が著しく阻害され、または自殺行為を思いとどまる精神的な抑制力が著しく阻害されている状態で自殺が行われたものと推定し、原則として業務起因性が認められる。ただし、ICD—10のF0からF4に分類される精神障害と認められる事案であっても、発病後治療などが行われ相当期間経過した後の自殺については、治ゆの可能性やその経過の中での業務以外の様々な心理的負荷要因の発生の可能性があり、自殺が当該疾病の「症状」の結果と認められるかどうかは、さらに療養の経過、業務以外の心理的負荷要因の内容などを総合して判断する必要がある。なお、ICD—10のF0からF4に分類されるもの以外の精神障害にあっては、必ずしも一般的に強い自殺念慮を伴うとまではいえないことから、精神障害と自殺の関連について検討を行う必要がある。

2 遺書などの取扱い

遺書などの存在については、それ自体で正常な認識、行為選択能力が著しく阻害されていなかったと判断することは必ずしも妥当ではなく、遺書などの表現、内容、作成時の状況などを把握の上、自殺に至る経緯に係る1資料として評価する。

ICD-10 第Ⅴ章「精神および行動の傷害」分類

F0	症状性を含む器質性精神障害
F1	精神作用物質使用による精神および行動の障害
F2	精神分裂病、分裂病型障害および妄想性障害
F3	気分[感情]障害
F4	神経症性障害、ストレス関連障害および身体表現性障害
F5	生理的障害および身体的要因に関連した行動症候群
F6	成人の人格および行動の障害
F7	知的障害(精神遅滞)
F8	心理的発達の障害
F9	小児＜児童＞期および青年期に通常発症する行動および情緒の障害、詳細不詳の精神障害

(3) セクハラによる精神障害などの業務上の認定

セクハラによる精神障害などの業務上の認定は、次により行うことになっています(平成17年12月1日基労補発第1201001号)。

① 職場の上司、同僚、部下、取引先などとの通常の人間関係から生じる通例程度のストレスは精神障害などを発症させる出来事として評価すべきではないが、セクハラなど特に社会的にみて非難されるような場合には、原則として業務に関連する出来事として評価すべきである。

② セクハラについては、「心理的負荷が極度のもの」と判断される場合には、その出来事自体を評価し、業務上外を決定することになるが、それ以外については、セクハラ防止に関する対応方針の明確化およびその周知・啓発、相談・苦情への対応、セクハラが生じた場合における事後の迅速かつ適切な対応などに着眼し、会社の講じた対処・配慮の具体的内容、実施時期など、さらには職場の人的環境の変化、その他出来事に派生する変化について、十分に検討の上、心理的負荷の強度を評価する。

(4) 上司の「いじめ」による精神障害などの業務上の認定

　上司の「いじめ」による精神障害などの業務上の認定については、次により行うことになっています。(平成20年2月6日基労補発第0206001号)。

1　名古屋南労基署長（中部電力）事件名古屋高裁判決の概要および同判決と判断指針との整合性

　次の名古屋南労基署長（中部電力）事件名古屋高裁判決（平成19年10月31日）は、①Aの主任昇格、②Bの叱責などの行為、③Aの担当業務、を業務上の心理的負荷を与える出来事として並列して認められると判示しているが、③は①の主任昇格に伴ってAに生じた変化として考慮すべきであり、出来事と評価できるのは、①Aの主任昇格、②Bの叱責などの行為である。このうち、②Bの叱責などの行為を判断指針に当てはめると次のとおりになる。

　Aは、会社の主任（平成11年8月昇進）として勤務していたが、平成11年11月に自殺した。Aの主任への昇格は、担当業務は難易度が高く、量的にも内容的にも過大であり、通常の「昇格」よりは相当程度心理的負荷が強く、また、上司Bの感情的な叱責などは何ら合理的理由のない単なる厳しい指導の範ちゅうを超えた、いわゆるパワーハラスメントとも評価されるものであり、相当程度心理的負荷の強い出来事と評価すべきであり、業務とAのうつ病との間には相当因果関係が認められる。

(1) 出来事の心理的負荷の評価

　具体的出来事は、「上司とのトラブルがあった」に該当し、その平均的な心理的負荷の強度は「Ⅱ」である。本件トラブルを「いじめの内容・程度など」の視点から判断すると、BはAに対してのみ、8月に「目障りだから、そんなちゃらちゃらした物は着けるな。指輪は外せ」などの発言で、結婚指輪を外すように命じたことが認められる。これは、何ら合理的理由のない単なる厳しい指導の範ちゅうを超えた、Aの人格、人間性を否定するような言動と評価されるものであり、相当程度の心理的負荷を生じさせ

たと評価でき、心理的負荷の強度「Ⅱ」を「Ⅲ」に修正することが可能なものと判断される。

(2) 出来事に伴う変化を評価する視点
ア 結婚指輪の発言は9月にもあり、また、9月には「主任失格」、「おまえなんか、いてもいなくても同じだ。」との発言があり、大きな心理的負荷となった。
イ 会社からの支援は特に見当たらない。
ウ アおよびイから、「相当程度過重」と評価できる。
エ 総合評価
「強」と判断できる。

2 上司の「いじめ」の評価など
(1) 上司の「いじめ」の評価の方法
ア 「いじめ」の内容・程度が、業務指導の範囲を逸脱し、被災労働者の人格や人間性を否定するような言動（以下「ひどいいじめ」という）と認められる場合は、心理的負荷の強度が「Ⅲ」に該当する。上司の「いじめ」は、判断指針別表1「職場における心理的負荷評価表」（別表1）「(1)の平均的な心理的負荷の強度」の欄の具体的出来事うち「上司とのトラブルがあった」（心理的負荷の強度「Ⅱ」）に該当する出来事であり、客観的に「いじめ」とみとめられるに至った時を出来事の発生時期とし、その内容・程度が「ひどいいじめ」に該当する場合は、別表1の「(2)心理的負荷の強度を修正する視点」により心理的負荷の強度を「Ⅲ」に修正する。
イ 別表1の「(3)出来事に伴う変化等を検討する視点」（出来事に伴う変化等）の評価は、「いじめ」の繰り返しの程度および会社の講じた支援の状況などにより、「相当程度過重」または「特に過重」に該当するか否かを判断する。

(2) 上司の「いじめ」以外に具体的出来事が認められる場合の取扱い

「いじめ」は継続して行われることが多いため、本判決のように、精神障害の発病に関与したと認められる出来事が、「上司とのトラブルがあった」（心理的負荷の強度「Ⅱ」）以外にも認められる場合がある。この場合には、他の複数の出来事が認められる場合と同様、それぞれの出来事による心理的負荷を個々に評価した上で、心理的負荷の強度を総合的に評価すること。また、心理的負荷の強度を総合的に評価するに当たっては、次のア～ウに留意する。

ア 「ひどいいじめ」は原則として心理的負荷の強度が「Ⅲ」に該当することから、それ以外の出来事が認められたとしても、総合的評価として、心理的負荷の強度は「Ⅲ」を超えるものではない。

イ 心理的負荷の強度が「Ⅱ」に該当する出来事が複数認められる場合には、心理的負荷の強度「Ⅲ」は、「人生の中でまれに経験することもある強い心理的負荷」に相当することを十分に理解したうえで、地方労災医員協議会精神障害等専門部会における合議等によって心理的負荷の強度を総合的に評価する。なお、次の点に留意する。

① 心理的負荷の強度が「Ⅱ」に該当する出来事に心理的負荷の強度が「Ⅰ」の出来事が加わったとしても、心理的負荷の強度「Ⅰ」は、「日常的に経験する心理的負荷で一般的に問題とならない程度の心理的負荷」であることから、総合的に評価をしても、一般的には心理的負荷の強度「Ⅱ」が変更されるものではない。

② 心理的負荷の強度が「Ⅱ」に該当する出来事が複数ある場合であっても、直ちに心理的負荷の強度を「Ⅲ」に変更することにはならない。

ウ ア、イにより心理的負荷の強度を評価した後の「出来事に伴う変化等」の評価については、出来事ごとに行うのではなく、後発の出来事が発生した以後における先発及び後発の出来事の状況を総合して判断する。

職場における心

出来事の類型	(1) 平均的な心理的負荷の強度				(2) 心理的負荷の強度を修正する視点
	具体的出来事	心理的負荷の強度			修正する際の着眼事項
		Ⅰ	Ⅱ	Ⅲ	
① 事故や災害の体験	重度の病気やケガをした			☆	被災の程度、後遺障害の有無・程度、社会復帰の困難性など
	悲惨な事故や災害の体験（目撃）をした		☆		事故や被害の大きさ、恐怖感、異常性の程度など
② 仕事の失敗、過重な責任の発生など	交通事故（重大な人身事故、重大事故）を起こした			☆	事故の大きさ、加害の程度、処罰の有無など
	労働災害（重大な人身事故、重大事故）の発生に直接関与した			☆	事故の大きさ、加害の程度、処罰の有無など
	会社の経営に影響するなどの重大な仕事上のミスをした			☆	失敗の大きさ・重大性、損害等の程度、ペナルティの有無など
	会社で起きた事故（事件）について、責任を問われた		☆		事故の内容、関与・責任の程度、社会的反響の大きさ、ペナルティの有無など
	違法行為を強要された		☆		行為の内容、強要に対する諾否の自由の有無、強要の程度、社会的影響の大きさ、ペナルティの有無など
	自分の関係する仕事で多額の損失を出した		☆		損失の内容・程度、関与・責任の程度、ペナルティの有無など
	達成困難なノルマが課された		☆		ノルマの困難性、強制の程度、ペナルティの有無、達成できなかった場合の影響など
	ノルマが達成できなかった		☆		ノルマの内容、困難性・強制性・達成率の程度、ペナルティの有無、納期の変更可能性など
	新規事業の担当になった、会社の建て直しの担当になった		☆		プロジェクト内での立場、困難性の程度、能力と仕事内容のギャップの程度など
	顧客や取引先から無理な注文を受けた		☆		顧客・取引先の位置付け、要求の内容など
	顧客や取引先からクレームを受けた		☆		顧客・取引先の位置付け、会社に与えた損害の内容・程度など
	研修、会議等の参加を強要された	☆			研修・会議等の内容、業務内容と研修・会議等の内容とのギャップ、強要に対する諾否の自由の有無、強要の程度、ペナルティの有無など
	大きな説明会や公式の場での発表を強いられた	☆			説明会等の規模、業務内容と発表内容のギャップ、強要・責任の程度など
	上司が不在になることにより、その代行を任された	☆			内容、責任の程度・代行の期間、本来業務との関係など
③ 仕事の量・質の変化	仕事内容・仕事量の大きな変化を生じさせる出来事があった		☆		業務の困難度、能力・経験と仕事内容のギャップ、責任の変化の程度など
	勤務・拘束時間が長時間化する出来事が生じた		☆		勤務・拘束時間の変化の程度、困難度など
	勤務形態に変化があった	☆			交替制勤務、深夜勤務等変化の程度など
	仕事のペース、活動の変化があった	☆			変化の程度、強制性など
	職場のOA化が進んだ	☆			研修の有無、強制性など

疾病に関する認定基準

的負荷評価表（別表Ⅰ）

	（3）（1）の出来事後の状況が持続する程度を検討する視点 （「総合評価」を行う際の視点）	
出来事に伴う問題、変化への対処など	持続する状況を検討する際の着眼事項例	
○仕事の量（労働時間など）の変化後の持続する状況 ・所定外労働、休日労働の増加の程度 ・仕事密度の増加の程度	①恒常的な長時間労働が出来事以後にみられた ②多忙な状況となり、所定労働時間内に仕事が処理できず、時間外労働が増えた ③休日出勤が増えた ④勤務時間中はいつも仕事に追われる状況となった ⑤その他（仕事の量（労働時間等）の変化に関すること）	
○仕事の質・責任の変化後の持続する状況 ・仕事の内容・責任の変化の程度、経験、適応能力との関係など	①ミスが許されないような、かなり注意を集中する業務となった ②それまでの経験が生かされず、新たな知識、技術が求められることとなった ③深夜勤務を含む不規則な交替制勤務となった ④24時間連絡が取れるなど、すぐ仕事に就ける状態を求められるようになった ⑤以前より高度の知識や技術が求められるようになった ⑥その他（仕事の質・責任の変化後の持続する状況に関すること）	
○仕事の質・責任の変化後の持続する状況 ・仕事の内容・責任の変化の程度、経験、適応能力との関係など	①仕事が孤独で単調となった ②自分で仕事の順番・やり方を決めることができなくなった ③自分の技能や知識を仕事で使うことが要求されなくなった ④その他（仕事の裁量性の欠如に関すること）	
○職場の物的・人的環境の変化後の持続する状況 ・騒音、暑熱、多湿、寒冷などの変化の程度 ・対人関係・人間関係の悪化	①対人関係のトラブルが持続している ②職場内で孤立した状況になった ③職場での役割・居場所がない状況になった ④職場の雰囲気が悪くなった ⑤職場の作業環境（騒音、証明、温度、湿度、換気、臭気など）が悪くなった ⑥その他（職場の物的・人的環境の変化に関すること）	

3 労災補償の認定

④ 身分の変化等	退職を強要された			☆	解雇または退職強要の経過など、強要の程度、代償措置の内容等など
	出向した		☆		在籍・転籍の別、出向の理由・経過、不利益の程度など
	左遷された		☆		左遷の理由、身分・職種・職制の変化の程度など
	非正規社員であるとの理由などにより、仕事上の差別、不利益取扱いを受けた		☆		差別、不利益の内容・程度など
	早期退職制度の対象となった	☆			対象者選定の合理性、代償措置の内容など
⑤ 役割・地位等の変化	転勤をした		☆		職種、職務の変化の程度、転居の有無、単身赴任の有無、海外の治安の状況など
	複数名で担当していた業務を1人で担当するようになった		☆		業務の変化の内容・程度など
	配置転換があった		☆		職種、職務の変化の程度、合理性の有無など
	自分の昇格・昇進があった	☆			職務・責任の変化の程度など
	部下が減った	☆			職場における役割・位置付けの変化、業務の変化の内容・程度など
	部下が増えた	☆			教育・指導・管理の負担の内容・程度など
	同一事業場内での所属部署が統廃合された	☆			業務の変化の内容・程度など
	担当ではない業務として非正規社員のマネージメント、教育を行った	☆			教育・指導・管理の負担の内容・程度など
⑥ 対人関係のトラブル	ひどい嫌がらせ、いじめ、または暴行を受けた			☆	嫌がらせ、いじめ、暴行の内容、程度など
	セクシュアルハラスメントを受けた		☆		セクシュアルハラスメントの内容、程度など
	上司とのトラブルがあった		☆		トラブルの内容、程度など
	部下とのトラブルがあった		☆		トラブルの内容、程度など
	同僚とのトラブルがあった	☆			トラブルの内容、程度、同僚との職務上の関係など
⑦ 対人関係の変化	理解してくれていた人の異動があった	☆			
	上司が替わった	☆			
	昇進で先を越された	☆			
	同僚の昇進・昇格があった	☆			

○職場の支援・協力などの欠如の状況 ・訴えに対する対処、配慮の欠如の状況など ・上記の視点に関わる調査結果を踏まえ、客観的にみて問題への対処が適切になされていたかなど	①仕事のやり方の見直し改善、応援体制の確立、責任の分散など、支援・協力がなされていないなど ②職場内のトラブルに対する対処がなされていないなど ③その他（職場の支援・協力などの欠如の状況に関すること）
○その他 （1）の出来事に派生する状況が持続する程度	

総合評価		
弱	中	強

職場以外の心理的負荷評価表（別表Ⅱ）

出来事の類型	具体的出来事	心理的負荷の強度 Ⅰ	Ⅱ	Ⅲ
① 自分の出来事	離婚または夫婦が別居した			☆
	自分が重い病気やケガをしたまたは流産した			☆
	自分が病気やケガをした		☆	
	夫婦のトラブル、不和があった	☆		
	自分が妊娠した	☆		
	定年退職した	☆		
② 自分以外の家族・親族の出来事	配偶者や子供、親または兄弟が死亡した			☆
	配偶者や子供が重い病気やケガをした			☆
	親類の誰かで世間的にまずいことをした人が出た			☆
	親族とのつきあいで困ったり、辛い思いをしたことがあった		☆	
	親が重い病気やケガをした		☆	
	家族が婚約したまたはその話が具体化した	☆		
	子供の入試・進学があったまたは子供が受験勉強を始めた	☆		
	親子の不和、子供の問題行動、非行があった	☆		
	家族が増えた（子供が産まれた）または減った（子供が独立して家を離れた）	☆		
	配偶者が仕事を始めたまたは辞めた	☆		
③ 金銭関係	多額の財産を損失したまたは突然大きな支出があった			☆
	収入が減少した		☆	
	借金返済の遅れ、困難があった		☆	
	住宅ローンまたは消費者ローンを借りた	☆		
④ 事件、事故、災害の体験	天災や火災などにあったまたは犯罪に巻き込まれた			☆
	自宅に泥棒が入った		☆	
	交通事故を起こした		☆	
	軽度の法律違反をした	☆		
⑤ 住環境の変化	騒音など、家の周囲の環境（人間環境を含む）が悪化した		☆	
	引越した		☆	
	家屋や土地を売買したまたはその具体的な計画が持ち上がった	☆		
	家族以外の人（知人、下宿人など）が一緒に住むようになった	☆		
⑥ 他人との人間関係	友人、先輩に裏切られショックを受けた		☆	
	親しい友人、先輩が死亡した		☆	
	失恋、異性関係のもつれがあった		☆	
	隣近所とのトラブルがあった		☆	

（注）心理的負荷の強度ⅠからⅢは、別表1と同程度である。

第2部

労働者の安全や健康の確保に関する使用者の責任

第4章
労働者の安全や健康の確保に関する使用者の責任

「労働者の安全や健康の確保に関する使用者の責任」のポイント
1 使用者の責任の根拠
2 安全配慮義務の意味
3 安全や健康の確保に関する使用者の責任に関するついての立証
4 安全配慮義務の履行補助者
5 損害賠償請求権の時効
6 損害賠償の範囲など

「労働者の安全や健康の確保に関する使用者の責任」のポイント

1 使用者には、労働安全衛生法や労働基準法などの法律に明記された責任に加えて、労働者に対して、その安全や健康を確保しなければならない労働契約上の責任などを負い、その責任を果たさない場合には、債務不履行責任または不法行為責任を負う。

2 労働契約法は、労働契約上の安全や健康を確保する責任に関して、「使用者は、労働契約に伴い、労働者がその生命、身体などの安全を確保しつつ労働することができるよう、必要な配慮をしなければならない」と定めている。

3 使用者は、労働者が労務提供のため設置する場所、設備もしくは器具などを使用し又は使用者の指示のもとに労務を提供する過程において、労働者の生命および身体などを危険から保護するよう配慮すべき安全配慮義務を負う。

4 安全配慮義務は、ある法律関係に基づいて特別な社会的接触の関係に入った当事者間において、その法律関係の付随義務として当事者の一方または双方が相手方に対して信義則上負う義務として一般的に認められている。そして、その具体的内容は、労働者の職種、労務内容、労務提供場所など安全配慮義務が問題となる当該具体的状況などによって異なってくる。

5 労働者の安全や健康の確保に関する使用者の民事責任に関する立証の方法は、不法行為による場合と使用者の安全配慮義務違反を問う場合とで異なっており、不法行為責任を問う場合には、原則として、権利または法律上保護される利益を侵害された労働者やその遺族の側がその権利や利益が侵害されたのは、使用者側の故意または過失によるものであることを証明しなければならない。これに対

し、安全配慮義務に関する立証責任については、その義務の内容を特定し、かつ、義務違反に該当する事実を立証する責任は権利または法律上保護される利益を侵害された労働者やその遺族の側にあるが、債務不履行に関し、その「責に帰すべき事由」がないことについて立証する責任は義務違反を問われている使用者側にある。

6　使用者に「責に帰すべき事由」がないというためには、債務不履行について故意、過失または信義則上これと同視すべき事由がないことが必要である。安全配慮義務の不履行について故意、過失または信義則上これと同視すべき事由がないというためには、①現にとった対策が当時の実践可能な最高の水準に基づく対策を下回らないこと及び実践可能な最高の技術水準に基づく対策をとっても、なお、結果の発生を予見することができず、これを回避することができないこと、または②その最高水準の対策をとることが企業存立の基礎をゆるがす程度に経済的に実施不可能であるなどやむをえない事情があることが必要となる。

7　労働者側の立証責任については、①具体的な事故原因については相当程度の可能性が証明されていれば足りる、②安全配慮義務違反に関する概括的な証明がされていれば足りる、とする裁判例がある。

8　安全配慮義務違反に関しては、安全配慮義務の履行補助者が問題となることがあるが、安全配慮義務が業務遂行のために設置した施設や器具などを設置管理し、あるいは勤務条件などを支配管理することに由来する場合には、履行補助者とはその管理する物的設備もしくは人的設備に対する支配管理の業務に従事している者をいう。

9　不法行為による損害賠償の請求権は、被害者などが損害および加害者を知った時から3年間行使しないときは時効によって消滅する。不法行為の時から20年を経過したときも、同様である。また、安全

> 配慮義務の消滅時効は、権利を行使することができる時から進行し、10年間行使しないときは消滅する。消滅時効の起算点も、原則として労働者がその業務に従事することがなくなった時であるが、じん肺については、じん肺法所定の管理区分についての行政上の決定を受けたときから進行し、じん肺を原因とする死亡の場合はその死亡の時から進行する。
> 10　安全配慮義務違反に基づく債務不履行による損害賠償請求の場合には、その損害の範囲は債権債務関係にある者の債務不履行による損害に限られ、遺族の固有の慰謝料はその範囲に含まれない。
> 11　債務の遅滞に陥る時期は、債権者からの履行の請求を受けた時である。

1　使用者の責任の根拠

　使用者には、労働安全衛生法や労働基準法などの法律に明記された責任に加えて、労働者に対して、その安全や健康を確保しなければならない労働契約上の責任を負います。このような労働契約上の責任を負っているために、その責任を果たさない場合には、その対象となる労働者やその遺族などは、損害賠償の支払いを求めることができます。その根拠となるのが、民法の次のような規定です。

(1) 労働契約上の債務不履行責任
　すなわち、債務者である使用者がその法律上の義務である債務の本旨に従った履行をしないときは、債権者である労働者やその遺族は、これによって生じた損害の賠償を請求することができます（民法第415条）。

(2) 不法行為責任

これには、次のように、①一般的な不法行為責任(同法第709条)、②使用者責任(同法第715条)、③工作物の瑕疵担保責任(同法第717条)、④注文者責任(同法第716条)などがあります。

ア　一般的な不法行為責任

故意または過失によって労働者やその遺族などの他人の権利または法律上保護される利益を侵害した使用者などは、これによって生じた損害を賠償する責任を負います(同法第709条)。

イ　使用者責任

ある事業のために労働者などの他人を使用する者は、労働者などがその事業の執行について他の労働者やその遺族などの第三者に加えた損害を賠償する責任を負います。ただし、使用者が労働者などの被用者の選任やその事業の監督について相当の注意をしたとき、または相当の注意をしても損害が生ずべきであったときはこの限りではありません(同法第715条)。

ウ　工作物の瑕疵担保責任

土地の工作物の設置または保存に瑕疵があることによって労働者やその遺族などの他人に損害を生じたときは、その工作物を占有する者は、被害者に対してその損害を賠償する責任を負います。ただし、その工作物を占有する者が損害の発生を防止するのに必要な注意をしたときは、その工作物の所有者がその損害を賠償しなければなりません(同法第717条)。

エ　注文者責任

仕事の注文を行う者は、その仕事を請け負った請負人がその仕事について労働者やその遺族などの第三者に加えた損害を賠償する責任は原則として負いませんが、仕事の注文を行う者の注文や指図に過失があった

ときは、その損害を賠償する責任を負います（同法第716条）。

(3) 労働契約法の安全配慮義務

　労働契約法は、さらに、労働契約上の安全や健康を確保する責任に関して、「使用者は、労働契約に伴い、労働者がその生命、身体などの安全を確保しつつ労働することができるよう、必要な配慮をしなければならない（同法第5条）」と定めています。

　現在においても、労働者の安全や健康の確保に関し、労働者やその遺族などが使用者などに対して損害賠償の責任を求める根拠となるのは、①労働契約上の債務である安全配慮義務の不履行について責任を求めること、②不法行為責任を求めること、あるいは③①および②の双方の責任を求めること、のいずれかです。

2　安全配慮義務の意味

　現在では、安全配慮義務は、労働契約法に規定されていますが、もともとは最高裁判例の中で示された概念です。安全配慮義務という概念を最高裁が最初に使ったのは、次の国の自衛隊員に関する判例の中です。

> 国と国家公務員（以下「公務員」という）との間における主要な義務として、法は、公務員が職務に専念すべき義務（国家公務員法101条1項前段、自衛隊法60条1項等）並びに法令及び上司の命令に従うべき義務（国家公務員法98条1項、自衛隊法56条、57条等）を負い、国がこれに対応して公務員に対し給与支払義務（国家公務員法62条、防衛庁職員給与法4条以下等）を負うことを定めているが、国の義務はこの給付義務にとどまらず、国は、公務員に対し、国が公務遂行のために設置すべき場所、施設もしくは器具などの設置管理または公務員が国もしくは上司の指示のもとに遂行する公務の管理にあたって、公務員の生命及び健康等を危険から保護するよう配慮すべき義務（以下

> 「安全配慮義務」という。)を負っている(陸上自衛隊八戸車両整備工場事件　最高裁第三小法廷昭和50年2月25日民集29−2−143)。

　また、公務員ではなく、民間企業などの使用者が労働者に対して負う安全配慮義務に関して、最高裁が公務員の場合と同様の判断をしたのは、次の判例です。

> 雇傭契約は、労働者の労務提供と使用者の報酬支払をその基本内容とする双務有償契約であるが、通常の場合、労働者は、使用者の指定した場所に配置され、使用者の供給する設備、器具などを用いて労務の提供を行うものであるから、使用者は、この報酬支払義務にとどまらず、労働者が労務提供のため設置する場所、設備もしくは器具等を使用しまたは使用者の指示のもとに労務を提供する過程において、労働者の生命及び身体等を危険から保護するよう配慮すべき義務(以下「安全配慮義務」という。)を負っている(川義事件　最高裁第三小法廷昭和59年4月10日労判429−12)。

　この安全配慮義務は、ある法律関係に基づいて特別な社会的接触の関係に入った当事者間において、その法律関係の付随義務として当事者の一方または双方が相手方に対して信義則上負う義務として一般的に認められています(陸上自衛隊八戸車両整備工場事件)。そして、その具体的内容は、労働者の職種、労務内容、労務提供場所など安全配慮義務が問題となる当該具体的状況などによって異なってきます(川義事件、陸上自衛隊八戸車両整備工場事件)。

　そして、使用者が安全配慮義務を完全に履行している場合には、たとえ労働者の生命または健康などに損害が発生したとしても、使用者に安全配慮義務違反があるとはいえない(日鉄鉱業(伊王島鉱業所)事件　長崎地裁平成6年12月13日労判673−27)と考えられています。

3 安全や健康の確保に関する使用者の責任についての立証

　労働者の安全や健康の確保に関する使用者の民事責任に関する立証の方法は、不法行為による場合と債務不履行による場合、すなわち、使用者の安全配慮義務違反を問う場合とで、異なっています。不法行為責任を問う場合には、原則として、権利または法律上保護される利益を侵害された労働者やその遺族の側がその権利や利益が侵害されたのは、使用者（労働者などがその事業の執行について行う場合などを含む）側の故意または過失によるものであることを証明しなければなりません。

　これに対し、使用者の債務不履行、すなわち、安全配慮義務違反を問う場合には、次のような取扱いが行われています。

(1) 安全配慮義務に関する立証責任
ア　安全配慮義務に関する立証責任

　安全配慮義務に関する立証責任については、その義務の内容を特定し、かつ義務違反に該当する事実を立証する責任は義務違反を主張する側、すなわち、権利または法律上保護される利益を侵害された労働者やその遺族の側にあります。一方、債務不履行に関し、その「責に帰すべき事由」がないことについて立証する責任は義務違反を問われている使用者側にある（自衛隊ヘリコプター墜落事件　最高裁第二小法廷昭和56年2月16日）と解されています。これについて、次のような裁判例があります。

① 　原告は、疾病と従事した業務との間の相当因果関係、すなわち、疾病について業務が相対的に有力な原因であったことについて立証責任を負い、具体的には従事した業務の過重性と疾病及び業務従事期間や業務内容、症状経過と業務の関係といった疾病が業務によって発生したということが医学的にみて相当であることを基礎づける事実につ

いて立証し、かつ、被告が原告の疾病の原因として体質的素因等業務以外の原因を立証した場合には、その業務以外の原因を含めてもなお業務こそが原告の疾病の相対的有力原因であることを立証すべき責任を負う(日本たばこ産業事件　静岡地裁浜松支部平成3年8月26日労判597-37)。

② 債務不履行の問題において、その債務が何であるかを主張立証するのは、債務不履行を主張するものの当然の責任であるから、安全配慮義務違反を主張するものは、その義務の内容を特定主張すべきであり、かつまた、ことがらの性質上義務違反に該当する事実を主張立証する責任がある(熊野電報電話局事件　名古屋高裁昭和63年3月30日労判523-62)。

③ 国が国家公務員に対して負担する安全配慮義務に違反し、公務員の生命、健康等を侵害し、同人に損害を与えたことを理由として損害賠償を請求する訴訟において、義務の内容を特定し、かつ、義務違反に該当する事実を主張・立証する責任は、国の義務違反を主張する原告にある(自衛隊ヘリコプター墜落事件　最高裁第二小法廷昭和56年2月16日民集25-1-56)。

④ 具体的事案のもとで安全配慮義務履行の有無が争となった場合にあっては、まず労働者において事故の具体的内容を主張立証し、その結果特定された事実関係を前提としてかかる事実関係のもとにおける使用者の具体的安全配慮義務の内容をまず認定すべく、具体的義務内容の認定に当たっては、事故内容のほか、事業の種類、労務提供の方法、職場環境等の諸事情を総合して判断すべきである。そしてこれらは労働者が立証責任を負う。かくして認定された使用者の具体的安全配慮義務の履行については、使用者において債務不履行がないことを立証する責任を負う(安成工業事件　名古屋地裁昭和55年11月14日労判355-60、スズキ自販中部事件　津地裁四日市支部昭和51年2月9日判時822-89)。

イ　故意、過失または信義則上これと同視すべき事由

　この「責に帰すべき事由」がないというためには、債務不履行について故意、過失または信義則上これと同視すべき事由がないことが必要であり、そして、安全配慮義務の不履行について故意、過失または信義則上これと同視すべき事由がないというためには、①現にとった対策が当時の実践可能な最高の水準に基づく対策を下回らないこと、および実践可能な最高の技術水準に基づく対策をとっても、なお、結果の発生を予見することができず、これを回避することができないこと、または②その最高水準の対策をとることが企業存立の基礎をゆるがす程度に経済的に実施不可能であるなどやむをえない事情があることが必要となるとする次のような裁判例があります。

　　被告6社は、本件従業員のうち、それぞれ当該被告企業に在籍する者がじん肺に罹患するに至った場合において、雇用契約に基づく安全配慮義務の全部又は一部の履行を怠った事実のあるときには、債務不履行があり、被告6社において、この不履行につき、民法415条所定の「責ニ帰スヘキ事由」のないことを主張、立証しない限り、本件従業員がじん肺に罹患したことにより被った損害を賠償すべき責任を免れえない。そして、被告6社において、この「責ニ帰スヘキ事由」がないというためには、債務不履行について故意、過失又は信義則上これと同視すべき事由がないこと、本件に即していえば、被告6社が現にとった諸種のじん肺防止対策が当時の実践可能な最高の工学的水準に基づく防じん対策を下回らないこと、及び被告6社が実践可能な最高の工学的技術水準に基づく防じん対策をとっても、なお、じん肺の発生を予見することができず、これを回避することができないこと、又はその最高水準の対策をとることが企業存立の基礎をゆるがす程度に経済的に実施不可能であるなど、やむをえない事情があることを具体的に主張、立証することが必要である（筑豊じん肺事件　福岡地裁飯塚支部平成7年7月20日判タ898－61）。

ウ　複数の使用者の安全配慮義務違反

　また、複数の使用者の安全配慮義務違反を問う場合には、共同不法行為者のうちいずれの者がその損害を加えたかを知ることができないときも、各自が連帯してその損害を賠償する責任を負うと定める民法第719条第1項後段の共同不法行為者の連帯責任に関する規定が類推適用され、一部の使用者の債務不履行のみとの間の因果関係を立証することができなくても、複数の使用者の債務不履行が現にその結果をもたらし得るような危険性を有し、その原因となった可能性があることを立証することができれば、使用者らの債務不履行との間の因果関係が推定され、使用者において、自らの債務不履行とその結果との間に因果関係がないことを立証することができない限り、使用者はその責任を免れないとする次のような裁判例があります。

> 　時を異にし、複数の粉じん作業使用者のもとにおいて、粉じん吸入のおそれのある複数の職場で労働に従事した結果じん肺に罹患した労働者が、複数の使用者の一部又は全部に対して、その雇用契約に基づく安全配慮義務違反を理由に損害賠償を求める場合には、複数の職場のうちいずれの職場における粉じん吸入によっても、現に罹患したじん肺になり得ることが認められる限り、民法719条1項後段を類推適用し、労働者のじん肺罹患と複数の使用者の各義務違反の債務不履行との間の因果関係が推定され、じん肺に罹患した労働者としては、そのじん肺罹患と一部の使用者の債務不履行のみとの間の因果関係を立証することができなくても、複数の使用者の各債務不履行が現に罹患したじん肺をもたらし得るような危険性を有し、じん肺の原因となった可能性があることを主張、立証することができれば、各使用者らの債務不履行との間の因果関係が推定され、使用者において、自らの債務不履行と労働者のじん肺罹患との間の一部又は全部に因果関係がないことを主張、立証することができない限り、使用者はその責任の一部又は全部を免れることができない。当該粉じん職歴の内容、就労期間の

> 長さ、当該使用者の安全配慮義務違反の態様等からして、当該原告ら元従業員が現に罹患しているじん肺をもたらし得る危険性を有する場合でも、被告が、原告ら元従業員のじん肺罹患による損害を賠償する責任の一部又は全部を免れるには、被告において、自らの債務不履行と当該原告ら元従業員のじん肺罹患との間の一部又は全部に因果関係がないことを主張、立証することを要する（日鉄鉱業（伊王島鉱業所）事件　長崎地裁平成6年12月13日労判673-27）。

(2) 使用者側の安全配慮義務違反が認定された裁判例

このような考え方に基づいて、労働者側の立証責任を尽くしたと認められたものとしては、次のような裁判例があります。

ア　具体的な事故原因については相当程度の可能性が証明されていれば足りる

具体的な事故原因については相当程度の可能性が証明されていれば足りると判断された裁判例には、次のようなものがあります。

① 　土砂崩れの事故について、「原告は被告の安全配慮義務違反の事実について証明責任を負うところ、本件工事においては、土留め設備が通常有するべき安全性を、本件事故現場においては有していなかったから、具体的な事故原因については、相当程度の可能性が証明されていれば足りる。そうすると、本件においては、被告において、本件事故が原告の行為により生じたことか、被告に過失がなかったことを証明しない以上、安全配慮義務違反の責を負う（足立建設事件　静岡地裁浜松支部平成6年4月15日労判664-67）。」

② 　エンジン系統の火災もしくはホット・エアー漏れがいかなる原因によって発生したかを確定することはできないが、本件の如き航空機事故において、被害者側にさらにその個別、具体的な事故原因の主張、立証まで要求することになれば、それが高度の専門的知識を要する分野であ

ること、事故原因の調査資料が被告の掌中に独占され一般に公開されるものでないこと、特に被告は自衛隊機の管理にあたるものとして、その安全性を確保するため、事故原因につき常に多方面からの調査検討をなすべき立場にあることからして公平を失するものであり、本件事故が機体の枢要部で、被告が全面的に管理し点検整備義務を負うべきエンジン系統に火災が発生したか、ホット・エアー漏れが生じたためであると推認される以上、立証の公平の見地から、被告において本件事故機につき十分な点検整備を行ったにもかかわらず、事故の発生が予見し得ない偶発的な原因に基づくことの立証が尽くされない限り、事故機の点検整備を十分に実施すべき安全配慮義務の違反があったものと推定する。しかして、部隊では、F－86F機につき、飛行前点検、基本飛行後点検、定時飛行後点検、定期検査等被告主張の如き所定の点検整備を行って飛行の安全確保に努めており、搭乗員自らも飛行に先立ち、定められた点検項目につき確認のうえ搭乗しており、事故機についても同様の点検整備が行われていたことが認められ、また、本件編隊が攻撃態勢に入る前に行った計器盤の点検の際には、特に事故機は異常を訴えていなかったが、一方、その後、エンジン部の火災を誘発するような外的原因が発生したことは認めることができず、また、本件の如く機体の枢要部であるエンジン部分に直ちに墜落事故につながる火災もしくはその危険性が発生したものとされる事態のもとでは、火災もしくはその危険性を招来した個別、具体的な原因が確定され、かつ、それが以上に述べた機体の点検整備体制のもとで予見することが不可能なものであることを確定し得ない以上、その点検整備が十分に行われたにもかかわらず本件事故の発生が予見不可能な偶発的原因に基づくものであることの立証が尽くされたとは言えない(航空自衛隊第八航空団事件　東京地裁昭和54年9月28日判夕402－112)。

③　航空機墜落事故においては、被害者側においてその個別、具体的な事故原因を確知することは極めて困難であり、しかも、本件の場合、被

告は本件事故原因につき調査委員会を編成し、機体を回収、分解して調査しその結果を報告書にまとめているにも拘わらず報告書を本法廷に提出していないのであって、かかる場合においては、事故機墜落の原因が機体または燃料系統に不具合を生じ、エンジンへの燃料供給に異常を生じたことにあると推認される以上、立証の公平の見地から、被告において、本件事故につき十分な整備、点検を行ったにもかかわらず事故の発生が予見し得なかったことの立証が尽されない限り、事故機の整備点検を十分に実施すべき安全配慮義務の違反があったものと推定する（航空自衛隊第五航空団事件　東京地裁昭和53年7月24日訟務月報24－9－1744）。

イ　安全配慮義務違反に関する概括的な証明がされていれば足りる

安全配慮義務違反に関する概括的な証明がされていれば足りると判断された次のような裁判例もあります。

原告は、公社が昭和39年当時既に頸肩腕障害の多発を予想し得たものであり、その有する病院医師により、労働安全衛生法に則った健康管理（健康診断等）をすべき義務があったのに、一般検診をしたのみで、頸肩腕障害に関して公社の健康管理規程による問診すら行わず、その結果同障害に対する対応が全くなされず放置された旨、また、労働密度、労働条件を軽減し、労働環境を改善すべきであったのに、作業量が増加しても交換手を増員しないとの方針のもとに合理化を実施して何らの軽減改善措置を執らず、交換手に対する十分な健康管理を尽して、頸肩腕障害の予防・早期発見に努め、発症者に対しては早期かつ最善の治療を受けさせるべきであるのに、病状進行防止、健康回復に必要適切な何らの措置をも講じなかったから、これをもって原告としての債務不履行、安全配慮義務違反の主張は足りる（熊野電報電話局事件　名古屋高裁昭和63年3月30日労判523－62）。

(3) 労働者側の立証責任が十分尽くされていないと判断された裁判例

一方、労働者側の立証責任が十分尽くされていないと判断されたものとしては、次のような裁判例があります。

① 被告の過失行為の存在をいう点は、その立証がない（日清鋼材事件　神戸地裁昭和59年9月27日判タ541-204）。
② 被告が事故機について充分な整備、点検、修理等を実施していたこと及び事故機のスピードブレーキ系統に故障が発生したことの証明がない。したがって、被告が整備、点検、修理等を充分に実施する義務を怠ったため、スピードブレーキに故障が発生したことが本件事故の原因であることを前提として、被告にはスピードブレーキ系統の整備、点検、修理等の実施上、安全配慮義務の懈怠があった旨の主張は、その前提を欠き失当である（航空自衛隊第二航空団事件　東京地裁昭和58年6月28日判タ508-129）。
③ 本件においては、原告らの全立証その他本件全証拠によるも被告の義務が尽くされなかったことについての原告らの立証は十分でないことに帰着する（海上自衛隊第三航空群事件　東京地裁昭和56年9月30日判タ466-120）。」

4　安全配慮義務の履行補助者

(1) 安全配慮義務の履行補助者の範囲

安全配慮義務違反に関しては、安全配慮義務の履行補助者が問題となることがあります。これについては、安全配慮義務が業務遂行のために設置した施設や器具などを設置管理し、あるいは勤務条件などを支配管理することに由来する場合には、履行補助者とはその管理する物的設備もしくは人的設備に対する支配管理の業務に従事している者をいうと解されています。これについて、次のような裁判例があります。

① 国が公務員に対して負っている安全配慮義務は、被告が公務遂行のために設置した施設若しくは器具等を設置管理又は勤務条件等を支配管理することに由来するものであるから、公務遂行中の全ての国家公務員が他の公務従事中の者に対する関係で被告の義務の履行補助者であるということはできず、そこには自ずと性質上の制約が存在し、履行補助者とは被告の管理する物的設備もしくは人的設備に対する支配管理の職務に従事している者をいう。そして、支配管理関係の有無を判断するにあたっては、位階上の形式的身分関係ばかりではなく、当該職務の遂行にあたり、職務の内容上機械的にその職務を遂行するだけではなく、ある程度自己の判断に基きその職務を遂行する権限を有し、その職務を遂行する過程で他の公務従事中の者の作業の条件、環境を決定しその生命、健康等を実質上左右しうるほどの影響力を有しているか否かをその職務の危険の程度等を勘案して具体的状況に応じて考慮することにより決定されるべきである（航空自衛隊航空救難群事件　東京地裁昭和55年5月14日判時971-75）。

② 国が一般的に公務遂行のために設置すべき施設若しくは器具等の設置管理にあたって、公務員の生命及び健康等を危険から保護するよう配慮すべき、いわゆる安全配慮義務を負っているが、被告のこの義務は被告が公務の執行のための人的物的設備及び勤務条件等を支配管理していることに由来するものというべく、従って本来の職務権限ないしは上司の命を受けて支配管理の業務に従事している者は被告の安全配慮義務の履行についての履行補助者にあたる（陸上自衛隊第三三一会計隊事件　東京地裁昭和53年9月5日判時920-156）。

③ 履行補助者も、単に上司の指示命令を受けて職務に従事する者は含まれず、少なくとも被告の管理する物的設備もしくは人的設備に対する管理支配の職務に従事している者をいう（陸上自衛隊第一空挺団事件　東京地裁昭和53年8月22日判タ381-139）。

一方、次の裁判例で示されているように、安全配慮義務の履行補助者が行っている場合であっても、運転者としての運転上の注意義務違反があったからといって、使用者の安全配慮義務違反にはならないと解されています。

① 安全配慮義務の履行補助者が車両にみずから運転者として乗車する場合であっても、履行補助者に運転者としての運転上の注意義務違反があったからといって、国の安全配慮義務違反があったものとすることはできない（陸上自衛隊第三三一会計隊事件　最高裁第二小法廷昭和58年5月27日民集37－4－477）。

② 安全配慮義務は、国が公務遂行に関する人的、物的諸条件を支配管理する権限を有することに由来する義務であり、管理権の発動として実行されるものであるから、国の安全配慮義務の履行補助者が公務の執行としての自動車の運行に関して負っている注意義務は、自動車運転者がこのような管理権とは無関係に道路交通法その他の法令に基いて運転上負っている注意義務とは、その性質、法的根拠及び内容を異にするのであって、その者に運転者としての過失があったことから、直ちに国の安全配慮義務の面でも履行補助者として義務違反があったと結論づけ得ないことはいうまでもない。A一尉の過失は、同人が国の安全配慮義務につき履行補助者の地位にあることとは全く無関係の、すなわち、同人が国の履行補助者として公務につき有していた管理権とは無関係の運転上の注意義務を怠ったことによるものである（陸上自衛隊第三三一会計隊事件　東京高裁昭和55年2月28日訟務月報26－5－738）。

(2) 安全配慮義務の履行補助者と判断された裁判例

このような考え方に基づき、安全配慮義務の履行補助者であると判断されたものに、次のような裁判例があります。

① 被災者に対して業務上の指揮監督をする権限を有する者は、電話

相談係に配属中は、G（中央年金相談室相談業務）課長であり、人事係に配属中は、D（総務部庶務）課長であった。これらの者は、国の履行補助者として被災者の業務内容を把握し、負担量や勤務時間が増加していないかを的確に把握し、必要な措置を講ずべき立場にあった（社会保険庁職員事件　甲府地裁平成17年9月27日判時1915－108）。

② 　被告の履行補助者である部長及び班長には、Aの常軌を逸した長時間労働及び同人の健康状態の悪化を知りながら、その労働時間を軽減させるための具体的な措置を取らなかった過失がある（電通事件　東京地裁平成8年3月28日判時1561－4）。

③ 　市の履行補助者である水道局西配水事務所々長は監督者として、同漏水防止係長は直接の上司として、通常マンホールの中に立入ることのない栓弁班の職員であっても、その業務遂行に関連して、少数とはいえ酸欠の危険性のあるマンホールの中に立入る可能性があり、しかもその際、緊急事態の発生することも予測されるのであるから、日頃から所属職員に対し、マンホール内の酸欠の危険性を周知徹底させ、酸欠防止のための装備等なくしてマンホール内に立入ることを固く禁止し、場合によっては緊急事態の発生に対処するため、生命綱、防毒マスク等を栓弁班の車両にも備えておくなどして、職員らの身体、生命に対する安全を配慮すべき義務がある（名古屋市水道局事件　名古屋地裁昭和59年12月26日判タ550－201）。

④ 　被控訴人の履行補助者である航空自衛隊の幹部は、整備契約会社、整備補給群をして特に真空管の交換については完全にこれを行い、中古品を新品として取扱うようなことをさせないように厳重に監督し、もって事故の発生を未然に防止すべき具体的注意義務があった（航空自衛隊第三航空団事件　東京高裁昭和59年7月19日判タ533－148）。

⑤ 　駐とん地司令及び警衛司令は、当該駐とん地内の自衛隊員（動哨

勤務中の者を含む)の生命、身体を危険から保護すべき国の安全配慮義務の履行補助者である(陸上自衛隊朝霞駐屯隊事件　東京高裁昭和58年12月23日判時1070-29)。
⑥　履行補助者であるC一佐、D二佐が救命胴衣の数を超える人員を被訓練者として訓練を計画し、実施したのは、安全配慮義務に違反した(航空自衛隊航空実験隊事件　東京高裁昭和57年10月12日判タ480-95)。
⑦　被告の安全配慮義務の履行補助者であった第六航空団の定期検査実施担当者らは、正当な理由もなく、安易な判断から、所定のスロットル・ケーブル交換作業を実施せず、これを定期修理時に順延し、昭和45年1月26日付けの期限付技術指令書記載の検査を再度履行したにとどまり、本件事故機について飛行禁止措置を採ることなく放置したものであることが明らかであり、被告はC対する安全配慮義務に違背した(航空自衛隊第六航空団事件　東京地裁昭和57年3月29日判タ475-93)。
⑧　上司の指示のもとに、操縦士である自衛隊員が機長として乗務し、かつ、自ら操縦する自衛隊の航空機に、他の部下である自衛隊員を公務として同乗させる場合においては、操縦士である機長は、部下であり、かつ、同乗者である自衛隊員に対する国の安全配慮義務につきその履行補助者となる(海上自衛隊第三航空群事件　東京地裁昭和56年9月30日判タ466-120)。
⑨　履行補助者である編隊長がその義務に違反して本件事故を惹起せしめ、これにより死亡させたことは、安全配慮義務違反となり、本件事故により生じた損害を賠償すべき義務がある(陸上自衛隊西部航空方面隊事件　東京高裁昭和55年2月29日訟務月報26-6-905)。
⑩　編隊長は、その上司から編隊長を命ぜられ編隊の指揮権限を付与されることによって、飛行中における安全配慮義務の履行をも委ねられたものであり、編隊長が編隊を指揮統率するに当り、明らかに上司の指

示命令に背反し、独断専行するなど被告の安全配慮義務の履行補助者としての地位を逸脱したと認めるに足る特段の事情が存在しない限り、編隊長の飛行中における編隊の指揮統率に関する過誤はそのまま被告の過誤とされ、安全配慮義務違反と評価される(第八航空団事件 東京地裁昭和53年11月27日判タ378-116)。

⑪ A一尉は事故当時亡の上司として支配管理の業務に従事し被告の安全配慮義務の履行補助者としてBの生命及び健康を危険から保護するよう配慮すべき義務を負っていた(陸上自衛隊第三三一会計隊事件 東京地裁昭和53年9月5日判時920-156)。

⑫ 履行補助者Bは、このような配慮をすることなく、第一小隊を本件道路左側に整列させた際、それまで配置していた交通整理員及び各分隊の班長及び班付の配置を解き、隊列内を歩行させたものであるから、この点において、被告はAに対する安全配慮義務を怠った(航空自衛隊防府南基地第一航空教育隊事件 東京地裁昭和53年7月27日判タ381-141)。

⑬ 寮設置者(会社)の履行補助者である管理人は、本件においては、担当医師Cの指示を忠実に守り錠剤(抗生物質)を指示されたとおりAに服用させ、Aの病状の推移を的確に把握できる態勢を確立するよう措置し、病状悪化に際しては直ちに担当医師に連絡をしてその指示を受けて行動し、不測の事態発生を未然に防ぐことができるよう配慮をすべき義務がある(日産自動車事件 東京地裁昭和51年4月19日判時822-3)。

(3) 安全配慮義務の履行補助者ではないと判断された裁判例

一方、次の裁判例のように、①操縦士の操縦行為そのもの、②単に上司の指示命令を受けて職務に従事する者、③訓練教育を受けるにすぎない者は、安全配慮義務の履行補助者ではないと判断されています。

① 現実の業務担当者の義務違反が当然に国の安全配慮義務違反と

なるものではない。そして、機長である操縦士は、同乗員の機内における行動を管理して、航空機の運航中における操縦等に危険が生じないようにすべき点において、国の履行補助者の地位にあるのであるが、操縦士の操縦行為そのものには、何ら他の同乗員に対する管理作用を含んでいないから、操縦士の操縦行為そのものにつき操縦士が国の安全配慮義務の履行補助者となることを考える余地はなく、それゆえ特段の事情のある場合は兎も角として、一般には、操縦士に操縦上の過失が存したとしても、そのことにつき別途不法行為法上の責任を生ずるか否かは別として、国の安全配慮義務に欠けるところがあるものとすることはできない（海上自衛隊第三航空群事件　東京地裁昭和56年9月30日判タ466-120）。

② 安全配慮義務の履行補助者も、単に上司の指示命令を受けて職務に従事する者は含まれず、少なくとも管理する物的設備もしくは人的設備に対する管理支配の職務に従事している者をいう（陸上自衛隊第一空挺団事件　東京地裁昭和53年8月22日判タ381-139）。

③ トラックの操縦教育訓練を受けていた自衛隊員が中央線を越えて追越した際に対向車両を認め急に左にハンドルを切ったためスリップして道路下に転落して同乗者が死亡した事故について、「被告の安全配慮義務は公務の管理に関してであり、それは人的物的設備及び勤務条件等を支配管理していることにもとづくものというべく、したがって履行補助者の範囲も管理業務に従事している者に限られ、管理を受けて単に公務に従事している者は除かれると解するのが相当であり、本件の如き事案においては、訓練教育の計画、決定、その実施にあたっての指揮、監督及び指導にあたる者が履行補助者であって、訓練教育を受けるにすぎない者は履行補助者にあたらない。そうだとするならば、本件訓練教育の対象者として参加を命ぜられ、被教育者として単に本件事故時に車両を運転していたにすぎないA二士は被告の安全配慮義務についての履行補助者にあたらない（陸上自衛隊第一〇二輸送大隊事件

東京地裁昭和53年7月20日判夕381-143)。」

5 損害賠償請求権の時効

　不法行為による損害賠償の請求権は、被害者などが損害および加害者を知った時から3年間行使しないときは、時効によって消滅します。不法行為の時から20年を経過したときも、同様です(民法第724条)。また、安全配慮義務のような債権の消滅時効は、権利を行使することができる時から進行し、10年間行使しないときは、消滅します(同法第166条第1項、第167条第1項)。

　このため、労働者の安全や健康の確保に関する使用者の民事責任についても、安全配慮義務の不履行に基づく損害賠償請求権の消滅時効期間は、民法第167条第1項により10年と、10年の消滅時効は、同法第166条第1項により、損害賠償請求権を行使し得る時から進行する(日鉄鉱業(長崎じん肺)第一事件　最高裁第三小法廷平成6年2月22日労判646-7)と解されています。

(1) 履行すべき安全配慮義務の個数

　消滅時効との関係で、使用者が労働者に負う安全配慮義務が業務遂行ごとに負うものであるのか、労働契約上業務遂行の地位にある限り、継続して1個の義務を負うのかが問題となることがあります。これについては、次の裁判例のように生命、身体、健康などに対する侵害の現実的な危険を継続的に受けている場合には、使用者は1個の安全配慮義務を負い、労働者も使用者の安全配慮義務に対応する損害賠償請求権を有していると解されています。

　　被用者が、労働契約に基づく職務の履行を遂行するに伴って、生命、身体、健康等に対する侵害の現実的な危険を継続的に受けている場合には、使用者は、この危険に対して業務遂行ごとに新たな安全配慮

義務を負うのではなく、被用者がその労働契約上業務遂行の地位にある限り、継続して1個の安全配慮義務を負担し、被用者も使用者の安全配慮義務の履行義務に対応する安全配慮請求権を有する(内外ゴム事件　神戸地裁平成2年12月27日労判596−69)。

(2) 消滅時効の起算点
ア　安全配慮義務に関する損害賠償請求権の消滅時効の起算時
1)通常の職業性疾病に関する裁判例

　使用者は、労働者が継続して業務に従事する場合には、その期間継続して1個の安全配慮義務を負いますので、その消滅時効の起算点も、原則として労働者がその業務に従事することがなくなった時ということになります。このような判断をした次のような裁判例があります。

① 　使用者の継続的な安全配慮義務の不履行における時効期間は、被用者において使用者に対し具体的安全配慮義務の履行を請求する余地のなくなった時点、すなわち、被用者が退職した日または当該業務を離脱した日から起算するのが相当である。蓋し、被用者が、特定の業務の遂行に付随して発生する危険に対する安全管理を怠り、被用者の健康被害あるいは損害を進行あるいは累積させたような場合には、使用者の安全配慮義務の不履行が、日々新たに発生するものと解することはできず、全体として一個の安全配慮義務の懈怠として把握すべきであって、被用者は、使用者に対し、安全配慮義務の履行義務に対応する安全配慮請求権を、退職した日または当該業務を離脱した日以前において有し、かつ、行使し得ると解するからである。これを本件についてみるに、被告会社の原告に対する本件安全配慮義務負担が継続的なものであり、同会社が原告に対し継続してその不履行に及んでいた故、原告の同会社に対する本件損害賠償請求権の消滅時効の起算点も、同人が被告会社を退職した日、または本件有機溶剤を取扱う本件作業から離脱した日から起算するのが相当である(内外ゴム事件　神戸

地裁平成2年12月27日労判596−69）。
② 国の安全配慮義務は在職公務員に対するものであって、公務員たる地位を失った者に対してまで負担するものではなく、当該公務員の退職後はかかる義務の発生する余地はない。このように、被告国のAに対する本件安全配慮義務も、Aが陸上自衛隊を退職した日以前に負担すべきものであり、また、Aも被告国に対し退職以前においてこの義務に対応する安全配慮請求権を有し、かつ、行使しえたものである。したがって、Aの被告国に対する本件安全配慮請求権は、遅くとも退職日までは存在し、行使しえたのであるから、それから10年を経過した日をもって時効により消滅した（自衛隊員白血病事件　東京地裁昭和58年2月24日判タ496−100）。

2）じん肺に関する裁判例

これに対し、じん肺については、特別の事情があります。すなわち、一般に安全配慮義務違反による損害賠償請求権は、その損害が発生した時に成立し、同時にその権利を行使することが法律上可能となりますが、じん肺に罹患した事実はその旨の行政上の決定がなければ通常認め難いのが実情です。さらに、じん肺は特異な進行性の疾患であるために、その進行の有無、程度、速度も、患者によって多様です。このため、じん肺に関する安全配慮義務違反による損害賠償請求権消滅時効の起算時については、次の判例に示されているように、じん肺法所定の管理区分についての行政上の決定を受けたときから進行する（日鉄鉱業（長崎じん肺）第一事件　最高裁第三小法廷平成6年2月22日労判646−7など）と解されています。

　雇用契約上の付随義務としての安全配慮義務の不履行に基づく損害賠償請求権の消滅時効期間は、民法167条1項により10年と解され、10年の消滅時効は、同法166条1項により、損害賠償請求権を行使し得る時から進行する。そして、一般に、安全配慮義務違反による損害賠償請求権は、その損害が発生した時に成立し、同時にその権利を行使

することが法律上可能となるところ、じん肺に罹患した事実は、その旨の行政上の決定がなければ通常認め難いから、本件においては、じん肺の所見がある旨の最初の行政上の決定を受けた時に少なくとも損害の一端が発生した。しかし、このことから、じん肺に罹患した患者の病状が進行し、より重い行政上の決定を受けた場合においても、重い決定に相当する病状に基づく損害を含む全損害が、最初の行政上の決定を受けた時点で発生していたものとみることはできない。すなわち、じん肺は、肺内に粉じんが存在する限り進行するが、それは肺内の粉じんの量に対応する進行であるという特異な進行性の疾患であって、しかも、その病状が管理二又は管理三に相当する症状にとどまっているようにみえる者もあれば、最も重い管理四に相当する症状まで進行した者もあり、また、進行する場合であっても、じん肺の所見がある旨の最初の行政上の決定を受けてからより重い決定を受けるまでに、数年しか経過しなかった者もあれば、20年以上経過した者もあるなど、その進行の有無、程度、速度も、患者によって多様であることが明らかである。そうすると、例えば、管理二、管理三、管理四と順次行政上の決定を受けた場合には、事後的にみると一個の損害賠償請求権の範囲が量的に拡大したにすぎないようにみえるものの、このような過程の中の特定の時点の病状をとらえるならば、その病状が今後どの程度まで進行するのかはもとより、進行しているのか、固定しているのかすらも、現在の医学では確定することができないのであって、管理二の行政上の決定を受けた時点で、管理三又は管理四に相当する病状に基づく各損害の賠償を求めることはもとより不可能である。以上のようなじん肺の病変の特質にかんがみると、管理二、管理三、管理四の各行政上の決定に相当する病状に基づく各損害には、質的に異なるものがあるといわざるを得ず、したがって、重い決定に相当する病状に基づく損害は、その決定を受けた時に発生し、その時点からその損害賠償請求権を行使することが法律上可能となるものであり、最初の軽い行政上の決定を受けた時点で、その後の重い

決定に相当する病状に基づく損害を含む全損害が発生していたとみることは、じん肺という疾病の実態に反するものとして是認し得ない。これを要するに、雇用者の安全配慮義務違反によりじん肺に罹患したことを理由とする損害賠償請求権の消滅時効は、最終の行政上の決定を受けた時から進行する(日鉄鉱業(長崎じん肺)第一事件　最高裁第三小法廷平成6年2月22日労判646－7)。

　一方、じん肺を原因とする死亡の場合はその死亡の時から進行する(三井三池炭鉱事件　福岡地裁平成13年12月18日判タ1107－92、秩父じん肺事件　浦和地裁熊谷支部平成11年4月27日判時1694－14)と解されています。

イ　不法行為に関する損害賠償請求権の消滅時効の起算時
　一方、不法行為に基づく損害賠償請求権については、「損害を知った時」とは、単に損害の発生を知った時ではなく、加害行為が違法であって、不法行為を原因として損害賠償を訴求しうるものであることを知った時をいい、結果発生の時から時効期間の進行を始めるとする次の裁判例があります。

　　時効の起算点について考える。民法724条前段にいわゆる「損害を知った時」とは、単に損害の発生を知った時ではなく、加害行為が違法であって、不法行為を原因として損害賠償を訴求しうるものであることを知った時をいうところ、加害行為と損害との因果関係について争いがあるときは、その結論が行政庁などによって公的に示された時から時効期間が進行する。なお、本件被害のように鼻中隔穿孔から呼吸器疾患、肺がん等の疾病に至る進行性かつ広範な被害については、損害を個々の損害として捉えるのではなく、各被害者の健康障害を全体的に一個の損害として捉える方がより合理的である。したがって、個々の症状ごとに時効を判断すること自体適当ではない。また同条後段の20年

の時効の起算点である「不法行為ノ時」は、不法行為が終った時、本件でいえばクロム暴露が終了した退職時又は死亡時或は非クロム職場への配転時ということになるけれども、本件のように、クロムによる職業がんが暴露終了後20年以上の長い潜伏期間を経て結果が発生するような場合には、損害について実質上救済されなくなる。したがって、被害者が通常予想しえなかったような損害については、顕在化した時、すなわち結果発生の時から時効期間の進行を始める（日本化工クロム事件東京地裁昭和56年9月28日労判372-21）。

6 損害賠償の範囲など

(1) 慰謝料の取扱い

ア 遺族の固有の慰謝料の取扱い

　安全配慮義務違反に基づく債務不履行による損害賠償請求の場合には、その損害の範囲は債権債務関係にある者の債務不履行による損害に限られ、遺族の固有の慰謝料はその範囲に含まれない（鹿島建設・大石塗装事件　最高裁第一小法廷昭和55年12月18日民集34-7-888）と解されています。これについては、次のような裁判例があります。

① 　本件は安全配慮義務違反に基づく損害賠償請求であるから、その損害の範囲は債権債務関係にある者の債務不履行による損害に限られ、遺族の固有の慰謝料はその範囲に含まれない（トオカツフーズ事件東京高裁平成13年5月23日判タ1072-144）。

② 　Aと被上告人らとの間の雇用契約ないしこれに準ずる法律関係の当事者でない上告人らが雇用契約ないしこれに準ずる法律関係上の債務不履行により固有の慰謝料請求権を取得するものとは解しがたいから、上告人らは慰謝料請求権を取得しなかった（鹿島建設・大石塗装事件　最高裁第一小法廷昭和55年12月18日民集34-7-888）。

イ　慰謝料の額

　裁判所が慰謝料の額を認定するに当たっても、その裁量にはおのずから限界があり、その裁量権の行使は社会通念により相当として容認され得る範囲にとどまることが必要であって、じん肺管理四該当者に対する1200万円または1000万円という慰謝料額は低きに失し、著しく不相当であって、経験則または条理に反し、慰謝料額認定についての裁量判断は、社会通念により相当として容認され得る範囲を超えると判断した判例（日鉄鉱業（長崎じん肺）第一事件　最高裁第三小法廷平成6年2月22日労判646－7）があります。

(2) 業務による被ばく期間の長さと損害賠償

　じん肺に関しては、粉じんの被ばく期間の長さに応じて、損害賠償を負うとする次のような裁判例があります。

　　粉じん暴露期間が5年を超える場合には、それだけでも現症状を惹起するに足りる、すなわち、「絶対的暴露」に該当すると判断されるから、各企業での粉じん業務従事期間が5年を超える場合には、粉じん職歴の如何にかかわらず、本件従業員らの他の粉じん職歴が、当該粉じん職歴の内容、就労期間の長さ、当該使用者の安全配慮義務違反の態様等からして、当該従業員らが現に罹患しているじん肺をもたらし得る危険性を有するものと認められる場合でも、全損害を賠償する義務があり、被告が同従業員らのじん肺罹患による損害を賠償する責任の一部又は全部を免れるには、被告らにおいて、自らの債務不履行と当該従業員らのじん肺罹患との間の一部又は全部に因果関係がないことを主張、立証することを要する。しかるところ、被告において、そのような立証はなされていない。次に、本件従業員らの粉じん暴露期間が5年未満の場合には、それだけでじん肺に罹患する可能性は高くないから、絶対的暴露には該当せず、被告三社は、寄与度による責任の限定を求めうるところ、暴露期間とじん肺症状との間に定量的な関係まであるわけでは

ないから、粉じん職歴の期間に応じて責任を限定することまでは相当といえないが、損害の公平な分担の観点からして、5年未満2年以上の場合は、損害の3分の2、2年未満は損害の3分の1の限度で被告に負担させるのが相当と考える(筑豊じん肺事件　福岡高裁平成13年7月19日判時1785-19)。

(3) 債務の遅滞に陥る時期

　安全配慮義務の債務が遅滞に陥る時期は、債権者からの履行の請求を受けた時であるとする次のような裁判例があります。

　安全配慮義務違反という債務不履行に基づく損害賠償債務は期限の定めのない債務者は、債権者からの履行の請求を受けた時にはじめて遅滞に陥る(鹿島建設・大石塗装事件　最高裁第一小法廷昭和55年12月18日民集34-7-888、住友生命保険相互会社　岡山地裁平成14年9月11日、南堺運輸事件　大阪地裁堺支部平成13年3月8日、石川島興業事件　神戸地裁姫路支部平7年7月31日労判688-59、大阪高裁平成8年11月28日判タ958-197、富士通四国システムズ事件　大阪地裁平成20年5月26日労判973-76)。

(4) 遅延損害金の利率

　遅延損害金の利率については、民法の法定利率によるとする次の裁判例があります。

　遅延損害金については、安全配慮義務違反の根拠となる特定の法律関係が商行為であるとしても、安全配慮義務の不履行による損害賠償債務は、同義務の履行を怠ったことから積極的に生じた債務であり、同義務の変形物ないし代替物であるとはいえず、同義務と同一性を有するとは認められないので、商法514条の適用はなく、民法上の法定利率による(和歌の海運送事件　和歌山地裁平成16年2月9日労判874-64)。

(5) 国の規制権限不行使と損害賠償との関係

　国の労働安全衛生法などに基づく規制権限の不行使が使用者による労働災害防止などに関する安全配慮義務の不履行に大きな影響があるとする次の裁判例があります。

> 　国の規制権限不行使が、炭鉱における粉じん対策の不備による安全配慮義務不履行に大きな影響があったことは十分に推認することができるのであって、本件従業員らがそれぞれの企業の安全配慮義務不履行によって被った損害について、国の規制権限の不行使がなければ、完全に防止はできないにしても、その被害をより少なくできたといえるから、国の違法行為と損害との間には因果関係があり、国にも賠償責任がある(筑豊じん肺事件　福岡高裁平成13年7月19日判時1785−19)。

第 3 部

労働災害や職業性疾病の防止

第5章
労働災害や職業性疾病の防止に関する基本

「労働災害や職業性疾病の防止に関する基本」のポイント
1 労働災害や職業性疾病の防止に関する責任
2 業務の性格の違いによる安全配慮義務の範囲の違い
3 危険な業務に従事する義務
4 使用者が安全配慮義務を履行しない場合の労務の提供の義務
5 安全配慮義務の履行の請求

「労働災害や職業性疾病の防止に関する基本」のポイント

1 労働者は、かつて労災事故の発生したことを知って労働契約を締結している場合でも、今後労災事故が発生しないことを期待して労働契約を締結したものであるから、労働災害や職業性疾病の発生を防止すべき第一次責任は使用者にあり、労働者には使用者に対してみだりに損害をかけないという労働災害や職業性疾病の防止に関する第二次責任があるに過ぎないと判断した裁判例がある。同様に使用者に労働災害や職業性疾病の防止それが発生した後の対応などに関し、使用者に第一次的な責任があるとの判断を示した裁判例もある。

2 業務の性格の違いによって、安全配慮義務の範囲が異なるとする裁判例もあり、たとえば、業務自体が危険を伴うものであれば当然にその危険を回避する措置を取らなければならないが、そのような危険を伴わない業務の場合には通常予想し得ないような危険まで防止する措置をとる必要はないと判断したものがある一方消防職員に関し、逆に危険な業務については自己の身を守るべき安全配慮義務を強く求めることはできないが、危難の現場から遠ざかれば遠ざかる程安全配慮義務が強く要請されるとするものもある。

3 命令を受けた業務が通常の労務提供において予想される範囲を超える生命や身体に対する危険がある場合には、労働者はこの命令に従う義務がない。

4 使用者が安全配慮義務を履行しない場合には、次の裁判例のように、労働者はその労務を提供する必要はない。このため、使用者が安全配慮義務を履行しないために、事故が発生した場合には、労働者に過失があっても、これを懲戒解雇することができないとする裁判例がある。

> 5 労働者が使用者に安全配慮義務の履行を請求できるかに関しては必ずしも明確ではないが、たとえば、その根拠となる労働安全衛生法の規定が抽象的、概括的で、罰則が課されていないことを理由に、これを根拠としてその履行を直接請求することはできないと判断した裁判例がある。

1 労働災害や職業性疾病の防止に関する責任

　労働契約は、労働者が使用者に使用されて労働し、使用者がこれに対して賃金を支払うことについて、労働者および使用者が合意することによって成立します（労働契約法第6条）。この場合には、契約自由の原則にのっとって、労働者も使用者もその自由な意思によって、労働契約を締結しますので、労働者自身が労働災害や職業性疾病に被災する可能性があることを認識しながら、労働契約を締結しているのではないかという考え方も成り立ちます。

　これについて、危険への接近の理論は、労働関係には適用されないとした上で、労働者は、かつて労災事故の発生したことを知って労働契約を締結している場合でも、今後労災事故が発生しないことを期待して労働契約を締結したものであるから、労働災害や職業性疾病の発生を防止すべき第一次責任は使用者にあり、労働者には使用者に対してみだりに損害をかけないという労働災害や職業性疾病の防止に関する第二次責任があるに過ぎないと判断した次の裁判例があります。

> 　ニューサンスへの接近の理論は、ニューサンスに限らず、いわゆる危険への接近として他の分野においても適用される場合もあるが、労働関係には、適用がない。けだし、かつて労災事故の発生した企業であっても、今後同事故が発生しないことを期待して、使用者、労働者間に労働契約が締結されるものであって、同契約では、労働者が自己の生命、身体の危険まで使用者に提供しているものではない。そして、契約後にお

いては、使用者には労働者の労働環境を整えて、安全に就労させるべき義務があり、したがって、労災事故の発生を防止すべき第一次責任は使用者にあるから、労災事故が発生した場合、使用者が労働者に対して、危険への接近の法理をもって、自己の責任を阻却、軽減する事由とすることは、第一次責任を没却させる結果となり、社会通念上、信義則上許されない。また、労働者は、自己の意思によって使用者と労働契約を締結した以上、使用者に対してみだりに損害をかけないという災害防止の第二次責任があり、自己に労災事故が生じた場合、第二次責任を問われてその損害につき過失相殺されるときもあるけれども、元来労働契約は継続して互いに遵守すべきものである関係上、労働者は、就労中にその職場にとどまっておれば労災事故にあうかも知れないことをうすうす予知し得ても、労働組合による団結権行使以外に個人的にはその職場から勝手に離脱したり、就労を拒否することができないから、危険への接近という法理によってその損害額を軽減されることがない。以上の理論は、元請会社が下請会社の従業員に対して直接に使用者責任を負う場合にも適う。本件の場合、被告会社おける騒音作業の状況からすれば、原告らは、被告会社が騒音職場であることを知って、被告またはその下請会社に入社したことが推認されるが、難聴にかかることまで認識しながら、あえて入社をしたとの事実は確認することができない（三菱重工業事件　神戸地裁昭和62年7月31日労判502−6）。

　同様に使用者に労働災害や職業性疾病の防止それが発生した後の対応などに関し、使用者に第一次的な責任があるとの判断を示した次のような裁判例があります。

① 　労働者が業務中にその後の労働提供に支障を生ずるような事故に遭った場合も、使用者は、当該労働者の症状を前提に今後の治療や業務担当について十分に配慮すべき第一次的な義務を負う（榎並工務

店事件　大阪高裁平成15年5月29日労判858−93)。
② 　会社は、巻上げ中の荷が落下することは希有なことではないから、本件事故は、ハッチ真下付近に身を乗り出した原告の一方的過失に起因する旨主張する。しかしながら、デリック等を用いた船荷の積みおろしに際しては、船倉内に船内作業員が待機していることにかんがみ、何よりもまず使用者ひいてはウィンチマン等の船外作業員に揚貨物落下の危険を防止する労働安全上の義務が存する。けだし、いかに船内作業員が安全と思われる場所に退避していたとしても、落下した荷は、その種類、形状、重量、高度、角度、落下地点等そのときの諸条件によっては不規則にバウンドし船内作業員に接触することも十分考えられるからである（起重機取扱作業事件　福岡地小倉支部昭和54年4月27日判タ395−88)。

2　業務の性格の違いによる安全配慮義務の範囲の違い

　業務の性格の違いによって、安全配慮義務の範囲が異なるとする裁判例もあります。たとえば、次の裁判例では、業務自体が危険を伴うものであれば当然にその危険を回避する措置を取らなければならないが、そのような危険を伴わない業務の場合には通常予想し得ないような危険まで防止する措置をとる必要はないと判断しています。

　　業務自体が公務員の生命及び健康等に危険を伴うものであれば、国は当然にその危険を回避する措置を取らなければならないが、一般的にそのような危険を伴わない業務の場合には、危険が予想されるような特段の事情のある場合を除き、通常予想し得ないような危険まで防止する措置をとる必要はない。これを本件についてみると、被控訴人は一般事務作業に従事するものであって、頚肩腕症候群等の職業性疾病その他の疾病の発症の予想されるような種類の業務に従事するものではなく、疾病の発症を招くような過重なものではなかったし、他に本件疾

病の発症を予想できるような特段の事情も認められないので、裁判所において本件疾病の発症を予防するために特別な措置を講じる必要はない（大阪地方裁判所事件　大阪高裁昭和56年10月23日労判375-45）。

一方、消防職員という特殊な業務に関するものですが、逆に危険な業務については自己の身を守るべき安全配慮義務を強く求めることはできないが、危難の現場から遠ざかれば遠ざかる程安全配慮義務が強く要請されるとする次のような裁判例もあります。

> 消防職員などのように業務の性質上危難に立ち向いこれに身を曝さなければならない義務のある職員は、業務上義務の現実の履行が求められる火災現場の消火活動（消防法第6章）、人命救助など現在の危難に直面した場合において使用者である地方公共団体に自己の身を守るべき安全配慮義務を強く求めることはできない。しかし、これと異なり通常の火災予防業務（消防法第2章）、一般訓練、消防演習時（消防組織法第14条の4第2項、消防礼式基準第225条第3号）などのように危難の現場から遠ざかれば遠ざかる程安全配慮義務が強く要請されるのであって、要するに危難との距離と安全配慮義務の濃淡とが相関関係にある。なお、危難に立ち向う職員が危難現場において臨機の行動をとりその職務を全とうできるようその使用者は、十分な安全配慮をなした訓練を常日頃実施すべき義務がある（宮崎市消防隊員事件　宮崎地裁昭和57年3月30日労判384-28）。

3　危険な業務に従事する義務

一般的にいえば、労働者は労働契約により合意された範囲内において使用者に対して労務の給付の義務を負い、使用者はその労務の給付を請求し、これに指揮命令することができます。そして、労働者は、特別の事情が

ない限り、使用者の指揮命令に従う義務がありますが、使用者の指揮命令権には一定の限界があり、指揮命令がその内容に合理性を欠いている場合には、その命令には法的な拘束力はなく、命令を受けた労働者はこれを拒否することができます。特に、その命令を受けた業務が通常の労務提供において予想される範囲を超える生命や身体に対する危険がある場合には、労働者はこの命令に従う義務がないと解されています。たとえば、次のような判例です。

> 李ラインが日韓間の日本海において設定されていた時期に、電々公社が同社の布設乗務員に、李ライン内の日韓間海底線の障害修理工事のために出航を命じたことについて、「本件工事は、乗組員がいかに注意しても、なお生命身体に対する危険が絶無とはいえない海域における工事であるから、乗組員は自己の満足する労働条件ならば格別、それ以外の条件ではそんな危険にさらしてまで自己の労働力を売っていないと見るのが社会通念上通常であるので、乗組員が変更に同意したと認めることはできないし、また労働契約締結によって本件労働条件の変更についてまで包括的に同意していたと認めることができない。以上によれば、船長のスタンバイ手配当時乗組員の本件工事に関する労働条件は未定であったのであり、そして労働条件未定のまま危険のある海域に出航する義務が乗組員にあったとは考えられない(千代田丸事件最高裁第三小法廷昭和43年12月24日民集22-13-3050)。

4　使用者が安全配慮義務を履行しない場合の労務の提供

　使用者が安全配慮義務を履行しない場合には、次の裁判例のように、労働者はその労務を提供する必要はないと解されています。

> 使用者が安全配慮義務を尽くさないために労働者が労務の提供及びその準備行為をするについて生命・身体への危険が生じ、労務の提供

をすることが社会的にみて著しく困難である場合には、労働者の労務供給義務は、使用者の責に帰すべき事由により不能となった（新清社事件　横浜地裁平成2年10月16日労判572-48）

このため、使用者が安全配慮義務を履行しないために、事故が発生した場合には、労働者に過失があっても、これを懲戒解雇することができないとする次の裁判例があります。

貨物自動車運転手による交通事故を理由とする懲戒解雇について、「本件事故直前の勤務状況、運転手と同職種の従業員の勤務状況や、債務者の指導にもかかわらず、約8か月間に、本件事故など以外に、運転手と同職種の従業員により本件事故と概ね同態様の追突事故7件を含む無視できない数の交通事故が発生していることなどを総合すれば、運転手の注意力散漫による注意義務違反を招いたのは運転手の過労ないし睡眠不足ひいては会社の運行計画に無理があったことにもよるものと推認され、したがって本件交通事故の原因は会社側の安全衛生に対する配慮義務に不十分な点があったことに起因することを否定できず、本件事故発生の主たる責任が運転手に存するということはできない（ヤマヨ運輸事件　大阪地裁平成11年3月12日労経速1701-24）。」

5　安全配慮義務の履行の請求

労働者が使用者に安全配慮義務の履行を請求できるかに関しては必ずしも明確ではありませんが、たとえば、次の裁判例では、その根拠となる労働安全衛生法の規定が抽象的、概括的で、罰則が課されていないことを理由に、これを根拠としてその履行を直接請求することはできないと判断しています。

労働者が、目の病気を理由に使用者に対して、労働安全衛生法第

66条に基づく措置として、配置転換などの履行請求をしたことについて、「安全配慮義務は、労務の提供義務又は賃金の支払義務等労働契約における本来的履行義務とは異なり、あくまで労働契約に付随する義務であり、予めその内容を具体的に確定することが困難な義務であるから、労使間の合意その他の特段の事情のなき限り、労働者は、裁判上、使用者に対し、直接その義務の履行を請求することはできず、労働者に疾病の発生又はその増悪等の具体的結果が惹起した場合において始めて事後的にその義務の具体的内容及びその違反の有無が問題になるにすぎない。そこで、労働安全衛生法に原告が主張する規定が存在することが、この特段の事情すなわち付随的義務たる配慮義務の一態様である「使用者の業務内容の変更、配置の転換等の具体的措置を提示し、協議を開始すべき義務」を本来的履行義務にまで高めたものか否かにつき考えるに、労働安全衛生法の規定一般についてはともかく、同法66条7項は、その規定の仕方自体が、「事業主は、……労働者の健康を保持するため必要と認めるときは、……」あるいは「労働者の実情を考慮して」等抽象的、概括的であるうえ、同条1項ないし3項あるいは6項と異なり、この規定に違反する事業主に罰則を課すことは予定されていないことからすると、この規定が存在することのみから、直ちに、その規定が使用者に命じた行為内容が、使用者の労働契約における本来的履行義務になったとまで認めるのは困難である。したがって、被告が労働安全衛生法66条7項の趣旨に従い一般的に原告の健康に配慮する義務を負っていることは認められるにしても、この債務は付随的債務にすぎないのであるから、これを根拠にその履行を直接請求する趣旨で提起された本訴請求は理由がない（高島屋工作所事件　大阪地裁平成2年11月28日労経速1413-3）。」

第6章
労働災害や職業性疾病の防止に関する具体的な措置

「労働災害や職業性疾病の防止に関する具体的な措置」のポイント
1 労働災害や職業性疾病の防止に関する措置
2 作業施設や設備、機械器具・機材、原材料などの物的な危険を防止すること
3 業務の遂行に当たっての適切な人員配置
4 安全衛生教育の実施や不安定な行動に対しては厳しく注意することなどにより、労働者が危険な作業方法をとらないようにすること
5 複数の労働者がそれぞれ別の内容の作業を行っている場合や複数の事業者の労働者混在して作業をしている場合に、各労働者間や各事業者間の作業上の連絡や調整を的確に行い、整然とした行程で作業を行わせることによる労働災害の発生の防止
6 作業時間などの管理を適切に行うことによる労働災害や職業性疾病の発生の防止
7 職業性疾病などが発生しないように、労働者の健康状態を適切に把握して、これに基づき、健康状態などに応じた適正な配置その他必要な措置を講じること
8 業務中に労働者に事故が発生したときには、適切な治療を受けさせること

「労働災害や職業性疾病の防止に関する具体的な措置」のポイント

1 使用者は、作業施設や設備、機械器具・機材、原材料などに不備や欠陥があるために作業を遂行する上で発生するおそれのある労働災害や職業性疾病の危険を防止しなければならないが、特に、労働者本人に体調不良が生じた場合や不安定な姿勢になった場合など正常に業務を行うことが困難な場合も想定して必要な措置を講ずる必要がある。

2 使用者は、労働者を業務に従事させるにあたっては、その遂行に必要となる人員を適切に配置しなければならないが、特に、①経験や能力の面で業務の遂行に問題がある者に従事させる場合の必要なサポートを行う体制の整備、②必要な場合には応援を行うことができる体制の整備、③業務を適切に行うために必要な数の人員の確保、④必要以上の人員を配置しないこと、⑤非常時に対応できる体制の整備、⑥適切に業務を行うことのできる能力を有する者の配置が必要となる。

3 使用者は、労働者に業務に従事させるにあたっては、その業務を行うにあたって必要となる安全衛生に関する知識を習得させるために必要な教育を十分に行わなければならない。また、労働者が不安全な行動を行うときには、業務の進め方について労働者任せにするのではなく、厳しく注意することなどにより、労働者が危険な作業方法を取らないようにしなければならない。

4 複数の労働者がそれぞれ別の内容の作業を行っている場合には、使用者は各労働者の作業について、的確に連絡・調整を行い、整然とした工程で作業を行わせる必要がある。また、元方事業者の労働者と請負事業者の労働者が混在して作業することによる危険

を防止するため、元方事業者と請負事業者との間や請負事業者相互の間の連絡・調整を行う必要がある。
5　運送事業などにおいては、労働者の疲労が著しい場合には、注意力が散漫となったり、緊張状態が低下することによって、運転操作などを誤り、そのために事故が発生するおそれがあるので、使用者は、このような状態になることを防止する必要がある。また、労働者が有害な業務に従事する場合には、その作業時間を適切に管理することにより、長時間の暴露によって職業性疾病が発症することを防止する必要がある。
6　労働者が職業性疾病などを発症しないようにするためには、健康診断を実施することなどによりその健康状態を適切に把握して、これに基づき、その健康状態などに応じた適正な配置その他必要な措置を講ずることが必要になる。
7　使用者は、業務中に労働者に事故が発生したときには、適切な治療を受けさせなければならない。

1　労働災害や職業性疾病の防止に関する措置

　労働災害や職業性疾病の防止に関する措置の内容は、労働者の職種や労務の内容、労務の提供場所など安全配慮義務が問題となる具体的な状況などによって異なります（川義事件　最高裁第三小法廷昭和59年4月10日労判429－12、陸上自衛隊八戸車両整備工場事件　最高裁第三小法廷昭和50年2月25日民集29－2－143）。
　たとえば、じん肺に関する安全配慮義務に関して、「使用者の負う安全配慮義務の具体的内容、程度は、労働者を就労させる作業環境・作業内容、それによる疾病等の危険発生に対する社会的認識、危険発生を回避するための手段の存否及び内容等によって規定されるところ、本件は、原告らが、被告に対し、原告ら元従業員が、被告会社において粉じん作業に従

事したことにより、じん肺に罹患したとして、安全配慮義務違反に基づく損害賠償を求める事案であるから、その具体的内容、程度は、原告ら元従業員が従事した粉じん作業の内容、その作業環境、じん肺に関する医学的知見、じん肺防止に関する工学技術水準及び行政法令等を総合考慮することにより確定される」とする裁判例（日鉄鉱業（伊王島鉱業所）事件長崎地裁平成6年12月13日労判673−27）があります。

　これまでの裁判例を分類すると、次労働災害や職業性疾病の防止に関する安全配慮義務には、次のような内容が含まれると考えられます。

① 作業施設や設備、機械器具・機材、原材料などに不備や欠陥があるために作業を遂行する上で発生するおそれのある労働災害や職業性疾病の危険を防止すること。
② 人的配備など業務の遂行に当たっての人員配置を適切に行うこと。
③ 安全衛生教育の実施や不安全な行動に対しては厳しく注意することなどにより、労働者が危険な作業方法を取らないようにすること。
④ 複数の労働者がそれぞれ別の内容の作業を行っている場合や複数の事業者の労働者が混在して作業をしている場合に、各労働者間や各事業者間の作業上の連絡や調整を的確に行い、整然とした工程で作業を行わせることにより、労働災害や職業性疾病の危険を防止すること。
⑤ 労働時間などの管理を適切に行うことにより、労働災害や職業性疾病の発生を防止すること。
⑥ 職業性疾病などが発症しないように、労働者の健康状態を適切に把握して、これに基づき、健康状態などに応じた適正な配置その他必要な措置を講ずること。
⑦ 業務中に労働者に事故が発生したときには、適切な治療を受けさせること。

2 作業施設や設備、機械器具・機材、原材料などの物的な危険を防止すること

　作業施設や設備、機械器具・機材、原材料などの物的な危険の防止に関し、最高裁は、たとえば、「国は、自衛隊員を自衛隊車両に公務の遂行として乗車させる場合には、自衛隊員に対する安全配慮義務として、車両の整備を十全ならしめて車両自体から生ずべき危険を防止する義務がある（陸上自衛隊第三三一会計隊事件　最高裁第二小法廷昭和58年5月27日労判414－71）としています。また、下級審の裁判例では、たとえば、「雇傭契約に含まれる使用者の義務は、労働者が使用者の指定する場所において、かつ、その提供する設備、機械、器具等を用いて稼働する場合、設備等から生ずる労働災害全般を防止し、労働者を安全に就労せしむべき義務をも含む（吉本キャビネット事件　浦和地裁昭和59年8月6日労判446－71）」としています。

　物的な危険を防止する義務違反が問われた裁判例は、以下のように数多くありますが、特に注意しなければならないのは、労働者本人に体調不良が生じた場合や不安定な姿勢になった場合など正常に業務を行うことが困難な場合も想定して必要な措置を講ずる必要があることです。たとえば、次のような裁判例があります。

① 熱中症や体調不良などの異常が生じた場合

　作業を行うに際して、熱中症や体調不良などの異常が生じた場合に、作業者が転落する可能性が十分に考えられたにもかかわらず、転落防止の措置が施されていない作業台を使用させたことは、安全配慮義務に違反する（大和製罐・テクノアシスト相模事件　東京地裁平成20年2月13日労判955－13）。

② 作業中の姿勢が安定していない場合

> 作業中の安定した姿勢のみでなく、姿勢のくずれた状態や身体をのばした状態をも考慮して接触の高圧線と低圧線に身体が接触するおそれは判断すべきである（中国電力事件　広島地裁昭和49年7月19日判タ322-267）。

　一方、機械・設備などが十分に整備されていたと認められた場合には、安全配慮義務違反はないことになります。たとえば、次のような裁判例があります。

> 造船所内の走行足場とドッグの壁との間にはさまれて死亡したことについて、「本件足場の床板上はその走行中運転者以外の者の立入る必要がなく、その立入が禁止されているものであり、ドックサイドには0.93mの高さの手すりが設置されているからその運行中に誤ってこれに乗り込む者があることは通常予想できないところであり、乗り込みの防止又は乗り込み者とゴムフェンダーの接触を防止すべき装置を設置しなかったからといって、本件足場が通常有すべき安全性を欠いていたということはできない（川崎重工神戸造船所事件　神戸地裁昭和60年6月20日労判463-86）。」

(1) 事故の型に応じた危険の防止
ア　機械・設備に挟まれたり、巻き込まれたりすることの防止

　製造業においては、機械・設備を使用することが一般的ですが、機械・設備については動力によるものであるために、これに挟まれたり、巻き込まれたりする危険があります。このため、使用者は、このような危険を防止しなければなりません。これに関しては、次のような裁判例がありますが、特に、機械・設備に異物が入り込まないようにする、あるいはその除去のために人が参入することのないようにするための設備や人が引き込まれることの防止のための設備の整備が問題となっています。

作業施設や設備、機械器具・機材、原材料などの物的な危険を防止すること

1) 機械・設備に異物が入り込まないようにする、あるいはその除去のために人が参入することのないようにするための設備の整備

① 隙間は、上部において約35センチメートルあって、人が手や首を入れようとすれば入る幅を有していること、本件装置のスカートやアングルに異物が付着することがあり、本件隙間から付着の状態を見ることが出来ること、本件装置は8秒間完全に停止しその間開いていることが認められ、本件装置にアングルがあるとしても、本件装置に従事する者が異物を除去しようとして、本件隙間に身体を挿入することは予想ができ、挟まれればその者の身体や生命に危険を及ぼすおそれがあるから、本件装置には危険性が内在しており、これを予防するための安全柵やカバーを付さなかったことは、安全配慮義務の履行に関し不履行があった。本件装置の危険性に照らして、近くに操作盤が設置され容易に停止できるとしても、安全配慮義務を履行したとは認められない（トオカツフーズ事件　東京高裁平成13年5月23日判タ1072-144）。

② 麺類製造用ミキサーに巻き込まれて死亡したことについて、「本件について安全配慮義務の具体的内容をみると、開口部に蓋をしてゴミ等が混入しあるいは異物が入り込まないようにすべきであった（酒井製麺所事件　山形地裁昭和51年2月9日判時844-72）。」

2) 人が引き込まれることを防止するための設備の整備

造船所における下請会社の従業員の作業上の事故について、「本件ファンは高さ43.5糎、外径53糎の鉄製円筒型で内部には下部から6.5糎のところに長さ約10糎の鉄製羽根7枚があり原告Xが左手を吸いこまれた下部には直径7糎の鉄棒12本が3.5ないし4.5糎の間隔でついていたが金網はついていなかったこと、本件ファンは電動式220ボルト5馬力でかなりの吸引力があることが認められ、本件ファンが置いてあったマンホールの入口は短径40糎で長径は60糎であるが本件ファンが置いてあったため20糎位せばめられていて人1人がやっと出入できる位のものであったこ

とをあわせ考えると本件ファンの下部には鉄棒がついていたとはいえ通常人の手が並行すれば入る間隔であるから金網がついていなければ吸引事故がおこるおそれがあった。ところで、本件ファンの下部に金網がついていなかったのは被告会社においてつけていなかったものと推認するほかはなく、本件事故につき過失による損害賠償責任がある（三菱重工業事件　山口地裁下関支部昭和45年7月9日判タ259－187）。」

3）そのほかの機械・設備に挟まれることの防止

　本件製本機は、製本するパンフレット等をセットする際、平綴じ作業においては、本件枠に合せる形で行うため、作業者の手は降下部分の手前にあって挟まれる危険性は少ないといえるが、中綴じ作業においては、本件台の端の角に引っ掛けるというにすぎず、場合により、正確にセットするには手でパンフレット等の折り目部分を直接押さえることも必要になり、中綴じ作業に慣れない者が作業する場合には、降下部分に手指を挟まれる危険性がある（改進社事件　東京地裁平成4年9月24日労判618－15）。

イ　転落・墜落の防止

　高所での作業において、墜落の危険があるときには、足場の設置や囲い、手摺り、覆いなどの墜落防止設備を設ける必要があります。また、このような設備によっても墜落を防止することが困難であるときは、防網を張ったり、安全帯や命綱を着用させることが必要になります。これに関連する裁判例としては次のようなものがありますが、①足場の設置、②囲い、手摺り、覆いなどの設備の整備、③熱中症や体調不良などの異常が生じた場合の転落防止設備の整備、④安全帯などの使用などが問題となっています。

1）足場の設置

　1階屋根工事に従事していた大工が約3m下に墜落したことについて、「被告は、原告を高さ約3m以上の高所において木工事の作業に従事さ

作業施設や設備、機械器具・機材、原材料などの物的な危険を防止すること

せており、高所から墜落する危険のあることは容易に予見することができたから、本件事故の当時、安全配慮義務の履行として、外回りの足場などの墜落を防止するための設備を本件現場に設置する（労働安全衛生規則518条、519条参照）とともに、設備が設置されていない場合には、原告に対し、高所における作業に従事することを禁止するなど墜落による危険を防止するための措置を講ずべき義務があった（藤島建設事件　浦和地裁平成8年3月22日労判696－56）。」

2）囲い、手摺り、覆いなどの設備の整備

① 　1階屋根工事に従事していた大工が約3m下に墜落したことについて、「被告は、原告を高さ約3m以上の高所において木工事の作業に従事させており、高所から墜落する危険のあることは容易に予見することができたから、本件事故の当時、安全配慮義務の履行として、防網などの墜落を防止するための設備を本件現場に設置する（労働安全衛生規則518条、519条参照）とともに、設備が設置されていない場合には、原告に対し、高所における作業に従事することを禁止するなど墜落による危険を防止するための措置を講ずべき義務があった（藤島建設事件　浦和地裁平成8年3月22日労判696－56）。」

② 　墜落を防止するため、本件工事現場の本件開口部に、囲い、手摺り、覆い等墜落防止に必要な措置を講ずべき注意義務を負っていた（海南特殊機械・竹村工業・松川建設事件　東京地裁昭和62年3月27日労判497－92）。

③ 　足場は高さ4.7mの作業床であり、そのプロペラ側及び舵側には、開口部で墜落の危険のある個所があったところ、作業のため囲い等を設けることが著しく困難であったから、被告は、高所作業をさせるに当って、各開口部に防網を張り又は安全帯（命綱）を使用させる義務がある（常石造船所・宮地工作事件　広島地裁尾道支部昭和53年2月28日労判296－49）。

3）熱中症や体調不良などの異常が生じた場合の転落防止設備の整備

　検蓋作業を行うに際して、熱中症や体調不良などの異常が生じた場合に、作業者が転落する可能性が十分に考えられたにもかかわらず、転落防止の措置が施されていない作業台を使用させた（大和製罐・テクノアシスト相模事件　東京地裁平成20年2月13日労判955-13）。

4）安全帯などの使用

　足場は高さ4.7mの作業床であり、そのプロペラ側及び舵側には、開口部で墜落の危険のある個所があったところ、作業のため囲い等を設けることが著しく困難であったから、被告は、高所作業をさせるに当って、各開口部に防網を張り又は安全帯（命綱）を使用させる義務がある（常石造船所・宮地工作事件　広島地裁尾道支部昭和53年2月28日労判296-49）。

ウ　物の落下などの防止

　物の落下などによって、労働者が被災する場合もあります。これに関連する裁判例としては、次のようなものがありますが、①適正な設備の使用、②落下防止のための適正な方法の実施、③設備を設置した地盤の整備などが問題となっています。

1）適正な設備の使用

①　玉掛けに使用してはならない台付け用の本件ワイヤーロープを玉掛けに使用し、安全荷重を上回る本件原木の吊り上げ作業を行わせたため、本件ワイヤーロープのアイの編み込み部分が本件原木の荷重に耐えきれずに解けた結果、本件事故が発生した（三六木工事件　横浜地裁小田原支部平成6年9月27日労判681-81）。
②　クレーン操作中に吊り上げていた物が落下して右足をはさまれて負傷したことについて、「会社は、3点掛け用のハッカーを用意しなかった

作業施設や設備、機械器具・機材、原材料などの物的な危険を防止すること

が、2点掛けのハッカーを使用したのでは、移動中のリングの安全性が損なわれた（岡崎工業・高千穂工業事件　千葉地裁平成元年3月24日判タ712-179）。」

2）落下防止のための適正な方法の実施

① 仮設足場の取り外し作業に従事中に上から落ちてきた角材にあたって負傷したことについて、「本件事故は、Cが落下した角材のライトゲージとボルトとの間への食い込みを外すに当って、食い込みが外れた場合に落下を防止できるような適当な方法をとらなかった（栂角材はその一角をC型鋼の開口部に挿入するという比較的不安定な状態にあり、かつ天井の鉄骨骨組のうち、南北の方向に通じているものは、栂角材の長さとほぼ同じである約4mの間隔をおいたサブトラスのみであるから、東西の方向に通じている仮設足場の栂角材がC型鋼の開口部から外れた場合には、その落下を防ぐものがない状態にあった。これに対し、Cが先に取外し作業をした南北の方向に通じている仮設足場の場合には、ライトゲージが約80cmの間隔で東西の方向に通じているから、長さ約4mの角材、長さ約1.8mのパネル板は固定された状態を解かれても、直ちに落下する危険は少い状態にあったといえる）過失に因って発生した（わかさ建設共同企業体事件　鹿児島地裁昭和48年6月28日判時720-86）。」

② ハッカーで吊り上げた自重20tの車体が落下したことについて、「本件車体の製造工事のごとく、これに従事する労働者の身体生命にとって危険な事故の発生する恐れの多い工事については、企業者たる会社において、各種装置の設営操作並びに作業工程の編成実施につき、作業員の身体生命の安全確保と危険防止のため万全の注意を払うべき義務を有する。本件についてこれを見るに、上心皿孔明工事は20tの重量を有する車体の下部で作業に当らせるものであるから、会社としては作業時の車体の固定方法につき落下防止のため深甚な注意を払わ

なければならない。しかして、会社では本件事故の以前から本件車体と同様車体幅のせまいものについては本件同様の方式による吊上装置を用いて車体を吊上げ作業員をその下部にもぐりこませて上心皿孔明工事に従事させていたが、車体の動揺・振動、樫詰木の材質・強度、厚み、ハッカーのつめのかかり具合等の条件如何によっては、ハッカーのはずれる恐れが決して少なくないから、会社としては、本件の如き装置、操作方法、作業方式を採用すること自体に、注意義務違背の過失あるを免れ難い。即ち、本件の如く、ハッカーを使用するにしてもハッカーの両脚をワイヤーで結着することによってハッカーが外方に開くことを防止するとか、ハッカーのつめの高さをできるだけ大きくすることによりつめのかかり具合を完全にするとか、或いは、詰木の材質・厚み・大きさ等について改善を加え緩衝効果を高めるための方法を講ずる等落下事故防止のためなお一段の安全確保の措置をとる余地が十分にあった。更に、床下機器取付関係の工事は車体をトロッコに乗せレール上に固定し、地面を掘起した部分で作業に当らせ、ハッカー等を用いて車体を吊上げる必要がなかったから、床下機器取付の段階で、本件孔明工事を行わせるという作業順序をとるならば、少なくともハッカー使用による落下事故発生の恐れは完全に防止し得たわけであり、以上何れの点でも、会社は本件事故による負傷の結果について、注意義務を怠った過失の責を負う(近畿車輛事件　大阪地裁昭和34年7月27日労民集10−4−761)。」

3)設備を設置した地盤の整備

　農機具部品のメーカーの作業場において鋼管が落下したことにより労働者が負傷したことについて、「鋼管置場は屋外の地面上にじかに鋼管を組み立てて四段の棚を設け、そこに鋼管を横積みにして格納するように作られ、その上にプラスチック板で下屋をかけたものであったこと、鋼管置場の傍には切断機が設置されていて、そこで鋼管を所要の長さに切断す

作業施設や設備、機械器具・機材、原材料などの物的な危険を防止すること

る作業が行われ、したがって、その附近は鋼管を棚に格納したり引出して作業をする場所であったこと、ところがその場所は粘土質の赤土であるため、雨が降ると水はけが悪く水たまりができる個所もあり、またぬかるみになる個所もあって、重量のある鋼管の出し入れその他の作業については足場が悪く、安全な操業ができにくい状態にあった。他方、被告がこの場所について排水設備を作ったり、ぬかるみに砂利を敷いて足場を固める等の手当をしたことを認めるに足りる証拠はない。そうとすれば、被告は従業員たる原告に対する雇用契約上の安全保護義務を履行しなかった（谷口製作所事件　東京地裁昭和52年4月28日判時871-54）。」

エ　土砂崩れや落石などの防止

　建設業や鉱業などにおいては、土砂崩れや落石など作業に関連する場所に起因する労働災害が発生する危険もあります。使用者は、土砂崩れや落石などを防止するため、地質などの調査を行い、必要な設備を設置したり、危険なものを排除するなどの整備を行うことや工法を工夫するなどすることが必要となります。特に、3）②の裁判例のように、熟練労働者だけではなく、単純労務に従事する労働者なども作業に従事させる場合には、その能力も考慮して安全を確保するための措置を講ずる必要があります。これに関連する裁判例としては、次のようなものがありますが、特に、①土砂崩れを防止するための十分な土留め設備などの整備、②地中の物質を適正に排除して、掘削作業を行うこと、③地質などを適切に調査して、崩落や落石などの設備の整備などが問題となっています。

1）土砂崩れを防止するための十分な土留め設備などの整備

①　本件工事においては、被告は、土砂崩れの危険がある溝の中で従業員を作業させるに際し、土砂崩れを防止するに十分な土留め設備を施し、従業員の身体を保護すべき義務を負っている。本件工事の通常の土留め工程自体には問題がないから、その工程が確実に履行されてい

れば、本件事故は発生していなかった。そこで、本件事故現場における土留め作業の内容に何らかの手落ちがあったことが推測される(足立建設事件　静岡地裁浜松支部平成6年4月15日労判664-67)。
② 下水道用コンクリート管埋設工事のために隧道を掘削中支保工の例壊により生じた落盤事故により出かせぎ中の農民が死亡したことについて、「隧道の掘削工事に当たっては、その地山の地質、地層の状態、付近の遊水、含水の有無などの具体状況に応じて、土砂の崩落のおそれのない堅固な構造の土止め設備をなすべきであって(労働安全衛生規則163条の38参照)、本件事故の原因となった事態の発生をも予想してこのような場合にも崩落を防止するような設備をなすべきであり、このような設備を有していない本件隧道は、本来具えるべき設備を欠いたものとして、設置上の瑕疵があった。なお、本件事故の直前、隧道内に第1の鳥居型支保工を設置し、天端に矢板を打ち込みながら掘進していたが、矢板は支保工の側だけが支えられている状態であって、その切羽側は、地山を少し掘って矢板を支えることあるいは次の支保工を入れるまで仮補強のポストを設けて支えることをせず、地山が全面的に掘られてしまっていたため、支えられていなかったことが認められ、きわめて脆弱な土止め設備であったことはこの一事からしても明らかであって、本件隧道はその本来具えるべき設備を有するというには程遠いものであった(奥村組事件　東京地裁昭和46年9月8日判時645-49)。」

2)地中の物質を適正に排除して、掘削作業を行うこと

建築現場の掘削作業中の事故について、「Aが本件工事の現場監督をしていたが、Aは、本件事故の日の前日本件作業による掘削予定場所の地中にガス管が埋っているとの報告を受け、それが現在使用されていないガス管であることを確認したのに、事故当日、単に脇屋に対し本件バックホーの操作中バックホーの爪でそれを引掛けて跳ね飛ばしたりしないように注意したにとどまり、ガス管を切断しあるいはロープで結ぶなどの安

作業施設や設備、機械器具・機材、原材料などの物的な危険を防止すること

全措置を講ずべきことをB又は原告に指示するかあるいは自らそのような安全措置を講ずることはせず、Bらに本件作業の続行を命じた。Aは本件工事の現場監督として、掘削場所にガス管が埋っている旨の報告を受けその確認をしたのであるから、作業員らに対し安全措置を講ずべきことを指示しあるいは自らそのような措置を講じて本件事故の発生を未然に防止すべき注意義務を負っていたところ、同人はこれを怠り、Bに対し単に注意して作業するようにとの指示を与えたのみで本件作業の続行を命じた過失により、本件事故を発生させた(橋本工業・歌工務店事件　東京地裁昭和56年3月19日労判362-18)。」

3) 地質などを適切に調査して、崩落や落石などの設備の整備

① 　鉱山の落盤事故により死亡したことについて、「柱房式採掘法による場合、各採掘切羽間に残された垂直鉱柱はそのままに放置していると日時の経過にともなって剥離するものであり、殊にその鉱質が硫黄分含有量の多い高品位の硫黄鉱石からなる場合にはもろくて剥離し易く、垂直鉱柱の剥離が進行すればそれだけその天盤に対する支持力が低下して崩落事故が発生し易くなるのであるから、本件崩落事故発生現場である158m坑のような硫黄分含有量が60％にもおよぶ極めて品位の高い硫黄鉱石が採掘される場所で採掘を行う場合には、本件崩落事故の原因となった事態の発生に備えて、垂直鉱柱の剥離を防止し、崩落事故発生の危険を除去するに足りる万全の設備を施すべきである。したがって、本件崩落事故発生現場である158m坑の採掘跡にこのような設備がなされていなかったとすれば、この採掘跡は本来備えられるべき設備を欠いたものとして、設置、保存の瑕疵があった(白根工業事件　東京地裁昭和48年9月14日判時725-65、東京高裁昭和52年5月31日判時862-33)。」

② 　ダム・発電所建設工事現場での落石事故について、「会社は、このような岩盤の下に、斜面を6、7mの高さまで削り建設工事用通路を開設し

てダム本体掘削工事現場への作業員の通行、建設資材の運搬、ブルドーザー等の往来をなさしめ、かつ同通路の維持・管理をしていた。このような建設工事用通路を開設し、維持・管理する場合、たとえ通路が一般市民の往来に供される公道とは用途を異にし、直接ダム建設工事に従事する関係者のみを通行させる目的をもつものであっても、いやしくもこと人命の安否にかかわる危険性がある限り、安全施設には十分な配慮をなすべき義務があり、ましてダム建設工事につき高度の技術と長年の熟練を有する作業員ばかりでなく、出稼ぎ労務者のように単純労務に従事するにすぎない者をも作業に従事させる工事現場においては、作業員、労務者の注意能力を基準として安全を確保するための、適切な安全施設が備えられなければならない。そうであれば、建設工事用通路上方の斜面において岩石の剥離等崩落の危険性がある場合においては、のり面の清掃を実施するとともに、かかる危険な岩石を存置しておく場合は、下方の危険個所についてロックボルトによる岩石の補強、コンクリート吹付による剥落の防止、防護ネットあるいは防護柵の設置による道路上への落石の防止等の適当な安全施設を設置することが法規上も必要とされる（鹿島建設事件　東京地裁昭和45年5月27日判時601-41）。」

(2) 職業性疾病の種類に応じた健康障害の防止
ア　酸素欠乏症の発症の防止

　酸素欠乏とは空気中の酸素の濃度が18％未満である状態をいい、このような状態では酸素欠乏症を発症するおそれがあります。使用者は、この疾病の発症を防止するため、測定用機器の設置と測定、排気装置や警報装置などの設置、関連する設備の区分の明確化などが求められています。これに関連する裁判例としては、次のようなものがあります。

① 　金属箔を製造する工場で竪型焼鈍炉における作業中、工場に設置されたピット内で作業員が酸欠死したことについて、「会社が、従業員を

作業施設や設備、機械器具・機材、原材料などの物的な危険を防止すること

酸欠事故の発生するおそれのある場所で作業させていることや実際に工場のピット内で酸欠事故が発生していることを考慮して、ガス圧の調整・管理に十分注意するとともに、計器類の確認や酸素濃度の測定等を徹底し、本件ピット内に排気装置や警報装置などの安全装置等を設置していれば、本件事故は発生しなかった（東洋精箔事件　千葉地裁平成11年1月18日労判765-77）。」
② 　被告の擁する船舶の内10艘には酸素検知機が設置されていたが、B船にはそれが設置されていなかったこと、被告は船主に対して、酸素検知機を設置するよう注意したこともなかった。被告において直接或いは船主を通じてB船の乗組員に酸欠の危険性を認識させ、酸素検知機を自ら設置するか、その設置を船主に指示しておれば、本件事故の発生を防止できた（大豊運輸事件　広島高裁岡山支部昭和62年5月28日労判521-56、最高裁第一小法廷平成2年11月8日）。

イ　有害な物質などによる中毒などの防止

　有機溶剤などの有害な物質を使用する場合には、中毒症状が発症するおそれがあります。このような中毒症の発症を防止するためには、排気装置などを整備する必要があります。これに関連する裁判例としては、次のようなものがあります。

1) 有機溶剤を使用する塗装作業

　有機溶剤を使用する塗装作業に長年にわたり従事してきた木型工が、胃・十二指腸潰瘍等の罹患したことについて、「安全配慮義務の具体的内容として、被告は、新・旧作業場時代を通じ、有機溶剤の蒸気の発散源を密閉する設備を設けて、有機溶剤の蒸気の発生を極力防止し、あるいは局所排出装置又は全体換気装置を設けて、発生した有機溶剤の蒸気の除去、飛散の抑制をするなどの措置を講じ、まずもって労働者が有害な有機溶剤の蒸気にさらされ、これを吸引しないよう作業場の安全な環境を

保持すべき義務があった。しかるに、旧作業場時代においては、かなりの濃度のトルエン蒸気が発生していたにもかかわらず、その防止や除去・軽減がなされない状態で作業が行われ、また新作業場時代においても、作業場の拡張等一応の改善がなされたものの、蒸気の発生を防止し、それを除去・軽減するなどの措置をとる余地があるのに、各措置がとられることなく作業が行われていた(東北機械製作所事件　秋田地裁昭和57年10月18日労判401－52)。」

2）四塩化炭素等を用いて通信機の洗浄作業

　四塩化炭素等を用いて通信機の洗浄作業に従事する海上自衛隊員の肝硬変による死亡について、「テレタイプ室には換気装置（局所排出装置）も設けられず、ホースマスク、手袋などの保護具も設備されないなど、有機溶剤を用いた洗浄作業についての安全対策が全く考慮されていなかったことによれば、被告がAに対して負っていた安全配慮義務を怠っていた(海上自衛隊需給統制隊事件　東京地裁昭和55年3月24日判時971－64)。

3）ボイラーの清掃作業中のガス中毒

　ボイラーの清掃を請負っている会社の従業員がボイラーの清掃中にチッ素ガス中毒により死亡したことについて、「会社は、6号ボイラーの前面に窒素供給用の配管が設置されてあったのであるから、これを他と識別するための表示、危険を表すための表示、その取扱いに関する注意書等の掲示等をし、又は、誰でも簡単に使用することができない状態にしておく等の措置をなすべきであったのにこれをなさずに放置しておいた、　ボイラー内部における作業には、酸素の欠乏する場合のあることは常に予想されるので、その内部に立入るに先立って酸素濃度を測定し、又は有害でない空気を送る等して酸素の欠乏していないことを確認し、又は確認させたうえで立入らせるべきであったのにこれをしなかった等の過失があった

ものというべく、単に一般的な安全内規を制定したり、安全教育をしたというのみでは、注意義務をつくしたものということはできず、本件死亡事故は、過失によって生じたものであるから、被告会社は、これによって生じた原告らの損害について賠償すべき義務がある（神戸製鋼所事件　神戸地裁昭和47年4月27日判時677−90）。

ウ　振動障害の防止

振動による健康障害の発症を防止するためには、作業工法や振動工具そのものの改善を行う必要があります。振動障害に関する裁判例としては、次のようなものがありますが、このほかに、チエンソー使用による営林署員の振動障害に関して、その発症の結果回避義務を尽くしたとして、安全配慮義務違反が問われなかった判例（林野庁高知営林署事件　最高裁第2小法廷平成2年4月20日労判561−6）などもあります（第7章368〜369頁参照）。

造船所で働く労働者の振動障害について、「安全配慮義務の内容は、本件振動工具の使用により振動曝露にならないようにすること、その予防のために振動工具を使用しないような作業工法への改善及び振動工具そのものの改善をすることなどである（三菱重工業神戸造船所事件　大阪高裁平成11年3月30日労判771−62）。」

エ　腰痛の防止

腰痛を防止するためには、疲労防止のための施設の整備などの職場環境の改善などを行う必要があります。これに関する裁判例としては、次のようなものがあります。

労働契約上その被用者に対し、腰痛症などその業務から発生し易い疾病にかからぬよう疲労防止のための施設の整備などの職場環境の改善など必要な措置を講ずる義務（安全配慮義務）を負っている（松心園事件　大阪地裁昭和55年2月18日労判338−57）。

オ 頚肩腕障害の防止

頚肩腕障害の発症を防止するためには、施設を整備し肉体的・精神的疲労を防止するなどを行う必要があります。これに関する裁判例としては、次のようなものがあります。

> 施設を整備し肉体的・精神的疲労を防止し、保母の健康障害の発生を防止すべき義務を怠った(横浜市保母事件　横浜地裁平成元年5月23日労判540-35)。

カ じん肺の防止

じん肺を防止するためには、粉じんの飛散を防ぎ、防じんマスクや集じん装置を使用することなどが必要です。じん肺の防止対策において特に注意しなければならないのは、⑥の裁判例にあるように、対策に関する科学的、技術的、医学的水準も絶えず向上しているので、こうした科学技術の進歩を前提とした上で、必要な措置を適切に履行することが必要です。これに関する裁判例としては、次のようなものがあります。

1) 炭鉱などの鉱山に関する裁判例

① 安全配慮義務として負っていたじん肺防止対策義務は、具体的にはその当時の一般的な知見や実用可能な技術水準に従って、散水、防じんマスクの支給等である(三井三池炭鉱事件　福岡地裁平成13年12月18日判タ1107-92)。

② 鉱山労働者がじん肺に罹患するのを防止するためには、通気をよくし、削岩機を湿式化すること、散水をして粉じんの飛散を防ぐこと、防じんマスクを使用すること、集じん装置を使用することなど、じん肺罹患が防止するために必要な措置を講じるべき安全配慮義務を負っていた。会社は、個別の作業現場における粉じん濃度の把握並びにそれに基づいた粉じんの発生及び飛散に対する抑制措置を十分には行っておらず、防じんマスク着用に関する指導、管理も不十分であった。したがっ

作業施設や設備、機械器具・機材、原材料などの物的な危険を防止すること

て、会社は、その操業する鉱山抗における粉じん作業での過剰な粉じん暴露によってじん肺に罹患した原告らについて、安全配慮義務を怠った（秩父じん肺事件　東京高裁平成13年10月23日判時1768-138）。

③　本件各炭坑における掘進、採炭、仕繰、坑内運搬等の坑内作業、選炭作業の各作業から発生する粉じんの吸入によるじん肺の罹患を回避するためには、適切な防じん措置等の実施が不可欠であるところ、被告には、発じん抑制（散水、さく岩機の湿式化等）、粉じん曝露回避措置（坑内通気、防じんマスク、発破作業）等の面における安全配慮義務の不履行がある（日鉄鉱業（伊王島鉱業所）事件　最高裁第一小法廷平成11年4月22日労判760-7　福岡高裁平8年7月31日判時1585-31）。

④　会社は、昭和15年から炭鉱でけい肺ないしじん肺が発生するとの認識を有するに至った同25年ころまでは、防暴対策等として一部で行っていた散水、通気の確保以外には、ほとんど本件安全配慮義務を履行していなかった。そして、同25年以降については、法規の定めるところに応じて、一応の対策は行われたけれども、散水、通気については、従来、防暴対策等として行ってきたものを特段改善することもなく、これは、本件各炭鉱におけるじん肺罹患者の増加という事実を受けても変化することがなかった。防じんマスクの支給やさく岩機の湿式化等その他の義務の履行についても、実施時期が遅滞したり、対策が十分徹底されなかったことにより、不十分なものにとどまった（日鉄鉱業（伊王島鉱業所）事件　長崎地裁平成6年12月13日労判673-27）。

⑤　被告らは、労務環境・労働契約の内容に従い、原告らがじん肺に罹患しないよう、可能な限り粉じんの発生を防止し、粉じんが発生した場合にはその除去、飛散をはかり、有害粉じんの人体への吸入を抑止するため適切な労働時間の設定や防じんマスクの支給などの措置を講ずる義務を負担していた。有害粉じんそのものは、労働現場においてその

6 労働災害や職業性疾病の防止に関する具体的な措置

殆どが不可視的な微粒物体であり、かつ、計測も容易ではないことにより、使用者側において万全の防御対策を講ずることにかなりの困難を伴うことは理解できないわけではないが、じん肺の原因が人体に有害な粉じんを長時間吸入することによるものであるとの病理機序は既に相当以前から明らかにされており、じん肺はいったん罹患するや不可逆的な病であって、肺機能障害などにより生命または身体という重要な法益を侵すものであり、そして、じん肺罹患防止のための作業環境、吸入防止用具などの科学的、技術的、医学的水準も絶えず向上しているものであるから、被告らとしては、こうした科学技術の進歩を前提とした上で、これらの措置を総合的かつ適切に履行し、もってじん肺防止の万全の注意を払うべき義務の履行が求められていた。このように、使用者側としては、当該労働者らとの関係では、如何に困難が伴うとはいえ、できるかぎりの有効な諸措置を講ずるのが信義則上要請されている（日鉄鉱業松尾採石所ほか事件　最高裁第三小法廷平成6年3月22日労判652－6、東京高裁平成4年7月17日労判619－63）。

⑥　少なくとも旧じん肺法が施行された後においては、粉じん作業使用者は、粉じん作業労働者に対し、じん肺に罹患させないようにするため、当該粉じん作業雇用契約の継続する全期間にわたって、絶えず実践可能な最高の水準に基づく、(一)当該粉じん作業労働者が作業に従事する作業環境の管理、すなわち、(1)作業環境における有害かつ吸入性のある粉じんの有無ないしその量を測定し、(2)この測定結果に基づき安全性の観点から当該作業環境の状態を評価し、(3)この評価の結果安全性に問題があるときには、当該危険を除去するため若しくは安全性を向上させるために、【1】粉じんの発生、飛散を抑制するため湿式削岩機の使用、発じん源に対する散水等の措置を講じ、【2】発生した粉じんの希釈、除去のため換気又は通風の措置等必要かつ適切な措置を講じる作業環境管理、(二)当該粉じん作業労働者の作業条件の管理、すなわち、(1)有害粉じんの吸入による人体に対する影響をなくすた

め作業時間(粉じんに暴露される時間)、休憩時間、休憩場所の位置・状況等の作業条件について必要かつ適切な措置を講じ、(2)粉じんの吸入を阻止するために有効でありかつ当該粉じん作業労働者が装着するに適した呼吸用具を支給し、これを装着させること等の措置をとる作業条件管理等を履行する義務を負担した(日鉄鉱業事件　東京地裁平成2年3月27日労判563-90)。

2)製造業に関する裁判例

①　石綿糸の製造を業としていた会社の元従業員が作業中多量の粉じんに曝されながら作業していたことによってじん肺にかかったことについて、「被告Y1会社は、発じんの防止、粉じんの飛散抑制のための措置を怠たり、混綿作業について、(1)撹拌機と半毛機を連絡、密閉すべきであったのに昭和45年ころまでこれを怠った。(2)混綿機から梳綿機へ材料を移し入れる機械装置を設置すべきであったのに昭和51年ころまでこれを怠った。(3)発生した粉じんが滞留することのないよう可能な限り局所排気装置等除じん設備を備えるべきであったのに、この設置義務を怠った。(4)ビニールの囲い等により発生源となる設備の密閉、隔離をはかるべきであったのに、この設置義務を怠った。(5)二次粉じん発散を防止すべく、床に散水し、また電気掃除機を用いて掃除すべきであったのに、昭和48年ころまでこれを怠った。(6)研磨作業について、注水する等作業方法に工夫を加えるべきであったのに、これを怠った。(7)粉じん吸入防止のための措置として、従業員に検定合格品の防じんマスクを支給し、作業の際これを着用するよう指導監督すべきであったのに、この義務を怠った(平和石綿工業・朝日石綿工業事件　長野地裁昭和61年6月27日労判478-53)。」

②　マンガン鉄等の製造に従事していた労働者のじん肺罹患について、「被告は、防じん措置として、【1】珪石の運搬・洗浄作業について、第2工場が建設される昭和32年以前においては、入荷した珪石の貯鉱場

所を予め特定しておいて、作業員がトラックから珪石を卸す際作業員の立入を禁止したり、洗浄場建屋内へのトラックの立入を禁止したり、【2】マンガン鉱石の計量作業について、貯蔵ビン中の原料を常に湿潤な状態に維持して粉じんの発生を抑えたり、さらには計量工程を密閉化したり、【3】電炉の下回り作業について、とりわけ発じんの多かったマンガン鉄の場合には、タップ口付近に2階の煙突に直結する吸気ダクトを設けたり、発じんの比較的少なかった珪素鉄ないし金属珪素の電炉においても、湯出し中は原則としてタップ口付近への立入を禁止したり、【4】研掃作業について、防じんのため必要にして十分な防じん面への送気量を確保するための措置を講じたり、【5】試料調整作業について、クラッシャーを密閉化したり、同所排気装置を設けたり等し、発じんそのものの抑制、発じん場所への従業員の立ち入り禁止、発じん個所の密閉化、粉じんの排出、あるいは適切な労務管理等を図り、従業員を粉じんの曝露から防止すべきであったのに、これを怠った（日本電工事件　福島地裁郡山支部昭和59年7月19日労判440-99）。

③　会社は原告を雇用した後旧工場において十分な防じん設備をせず著しく劣悪な環境のもとで継続して稼働せしめ、新工場に移転後は相当改善されたもののなお不十分な設備の下において配置転換することもなく終始粉じんの激しいフレット又はクラッシャー工程作業に従事させていたのであり、その結果原告を治療不能な重度のじん肺に罹患させた（日本陶料事件　京都地裁昭和58年10月14日労判426-64）。

④　被告は、建造する新造船の機関室内の作業現場における粉じんの吸引、排出、新鮮な空気による換気等適当な措置を講じ、又、機関室で作業に従事する原告ら従業員に使用させるための呼吸用保護具を備えるなどして、原告らがじん肺に罹病しないようにすべき労働契約上の安全配慮義務があった。しかるに、新造船の機関室内の換気は、機械力による強制換気の装置によるものではなく、機関室の前の隔壁に設けられた通路と排気を兼ねた工事穴等のみに頼っていたから、機関室内

作業施設や設備、機械器具・機材、原材料などの物的な危険を防止すること

の換気は極めて不十分であり、作業開始後1時間も経った頃には、多量の酸化鉄粉じんを含有する空気が機関室内に充満しており、また、原告ら製缶工の着用する防じんマスクを充分に備え付けていなかった（佐野安船渠事件　大阪地裁昭和54年4月23日労経速1017-3）。

(3) 施設・設備などの整備
ア　施設そのものの整備

　労働災害や職業性疾病を防止するためには、労働者が作業を行う施設そのものを整備する必要があります。これに関連する裁判例としては、次のように多数あります。必要とする施設の種類などは、それぞれによって異なりますが、特に、①必要なスペースの確保、②作業を行う場所の地盤の整備、③通路の安全の確保、④防護網などの整備、⑤立ち入り禁止のための障壁、柵などの設備の整備、⑥爆発防止のための施設の整備などが問題となっています。

1) 必要なスペースの確保

① 　事業所内の事故について、「浄化槽の形状及び材質は足を滑らせ易いものであること、蓋の重量が約5kgないし7.5kgあって、これを携帯しての浄化槽上での作業はバランスを崩すおそれが多分にあることが認められ、したがって、この作業には相当程度の危険があったというべきであり、このような作業が行われていたことを容易に知りうる状況にあった会社としては、その危険性を除去すべく、倉庫内の浄化槽用スペースを拡張するなどの処置を採って浄化槽の上に昇らずに作業できるように配慮すべき雇用契約上の義務を負っていた（石川トナミ運輸事件　金沢地裁平成9年9月26日労判727-59）。」

② 　本件処理場の屎尿投入施設には、2台のバキュームカーが並んで作業するにはプラットホームが狭いのに、車止めの設置や停止線の表示がない等の瑕疵が存し、そのため施設で作業する者らに重大な結果が発

生する危険性があったことは十分予測できたから、公社としては、八尾市から本件処理場の使用許可を受け昇ら従業員を雇傭して業務を遂行している者として、自ら直接施設につき工事を行ってこれら瑕疵を修理改善することはできないとしても、八尾市に対し、プラットホームの改良や車止めの設置を申入れるとか、事実上停止線を表示する等の措置を行って危険を未然に防止することは容易に実行可能であった。しかるに、協議会等においても公社から八尾市に対し本件施設の改善申入等がなされたことはなかった。公社は、本件処理場の屎尿投入施設には瑕疵が存しこれに起因する作業員の死亡等の重大な事故が発生する危険性が予測できたにもかかわらず、施設の安全を確保して被用者に対する危険の発生を未然に防止すべき注意義務を怠ったことにより、本件事故を発生させた（八尾市清協公社事件　大阪地裁昭和58年12月22日判時1119−99）。」

2）作業を行う場所の地盤の整備

　農機具部品のメーカーの作業場において鋼管が落下したことにより労働者が負傷したことについて、「鋼管置場は屋外の地面上にじかに鋼管を組み立てて四段の棚を設け、そこに鋼管を横積みにして格納するように作られ、その上にプラスチック板で下屋をかけたものであったこと、鋼管置場の傍には切断機が設置されていて、そこで鋼管を所要の長さに切断する作業が行われ、したがって、その附近は鋼管を棚に格納したり引出して作業をする場所であったこと、ところがその場所は粘土質の赤土であるため、雨が降ると水はけが悪く水たまりができる個所もあり、またぬかるみになる個所もあって、重量のある鋼管の出し入れその他の作業については足場が悪く、安全な操業ができにくい状態にあった。他方、被告がこの場所について排水設備を作ったり、ぬかるみに砂利を敷いて足場を固める等の手当をしたことを認めるに足りる証拠はない。そうとすれば、被告は従業員たる原告に対する雇用契約上の安全保護義務を履行しなかった（谷口製作所事件　東京地裁昭和52年4月28日判時871−54）。」

作業施設や設備、機械器具・機材、原材料などの物的な危険を防止すること

3）通路の安全の確保

①　工場内の溝蓋の補修作業に従事していた者が、サイドフォークリフトにひかれて死亡したことについて、「蓋の修理作業は業務上の必要性に基づくものであり、本件事故当時Aは側溝に向って蹲まった姿勢でこの修理作業を行っていたところ、後進で進入しようとしたBには局所照明設備がないため西入口付近の安全を確認するには容易でなかったと考えられ、また、Aから本件サイドフォークリフトの動行を認識するにも困難を伴った。したがって、西入口の設置上の瑕疵、これに起因する修理作業をAがしていたことと本件事故との間には相当因果関係があり、本件事故は西入口の設置上の瑕疵により生じた（愛知製鋼所・三栄組事件　名古屋地裁昭和50年12月26日判タ338−224）。」

②　日雇港湾労働者が揚荷作業中、積荷の上から船底に降りようとして転落し、負傷したことについて、「船倉内において貨物の揚荷作業に従事するに際し、作業員が船底の就業場所に安全に到達できる通行設備の設置義務がある（門司港運事件　福岡地裁小倉支部昭和47年11月24日判時696−235）。」

③　ダム・発電所建設工事現場での落石事故について、「会社は、このような岩盤の下に、斜面を6、7mの高さまで削り建設工事用通路を開設してダム本体掘削工事現場への作業員の通行、建設資材の運搬、ブルドーザー等の往来をなさしめ、かつ同通路の維持・管理をしていた。このような建設工事用通路を開設し、維持・管理する場合、たとえ通路が一般市民の往来に供される公道とは用途を異にし、直接ダム建設工事に従事する関係者のみを通行させる目的をもつものであっても、いやしくもこと人命の安否にかかわる危険性がある限り、安全施設には十分な配慮をなすべき義務があり、ましてダム建設工事につき高度の技術と長年の熟練を有する作業員ばかりでなく、出稼ぎ労務者のように単純労務に従事するにすぎない者をも作業に従事させる工事現場においては、作業員、労務者の注意能力を基準として安全を確保するための、適切

な安全施設が備えられなければならない。そうであれば、建設工事用通路上方の斜面において岩石の剥離等崩落の危険性がある場合においては、のり面の清掃を実施するとともに、かかる危険な岩石を存置しておく場合は、下方の危険個所についてロックボルトによる岩石の補強、コンクリート吹付による剥落の防止、防護ネットあるいは防護柵の設置による道路上への落石の防止等の適当な安全施設を設置することが法規上も必要とされる（鹿島建設事件　東京地裁昭和45年5月27日判時601-41）。」

4）防護網などの整備

① 　ゴルフコースを設置・管理するに当たって、キャディを打球の到達範囲内の地域に先発または待機させて、打球の監視に当たらせる場合には、キャディが打球を監視するのに適切な位置を選定して、防護のため必要な構造を具備した防護網を設けるなど事故の発生を防止するに足りる保安設備を設けるべきであり、かかる設備を欠くゴルフコースは、設置又は保存に瑕疵がある（神戸地裁伊丹支部昭和47年4月17日）。

② 　下水道用コンクリート管埋設工事のために隧道を掘削中支保工の例壊により生じた落盤事故について、「隧道の掘削工事に当たっては、その地山の地質、地層の状態、付近の遊水、含水の有無などの具体的状況に応じて、土砂の崩落のおそれのない堅固な構造の土止め設備をなすべきであって（労働安全衛生規則163条の38参照）、本件事故の原因となった事態の発生をも予想してこのような場合にも崩落を防止するような設備をなすべきであり、このような設備を有していない本件隧道は、本来具えるべき設備を欠いたものとして、設置上の瑕疵があった。なお、本件事故の直前、隧道内に第1の鳥居型支保工を設置し、天端に矢板を打ち込みながら掘進していたが、矢板は支保工の側だけが支えられている状態であって、その切羽側は、地山を少し掘って矢板を支えることあるいは次の支保工を入れるまで仮補強のポストを設けて支え

作業施設や設備、機械器具・機材、原材料などの物的な危険を防止すること

ることをせず、地山が全面的に掘られてしまっていたため、支えられていなかったことが認められ、きわめて脆弱な土止め設備であったことはこの一事からしても明らかであって、本件隧道はその本来具えるべき設備を有するというには程遠いものであった（奥村組事件　東京地裁昭和46年9月8日判時645-49）。」

③　造船所における事故について、「本件ファンは高さ43.5糎、外径53糎の鉄製円筒型で内部には下部から6.5糎のところに長さ約10糎の鉄製羽根7枚があり原告が左手を吸いこまれた下部には直径7糎の鉄棒12本が3.5ないし4.5糎の間隔でついていたが金網はついていなかったこと、本件ファンは電動式220ボルト5馬力でかなりの吸引力があることが認められ、本件ファンが置いてあったマンホールの入口は短径40糎で長径は60糎であるが本件ファンが置いてあったため20糎位せばめられていて人1人がやっと出入できる位のものであったことをあわせ考えると本件ファンの下部には鉄棒がついていたとはいえ通常人の手が並行すれば入る間隔であるから金網がついていなければ吸引事故がおこるおそれがあった。ところで、本件ファンの下部に金網がついていなかったのは会社においてつけていなかったものと推認するほかはなく、そうすれば会社は本件ファンについて事故防止の措置を講ずる義務を怠った過失がある（三菱重工業事件　山口地裁下関支部昭和45年7月9日判タ259-187）。」

5）立ち入り禁止のための障壁、柵などの設備の整備

生コンクリート製造工場の骨材置場で崩壊してきた砂に埋まって死亡したことについて、「作業過程において骨材置場に立ち入ることは非常に危険であるので、会社は、例えば、その周囲に決して人が入れないような障壁、柵などの物理的な設備を講ずべきであるのに、そのような設備はまったくなく、立入り禁止の立て札さえなかったから、その設置について過失があった（忠臣事件　東京地裁昭和45年1月27日判タ247-249）。」

6）爆発防止のための施設の整備

　シンナー、ラッカー等を扱う作業を室内で行わせていて爆発事故を引きおこしたことについて、「本件作業室におけるように、3個の相当大きな金網篭の上一面にシンナーとラッカーの混合液に浸したコーン紙を並べて自然乾燥させる場合、多量のシンナーの気化ガスが空気中に発散し、しかもその気化ガスはごく低温で発火するから、このような作業を行わせる者は、その作業にあたって少なくとも作業室に気化ガスが充満しないよう部屋の構造や換気装置を整備し、点火源となるおそれのある機械器具を使用してはならず、換気について相当な措置をとってもなお気化ガスが爆発の危険のある濃度に達するおそれのある場所において電気機械、器具を使用する場合は、その気化ガスに対し防爆性能を有する構造のものでなければならず、使用に際しては事前に綿密に点検し、もつて気化ガスに対する引火を防止し、作業に従事する者の生命、身体に対する直接の危険を確実に防止し、安全、衛生、福祉のうえでも有害な原因となるものをすすんで除去する義務がある（気火ガス爆発事件　大阪地裁昭和44年4月24日判タ237-287）。」

7）配管の色分け

　ボイラーの清掃を請負っている会社の従業員がボイラーの清掃中にチッ素ガス中毒により死亡したことについて、「会社は、6号ボイラーの前面に窒素供給用の配管が設置されてあったのであるから、これを他と識別するための表示、危険を表すための表示、その取扱いに関する注意書等の掲示等をし、又は、誰でも簡単に使用することができない状態にしておく等の措置をなすべきであったのにこれをなさずに放置しておいた等の過失があり、本件死亡事故は過失によって生じた（神戸製鋼所事件　神戸地裁昭和47年4月27日判時677-90）。」

作業施設や設備、機械器具・機材、原材料などの物的な危険を防止すること

イ　作業を行う場所や機械・設備などの適切な選択

　労働災害などを防止するためには、労働者が作業を行う場所や機械・設備などについて、適切に選択する必要がある場合があります。これに関連する裁判例としては、次のようなものがありますが、特に、機能や規模が適正な機械・設備などや自衛隊の飛行機についての機種や訓練場所の選択などが問題となっています。

1）機能や規模が適正な機械・設備などの適切な選択

①　屋外である同営業所裏庭の平地を、焼却場として継続的に利用するときは、従前の焼却物の残滓の中あるいは当日の新たなごみくず等の廃棄物の中に、誰かが不用意に捨てた、本件事故時の爆発物であったと推測されるガススプレー等の危険物が混入することなども考えられ、そのような場合、本件のような事故が発生し得ることは予測されなくもないことであって、してみれば、会社としては、このような事故を未然に防ぐため、より機能的な大型の事業所用焼却炉を設置して常に整備につとめ、あるいはまたコンクリートブロック等で囲んだ安全な焼却場をしつらえるなど、原告ら従業員の廃棄物焼却作業が安全に遂行できるよう、同営業所の物的設備を整えるべき、雇用契約上の安全保障義務があった（スズキ自販中部事件　津地裁四日市支部昭和51年2月9日判時822－89）。

②　事業場内の浴室での一酸化炭素中毒による死亡事故について、「発生した原因は、ガス器具の保守管理上の過失だけではなく、換気装置の規模があまりに小さく、その保存が十分でなかったことにある。ガス風呂を設置した浴室のように設備如何によっては中毒事故の危険のあるところでは、土地の工作物の中には、浴室に設置してその安全性を確保する換気口や排気筒も含まれ、換気装置の設置保存に瑕疵がある場合には、損害賠償義務がある（東京地裁昭和43年12月21日）。」

③　石炭採掘のような特殊な事業においては、坑口に設置してある巻上

機は土地の工作物であり、ワイヤーロープは巻上機の一部であるから、巻上機の巻き上げる力に抗し得ないワイヤーロープを使用することは、巻上機の設置・保存に瑕疵がある（最高裁第一小法廷昭和37年4月26日民集16−4−975）。

2）飛行機の機種の適切な選定
　海上自衛隊所属の飛行機墜落事故について、「本件訓練海域の海域別における機種の選定、各機種に応じた捜索方法の採用、あるいは、本件訓練海域における襟裳レーダーサイト・電波航法機器・塔載レーダーの性能の限界等に対する個別的指示等について具体的な調整がなされずに訓練計画を実施したことにより、当時予想された風速、風向と異なった風が、本件訓練海域において発生していた気象条件が重なって、事故機が機位を誤認する過失を誘発し、これが事故原因になった（海上自衛隊大村航空隊事件　東京地裁昭和54年4月23日訟務月報25−8−2096）。」

3）訓練などを行う場所の適切な選定
① 　種差海岸の潮流の変化等その危険性並びに水泳に適しないことを十分に認識していたのであるから、応用イカダの作成、点検のみが訓練目的であれば、むしろ中小河川や湖など波のない安全な場所で、しかも裸体で実施すべきであり、また、海浜で実施するとしても遠浅で潮流の変化の少ない白浜海水浴場などを選んで実施すべきであり、訓練場所の選定、方法において、すでに安全配慮義務に欠けていた（陸上自衛隊第三九普通科連隊事件　東京地裁昭和53年10月30日判タ377−119）。
② 　野外訓練場に大麦広場を選定するに際の調査は、現地で付近の状況を観察し、同地の管理事務所で事情を聴取したという程度である。確かに、大麦広場は一般に開放されている場所であり、大麦山には具体

作業施設や設備、機械器具・機材、原材料などの物的な危険を防止すること

的に差し迫った落石の危険を推知せしめるような徴候はなかったので、広場の使用の態様いかんによってはこの程度の調査でも十分と考えられるが、もともと大麦山は道路脇のかなり急勾配の山で、その東裾は山を削り3.9mの石垣を積んで道路をつけたものであり、落石の心配のないような山ではなかった上に、当時は降雨量がさほど多くなかったとはいえ梅雨のため地盤がゆるんでいた時期であり、しかもその山麓で野営をしようとする以上、簡単な調査をしただけでは安全管理上の注意義務を尽したとは言えない。本件においては、道路面から山膚を見にくい状況にあるので、山の表面部の状況を調査するためには（本件の岩石は、土砂を伴って崩落した訳でなく、その相当部分は地表に露顕していたと推定できる。）、大麦広場側斜面を現実に踏査するか、樹木下草の繁茂のためそれが困難であったとすれば、山の勾配の程度、当時は梅雨明け直後で訓練当日およびその前数日間においても降雨があったこと等から、少なくとも落石の危険を避けて天幕の展張位置をもっと小河内貯水池側に寄せる等の措置を講ずべきであった（陸上自衛隊第一教育団事件　東京地裁昭和52年11月29日判タ365－282）。

ウ　安全装置を機能させ、必要な保護具などを用意し、適切に着用させること

　労働災害や職業性疾病を防止するためには、安全装置を機能させるとともに、労働者に保護具などを適切に着用させて、作業を行わせることが重要です。これに関しては、次のような裁判例があります。特に、①適切な安全装置を備え、正常に機能させること、②適切な排気装置などを備え、正常に機能させること、③適切な測定具を備え、適正に測定を行うこと、④適切な質および量の保護具を備えつけ、労働者に着用させること、⑤非常事態などのために必要な避難用具などを備えることなどが問題となっています。

1）適切な安全装置を備え、正常に機能させること

① 従業員がフットペダルを使用してプレス機を操作しているのを知りながら、光線式安全装置が作動していないのを放置してきた点で、安全配慮義務に違反していた（プレス機指先切断事件　東京地裁八王子支部平成4年11月25日判時1479-149）。

② 事故以前にプレス機に非常停止ボタンを設置したり、その使用に関しては製品取り出しにマグネット棒等の使用を義務づけていたことはないし、安全措置を講じていたと認めることはできず、本件事故後に新たな安全装置を設置したことが認められる（有限会社村松製作所事件　千葉地裁松戸支部昭和60年2月20日労判454-63）。

③ 本件機械がプレス機械であることから、少なくとも、本件機械に安全装置を取り付けると共に、その装置が常に正常に機能するよう整備しておく義務があるところ、被告は、安全装置のうち、押しボタン式のものは取り付けてはいたものの、手払い式のものは、当初本件機械に取り付けられていたが、これが取り外されていたのに、そのままの状態で放置して作業を継続させていたものであり、本件機械とその安全装置の構造、機能及び原告の作業型態からすれば、もし手払い式の安全装置が取り付けられていてこれが正常に機能していたならば、何らかの原因で作業員の予期に反して上型が下降してきたとしても、上型の下降に伴ってこれに連動する手払い棒が作動し、上型のスライドする危険限界内に挿入された手指を払いのけることができ、本件事故の発生する余地はなかったので、被告が安全配慮義務に違反した（光工業製作所事件　横浜地裁昭和56年5月15日労判365-39）。

2）適切な排気装置などを備え、正常に機能させること

① 鉱山労働者がじん肺に罹患するのを防止するために、集じん装置を使用すること、有効な防じんマスクを準備してその着用を徹底することなど、じん肺罹患が防止するために必要な措置を講ずるべき安全配慮義

作業施設や設備、機械器具・機材、原材料などの物的な危険を防止すること

　務を負っていた（秩父じん肺事件　東京高裁平成13年10月23日判時1768-138）。
② 　ガス圧の調整・管理に十分注意するとともに、本件ピット内に排気装置や警報装置などの安全装置等を設置していれば、本件事故は発生しなかった（東洋精箔事件　千葉地裁平成11年1月18日労判765-77）。
③ 　会社は、発じんの防止、粉じんの飛散抑制のための措置を怠たり、混綿作業について、発生した粉じんが滞留することのないよう可能な限り局所排気装置等除じん設備を備えるべきであったのに、この設置義務を怠った。ビニールの囲い等により発生源となる設備の密閉、隔離をはかるべきであったのに、この設置義務を怠った。二次粉じん発散を防止すべく、床に散水し、また電気掃除機を用いて掃除すべきであったのに、昭和48年ころまでこれを怠った（平和石綿工業・朝日石綿工業事件　長野地裁昭和61年6月27日労判478-53）。
④ 　安全配慮義務の具体的内容として、被告は、新・旧作業場時代を通じ、有機溶剤の蒸気の発散源を密閉する設備を設けて、有機溶剤の蒸気の発生を極力防止し、あるいは局所排出装置又は全体換気装置を設けて、発生した有機溶剤の蒸気の除去、飛散の抑制をするなどの措置を講じ、まずもって労働者が有害な有機溶剤の蒸気にさらされ、これを吸引しないよう作業場の安全な環境を保持すべき義務があった。しかるに、旧作業場時代においては、かなりの濃度のトルエン蒸気が発生していたにもかかわらず、その防止や除去・軽減がなされない状態で作業が行われ、また新作業場時代においても、作業場の拡張等一応の改善がなされたものの、蒸気の発生を防止し、それを除去・軽減するなどの措置をとる余地があるのに、各措置がとられることなく作業が行われていた（東北機械製作所事件　秋田地裁昭和57年10月18日労判401-52）。
⑤ 　機械、装置の改善はされたものの、粉じん等の発生防止及び飛散の

6　労働災害や職業性疾病の防止に関する具体的な措置

抑制措置が不完全であり、機械、装置の自動化・密閉化その他の面でも未だ相当に改善の余地が残されていたのにその措置が取られず、その対応策も後手に回り、従業員はいぜんとして有害な濃度の粉じん、蒸気、ガスの中で就労せざるをえなかったから、被告は健康保護義務を怠っていた(昭和電極事件　神戸地尼崎支部昭和56年10月30日労判374-46)。
⑥　テレタイプ室には換気装置(局所排出装置)も設けられないなど、有機溶剤を用いた洗浄作業についての安全対策が全く考慮されていなかったことによれば、被告が負っていた安全配慮義務を怠っていた(海上自衛隊需給統制隊事件　東京地裁昭和55年3月24日判時971-64)。
⑦　会社は従業員に電気熔接作業をさせるに際しては従業員が、じん肺にかかることのないよう船底タンクに充満する粉じんを外部に排出させるための十分な換気措置を行うなどして、従業員の健康に危険を与えないようにすべき安全保護義務があるのにかかわらず、これをつくさなかった債務不履行により、じん肺に罹患するに至らせた(大阪日倫工業・日立造船事件　大阪高裁昭和53年7月21日判タ370-100)。

3)適切な測定具を備え、適正に測定を行うこと
①　ガス圧の調整・管理に十分注意するとともに、計器類の確認や酸素濃度の測定等を徹底していれば、本件事故は発生しなかった(東洋精箔事件　千葉地裁平成11年1月18日労判765-77)。
②　被告の擁する船舶の内10艘には酸素検知機が設置されていたが、B船にはそれが設置されていなかったこと、被告は船主に対して、酸素検知機を設置するよう注意したこともなかった。被告において直接或いは船主を通じてB船の乗組員に酸欠の危険性を認識させ、酸素検知機を自ら設置するか、その設置を船主に指示しておれば、本件事故の発生を防止できた(大豊運輸事件　広島高裁岡山支部昭和62年5月28日労判521-56、最高裁第一小法廷平成2年11月8日)。

作業施設や設備、機械器具・機材、原材料などの物的な危険を防止すること

4) 適切な質および量の保護具を備えつけ、労働者に着用させること

A　呼吸用保護具に関する裁判例

① 安全配慮義務として負っていたじん肺防止対策義務は、具体的にはその当時の一般的な知見や実用可能な技術水準に従って、防じんマスクの支給などである（三井三池炭鉱事件　福岡地裁平成13年12月18日判タ1107-92）。

② 鉱山労働者がじん肺に罹患するのを防止するために、集じん装置を使用すること、有効な防じんマスクを準備してその着用を徹底することなど、じん肺罹患が防止するために必要な措置を講じるべき安全配慮義務を負っていた（秩父じん肺事件　東京高裁平成13年10月23日判時1768-138）。

③ 各炭坑における掘進、採炭、仕繰、坑内運搬等の坑内作業、選炭作業の各作業から発生する粉じんの吸入によるじん肺の罹患を回避するためには、適切な防じん措置等の実施が不可欠であるところ、被告には、粉じん曝露回避措置（坑内通気、防じんマスク、発破作業）等の面における安全配慮義務の不履行がある（日鉄鉱業（伊王島鉱業所）事件　最高裁第一小法廷平成11年4月22日労判760-7　福岡高裁平成8年7月31日判時1585-31）。

④ 防じんマスクの支給等その他の義務の履行についても、実施時期が遅滞したり、対策が十分徹底されなかったことにより、不十分なものにとどまった（日鉄鉱業（伊王島鉱業所）事件　長崎地裁平成6年12月13日労判673-27）。

⑤ 被告らは、労務環境・労働契約の内容に従い、原告らがじん肺に罹患しないよう、防じんマスクの支給などの措置を講ずる義務を負担していた（日鉄鉱業松尾採石所ほか事件　最高裁第三小法廷平成6年3月22日労判652-6、東京高裁平成4年7月17日労判619-63）。

⑥ アンモニアガスが漏出する非常事態に備え、避難方法を確保し、または防毒マスク等の備え付けを行い、非常事態に対応できる措置を講ず

べき義務がある（株式会社山形県水産公社事件　新潟地裁昭和61年10月31日労判488－54）。

⑦　会社は、粉じん吸入防止のための措置として、従業員に検定合格品の防じんマスクを支給し、作業の際これを着用するよう指導監督するとともに、従業員が防じんマスクを着用したがらないのは、着用が長時間に及ぶと息苦しさに耐えられなくなったり作業能率が低下することにあったから、単位作業時間の短縮や休憩時間の配分の工夫などの労働強度軽減の措置をすべきであったのに、この義務を怠った（平和石綿工業・朝日石綿工業事件　長野地裁昭和61年6月27日労判478－53）。

⑧　被告は、創業当初既に防じんマスクの規格（昭和25年労働省告示第19号）が定められており、作業員に適切な防じんマスクを支給すべきであったのに、その支給開始が遅れ、その後支給された防じんマスクは作業場によっては必ずしも有効でなかったにもかかわらず、より上級のマスクを導入する努力も十分でなかったばかりか、防じんマスクの規格が改訂された後も長期にわたってこの防じんマスクを支給し続け、更には、特級又は1級のマスクを使用すべきであるとされている鉱石破砕作業を伴う作業場においても昭和49年当時2級マスク（サカヰ1009型）を支給していたものであり、作業員らが作業のし易さを優先させ、スポンジマスクや二級マスクの方を好み、吸気抵抗の大きい上級マスクに馴染みにくかったことを考慮してもなお被告の防じんマスクに関する対応は立ち遅れていたといわざるを得ず、結局適切な防じんマスクを支給することを怠った（日本電工事件　福島地裁郡山支部昭和59年7月19日労判440－99）。

⑨　テレタイプ室にはホースマスク手袋などの保護具も設備されないなど、有機溶剤を用いた洗浄作業についての安全対策が全く考慮されていなかったことによれば、被告が負っていた安全配慮義務を怠っていた（海上自衛隊需給統制隊事件　東京地裁昭和55年3月24日判時9

作業施設や設備、機械器具・機材、原材料などの物的な危険を防止すること

71-64)。
⑩　被告は、機関室で作業に従事する従業員に使用させるための呼吸用保護具を備えるなどして、原告ら従業員がじん肺に罹病しないようにすべき労働契約上の安全配慮義務があった。しかるに、原告ら製缶工の着用する防じんマスクを充分に備え付けていなかった(佐野安船渠事件　大阪地裁昭和54年4月23日労経速1017-3)。
⑪　会社は従業員に電気熔接作業をさせるに際しては従業員が、じん肺にかかることのないよう安全マスクを使用させ、かつ同マスクの交換フィルターを支給するなどして、従業員の健康に危険を与えないようにすべき安全保護義務があるのにかかわらず、これをつくさなかった債務不履行により、じん肺に罹患するに至らせた(大阪日倫工業・日立造船事件　大阪高裁昭和53年7月21日判タ370-100)。

B　振動用保護具に関する裁判例
　造船所で働く労働者の振動障害について、「安全配慮義務の内容は、振動工具を使用するとしても振動曝露防止のための振動保護具等の活用をすることなどである(三菱重工業神戸造船所事件　大阪高裁平成11年3月30日労判771-62)。」

C　電気防護用保護具に関する裁判例
　特にその作業姿勢からすると高圧線と低圧線に身体が接触するおそれは大きく感電の危害を生ずるおそれがある(作業中の安定した姿勢のみでなく、姿勢のくずれた状態や身体をのばした状態をも考慮して接触のおそれは判断すべきである。)から、停電作業にしないとしても身体には十分の保護具すなわちゴム袖、電気肩あて、ゴムチョッキ、電気用ゴム長靴等を着用し、かつ低圧線、腕金には十分な防具を装着してなすべきものである。従って使用者としては、十分な保護具、防具を備え付け、これを着用装着させるべき義務がある(中国電力事件　広島地裁昭和49年7月19日判タ322-267)。

D　保護帽に関する裁判例

　被告は、原告に対し、熔解炉内壁の調査作業において通常予測される落下物の衝撃に耐え得る程度の強度を有するヘルメットその他の保護帽を備え付け、これを着用させるべき義務を負担しているところ、被告は、ヘルメット等の保護帽を備え付けず、着用もさせていなかったから、原告に対する雇傭契約上の保護義務を履行しなかった（合資会社伴鋳造所事件　東京地裁昭和47年11月30日判時701−109）。

E　救命胴衣に関する裁判例

　救難保命訓練のような人命の危険を伴う訓練を計画、実施するに当たっては、訓練計画者は公務自体に内在する危険をあらかじめ予見して物的及び人的環境、条件を整備し、もって事故の発生を未然に防止して公務員の生命、健康を危険から保護するよう配慮すべき義務があり、したがって、本件のような訓練に当たっては、被訓練者全員につき生命、健康を保護するため遊泳能力に関係なく救命胴衣を装着させるべき義務があり（洋上漂流中、ペアを組んだ2名の被訓練者のうちの1名が救命胴衣及び1人用浮舟を装備し、他の1名がなんらの装備をしていない場合、前者が後者の依頼に応じて救命胴衣を貸与し自分の分がなくなることがあるのは当然予想されるから、これを避けるためにも被訓練者の全員に救命胴衣を装着されるべきである。）、本件では救命胴衣の数以上の人員を訓練に参加させた計画自体及び救命胴衣を装着していない者を吊り降ろさせた点において配慮に欠けていた（航空自衛隊航空実験隊事件　東京高裁昭和57年10月12日判タ480−95）。

5）非常事態などのために必要な避難用具などを備えること

①　アンモニアガスが漏出する非常事態に備え、避難方法を確保し、または防毒マスク等の備え付けを行い、非常事態に対応できる措置を講ずべき義務がある（株式会社山形県水産公社事件　新潟地裁昭和61

年10月31日労判488-54)。

② 通常マンホールの中に立入ることのない栓弁班の職員であっても、その業務遂行に関連して、少数とはいえ酸欠の危険性のあるマンホールの中に立入る可能性があり、しかもその際、緊急事態の発生することも予測されるのであるから、場合によっては緊急事態の発生に対処するため、生命綱、防毒マスク等を栓弁班の車両にも備えておくなどして、職員らの身体、生命に対する安全を配慮すべき義務がある(名古屋市水道局事件　名古屋地裁昭和59年12月26日判タ550-201)。

エ　機械・設備などを整備して、良好な状態に維持すること

労働者に作業に従事させるに当たっては、作業に必要な機械・設備などを整備して、良好な状態に維持することが必要です。これに関連する裁判例としては、次のように多数ありますが、その対象となる機械・設備は、リフトのワイヤー、クレーンのワイヤーロープ、プレス機、椅子、船舶、さらには自衛隊の場合には航空機などさまざまです。なお、これに関しては、合理的な機械・設備の整備基準を策定し、その基準をもれなく着実に実施している場合には、安全配慮義務の不履行はない(航空自衛隊航空救難群芦屋分遣隊事件　最高裁第二小法廷昭和56年2月16日民集35-1-56)と解されています。

1）リフトのワイヤーに関する裁判例

配送先における事故について、「本件事故は、本件リフトのワイヤーの切断により発生したこと、本件缶ケースの重量が約150kgであること、また、本件リフトの最大積載量が800kgであり、本件缶ケースの重量に台車の重量及び原告の体重を加えても、それが最大積載量に達しないことは明白であり、本件事故において他の要因が加わった事情もないから、本件リフトのワイヤーの切断が本件リフトの最大積載量を超過したことによるものでないところ、本件リフトは、設置以来、本件事故までの間一度も点検され

ていなかったから、本件リフトのワイヤーは相当程度磨耗していたもので、本件事故の原因は、原告がワイヤーの磨耗に気づかずに、本件缶ケースを台車に乗せて本件リフトに乗ったことにより本件リフトのワイヤーが切断されたことによる(真田陸運事件　東京地裁平成8年2月13日労判690-63)。」

2)クレーンのワイヤーロープに関する裁判例

　クレーンのワイヤーロープが切れてバケットが落下して負傷したことについて、「本件事故は、本件クレーンに取り付けられたクレーンケーブルの先端のフックに本件ワイヤーロープを引掛け、本件ショベル車のバケットを吊り上げた際に、本件ワイヤーロープが突然切断して起きたものであるところ、本件ワイヤーロープのような直径1cmの鋼鉄製のワイヤーロープは、通常は重さ約3tないし5t程度の物を吊り上げても切断するようなことはないこと、本件ショベル車のバケットの部分の重さは2tもなく、本件ワイヤーロープが通常の品質さえ備えていれば、バケットの部分を吊り上げてもその途中で切断するようなことはない。してみれば、本件ワイヤーロープが本件ショベル車のバケットの部分を吊り上げたことにより切断したことは、他に特段の事情が認められない限り、本件ワイヤーロープがその本来具備しているべき通常の品質、性質を備えておらず、したがってその設置又は保存に瑕疵があった。本件ワイヤーロープは通常は3t以上の物を吊り上げても切断しないのに、3tに満たない本件ショベル車のバケットを吊り上げて切断したことは、他に特段の事情がない限り、本件ワイヤーロープには、当時通常備えているべき品質、性質を備えておらず、何等かの瑕疵があったものであり、また、瑕疵を具体的に特定して認定できない場合であっても、なお、土地の工作物の設置又は保存に瑕疵がある(三共自動車事件　高松高裁昭和50年3月27日判タ325-209)。」

作業施設や設備、機械器具・機材、原材料などの物的な危険を防止すること

3）プレス機に関する裁判例

本件プレス機の1行程は3電気回路全てを使用するものであって、連続行程は2電気回路を用いるものであるから、若し1行程の積りでスイッチを押してもこれが確実に入らぬ場合には1電気回路が稼働せず、結果として連続工程として作動する場合も考えられないではなく、又、当時本件プレス機には地上より1、100mmの高さに5光連安全機が設けられてはいるがこれ丈の高さではとかく作業者において不自然な姿勢をとらず作業してみても安全機の死角に入る場合も考えられないではなく、これらの事柄までの瑕疵の検査には至らず、しかも被告会社としては考慮される事柄について本件のような事故が発生しないよう然るべき措置を採ることが可能であったから、安全保証義務を尽したかどうか疑問である（平田プレス工業事件　前橋地裁昭和49年3月27日判時748-119）。

4）フォークリフトに関する裁判例

工場内の溝蓋の補修作業に従事していた者が、サイドフォークリフトにひかれて死亡したことについて、「サイドフォークリフトの運転者としては、その進行方向上の安全を確認すべき義務があり、特にサイドフォークリフトは騒音の高い場所を走行したり夜間に走行したりする場合もあるから、バックホーンやバックランプの故障を発見したならば速やかに運転を中止して故障を修理したうえ運転を継続すべき義務がある（愛知製鋼所・三栄組事件　名古屋地裁昭和50年12月26日判タ338-224）。」

5）椅子に関する裁判例

郵便集配課勤務の者が区分作業中にお茶を飲もうとして坐った腰かけ台のネジが脱落していて転倒し茶わんが割れて左手掌に負傷したことについて、「事故は本件椅子の管理上腰掛台の固定ねじの脱落という瑕疵があったために発生した。そして、原告は本件椅子と同じ型の旧式の

道順組立用補助椅子の中に腰掛台の固定ねじの脱落しているものがあり、これに腰掛けた職員が原告と同じように転倒したという前例のあることを知っていたことを考慮したとしても、本件椅子に腰を掛けたときの状況からは、本件椅子に腰掛けたこと自体を過失として、本件事故につき原告に過失があったということはできないし、他に原告の過失を裏づけるような事実はない。そうすると、被告は原告に対し、本件事故による損害を賠償すべき義務がある（京橋郵便局員事件　東京地裁昭和48年12月21日判時731－97）。」

6）船舶に関する裁判例

　底引網漁業のため被用者を漁船で従事させるためには、乗組員の業務の遂行が安全になされるように、構造上の欠陥のない船舶を航行の用に供し、その整備を十全にして船舶本体から生ずる恐れのある危険を防止する義務を負う（小名浜漁業協同組合事件　横浜地裁平成7年5月24日判タ908－177）。

7）自衛隊の航空機に関する裁判例

①　F－86Dは、米空軍の使用していた中古機を航空自衛隊が供与を受けたものであって、電子式燃料装置に故障が多発していたものであるところ、取付品定期交換に際し整備基準に違反して中古の真空管を装着した中古のメイン増幅器、アフターバーナー増幅器をそのまま使用時間ゼロの新品とみなして継続使用していたのであるから、本件事故機についても整備基準に合致しない整備が行われ、不完全な整備による中古真空管が故障した結果本件事故が発生したものであり、航空自衛隊の幹部は整備契約会社、整備補給群の実際の取扱を知っていた。そうすると、被控訴人の履行補助者である航空自衛隊の幹部は、整備契約会社、整備補給群をして特に真空管の交換については完全にこれを行い、中古品を新品として取扱うようなことをさせないように厳重に

作業施設や設備、機械器具・機材、原材料などの物的な危険を防止すること

監督し、もって事故の発生を未然に防止すべき具体的注意義務を尽さず、安全配慮義務に違反し、その結果本件事故が発生するに至った(航空自衛隊第三航空団事件　東京高裁昭和59年7月19日判タ533-148)。
② チップタンクの燃料片減りを原因とする本件事故が発生したから、本件事故に対し、安全配慮義務違反の責任を負う(航空自衛隊第六航空団事件　東京高地裁昭和59年2月20日判タ517-223)。
③ ジェット機に搭乗して要撃訓練に従事する航空自衛隊員に対しては、ジェット機の飛行の安全を保持し、その墜落等の危険を防止するために必要な諸般の措置をとることが要請されるところであり、この措置の中に、ジェット機の各部々品の性能を保持し、機体の整備、点検、修理等を充分に実施すべきことが含まれる。航空自衛隊においては、航空自衛隊装備品等整備規則及び航空自衛隊技術指令書管理運用規則等に基づき、整備組織、整備方式が整えられていること、そして事故機についても、この整備方式のもとに、定期修理、25時間後及び50時間後の各定時飛行後点検が実施されていた。また、こうした整備組織、整備方式がとられている以上、事故機について、定期修理及び定時飛行後点検の外に、所定の飛行前点検、毎飛行の前後の点検及び基本飛行後点検が実施されたことも、推認するに難くない。しかしながら、本件事故機は、遅くとも離陸直後の時点から操縦不能に至るまでの間、その左チップタンクのスニフルバルブに不具合が存し、正常に機能しなかったこと、そのため、左右のチップタンクの残燃料に不均衡をきたし、本件事故を惹起した。このため、整備の実施にもかかわらず、やはり、被告は、事故機ごとにその左チップタンクのスニフルバルブにつき、その性能を保持し、整備、点検、修理等を実施すべき義務を充分には履行しなかった(航空自衛隊第六航空団事件　東京地裁昭和55年5月16日判時969-70)。
④ 定期検査実施担当者らは、正当な理由もなく、安易な判断から、所定

のスロットル・ケーブル交換作業を実施せず、これを定期修理時に順延し、期限付技術指令書記載の検査を再度履行したにとどまり、本件事故機について飛行禁止措置を採ることなく放置したものであることが明らかであり、安全配慮義務に違背した(航空自衛隊第六航空団事件東京地裁昭和57年3月29日判タ475-93)。

⑤　ジェット戦闘機に塔乗し、要撃戦闘訓練に従事する自衛官に対しては、機体部品等の十分な整備を実施し、事故発生を防止して飛行の安全を保持すべき義務を負う(航空自衛隊第五航空団事件　東京地裁昭和53年7月24日訟務月報24-9-1744)。

オ　機械・設備などを目的外の用途に使用させない義務

　労働者に作業に従事させるに当たっては、作業に必要な機械・設備などを目的外の用途に使用させないことも必要です。これに関連する裁判例としては、次のようなものがあります。

　会社は原告の使用者として、原告がコンビットの使用に際しては、その適切な使用方法を指示するなどその使用により原告が負傷することないようその安全を配慮すべき契約上の義務を有していた。そして、本件事故は、コンビットの動力源として圧縮酸素を用いたことが原因となったもので、しかも、会社が圧縮酸素を用いることを指示したところ、コンビットは、圧縮空気を動力源としてコンクリートに釘を打ち込む機械であって、使用の際には火花が飛散することもあり、その取扱説明書には、動力源としては圧縮空気を用いる旨及び使用時には火花が飛散することがあるので引火しやすいものや爆発しやすいものは遠ざけるべき旨の注意が記載されていることが認められ、一方酸素が支燃性を有し、空気中ではおだやかな燃焼にとどまるものも高濃度の酸素のもとでは激しく燃焼しときには爆発にまで至ることがあることは公知の事実であるから、コンビットを通常の用法と異なり動力源として圧縮酸素を用いた場合に条件によっては本件事故のような爆発がおこりコンビットを操作している従業員が負傷することがあ

る(株式会社ツバキ・日立工機事件　福岡地裁昭和59年6月19日労判442-97)。

3　業務の遂行に当たっての適切な人員配置

　労働者を業務に従事させるにあたっては、その遂行に当たって必要となる人員を適切に配置することが必要です。これに関して、最高裁は、たとえば、「国は、自衛隊員を自衛隊の車両の公務の遂行として乗車させる場合には、自衛隊員に対する安全配慮義務として、車両の運転者としてその任に適する技能を有する者を選任して車両の運行から生ずる危険を防止すべき義務を負う(陸上自衛隊第三三一会計隊事件　最高裁第二小法廷昭和58年5月27日労判414-71)としています。

　業務の遂行に当たっての適切な人員配置については、次のように、①経験や能力の面で業務の遂行に問題がある者に従事させる場合の必要なサポートを行う体制の整備、②必要な場合には応援を行うことができる体制の整備、③業務を適切に行うために必要な数の人員の確保、④必要以上の人員を配置しないこと、⑤非常時に対応できる体制の整備、⑥適切に業務を行うことのできる能力を有する者の配置などに分類することができます。

(1) 経験や能力の面で業務の遂行に問題がある者に従事させる場合の必要なサポートを行う体制の整備

　未経験者や経験の未熟な者、知的障害者や年少者など経験や能力の面で業務の遂行に問題がある者に従事させる場合には、必要な指導、助言などのサポートを行うことができる体制を整備する必要があります。これに関しては、次のような裁判例があります。

ア　知的障害者に関する裁判例

　ダイアパー部に長年勤務する中で経験で仕事を覚え、町田工場時代は

機械操作にも習熟していたとはいえ、慣れていないことや予期せぬトラブルに臨機に応じて対処することが能力的に困難であるから、作業に従事させるについて、トラブル時に適切な指導、監督を受けられる態勢を整える必要があった。しかし、稲城工場では、ダイアパー部の洗い部門を、副工場長のほか、洗濯主任の知的障害を有しており、自動洗濯ラインの機械操作を行うことは困難であるとして、これらの機械操作を禁止され、緊急時の機械操作の方法すら教育されていなかった4名に担当させていたにもかかわらず、副工場長、あるいは機械操作に精通した者が本件作業現場に常駐し得るように、作業分担や人員配置を工夫することなく、副工場長が不在の間は、漫然とダイアパー部洗い部門の現場を任せていた。実際、本件事故は、副工場長が相模原工場の片づけのために外出している間に発生したのであって、作業を行うについて安全確保のための配慮を欠いていた（Aサプライ（知的障害者死亡事故）事件　東京地裁八王子支部平成15年12月10日）。

イ　年少者に関する裁判例

　スポンジ加工の家内工業でアルバイト少年がスポンジ裁断器で人示指を切断したことについて、「原告は当時僅か14才余の中学生であり、労働経験を全く持たない少年であり、これが就業したスポンジ裁断器は刃渡り約25糎の裁断刃をモーター回転により足踏式によって上下させ、これに手で裁断台上に加工材料を差し込み型抜き裁断する作業であって、年歯のいかない未習熟者には相当危険と考えられる作業であったこと、被告は作業に従事させるに際しごく簡単に操作方法を指示したのみでその後は全くこれを顧みず作業場にすらいないで、その危険防止、安全操業等に全く無関心で、原告に対する注意指導或いは適切な助言等を全く怠っていた。してみれば被告は原告の如き未成年にして未経験者にこのような危険作業を行わせるについて、作業中もその動向に絶えず注意を払い、機械操作の習熟度、危険の有無等を絶えず観察、指導監督すべき業務

上の注意義務があつたに拘らず、著しくこれに違背して就業させたため原告が未習熟のため操作を誤って受傷するに至った（後藤・奈良輪スポンジ加工業事件　東京地裁昭和37年6月20日判時304-29）。」

ウ　経験の浅い者に関する裁判例
① 　勤務時間の割り当てや一緒に勤務する他の従業員の組み合わせなどに配慮して、Xが適切な指導、監督を受けられる態勢を整える必要があった。ところが、会社は、Xに午前1時からの深夜勤務を割り当てて、初めての造粒機の操作に1人で従事させた。しかも一緒に深夜勤務に就いたのは、1年前に入社した者だけで、まだ機械の構造などについて十分な知識もなく、しかも他の作業を割り当てられて、別の場所でそれに従事しているといった状態であった。他に経験の豊かな従業員は配置されておらず、そのためXが材料詰まりを解消できず、作業が一向に進まないことに焦りや苛立ちを感じても、適切なアドバイスを受けることができなかった。この点でも、会社には、作業上の安全確保のための配慮を欠いた過失がある（セイシン企業事件　東京高裁平成13年3月29日労判831-78）。
② 　事故当日、実質的には造粒機ラインで稼働するのが初めてであったことを考慮して、安全確保の見地から、当日の担当者について配慮する（たとえば、その日だけは原告を指導できる作業員を原告と同じ第2工場に配置するなど）べきであったのに、これを怠った過失が認められる（セイシン企業事件　東京地裁平成12年8月29日労判831-85）。
③ 　鉄塊の解体作業を従業員に命ずる場合においては、当該従業員にその経験の有無を確かめるべきは当然であって、特に原告のような未経験者に対しては、作業経験の深い現場監督をして安全性の確認ができる砲弾様鉄塊を原告のために選別してやるべく指示する等の措置をとり爆発による事故の発生を未然に防止すべき義務があったところ、本件の砲弾様鉄塊は全て安全なものである旨軽信して何らこのような措

置に出ることなく、慢然と解体作業を命じた被告には、重大なる過失があった（渡辺鋼材事件　大阪地裁昭和43年2月14日判タ221-186）。

(2) 必要な場合には応援を行うことができる体制の整備

　業務量が増加したときや非常の事態が発生したときなどの繁忙時には、応援を行うことができる体制を整備する必要があります。これに関しては、次のような裁判例があります。

　競馬場で的中馬券に対する払戻し業務に従事していた労働者の頸肩腕症候群について、「繁忙時における応援について検討すると、園田競馬場においては昭和49年1月以降繁忙が予想される開催日には他の競走場の従事員の応援を受けていたこと及び同一投票所内でも特に繁忙時には適宜所内の者による応援がなされていたが、他方、その他の競走場の従事員の応援は、その大半が支払帳場以外の業務について行われており、園田競馬場で起った暴動事件以前においては、繁忙日に特別に支払帳場に応援がなされたことがあったが、その後は応援はなくなり、通常の支払帳場の構成員が居ない場合にその補充としての応援がなされるだけとなっていたこと及び投票所内部での応援は大口の払戻があった場合でしかも支払業務自体を直接応援するものではないので、応援により被控訴人らの支払業務従事者の業務量ないし勤務状況が特に改善されたことはない。以上からみると、県及び両市の応援についての対策には不十分な点があったことは否定できない（兵庫県競馬組合事件　大阪高裁昭和62年9月10日労判504-35）。」

(3) 業務を適切に行うために必要な数の人員の確保

　労働者に業務に従事させるにあたっては、その業務量に応じた適切な人員配置を行う必要があります。これに関しては、次のような裁判例がありますが、特に、①酸欠事故の防止のためには2人作業体制、②水泳のインストラ

クターについての1コースに1人の配置、③業務量に応じた適切な人員の配置、④助手の配置などが問題となっています。

ア　酸欠事故の防止のための2人作業体制

　工場に設置されたピット内で作業員が酸欠死したことについて、「本件事故は、会社のアルゴンガスの危険性及びアルゴンガス漏れによる酸欠事故の危険性に対する認識が不十分であったため、現場の作業員にかかる危険性の周知がされておらず、しかも酸欠事故防止のための教育指導、安全管理体制や安全装置の設置、酸欠事故発生の場合の対応措置等がいずれも不十分であったために生じたものと認められ、会社が2人作業体制等の安全管理を徹底していれば、本件事故は発生しなかった（東洋精箔事件　千葉地裁平成11年1月18日労判765－77）。」

イ　水泳のインストラクターの配置

　上司の指示により、1人で約15名の受講生を本件プールの合計5コースを使用して、指導をしていたところ、背泳のスタートのプール内での指導については、その危険性に照らし、泳力の低い受講生を対象とする場合には1コースに1指導員を要するのに、本件においては泳力の低い受講生を2つのコースに同時に配置したのであり、適切を欠いた（よみうりスポーツ事件　大阪地裁平成8年1月25日判タ916－183）

ウ　業務量に応じた適切な人員の配置

①　株券を数えるなどの業務に従事していた者の手根管症候群について、「日本橋支店における業務の内容が、手指や上肢、肩に一定の負荷を継続的に与える性質のものであることは、その業務の態様・性質から容易に窺うことが可能であるところ、銀行としても、適切な人員配置をするか作業の機械化を図るなどして、原告に過度な負担をかけないようにする安全配慮義務があり、それにもかかわらず、原告をして当該業務

に従事させていたから、本件各症状の発生について、安全配慮義務違反があり、損害を賠償する責任がある(さくら銀行事件　東京高裁平成7年5月31日判タ896-148)。」

② 作業員の健康調査の結果、職員の腰痛症が会社で行われる作業に起因することを示唆する嘱託医の調査結果が明らかとなり、それ以降も同一内容の調査結果が報告されていたことからすれば、一般的に疲労が腰痛症の一因となりうることに鑑み、少なくとも、作業に起因した疲労による腰部への負担を軽減するため、作業員が適切な休憩時間を取りうるような作業量にみあった人員を確保するなどの措置を講じるべき義務を負っていた(空港グランドサービス事件　東京地裁平成3年3月22日労判586-19)。

③ 保母の頸肩腕障害について、「被告は市立の保育園に保母、作業員等適宜な人員を配置して業務量の適正化ないし軽減化を図り、保母の健康障害の発生を防止すべき義務を怠った(横浜市保母事件　横浜地裁平成元年5月23日労判540-35)。」

④ 労働密度、労働条件を軽減し、労働環境を改善すべきであったのに、作業量が増加しても交換手を増員しないとの方針のもとに合理化を実施して何らの軽減改善措置を執らず、交換手に対する十分な健康管理を尽して、頸肩腕障害の予防・早期発見に努め、発症者に対しては早期かつ最善の治療を受けさせるべきであるのに、病状進行防止、健康回復に必要適切な何らの措置をも講じなかった(熊野電報電話局事件　名古屋高裁昭和63年3月30日労判523-62)。

⑤ 労働契約上その被用者に対し、腰痛症などその業務から発生し易い疾病にかからぬよう適宜な人員の配置など必要な措置を講ずる義務(安全配慮義務)を負っている(松心園事件　大阪地裁昭和55年2月18日労判338-57)。

エ　助手の配置

> 少なくとも本件事故は、被告において原告に対し、通常被告がそうしているように助手1名を付していれば、未然に防止することが可能であった（吉本キャビネット事件　浦和地裁昭和59年8月6日労判446-71）

(4) 必要以上の人員を配置しないこと

（3）の各裁判例とは逆に、複数の人間が1台の機械の操作をすることが危険である場合があり、このような場合には1人で作業させる必要があります。これに関しては、次のような裁判例があります。

> 複数の人間で本件成型機の操作をすることは危険であるから、原則として1人で作業することにするとか、起動スイッチを押す者を指名する等の措置をしておれば本件事故発生を防止出来た（島崎コンクリート事件　高知地裁昭和52年10月4日判時886-79）。

(5) 非常時に対応できる体制の整備

危険な事態が想定される場合には、そのような非常時に対応できる体制を整備する必要があります。これに関しては、次のような裁判例があります。

> 船主には、冬季ベーリング海という陸上から孤立した危険な労働環境である船舶内で船員を就労させるのであるから、予測される事故発生時に対処し得るよう非常時における部署配置を定めるなど、その所有する船舶の乗組員の生命及び健康を保護するよう配慮すべき信義則上の義務がある（小名浜漁業協同組合事件　横浜地裁平成7年5月24日判タ908-177）。

(6) 適切に業務を行うことのできる能力を有する者の配置

業務を適切に行うためにはその業務を処理するために必要な資格、経験などを有し、適切処理することのできる能力を有する者を配置する必要があります。これに関しては、次のような裁判例があります。

① 船主には、資格、経験を有する船長など操船にあたりその任に適する技能を有する者を選任して各部署に適切に配置し、船舶の運行から生ずる危険を防止する義務を負う（小名浜漁業協同組合事件　横浜地裁平成7年5月24日判夕908-177）。

② 事故機がP2V型機に比べ本件訓練のような夜間航法に慣熟しておらず、A機長は洋上の相当高度な航法を必要とする訓練ではしばしば他の有能な航法員の同乗を仰いでいたにも拘らず、大村航空隊司令において、事故機搭乗員の航法能力を十分具体的に考慮しないで、漫然と、A機長を含む7名の大村航空隊員を八戸に派遣し、第二航空群司令としても、それをそのまま受け入れて本件訓練に事故機を参加させ、これが事故原因になったから、被告は安全配慮義務不履行の責任は免れがたい（海上自衛隊大村航空隊事件　東京地裁昭和54年4月23日訟務月報25-8-2096）。

4　安全衛生教育の実施や不安全な行動に対しては厳しく注意することなどにより、労働者が危険な作業方法を取らないようにすること

　労働者の知識、経験の不足などによって発生する労働災害を防止するためには、労働者に対して安全衛生教育を行うことが必要になります。機械設備の安全化や作業環境、作業方法を改善しても、作業者のミスによって労働災害が発生するおそれがあり、実態としても人の不安全行動が関係する労働災害は全労働災害の約90％にのぼるといわれています。しかも、その要因としては、①作業上の危険を知らなかった、②知っていたが能力不足のためにできなかった、③やる気がなかった、④勘違い、思い込みなどがあり、このような問題を解決する基本的な方法の1つが安全衛生教育です。

　また、使用者は、労働者の作業行動から生ずる労働災害を防止するた

安全衛生教育の実施や不安全な行動に対して厳しく注意すること

めに必要な措置を講じなければなりません（労働安全衛生法第24条）が、労働者の不安全行動には、次のようなものがあります。このため、労働者がこのような不安全な行動に対しては厳しく注意することなどにより、労働者が危険な作業方法を取らないようにしなければなりません。特に、資格を有していない者が機械・設備を操作することは絶対に禁止しなければなりません。

① 作業に伴う危険に対する知識の不足による不安全行動
② 安全に作業を遂行する技能未熟による不安全行動
③ 安全に対する意欲の欠如による不安全行動
④ 人間の特性としてのエラーによる不安全行動

(1) 労働者に対して業務に必要な安全衛生教育を行うこと

　労働者に業務に従事させるにあたっては、その業務を行うにあたって必要となる安全衛生に関する知識を習得させるために必要な教育を十分に行わなければなりません。これに関しては、次のように多数の裁判例があります。特に、経験の浅い労働者に対する安全衛生教育や危険・有害な業務に従事する労働者に対する安全衛生教育は、重要です。さらに、安全衛生教育については、組織的に取り組み、また、適切な内容で行うことが必要となります。

ア　経験の浅い労働者などに対する安全衛生教育

1) 経験の浅い労働者に対する安全衛生教育

　経験の浅い労働者に対して必要な安全衛生教育を行っていないと判断された裁判例には、次のようなものがあります。

① 工場においては、日常の一般的な安全教育、安全管理の面でも、また本件造粒機の操作に従事するにあたっての個別的な安全指導、安全管理の面でも、いずれも十分でなかった。造粒機の操作に従事するのは本件事故当日が最初であった。そのうえ、機械の構造や作業上及

び安全上の注意事項などについての説明、指導は何も受けていなかった(セイシン企業事件　東京高裁平成13年3月29日労判831－78)。

② 　会社が研修生に対して硝酸の危険性等について具体的に説明せず、防護方法についての説明・指導も具体的ではなく、保護具を着用させたのみであることは、安全配慮義務違反の程度は軽微なものとはいえない(中国研修生業務上災害事件　名古屋高裁金沢支部平成11年11月15日判タ1042－136)。

③ 　被災した労働者は、入社後わずか6か月しか経過しておらず、ピット内でアルゴンガス漏れによる酸欠事故が発生する可能性を具体的かつ徹底的に教育指導されていたわけではない(東洋精箔事件　千葉地裁平成11年1月18日労判765－77)。

④ 　原告は、本件製本機を用いて中綴じ作業を行うのは本件事故当日が初めてであり、しかも本件製本機には安全装置はついていなかったから、少なくとも、会社は、被用者に対し、安全配慮義務の内容として、中綴じ作業の場合の危険性について具体的に注意を行い、更に自ら作業を実践するなどして安全な作業方法を教育すべきであったところ、会社がこれを怠っていたことは明らかであり、その結果本件事故が発生した(改進社事件　東京地裁平成4年9月24日労判618－15)。

⑤ 　面鉄板を伏せる作業に従事したのは事故前僅か3日間位であり、主張のような充分な安全衛生教育を実施した形跡は認められない。また、過ちをおかし易いものであり、しかも一度間違うと生命にかかわるだけに会社としてはBに対し或程度の期間をかけて充分な安全衛生教育を施す等の措置をしておれば本件事故発生を防止出来た(島崎コンクリート事件　高知地裁昭和52年10月4日判時886－79)。

⑥ 　作業に従事させるに際しごく簡単に操作方法を指示したのみでその後は全くこれを顧みず作業場にすらいないで、その危険防止、安全操業等に全く無関心で、原告に対する注意指導或いは適切な助言等を全く怠っていた。してみれば未成年にして未経験者にこのような危険作業を

行わせるについて、当然その機械操作方法を完全に教育指導して過誤なきを期すべき業務上の注意義務があつたに拘らず、著しくこれに違背して就業させたため原告が未習熟のため操作を誤って受傷するに至った(後藤・奈良輪スポンジ加工業事件　東京地裁昭和37年6月20日判時304－29)。

⑦　会社側としては当時17歳で機械について知識経験が充分とは到底認められぬ原告に対し機械操作上の安全教育例えば清掃法についてはローラーを雑巾で拭く場合、ローラーの上部や内廻りする面を避け、別紙図面Aのローラーなら下部で、Bのローラーなら上部より外側で拭くとか、或は柄のついた雑巾を用いるとか指導し、以て災害予防のため具体的注意事項を教え込むことは条理上当然の義務である。尤もこのような注意事項は他人から言われなくとも考えつきそうなことであるが、多少の危険を伴う程度であれば、手っとり早い方法を採りたがるのは一般の傾向で(この清掃法は安全だが、やや面倒な仕方であることは説明を俟たず明らかであろう)あるから、さようなことにならぬためにも、安全教育を実施すべきもので、原告らの注意力にのみ頼って放任すべきではあるまい。ところが被告会社側にあっては誰かが原告に対し安全教育を施した事実を認むべき証拠がない。而して若し原告がさような教育を受けておれば、これに従ったであろうから本件事故も起きずに済んだであろうと推測される。而して、被告の会社では安全教育に関する社則があって、新宿工場におけるその実施責任者は同工場長であることが窺われるところ、同工場長が原告に対し何ら災害予防のため安全教育をなさなかった怠慢について、被告において被傭者の選任監督につき相当の注意をなした事についての主張立証のない本件安全教育についての社則が作られているだけでは、相当の注意をしたと認められない本件においては原告の蒙った損害について、原告の不注意にのみ責任を負わせず、被告においてもその損害の一端を賠償すべき責任がある(木村屋総本店事件　東京地裁昭和35年1月26日判時217－24)。

2）知的障害者など能力面で問題のある労働者に対する安全衛生教育

　知的障害者に対して、適切な安全衛生教育が行われていないと判断された次のような裁判例があります。

> 　それまで町田工場で働いており、シェーカー、エアーシューター、レシーバーは初めて扱った機械であったが、これら機械の操作について説明、注意がほとんど行われなかった。特に、シェーカー、エアーシューター、レシーバーによる工程は町田工場にはないもので、これらの機械を担当するのは初めてであったにもかかわらず、町田工場が移転してきた直後に約2時間、ダイアパー部の運転中の機械を見ながら、とりあえずひととおり、機械の運転方法について説明したのみで、自動洗濯ラインの仕組み（各機械が停止、運転する仕組み等）やトラブル時の対処方法、作業上及び安全上の注意事項（コンベヤー上に乗ってはならないこと、シェーカー内に進入してはならないこと、あるいは、やむを得ず進入せざるを得ない場合には、必ず、エアーシューター制御盤のシェーカー、エアーシューターのセレクタースイッチを『停』にしなければならないこと等）については、何ら具体的な説明・注意を行わなかった（Aサプライ（知的障害者死亡事故）事件　東京地裁八王子支部平成15年12月10日労判870-50）。

イ　危険・有害な業務に従事する労働者に対する安全衛生教育
1）業務の危険性や有害性などについての教育

　危険・有害な業務に従事する労働者に対しては、その業務の危険性や有害性などについて必要な教育を行わなければなりませんが、このような安全衛生教育が十分行われていないと判断された裁判例には、次のようなものがあります。

A　機械作業

> 　少なくとも本件事故は、被告において原告に対し、本件機械の構造・機

能、作動方法は固より、その内包する危険性とこれに対処する措置を原告の身につくまで教示していれば、未然に防止することが可能であった（吉本キャビネット事件　浦和地裁昭和59年8月6日労判446-71）。

B　電気作業

業務が、架線に1500ボルトの高圧電流が通電している検査場内における車輌の天井に設置された通風器の修理、点検作業であったから、被告としては、高圧電流の通じている検査場内での作業に関する安全教育を徹底し、少なくとも、架線に通電中の場合には車輌の屋根上での作業をすることのないよう指導すると共にこれを監視するなどして、労災事故の発生を防止するための万全の措置をとるべき義務があったところ、かかる点についての配慮を欠き漫然と通風器の手直し作業を命じたのみであったため、原告が車輌の屋根に上がって作業に就き、本件事故を招くに至った（東急車輌製造事件　横浜地裁昭和57年3月16日労判383-43）。

C　化学物質

①　被告センターの請け負った作業はA船の船底部にある機関関係の整備点検であるが、機関室内にはアンモニアを冷媒とする冷凍装置の回路の一部及び配管が設置されていることに鑑みると、アンモニアの危険性を教え、作業によって冷凍装置等を損傷させてアンモニアガスが漏出しないように作業をするよう指導し、作業と併行して同時に船内で冷凍装置の整備点検作業が行われ、それがアンモニアガスを取り扱う作業である場合にはその旨を作業員に知らせ、非常事態に対応できる措置を講ずべき義務がある（株式会社山形県水産公社事件　新潟地裁昭和61年10月31日労判488-54）。

②　ボイラーの清掃をなす者に対して、これらの配管の種別、危険性、取扱いの方法等について教育をし、または注意をなすべきであったのにこれをしなかった等の過失があったものというべく、単に一般的な安全内

規を制定したり、安全教育をしたというのみでは、注意義務をつくしたものということはできない(神戸製鋼所事件　神戸地裁昭和47年4月27日判時677-90)。

D　酸素欠乏

　被告は、船主に対して、船倉タンク内の洗浄作業については、その危険性の説明を行ったことがあるが、その説明は専ら積荷自体(化学品)の危険性の説明であって、タンク内の酸欠の危険性については何ら説明していなかった。被告において直接或いは船主を通じて船の乗組員に酸欠の危険性を認識させておれば、本件事故の発生を防止できた(大豊運輸事件　広島高裁岡山支部昭和62年5月28日労判521-56、最高裁第一小法廷平成2年11月8日)。

E　粉じん作業

① 　会社としては、鉱山労働者に対し、鉱山労働による粉じんの吸入が将来死に至る可能性のあるじん肺罹患の原因となることを十分に認識されるように繰り返し指導、教育するなど、じん肺罹患が防止するために必要な措置を講じるべき安全配慮義務を負っていた(秩父じん肺事件　東京高裁平成13年10月23日判時 1768-138)。

② 　本件各炭坑における掘進、採炭、仕繰、坑内運搬等の坑内作業、選炭作業の各作業から発生する粉じんの吸入によるじん肺の罹患を回避するためには、適切な防じん措置等の実施が不可欠であるところ、被告には、じん肺教育等の面における安全配慮義務の不履行がある(日鉄鉱業(伊王島鉱業所)事件　最高裁第一小法廷平成11年4月22日労判760-7　福岡高裁平成8年7月31日判時1585-31)。

③ 　被告らは、労務環境・労働契約の内容に従い、原告らがじん肺に罹患しないよう、じん肺安全教育などを行うなどの措置を講ずる義務を負担していた(日鉄鉱業松尾採石所ほか事件　最高裁第三小法廷平

成6年3月22日労判652-6、東京高裁平成4年7月17日労判619-63)。
④　会社は、混綿作業について、従業員自身によるじん肺罹患の防止や健康管理を図るための措置としてじん肺についての医学的知見、予防方法等について教育及び指導を実施すべきであったのに、設立以来これらを一切行わず、怠った（平和石綿工業・朝日石綿工業事件　長野地裁昭和61年6月27日労判478-53)。

2) 保護具の着用に関する教育

危険・有害な業務に従事する場合で、保護具の着用が必要なときは、その保護具を確実に着用させるように教育する義務があります。このような安全衛生教育が十分に行われていないと判断された裁判例には、次のようなものがあります。

A　呼吸用保護具

①　石油コンビナートの加熱炉補修工事などの現場監督が悪性胸膜中皮腫と診断され、死亡したことについて、「会社は、マスク着用義務付けや社員教育などの対策を怠った（関西保温工業事件　東京地裁平成16年9月16日労判882-29、東京高裁平成17年4月27日労判897-19、最高裁第1小法廷平成18年12月14日）。」
②　被告病院の透視室には換気扇がなく、排気口は天井付近に1つあっただけであり、放射線管理区域であったために戸を自由に開放することができず、換気が十分でなかったのに、被告病院では、看護師に対して防護マスクやゴーグルの着用を指示せず、透視室では検査後にグルタラールの製剤を漬けた雑巾で透視台や床を清拭させていたのである。防護マスクやゴーグルの着用を原告に指示することは極めて容易であり、それによりグルタルアルデヒドの吸入を減らすことができ、原告の症状は相当程度軽減していた可能性が高く、被告はそのような措置を

講じるべき義務に違反した。原告は、当時のグルタルアルデヒドの曝露による危険性の認識からすると、防護マスクやゴーグルの着用について看護師の自主性に任せる対応は常識的なものであったと主張するところ、現に原告がグルタルアルデヒドの吸入により刺激症状を起こした疑いが相当程度あったのであるから、他の看護師に対してはともかく、原告に対しては防護マスクやゴーグルの着用を指示すべきであった（日本海員液済会事件　大阪地裁平成18年12月25日労判936−21）。

③　特に、防じんマスクを好まない抗夫への着用指導が重要であることなどが戦前から広く指摘されていたから、会社としては、鉱山労働者に対し、有効な防じんマスクを準備してその着用を徹底するなど、じん肺罹患が防止するために必要な措置を講じるべき安全配慮義務を負っていた（秩父じん肺事件　東京高裁平成13年10月23日判時1768−138）。

④　被告は、従業員に対し、種々の機会を通じて防じんマスクの着用を呼びかけ、その指導に努力してきたことはうかがわれるが、しかしその指導の実効性を担保すべきじん肺教育については、昭和35年及び同36年に初めてまとまった教育がなされたとはいうものの、それが必ずしも各従業員にじん肺に関する十分な理解をもたらさず、従って防じんマスク着用の必要性を各人に自覚させ、積極的に着用する姿勢を育てるまでに至らず、現に作業現場ではマスクの着用状況が極めて不充分であったうえ、伍長による指導監督体制も十分な機能を果たしていなかったにもかかわらず、既に十分な理解に達したと速断して、その後はこのような教育をくり返すことなく推移したものであって、被告のじん肺教育は不十分であった（日本電工事件　福島地裁郡山支部昭和59年7月19日労判440−99）。

⑤　入社時の基礎的安全教育を行い、保護具の支給もしていると認められるが、仕事の慣れや保護具自体の不便さ等から、保護具の使用を怠っている労働者に対し、改めて危険性を説明し、保護具を確実に着用

するよう指導するなどの経験者に対する再度の安全教育を確実に行ったことまでは認め難い(篠田鋳造所事件　名古屋高裁昭和58年12月26日労判426－40)。
⑥　呼吸用保護具の着用を周知徹底させるなどの安全教育を施すなどして、原告ら従業員がじん肺に罹病しないようにすべき労働契約上の安全配慮義務があった。しかるに、原告ら従業員に対し、防じんマスクを着用して作業するよう指導教育したことはなく、その点の安全教育をしなかったので、原告ら従業員は、防じんマスクを着用せずに作業に従事してきたこと(もっとも、被告は、原告がじん肺に罹病後、機関室内に強制換気装置を設け、定期的に粉じん測定を実施するとともに、従業員に対して防じんマスクの着用を義務づけるようになった)が認められるから、被告は、原告に対し、労働契約上の安全配慮義務を怠った(佐野安船渠事件　大阪地裁昭和54年4月23日労経速1017－3)。

B　電気防護用保護具
①　作業員は低圧線防護は省略し勝ちであったことが認められるから安全教育も不十分であった(中国電力事件　広島地裁昭和49年7月19日判タ322－267)。
②　会社は所属の電工に対し事故防止のため平素種々の注意を与えていたことは認められるが、それは電工の注意を喚起することを主としたもので、事故防止に必要な用具の供与その他物的施設に充分の注意監督をなした事実は認められない(九州電気工事事件　福岡高裁昭和27年4月9日下級民集3－4－482)。

3)非常事態に対処するための方法などについての教育
　危険・有害な業務においては、非常事態が発生した場合には、避難するなど適切に対処することが必要となります。このような安全衛生教育が適切に行われていないと判断された裁判例に、次のものがあります。

冬季ベーリング海という陸上から孤立した危険な労働環境である船舶内で船員を就労させるのであるから、予測される事故発生時に対処し得るよう非常時における部署配置を定め、救命筏の構造や取扱方法について、具体的資料を用意して周知徹底を図るとともに、筏の投下実技訓練を行い、また、筏の取扱担当者を決めてその都度講習を行わせるなど、平素から指導訓練を行い、その所有する船舶の乗組員の生命及び健康を保護するよう配慮すべき信義則上の義務がある。ところが、被告は、A船の非常部署配置、非常事態対処の具体的方法、手段を定めず、非常事態を想定した訓練も行わずに、これら一切を事実上、乗組員らに任せたまま放置していた。また、被告は、小名浜で行われた膨張式救命筏の実技訓練に協力していたものの、実技訓練の実施時期はA船の操業時期と重なるため、A船の乗組員らはこの訓練を受けることができなかった。被告がA船内の非常配置を定め、非常事態を想定した訓練を十分に行っていれば、乗組員が各自各様の行為をとることなく、船長の適切な指揮を受けて、各自が非常部署配置について防水措置を速やかに行い、乗組員が救助された蓋然性は高い。そして、非常配置措置及び非常事態訓練を被告が怠っていたから、この点、被告に安全配慮義務違反があることは明白であり、そうである以上、筏の型式や救命筏の扱いが実際どのようなものであったとしても、被告は、冬季ベーリング海で被用者である乗組員を操業させるに当たり必要な使用者としての安全配慮を欠如していた。さらに、非常配置表の作成等を行うのは船主より船長の方が適任であるとしても、被告において船長に指導して非常配置表の作成を行わせてこれを掲示させ、船内操練の実施を定期的に行うよう指導することは容易なことであり、これを被告は怠り、具体的な指示もせずに単に放置していた以上、安全配慮義務違反の責任は免れない（小名浜漁業協同組合事件　横浜地裁平成7年5月24日判夕908－177）。

4）職業性疾病を予防するための教育

　職業性疾病を予防するための教育に関する裁判例には、次のものがあります。

　　労働契約上その被用者に対し、腰痛症などその業務から発生し易い疾病にかからぬよう準備体操・スポーツ・姿勢指導など職業病予防のための教育など必要な措置を講ずる義務（安全配慮義務）を負っている（松心園事件　大阪地裁昭和55年2月18日労判338－57）。

ウ　安全衛生担当者に対する安全衛生教育

　安全衛生担当者に対しても安全衛生教育を十分に行う必要がありますが、これに関する裁判例には、次のものがあります。

　　安全担当者は本件ソイルタンクから硫化水素が発生するおそれがあることは勿論、硫化水素との気体の名称すら知らなかった旨を証言するが、組織的に安全対策を徹底すべき会社としては、安全担当者にも十分な教育活動等を施す必要があったというべく、硫化水素発生の危険性につき、本件船舶の安全担当者に十分な安全教育を施さなかった点において組織上の落ち度があり、ひいて、教育を受けたとすれば、安全担当者としても、嫌気性バクテリアによる大量の汚泥水中の含硫黄有機物等の分解等によって硫化水素が発生することは容易に予見できた。したがって、本件事故は、会社の組織としての落ち度が安全担当者の無知ないし不適格性をもたらしたものであって、これらがあいまって会社の過失を構成する（大晃機械工業事件　山口地裁下関支部平成13年4月23日判時1767－125）。

エ　安全衛生教育の組織的な実施

　組織的に安全衛生教育を行っていないことが問題とされた次の裁判例があります。

　　所属していた機械記録科通信係では、Aが体調の異常を訴え、肝炎で

あるとの診断を受けた後も、誰も四塩化炭素等の有機溶剤の毒性について十分な知識を持っておらず、また、有機溶剤の毒性及びその取扱いについての十分な教育がなされたこともなかった(「毒物及び劇物の取扱いについて」と題する通達が発せられたが、この通達は、青酸カリウム等の毒物及び四塩化炭素等の劇物について、その致死量を明示したうえ、その保管上の一般的な注意事項を指示したものにすぎないばかりでなく、通達の趣旨が下部にまで徹底されていなかったことが窺われる。また、海上幕僚監部の監察の際、有機溶剤の取扱いについて、取扱規則を順守して、窓を開け、通風をよくするようにとの指摘がなされたが、その趣旨が下部に至るまで徹底されていなかった。)。これらの事実によれば、被告が安全配慮義務を怠っていたことは明らかであり、安全配慮義務懈怠とAの死亡との間には相当因果関係がある(海上自衛隊需給統制隊事件　東京地裁昭和55年3月24日判時971-64)。

オ　適切な内容の安全衛生教育の実施
1)適切な作業手順を定めて行う安全衛生教育
　作業を安全に行うためには、作業手順を定めることが重要です。このため、次の裁判例においては、適切な作業手順を定めていないことが問題となっています。

① 　一般的な配送作業の作業手順の規定を定め、従業員に対する安全面を含めた研修も実施していたが、その内容は、いずれも火気を使用する場合の危険性に配慮したものとはいうことができない。会社には、火気の使用を含めた作業手順を策定し、その周知徹底を図る等の方法により、従業員の安全を確保すべき注意義務があった(松藤商事事件　福岡高裁平成9年12月9日判時1644-133)。
② 　使用者は、ジャッキ受けの安全な作業手順を示さなかった等のため、本件事故を発生させたのであるから、雇傭契約に付随するいわゆる安全配慮義務違反による債務不履行の責任を負う(常石造船所・宮地工

作事件　広島地裁尾道支部昭和53年2月28日労判296-49)。
③　作業標準を定めて、原則として1人で作業することにするとか、起動スイッチを押す者を指名する等の措置をしておれば本件事故発生を防止出来た（島崎コンクリート事件　高知地裁昭和52年10月4日判時886-79)。

2）適切な安全衛生教育用のテキストを用いて行う教育

　安全衛生教育を的確に行うためには、その業務に適切なテキストを用いて行う必要があります。これに関して、安全衛生教育用のテキストそのものが不十分であると指摘された次の裁判例があります。

　ガソリンスタンド従業員の四アルキル鉛中毒症について、「被告は、昭和37年頃から毎年4月に新入社員を本社に集め、約1週間の日程で教育し、その後配属先の支店、サービスステーションでも教育し、その内容となるテキストは、被告作成の「社員ハンドブック」「明日への手引」「S・S問答集」、共同石油株式会社発行の「プライマリーコース」「石油製品知識」、石油経済研究会発行の「石油便覧」などであり、更に、危険物取扱主任者の免許を原告や他の従業員に取得させるため、東京消防協会発行の「実務テキスト」を使って受験勉強をするように指導していたこと、各テキストはサービスステーションにまとめておいてあること、原告のような途中入社者に対しては、本社での教育に代わるものとして、配属先のサービスステーション所長がこのテキストによって指導することになっていた。新入社員の教育には、加鉛ガソリンの毒性の問題も含まれていたが、そのような教育がどれほど徹底したか、特に原告に対して教育効果があったかについてはかなり疑問である。まず、各テキストの内容は、商品としてのガソリンの知識、ガソリンの販売方法についての記載が圧倒的に多く、加鉛ガソリンの毒性に関する記載は、「S・S問答集」の6頁、「プライマリーコース」の28頁、「石油便覧」の148頁、177頁、「実務テキスト」の136頁にあるが、それらの記載は、おおむね、オクタン価向上剤としてガソリンに添加される四

エチル鉛等は強い毒性を有するので、添加量が規格で定められていて、誤用を避けるため着色されており、自動車以外の用途に使用することは避けなければならない旨が記述されているに止まり、その毒性の程度、中毒症状、取扱上注意すべき点についての記述は全く欠落しているのみならず、その記載の位置、分量からみて、重要性の比重は商品知識などよりも非常に低く、毒性を強調しているとは到底いえないし、仮に各テキストを全部通読しても、各従業員に加鉛ガソリンの毒性が銘記されるか否かは疑わしい。次に、被告の社員教育は、四月の新入社員に対するものが中心であり、その後の教育や、原告のような途中入社の者に対する教育が現実にどのようになされたのかは明らかではなく、原告に対する教育についての供述は間接的で、具体性がなく、しかもあいまいであり、テキスト内容と相まって、原告に対し加鉛ガソリンの毒性について徹底した教育がなされたとは認められない。従って、原告が加鉛ガソリンの毒性について認識不足であったのは、被告の教育が十分でなかったことによると推認できる。以上のとおり、被告の安全配慮義務違反の内容となるのは、原告に対し加鉛ガソリンの毒性を周知徹底させる教育をすることが不足したとの点であった。従って、被告は、原告らに対し、民法第709条、第710条により、原告らの被った損害を賠償する義務がある(ワンビシ産業事件　東京地裁昭和55年3月10日労判339－52)。

3) 調査研究に基づいて行う安全衛生教育

　自衛隊の航空機に関するものですが、機械・設備に関する調査研究を行って、これに基づき安全衛生教育を行うべきであると判断した次の裁判例もあります。

　チップタンクの燃料片減りによるF－104J型機の飛行特性とその対応策について調査研究をすべき義務に違反し、それらを教育訓練すべき義務にも違反したものであり、これによってチップタンクの燃料片減りを原因とする本件事故が発生したから、控訴人は本件事故に対し、安全配慮義務

違反の責任を負う(航空自衛隊第六航空団事件　東京高地裁昭和59年2月20日判タ517-223)。

4) そのほか、適切な内容の安全衛生教育を行う義務

　そのほか、適切な内容の安全衛生教育を行うことを求めた裁判例として、次のようなものがあります。

① 事実上停止線を表示し或いは運転手各自に停止位置を指導し、もしくはプラットホームに指導員を置いて停止位置を運転手に指示する等の措置を行って危険を未然に防止することは容易に実行可能であった。しかるに、公社においては本件事故当時まで作業の安全対策として月1回開かれる班長会で安全一般についての指導を行い、年2回開く交通安全講習会で交通事故防止の講習を行い、その外、事故が何回か続いたときに全職員にマイクで注意を呼びかけ、また、主任が月1回ないし2回程本件処理場を見回る程度のことを行ってはいたものの、特に具体的にバキュームカーの停止位置等についての指導はなされていなかった(八尾市清協公社事件　大阪地裁昭和58年12月22日判時1119-99)。

② 安全配慮義務の具体的内容は、当該具体的状況等により決せられるべきであるが、これを本件についてみると、作業後清掃を完全に行える時間を設け作業後に清掃を完了するよう教育すべきであった(酒井製麺所事件　山形地裁昭和51年2月9日判時844-72)。」

カ　安全衛生教育が十分に行われていたと判断された裁判例

　労働者の従事する業務に関して安全衛生教育が十分に行われていたとして、安全配慮義務違反が問われなかった裁判例には、次のものがあります。

① 石けん水の入った18リットル入りのブリキ缶を運ぶ途中に階段から転落して傷害を負ったことについて、「会社は、原告に対し定期的に安全

教育を施してきたのであり、安全配慮義務を履行してきた（本田技研工業事件　東京地裁平成6年12月20日労判671-62）。」
② 地方鉄道の駅構内での貨車入替え作業中の駅務員の事故について、「被告は、原告に対し、和気駅において車両入替え業を行うに際し、添乗業務について、基本姿勢を守り、かつ不安全行為をとることのないように安全教育の指導を怠っていたものとは認められない（同和鑛業事件　岡山地裁昭和60年9月24日労判464-63）。」
③ 造船所内の走行足場とドッグの壁との間にはさまれて死亡したことについて、「本件足場の運行時はその床板上には運転者以外立入ることを禁止され、Aもその旨の教育を受けてこれを熟知していたものであり、原告の主張は理由がない（川崎重工神戸造船所事件　神戸地裁昭和60年6月20日労判463-86）。」

(3) 不安全な行動に対して注意すること

　労働者が不安全な行動を行うときには、業務の進め方について労働者任せにするのではなく、厳しく注意することなどにより、労働者が危険な作業方法を取らないようにしなければなりません。安全配慮義務に怠りがないと認めるためには、抽象的に危険を告知し、一般的に安全対策を指導するだけでは足りず、具体的な状況において、従業員が安全を損なうような行動に出た場合あるいはその恐れがある場合には、適宜安全のための指導をする必要があります（山陽カンツリー事件　神戸地裁姫路支部平成11年3月31日判時1699-114）。

ア　日常的に不安全な行動に対して十分に注意すること

　不安全な行動に対する注意については、次の裁判例のように日常的に十分な指導が行われているかどうかが問題となります。

① 工場内で機械を作動しながら手を機械に入れて作業を行っていたという状況を放置し、手を機械の中に入れることの危険を徹底的に認識

安全衛生教育の実施や不安全な行動に対して厳しく注意すること

させることができなかった過失が認められる(セイシン企業事件　東京地裁平成12年8月29日労判831-85)。

② 本件事故は、会社のアルゴンガスの危険性及びアルゴンガス漏れによる酸欠事故の危険性に対する認識が不十分であったため、現場の作業員にかかる危険性の周知がされておらず、しかも酸欠事故防止のための教育指導等がいずれも不十分であったために生じた。本件事故発生時、Aは、1人で本件ピット内に降りて作業を行っているうえ、本件ピット内に入る際計器類を事前に確認したものとは思われず、このことが本件事故を惹起する一因になったものの、本件事故当時、会社では、従業員に2人作業体制や計器類の事前確認を徹底するような指導はしておらず、恒常的に1人で作業するような体制がとられていた(東洋精箔事件　千葉地裁平成11年1月18日労判765-77)。

③ 被告には、本件機械で弁当箱残飯出しあるいは洗浄作業をさせるに当たり、本件機械を停止させないまま開口部分から手を差し入れ、本件事故部分等に絡まった異物等を取り除くことは危険であるから、異物等を取り除く際には、必ず本件機械を停止させてこれを行うよう十分指導し、励行させて作業させるべき注意義務があったところ、作業員が、本件機械を停止させないで異物等を取り除いていたにもかかわらず、この点についての指導、徹底を欠き、そのため、本件事故に至った。毎月1回ミィーティングを開き、その時に指導を徹底していた旨述べるが、にわかに信用できず、他に本件機械を停止させる点についての指導がなされていたことを認めるべき証拠はない(コック食品事件　最高裁第二小法廷平成8年2月23日労判695-13、大阪高裁平成6年1月28日民集50-2-569、大阪地裁平成4年12月24日民集50-2-258)。

④ 日常の業務においても、火気の管理を徹底せず、タンク上部での火気の使用や、車庫内での加温装置の動作、喫煙等を黙認していた(松藤商事事件　福岡高裁平成9年12月9日判時164-33)。

⑤ 会社の工場長らより起動スイッチが押された後は面鉄板が完全に伏

6　労働災害や職業性疾病の防止に関する具体的な措置

せられていないことに気付いても絶対に本件成型機に近寄ってはならない旨注意をうけていたとしても、一方では面鉄板を完全に伏せなければ良い製品ができないから注意するよう指導をうけていたことは容易に推認される(島崎コンクリート事件　高知地裁昭和52年10月4日判時886-79)。

イ　その作業について不安全な行動をとらないように注意すること

その作業について不安全な行動をとらないように十分注意していないと判断された裁判例に次のようなものがあります。

① 　ケーブルヘッドの移設作業を指示する場合には、本件配電線が通電している6,600Vのものであることおよびそのための作業方法を指示すべき業務上の注意義務がある(北陸電設工業所事件　富山地裁昭和51年5月14日判時833-105)。

② 　本件事故は通電再開の事実を確実に告知して事故防止のための具体的な注意・指示を与えることをしなかったことによるものであって、絶縁用保護具の着用を命ずることは通電再開の事実を告げて事故防止のための具体的な注意・指示を与えたことに帰するところ、これが通電再開の事実を確実に告げて事故防止のための具体的な注意・指示を与えることをしなかった(陸上自衛隊陸士長事件　東京高裁昭和49年8月29日判時758-47)。

③ 　低圧線や腕金の防護が全くなされず、かつ防護を怠ったのは、作業責任者の指示がなされず、本件の作業員もそれを軽視したためであった(中国電力事件　広島地裁昭和49年7月19日判タ322-267)。

④ 　未成年にして未経験者にこのような危険作業を行わせるについて、作業中もその動向に絶えず注意を払い、機械操作の習熟度、危険の有無等を絶えず観察、指導監督すべき業務上の注意義務があったに拘らず、著しくこれに違背して就業させたため原告が未習熟のため操作を誤って受傷するに至った(後藤・奈良輪スポンジ加工業事件　東京地裁昭和37年6月20日判時304-29)。

ウ　不安全な行動に対して十分に注意していると判断された裁判例

一方、不安全な行動に対して十分に注意していると判断された裁判例には、次のようなものがあります。

> Bは本件事故直前における足場の運行開始に先立って、Aに対し足場から退去するよう注意し、その運行につき定められた運転作業基準に従ってその前後の安全を確認した後、その発進の合図をしてこれを走行させたから、運転開始の合図及び作業基準の整備の主張はいずれも理由がない（川崎重工神戸造船所事件　神戸地裁昭和60年6月20日労判463-86）。

(4) 資格を有していない者の機械・設備の操作を禁止すること

その操作によっては危険を伴う機械・設備などについては、資格を有する者にのみその操作が認められています。このため、無資格の者が操作することを厳禁し、これを徹底、実効あらしめるための具体的方策をとり、無資格のものが操作することによって発生するおそれのある人身事故の発生を未然に防止しなければなりません。これに関しては、次のような裁判例があります。

① 本件トラクターショベルのような特殊な重機を運転することは、運転者及び第三者の身体に大きな危険を伴うものであり、また、その運転操作もその用途に照らしそれ相応に複雑であることが認められる。それ故このような特殊な重機の運転には、危険性を十分認識して細心の注意を払う必要があり、また、相応の運転知識と技術が求められる。無資格の者の運転を禁止する労働安全衛生法61条1、2項の法意はその点にある。そうであれば、仮にも運転知識と技術の未熟な者、とりわけ無資格の者がその運転、操作をすることがあれば、危険は一層大きなものとなるから、会社は、これらの者が運転、操作することのないよう実効的な方策を立てて、事故の発生を未然に防止するための安全上の配慮をすべき義務がある。しかるに、会社は、営業所において、資格のない一部の従業

員が本件トラクターショベルを運転しようと思えば運転できる状態を黙認していたとみられても止むを得ないのであって、その点において従業員らに対する安全配慮義務違反がある。もっとも、Aに重大な過失があり、それが直接の原因となって本件事故が発生したが、これも無資格者であったからこそ、咄嗟の場合における冷静な判断や合理的な対応をすることができず、危険極まりない振る舞いに及んだ結果である。そうだとすれば、Aに重大な過失があるからといって、それ故に会社の安全配慮義務違反と本件事故との間の相当因果関係を否定し、さらには会社の安全配慮義務違反の事実を否定したりするのは相当でない。以上によれば、会社は本件事故について損害賠償責任を免れない（産業廃棄物処理業社事件　福岡高裁平成13年7月31日判時1806-50）。

② 　運転資格のない者がクレーン操作中に吊り上げていた物が落下して右足をはさまれて負傷したことについて、「事故の発生原因としては、原告が本件クレーンの操作を誤ったことを指摘することができるのであるが、元請会社及び下請会社は、『本件クレーンを操作して走行中のものを停止させるには、それなりの習熟度を必要としたのに、これを運転する資格を有していない者がクレーンを操作していたのを黙認していた。走行用スイッチを切るだけでは、滑走を制御することが困難であったから、滑走による危険を防止するために走行ブレーキを取り付ける必要があったのに、これをしなかった。』という点において、原告に対する安全配慮義務を尽くさなかった（岡崎工業・高千穂工業事件　千葉地裁平成元年3月24日判タ712-179）。」

5 作業上の連絡や調整を的確に行い、整然とした工程で作業を行わせることによる労働災害の発生の防止

(1) 労働者間の作業の連絡・調整

　事業所においては、複数の労働者がそれぞれ別の内容の作業を行っているのが通例ですから、それぞれの作業間の連絡・調整が的確に行われなければ、労働災害につながるおそれがあります。このため、このような場合には、使用者は各労働者の作業について、的確に連絡・調整を行い、整然とした工程で作業を行わせる必要があります。このような連絡・調整が的確に行われていなかったと判断された裁判例には、次のようなものがあります。

① 　本件スラブが前進して受傷したのは、従業員から降下の合図が出たのに、岸壁での作業の経験の浅い他の従業員が前進の合図と取り違える等して誤った操作をしたか、又は間違って前進の合図を出したことによる(名海運輸作業事件　名古屋地裁平成14年8月6日労判835-5)。

② 　デッキマンAには、原木がコーミングにひっかかるまえに直ちにデリックの操作担当のウインチマンに対し合図を送って原木がコーミングに接触するのを未然に防ぐか、または原木がコーミングにひっかかるのと同時にカーゴワイヤー操作担当のウインチマンに巻上げ中止の合図を送って、ワイヤスリングの切断による原木の落下を防止すべき注意義務がある(起重機取扱作業事件　福岡地小倉支部昭和54年4月27日判タ395-88)。

③ 　現場責任者Aはジャッキ受けをプロペラシャフトにセットしようとして、それができなかったところ、この事情を知らないで作業を交替したBは、ジャッキ受けのはめ込み作業を初めて行うから、同人と同様の方法で作業をするうち、その操作の仕方を誤り、場合によっては、ジャッキ受けが大きく、しかも重量があり、夜間の、高所における作業のこととて、その身体の自由を奪われるなどして作業足場から墜落するなどの危険があるこ

とも全く予想されないわけではなく、AがCにシャックルを取りにやったいきさつからみて、容易にその作業手順を指示しうる立場にあったから、被告Yの責任者として、条理上その作業手順を示し、もって事故の発生を未然に防止すべきものである(常石造船所・宮地工作事件　広島地裁尾道支部昭和53年2月28日労判296-49)」。

④　Bは、故障を放置したまま運転を継続していたから、C班長運転のサイドフォークリフト505号が西入口を通過したからといって漫然危険がないと安心することなく改めて入口付近の安全を十分に確認したうえ、更に入口で一旦停止させ、作業者との衝突を未然に防止すべき注意義務があったところ、これを怠り本件事故を惹起させた(愛知製鋼所・三栄組事件　名古屋地裁昭和50年12月26日判タ338-224)。

(2) 必要な監視員の配置

労働者が従事する作業によっては、次の裁判例のように、監視員を置いて、安全を期すことが必要な場合があります。

事故防止の万全を期するためには、艙内作業員各自の判断に任せて艙口直下に出る安全な時期を確認させるだけでなく、本件作業の指揮、監督者たる立場から常時艙口付近に監視員を置き適宜艙内作業員に安全な時期を知らせる処置をとらせること等によって作業員が安全な時期までは艙口下に出ないように措置して、事故の発生を未然に防止すべき注意義務があった。しかるに、Bは、この注意義務を怠り、艙内作業員がみずからの判断で空のモッコが艙内に戻る前に艙口下に出るのに任せていたところから本件事故が発生するにいたったから、Bの過失もまた一半の原因となった(極洋事件　東京高裁昭和49年9月25日判タ320-161)。」

(3) 事業者間の作業の連絡・調整

従来から建設業や造船業などにおいては、同一の場所において請負事

業を活用することが一般的でしたが、近年、アウトソーシング化の進行によりそのほかの製造業などにおいても構内請負事業が広く活用されるようになったために、発注者である元方事業者の労働者と請負事業者の労働者が混在して作業することが増えており、混在して作業することによる危険が増大していますので、元方事業者と請負事業者との間や請負事業者相互の間の連絡・調整を行う必要性が高まっています。このような事業者間の作業の連絡・調整が的確に行われていなかったために、労働災害などにつながったと判断された裁判例には、次のようなものがあります。

① 工場現場で作業中に、再下請事業者の労働者が運転するミニユンボのカウンターウェイト部分が労働者の右手小指付近に当たり負傷したことについて、「再下請事業者の従業員は、車両系建設機械の運転者として、ミニユンボを操作するについては、ミニユンボの近くで共同作業を行っている原告の動静に十分注意し、その安全を確認して、原告に接触させないように旋回等を行う注意義務があったところ、原告の一輪車に正土を積んだ後、次の作業に移るためバケットを正面位置に戻すべく、原告の動静に十分に注意を払わず、漫然とミニユンボを操作して、これを正面位置より右に旋回させ過ぎたため、カウンターウェイト部分をミニユンボの本体から横にはみ出させて、原告の右手小指付近に接触させたものである(熊谷建設ほか事件　福岡地裁小倉支部平成10年3月26日労判741-57)。」

② ダンプカーで積載作業を行っていた労働者が、解体業者の労働者が運転するパワーショベルのバケットが衝突したにより地面に落下して被災したことについて、「解体業者は、その従業員にパワーショベルの運転操作をさせるについては、その操作によって他の作業員に対し危害を及ぼすことのないよう指導、監督をすべき義務を負っていたのにもかかわらず、パワーショベルの安全な運転技術の習得のための指導、監督を怠り、また、原告に対しダンプカーの上での作業の安全確保のための指導、監督をも怠り、本件事故を発生させた(東邦建業事件　東京地裁平成

5年11月19日交通民集26−6−1440）。」
③　建設機械が倒れて下請労働者が足を切断したことについて、「バイブロ機の操作をしていたのは原告Xであるが、同人がバイブロ機を仮置きしたのは合図係のDが、原告Xの2度にわたる拒絶に拘らず、合図によりクレーンを操作することによって指示したことによるものであり、また、被告Y1会社の現場責任者であるEはクレーンの運転をしていたから、バイブロ機の仮置きをすることになれば、クレーンの操作が作業手順と異なるので当然にバイブロ機を仮置きしていることに気がつくはずであるのに、そのまま作業を継続していたから、被告Y1会社はバイブロ機を仮置きしてはならないという注意義務に違反した。また、被告Y2会社の現場監督であったBは、当日、1回現場に見廻りに来た際、Eからバイブロ機の仮置きをしない旨の打ち合わせを聞いたが、約5分程で立ち去り、それに対して何ら指示、確認もしていないのであり、また、前日の打ち合わせにおいても、Aはバイブロ機の操作については被告Y1会社の従業員は当然知っている筈であるものと軽信し、何ら言及していないことが認められることに徴すれば、被告Y2会社も被告Y1会社の従業員にバイブロ機の仮置きをしないよう指示すべき義務に違背した（藤代組・中里建設事件　東京地裁昭和59年10月22日労判462−149）。」
④　本件発破工事の5個の孔のうち2個の孔は交叉状態にあったから、その爆発効果が倍加していることを考慮して、発破業務に従事する者は、両孔の装薬量を減量するか、岩石の飛散防止措置を講ずるか、あるいは飛散方向および距離に応じた広範囲の交通遮断の措置をとるなど危害の発生を未然に防止すべき注意義務があり、会社には発破作業の具体的な場所の選択、実施の時期、安全措置などについて直接、間接の指揮、監督を行っていた以上、会社は再下請人の請負工事の執行についてなした不法行為について、使用者責任がある（高松地裁昭和43年1月25日）。

(4) 分割発注にあたって講ずべき措置

　分割発注を行う場合には、それぞれ受注した複数事業者の労働者の作業によって生ずる労働災害の発生を防止するため、事業者間の作業の連絡・調整を行う必要性が特に高くなります。これに関しては、次のような裁判例があります。

　船舶所有会社が、船舶の整備点検、機関の整備点検、冷凍装置の整備点検をそれぞれ別会社に発注し、各作業が行われていた際に、冷凍装置の整備点検を請け負った会社の労働者が冷凍装置バルブを誤って操作してアンモニアガスを噴出させ、機関の整備点検を請け負った会社の依頼により派遣され、同社の指揮下で労務に従事していた労働者が死亡したことについて、「被告Y4は、アンモニア漏出の危険性のある作業を行うに際し、同一作業場所に他の作業員がいたにもかかわらず、他の作業員に対し、事前に作業を行うことを知らせることも、退避若しくは防毒マスク等の準備をさせることも全く行わずに、以前漁船に乗り組んでいた時にアンモニアガスの漏出防止措置をとらないで行っていた油抜きの方法を踏襲して漫然とドレン抜き弁を開ける方法により油抜き作業を始め、その結果作業中アンモニアガスを噴出せしめ、本件事故が生じたから、油抜き作業において事前の安全措置を怠った過失がある。被告センターの請け負った作業はA船の船底部にある機関関係の整備点検であるが、機関室内にはアンモニアを冷媒とする冷凍装置の回路の一部及び配管が設置されていることに鑑みると、アンモニアの危険性を教え、作業によって冷凍装置等を損傷させてアンモニアガスが漏出しないように作業をするよう指導し、アンモニアガスが漏出する非常事態に備え、避難方法を確保し、または防毒マスク等の備え付けを行い、作業と併行して同時に船内で冷凍装置の整備点検作業が行われ、それがアンモニアガスを取り扱う作業である場合にはその旨を作業員に知らせ、非常事態に対応できる措置を講ずべき義務がある。労安衛法30条2項前段には、同一の場所において相関連して行われる仕事が2以上の請負人に分割発注され、かつ、発注者は

当該仕事を自ら行わない場合は、発注者において、関係請負人の労働者の作業が同一の場所において行われることによって生ずる労働災害を防止するために、同条1項に規定する措置を講ずべき者として請負人で当該仕事を自ら行うもののうちから1人を指名しなければならない旨規定されている。被告公社は、その所有するA船の定期点検及び冷凍装置の整備点検を被告造船所、同センター及び同Y1会社の3業者に分割発注し、3業者の従業員がA船という同一作業場所で併行して作業を行うことになったものであるから、被告公社は労安衛法30条2項前段の特定事業の仕事の発注者に該当する。そうすると、被告公社は、A船の定期点検等を分割発注した者として、複数業者の作業員の作業によって生ずる労働災害の発生を防止するため、同法30条2項前段及びそれによる同法1項の措置を行う義務がある。被告公社は、A船の定期点検及び冷凍装置の整備点検の各作業についてそれぞれ請け負った業者に作業方法を一任しており、業者間で作業手順等の調整を行うものと考えていたもので、労安衛法30条2項前段の措置をとっていないこと、被告公社はGを作業現場である被告造船所の船渠に出向かせていたものであるが、それは作業工程等の確認を行うだけにすぎなかったこと、Gは、作業内容の問い合わせ等があれば適宜対応をしていたが、具体的作業の指示は各作業の請負人において行い、Gが直接作業員に対し指揮監督をしたことはなかったこと、一方、被告造船所、同Y1会社及び同センターの間で作業調整のための打ち合わせが持たれたことはなく、被告センターの現場責任者HがGとの間で同被告の作業の進行等について打ち合わせをしていたにすぎなかった。本件事故は、被告Y4が被告Y1会社の請け負ったコンデンサーの冷却用海水チューブの清掃作業の準備作業を行った際、被告Y1会社が請け負っていない作業であったコンデンサーからの油抜きを思い付き、独自の判断で勝手に行ったものであるが、被告公社において労安衛法30条2項前段に基づき指名した請負人により請負作業間の連絡調整、作業場所の巡視が行われていれば、被告Y4の行うべき作業の確認

も明確にされ、思い付きによる作業がなされる事態を防ぎ得たところ、被告公社は、A船の定期検査等の作業につき労安衛法30条2項の前段の措置をとらず、専ら請負業者に作業方法を一任し、自らは何らの手当をも施さなかったから、分割発注における発注者としての労働災害防止措置を怠った過失がある（山形県水産公社事件　新潟地裁昭和61年10月31日労判488−54）。」

(5) 作業間の連絡・調整などに問題がないと判断された裁判例

一方、作業間の連絡・調整などに問題がないとされた裁判例には、次のようなものがあります。

> 本件作業は第4ドックから他の作業員がすべて退去した後に行われたものであり、本件作業要員以外に監視要員を配置すべき必要性も認めることはできないから、監視態勢の整備の主張はいずれも理由がない（川崎重工神戸造船所事件　神戸地裁昭和60年6月20日労判463−86）。

6　労働時間などの管理を適切に行うことによる労働災害や職業性疾病の発生の防止

(1) 労働時間などの管理を適切に行うことにより、疲労により注意力散漫や緊張低下状態になることによって発生する事故の防止

運送事業などにおいては、労働者の疲労が著しい場合には、注意力が散漫となったり、緊張状態が低下することによって、運転操作などを誤り、そのために事故が発生するおそれがありますので、使用者は、このような状態になることを防止する必要があります。これに関しては、次のような裁判例があります。

> ①　43日間に総労働時間が338時間58分、うち時間外労働時間が合計101時間25分に及ぶ長時間労働していたことに加えて、始業・終業時刻が不規則で始業時刻が早朝で終業時刻が翌日の早朝になるなど

労働時間が2日にまたがり、かつ深夜に労働することが頻繁にあり、自宅で休息できない日が18回あって、トラック内において睡眠などをとらざるを得ないような場合には、相当重い程度の疲労状態にあるために、注意力散漫になり、かつ、緊張低下状態に至り、相手方のトレーラーを認識することが不可能となったことにより発生した事故については、事業主（会社）、代表取締役および常務取締役の注意義務違反と事故の発生や運転手の死亡について因果関係があるので、損害賠償を支払わなければならない（協和エンタープライズほか事件　東京地裁平成18年4月26日労判930-79）。

② 本件事故直前の勤務状況、運転手と同職種の従業員の勤務状況や、会社の指導にもかかわらず、約8ヶ月間に、本件事故など以外に、運転手と同職種の従業員により本件事故と概ね同態様の追突事故7件を含む無視できない数の交通事故が発生していることなどを総合すれば、運転手の注意力散漫による注意義務違反を招いたのは運転手の過労ないし睡眠不足ひいては会社の運行計画に無理があったことにもよるものと推認され、したがって本件交通事故の原因は会社側の安全衛生に対する配慮義務に不十分な点があったことに起因することを否定できない（ヤマヨ運輸事件　大阪地裁平成11年3月12日労経速1701-24）。

③ Y1会社は、昼夜作業の作業時間の設定において、夜間作業と昼間作業との間の休憩時間を殆どおかず、昼間作業と夜間作業との間に設定される睡眠時間も余裕のあるものではなかったし、設定される作業の内容自体も体力を要する重労働であったから、従業員に疲労が蓄積する可能性は充分にあったもので、昼夜連続して作業に従事する従業員が、作業終了後運転手を兼ねる場合においては、疲労により居眠り運転に陥る危険性があり、その危険性を予測してY1会社とY2会社との間で運転手の労務の軽減をする旨の合意ができていたにもかかわらず、作業終了後運転を担当する予定であるAが昼夜連続して作業に従事

していることを認識し得、Y2会社のA自身から自分の作業を軽減するような申し入れがあることは期待できない状況にあったのに、Y1会社の現場責任者は、Aの作業を軽減しあるいは休ませる等して、同人に疲労が蓄積し宿舎までの運転業務に支障が生じないよう配慮することがなかった。このように、Y1会社には、危険防止のためにAの労務を軽減すべき義務があり、その義務の履行を怠った。そして、労務を軽減しなかった義務違反と本件事故との間に因果関係が認められる（東鉄工業事件　東京高裁平成6年9月27日判夕900-244）。

④　従業員を運転手として使用するに当たり、自動車の運転という高度な注意義務の要求される業務を中心的な業務内容とするから、運転手がかかる注意義務に応じた集中力を維持した上で業務に従事できるよう就労環境を整えるべき注意義務を負っていたところ、Aが本件事故当日までの24日間連続して出勤し、その間に、2日間にわたって1つの引越運送に当たる場合以外は、毎日、自動車運転及び引越の業務を行い、帰庫した時間が明らかな17日間について限定しても、出庫から帰庫まで平均して11時間弱程度稼働し、拘束時間はそれ以上であったばかりか、本件事故当日までの1週間においては、運転総距離は2300km以上であり、富山県行きの場合を除いた5日間には、出庫から帰庫まで11時間から14時間弱程度の日が続いたこと、運転手の業務内容は、運転にとどまらず、引越荷物の梱包、運搬、積み降ろし、顧客との対応、代金の収納、通常3名程度付けられる助手への指示等を含んでいたから、通常、1日に2件程度の引越運送をこなしていたAは、肉体的、精神的にも、相当程度に負担のかかる立場にあったものと思われること等からすれば、Aは、本件事故当日には非常に疲労を蓄積した状態にあったところ、同日にも、通常と同様、4tロングトラックを運転して、午前中に1件の引越運送を行い、さらにその後、当日に指示を受けた埼玉県までの引越荷物の梱包積み込みを行ったものであり、同引越荷物には比較的神経を使うものと思われるピアノを含んでおり、また、荷主はいわゆる

うるさいお客であったから、同積み込み作業終了後は、肉体的にも精神的にも相当疲労したものと推認されるが、Aは特に休息を取ることもなく、同日夜には埼玉県に向けて出発しており、その途中に居眠り運転に至ったから、被告らには、注意義務違反がある（サカイ引越センター事件　大阪地裁平成5年1月28日労判627-24）。

(2) 有害な業務に従事する労働者の作業時間を適切に管理することによる職業性疾病の発症の防止

　労働者が有害な業務に従事する場合には、その作業時間を適切に管理することにより、長時間の暴露によって職業性疾病が発症することを防止する必要があります。これに関しては、次のような裁判例があります。

ア　振動障害に関する裁判例

　安全配慮義務の内容は、振動に曝露されている時間を短くすることなどである（三菱重工業神戸造船所事件　大阪高裁平成11年3月30日労判771-62）。

イ　腰痛に関する裁判例

　労働契約上その被用者に対し、腰痛症などその業務から発生し易い疾病にかからぬよう充分な休憩時間の設定・労働時間の短縮など労働条件の整備など必要な措置を講ずる義務（安全配慮義務）を負っている（松心園事件　大阪地裁昭和55年2月18日労判338-57）。

ウ　じん肺に関する裁判例

① 　会社は、労働時間が過度に多くならないように留意するなど、じん肺罹患が防止するために必要な措置を講じるべき安全配慮義務を負っていた（秩父じん肺事件　東京高裁平成13年10月23日判時1768-138）。

② 被告らは、労務環境・労働契約の内容に従い、原告らがじん肺に罹患しないよう、有害粉じんの人体への吸入を抑止するため適切な労働時間の設定などの措置を講ずる義務を負担していた（日鉄鉱業松尾採石所ほか事件　最高裁第三小法廷平成6年3月22日労判652－6、東京高裁平成4年7月17日労判619－63）。

③ 会社は、混綿作業について、粉じん曝露の程度を軽減するための措置として、作業時間の短縮等作業強度を軽減すべきであったのに、かえって、設立当初から恒常的に女子の法定時間外労働、有害業務についての法定時間外労働などの法定の制限を超えた違法な時間外労働を実施し、しかも取締を免れる目的で賃金台帳につき二重帳簿を作成し、これを怠った。　粉じん吸入防止のための措置として、従業員に検定合格品の防じんマスクを支給し、作業の際これを着用するよう指導監督するとともに、従業員が防じんマスクを着用したがらないのは、着用が長時間に及ぶと息苦しさに耐えられなくなったり作業能率が低下することにあったから、単位作業時間の短縮や休憩時間の配分の工夫などの労働強度軽減の措置をすべきであったのに、この義務を怠った（平和石綿工業・朝日石綿工業事件　長野地裁昭和61年6月27日労判478－53）。

④ サンドブラストでは郡山工場での各作業中とりわけ発じんが多く、サンドブラスト従事者には重症じん肺患者が多いとされていることに鑑み、同一従業員を短期間で他の作業へ転換したりして、適切な労務管理等を図り、もって従業員を粉じんの曝露から防止すべきであったのに、これを怠った（日本電工事件　福島地裁郡山支部昭和59年7月19日労判440－99）。

| 7 | 職業性疾病などが発症しないように、労働者の健康状態を適切に把握して、これに基づき、健康状態などに応じた適正な配置その他必要な措置を講ずること |

　労働者が職業性疾病などを発症しないようにするためには、健康診断を実施することなどによりその健康状態を適切に把握して、これに基づき、その健康状態などに応じた適正な配置その他必要な措置を講ずることが必要になります。

(1) 健康状態の把握

　労働者が職業性疾病などを発症しないようにするためには、適切な健康診断を実施することなどによりその健康状態を適切に把握することが必要です。これに関して、次のような裁判例があります。

ア　健康診断の実施
1) 腰痛

① 　原告は、腰痛の増悪がなければ就労は可能との診断を受け、原告の症状及び腰痛の増悪について経過観察が必要であるとされていることからすれば、会社としては、定期的に診察を受けることを指示するなどして、原告の腰痛が増悪していないかどうかを慎重に把握すべき安全配慮義務があった（おきぎんビジネスサービス事件　那覇地裁沖縄支部平成18年4月20日労判921-75）。

② 　労働省は、昭和45年7月10日付け基発第503号をもって「重量物取扱い作業における腰痛の予防について」と題する通達を出し、これによれば、人力を用いて重量物を直接取り扱う作業における腰痛予防のため、使用者は、常時、重量物取扱い作業に従事する労働者について、当該作業に配置する前及び6か月ごとに1回、問診（腰痛に関する病歴、経過）、姿勢異常、代償性の変形、骨損傷に伴う変形、圧痛点等の

有無の検査、体重、握力、背筋力及び肺活量の測定、運動機能検査（クラウス・ウエバー氏テスト、ステップテストその他）、腰椎エックス線検査について、健康診断を行い、この結果、医師が適当でないと認める者については、重量物取扱い作業に就かせないか、当該作業の時間を短縮する等、健康保持のための適切な措置を講じること、とされているところ、この通達は、使用者の労働者に対する安全配慮義務の内容を定める基準になる。会社が安全配慮義務を尽くしていれば、腰痛を発症し、あるいはこれを増悪させ、その結果、長期間にわたって休業治療のやむなきに至ることはなかった（佐川急便事件　大阪地裁平成10年4月30日労判741-26）。

③　労働契約上その被用者に対し、腰痛症などその業務から発生し易い疾病にかからぬよう定期健康診断特殊検診などの健康管理を行い、職業病の予防・早期発見に努めるとともに、申告、診断などによりこれを発見したときは、就業制限、早期治療を適切に行って病状の悪化を防ぎ、その健康回復に必要な措置を講ずる義務（安全配慮義務）を負っている（松心園事件　大阪地裁昭和55年2月18日労判338-57）。

2）振動障害

　会社は、労働省労働基準局長から発出される通達にしたがい昭和50年5月中旬から6月にかけて振動工具使用者に対してようやく第1回目の特殊健康診断の実施を計画したが、従業員が会社内で就労していた昭和52年ころまでの間には実施されるには至らず、特殊健康診断を初めて受けたのは昭和58年ころであったこと、そして、それまでの間、会社においては、視力検査やレントゲン検査等の年2回の定期健康診断が行われていたにすぎないこと等を総合すると、会社は、会社で振動工具を使用する従業員に対し、振動障害の発生と進行を防止すべき安全配慮義務の履行を怠った（三菱重工業神戸造船所事件　神戸地裁平成6年7月12日労判663-29）。

3）有機溶剤中毒

　会社の作業場で有機溶剤を含むゴム糊を使用する作業に従事していた労働者が、その間高濃度の有機溶剤の暴露を受けたため有機溶剤中毒にかかったことについて、「会社は適切な特殊健康診断を実施すべきであった（有機則29条、30条）が、会社が行った特殊健康診断の方法・内容等を総合すると、会社は、原告が本件各作業に従事中同人に対し負っていた具体的安全配慮義務に違反し、同人をして本件有機溶剤中毒に罹患せしめたというほかはない（内外ゴム事件　神戸地裁平成2年12月27日労判596-69）。

4）頚肩腕障害

　公社は、その有する病院医師により、労働安全衛生法に則った健康管理（健康診断等）をすべき義務があったのに、一般検診をしたのみで、頚肩腕障害に関して公社の健康管理規程による問診すら行わず、その結果同障害に対する対応が全くなされず放置した（熊野電報電話局事件　名古屋高裁昭和63年3月30日労判523-62）。

5）高気圧障害

　潜水士の使用主は、潜水士が潜水する直前に医師にその身体を診察させ、異常の有無および潜水後身体に異常を起こすことがないかどうかを診断させるべき注意義務がある（山口地裁下関支部昭和26年10月16日）。

6）じん肺

① 　健康診断を通じて自らの健康状態に対する関心を高めさせるなど、じん肺罹患が防止するために必要な措置を講じるべき安全配慮義務を負っていた（秩父じん肺事件　東京高裁平成13年10月23日判時1768-138）。

②　本件各炭坑における掘進、採炭、仕繰、坑内運搬等の坑内作業、選炭作業の各作業から発生する粉じんの吸入によるじん肺の罹患を回避するためには、適切な防じん措置等の実施が不可欠であるところ、被告には、健康管理（健康診断、作業転換）等の面における安全配慮義務の不履行がある（日鉄鉱業（伊王島鉱業所）事件　最高裁第一小法廷平成11年4月22日労判760-7　福岡高裁平成8年7月31日判時1585-31）。

③　会社は、混綿作業について、じん肺発症の早期発見、早期治療のための措置として定期的にじん肺健康診断を実施すべきであったのに、じん肺の治療の機会を失わせ、これを怠った（平和石綿工業・朝日石綿工業事件　長野地裁昭和61年6月27日労判478-53）。

イ　定期的な受診

　原告は、腰痛の増悪がなければ就労は可能との診断を受け、原告の症状及び腰痛の増悪について経過観察が必要であるとされていることからすれば、会社としては、定期的に診察を受けることを指示するなどして、原告の腰痛が増悪していないかどうかを慎重に把握し、必要と認めるときは作業方法の改善や作業時間の短縮等必要な措置を講ずべき安全配慮義務があった（おきぎんビジネスサービス事件　那覇地裁沖縄支部平成18年4月20日労判921-75）。

ウ　医師や看護婦などの付き添い

　潜水士の使用主は、その潜水夫が最近に軽い潜函病にかかりその療養をしたことがあることを知った場合には、万一潜水中に潜函病が発病した時ただちに応急万全の処置を取りえるようにその現場に医師看護婦などを付き添えさせるなどの措置を取るべき注意義務がある（山口地裁下関支部昭和26年10月16日）。

(2) 医師の意見の尊重

　健康診断や診察の結果、産業医などの医師から労働者について必要な改善措置などに関して意見が出された場合には、使用者はその意見を尊重しなければなりません。これらに関しては、次のような裁判例があります。

① 　被告は国家公務員の配置転換について裁量権を有するが、疾患を有する公務員がある業務に従事することにより当該疾患が増悪するおそれがある旨が記載された医師作成の診断書が提出された場合については、その診断書の記載内容が一見して不合理であるなど特段の事情がない限り、当該公務員を疾患が増悪するおそれのある業務に従事させる裁量までは与えられていない。しかるに、刑務所長は、膝への負担の軽い業務に配置転換することなく、その後も処遇部（運動・入浴・捜検係）の業務に従事し続けたため、その結果、両膝変形性関節症等が悪化し約2か月間の入院を余儀なくされたのであるから、不作為について、安全配慮義務違反がある。なお、刑務所長が早出及び点検礼式免除の業務軽減措置を執ったことは認められるが、診断書は立業は避けることが望ましいという趣旨であることからすると、これだけの措置では不十分であり、さらに進んで立業以外の業務に配置転換する義務まで負担する（宮崎刑務所事件　宮崎地裁平成14年4月18日労判840-79）。

② 　会社は、腰痛についての専門的知識を有し、また会社の業務内容を熟知している嘱託医により、被用者の就労能力、勤務能力を判断させていたことからすれば、嘱託医による診断の結果が確実に被用者の就労勤務時間に反映されるよう適切な措置を取るべき義務を負っている。また、会社は、昭和38年に実施された作業員の健康調査の結果、職員の腰痛症が会社で行われる作業に起因することを示唆する嘱託医の調査結果が明らかとなり、それ以降も同一内容の調査結果が報告されていたことからすれば、一般的に疲労が腰痛症の一因となりうることに鑑み、少なくとも、作業に起因した疲労による腰部への負担を軽減する

ため、休憩時間、休憩場所の状況などについて必要かつ適切な措置を講じ、また、作業員が適切な休憩時間を取りうるような作業量にみあった人員を確保するなどの措置を講じるべき義務を負っていた。以上のとおり、嘱託医の指示した作業内容に見合う作業内容が存在しない場合に、嘱託医に問い合わせるなどしてその指示する作業内容に見合う作業を特定すべきであった点、就労能力の制限を受けている被用者が通常の機内クリーニング作業に従事しているのを漫然と放置した点及び嘱託医の勤務時間変更あるいは就労能力低下の指示に直ちに従うべきであった点において、会社は、嘱託医による診断結果が確実に被用者の就労、勤務形態及び勤務時間に反映されるよう適切な措置を取るべき義務があるのにこれを怠った（空港グランドサービス事件　東京地裁平成3年3月22日労判586-19）。

③　現実に生じた腰痛を訴えて原告が診察を受けた場合にはその医師の診断を尊重し、その各結果を受けて、適切な治療の機会を確保するとともに、作業量、作業時間の軽減、職種の変更等の的確な措置を講じておれば、原告が現在のような後遺障害に苦しむことはなかったから、原告の障害は、被告の行為に起因する（中国ピアノ運送事件　広島地裁平成元年9月26日労判547-6）。

④　原告から診断書が提出された以上、当該公務員が疾病に陥っていることは明らかであるから、被告には、医師の意見を聴くなどして疾病が業務によるものであるか否かなどの調査をし、業務以外の他の原因によることが明らかでない場合には、個々の症例に応じて専門医による適切な療養を受けさせる一方、業務内容、業務量について適切な軽減措置をとるなど症状の悪化を防ぎ、その健康回復に必要な措置を講ずる義務がある。大阪地裁当局は診断書が出される都度、原告の業務を軽減してそれなりの措置をとったのであるが、この措置が適切なものといえない。したがって、大阪地裁当局はこのような不明確な診断書が出された以上、医師の所見を具体的に確定して症状増悪の防止、健康回復

に必要な措置を講ずべきであるのに、その義務を怠った（大阪地方裁判所事件　大阪地裁昭和55年4月28日労判346-42）。

(3) 健康状態を悪化させないために作業方法の改善、業務量の軽減などの措置

労働者の健康状態を踏まえて、その健康状態を悪化させないために、使用者は、作業方法の改善や業務量の軽減などの措置を講じなければなりません。これに関する裁判例には、次のようなものがあります。

ア　腰痛

① 　会社は原告の要望に応じるに止まることなく、原告の腰痛の状態に配慮し、原告の健康を更に害するおそれがあると認められるときには、作業方法等の改善等必要かつ適切な措置を講ずべき義務があった（おきぎんビジネスサービス事件　那覇地裁沖縄支部平成18年4月20日労判921-75）。

② 　会社は、嘱託医による診断結果が確実に被用者の就労、勤務形態及び勤務時間に反映されるよう適切な措置を取るべき義務があるのにこれを怠った（空港グランドサービス事件　東京地裁平成3年3月22日労判586-19）。

③ 　このような作業を命ずる場合には、職業性及び災害性の腰痛症の発生を防止するため、このような運転姿勢が避けられないなら、その作業取扱量、作業時間、作業密度等の労働条件に思いを致し、腰痛症の発症要因の除去、軽減に努め、更には、腰背部に負担がかからないように、本件クレーンの改良等に努めるべき業務があり、また、腰痛症に罹患し、職場復帰した原告に対し、その病勢が増悪することのないように措置すべき義務があった。しかるに、原告が本件クレーンに乗機するようになって以降、本件クレーンの1日当たりの取扱屯数及び1時間当たりの取扱屯数は相当増加している反面、本件クレーンの実働時間は短縮され、

職業性疾病などが発症しないようにするための措置

その分、労働密度が高くなり、労働強化がはかられているのであるから、被告には腰痛症の発症要因の除去、軽減に努めるべき義務を怠った債務不履行により原告に第一次腰痛症を発症させた。なお、被告がした小型クレーンの改良措置は十分なものでなく、原告の腰痛症発症の防止には役立たなかった。また、第二次腰痛症についても、被告は第一次腰痛症を私病扱いにし療養中であった原告の職場復帰にあたって、原告の腰痛症状にあわせた内容の業務を与えず、業務量について適切な軽減措置をとらないまま、原職にフルタイムの作業をさせたもので、その労働負担が直接アウトリガー事故を招来したとはいえないけれども、少なくとも腰痛症の病勢悪化をもたらしたことは否定することができず、この点においても被告は債務不履行責任を免れることはできない（名古屋埠頭事件　名古屋地裁平成2年4月27日労判576-62）。

④　腰痛予防のために定期的な健康診断を実施するか、また、現実に生じた腰痛を訴えて原告が診察を受けた場合にはその医師の診断を尊重し、その各結果を受けて、適切な治療の機会を確保するとともに、作業量の軽減等の的確な措置を講じておれば、原告が現在のような後遺障害に苦しむことはなかったから、原告の障害は、被告の行為に起因する（中国ピアノ運送事件　広島地裁平成元年9月26日労判547-6）。

⑤　労働契約上その被用者に対し、腰痛症などその業務から発生し易い疾病にかからぬよう、職業病の予防・早期発見に努めるとともに、申告、診断などによりこれを発見したときは、就業制限、早期治療を適切に行って病状の悪化を防ぎ、その健康回復に必要な措置を講ずる義務（安全配慮義務）を負っている（松心園事件　大阪地裁昭和55年2月18日労判338-57）。

イ　頸肩腕障害

被告には、業務内容、業務量について適切な軽減措置をとるなど症状の悪化を防ぎ、その健康回復に必要な措置を講ずる義務がある。当局は、

原告が診断書を大阪地裁当局に提出したことに対して分室への記録運搬を免除し、病気休暇を許可し、職場復帰後記録運搬を全面的に免除し、統計係に配転した。これらの事実によれば、大阪地裁当局は診断書が出される都度、原告の業務を軽減してそれなりの措置をとったのであるが、この措置が適切なものといえないことは、分室への記録運搬を免除してからも症状が悪化し、遂に病気休暇に至ったこと、更に運搬作業を免除したのみで記帳作業を従来通り担当させた結果、原告はその後発症時の状態に戻ったのであり、記帳作業だけでも同種の女子職員のほぼ1名分に近い事務量があったことを考えると、職場復帰後の原告の業務量としては過重であることからも明らかである。したがって、大阪地裁当局はこのような不明確な診断書が出された以上、医師の所見を具体的に確定して症状増悪の防止、健康回復に必要な措置を講ずべきであるのに、その義務を怠った（大阪地方裁判所事件　大阪地裁昭和55年4月28日労判346-42）。

ウ　振動障害

安全配慮義務の内容は、本件振動工具の使用により振動曝露にならないようにすること、その予防のために振動工具を使用しないような作業工法の改善などである（三菱重工業神戸造船所事件　大阪高裁平成11年3月30日労判771-62）。

(4) 健康状態を悪化させないための休憩時間や休憩場所などに関する措置

労働者の健康状態を踏まえて、その健康状態を悪化させないために、使用者は、休憩時間や休憩場所などに関し必要な措置を講じなければなりません。これに関する裁判例には、次のようなものがあります。

ア　腰痛

　作業員の健康調査の結果、職員の腰痛症が会社で行われる作業に起因することを示唆する嘱託医の調査結果が明らかとなり、それ以降も同一内容の調査結果が報告されていたことからすれば、一般的に疲労が腰痛症の一因となりうることに鑑み、少なくとも、作業に起因した疲労による腰部への負担を軽減するため、休憩時間、休憩場所の状況などについて必要かつ適切な措置を講じ、また、作業員が適切な休憩時間を取りうるような作業量にみあった人員を確保するなどの措置を講じるべき義務を負っていた。嘱託医の勤務時間変更に直ちに従うべきであった点において、会社は、嘱託医による診断結果が確実に被用者の勤務時間に反映されるよう適切な措置を取るべき義務があるのにこれを怠った（空港グランドサービス事件　東京地裁平成3年3月22日労判586-19）。

イ　頚肩腕障害

　特別健康診断の結果、原告は腰部、肩腕、上肢の柔軟体操の励行、一時的作業量の軽減の指示を受けたこと、また、口頭で1時間仕事をしたら10分休むように指示されたこと、しかし、この指示は原告が実際に休憩を取ることが可能であるような具体的なものではなかったことが認められ、通勤職免、指示以外に、被告は、原告の病状の増悪を防止し健康の回復を図るため、業務の量的、質的な規制措置を講じたと認めるに足りる証拠はない。通勤職免、指示は原告に対する業務の量的、質的な規制措置として十分なものとは認めることはできない。したがって、被告は原告の病状の増悪を防止し健康の回復を図るための、業務の量的、質的な規制措置を講ずべき義務を怠った（横浜市保母事件　横浜地裁平成元年5月23日労判540-35）。

(5) 労働者の健康状態に応じた適切な配置

　使用者は、健康診断の結果などに基づいて、労働者の健康状態に応じ

て適切な配置を行わなければなりません。これに関し、次のような裁判例があります。

ア　腰痛

① 　会社は原告の要望に応じるに止まることなく、原告の腰痛の状態に配慮し、原告の健康を更に害するおそれがあると認められるときには、作業方法等の改善や作業時間の短縮等、それでも足りない場合にはより腰に負担のかからない他の業務に配置転換するなど、必要かつ適切な措置を講ずべき義務があった（おきぎんビジネスサービス事件　那覇地裁沖縄支部平成18年4月20日労判921－75）。

② 　被用者が、業務によると否とにかかわらず健康を害し、そのため当該業務にそのまま従事するときには、健康を保持する上で問題があり、もしくは健康を悪化させるおそれがあると認められるときは、速やかに被用者を当該業務から離脱させて休養させるか、他の業務に配転させるなど、従業員の健康についての安全を配慮すべき雇用契約上の義務がある（空港グランドサービス事件　東京地裁平成3年3月22日労判586－19）。

③ 　被告が労働省の通達を遵守し、腰痛予防のために定期的な健康診断を実施するか、また、現実に生じた腰痛を訴えて原告が診察を受けた場合にはその医師の診断を尊重し、その各結果を受けて、適切な治療の機会を確保するとともに、職種の変更等の的確な措置を講じておれば、原告が現在のような後遺障害に苦しむことはなかったから、原告の障害は、被告の行為に起因する（中国ピアノ運送事件　広島地裁平成元年9月26日労判547－6）。

イ　振動障害

安全配慮義務の内容は、振動曝露の職場からの原告らの配置転換などである（三菱重工業神戸造船所事件　大阪高裁平成11年3月30日

労判771-62)。

ウ　じん肺
①　本件各炭坑における掘進、採炭、仕繰、坑内運搬等の坑内作業、選炭作業の各作業から発生する粉じんの吸入によるじん肺の罹患を回避するためには、適切な防じん措置等の実施が不可欠であるところ、被告には、健康管理(健康診断、作業転換)等の面における安全配慮義務の不履行がある(日鉄鉱業(伊王島鉱業所)事件　最高裁第一小法廷平成11年4月22日労判760-7　福岡高平8年7月31日判時1585-31)。
②　被告らは、労務環境・労働契約の内容に従い、原告らがじん肺に罹患しないよう、健康診断によりじん肺有所見者が発見されたときには、職種転換などによりじん肺の重症化への進行を阻止するなどの措置を講ずる義務を負担していた(日鉄鉱業松尾採石所ほか事件　最高裁第三小法廷平成6年3月22日労判652-6、東京高裁平成4年7月17日労判619-63)。
③　会社は、混綿作業について、じん肺発症の早期治療のための措置として粉じん作業職場から離脱させるべきであったのに、じん肺の治療の機会を失わせ、これを怠った(平和石綿工業・朝日石綿工業事件　長野地裁昭和61年6月27日労判478-53)。
④　じん肺罹患の事実が判明したのちも引き続き粉じんにさらされる危険性のある作業に従事させるなど従業員の健康管理面での手落ちもあった(日本電工事件　福島地裁郡山支部昭和59年7月19日労判440-99)。
⑤　被告会社は従業員である原告に対し作業環境が健康に害を与えることがないよう良好な状況の下で就労させ健康を害したとみられたときはその悪化を防ぐため直ちに他工程に配置転換するなどして労働者の健康保持に注意すべき義務があった(日本陶料事件　京都地裁昭和58年10月14日労判426-64)。

エ　その他の職業性疾病

① 労働者の黄斑変性症に照らし、従前の経歴などを踏まえたうえで障害の程度を考慮した適切な代わりの業務に就けるよう配慮することが要請される（オリエンタルモーター事件　東京高裁平成19年4月26日労判940-33）。

② 被告は国家公務員の配置転換について裁量権を有するが、疾患を有する公務員がある業務に従事することにより当該疾患が増悪するおそれがある旨が記載された医師作成の診断書が提出された場合については、その診断書の記載内容が一見して不合理であるなど特段の事情がない限り、当該公務員を疾患が増悪するおそれのある業務に従事させる裁量までは与えられていない。したがって、後任者の手当てに必要な合理的期間が経過した時点で、刑務所長は、両膝変形性関節症等の疾患が増悪することがないように、立業である処遇部（運動・入浴・捜検係）の業務から、立業でない他の業務に配置転換すべき安全配慮義務を負担するに至った。なお、刑務所長が早出及び点検礼式免除の業務軽減措置を執ったことは認められるが、診断書は立業は避けることが望ましいという趣旨であることからすると、これだけの措置では不十分であり、さらに進んで立業以外の業務に配置転換する義務まで負担する（宮崎刑務所事件　宮崎地裁平成14年4月18日労判840-79）。

③ 担当していた支払補佐の作業量は、従事投票所、帳場の位置等によりその繁忙度に差があるから、業務量の負担の均等化を図り、特定の従事員の作業量が過重な状態で継続しないよう配慮して適切な帳場の配置替えを県及び両市は実施すべきであった（兵庫県競馬組合事件　大阪高裁昭和62年9月10日労判504-35）。

④ 職業性又は災害性の疾病に罹患していることが判明し又はそのことを予見し得べき職員に対しては、疾病の病勢が増悪することのないように疾病の性質、程度に応じ速やかに就業の禁止又は制限等を行うことはもとより、場合によっては勤務又は担当職務の変更を行う等適切な措

置を講ずべき注意義務を負っている(郵政省職員事件　横浜地裁昭和58年5月24日労判411-43)。

これに対し、労働者の配置に関して、問題がないと判断された裁判例には、次のようなものがあります。

① 会社が原告を本件段ボール箱を取り扱う業務に配置したことについては、20kgを超えるものも相当含まれていたこと、原告の前任者が男性であったことからすれば疑問の余地がないでもないが、「職場における腰痛予防対策指針」が上限としている55kgを大幅に下回っていること、原告が段ボール箱を取り扱うのは台車に載せたり下ろしたり積み上げたりするときだけであること、配置前において原告に腰痛等の既往症があり、かつそれを会社が認識していたとは認められないこと、原告も異動先について、当初不服を述べていたとは認められないこと等からすれば、原告を本件段ボール箱を取り扱う業務に配置したことが、直ちに会社の安全配慮義務違反であるとまでいうことはできない(おきぎんビジネスサービス事件　那覇地裁沖縄支部平成18年4月20日労判921-75)。

② 原告は、第二集配課に属してはいたが、局の指示により外勤作業には一切従事せず、道順組立等の局内作業(この作業は座位の軽作業であり、原告の左ひざの疾病を増悪させるものでなかったことが明らかである。)に従事したにすぎないことが明らかであり、被告が原告に対してとった措置につき違法のかどはない。また、郵政省の内務職は郵政省職員採用規定により試験対象官職とされていることが認められるのであるから、局が原告に内務職への変更試験を受けさせ、被告において試験に合格した原告を、内務職たる普通郵便課事故係に配置換する措置を講じたことについてももとより違法の点はなく、むしろこれは適切な措置であった(郵政省職員事件　横浜地裁昭和58年5月24日労判411-43)。

8 業務中に労働者に事故が発生したときには、適切な治療を受けさせること

使用者は、業務中に労働者に事故が発生したときには、適切な治療を受けさせなければなりません。これに関して、次のような裁判例があります。

① 労働時間中に労働者が傷病を負った場合、使用者には、必要な救護措置を講じる義務がある（中の島事件　和歌山地裁平成17年4月12日労判896-28）。

② 勤務時間外に料理店で開催された期末預金増強決起大会に参加し、宴会の途中階段から転落死亡したことについて、「一般に、雇用契約においては、使用者は労働者に対して、報酬支払の義務を負うほか、信義則上、雇用契約に付随する義務として、労働者の生命及び健康を危険から保護するよう配慮する義務を負っているものであり、したがって、業務中に労働者に事故が発生したときには、その受傷の有無を判断し、受傷、若しくは受傷の可能性のある労働者に対しては、適切な治療を受けさせる義務がある（太陽神戸銀行事件　千葉地裁佐倉支部昭和58年2月4日労判408-56）。」

9 使用者として講ずべき義務の範囲を超えるとされる場合

使用者は、労働契約に伴い、労働者がその生命、身体などの安全を確保しつつ労働することができるよう、必要な配慮をしなければなりません（労働契約法第5条）が、使用者として講ずべき安全配慮義務の範囲を超えると判断される場合があります。たとえば、次のような場合です。

(1) 国の対策を上回る対策を先んじて講ずる義務

使用者には、国の対策を上回る対策を先んじて講ずる義務はないと判断

された次のような裁判例があります。

　ホテルの機械室、ボイラー室等で業務に従事していた男性が悪性胸膜中皮腫によって死亡したことについて、「規制の権限を有する国が何らの対策も講じていない中で、ホテルを経営するにすぎない民間企業が、より多くの情報等を収集し得る立場にある国や建築業者等が配慮すべき建造物に使用された資材の安全性について、国の対策をも上回る対策を先んじてとらなければならないと解すべき根拠はない。そうすると、死亡と因果関係が認められる昭和60年ころまでの間、何らの対応もとらずに飛散した石綿の繊維が舞う10階天井裏や機械室等で作業をさせる結果となったことは、当時の状況からみると非難できず、被告に安全配慮義務違反があるとはいえない（札幌国際観光事件　札幌地裁平成19年3月2日労判948-70）。

(2) その疾病を発症させるような要因が業務に認められない疾病を発症した場合

　疾病を発症した場合に、その疾病を発症させるような要因が業務に認められないときには、使用者の安全配慮義務違反が否定されるとする次のような裁判例があります。

　病院で病歴室に配転され入院患者のカルテの整理（通院カルテの回収・製本・収納、入院カルテの準備、送付等）の業務に従事する労働者の頚腕肩症候群について、「Xが第1期において従事した業務は、Xにとって相対的、主観的に上肢等に重い負担のかかるものであったが、客観的、一般的見地から過重な業務に当たるということはできないから、Xをして当該業務に従事させたこと自体をもって安全配慮義務を欠いたものということはできない（東日本旅客鉄道事件　東京高裁平成12年8月28日判時1749-38）。」

(3) 被災者に裁量のある事項に関することについて、被災者にどのような措置を講ずるかを委ねていた場合

　被災者に裁量のある事項に関することについて、被災者にどのような措置講ずるかをを委ねていた場合にも、使用者の安全配慮義務違反が否定されるとする次のような裁判例があります。

> 　支店長として、自らも居住している会社社屋の屋根の雪下し作業について、これを専門の業者に委託するか、自ら行うか、自ら行うにしてもどのような方法で行うかをその判断により決定することができる立場にあった場合には、会社としては、工作物の保守管理の点を含む雪下し作業の安全確保に必要な費用を拠出負担すべきであって、その際必要性の判断を不当に制限するなどしてその安全確保に支障を生ぜしめてはならないという義務を負っているけれども、さらに進んで、他の者をして工作物の保守管理にあたらせ、あるいはその他の安全確保に必要な措置を講じさせるまでの義務はない（小林商事事件　札幌高裁昭和58年4月28日労判418−95）

(4) 事故などを発生させた者の個人的な過失である場合

　事故などを発生させた者の個人的な過失である場合にも、使用者の安全配慮義務違反が否定されるとする次のような裁判例があります。

> 　安全配慮義務は、国が公務遂行に当たって支配管理する人的及び物的環境から生じうべき危険の防止について信義則上負担するものであるから、国は、自衛隊員を自衛隊車両に公務の遂行として乗車させる場合には、自衛隊員に対する安全配慮義務として、車両の整備を十全ならしめて車両自体から生ずべき危険を防止し、車両の運転者としてその任に適する技能を有する者を選任し、かつ、当該車両を運転する上で特に必要な安全上の注意を与えて車両の運行から生ずる危険を防止すべき義務を負うが、運転者において道路交通法その他の法令に基づいて当然に負うべきものとされる通常の注意義務は、安全配慮義務の内容に含ま

れるものではなく、また、安全配慮義務の履行補助者が車両にみずから運転者として乗車する場合であっても、履行補助者に運転者としての運転上の注意義務違反があったからといって、国の安全配慮義務違反があったものとすることはできない(陸上自衛隊第三三一会計隊事件　最高裁第二小法廷昭和58年5月27日民集37-4-477、陸上自衛隊第七通信大隊事件　最高裁第三小法廷昭和58年12月6日労経速1172-5)。

(5) 偶発的な原因によって生じたような場合

偶発的な原因によって生じたような場合にも、使用者の安全配慮義務違反が否定されるとする次のような裁判例があります。

海上自衛隊員が照明弾投下訓練中に、塔乗機が炎上墜落して死亡したことについて、「国安全配慮義務の内容は、航空隊に属する自衛官の場合には、その職種、地位、状況等によって異なるが、航空機・施設・器具等や訓練に関し安全性に欠けることのないよう配慮すべきことをいうのであり、事故が機器・弾薬の操作の誤りや偶発的な原因によって生じたような場合には、いかに公務従事中(特別に危険性を帯びている公務従事中の事故)であっても、安全配慮義務の違反の問題は生じない(海上自衛隊事件　東京高裁昭和57年3月23日判タ475-112)。」

第7章

労働災害や職業性疾病を防止する措置の構造

「労働災害や職業性疾病を防止する措置の構造」のポイント
1 業務との相当因果関係
2 危険の予見
3 結果の回避

「労働災害や職業性疾病を防止する措置の構造」のポイント

1 安全配慮義務は、①その労働災害や職業性疾病などの発生と労働者が従事する業務との間に相当因果関係があること(業務との相当因果関係)、②使用者が労働災害や健康障害などが発生する危険性を予見し、認識できること(予見可能性)、③危険性が予見可能であるときは、その危険を回避するための措置を講ずることができること(結果回避の可能性)および④このような危険を回避するための措置を講ずること(結果回避義務)によって構成されている。

2 結果発生を認識していないものについては、結果発生の予見可能性を検討し、これが肯定されれば予見義務違反を介して結果回避義務違反として過失が認められ、結果発生を認識している場合は、結果回避義務の履行の有無を検討し、その不履行が肯定されれば結果回避義務違反として過失が認められる。

3 職業性疾病と業務との因果関係の有無については、①第1義的には、科学的・医学的確証が得られるか否かで判定される、②これにより難い場合には、訴訟上の因果関係の立証は、1点の疑義も許されない自然科学的証明ではなく、経験則に照らして全証拠を総合検討し、特定の事実が特定の結果を招来した関係を是認し得る高度の蓋然性を証明することであり、その判定は、通常人が疑いを差し挟まない程度に真実性の確信を持ち得るものであることを必要とし、かつ、それで足りる。

4 危険に関する予見可能性については、安全性に疑念を抱かせる程度の抽象的な危惧であれば足り、必ずしも生命・健康に対する障害の性質、程度や発症頻度まで具体的に認識する必要はない。①自覚的症状のある疾病について労働者本人の申し出がある場合、

「労働災害や職業性疾病を防止する措置の構造」のポイント

②労働者の能力などに問題がある場合、③業務の内容などに危険性を内包している場合、④施設や機械・設備の構造、対象とする物質などに危険性を内包している場合などの場合に予見可能性があったと判断されているが、さらに進んで必要な安全衛生教育を行ったり、調査研究を行っていれば、危険の予見可能性があったと判断される場合もある。一方、危険に関する予見可能性がないと判断されるのは、①科学的な知見がない場合や②自然災害などに関するものである場合、③自覚的症状のある疾病について労働者本人の申し出がない場合、④業務の内容などが社会通念に照らし危険性を内包するものではない場合、⑤労働者や第三者が使用者にとって想定できないような行動をした場合、⑥対象となる物質の有害性が小さいために健康障害を発症させる危険があるとは認められない場合などである。

5 危険性が予見可能であるときは、その危険を回避するための措置を講じなければならない。この場合に危険を回避するために講ずべき措置の程度としては、その時代にでき得る最高度の措置を行うように努力し、あらゆる対策を講ずることであり、問題とされる時代における技術水準、医学的知見、経済的、社会的情勢に応じて最善の手段方法をもって実施しなければならない。さらに、危険を回避するために講ずべき措置について、科学的、技術的、医学的水準も絶えず向上している場合には、こうした科学技術の進歩を前提とした上で、これらの措置を総合的かつ適切に履行することが求められる。

使用者は、労働者を業務に従事させるに当たっては、労働災害や職業性疾病の発生を防止する安全配慮義務を負いますが、この安全配慮義務については、①その労働災害や職業性疾病の発生と労働者が従事する業務との間に相当因果関係があること（業務との相当因果関係）、②使用者が労働災害や健康障害などが発生する危険性を予見し、認識できること

(予見可能性)、③危険性が予見可能であるときは、その危険を回避するための措置を講ずることができること(結果回避の可能性)および④このような危険を回避するための措置を講ずること(結果回避義務)によって構成されています。

したがって、結果発生を認識していないものについては、結果発生の予見可能性を検討し、これが肯定されれば予見義務違反を介して結果回避義務違反として過失が認められ、結果発生を認識している場合は、結果回避義務の履行の有無を検討し、その不履行が肯定されれば結果回避義務違反として過失が認められます(日本化工クロム事件　東京地裁昭和56年9月28日労判372-21)。

1　業務との相当因果関係

(1) 相当因果関係

労働災害や職業性疾病の発生を防止する安全配慮義務は、労働契約などに付随して生ずる義務ですから、労働契約などに基づいて履行する業務との因果関係のない損害については、安全配慮義務の履行の対象とはなりません。この因果関係については、一般に業務と損害との間に何らかの原因と結果の関係があれば足りるとするのではなく、その原因に対して通常発生する損害であること(相当因果関係)が必要です(民法第416条)。

このような安全配慮義務の不履行を理由とする損害賠償請求のうち、墜落、はさまれ、巻き込まれ、衝突などの物理的な災害などの労働災害に関するものについては、負傷、死亡などの原因となった事故が、通常、業務中に発生し、かつ事業所の施設、設備などに関連するため、災害と業務との相当因果関係の有無が明確な場合が多く、業務との相当因果関係はほとんど問題になりません。

これに対し、職業性疾病に関するものについては、酸素欠乏や中毒などのように業務との相当因果関係が比較的明確なものもありますが、腰痛、頸

肩腕症候群、がんなどの業務に従事していなくても発症するようなものについては、疾病と業務との相当因果関係の有無が問題となります。このような場合の相当因果関係の有無については、次のように解されています。

① 第1義的には、科学的・医学的確証が得られるか否かで判定されます。
② ①により難い場合には、訴訟上の因果関係の立証は、1点の疑義も許されない自然科学的証明ではなく、経験則に照らして全証拠を総合検討し、特定の事実が特定の結果を招来した関係を是認し得る高度の蓋然性を証明することであり、その判定は、通常人が疑いを差し挟まない程度に真実性の確信を持ち得るものであることを必要とし、かつ、それで足りる（横浜市保育園事件　最高裁第小法廷平成9年11月28日労判727－14）。

なお、じん肺に関して、「最低2年以上の粉じん職歴がある元従業員については、特段の事情がうかがえない限り、安全配慮義務違反とじん肺の発生・進行との間の因果関係を肯定でき、逆に2年未満のものについて因果関係を認めるためには、じん肺に罹患するほどの作業環境が劣悪で多量の粉じんを吸入したなどの特段の事情が立証されるべきであり、また最低2年以上の粉じん職歴がある元従業員については民法719条1項後段の類推適用により、原則として連帯責任とされ、炭鉱以外における粉じん職歴を有する場合でも、最低2年以上の粉じん職歴がある場合も、類推適用により、原則として責任を免れない」とする裁判例（三井三池炭鉱事件　福岡地裁平成13年12月18日判タ1107－92）があります。

(2) 職業性疾病について業務との相当因果関係があると判断された裁判例

職業性疾病について、業務との相当因果関係があると判断された裁判例には、次のようなものがあります。

ア 腰痛

① トラック運転手として荷物の集荷運搬業務に従事してきた労働者について、「連日長時間にわたって荷物の配達、運搬、集荷、仕分け、積込み、積卸し等といった腰に負担のかかる業務を継続した結果、腰痛を発症し、その後も適切な治療を受けることができないまま業務を続けたために腰痛が悪化し、休業のやむなきに至り、約1年余りにわたって治療を受けたものの、症状に改善は見られたが完治するには至らず、そのまま再び荷物の取扱いを中心とした構内業務に従事する等した結果、約45キログラムの荷物を持ち運んだ際に再度腰痛が悪化し、再び休業治療のやむなきに至った(佐川急便事件　大阪地裁平成10年4月30日労判741－26)。)

② 原告が本件クレーンに乗機するようになって以降、本件クレーンの1日当たりの取扱屯数及び1時間当たりの取扱屯数は相当増加している反面、本件クレーンの実働時間は短縮され、その分、労働密度が高くなり、労働強化がはかられているのであるから、被告には腰痛症の発症要因の除去、軽減に努めるべき義務を怠った債務不履行により原告に第一次腰痛症を発症させた。また、第二次腰痛症についても、被告は第一次腰痛症を私病扱いにし、療養中であった原告の職場復帰にあたって、原告の腰痛症状にあわせた内容の業務を与えず、業務量について適切な軽減措置をとらないまま、原職にフルタイムの作業をさせたもので、その労働負担が直接アウトリガー事故を招来したとはいえないけれども、少なくとも腰痛症の病勢悪化をもたらしたことは否定することができない(名古屋埠頭事件　名古屋地裁平成2年4月27日労判576－62)。

イ 頚腕肩障害

① 病院で病歴室に配転され入院患者のカルテの整理(通院カルテの回収・製本・収納、入院カルテの準備、送付等)の業務に従事する職員について、「第1期に生じた症状は、第1期の業務による上肢等への負

担（物理的要因）がその原因の1つとなり、これにXの受けた主観的負担感及び業務に不本意に従事させられたことによる精神的ストレス（心理的・精神的要因）並びに既往症である変形性脊椎症（身体的要因）が複合して生じたものとであり、第1期の業務による物理的要因は、これらの症状を発症させた主要な原因の1つであることを否定することができない。したがって、本件配転後の第1期の業務とXに生じた症状との間の相当因果関係は、肯定することができる（東日本旅客鉄道事件東京高裁平成12年8月28日判時1749−38）。」

② 保母の保育業務は、長時間にわたり同一の動作を反復したり、同一の姿勢を保持することを強いられるものではなく、作業ごとに態様は異なるものの、間断なく行われるそれぞれの作業が、精神的緊張を伴い、肉体的にも疲労度の高いものであり、乳幼児の抱き上げなどで上肢を使用することが多く、不自然な姿勢で他律的に上肢、頸肩腕部等の瞬発的な筋力を要する作業も多いといった態様のものであるから、上肢、頸肩腕部等にかなりの負担のかかる状態で行う作業に当たる。上告人の具体的業務態様をみても、保母1人当たりの園児数等は児童福祉施設最低基準に違反するものではなく、通常の保母の業務に比べて格別負担が重かったという特異な事情があったとまでは認められないとはいえ、その負担が軽いものということはできない。また、上告人の症状は、長津田保育園で勤務し始めて3年目で、長女を出産するよりも前である昭和45年9月に、肩や背中の痛みといった前駆的症状が現れ、その後長女を出産した約10ヶ月後である昭和47年4月ころから、慢性的に肩凝り、右腕、右肘の筋肉の痛みという形で顕在化した。その後も同僚保母の長期欠勤のため合同保育に当たるなど、上告人の業務負担が重くなることはあっても軽減されることはなく、上告人の症状も若干の起伏を伴いながら続いた。こうした上告人の症状の推移と業務との対応関係、業務の性質・内容等に照らして考えると、上告人の保母としての業務と頸肩腕症候群の発症ないし増悪との間に因果関係を是認し得る高度の

蓋然性を認めるに足りる事情があり、他に明らかにその原因となった要因が認められない以上、経験則上、この間に因果関係を肯定するのが相当である(横浜市保育園事件　最高裁第小法廷平成9年11月28日労判727-14)。

ウ　がん

① クロム酸塩の製造、運搬の過程でクロム粉じんを吸入したことについて、「栗山工場のクロム酸塩等製造工程における作業に従事した際、ばらつきはあるものの、かなりの期間又は極めて長期間にわたって六価クロムを含む大量のクロム粉じん、ミスト又は液滴に被暴し、これを吸入したものである。被告会社の結果回避義務違反と被告会社の加害原因行為に起因して生存原告らの認定障害罹患、被害者たる死亡者らの肺がん罹患・死亡という被害が発生したという加害行為の成立(結果発生)との間には因果関係が存する(栗山クロム事件　札幌地裁昭和61年3月19日労判475-43)。」

② クロム酸化合物の製造作業中にクロム粉じん、ミスト等の有害物質に暴露されたことについて、「クロム酸塩製造工場においてクロム作業に従事した労働者の肺がんの発生についてみると、各国における疫学調査の結果、すでに統計学的に有意差が確認されているうえ、動物実験及び遺伝毒性実験によっても、六価クロム化合物の多くに発がん性の存することが認められているので、発がん物質と断定してよい。してみると、六価クロムによる職業上の暴露と肺がんの発生との間に訴訟上の因果関係が存在する。このように労働者らは、被告工場の劣悪な作業環境の下で、高濃度のクロム粉塵等に長期間暴露していたものであり、現に被害者の中には、胃がんにより死亡したものや、胃がんの切除手術を受けたものが数名いる。胃がんの罹患率は日本人に非常に多く、がんの部位別でも第一位を占めている。そして胃がんの原因は、食生活と密接な関係があるといわれているが、その他がん誘発物質の摂取な

どきわめて多因的であって、発がんの原因を一概に決められない。してみると、発がん物質である六価クロムの職業上の暴露が胃がん発生の誘因になっていたことは否定できない（日本化工クロム事件　東京地裁昭和56年9月28日労判372－21）。」

エ　じん肺
①　最低2年以上の粉じん職歴がある元従業員については、特段の事情がうかがえない限り、安全配慮義務違反とじん肺の発生・進行との間の因果関係を肯定でき、逆に2年未満のものについて因果関係を認めるためには、じん肺に罹患するほどの作業環境が劣悪で多量の粉じんを吸入したなどの特段の事情が立証されるべきであり、また最低2年以上の粉じん職歴がある元従業員については民法719条1項後段の類推適用により、原則として連帯責任とされ、炭鉱以外における粉じん職歴を有する場合でも、最低2年以上の粉じん職歴がある場合も、類推適用により、原則として責任を免れない（三井三池炭鉱事件　福岡地裁平成13年12月18日判タ1107－92）。
②　石綿糸製造会社で多量の粉じんに曝されながら作業していたことについて、「被告Y1会社の安全配慮義務の不履行により原告ら元従業員がじん肺に罹患し、更には死亡又は重篤な症状に陥ったか否かについて検討するに、被告の安全配慮義務違反と、原告ら元従業員がじん肺に罹患し、死亡又は重篤な症状に陥ったとの結果との間に相当因果関係のあることは明らかである（平和石綿工業・朝日石綿工業事件　長野地裁昭和61年6月27日労判478－53）。」

(3) 業務との相当因果関係がないと判断された裁判例
ア　労働災害

労働災害に関しては、一般的に業務との相当因果関係は明確ですが、次のように業務との相当因果関係がないとされた裁判例もあります。

① 階段から転落して負傷したことについて、「残業等の重なった時期には、本件業務の担当が精神的・肉体的負担となり、相当疲労が重なっていたとしても、原告が本件事故があったと主張する当時には、既に本件業務を担当する以前の原告の通常の身体的状況に復していたものと考えられ、その当時まで疲労が残存し、歩行中に急に膝の力が抜けて階段から転落するほどの疲労困憊の状態にあったとは認め難い。したがって、本件事故が発生したとしても、原告が本件業務を担当したために本件事故が発生したということはできない（大蔵省近畿財務局事件　大阪地裁平成3年2月19日労判581-6）。」

② 高周波ウェルダーによる塩化ビニール製品溶着作業中に発生した通電事故について、「本件事故は、高周波を発していた本件機械の金型部分に接触したことによって生じたものであるとは認められるものの、その原因は、あくまで高周波であって通常の電流によるものではないから、通常の電流等による感電創のように電流が身体を通電したことによる傷害と同様の傷害が身体全体にわたって生じたと推断することはできない。そして、高周波による熱傷は、高周波による電極の変化に追随できない分子の運動による誘電損であることからすれば、その受傷部位は電極と電極の間にあって誘電損が生じた部分、及びそれによって生理的に影響を受ける部位に限られている。これを本件について見ると、高周波による接触部位としては、まず、右前腕のうち本件受傷部位があり、この部位に通常の火傷類似の皮膚障害が発生したことからすれば、高周波が生じた一方の電極部分が接触した金型部分であるところ、他方の電極部分は、高周波の特性から受傷部位の周辺部か少なくとも、プレス台に置かれていた右手指の末端部であって、原告の身体又は原告の身体全体が高周波電界内に置かれたと認めるに足りる証拠はない。そうすると、皮膚障害部位及びその周辺の限られた部位に限って高周波による誘電損が発生し、これに伴い原告の障害が発生した。症例報告等によれば、高周波電界内において手指がいわばプレスされたという、

本件よりも重篤な誘電損が身体に発生した事例においても、その障害の発生部位はほぼ高周波電界内におかれた部位か、その周辺部又は末梢側に限られており、全身症状については何ら触れられていないのであって、事故態様及び接触部位の皮膚障害の程度が、ともに症例報告等の事例よりも軽度である本件事故においては、たとえ高周波による熱傷が通常の熱傷の場合と異なり、全層にわたって損傷が起き、水分含有量の高い組織、特に血管系などに高度の損傷を起こすものであるとしても、原告の両手・両足等、本件受傷部位を著しく越えて中枢側や全身に及ぶ範囲にまで、高周波による誘電損が発生したと認めることは、到底できない。したがって、本件事故による熱傷が「両上下肢末梢神経不全麻痺」の原因であると認めることもできないし、他に本件事故と障害との間に相当因果関係を認めるに足りる証拠はない（原シート製作所事件　名古屋地裁平成7年7月21日判タ908-172）。」

③　労災事故後の残存症などについて、「本件では、(1)本件事故の態様に照らすと、原告が、Aとともに、本件コンテナをローラーコンベアー3から同4に移動しようとして、向い合ってこれを持ち上げようとした時にバランスを崩しコンテナから両手をはなしたことにより、不自然な姿勢となり、腕、背部、腰部等の筋肉を急に引張るような外力が加わったことは考えられるものの、腰部への衝撃により、脊髄に損傷を与えるような特別な力が加わったものとたやすく推認することはできないこと、(2)原告は本件事故後も自ら歩いて職場に戻っていること、(3)原告とBとの間柄は、平素から円満ではなく、本件事故後の対応をみても、Bに対する強い反感が認められ、入院の動機に同人に対する抗議の意図もいくぶんあったものと推認されること、(4)原告は本件事故以前にも異常に多様な病気で頻繁に被告会社を休んでいること、(5)原告の脊髄の左右両側に存在する痛覚、触覚を支配する刺激伝導回路が損傷を受けていれば、原告の腰痛・左臀部痛、左下肢知覚鈍麻、しびれ感、左下肢筋力低下の発現は説明できるが、本件事故のような単発事故により左右両側に存

在する痛覚、触覚を支配する刺激伝導回路が損傷を受けることは通常認められないこと、(6)原告の残存症状には心因的要素が加わっていると推認されること、以上の重要な諸事実に照らすと、本件事故と原告主張の傷害及び残存症状との相当因果関係は、これが存在しないとの疑いが生ずる(全国労働者共済生活協同組合連合会　仙台地裁平成4年4月22日判タ798-224)。」

イ　頸肩腕障害

　頸肩腕障害に関しては、次のように、個人の体質などとの関係が問題とされたり、業務が過重ではないと判断されて、業務との相当因果関係がないとされた裁判例が次のように多数あります。

① 　病院で病歴室に配転され入院患者のカルテの整理(通院カルテの回収・製本・収納、入院カルテの準備、送付等)の業務に従事する労働者について、「第2期の業務においては、Xは上肢等への負担が最も重かったと認められる大型ホチキスの作業から解放されたのであり、これにより物理的要因は大きく減少したことにかんがみれば、その業務がXの症状に対して全く関係がないということはできないにしても、第2期における症状の増悪又は継続の主要な原因は、心理的・精神的要因及び身体的要因にあって、第2期の業務がその症状の増悪又は継続の主要な原因を成したものと認めることはできず、第3期以降の業務とXの症状の継続との関係についても、同様である。したがって、第2期以降の業務の内容は、Xの症状の推移との間に相当因果関係があるものということはできない(東日本旅客鉄道事件　東京高裁平成12年8月28日判時1749-38)。」

② 　労働組合書記について、「共済事務を担当していたAが頸腕症に罹患しているが、同人の頸腕症が業務に起因するものであるか否かは不明である。Aの業務及び職場環境がその頸腕症の相対的に有力な原因であったとまで認定することはできず、職場環境中冷暖房に問題があ

ったこと、さらには、Aの発症の事実を考慮しても、なおこの判断を左右することはできない。したがって、Aの頚腕症と業務との間に相当因果関係は認められない（全国電気通信労働組合　東京地裁平成2年9月19日労判568-6）。」

③　税務署職員について、「原告の業種変更にあたって、適性、年齢、経験を無視したとの主張については、原告は、着任当時既に加算機の打鍵については経験を有していたこと、原告の業務は、疾病の原因となるほど過重であったとは認められないこと等に照らせば、原告を加算機担当者として配置したことが安全配慮義務に違反する行為であったと認めることはできない。疾病と業務の因果関係について判断したところを総合すると、原告が加算機業務に従事したことが原告の症状に対して全く悪い影響を与えなかったとは言い切れないが、原告の打鍵業務が、疾病の発症の原因となるほどに過重だったものと認められないこと、原告が自ら配置換の申入れをなした際に診断書も提示せず、それ以降はその申入れも行っていないこと等に照らせば、被告において積極的に原告の状態を調査して直ちに配置換を行うべき義務があったものとは認め難い（川口税務署事件　東京高裁平成元年12月26日労判555-30、東京地裁昭和59年7月2日労判435-28）。」

④　銀行員について、「本件疾病が被告の業務に起因して発症したものであることを認めることはできず、本件疾病と被告の業務との間に相当因果関係（業務起因性）があることを前提として被告に債務不履行あるいは不法行為責任に基づく損害賠償を求める原告の本訴請求は、その余の点について判断するまでもなく理由がない（静岡相互銀行事件　静岡地裁沼津支部昭和58年4月27日労判413-52）。」

ウ　手根管症候群

　手根管症候群に関しても、個人の体質との関係や業務が過重ではないと判断されて、業務との相当因果関係がないとされた次の裁判例がありま

す。

　原告は、本店人事部に異動してからは、使送、文書整理、コピー作業を中心とした軽作業に従事していたのであり、このころから手指、上肢への負担は格段に減少していると考えられるところ、証人Aは、原告の手根管症候群等はもっぱら原告の加齢によるホルモン代謝異常に基づくものである旨証言していること、銀行（被告）内で原告のほかに手根管症候群に罹患した者がいたとの証拠もないこと、原告の症状は、本店人事部に異動した後、一旦顕著な軽快をみせた後、事務量の軽減とは逆に増悪し、手根管症候群と診断されていること等からすると、原告が手根管症候群に罹患したことはもとより、原告が、本店人事部に異動してから後の症状についても、原告の業務との間に因果関係を肯定することは困難であって、他に因果関係を認めるに足りる的確な証拠は見当たらない。原告は、日本橋支店における業務と母指中手基節間関節変形性関節症、デケルバン氏病、母指狭窄性腱鞘炎、橈骨神経麻痺との間にも因果関係がある旨主張しているが、これらの疾病が発症したのは、いずれも原告が本店人事部に異動してその担当する業務が格段に減少した後であり、手根管症候群についてと同様、業務と各症状との間の因果関係を認めるのは困難であり、他に主張を認めるに足りる証拠はない。したがって、本件各疾病による後遺障害等についても日本橋支店における業務との間にも因果関係を認めることはできない（さくら銀行事件　東京高裁平成7年5月31日判タ896－148）。

エ　振動障害

　振動障害に関しても、個人の年齢との関係で、業務との相当因果関係がないとされた次の裁判例があります。

　　チエンソー使用により原告に振動障害が発症したということに疑問を抱かざるを得ない。なるほど、原告は振動障害と認定されているが、これは、原告が振動障害と診断された当時においては、チエンソー等による振動

障害の病態像そのものが医学上判然としない状況にあったことから、振動障害の認定にあたっては、加齢現象あるいはチェンソー等による振動障害の症状と類似する私傷病による症状との鑑別について特に留意されることなく、チェンソー使用者に特段の私傷病の素因などが認められない限り、チェンソー使用者の訴える障害は振動障害による症状であると認定されていたのが実情であったからであろう。そうすると、原告が振動障害と認定されているからといって、原告に振動障害が発症したということはできない。むしろ、原告の有する諸症状は加齢による老化現象による可能性が極めて強い(熊本営林局事件　福岡地裁田川支部平成元年8月17日労判547－44)。」

オ　肝機能障害

肝機能障害に関しても、業務との相当因果関係がないとされた次の裁判例があります。

> フォークリフトの運転など荷役業務に従事していた者について、「原告は、A会社の物流関係業務に従事したこと、B病院精神科において易疲労感が出現したと訴えて診断を受け、検査の結果、軽度ないし中度の肝機能障害が認められると診断され、肝機能障害の病名により、入院して安静、薬物治療を受け、症状及び肝機能改善により退院し、その後通院して治療を受けたこと、その後も、易疲労、腹部膨満、食欲不振を訴えて診断を受け、神経性胃炎と診断されて通院して治療を受けたことがあったこと、また、交通事故に遭って鞭打症になり、その治療のために遅刻、早退し、あるいは就業時間中通院したこと、この事故に基づく休業補償の請求を行ったことの各事実関係に照らすと、原告の肝機能障害が被告の業務に従事したことによって生じたものと認めることはできない。そうすると、原告の肝機能障害が被告の業務に従事したことによって生じたことを前提とし、これが違法もしくは被告の健康保持義務違反であるとする原告の請求は、その余の点について判断するまでもな

く、理由がない(茨城倉庫事件　水戸地裁平成5年12月20日労判650-18)。」

(4) 業務との相当因果関係に関連して、別の事情によるものであると判断した裁判例

ア　職業性疾病などの発生の時期が使用者の安全配慮義務を負う時期と異なると判断された裁判例

次のように、職業性疾病などの発生の時期が使用者の安全配慮義務を負う時期と異なると判断された裁判例があります。

① 肺結核の既応歴を有する従業員について、「原告らは、被告の労働契約上の債務不履行(安全配慮義務違反)ないしは診療契約上の債務不履行による損害の賠償を求めているものであるが、各事実からすれば、被告がAに対して各債務を負っていたのは勤務開始の日から退職の時点までである。けだし、使用者が労働者に対し負っているところの安全配慮義務は、労働者が現実に使用者の支配可能な範囲においてのみ課せられているからである(橋本内科医院事件　水戸地裁昭和58年12月20日判タ524-246)。」

② X線取扱業務に従事していた退職自衛隊員の白血病について、「国の安全配慮義務は在職公務員に対するものであって、公務員たる地位を失った者に対してまで負担するものではなく、当該公務員の退職後はかかる義務の発生する余地はない(自衛隊員白血病事件　東京地裁昭和54年12月21日判タ408-128)。」

イ　使用者の行為が労働災害などの発生を予防することとの間に相当因果関係がないために、損害賠償請求が認められなかった裁判例

次のように、使用者の行為が労働災害などの発生を予防することとの間に相当因果関係がないために、損害賠償請求が認められなかった裁判例もあります。

① 雲仙・普賢岳の火砕流災害で、タクシー運転手が新聞社のカメラマンを運び死亡したことについて、「本件において原告らが主張する被告会社の安全配慮義務の内容は、危険地域への配車要求があったときは乗客に対し目的地ないし経路の安全を確認すべき義務である。しかし、乗客であるAには、被告会社に対して配車を依頼する電話をした当時、本件事故現場の危険性については、火砕流に対する避難勧告地域内であるとの一般的認識以上に特段の具体的な認識はなかったのであるから、仮に配車係のDにおいてAに対しこの趣旨の質問をしたとしても何ら安全配慮義務の履行上意味のある回答は期待できない状態であった。そうすると、仮に被告会社が原告ら主張の内容の安全配慮義務を負うとしても、本件においては義務違反と結果発生との間の因果関係の存在を認めることができない（日経新聞社・第一交通株式会社事件　福岡地裁平成9年4月25日判時1637-97）。」

② 船舶所有会社が、船舶の整備点検、機関の整備点検、冷凍装置の整備点検をそれぞれ別会社に発注し、各作業が行われていた際に、冷凍装置の整備点検を請け負った会社の従業員が冷凍装置バルブを誤って操作してアンモニアガスを噴出させ、機関の整備点検を請け負った会社の依頼により派遣され、同社の指揮下で労務に従事していた従業員が死亡したことについて、「本件事故当時、C船の機関室において、B社の作業とA社の作業が並行して行われたのであるが、もともとA社がアンモニアガスを取り扱う作業をするときはB社の作業を中断し、その作業員を船外に出すこととされていたのであり、本件事故当日Dらが行うことを予定していた作業内容にはアンモニアガス漏出の危険性のあるものはなく、本件事故の原因となったコンデンサーからの油抜きは、Dらの作業内容には含まれていなかったものである。してみれば、仮に労働安全衛生法30条2項前段に基づき本件指名がされたとしても、その指名された者において、Dがその場の思い付きで予定外の危険な作業を行うことまで予測することはできないし、あらかじめ請負作業間の連絡調

整をすることにより、B社の作業とA社の作業が並行して行われることを避けることができたともいえない。そして、このことは、たとえコンデンサーからの油抜きがA社の請け負った作業と関連性があるとしても同様である。また、指名された者によって同条1項3号所定の作業場所の巡視がされたとしても、巡視は毎作業日に少なくとも1回行うことが義務付けられているものにすぎない（労働安全衛生規則637条1項）から、これにより、その場の思い付きでされたDの行為を現認することはほとんど期待できないものである。したがって、上告人が本件指名をしなかったことと本件事故との間に相当因果関係があるとはいえない（株式会社山形県水産公社事件　最高裁第一小法廷平成5年1月21日労判652－8）。」

③　航空自衛隊所属のジェット戦闘機の機材不良による墜落事故について、「本件において、被告は、その職務として訓練計画に基づく緊急発進訓練のため本件事故機に搭乗するAに対し、同機の飛行の安全を保持して同訴外人の生命および健康等を危険から保護するよう配慮を尽くすべき義務を負い、この場合、安全配慮義務の具体的内容としては、同機の各部品の性能を保持し、機体の整備・点検・修理等を完全に実施すべきである。本件事故は事故機の離陸直後真空管に生じた不具合が原因で発生したものであるところ、航空自衛隊が採用していた整備体系のもとにおいてはその整備の段階において不具合を発見する可能性はなかったし、従ってこれを統御することも不可能であつた。しかも、整備体系そのものが自衛隊員の生命を危険から保護するものとして不完全であることを首肯せしめるに足る証拠はない。してみると、被告において本件事故機の飛行によりAの生命を危険から保護するよう配慮すべき義務（安全配慮義務）を尽くさなかった旨の原告らの主張は肯認できない（航空自衛隊第三航空団事件　東京地裁昭和53年4月5日訟務月報24－6－1222）。」

ウ　安全配慮義務違反とは無関係な疾病によると判断された裁判例

　安全配慮義務違反とは無関係な疾病によると判断された次の裁判例もあります。

> 刑務所の刑務官の疾病について、「症状は、立業ではない処遇部教育課に配置換えになった後にいったん軽減し、その後2年以上が経過したころに再度悪化して入院加療を要するようになり、これに加えて原告は特発性血小板減少性紫斑病、慢性肝炎（B型）、高血圧症など本件安全配慮義務違反とは無関係であることが明らかな疾病にも罹患し健康状態がますます悪化したことが認められる。そうすると、勤務の継続が困難な状態になり退職したことと本件安全配慮義務違反との間に相当因果関係があるとは致底いえない（宮崎刑務所事件　宮崎地裁平成14年4月18日労判840-79）。

(5) 業務との相当因果関係について十分な立証が行われていないと判断された裁判例

　業務などとの相当因果関係について十分な立証が行われていないと判断された裁判例には、次のようなものがあります。

① 　じん肺の発症やその増悪は、9年間の秩父鉱山における削岩作業等のみに起因するものとしても不合理ではなく、また、純粋な石灰石粉じんがじん肺を発症させ又はその症状を増悪させるとは考え難いから、宇根鉱山における粉じんの暴露が寄与していると認めるにはなお証拠が不十分というほかない（秩父じん肺事件　東京高裁平成13年10月23日判時1768-138）。

② 　碍子生産会社で、昭和37年から昭和42年までベリリウムを新分野製品開発の素材とするための研究開発の業務に従事してきた労働者が肺炎で死亡したことについて、「病理学、組織学的検討の結果によれば、肺組織における肉芽腫がサルコイドーシスのそれと一致し、ひいては慢性ベリリウム肺症の組織像と一致するとの心証を得ることはできず、さ

らに、医学的に慢性ベリリウム肺症に罹患していたことを証するには足りない(日本碍子事件　名古屋地裁平成7年9月1日判タ849－138)。」

③　ゴルフカーの検査中、他の下請会社の従業員に追突されたことについて、「原告の傷害は、加令変性を原因とする頚部脊椎症による神経根性疼痛に該当する既存疾患であって、本件事故との間に相当因果関係を認めることはできない。本件事故の態様、本件事故から原告が体の痛みを訴えて治療を受けるまでの間に1か月余の期間があること、原告が診療を受けた各医師による診断及び治療の経緯、原告には他覚的所見が認められないこと及び原告の年齢などの事情を考慮すると、原告の主張の根拠となる証拠はない(ヤマハ発動機・伊藤総業・オキソ事件　静岡地裁浜松支部平成5年8月30日労判649－62)。」

④　原子力発電所の下請け労働者の皮膚炎について、「上告人が本件発電所内において本件作業中に被曝したことを認めるに足りる証拠はないとした原審の認定判断は、原判決挙示の証拠関係に照らして首肯するに足り、認定に係る事実関係の下において、上告人の被上告人に対する本件請求を棄却すべきものとした原審の判断は、正当として是認することができる。原子力損害の賠償に関する法律3条1項の規定は、同法2条2項にいう原子力損害が発生した場合において、原子力事業者が原則として無過失責任を負う旨を定めたものであって、原子力損害の有無及びその因果関係の存否について所論の立証責任の負担まで規定したものではなく、原判決に所論の違法はない(日本原電敦賀発電所事件　最高裁第三小法廷平成3年12月17日労判600－6)。

⑤　たばこの包装作業に従事していた労働者の頚肩腕症候群について、「本件では、業務は頚肩腕症の発症をもたらすような過重性について証明がなく、また疾病を業務に起因するとの医学的見解も信用性に乏しく、他方、原告には変形性頚椎症や婦人科疾患の素因があると認められるので、結局原告の頚肩腕症の発症及び再発、再再発について

業務が相対的に有力な原因であり、両者の間に相当因果関係があると認めることができない（日本たばこ産業事件　静岡地浜松支部平成3年8月26日労判597-37）。」
⑥　鋼材打刻中の指切断事故について、「本件事故が原告の刻字ホルダー装着作業中に発生したとの点は、その立証がない（日清鋼材事件　神戸地裁昭和59年9月27日判タ541-204）。」

2　危険の予見

　安全配慮義務があるというためには、使用者が労働災害や健康障害などが発生する危険性を予見し、認識できることが必要ですが、結果発生を認識していないものについては、結果発生の予見可能性を検討します（日本化工クロム事件　東京地裁昭和56年9月28日労判372-21）。そして、この予見可能性については、安全性に疑念を抱かせる程度の抽象的な危惧であれば足り、必ずしも生命・健康に対する障害の性質、程度や発症頻度まで具体的に認識する必要はない（関西保温工業事件　東京地裁平成16年9月16日労判882-29、東京高裁平成17年4月27日労判897-19、最高裁第一小法廷平成18年12月14日）と解されており、また予見すべき毒性の内容は、肺がんなどの発生という重篤な健康被害の発生が指摘されている事実で十分であり、個々の具体的症状の内容や発症機序、原因物質の特定、統計的なエクセス・リスクの確認などまで要するものではない（日本化工クロム事件）と考えられています。

(1) 危険に関する予見可能性があったと判断された裁判例

　危険に関する予見可能性については、①自覚的症状のある疾病について労働者本人の申し出がある場合、②労働者の能力などに問題がある場合、③業務の内容などに危険性を内包している場合、④施設や機械・設備の構造、対象とする物質などに危険性を内包している場合などの場合に予

見可能性があったと判断されていますが、さらに進んで必要な安全衛生教育を行ったり、調査研究を行っていれば、危険の予見可能性があったと判断される場合もあります。これに関しては、次のようなもの裁判例があります。

ア 自覚的症状のある疾病について労働者の申し出などから危険の予見可能性があったと判断された裁判例

> 原告が腰痛症で休職し、引き続き休みたい旨を申し入れていることから、会社は原告の症状を認識していたはずである（おきぎんビジネスサービス事件　那覇地裁沖縄支部平成18年4月20日労判921－75）。

イ 労働者の能力などに問題があったために、危険の予見可能性があったと判断された裁判例

> ① 慣れていないことや予期せぬトラブルに臨機に応じて対処することが能力的に困難であると認識していた（Aサプライ（知的障害者死亡事故）事件　東京地裁八王子支部平成15年12月10日労判870－50）。
> ② 本件トラクターショベルの運転、操作はそれ自体運転者や第三者に危険を伴うものであってこれには有資格の者が携わるべきことが法令をもって定められていることに鑑みると、仮にもこれを無資格の者が運転、操作したときには、その未熟さ故に運転、操作に失敗して運転者や第三者の身体に危害を及ぼす事態の発生することが予測できる（産業廃棄物処理業社事件　福岡高裁平成13年7月31日判時1806－50）。

ウ 業務の内容などに危険を内包しているために、その予見可能性があったと判断された裁判例

> ① 原告は、平成10年6月2日に被告病院の衛生管理者であった医師に対し、鼻粘膜と咽頭粘膜の刺激を訴え、同医師よりステリハイド吸入による刺激が考えられる旨診断され、その後も咽頭痛が継続し、被告病院において診察・治療を受けていたから、長時間グルタルアルデヒドを吸入する可能性のある透視室に勤務していた原告の業務内容からする

と、被告において、原告の刺激症状が透視室での洗浄消毒作業に起因するものと認識することは十分に可能であった(日本海員掖済会事件　大阪地裁平成18年12月25日労判936-21)。
② 刑務所長は、原告の両膝変形性関節症等の疾患が立業である処遇部(運動・入浴・捜検係)の業務に従事することにより今後増悪する蓋然性が高いことを認識していたか、少なくとも容易に認識できる状態にあった(宮崎刑務所事件　宮崎地裁平成14年4月18日労判840-79)。
③ 炭鉱においてじん肺防止のための諸種の対策を総合的に講じなければならないとの考え方が昭和10年頃までには一般的なものとなっていたのであり、同年頃以降は、その使用する労働者を炭鉱内で労働させることによって労働者にじん肺という生命、身体に対する侵害の結果が発生することを予見することができた(三井三池炭鉱事件　福岡地裁平成13年12月18日判タ1107-92)。
④ 事故が発生した冬季のベーリング海は、雨や雪により海上の視程が著しく狭まり、強風が連吹するという自然の脅威にさらされているうえ、漁船が集中し、輻輳する操業船間の衝突の恐れが高い漁場であることは、集団で操業する方式を指導し、監督していた被告にとっては周知の事実であり、また、冬季のベーリング海の気温は氷点以下で、海水温度は摂氏2度ないし3度程度となることもあって、衝突により船が沈没し、乗組員が海中に落下すると直ちに寒冷死する危険があることを被告は十分予測しえた(小名浜漁業協同組合事件　横浜地裁平成7年5月24日判タ908-177)。
⑤ 原告が従事した本件クレーンの運転は、運転手に対し常時両足を浮足状態にして体重を腰や背中で支えるような不安定な姿勢を強いるもので、しかも、被告はクレーンを含む小型クレーンの運転手が腰痛を訴えていたことを、遅くとも、昭和40年ころには知っていた(名古屋埠頭事件　名古屋地裁平成2年4月27日労判576-62)。

⑥　B船は従前から圧縮空気を併用する荷揚作業を行ってきたこと、作業は被告の貸与したカーゴポンプの出力不足からきていること、圧縮気体による荷揚方法として圧縮窒素による方法も行われていることが認められることや、圧縮空気による陸揚を禁じている危険物船舶運送及び貯蔵規則83条の規定等に、そもそも船倉タンク内のような外部と遮断された場所は窒息事故が起こりやすい典型的な場所であることを総合すれば、被告Yは本件のように船倉タンク内に圧縮窒素が注入され、場合によっては酸欠による死亡事故が発生するということは十分予見可能であった(大豊運輸事件　広島高裁岡山支部昭和62年5月28日労判521－56、最高裁第一小法廷平成2年11月8日)。

エ　場所・施設・機械・設備の構造や物質の性質などに危険が内包しているために、その予見可能性があったと判断された裁判例

1)場所・施設・機械・設備の構造

①　本件ピットの構造や、アルゴンガスを使用していることから、本件ピット内にアルゴンガス漏れが生じて滞留するおそれのあることは容易に予測しうる(東洋精箔事件　千葉地裁平成11年1月18日労判765－77)。

②　被告は、原告を高さ約3m以上の高所において木工事の作業に従事させており、原告が高所から墜落する危険のあることは容易に予見することができた(藤島建設事件　浦和地裁平成8年3月22日労判696－56)。

③　浄化槽の形状及び材質は足を滑らせ易いものであること、蓋の重量が約5kgないし7.5kgあって、これを携帯しての浄化槽上での作業はバランスを崩すおそれが多分にあることが認められ、したがって、この作業には相当程度の危険があったというべきであり、このような作業が行われていたことを容易に知りうる状況にあった会社としては、その危険性を除去すべく、浄化槽の上に昇らずに作業できるように配慮すべき義務を負っていた(石川トナミ運輸事件　金沢地裁平成9年9月26日労判72

7-59)。

④ コンビットは、圧縮空気を動力源としてコンクリートに釘を打ち込む機械であって、使用の際には火花が飛散することもあり、その取扱説明書には、動力源としては圧縮空気を用いる旨及び使用時には火花が飛散することがあるので引火しやすいものや爆発しやすいものは遠ざけるべき旨の注意が記載されていることが認められ、一方酸素が支燃性を有し、空気中ではおだやかな燃焼にとどまるものも高濃度の酸素のもとでは激しく燃焼しときには爆発にまで至ることがあることは公知の事実であるから、コンビットを通常の用法と異なり動力源として圧縮酸素を用いた場合に条件によっては本件事故のような爆発がおこりコンビットを操作している従業員が負傷することがあることは会社において予見し得た（株式会社ツバキ・日立工機事件　福岡地裁昭和59年6月19日労判442-97）。

⑤ 本件処理場の屎尿投入施設には瑕疵が存しこれに起因する作業員の死亡等の重大な事故が発生する危険性が予測できた（八尾市清協公社事件　大阪地裁昭和58年12月22日判時1119-99）。

⑥ 屋外である同営業所裏庭の平地を、焼却場として継続的に利用するときは、従前の焼却物の残滓の中あるいは当日の新たなごみくず等の廃棄物の中に、誰かが不用意に捨てた、本件事故時の爆発物であったと推測されるガススプレー等の危険物が混入することなども考えられ、そのような場合、本件のような事故が発生し得ることは予測されなくもない（スズキ自販中部事件　津地裁四日市支部昭和51年2月9日判時822-89）。

⑦ 検査の内容、方法等が具体的に明らかではなかった本件においては、鉄塊内部に火薬物が混入している可能性は絶無とはいえないのであるから、これにガス熔接機等による火力をあてる時は人間の生命を奪うに足るだけの爆発事故が生じる危険性は存在していたのであって、被告もこれを認識していたか少なくとも認識する可能性はあった（鉄鋼

メーカーが本件の砲弾様鉄塊については解体された後のものでなければ、輸入商社等からこれを受取ることをしなかったことが窺われるのであって、こうした事情からも危険性の存在についての認識は可能であつたと思われる）（渡辺鋼材事件　大阪地裁昭和43年2月14日判タ221-186）。
⑧　教官は、地元八戸駐とん部隊にあって種差海岸の潮流の変化等その危険性並びに水泳に適しないことを十分に認識していた（陸上自衛隊第三九普通科連隊事件　東京地裁昭和53年10月30日判タ377-119）。

2）物質の性質など
①　平成7年頃からグルタルアルデヒドの医療従事者に対する危険性が具体的に指摘されており、原告が被告病院検査科に配属されていた当時、医療従事者がグルタルアルデヒドの蒸気により眼、鼻などの刺激症状という副作用が生じることが認識されていた（日本海員液済会事件　大阪地裁平成18年12月25日労判936-21）。
②　カラーアスファルトの性状、その配送作業の内容、タンクローリーの構造等の事実に照らすと、本件において、控訴人は、カラーアスファルトの配送作業の過程で火気の使用が不可欠である一方で、これが可燃物であって、加熱することによりガスが生じることの知見を有していたのであるから、その引火・爆発の可能性を予見した上、従業員の安全を確保すべき注意義務があった（松藤商事事件　福岡高裁平成9年12月9日判時1644-133）

オ　安全衛生教育や調査研究などを行っていれば、危険の予見可能性があったと判断された裁判例
①　安全担当者は本件ソイルタンクから硫化水素が発生するおそれがあることは勿論、硫化水素との気体の名称すら知らなかった旨を証言する

が、組織的に安全対策を徹底すべき会社としては、安全担当者にも十分な教育活動等を施す必要があったというべく、硫化水素発生の危険性につき、本件船舶の安全担当者に十分安全教育を施さなかった点において組織上の落ち度があり、ひいて、教育を受けたとすれば、安全担当者としても、嫌気性バクテリアによる大量の汚泥水中の含硫黄有機物等の分解等によって硫化水素が発生することは容易に予見できた(大晃機械工業事件　山口地裁下関支部平成13年4月23日判時1767-125)。

② チップタンクの燃料片減りによるF-104J型機の飛行特性とその対応策について調査研究をすべき義務に違反したものであり、これによってチップタンクの燃料片減りを原因とする本件事故が発生した(航空自衛隊第六航空団事件　東京高地裁昭和59年2月20日判タ517-223)。

③ 化学企業が労働者を使用して有害な化学物質の製造及び取扱いを開始し、これを継続する場合には、まず当該化学物質の人体への影響等その有害性について、内外の文献などによって調査・研究を行い、その毒性に対応して職場環境の整備改善等、労働者の生命・健康の保持に努めるべき義務を負っている(日本化工クロム事件　東京地裁昭和56年9月28日労判372-21)。

カ　そのほかの労働災害に関し予見可能性があると判断された裁判例

1)墜落・転落

① 本件検蓋作業を行うに際して、熱中症や体調不良などの異常が生じた場合に、作業者が転落する可能性が十分に考えられた(大和製罐・テクノアシスト相模事件　東京地裁平成20年2月13日労判955-13)。

② 被告の現場監督のAは原告との間で木工事の工程について確認を

> していたこと、Aは原告が既に2階の屋根工事をおおむね終了していることを知ったこと、原告はAに対し外回りの足場のないまま、晴れ間を見て作業に従事することを告げ、被告は、原告が外回りの足場が設置されていない状況の下で1階の屋根工事に従事することを十分予見することができた(藤島建設事件　浦和地裁平成8年3月22日労判696-56)。
> ③　ジャッキ受けのはめ込み作業を初めて行うのであるから、同人と同様の方法で作業をするうち、その操作の仕方を誤り、場合によっては、ジャッキ受けが大きく、しかも重量があり、夜間の、高所における作業のこととて、その身体の自由を奪われるなどして作業足場から墜落するなどの危険があることも全く予想されないわけではない(常石造船所・宮地工作事件　広島地裁尾道支部昭和53年2月28日労判296-49)

2）挟まれ・巻き込まれ

> 隙間は、上部において約35センチメートルあって、人が手や首を入れようとすれば入る幅を有していること、飯缶反転装置のスカートやアングルに異物が付着することがあり、隙間から付着の状態を見ることが出来ること、同装置は8秒間完全に停止しその間開いていることが認められ、同装置にアングルがあるとしても、同装置に従事する者が異物を除去しようとして、隙間に身体を挿入することは予想ができ、挟まれればその者の身体や生命に危険を及ぼすおそれがある(トオカツフーズ事件　東京高裁平成13年5月23日判タ1072-144)。

キ　そのほかの職業性疾病に関し予見可能性があると判断された裁判例

1）アスベストによる中皮腫

> 約15年間石油コンビナートの加熱炉補修工事などの現場監督を行っていた者について、「本件においては、石綿粉じん吸入によって、その生

命・健康を害する影響を受けることについて予見可能性があった(関西保温工業事件　東京地裁平成16年9月16日労判882-29、東京高裁平成17年4月27日労判897-19、最高裁第一小法廷平成18年12月14日)。」

2)じん肺

　会社は、当時のじん肺に関する知見とその対策の普及の程度等を理由に原告ら元従業員がじん肺に罹患することを予見しえなかったから、同被告の責に帰すべき事由はないと主張する。しかしながら、被告が原告ら元従業員のじん肺の罹患及び死亡又は重篤な症状の結果の発生を予見することは優に可能であり、じん肺に関する知見とその対策の普及の程度等を理由とする被告の有責性不存在の抗弁は採用しえない(平和石綿工業・朝日石綿工業事件　長野地裁昭和61年6月27日労判478-53)。

(2) 危険に関する予見可能性がなかったと判断された裁判例

　一方、危険に関する予見可能性がないと判断されたのは、①科学的な知見がない場合や②自然災害などに関するものである場合、③自覚的症状のある疾病について労働者本人の申し出がない場合、④業務の内容などが社会通念に照らし危険性を内包するものではない場合、⑤労働者や第三者が使用者にとって想定できないような行動をした場合、⑥対象となる物質の有害性が小さいために健康障害を発症させる危険があるとは認められない場合などです。これに関しては、次のような裁判例があります。

ア　科学的な知見がないために、危険に関する予見可能性がなかったと判断された裁判例

①　控訴人以外の従業員では悪臭や喉の痛みを訴えた者が数人いたが、これらの者も暫くすると症状が軽快し、控訴人ほど深刻な症状を発

症した者はいなかったこと、被控訴人の新社屋におけるホルムアルデヒド濃度は、一般健康労働者にとっては症状が出るほどの曝露濃度ではなかったと認められること、控訴人の診断をした医師の中にもシックハウス症候群又は化学物質過敏症が広く知られていたとは認められないことからすれば、被控訴人において、ホルムアルデヒドについて対策をとるべき安全配慮義務に違反したとまで認めることはできない（ミヤマショウブプロダクツ事件　大阪高裁平成19年1月24日労判952-77）。

② 　原告がシックハウス症候群ないし化学物質過敏症に罹患したと認められる平成12年5月ないし8月当時、厚生省においてホルムアルデヒドの室内濃度指数値を0.08ppmとすることが定められていたが、同省生活衛生局長が各知事等に対し室内濃度指数値等の通達を発したのは同年6月であり、厚生労働省労働基準局長が各労働局長宛てに、事業者に対しホルムアルデヒドによる労働者の健康リスクに関する通達を発出したのは平成14年3月である。そうすると、被告においては、原告が新社屋においてホルムアルデヒド被害を受けた当時、原告が管理者に具合が悪いことを伝え、勤務中マスクを装着していたとしても、直ちに原告の症状が新社屋の改装に伴って発生したホルムアルデヒド等の化学物質によるものと認識し、必要な措置を講じることは不可能又は著しく困難であった。確かに、被告は、商品開発や販売において、化学物質について注意をしていたことは認められるが、ホルムアルデヒド等の化学物質の規制状況からすると、従業員が新社屋から建材等の臭いがすると話していたこと、目が赤くなる者がいたことなどから直ちに新社屋で化学物質が発生し、それがシックハウス症候群ないし化学物質過敏症に罹患する程度の危険性を有するものであるとまで認識することはできなかった。また、原告は、平成12年8月7日に職場復帰した際の被告の対応を問題視するが、医師から新社屋の空気清浄の必要性の指摘を受けて1週間程度しか経過していなかったのであるから、被告に対し、この間に必要な調査や適切な対策を講じることを義務付けることはできず、被

告の義務違反を認めることはできない。したがって、被告は、原告が新社屋に勤務していた平成12年5月22日から同年8月10日までの間に、新社屋からホルムアルデヒド等の化学物質が発生し、それを原因として、原告がシックハウス症候群ないし化学物質過敏症に罹患したと認識し、必要な措置を講じることは不可能又は著しく困難であったということができ、被告に安全配慮義務違反があったということはできない(ミヤマショウブプロダクツ事件　大阪地裁平成18年5月15日労判952-81)。

③　市発注のごみ処理プラントの水素ガス爆発事故について、「本件灰バンカー内に多量の水分が存在することが予見できたとしても、アルミニウム成分の存在を予見できたことを認めることはできないし、東京都清掃局葛飾清掃工場で、灰冷却水槽での水素ガス爆発が発生した事例が報告されているものの、本件事故では、灰バンカー内での水素ガス爆発の有無が問題となっているのであって、その間には物理的、化学的条件が大幅に相違するから、葛飾清掃工場の事例が報告されていたことがあるとしても、本件プラントでの水素ガス爆発の可能性を予見できるとすることはできない(荏原製作所事件　大阪高裁平成6年4月28日労判655-22)。」

④　被控訴人は、少なくとも昭和40年当時まではチエンソー使用による振動障害の発症を予見することは困難であった(直方営林署事件　福岡高裁平成4年3月12日労判611-76)。

イ　自然災害などに関するもので、危険に関する予見可能性がなかったと判断された裁判例

①　火砕流が発生した場合の規模ないし到達範囲を具体的に予測することは困難であり、また、火砕流本体の前面にブラストが発生するとの認識を有していたことを認めるに足りる証拠もない。これらの事実に、避難勧告が発令され、勧告地域へ進入しないよう協力を要請されていたものの、勧告地域内への取材のための通行は事実上制限されなかっ

たこと、取材現場はそれまでの最大規模の火砕流の到達した地点より約1キロメートル下流の地点であり、地元住民も安全と考えていた地点であって、水無川より高台に位置すること、Aらは高台にいれば火砕流に巻き込まれることはなく、火砕流が接近したとき車で避難すればよいと考えていたこと、従前火砕流によるものとして報道された人的被害はせいぜい軽度の火傷程度のものであったこと、人的被害が今後生じるとすればそれは土石流によるものと考えていたことを総合すれば、Aは本件事故当時、本件事故現場に滞留すれば火砕流による死亡事故が発生する恐れがあるとの具体的認識を有してはいなかった。なお、同年5月27日付B新聞は、火砕流は高温ガスと火山灰、溶岩の破片など粉状の混合物が山腹を速い速度で流下する現象であるとの記事、本件事故当日のC新聞は火砕流の速度は新幹線並みであるとの記事を掲載しており、Aが記事を読んでいたか否かは明らかでないが、Aが本件事故前に火砕流の速度等について記事のような認識を有していなかったことは、Aの被災直前の比較的余裕を持っていたと窺われる行動から十分推認できるところであるし、仮に同人がこの記事を読んでいたとしても、火砕流の性状について特段の予備知識を有していたとは認められないAにおいて、記事内容から直ちに本件事故現場における取材に具体的危険があると予測することはできなかった（日経新聞社・第一交通株式会社事件　福岡地裁平成9年4月25日判時1637−97）。

② 　マイクロバスが土石流で川に転落し死亡したことについて、「就労後における豪雨及びこれによる災害の発生を予測しなかったことについて主任に故意、過失があるものとは認められない（人吉営林署大塚事業所事件　熊本地裁昭和60年7月3日労判462−37）。」

③ 　本件事故は坑内夫Dが本件採炭現場において発破作業を行った際炭壁の崩壊に因り従来その存在を予想しなかった古洞に通じた為偶然に生じた不運かつ不幸な事故であるというのほかはないことを認め得る。その他被控訴会社において相当の注意をすれば古洞の存在を

確知し得たとの事実を認むべき立証はないから、古洞に因るガス突出防止につき会社に過失があった事実は結局これを否定するほかはない（原口鉱業事件　福岡高裁昭和39年10月26日下級民集15－10－2058）。

ウ　自覚的症状のある疾病について、労働者本人の申し出がなく、危険に関する予見可能性がなかったと判断された裁判例

　頚肩腕症候群は、発症の初期には他覚的症状に乏しく、自覚的症状が先行するものであり、昭和42年当時においては、タイピスト等についてはともかく、一般事務従事者にも業務遂行の結果として頚肩腕症候群の発症のあり得ることは一般に認識されていない状況にあったから、本人からの申し出がない限り、使用者としては一般事務従事者に頚肩腕症候群の発症したことを窺い知ることができない状況であった。そうすると、原告から昭和42年3月15日付診断書が提出される以前においては、大阪地裁当局に、原告に対する問診など頚肩腕症候群の発症の予防ないし発見をする具体的義務を課することはできない（大阪地方裁判所事件　大阪地裁昭和55年4月28日労判346－42）。

エ　業務の内容などが社会通念に照らし危険性を内包するものではないために、その予見可能性がなかったと判断された裁判例

①　石けん水の入った18リットル入りのブリキ缶を運ぶ途中に階段から転落して負傷したことについて、「本件缶は重さが19.1kgであって、石油用18l入りポリ容器に石油を満杯に入れた重量と大差はなく、この程度の重量及び容量のものならば、通常の主婦でも階段を運搬することができるものあり、特に重いものとは言えないことから、本件階段を上って本件缶を原告に運搬させること自体は、安全配慮義務に違反するということができない。なるほど、運搬業務は一週間に一度の非定常的なものであるが、原告は本件事故に遭うまでの約半年間何らの問題もなくこの業務

を行ってきたのであるから、非定常的業務であるからといって、特に危険が増すものということができない。また、原告は、事故当日、安全靴の底が特に滑りやすいと感じたことはなかったのであって、同靴には石鹸が付着していたと認めるのは困難であるし、原告は、休憩時間後に本件缶を運搬したのであるから、石鹸水で濡れた軍手を用いたものとは認め難く、さらに、手すりが滑りやすいと感じていなかったのであるから、原告が軍手や安全靴を着用して本件缶を持って階段を昇降することが危険であると認めることも困難である。また、本件階段の勾配も特段問題のあるものではないことから、被告には、本件缶を持って昇降する従業員のため本件階段を緩やかな勾配にしなければならない義務も存在しない。さらに、本件事故当時原告には特にあせりや油断はなく、疲労感から集中力が鈍ったということもなかったから、休憩時間とコンベア稼働の間の時間帯に本件缶を運搬させたことをもって、会社に安全配慮義務の違反があるということができない（本田技研工業事件　東京地裁平成6年12月20日労判671−62）。」

② 事故当日Dらが行うことを予定していた作業内容にはアンモニアガス漏出の危険性のあるものはなく、本件事故の原因となったコンデンサーからの油抜きは、Dらの作業内容には含まれていなかったものである。してみれば、仮に労働安全衛生法30条2項前段に基づき本件指名がされたとしても、その指名された者において、Dがその場の思い付きで予定外の危険な作業を行うことまで予測することはできないし、あらかじめ請負作業間の連絡調整をすることにより、B社の作業とA社の作業が並行して行われることを避けることができたともいえない（株式会社山形県水産公社事件　最高裁第一小法廷平成5年1月21日労判652−8）。

オ　労働者や第三者が想定できないような行動をしたために、使用者にとって危険に関する予見可能性がなかったと判断された裁判例

① 本件梯子が昇降用のものでないことは一見して明らかであり、他に安

全な通路が存在していたのにもかかわらず、Aは、梯子に昇って、梯子が掛かっている手すり部分を乗り越えようとしたものであるから、Aの使用方法・態様は使用者等の通常予測しえない、無謀にして、異常なものということができる。したがって、Aのかかる行為により、Aに損害が生じたとしても、それは、専らAが招来したから、これによって生じた損害につき、会社が安全配慮義務ないし注意義務違反に基づく責任を問われるべき理由はない。よって、作業の開始に際し、Aに対し梯子に昇らないよう注意せず、あるいは、梯子を撤去していなかった点を捉えて義務違反があるということはできない（栗本鐵工所・末広工業所事件　大阪地裁平成8年7月29日労判700-12）。

② 　プレス作業をしていたときに上金型を装着したスライドが突然落下して負傷したことについて、「会社は、本件事故直後に、この種の機械の点検整備業者に対し、本件機械に「二度落ち」するような欠陥があるかについて検査を依頼し、同業者から、異常がない旨の検査結果の報告を受けている。したがって、本件事故がスライドの「二度落ち」によるものと認めることはできないから、「二度落ち」によることを前提とする安全配慮義務違反及び過失の主張は理由がない。また、本件事故当日の朝、光電管が作動していたところ、その後に会社又は第三者がその電源スイッチを切ったことは窺えないから、その電源スイッチは原告自身が切ったのではないかと思われる。また、光電管の電源スイッチが当日のどの時期に切られたのかを確定することができないから、会社において、本件事故時に原告が光電管を作動させずに作業をしていたことを知らなかったとしても、そのことが安全配慮義務に違反するものであり、又は過失であるということもできない（浜岳製作所事件　横浜地裁平成7年2月23日労判676-71）。」

③ 　本件事故は、原告が、玉掛作業をする者にとって基本的な玉掛方法を誤りクレーンのフックにアイあるいはワイヤーをかけるのではなく荷重にたえられないことが明らかなO環をかけてしまい、しかもクレーン操作をす

る者にとって基本的な遵守事項に反し、漫然吊荷の下方で作業を続行したことによって生じたもので、原告の自招自損行為による結果と言わざるを得ず、原告主張の安全用具の不備の事実を認めることは困難である。そして原告の行為結果は被告らの予測可能性を超えており、いずれの見地からも被告らに帰責事由はない（藤元建設工業・石川島播磨工業事件　広島地裁福山支部平成5年5月10日労経速1514－11）。

④　子供のいたずらで床にしりもちをついたことについて、「幼児の運動能力、Aの営業所内における行動状況、訴外Bの監督状況、本件事故時の状況等に鑑みれば、会社において、本件事故を通常予見することが可能であったとは認め難いものであり、また、仮に予見できたとしても、万一の事故防止のため幼児の行動を監視すべきはその保護者である幼児の母親なのであり、その母親がそばにいる状況下で、被告会社に幼児の行動についての監視義務があったなどと認めることはできない（朝日生命保険事件　仙台地裁昭和63年6月21日労判521－26）。」

⑤　本件足場の床板上はその走行中運転者以外の者の立入る必要がなく、その立入が禁止されているものであり、ドックサイドには0.93mの高さの手すりが設置されているからその運行中に誤ってこれに乗り込む者があることは通常予想できないところであり、乗り込みの防止又は乗り込み者とゴムフェンダーの接触を防止すべき装置を設置しなかったからといって、本件足場が通常有すべき安全性を欠いていたということはできない（川崎重工神戸造船所事件　神戸地裁昭和60年6月20日労判463－86）。

⑥　本件射場を使用する自衛隊員が警戒旗の撤収に当たりたまたま本件経路をとったとしても、一般的には、本件監的壕東壁上のコンクリート縁を勢い余ったように踏み外して本件監的壕内に転落する事故に遭うおそれがあったものとは考え難いのに、そのようなおそれのあることを特に予想し、又は、一般的にはあり得ないところであるのにそのような場合のあることを特に予想し、かつ、このような場合に、本件射場を使用する

若手、少壮の自衛隊員が滑落又は転落の事故に遭うおそれをもおもんばかって、本件監的壕内への滑落又は転落の防止のため、隊員に対して本件経路や本件盛土部分の通行禁止を命じたり、転落防止用の設備や安全な渡越設備等を設けるべき義務は、本件事故当時の本件射場の所有者管理者にはなかった（陸上自衛隊真駒内事件　東京地裁昭和55年4月22日判夕424-134）。

⑦　輸送の対象であったBらは、入隊後間がないとはいえ、3か月間の前期教育において自衛隊員としての基礎訓練を受けた者であり、またBは当時19歳で、社会生活におけるこのような危険に対する判断力を十分備えていたものとみられるから、このような者については、社会通念上容易に予想しうる危険は自らの判断と責任において回避するものと期待して差支えなく、「海が相当しけているから甲板に出ないように」との船内放送がなされ、上司からも同様の指示を受け、かつ、甲板への出入口に「荒天のため出入厳禁」との警告がなされている以上、これらを無視してあえて危険な行為に出る者があることまで予想して、輸送の指揮に当たる者が隊員の動静を終始監視し、あるいは甲板への出入口に見張りを立てる等の措置をとるべき義務はない（陸上自衛隊中部方面事件　東京地裁昭和54年1月29日判夕387-78）。

カ　対象となる物質の有害性が小さいために、健康障害を発症させる危険に関する予見可能性がなかったと判断された裁判例

　　アレルギー性皮膚炎と考えられる症状は、殺虫剤の煙に触れたことによって生じたものと推認されるけれども、アレルギー性皮膚炎に対する被告らの予見可能性（相当因果関係）についてはこれを認めるに足りる証拠はなく、却って、原告に生じたアレルギー性皮膚炎の主たる原因が、原告において副腎皮質ホルモン外用剤を長期連用していたため、皮膚が菲薄化し、顔面の皮表に付着した物質が経皮吸収され易くなっていたことにあると推認される。そして昭和54年ころには、まだ副腎皮質ホルモン外用剤

の副作用についての情報が不足していたこと、原告が殺虫剤の煙に触れたとはいえ、点火後5時間以上も経過していたのであるから、残存していて原告の顔に触れた煙は僅かのものであったと推認されること、殺虫剤の発売量が2千万本を超えるにもかかわらず薬害事例が全くないことから、殺虫剤はさ程の有害物とはいえないことなどが認められ、これらの点を併せ検討すると、原告は、当時まだその副作用が充分認識されてなかった副腎皮質ホルモン外用剤を長期連用していたため、有害性の乏しい殺虫剤の煙に僅かに触れただけでアレルギー症状を発症したというべきであるから、症状は特別事情によるものであり、被告らには、これについて予見可能性がなかった（大和銀行事件　福岡高裁平成4年2月25日労判610-51、福岡地裁飯塚支部平成元年12月20日労判560-74）。

3　結果の回避

使用者が危険性を予見したか否かにかかわらず、危険性が予見可能であるときは、その危険を回避するための措置を講じなければなりません。

(1) 危険を回避するために講ずべき措置の程度

この場合に危険を回避するために講ずべき措置の程度としては、その時代にでき得る最高度の措置を行うように努力し、あらゆる対策を講ずること（日本化工クロム事件　東京地裁昭和56年9月28日労働判例372-21）であり、問題とされる時代における技術水準、医学的知見、経済的、社会的情勢に応じて最善の手段方法をもって実施しなければなりません（三菱重工業事件　大阪高裁昭和63年11月28日労判532-49）。そして、使用者が現にとった対策がその時点で実践可能な最高の水準に基づく対策を下回らないこと、実践可能な最高の技術水準に基づく対策をとっても、なお、危険の発生を予見することができず、これを回避することができないこと、又はその最高水準の対策をとることが企業存立の基礎をゆるがす程度に経

済的に実施不可能であるなどやむをえない事情がなければ、使用者は責任を免れることはできない（筑豊じん肺事件　福岡地裁飯塚支部平成7年7月20日判タ898－61）と解されています。さらに、危険を回避するために講ずべき措置について、科学的、技術的、医学的水準も絶えず向上している場合には、こうした科学技術の進歩を前提とした上で、これらの措置を総合的かつ適切に履行することが求められています（日鉄鉱業松尾採石所ほか事件　最高裁第三小法廷平成6年3月22日労判652－6、東京高裁平成4年7月17日労判619－63）。また、安全配慮義務も、企業利益との調和の範囲内で、投資すれば履行されるという考え方は到底採用できない（日本化工クロム事件）とされています。

これに関しては、次のような裁判例があります。

ア　じん肺

① 使用者が現にとった対策がその時点で実践可能な最高の水準に基づく対策を下回らないこと、実践可能な最高の技術水準に基づく対策をとっても、なお、危険の発生を予見することができず、これを回避することができないこと、又はその最高水準の対策をとることが企業存立の基礎をゆるがす程度に経済的に実施不可能であるなどやむをえない事情がなければ、安全配慮義務に関する債務不履行について故意、過失または信義則上これと同視すべき事由があるものとして、使用者は損害賠償責任を免れることはできない（筑豊じん肺事件　福岡地裁飯塚支部平成7年7月20日判タ898－61）。

② 有害粉じんそのものは、労働現場においてその殆どが不可視的な微粒物体であり、かつ、計測も容易ではないことにより、使用者側において万全の防御対策を講ずることにかなりの困難を伴うことは理解できないわけではないが、じん肺の原因が人体に有害な粉じんを長時間吸入することによるものであるとの病理機序は既に相当以前から明らかにされており、じん肺はいったん罹患するや不可逆的な病であって、肺機能障

害などにより生命または身体という重要な法益を侵すものであり、そして、じん肺罹患防止のための作業環境、吸入防止用具などの科学的、技術的、医学的水準も絶えず向上しているものであるから、被告らとしては、こうした科学技術の進歩を前提とした上で、これらの措置を総合的かつ適切に履行し、もってじん肺防止の万全の注意を払うべき義務の履行が求められていた。このように、使用者側としては、当該労働者らとの関係では、如何に困難が伴うとはいえ、できるかぎりの有効な諸措置を講ずるのが信義則上要請されている（日鉄鉱業松尾採石所ほか事件最高裁第三小法廷平成6年3月22日労判652－6、東京高裁平成4年7月17日労判619－63）。

③ 粉じん作業使用者は、粉じん作業労働者に対し、労働者をじん肺に罹患させないようにするため、当該粉じん作業雇用契約の継続する全期間にわたって、絶えず実践可能な最高の水準に基づく、(一)当該粉じん作業労働者が作業に従事する作業環境の管理、すなわち、(1)作業環境における有害かつ吸入性のある粉じんの有無ないしその量を測定し、(2)この測定結果に基づき安全性の観点から当該作業環境の状態を評価し、(3)この評価の結果安全性に問題があるときには、当該危険を除去するため若しくは安全性を向上させるために、【1】粉じんの発生、飛散を抑制するため湿式削岩機の使用、発じん源に対する散水等の措置を講じ、【2】発生した粉じんの希釈、除去のため換気又は通風の措置等必要かつ適切な措置を講じること、(二)当該粉じん作業労働者の作業条件の管理、すなわち、(1)有害粉じんの吸入による人体に対する影響をなくすため作業時間（粉じんに暴露される時間）、休憩時間、休憩場所の位置・状況等について必要かつ適切な措置を講じ、(2)粉じんの吸入を阻止するために有効でありかつ当該粉じん作業労働者が装着するに適した呼吸用具を支給し、これを装着させること等の措置をとること、(三)当該粉じん作業労働者の健康等の管理、すなわち、(1)粉じん作業労働者に対し、【1】粉じん及びじん肺の危険性並びにその

予防について一般的な教育を行い、【2】当該粉じん作業労働者の作業現場における粉じん測定の結果及びこれに基づく危険の程度を知らせ、マスクの使用方法・保守管理等について教示し、(2)じん肺の専門医による粉じん作業労働者の健康診断を適時に行い、じん肺の早期発見及び配置転換によるじん肺の重症化への進行を阻止する措置を講じること等を履行する義務を負担した(日鉄鉱業事件　東京地裁平成2年3月27日労判563-90)。

イ　その他の職業性疾病に関する裁判例
①　騒音職場における事業者等のその被用者・下請工に対する安全配慮義務の内容としては、騒音性難聴予防対策を、問題とされる時代における技術水準、医学的知見、経済的、社会的情勢に応じて最善の手段方法をもって実施すべきであった(三菱重工業事件)。
②　会社の結果回避義務の履行として第1に求められるのは、作業環境の保持について、労働者の健康、人命の尊重の観点から、その時代にでき得る最高度の環境改善に努力することであり、それとともに労働者の健康保持のため、あらゆる対策を講ずることが要求されなければならない。この点について、企業は営利を目的としているのであるから、労働者の健康保持の義務も、企業利益との調和の範囲内で、作業環境の改善費を投じれば履行される、という考え方は到底採用できない(日本化工クロム事件)。

(2) 使用者が危険を回避するための措置を十分に講じたと判断した裁判例

使用者が危険を回避するための措置を十分に講じたと判断した裁判例は、次のように、あまり多くありません。

ア　チエンソー使用による振動障害について

　林野庁の行った一連の施策等を通じてみれば、医学的知見及び各種の調査研究の結果からも、必ずしも振動障害発症の回避のための的確な実施可能の具体的施策を策定し得る状況にあったとはいえない時期においては、林野庁としては振動障害発症の結果を回避するための相当な措置を講じてきたものということができ、これ以上の措置をとることを求めることは難きを強いるものであるから、振動障害発症の結果回避義務の点において被上告人に安全配慮義務違反があるとはいえない。新しい形態の機械器具であるチエンソー等を導入したことは、当時の情勢からみて何らの落度もなく、むしろ作業員の肉体的負担の大幅な軽減のため必要であり、有用であったのであって、チエンソー等の使用による振動障害発症の予見可能性が生じた昭和40年当時、チエンソー等は既に本格的に導入されていたのであるから、この段階においてその使用を中止するとすれば、林野庁の全国の職域に混乱を招き、林野行政に深刻な影響を与えることは明らかであり、他方、伐木造材等の作業員にとっても、林野庁にとっても、その使用によって現に肉体的負担の大幅な軽減、作業能率の飛躍的向上等の大きな利益がもたらされていたことを考えれば、チエンソー等は伐木造材、造林事業を円滑に遂行するための必要不可決な機械としてその使用がしだいに定着したものと認められるのであって、このような見地からすれば、被上告人に振動障害を回避するためチエンソー等の使用自体を中止するまでの義務はない。そこで、チエンソー等の継続使用を前提として結果回避のための注意義務を検討すると、その注意義務は、チエンソー等は新たに採用された新しい形態の機械器具であり、国の内外の専門家の間でも被害発生の点につき十分な研究がなされていなかったなどの諸事情を勘案すれば、社会通念上相当と認められる措置を講ずれば足りると考えられるのであり、この点については振動障害の発生を防止するため各種の措置が講じられてきたのである。チエンソー等の継続使用による振動障害の発生という事態はわが国においては過去に例がない

ため、その対策を検討するには原因究明のための科学的、医学的な調査研究が必要であり、その対策を樹立し、実施するには、調査研究と相まって、作業体制、作業員の待遇その他の勤務環境、条件の整備、機械の改良等の各種の検討、試行を繰り返しながらある程度の期間をかけざるを得ないのであって、これらの措置が遅きに失しあるいは不十分であるとはいえない。林野庁は、全国的に配置されたチエンソー等を使用する多数の作業員の健康問題、その中にあって振動障害を訴える作業員の健康回復のための具体的措置、更にはそれらの作業員の給与待遇問題などに考慮を巡らし、他方において林野行政の適正円滑な遂行に配慮するなど、総合的な観点からその対応策を順次実現に移していったものであって、このような観点から事実関係の経過をみれば、林野庁としてはその置かれた諸条件のもとにおいて、結果回避のための努力を尽くしていたと認められる。したがって、被上告人において安全配慮義務に違反するところはなく、債務不履行による損害賠償責任はこれを否定せざるをえない（林野庁高知営林署事件　最高裁第二小法廷平成2年4月20日労判561-6。直方営林署事件（福岡高裁平成4年3月12日労判611-76)や林野庁高知営林署事件（高松高裁昭和59年9月19日労判440-39)も同様に判断しています。)。

イ　刑務所の看守の護身術訓練について

　刑務所では、護身術指導担当者研修を終了し、かつ、矯正保護護身術術技検定規則に基づく護身術検定の上級（基本技術及び応用技に習熟し十分な応用能力をそなえ、かつ指導能力を体得した者）に合格した者の中から訓練指導担当者が任命されることになっていること、Aは研修を受けて検定の上級に合格し、奈良少年刑務所長から護身術訓練指導担当者に任命された者であることがそれぞれ認められ、また、訓練は月毎に作成される訓練計画表に基づいて実施され、所長はその原案をAに作成させていたが、同人の上司である警備隊長、補導課長、補導部長等

を経て最終的に所長が決裁し、事後においても書面(日誌)による報告を受けて訓練の実施状況を把握することができるようになっていたこと、そのほか、適宜、補導課長等が訓練に立ち会っていたことがそれぞれ認められるので、本件事故について安全配慮義務違反があったということはできない(奈良少年刑務所看守事件　大阪高裁平成4年10月30日訟務月報39-8-1419)。

ウ　腰痛症を罹患していたスーパー従業員が食肉運搬にかかわって肩関節炎等を受傷したことについて

　被告は、原告の腰痛症に配慮して、原告の配置転換を考え、これが原告に受け入れられないと、原告に対して重い物は持たないように注意するとともに、原告が自らの裁量で仕事の範囲を決めてその作業のみを行うことを許容し、被告灘店の精肉売場の従業員に対しても、原告には重量物を持たせないようにするよう指示して、原告の作業について重量物の運搬等の必要が生じた場合には他の従業員に協力させる態勢をとり、協力が可能な人員も配置していたから、被告は使用者として原告に対して負っている安全配慮義務を十分に尽くしていた(ダイエー事件　大阪地裁平成元年2月28日労判542-68)。

エ　裁判所事務官として主に記録運搬業務及び記帳業務に従事していた者の脊柱側溝、頚腕症候群、右上肢神経炎について

　被控訴人が受診後業務量の軽減を求めたのに対し、管理者が「診断書の提出がなければ」として、診断書等により実情を確認しない以上被控訴人の要請に対処することができないと措置したことは当然であって、この措置を不適切ということはできない。また分会の被控訴人に重い物を持たせないこと、重量物運搬のない職場へ配転させること等の要求を受けて、裁判所が被控訴人に対し最も重いとみられるH分室への記録運搬を免除し、その他の運搬は1回分の重量を軽くするよう指示したこと、その後被

控訴人は記録運搬業務を全部免除されたことによれば、管理者は診断書の記載、被控訴人及び分会の説明や要望を聴き、その趣旨に副って被控訴人の業務を軽減したのであって、被控訴人の業務軽減後の業務が本件疾病の増悪に作用したかどうかの判断を待つまでもなく、地裁のとった業務軽減措置が不十分であるということができないし、地裁としては、被控訴人に対し通院の便宜を十分に図り、速記官やタイピストに対してのみ実施している特別健康診断の受診者の中に被控訴人を加えるなどして被控訴人の健康管理に十分注意を払っているのであって、被控訴人の希望に副った配転を直ちに実行しなかったからといって不適切な措置ということはできない（大阪地方裁判所事件　大阪高裁昭和56年10月23日労判375-45）。

オ　労働者の墜落事故について

本件9号駄目穴は、南側を除く三方が金網（養生網と称されているもの。但し、地下5階部分は板）で覆われ、南側が開口部となっており、その地下2階部分においては、床面から20ないし30cmおよび90cmの各位置に鉄パイプの手すりが設けられ、地下4階部分には、物体の落下または飛来による危険を防止するため駄目穴を水平に塞ぐことのできる開閉式防網があった。南側開口部付近には、各階毎に見やすい位置に「立入禁止」の標示があり、本件駄目穴による資材の揚卸作業は、玉かけの技能をもつ作業員が、命綱で体を支え、ウィンチを用いて行い、開口部で積降ろしすることになっていた。本件工事現場には、同種の駄目穴が合計12か所にあったほか、人の昇降用階段が5か所にあった。また、本件事故当時、現場の安全管理者は、会社の従業員Bであり、同所における従業員に対する安全教育は、新しく現場に配属された者について、まず現場の状況をのみこませ、危険箇所の所在および安全施設・安全計画を具体的に教え、当初3日ないし4日間は1人歩きさせず、現場に慣れた者と行動を共にさせるほか、毎日行う作業打合せの際、その都度予想される作業上の危険

と一般的危険につき注意を与え、駄目穴については、特に資材揚卸作業に従事する者以外これに近づかないように注意していた。Aも以上のような安全教育を受けていた。会社は、本件駄目穴につき墜落防止に必要な安全施設を施し、かつ、Aに対する安全教育も施したというべきであって、同人に対する労働契約上の安全保証義務の不履行は存しない（大成建設、新興工業事件　福島地裁昭和49年3月25日判時744－105）。

カ　潜水訓練中の自衛隊員の死亡事故について

　本件潜水訓練はAが海中において作業ができるかどうかを確認することを目的としたことが認められ、かくの如き程度の潜水を実施させるには、この程度の潜水教育で十分であるから、被告には、潜水教育の実施につき安全配慮義務の懈怠があったと認めることはできない（海上自衛隊横須賀総監部第一駆潜隊事件　東京地裁昭和53年10月30日判タ380－119）。

キ　飛行中の自衛隊員の墜落事故について

　第7航空団206飛行隊においては同隊の展示飛行計画は、Bにおいて予行飛行のうえ、慎重に立案確定されていたのであるから、安全配慮につき欠けるところはない（航空自衛隊第7航空団事件　東京地裁昭和53年10月27日判タ394－115）。

第8章
労働災害や職業性疾病の防止に関する民事責任と労働安全衛生法令などとの関係

「労働災害や職業性疾病の防止に関する民事責任と労働安全衛生法令などとの関係」のポイント

1　労働災害や職業性疾病の防止に関する民事責任と労働安全衛生法令に定める危害防止基準との関係
2　労働災害や職業性疾病の防止に関する使用者が民事責任として行わなければならない措置と労働安全衛生法などに定める努力義務などの規定との関係
3　労働災害や職業性疾病の防止に関する使用者が民事責任として行わなければならない措置と法令に基づかない指針や通達などとの関係
4　労働災害や職業性疾病の防止に関する使用者が民事責任として行わなければならない措置と労働基準法などに定める一般労働条件の基準との関係
5　労働災害や職業性疾病の防止に関する使用者が民事責任として行わなければならない措置と労災補償の認定との関係
6　労働災害や職業性疾病の防止に関する使用者が民事責任として行わなければならない措置と労働安全衛生法に定めのない事項
7　労働災害や職業性疾病の防止に関する使用者が民事責任として行わなければならない措置と行政指導との関係
8　事業所内部で危険性が指摘されていた事項と使用者が民事責任として行わなければならない措置

「労働災害や職業性疾病の防止に関する民事責任と労働安全衛生法令などとの関係」のポイント

1　労働安全衛生法や労働安全衛生規則などに定める義務は、いわゆる行政的な取締規定であって、それぞれの規定に定める義務は使用者の国に対する公法上の義務と解されているが、その規定する内容は、使用者の労働者に対する私法上の義務の内容ともなり、その基準になる。

2　労働安全衛生法の努力義務などを定めた規定に関しても、使用者の労働者などに対する民事責任との関連が問題となった裁判例がある。

3　労働安全衛生法令に基づかない指針や通達、さらには行政当局が編集したテキストを根拠として、安全配慮義務の基準となるとする裁判例もある。

4　労働時間などに関する労働基準法などに定める一般労働条件の基準が、安全配慮義務との関係で問題となった裁判例もある。

5　労災補償の認定にあたり業務起因性が肯認される以上、その疾病は特段の事情がない限り使用者側において注意義務を充分つくさなかったことによるものと推定するとする裁判例がある。

6　行政法令は、安全配慮義務の上限を画するものではなく、これに従ったからといって、労働災害などの防止に関する使用者の民事責任（安全配慮義務）を尽くしたとは言えない。

7　行政指導を受けた事項について的確に対応していなければ、使用者が民事責任を問われた裁判例もある。

8　事業所内部で危険性が指摘されていた事項について、使用者が的確に対応していないために、使用者の民事責任が問われた裁判例もある。

1 労働災害や職業性疾病の防止に関する民事責任と安全衛生法令に定める危害防止基準との関係

(1) 労働災害や職業性疾病の防止に関する使用者などが民事責任として行わなければならない措置と労働安全衛生法などに定める危害防止基準との関係

　労働災害や職業性疾病の防止に関する使用者などが民事責任として行わなければならない措置と労働安全衛生法などに定める危害防止基準との関係に関しては、次のように考えられます。

　労働基準法第13条は、同法で定める基準に達しない労働条件を定める労働契約は、その部分について無効とし、無効となった部分は労働基準法で定める基準によることと定めています。また、労働基準法第42条は労働者の安全及び衛生に関しては労働安全衛生法の定めることによると規定しているとともに、労働安全衛生法に定める危害防止基準に関する規定の大部分は労働安全衛生法が制定される前には労働基準法に規定されていたことからすれば、労働安全衛生法やこれに基づく規則に定める危害防止基準に達しない労働条件を定める労働契約は、原則としてその部分は無効となり、無効となった部分は同法で定める基準によることになると考えられます。このため、労働安全衛生法や労働安全衛生規則などに定める義務は、いわゆる行政的な取締規定であって、それぞれの規定に定める義務は使用者の国に対する公法上の義務と解されていますが、その規定する内容は、使用者の労働者に対する私法上の義務の内容ともなり、その基準になる(内外ゴム事件　神戸地裁平成2年12月27日労判596−69)と考えられます。

　労働災害などの防止に関する使用者などの民事責任と労働安全衛生法令に定める危害防止基準との関係に関する裁判例には、次のようなものがあります。

ア　使用者が講ずべき労働者の危険または健康障害を防止するための措置

　労働安全衛生法などに基づき使用者が講ずべき労働者の危険または健康障害を防止するための措置に関する裁判例としては、1）の裁判例のように機械・設備などに関して問題が生じる場合のほか、2）の裁判例のように機械・設備などを含めさまざまな措置を講ずることが求められており、使用者がこれらの措置を講じていない場合には、労働者などに対する民事責任も問われています。

1）事業者が講ずべき機械・設備などに関する措置
① 　安全配慮義務の履行として、外回りの足場、防網などの墜落を防止するための設備を本件現場に設置する（労働安全衛生規則518条、519条参照）など墜落による危険を防止するための措置を講ずべき義務があった（藤島建設事件　浦和地裁平成8年3月22日労判696-56）。
② 　玉掛けに使用してはならない台付け用の本件ワイヤロープを玉掛けに使用し安全荷重を上回る本件原木の吊り上げ作業を行わせたため、本件ワイヤロープのアイの編み込み部分が本件原木の荷重に耐えきれずに解けた結果、本件事故が発生した（三六木工事件　横浜地裁小田原支部平成6年9月27日労判681-81）。
（注）クレーン等安全規則第215条は、不適格なワイヤロープを玉掛用具として使用することを禁止している。
③ 　会社は原告に対し各規定の内容に則し次の具体的安全配慮義務を負っていた。
　ⅰ　原告の従事する本件各作業場内の有機溶剤曝露を最小限にするため、作業場に所定の規模・機能を持った局所排気装置を設置すべきであった（労安法22条、23条。有機則5条、14条ないし18条）
　ⅱ　呼吸用保護具（防毒マスク）、保護手袋等適切な保護具を備えるべきであった（労安則593条、594条。有機則32条ないし33条）

iii 有機溶剤の人体に及ぼす作用、その取扱い上の注意事項、これによる中毒が発生したときの応急処置等を作業中の労働者が容易に知ることができるよう、見やすい場所に掲示すべきであった(有機則24条、25条)

　原告が従事していた本件各作業場における局所排気装置の設置の有無・その規模・機能、同保護具の設備状況、有機溶剤に関する所定事項の掲示の有無等を総合すると、会社は、原告が本件各作業に従事中同人に対し負っていた具体的安全配慮義務に違反し、同人をして本件有機溶剤中毒に罹患せしめた(内外ゴム事件　神戸地裁平成2年12月27日労判596-69)。

④　騒音に関する規制としては、労働安全衛生法22条に「事業者は、次の健康障害を防止するため必要な措置を講じなければならない」と定め、その1つとして、「騒音による健康障害」と挙げており、これを受けた労働安全衛生規則は、584条において「事業者は、強烈な騒音を発する屋内作業場においては、その伝ぱを防ぐため、隔壁を設ける等必要な措置を講じなければならない」と定めている。そして、労働安全衛生法22条に関する解釈例規をみるに、「騒音等を伴う作業等は、隔離室等を設け、遠隔操作で行うこと」が挙げられ(昭和48年3月19日基発第145号)、また、労働安全衛生規則584条の解釈例規として、同条にいう「隔壁を設ける等」の「等」とは、次のごときものをいう、として、

i 機械の配置を適当に変更すること。

ii 周壁、天井等をテックスの如き音響吸収性の材料をもって被覆すること。

iii 機械と床との間に緩衝枕を挿入することが挙示されている(昭和23年1月16日基発第83号、昭和33年2月13日基発第90号)。これらは、もとより、事業者に対する公法上の規制であって、そのまま債務関係たる安全配慮義務の内容をなすものではないが、安全配慮義務の内容を検討するにあたって十分斟酌すべきは当然である(三菱重工業事

件　大阪高裁昭和63年11月28日労判532−49）。
⑤　本件足場は高さ4.7mの作業床であり、そのプロペラ側及び舵側には、開口部で墜落の危険のある個所があったところ、作業のため囲い等を設けることが著しく困難であったから、被告は、高所作業をさせるに当って、労働安全衛生規則519条により各開口部に防網を張り又はBらに安全帯（命綱）を使用させる義務がある。しかるに、いずれの義務も怠り、ジャッキ受けの安全な作業手順を示さず、また作業床の開口部に防網を張らず、またBに安全帯を使用させることもしなかったため、本件事故を発生させたのであるから、雇傭契約に付随するいわゆる安全配慮義務違反による債務不履行の責任を負う（常石造船所・宮地工作事件　広島地裁尾道支部昭和53年2月28日労判296−49）。
⑥　労働保護法たる労働基準法その他同法付属、関連法令は、使用者に対し労働者の作業過程における安全衛生につき保護すべき事項を規定し、行政的監督と命令違反に対する刑事罰とをもってその実効を期しており、その限りにおいて、使用者の義務は、国に対する公法上のものといえるが、しかし、そのことの故に、この義務が雇傭契約上使用者が労働者に対して負うべき私法上の義務たりえないものと解することはできない。本件の場合、被告は、原告に対し、熔解炉内壁の調査作業において通常予測される落下物の衝撃に耐え得る程度の強度を有するヘルメットその他の保護帽を備え付け、これを着用させるべき義務を負担しているところ、被告は、ヘルメット等の保護帽を備え付けず、着用もさせていなかったから、原告に対する雇傭契約上の保護義務を履行しなかった（合資会社伴鋳造所事件　東京地裁昭和47年11月30日判時701−109）。
⑦　隧道の掘削工事に当たっては、その地山の地質、地層の状態、付近の遊水、含水の有無などの具体的状況に応じて、土砂の崩落のおそれのない堅固な構造の土止め設備をなすべきであって（労働安全衛生規則163条の38参照）、本件事故の原因となった事態の発生をも予想し

てこのような場合にも崩落を防止するような設備をなすべきであり、このような設備を有していない本件隧道は、本来具えるべき設備を欠いたものとして、設置上の瑕疵があった(奥村組事件　東京地裁昭和46年9月8日判時645-49)。

⑧　建設工事用通路上方の斜面において岩石の剥離等崩落の危険性がある場合においては、のり面の清掃を実施するとともに、かかる危険な岩石を存置しておく場合は、下方の危険個所についてロックボルトによる岩石の補強、コンクリート吹付による剥落の防止、防護ネットあるいは防護柵の設置による道路上への落石の防止等の適当な安全施設を設置することが法規上も必要とされる(鹿島建設事件　東京地裁昭和45年5月27日判時601-41)。

2) 使用者が講ずべきその他の措置

①　会社は、本件ピットが労働安全衛生法等において酸素欠乏危険場所とされておらず、また、従前監督官署からの指導、勧告を受けたこともないと主張するが、酸素欠乏症等防止規則22条の2によれば、酸素欠乏危険場所の指定の有無にかかわらず、タンク、反応塔等の安全弁等から排出される不活性気体が流入するおそれがあり、かつ、通風又は換気が不十分な場所で労働者を作業させる場合には、不活性気体が当該場所に滞留することを防止するための対策を講じる必要があるとされておりまた、本件ピットの構造や、アルゴンガスを使用していることから、本件ピット内にアルゴンガス漏れが生じて滞留するおそれのあることは容易に予測しうると考えられることからすれば、本件ピットが酸素欠乏危険場所に指定されていないことなどをもって、会社の責任が回避されるということは到底できない(東洋精箔事件　千葉地裁平成11年1月18日労判765-77)。

②　安全配慮義務の履行として、外回りの足場、防網などの墜落を防止するための設備(労働安全衛生規則518条、519条参照)が設置されていない場合には、原告に対し、高所における作業に従事することを禁止する

など墜落による危険を防止するための措置を講ずべき義務があった(藤島建設事件　浦和地裁平成8年3月22日労判696－56)。

③　労働安全衛生規則131条違反があったものと推認され、信義則上、その契約の基本的内容として、安全衛生規則を遵守し、原告の安全を配慮すべきものであるから、規則違反は、被告の原告に対する債務不履行を構成する(有限会社村松製作所事件　千葉地裁松戸支部昭和60年2月20日労判454－63)。

(注)労働安全衛生規則第131条は、プレス等による危険の防止を定めている。

④　日常業務の一環として頻繁に有機溶剤を用いた洗浄作業を行わせる場合、使用者たる被告としては、有機溶剤の毒性から作業に当たる当該公務員の生命・身体・健康を守るため少なくとも有機溶剤中毒予防規則に定められている措置を講ずることが条理上要請されており、そのことが被告の当該公務員に対する安全配慮義務の一内容をなしている(海上自衛隊需給統制隊事件　東京地裁昭和55年3月24日判時971－64)。

⑤　港湾荷役作業に関しては、労安則164条の5ないし同条の22の規定が設けられ、この点の安全配慮義務を使用者に課している(起重機取扱作業事件　福岡地裁小倉支部昭和54年4月27日判タ395－88)。

(注)現在の労働安全衛生規則第2編第7章第2節は、港湾荷役作業に関する規制を定めている。

⑥　港湾労働者の船倉内における貨物取扱い作業につき使用者の危害防止措置を定めた労働安全衛生規則第164条からもうかがえるように、使用者は、雇用契約上の義務として、労働災害による危険に対して労働者を安全に就労させる義務を負う(門司港運事件　福岡地裁小倉支部昭和47年11月24日判時696－235)。

⑦　気化ガスに対する引火を防止し、作業に従事する者の生命、身体に対する直接の危険を確実に防止し、安全、衛生、福祉のうえでも有害な原

因となるものをすすんで除去する義務が使用者に課せられていることは、改正前の労働安全衛生規則第140条、第140条の2第1項、第140条の3第1項、第140条の8にてらし明らかである（気火ガス爆発労災事件大阪地裁昭和44年4月24日判タ237-287）。

イ　元方事業者などが講ずべき措置

　労働安全衛生法においては、労働者を雇用する使用者のほか、元方事業者などにも労働者の危険または健康障害を防止するための措置を規定していますが、次の裁判例のように、これらの措置を講じていない場合には元方事業者なども請負事業の労働者などに対する民事責任も問われます。

①　被告公社は、A船の定期点検等を分割発注した者として、複数業者の作業員の作業によって生ずる労働災害の発生を防止するため、労安衛法30条2項前段及びそれによる同法1項の措置を行う義務がある。被告公社は、A船の定期点検及び冷凍装置の整備点検の各作業についてそれぞれ請け負った業者に作業方法を一任しており、業者間で作業手順等の調整を行うものと考えていたもので、労安衛法30条2項前段の措置をとっていないこと、被告公社はGを作業現場である被告造船所の船渠に出向かせていたものであるが、それは作業工程等の確認を行うだけにすぎなかったこと、Gは、作業内容の問い合わせ等があれば適宜対応をしていたが、具体的作業の指示は各作業の請負人において行い、Gが直接作業員に対し指揮監督をしたことはなかったこと、一方、被告造船所、同Y1会社及び同センターの間で作業調整のための打ち合わせが持たれたことはなく、被告センターの現場責任者HがGとの間で同被告の作業の進行等について打ち合わせをしていたにすぎなかった。本件事故は、被告Y4が被告Y1会社の請け負ったコンデンサーの冷却用海水チューブの清掃作業の準備作業を行った際、被告Y1会社が請け負っていない作業であったコンデンサーからの油抜きを思い付き、独自の判断で勝手に行ったものであるが、被告公社におい

て労安衛法30条2項前段に基づき指名した請負人により請負作業間の連絡調整、作業場所の巡視が行われていれば、被告Y4の行うべき作業の確認も明確にされ、思い付きによる作業がなされる事態を防ぎ得たところ、被告公社は、A船の定期検査等の作業につき労安衛法30条2項の前段の措置をとらず、専ら請負業者に作業方法を一任し、自らは何らの手当をも施さなかったものであるから、分割発注における発注者としての労働災害防止措置を怠った過失がある。したがって、被告公社は本件事故につき不法行為責任を負う(株式会社山形県水産公社事件　新潟地裁昭和61年10月31日労判488－54)。

② 移動式クレーンによる金属スクラップ積込作業中の左目等の負傷事故について、「被告Y3会社は、事業者に該るものということはできないが、その作業所構内において、被告Y1に下請させている関係にあって、同一の作業場での元請負人としての作業の分担、実施の状況からすれば、元方事業者として、安全衛生法規の違反につき関係請負人の労働者に対し必要な指導、指示を行うべきであるのに(労働安全衛生法29条)、指導、指示をしなかったこと、また、特定元方事業者としても、労働災害を防止するために定期的な協議組織の設置、開催等の措置を講ずべきであるのに(同法30条)、この措置をとらなかったことが認められるから、安全保護義務の不完全履行があった(黒崎産業事件　神戸地裁尼崎支部昭和54年2月16日判時941－84)。」

③ 被告会社がその下関造船所で船舶修理事業などをするものであることによれば被告会社は労働災害防止団体等に関する法律(以下「労災団体法」という)施行規則13条所定の元方事業主である。被告会社が本件船舶の修理について請負業者の被告Yに鋲鋲の下請をさせたことに争いがなく、そして原告ら主張の「被告会社が本件船舶の修理作業統轄者であつたこと」の前提である下請人労働者のほか被告会社労働者も本件船舶の修理作業に従事したことによれば被告会社は本件船舶の修理元方事業主として労災団体法施行規則の定めるとこ

ろにより下請人労働者と被告会社の作業が本件船舶において行われることによって生ずる労働災害を防止するため労災団体法57条1項所定の措置を講ずる義務をもつ本件船舶の修理作業安全責任者であった。本件ファンが作業用器具であるところ、「労災団体法57条1項所定の措置」というのは「統轄管理者の選任、協議組織の設置、作業間の連絡及び調整、作業場所の巡視その他必要な措置」であって「その他必要な措置」についての労災団体法施行規則19条、20条、21条には「元方事業主が所有する作業用器具についての事故防止措置」を規定していないけれども、労災団体法にいう「労働災害」には2条によれば「労働者の就業に係る設備による負傷」も含むがここにいう「設備」を「作業用器具を除外した意味」に解する合理的理由がなく、したがって労働災害防止のための労災団体法57条1項による元方事業主の「その他必要な措置」を講ずる義務のなかには「元方事業主が所有する作業用器具についての事故防止措置」を講ずる義務も含まれる。本件ファンは高さ43.5糎、外径53糎の鉄製円筒型で内部には下部から6.5糎のところに長さ約10糎の鉄製羽根7枚があり原告Xが左手を吸いこまれた下部には直径7糎の鉄棒12本が3.5ないし4.5糎の間隔でついていたが金網はついていなかったこと、本件ファンは電動式220ボルト5馬力でかなりの吸引力があることが認められ、本件ファンが置いてあったマンホールの入口は短径40糎で長径は60糎であるが本件ファンが置いてあったため20糎位せばめられていて人1人がやっと出入できる位のものであったことをあわせ考えると本件ファンの下部には鉄棒がついていたとはいえ通常人の手が並行すれば入る間隔であるから金網がついていなければ吸引事故がおこるおそれがあった。ところで、本件ファンの下部に金網がついていなかったのは被告会社においてつけていなかったものと推認するほかはなく、そうすれば被告会社は本件ファンについて労災団体法57条1項による事故防止の措置を講ずる義務を怠った過失があるから本件事故につき固有の過失による損害賠償責任がある

（三菱重工業事件　山口地裁下関支部昭和45年7月9日判タ259－187）。
（注）労災団体法のこれらの規定は、現在は労働安全衛生法に規定されている。

ウ　機械等並びに危険物及び有害物に関する規制
　労働安全衛生法は、機械等並びに危険物及び有害物に関する規制を定めていますが、これに関し、防じんマスクについて定められた規格を満たしていないことが労働者などに対する民事責任においても問題となった次のような裁判例があります。

　創業当初既に防じんマスクの規格が定められており（昭和25年労働省告示第19号）作業員に適切な防じんマスクを支給すべきであったのに、その支給開始が遅れ、その後支給された防じんマスクは作業場によっては必ずしも有効でなかったにもかかわらず、より上級のマスクを導入する努力も十分でなかったばかりか、防じんマスクの規格が改訂された後も長期にわたってこの防じんマスクを支給し続け、更には、特級又は1級のマスクを使用すべきであるとされている鉱石破砕作業を伴う作業場においても昭和49年当時2級マスク（サカヰ1009型）を支給していたものであり、作業員らが作業のし易さを優先させ、スポンジマスクや二級マスクの方を好み、吸気抵抗の大きい上級マスクに馴染みにくかったことを考慮してもなお被告の防じんマスクに関する対応は立ち遅れていたといわざるを得ず、結局適切な防じんマスクを支給することを怠った（日本電工事件　福島地裁郡山支部昭和59年7月19日労判440－99）。
（注）労働安全衛生法などにより、有害な場所で使用するマスクは、規格に適合したものでなければ使用してはならない。

エ　安全衛生教育
　労働安全衛生法に定める安全衛生教育を実施していないことが労働者

などに対する民事責任も問われた次のような裁判例があります。

　会社は原告に対し各規定の内容に則し次の具体的安全配慮義務を負っていた。
　i　有機溶剤の特性・毒性・有機溶剤中毒の予防に関し、安全衛生教育を実施すべきであった（労安法59条、労安則35条）
　原告が従事していた本件各作業場における有機溶剤の特性・毒性・有機溶剤中毒の予防に関する安全衛生教育の有無・その実態等を総合すると、会社は、原告が本件各作業に従事中同人に対し負っていた具体的安全配慮義務に違反し、同人をして本件有機溶剤中毒に罹患せしめた（内外ゴム事件　神戸地裁平成2年12月27日労判596-69）。

オ　就業制限

　労働安全衛生法は、一定の危険な業務については、免許または一定の講習を修了したした者でなければ就業できないという就業制限を規定していますが、これに関連して、労働者などに対する民事責任が問われた次のような裁判例があります。

　トラクターショベルのような特殊な重機を運転することは、運転者及び第三者の身体に大きな危険を伴うものであり、また、その運転操作もその用途に照らしそれ相応に複雑であることが認められる。それ故このような特殊な重機の運転には危険性を十分認識して細心の注意を払う必要があり、また、相応の運転知識と技術が求められる。無資格の者の運転を禁止する労働安全衛生法61条1、2項の法意はその点にある。そうであれば、仮にも運転知識と技術の未熟な者、とりわけ無資格の者がその運転、操作をすることがあれば、危険は一層大きなものとなるから、会社は、これらの者が運転、操作することのないよう実効的な方策を立てて、事故の発生を未然に防止するための安全上の配慮をすべき義務がある。しかるに、会社は、営業所において、資格のない一部の従業員が本件トラクターショベルを運転しようと思えば運転できる状態を黙認していたとみられても止むを得

ないのであって、その点において従業員らに対する安全配慮義務違反がある(産業廃棄物処理業社事件　福岡高裁平成13年7月31日判時1806-50)。

　カ　作業環境測定

　労働安全衛生法は、一定の有害な作業場について作業環境測定を義務つけていますが、これに関して労働者などに対する民事責任も問われた次のような裁判例があります。

　　会社は原告に対し各規定の内容に則し次の具体的安全配慮義務を負っていた。
　　ⅰ　必要な作業環境測定を行い、その結果を記録しておくべきであった(労安法65条、同法施行令21条、有機則28条)
　　原告が従事していた本件各作業場における被告会社が行った作業環境測定の時期、その方法と内容等を総合すると、会社は、原告が本件各作業に従事中同人に対し負っていた具体的安全配慮義務に違反し、同人をして本件有機溶剤中毒に罹患せしめた(内外ゴム事件　神戸地裁平成2年12月27日労判596-69)。

　キ　健康診断

　労働安全衛生法は、一般健康診断のほか、有害な業務については特殊健康診断の実施を義務付けていますが、これに関して労働者などに対する民事責任も問われた次のような裁判例があります。

　①　会社は原告に対し各規定の内容に則し次の具体的安全配慮義務を負っていた。
　　ⅰ　適切な特殊健康診断を実施すべきであった(有機則29条、30条)
　　原告が従事していた本件各作業場における被告会社が行った特殊健康診断の方法・内容等を総合すると、会社は、原告が本件各作業に従事中同人に対し負っていた具体的安全配慮義務に違反し、同人をし

て本件有機溶剤中毒に罹患せしめた(内外ゴム事件　神戸地裁平成2年12月27日労判596-69)。
② 　公社は、その有する病院医師により、労働安全衛生法に則った健康管理(健康診断等)をすべき義務があったのに、一般検診をしたのみで、頸肩腕障害に関して公社の健康管理規程による問診すら行わず、その結果同障害に対する対応が全くなされず放置した(熊野電報電話局事件　名古屋高裁昭和63年3月30日労判523-62)。

ク　じん肺に関する措置

じん肺に関してはじん肺が制定されていますが、じん肺法に関連して、労働者などに対する民事責任も問われた次のような裁判例もあります。

　少なくとも旧じん肺法が施行された後においては粉じん作業使用者は、粉じん作業労働者に対し、労働者をじん肺に罹患させないようにするため、当該粉じん作業雇用契約の継続する全期間にわたって、絶えず実践可能な最高の水準に基づく、(一)当該粉じん作業労働者が作業に従事する作業環境の管理、すなわち、(1)作業環境における有害かつ吸入性のある粉じんの有無ないしその量を測定し、(2)この測定結果に基づき安全性の観点から当該作業環境の状態を評価し、(3)この評価の結果安全性に問題があるときには、当該危険を除去するため若しくは安全性を向上させるために、【1】粉じんの発生、飛散を抑制するため湿式削岩機の使用、発じん源に対する散水等の措置を講じ、【2】発生した粉じんの希釈、除去のため換気又は通風の措置等必要かつ適切な措置を講じること、(二)当該粉じん作業労働者の作業条件の管理、すなわち、(1)有害粉じんの吸入による人体に対する影響をなくすため作業時間(粉じんに暴露される時間)、休憩時間、休憩場所の位置・状況等について必要かつ適切な措置を講じ、(2)粉じんの吸入を阻止するために有効でありかつ当該粉じん作業労働者が装着するに適した呼吸用具を支給し、これを装着させること等の措置をとること、(三)当該粉じん作業労働者の健康等の管

理、すなわち、(1)粉じん作業労働者に対し、【1】粉じん及びじん肺の危険性並びにその予防について一般的な教育を行い、【2】当該粉じん作業労働者の作業現場における粉じん測定の結果及びこれに基づく危険の程度を知らせ、マスクの使用方法・保守管理等について教示し、(2)じん肺の専門医による粉じん作業労働者の健康診断を適時に行い、じん肺の早期発見及び配置転換によるじん肺の重症化への進行を阻止する措置を講じること等を履行する義務を負担した(日鉄鉱業事件　東京地裁平成2年3月27日労判563-90)。

(2) 労働災害や職業性疾病の防止に関する使用者が民事責任として行わなければならない措置と船員法および船員労働安全衛生規則に定める危害防止基準との関係

　船員に関しては、船員法や船員労働安全衛生規則に危害防止基準定められていますが、これに関し労働者などに対する民事責任も問われた次のような裁判例があります。

　本件ソイルタンクが汚水(し尿)処理装置であり、同タンク内が嫌気的環境に陥った際、嫌気性バクテリアの活動により硫化水素を発生するおそれがあること、本件ソイルタンク室は、かかる本件ソイルタンクを備え付けた専用の部屋で、換気も十分でなく、かつ、ハッチから覗き見るほかは、室内を見通すことができない構造となっていたため、万一、同タンクから硫化水素が漏出したときは、極めて危険な状態が現出することなどの諸事実を総合考慮すると、客観的にみて、本件ソイルタンク室が船員労働安全衛生規則50条にいう「人体に有害な気体が発散するおそれのある場所」に該当する。したがって、船舶所有者としては、本件船舶の船長の総括管理のもと、甲板部安全担当者をして同規則50条各号所定の措置、少なくとも、その2号、5号の措置を講じるべき義務があった。しかるに、甲板部安全担当者は、船員労働安全衛生規則50条及び酸素欠乏症等防止規則25条の2に照らしても危険というべき作業を命じるに当たり、船員労働安全衛

生規則50条2号、5号所定の換気や保護具の使用、看視員の配置等必要、適切な措置を講じなかったのであるから、この点において、安全担当者としてとるべき措置をとらなかった違法があった。なお、会社は、船員労働安全衛生規則は、いわゆる行政法規であり、その違反が直ちに不法行為における違法性を基礎づけるものではない旨主張するけれども、なるほど、一般論としてはそうであるとしても、同規則が海上労働に特有の労働条件を考慮して定められたと考えられ、単にいわゆる一般的取締規定というにとどまらず、私法上の具体的労働条件整備義務をも念頭に置いていると解されること、そのうちでも同規則50条は、人の生命の安全に直接に関わるものであって、その遵守が特に強く要請されるものであることに鑑みると、本件においては、同条、特に、その2号、5号の不遵守が同時に民法上の不法行為の違法性をも基礎づける（大晃機械工業事件　山口地裁下関支部平成13年4月23日判時1767-125）。

(3) 労働災害や職業性疾病の防止に関する使用者が民事責任として行わなければならない措置と鉱山保安法などに定める危害防止基準との関係

　鉱山に関しては、鉱山保安法やこれに基づく規則に危害防止基準定められていますが、これに関し労働者などに対する民事責任も問われた次のような裁判例があります。

　　鉱山保安法及び金属鉱山等保安規則は、鉱業権者をして、直接の雇用契約関係にあるか否かにかかわらず、当該鉱山で就労する全ての鉱山労働者との関係において、鉱山労働者に対する危害の防止と鉱害の防止等の目的のために、各種の義務を負わせているところ、同法及び同規則は、公法上の取締規定であるとはいえ、鉱山における作業の危険性に着目して、鉱業権者の責任において、全ての鉱山労働者の生命・健康を守ろうとの趣旨をも含むものであると解されるから、私法上の一般的注意義務（不法行為上の注意義務）の存否を判断するにあたっても、同法

の趣旨は十分に尊重する必要がある(秩父じん肺事件　浦和地裁熊谷支部平成11年4月27日判時1694-14)。

| 2 | 労働災害や職業性疾病の防止に関する使用者が民事責任として行わなければならない措置と労働安全衛生法などに定める努力義務などの規定との関係 |

(1) 労働災害や職業性疾病の防止に関する使用者が民事責任として行わなければならない措置と労働安全衛生法などに定める努力義務などの規定との関係

　労働安全衛生法には、危害防止基準のほかにも、努力義務などを定めた規定があります。このような規定に関しても、使用者の労働者などに対する民事責任との関連が問題となった裁判例があります。

ア　中高年齢者などに対する配慮

　労働安全衛生法は、中高年齢者などについて労働災害を防止するために適正配置などを行うことを求めた努力義務を定めていますが、この規定に関連して、知的障害者に対する配慮が問題となった次の裁判例があります。

　労働安全衛生法は「事業者は、中高年齢者その他労働災害の防止上その就業に当たって特に配慮を必要とする者については、これらの者の心身の条件に応じて適正な配置を行うように努めなければならない」と規定している(62条)。厚生労働省の基本通達は「本条の『その他労働災害の防止上その就業に当たって特に配慮を必要とする者』には身体障害者・出稼労働者等があること」としている(昭和47・9・18基発第602号)。知的障害者がこれに該当することは明らかである(Aサプライ(知的障害者死亡事故)事件　東京地裁八王子支部平成15年12月10日労判870-50)。

イ 健康診断結果に基づく事後措置

健康診断の実施に関する規定は危害防止基準に該当しますが、健康診断結果に基づく事後措置に関する規定は危害防止基準に該当するとは言い切れません。これに関して、次のような裁判例があります。

> 労働安全衛生法の規定一般についてはともかく、同法66条7項は、その規定の仕方自体が、「事業主は、……労働者の健康を保持するため必要と認めるときは……」あるいは「労働者の実情を考慮して」等抽象的、概括的であるうえ、同条1項ないし3項あるいは6項と異なり、この規定に違反する事業主に罰則を課すことは予定されていないことからすると、この規定が存在することのみから、直ちに、その規定が使用者に命じた行為内容が、使用者の労働契約における本来的履行義務になったとまで認めるのは困難である。したがって、被告が労働安全衛生法66条7項の趣旨に従い一般的に原告の健康に配慮する義務を負っていることは認められるにしても、この債務は付随的債務にすぎないのであるから、これを根拠にその履行を直接請求する趣旨で提起された原告の本訴請求は理由がない(高島屋工作所事件　大阪地裁平成2年11月28日労経速1413-3)。

(2) 労働災害や職業性疾病の防止に関する使用者が民事責任として行わなければならない措置と労働安全衛生法の趣旨などとの関係

ア 労働安全衛生法の趣旨などに照らして、使用者が安全配慮義務を負っていると判断された裁判例

労働安全衛生法に定める各規定ということではなく、同法の趣旨に照らして安全配慮義務を負っていると判断された次のような裁判例があります。

① 電話交換手の頚肩腕障害について、「被告は、使用者として、労働基準法、労働安全衛生法及びその関連法規並びに労働契約の趣旨に基づき、その被用者に対し、その業務から発生しやすい疾病の発症

ないしその増悪を防止すべき注意義務(安全配慮義務)を負っている(日本電信電話公社事件　青森地八戸支部昭和58年3月31日判時1090－16)。」

② 　生活指導員の腰痛などについて、「使用者として、労働基準法及び同法付属関連法令の趣旨に基づき、労働契約上その被用者に対し、腰痛症などその業務から発生し易い疾病にかからぬよう適宜な人員の配置、充分な休憩時間の設定・労働時間の短縮など労働条件の整備、疲労防止のための施設の整備などの職場環境の改善、準備体操・スポーツ・姿勢指導など職業病予防のための教育、定期健康診断、特殊検診などの健康管理を行い、職業病の予防・早期発見に努めるとともに、申告、診断などによりこれを発見したときは、就業制限、早期治療を適切に行って病状の悪化を防ぎ、その健康回復に必要な措置を講ずる義務(安全配慮義務)を負っている(松心園事件　大阪地裁昭和55年2月18日労判338－57)。」

③ 　使用者の保護義務の具体的な内容は、当該労働契約の内容、使用者の提供する労務給付の場所等の具体的な状況により決定されるものであるが、更に旧法42条以下及びこれに基づく旧規則等の規定する使用者の義務も、使用者の労働者に対する保護義務の具体的な内容を構成する(鹿島建設事件　東京高裁昭和52年6月15日労判283－91)。

④ 　使用者として、労働法、労働安全衛生規則等の趣旨に基づき、その被用者の健康安全に適切な措置を講じ、職業性の疾病の発生ないしその増悪を防止すべき安全配慮義務を負う(大興電機製作所事件　東京地裁昭和50年11月13日判時819－93)。

⑤ 　労働基準法等が安全及び衛生について使用者の遵守すべき事項を定めたのは、もとより直接には国に対する公法上の義務というべきであるが、使用者がこの義務を尽さなければならないことは、更には労働者としても充分生命身体に危険が生ぜず安全に就労しうることを期待

して労働契約を締結するものであり、且つ使用者としてもこのような安全を労働者に対して保証したものとみるのが相当である(平田プレス工業事件　前橋地裁昭和49年3月27日判時748-119)。

イ　労働安全衛生法などの規定と労働災害や職業性疾病の防止に関する使用者が民事責任として行わなければならない措置とでは趣旨が異なると判断した裁判例

　一方、労働安全衛生法などの規定と労働災害や職業性疾病の防止に関する使用者が民事責任として行わなければならない措置とではその趣旨が異なるとする判断を示した次のような裁判例もあります。

　下請会社の従業員が高所から墜落死亡したことについて、「私法上、雇傭契約における使用者の労働者に対する義務は単に報酬支払義務に尽きるものではなく、当該雇傭契約から生ずべき労働災害の危険全般に対して人的物的に労働者を安全に就労せしむべき一般的な安全保証義務を含むものであって、この点、労働基準法、労働安全衛生規則その他の労働保護法令が行政的監督と刑事罰をもって使用者に対し労働災害からの安全保護義務の履行を公法上強制するのと法的側面を異にする(鹿島建設・大石塗装事件　福岡地裁小倉支部昭和49年3月14日判タ311-228)。」

3　労働災害や職業性疾病の防止に関する使用者が民事責任として行わなければならない措置と法令に基づかない指針や通達などとの関係

　労働安全衛生法令に基づかない指針や通達は危害防止基準ではなく、労働災害や職業性疾病の発生の防止を図るために必要な事項をガイドライン的に示したにすぎませんが、職業性疾病に関する裁判例の中には、このような指針や通達、さらには行政当局が編集したテキストを根拠として、安全配慮義務の基準となるとする次のような裁判例があります。

(1) 腰痛

① 重量物を取り扱う職場などにおいて腰痛等の発生を防ぐための指針「職場における腰痛予防対策指針」(平成6年9月6日付け基発第547号)は、使用者の労働者に対する安全配慮義務の内容を考える際の基準になる(おきぎんビジネスサービス事件　那覇地裁沖縄支部平成18年4月20日労判921-75)。

② 労働省は、昭和45年7月10日付け基発第503号をもって「重量物取扱い作業における腰痛の予防について」と題する通達を出し、これによれば、人力を用いて重量物を直接取り扱う作業における腰痛予防のため、使用者は、〔1〕満18歳以上の男子労働者が人力のみにより取り扱う重量は55キログラム以下になるよう務め、また、55キログラムをこえる重量物を取り扱う場合には2人以上で行うよう務め、そしてこの場合各々の労働者に重量が均一にかかるようにすること、〔2〕取り扱う物の重量、取扱いの頻度、運搬距離、運搬速度等作業の実態に応じ、休息または他の軽作業と組み合せる等して、重量物取扱い時間を適正にするとともに、単位時間内における取扱い量を労働者の過度の負担とならないよう適切に定めること、〔3〕常時、重量物取扱い作業に従事する労働者については、当該作業に配置する前及び6か月ごとに1回、(1)問診(腰痛に関する病歴、経過)、(2)姿勢異常、代償性の変形、骨損傷に伴う変形、圧痛点等の有無の検査、(3)体重、握力、背筋力及び肺活量の測定、(4)運動機能検査(クラウス・ウエバー氏テスト、ステップテストその他)、(5)腰椎エックス線検査について、健康診断を行い、この結果、医師が適当でないと認める者については、重量物取扱い作業に就かせないか、当該作業の時間を短縮する等、健康保持のための適切な措置を講じること、とされていることが認められるところ、この通達は、使用者の労働者に対する安全配慮義務の内容を定める基準になる(佐川急便事件　大阪地裁平成10年4月30日労判741-26)。

③ ピアノ運送作業従業員の腰椎ヘルニアについて、「被告が労働省の

通達を遵守し、腰痛予防のために定期的な健康診断を実施するか、また、現実に生じた腰痛を訴えて原告が診察を受けた場合にはその医師の診断を尊重し、その各結果を受けて、適切な治療の機会を確保するとともに、作業量、作業時間の軽減、職種の変更等の的確な措置を講じておれば、原告が現在のような後遺障害に苦しむことはなかったから、原告の障害は、被告の行為に起因することは明らかであり、被告は、原告に対し、労働契約上の債務不履行責任に基づき、又は、不法行為責任に基づき、原告の被った損害を賠償する義務を負う（中国ピアノ運送事件　広島地裁平成元年9月26日労判547－6）。

(2) 振動障害

会社は、労働省労働基準局長から発出される通達にしたがい、昭和50年5月中旬から6月にかけて振動工具使用者に対してようやく第1回目の特殊健康診断の実施を計画したが、従業員が会社内で就労していた昭和52年ころまでの間には実施されるには至らず、特殊健康診断を初めて受けたのは昭和58年ころであったこと、そして、それまでの間、会社においては、視力検査やレントゲン検査等の年2回の定期健康診断が行われていたにすぎないこと、会社は、昭和52年ころ以降、徐々に防振手袋の支給を行い、また、昭和55年3月、振動工具の取扱作業時間の管理を推進するため、振動工具の種類ごとに使用時間の規制を設け、各労働者ごとの使用時間の記録等を実施する旨の所内通知を発したこと、もっとも、防振手袋は、振動工具使用者全員には容易に行き渡らず、船舶修繕に従事していた本工が防振手袋を受領したのは昭和58年ころであったこと、協力会は、平成5年4月、会社船修部の特別パトロールを行ったが、同会は、その際、同所作業員につき、「全般的にグラインダー、錆打ち、切断機等振動工具使用時、防振手袋の着用者が少ない、周知励行を要す。」旨の指摘をした（三菱重工業神戸造船所事件　神戸地裁平成6年7月12日労判663－29）。

(3) 難聴

　労働省安全衛生部編にかかる労働衛生のしおりでは、騒音性難聴の具体的な予防対策について、「永久的聴力損失は、現段階では治療方法がないので、次のような予防対策（イ環境改善（(イ)音源の改善、(ロ)しゃ音の措置、(ハ)吸音の措置）、ロ騒音の測定、ハ防音保護具の支給、着用、ニ作業者への衛生教育、ホ聴力検査）を講じ、難聴の発生と進行を防止する必要がある。」以上を総合して検討すると、騒音職場における事業者等のその被用者・下請工に対する安全配慮義務の内容としては、被告において、イからホの騒音性難聴予防対策を、問題とされる時代における技術水準、医学的知見、経済的、社会的情勢に応じて可能な範囲で最善の手段方法をもって実施すべきであった（三菱重工業事件　大阪高裁昭和63年11月28日労判532-49）。

4　労働災害や職業性疾病の防止に関する使用者が民事責任として行わなければならない措置と労働基準法などに定める一般労働条件の基準との関係

(1) 労働災害や職業性疾病の防止に関する使用者が民事責任として行わなければならない措置と労働基準法などに定める一般労働条件の基準との関係に関する裁判例

　妊産婦や年少者などの場合を含めて、労働時間などに関する労働基準法などに定める一般労働条件の基準が、安全配慮義務との関係で問題となった次のような裁判例があります。

① 　時間外労働協定が締結されていなかったにもかかわらず、43日中間に総労働時間が338時間58分、うち時間外労働時間が合計101時間25分に及んでいた労働時間管理等の責任についての義務違反により、大型貨物自動車の運転手が高速道路を走行中に、前方を走っていたトレーラーに追突し死亡した場合には、会社には、安全配慮義務違反がある（協和エンタープライズほか事件　東京地裁平成18年4月26日

労判930−79)。

② 石綿糸の製造会社の従業員が多量の粉じんに曝されながら作業していたことによってじん肺にかかったことについて、「会社は、混綿作業について、粉じん曝露の程度を軽減するための措置として、作業時間の短縮等作業強度を軽減すべきであったのに、かえって、設立当初から恒常的に女子の法定時間外労働、有害業務についての法定時間外労働などの法定の制限を超えた違法な時間外労働を実施し、しかも取締を免れる目的で賃金台帳につき二重帳簿を作成し、これを怠った(平和石綿工業・朝日石綿工業事件　長野地裁昭和61年6月27日労判478−53)。」

③ 満18歳に満たない年少者を危険な業務に就かせることは労働基準法第63条によって禁止されているにかかわらず、控訴会社は本件事故当時満18歳に満たない被控訴人を高圧線を架設した電柱に登ってなすような危険な業務に就かせているのみならず、本件事故前にも同様の違反に関し所轄監督官署から始末書を徴されたこともある事実が認められるのであって、控訴会社がその事業の監督について相当の注意をなしたもの又は相当の注意をなしてもなお本件事故が避け得なかったものとは認められない(九州電気工事事件　福岡高裁昭和27年4月9日下級民集3−4−482)。

(2) 労働災害や職業性疾病の防止に関する使用者が民事責任として行わなければならない措置と労働基準法の趣旨などとの関係に関する裁判例

労働基準法の趣旨などと安全配慮義務との関係に言及した次のような裁判例もあります。

① 電話交換手の頚肩腕障害について、「被告は、使用者として、労働基準法、労働安全衛生法及びその関連法規並びに労働契約の趣旨に基づき、その被用者に対し、その業務から発生しやすい疾病の発症

ないしその増悪を防止すべき注意義務（安全配慮義務）を負っている（日本電信電話公社事件　青森地裁八戸支部昭和58年3月31日判時1090−16）。」

② 　生活指導員の腰痛などについて、「使用者として、労働基準法及び同法付属関連法令の趣旨に基づき、労働契約上その被用者に対し、腰痛症などその業務から発生し易い疾病にかからぬよう適宜な人員の配置、充分な休憩時間の設定・労働時間の短縮など労働条件の整備、疲労防止のための施設の整備などの職場環境の改善、準備体操・スポーツ・姿勢指導など職業病予防のための教育、定期健康診断、特殊検診などの健康管理を行い、職業病の予防・早期発見に努めるとともに、申告、診断などによりこれを発見したときは、就業制限、早期治療を適切に行って病状の悪化を防ぎ、その健康回復に必要な措置を講ずる義務（安全配慮義務）を負っている（松心園事件　大阪地裁昭和55年2月18日労判338−57）。」

5　労働災害や職業性疾病の防止に関する使用者が民事責任として行わなければならない措置と労災補償の認定との関係

　労働災害や職業性疾病の防止に関する使用者が民事責任として行わなければならない措置と労災補償の認定との関係については、労災補償の認定にあたり業務起因性が肯認される以上、その疾病は特段の事情なき限り使用者側において注意義務を充分つくさなかったことによるものと推定するとする次のような裁判例があります。

　労働基準法、労働者災害補償保険法等の注意に照らすと、被用者の疾病について業務起因性が肯認される以上、被用者の疾病は特段の事情なき限り使用者側において注意義務を充分つくさなかったことによるものと推定するのが相当であり、特段の事情の存在については使用者側においてこれを証明する責任を負う（日本電信電話公社事件　青森地裁

八戸支部昭和58年3月31日判時1090－16、松心園事件　大阪地裁昭和55年2月18日労判338－57、大興電機製作所事件　東京地裁昭和50年11月13日判時819－93、日本放送協会事件　東京地裁昭和48年5月23日判タ297－146)。

　一方、労災補償の認定が行われていても、業務との間に相当因果関係がないとする次のような裁判例もあります。

① 　病院で病歴室に配転され入院患者のカルテの整理(通院カルテの回収・製本・収納、入院カルテの準備、送付等)の業務に従事する労働者の頚腕肩症候群について、「業務内容及び業務量は、個別作業においても、作業全体をみても、過重であったということはできないこと、原告の本件症状が、変形性頚椎症によるものであるとの疑いが否定できないこと、原告の本件症状は、その発症においては原告の業務従事期間と相関関係が認められるものの、負担と考えられる業務に従事しなくなった以降も原告の症状は一進一退で軽快することはなく、さらに病歴室から移動しても回復が緩慢である等業務への従事の有無及び業務量と原告の症状との間に相関関係が認められないこと等を総合して判断すると、本件症状について、従事していた業務が有力な原因であるとまではいえず、本件症状と業務との間に相当因果関係があるとすることができない。原告に対しては、労働者災害補償保険法に基づく給付決定がなされているが、これによってこの判断が覆されるものではない(東日本旅客鉄道事件　東京地裁平成10年12月24日労判759－62)。」

② 　チエンソー使用による振動障害について、「原告は振動障害と認定されているが、これは、原告が振動障害と診断された当時においては、チエンソー等による振動障害の病態像そのものが医学上判然としない状況にあったことから、振動障害の認定にあたっては、加齢現象あるいはチエンソー等による振動障害の症状と類似する私傷病による症状との鑑別について特に留意されることなく、チエンソー使用者に特段の私

傷病の素因などが認められない限り、チエンソー使用者の訴える障害は振動障害による症状であると認定されていたのが実情であったからであろう。そうすると、原告が振動障害と認定されているからといって、原告に振動障害が発症したということはできない。むしろ、原告の有する諸症状は加齢による老化現象による可能性が極めて強い（熊本営林局事件　福岡地裁田川支部平成元年8月17日労判547-44）。」

6 労働災害や職業性疾病の防止に関する使用者が民事責任として行わなければならない措置と労働安全衛生法令に定めのない事項

(1) 労働安全衛生法令に定めのない事項を実施すべき義務

　行政法令に定める労働者の安全確保に関する使用者の義務は、使用者が労働者に対する関係で当然に負担すべき安全配慮義務のうち、労働災害の発生を防止する見地から、特に重要な部分にしてかつ最低の基準を公権力をもって強制するために明文化したものにすぎないので、行政法令は、安全配慮義務の上限を画するものではなく、これに従ったからといって、労働災害などの防止に関する使用者の民事責任（安全配慮義務）を尽くしたとは言えません（日鉄鉱業・長崎じん肺訴訟事件　福岡高裁平成元年3月31日労判541-50）。したがって、使用者には、行政法令を遵守することはもちろんのこと、安全衛生対策を徹底し、労働者の生命、身体、健康などの安全を害する事故の発生を未然に防止すべき法律上の義務があります。このような趣旨を明確にした裁判例に、次のようなものがあります。

① 　会社は、船員労働安全衛生規則を遵守することは勿論、その企業活動の一環として、あらかじめ所有船舶やその設備の構造、機能、予想される危険等の把握にも努め、研修その他の教育活動等を通じて安全対策を組織的に徹底し、船舶の乗組員につき、その生命、身体の安全を害すべき事故の発生を未然に防止すべき法律上の義務がある（大晃機械工業事件　山口地裁下関支部平成13年4月23日判時176

7-125)。
② 被告らは、じん肺法等じん肺関係の法規は、常時最高水準に到達していると評価されているから、その規定を遵守している限り、当然に違法性が阻却され、したがって、債務不履行責任を負わない旨主張するが、じん肺法、鉱山保安法等の行政法令の定める労働者の安全確保に関する使用者の義務は、使用者が労働者に対する関係で当然に負担すべき安全配慮義務のうち、労働災害の発生を防止する見地から、特に重要な部分で、かつ、最低限度の基準を、公権力をもって強制するために明文化したものであるから、行政法令の定める基準を遵守したからといって、信義則上認められる安全配慮義務を尽くしたことにはならない（細倉鉱山事件　仙台地裁平成8年3月22日判時1565-20）。
③ 鉱山保安法、炭則等の行政法令の定める労働者の安全確保に関する使用者の義務は、使用者が労働者に対する関係で当然に負担すべき安全配慮義務のうち、労働災害の発生を防止する見地から、特に重要な部分にしてかつ最低の基準を公権力をもって強制するために明文化したものにすぎないから、行政法令等の定める基準を遵守したからといって、信義則上認められる安全配慮義務を尽くしたものということはできない。そして、このことからすれば、金属鉱山に対する行政法令と炭鉱に対するそれとの差異（金属鉱山に対する行政規制のほうが、より厳格であり、炭鉱においては規制がない事項もあったこと）や、旧じん肺法までは、もっぱら遊離けい酸が規制対象とされていたことを理由として、安全配慮義務を免れることはできない（日鉄鉱業（伊王島鉱業所）事件　長崎地裁平成6年12月13日労判673-27）。
④ 行政指導、監督及び法令の動きに従って、じん肺防止のための相応の措置をとる方針をその都度定めて来たけれども、実際には末端においては必ずしも十分には方針通り実施されず又実効をおさめなかった。それゆえ、その限度では本件安全配慮義務を履行したことになるけれども、実施した方策が結果として不十分であるうえ、行政法令、行政指

導、監督は、安全配慮義務の上限を画するものではなく、これに従ったからといって、安全配慮義務を尽くしたとは言えない(日鉄鉱業・長崎じん肺訴訟事件　福岡高裁平成元年3月31日労判541-50)。
⑤　被告は、労働基準法、労働安全衛生法、労働安全衛生規則及び郵政省健康管理規定等の趣旨に基づき、常に局職員の健康、安全のため適切な措置を講じ、職業性及び災害性の疾病の発生ないしその増悪を防止すべき義務を負っているだけでなく、職業性又は災害性の疾病に罹患していることが判明し又はそのことを予見し得べき職員に対しては、疾病の病勢が増悪することのないように疾病の性質、程度に応じ速やかに就業の禁止又は制限等を行うことはもとより、場合によっては勤務又は担当職務の変更を行う等適切な措置を講ずべき注意義務を負っている(郵政省職員事件　横浜地裁昭和58年5月24日労判411-43)。

(2) 労働安全衛生法令に定める基準を満たした機械・設備など

　作業に使用する機械・設備などが労働安全衛生法令に定める基準を満たしている場合でも、使用者の労働者などに対する民事責任がすべて発生することはないとは言い切れません。このような趣旨を明らかにした次の裁判例があります。

　橋梁架設工事において、足場が折れ作業員が転落したことについて、「足場は、労働安全衛生規則上の基準に適合した強度をもち、新しい檜材で事故の検査においても特にこれといった瑕疵は発見されなかったが、このことは、取締規定である安全衛生規則上の規格に合致していただけのことで、通常の方法以外の方法でこれを利用して作業していたか、または作業していたこと以外に何らかの外力が作用して起こったことが窺われない以上、足場特に丸太自体に瑕疵があったことによると推認せざるを得ない。してみれば本件足場上から転落した本件事故は本件鋲鋲用足場に瑕疵があったことに基づくところ、本件足場は土地の工作物とみるべ

きであるから、被告会社は工作物の占有者兼所有者として民法第717条による損害賠償の責に任ずべきである(三東工事件　東京地裁昭和45年7月6日判時614-17)。」

7　労働災害や職業性疾病の防止に関する使用者が民事責任として行わなければならない措置と行政指導との関係

　行政指導、監督は、安全配慮義務の上限を画するものではなく、これに従ったからといって、労働災害などの防止に関する使用者の民事責任(安全配慮義務)を尽くしたとは言えません(日鉄鉱業事件・長崎じん肺訴訟事件　福岡高裁平成元年3月31日労判541-50)。しかしながら、行政指導を受けた事項について的確に対応していなければ、使用者が民事責任を問われることがあります。これに関して、次のような裁判例があります。

(1) 行政指導を受けた事項

①　本件事故発生の前年に所轄の労働基準監督署の係官から溶解作業床について、有効な墜落防止設備を設けるべき労働安全衛生法上の義務がある旨を指摘され、各設備を可及的速やかに設けるべきことを指示されたにもかかわらず、事故の発生時に至るまで、有効な墜落防止設備を設けず、本件事故の発生をみるに至った(岐阜地裁昭和59年2月17日)。

②　現に前橋労働基準監督署において、安全機の取付について死角のないよう再点検すること、プレスの作動スイッチは共同作業の場合全員がスイッチを押さねば作動しない方式をとることなどの監督指導が行われている(平田プレス工業事件　前橋地裁昭和49年3月27日判時748-119)。

③　本件事故前にも同様の違反に関し所轄監督官署から始末書を徴されたこともある事実が認められるのであって、控訴会社がその事業の監

督について相当の注意をなしたもの又は相当の注意をなしてもなお本件事故が避け得なかったものとは認められない(九州電気工事事件 福岡高裁昭和27年4月9日下級民集3-4-482)。

(2) 行政指導などがない事項

一方、行政指導などがない事項であっても、労働災害などの防止に関する使用者の民事責任を問われる場合があります。たとえば、次のような裁判例です。

① 会社は、本件ピットが労働安全衛生法等において酸素欠乏危険場所とされておらず、また、従前監督官署からの指導、勧告を受けたこともないと主張するが、酸素欠乏症等防止規則22条の2によれば、酸素欠乏危険場所の指定の有無にかかわらず、タンク、反応塔等の安全弁等から排出される不活性気体が流入するおそれがあり、かつ、通風又は換気が不十分な場所で労働者を作業させる場合には、不活性気体が当該場所に滞留することを防止するための対策を講じる必要があるとされており、また、本件ピットの構造や、アルゴンガスを使用していることから、本件ピット内にアルゴンガス漏れが生じて滞留するおそれのあることは容易に予測しうると考えられることからすれば、本件ピットが酸素欠乏危険場所に指定されていないことなどをもって、会社の責任が回避されるということは到底できない(東洋精箔事件 千葉地裁平成11年1月18日労判765-77)。

② 行政指導、監督及び法令の動きに従って、じん肺防止のための相応の措置をとる方針をその都度定めて来たけれども、実際には末端においては必ずしも十分には方針通り実施されず又実効をおさめなかった。それゆえ、その限度では本件安全配慮義務を履行したことになるけれども、実施した方策が結果として不十分であるうえ、行政法令、行政指導、監督は、安全配慮義務の上限を画するものではなく、これに従ったからといって、安全配慮義務を尽くしたとは言えない(日鉄鉱業・長崎じん

肺訴訟事件　福岡高裁平成元年3月31日労判541-50)。

8 事業所内部で危険性が指摘されていた事項と使用者が民事責任として行わなければならない措置

事業所内部で危険性が指摘されていた事項について、使用者が的確に対応していないために、使用者の民事責任が問われた次のような裁判例があります。

旋盤の危険について、現場の従業員から総務担当取締役に伝えられ、職場の責任者から提案されたにもかかわらず、原因の究明につき努力を払い、あるいは何らかの措置を講じたと認められない(村井工業事件　奈良地裁葛城支部昭和43年3月29日判時539-58)。

第9章
労働災害や職業性疾病の防止に関する措置を講ずべき関係者

「労働災害や職業性疾病の防止に関する措置を講ずべき関係者」のポイント
1 発注者の責任
2 建設共同企業体の構成企業の労働者に対する責任
3 船舶所有者の乗組員に対する責任
4 親会社の子会社の労働者に対する責任
5 関連会社の他方の会社の労働者に対する責任
6 営業譲受人の責任
7 作業に関連する企業の責任
8 受注した修理事業者の責任
9 特殊な就業関係
10 機械・設備などの設置・管理者の責任
11 機械・設備などの製造者の責任
12 会社の代表者その他の関係者の責任
13 労働者本人の責任(過失相殺)

「労働災害や職業性疾病の防止に関する措置を講ずべき関係者」のポイント

1 使用者に限らず、労働者の就業に関連する多くの関係者についても、労働者に対する安全配慮義務を負う場合がある。
2 発注者と請負事業者の雇用する労働者との間に実質的に使用従属の関係が生じている場合には、その間に労働契約が存在しなくとも、発注者は請負事業者の雇用する労働者に対し、使用者が負う安全配慮義務と同様の安全配慮義務を負う。
3 建設工事や運送・配送などの発注者が民事責任を問われた裁判例がある。
4 建設共同企業体のその構成企業の労働者や船舶所有者の乗組員、親会社の子会社の労働者、関連会社の他方の会社の労働者に対する民事責任を問われた裁判例がある。
5 営業譲渡人によるその営業に従事する労働者について労働災害などの防止義務の不履行があった場合には、その営業の譲受人も譲渡人の債務不履行責任を重畳的に負うとする裁判例がある。
6 1つの場所で他の業務を行っていた会社の他方の会社の労働者に対する民事責任や発注した会社の労働者の労働災害に関して受注した修理事業者の民事責任が問われた裁判例もある。
7 出向者の労働災害などに関する民事責任については、まず、労働に関する指揮命令権が現実に帰属する出向先がこれを負うが、身分上の雇傭主たる出向元も出向労働者の経験・技能などに応じ出向先との出向契約を介して労働環境の安全に配慮すべき義務を負う。
8 シルバー人材センターは、高齢者である会員に対して就業の機会を提供するに当たっては、会員の生命や身体、健康などの安全を害

「労働災害や職業性疾病の防止に関する措置を講ずべき関係者」のポイント

する危険性が高いと認められる作業を内容とする作業の提供を避け、その安全を保護すべき義務を負っているとする裁判例がある一方、シルバー人材センターから派遣された会員の労働災害について、派遣先の企業が民事責任を負うとする裁判例もある。

9 個人事業者などが請負や委託などにより就業する場合に労働災害などに被災したことについても、発注者の個人事業者などに対する民事責任を問う裁判例がある。

10 機械・設備などの設置・管理者は、その設置・管理に瑕疵があったときは、それによって発生した労働災害などについて、民事責任を負う。

11 製造段階において機械・設備などに欠陥がある場合には、その製造者はいわゆる製造物責任を負わなければならない。

12 労働災害や職業性疾病が発生した場合には、労働者を雇用する会社などの法人や個人事業主がそれに関する民事責任を負うことが一般的であるが、このほか、法人の代表者である代表取締役の民事責任が問われることもある。代表取締役が民事責任を負う根拠としては、代表取締役が業務全般を統括管理する立場にあることによるとするもの、実際の業務について指揮監督する立場にあることによるとするものなどがある。

13 業務の責任者などその他の従業員が労働災害や職業性疾病の発生に関して、責任を問われた裁判例があり、中には設計技術者や助手などが責任を問われたものもある。

14 従業員などが使用者の事業の執行について第三者に損害を加えた場合には、使用者が被用者の選任およびその事業の監督について相当の注意をしたとき、または相当の注意をしても損害が生ずべきであったときを除き、その使用者も、その損害を賠償する責任を負う。

15 労働者の就業中の安全については、労働者自身にも、自らの作業を管理し、安全を確保すべき注意義務があるので、労働者自身に

> 重大な過失がある場合には使用者の損害賠償義務が認められないことがあり、安全を守る義務の不履行がある場合には過失相殺が行われる。ただし、労働者に過失があっても、使用者側の安全配慮義務違反が大きい場合などには、過失相殺が否定されることもある。
> 16　本人の了解を受けた措置であることや労働組合の承認を受けて行った労働災害や健康障害を防止するための対策であることは、使用者が民事責任として講ずべき措置には影響しないとする裁判例がある。

　労働災害や職業性疾病を防止する安全配慮義務は、労働契約に付随して負う義務ですので、原則として使用者がその雇用する労働者に対して負うことになりますが、一方、判例は、安全配慮義務は、ある法律関係に基づいて特別な社会的接触の関係に入った当事者間において、その法律関係の付随義務として当事者の一方または双方が相手方に対して信義則上負う義務として一般的に認められる（陸上自衛隊八戸車両整備工場事件）としていますので、このような法律関係にある場合には、一方または双方の当事者が相手方に対して安全配慮義務を負うことになります。
　このため、使用者に限らず、労働者の就業に関連する多くの関係者についても、労働者に対する安全配慮義務を負う場合もあります。

1　発注者の責任

　このような法律関係の典型的な例が発注者と請負事業者に雇用される労働者の関係で、一般に発注者と請負事業者の雇用する労働者との間に実質的に使用従属の関係が生じている場合には、その間に労働契約が存在しなくとも、発注者は請負事業者の雇用する労働者に対し、使用者が負う安全配慮義務と同様の安全配慮義務を負う（大和製罐・テクノアシスト相模事件　東京地裁平成20年2月13日労判955-13）ものと解されて

います。

　なお、請負により行われる事業と労働者派遣事業については「労働者派遣事業と請負により行われる事業との区分に関する基準(昭和61年労働省告示第37号)」が定められていますが、請負事業者がこの基準を満たす程度の企業としての独自性を保有するものであっても変りはありません(鹿島建設・大石塗装事件　福岡地裁小倉支部昭和49年3月14日判タ311-228)。また、労働災害を防止する安全配慮義務は労働契約上の義務であるので、事実上の使用関係があるにすぎないときには、その義務違反を債務不履行と解することはできなので、安全配慮義務は不作為による不法行為の成立要件である作為義務ないし不法行為の過失を構成し、その義務違反がある場合には不法行為が成立するとする判例(大豊運輸事件広島高裁岡山支部昭和62年5月28日労判521-56、最高裁第一小法廷平成2年11月8日)があります。

(1) 造船業を除く製造業の元方事業者

　造船業を除く製造業の元方事業者と構内請負事業の労働者(社外工)などに関し、次のような裁判例があります。

ア　労働災害に関する裁判例

① 　被災者はテクノアシスト相模に雇用されていたのであって、大和製罐に雇用されていたわけではない。しかし、安全配慮義務は、ある法律関係に基づいて特別な社会的接触の関係に入った当事者間において、当該法律関係の付随義務として、信義則上、認められるものであるから、注文者と請負人の雇用する労働者との間に実質的に使用従属の関係が生じていると認められる場合には、その間に雇用契約が存在しなくとも、注文者は当該労働者に対し、使用者が負う安全配慮義務と同様の安全配慮義務を負うものと解するのが相当であり、本件においては、テクノアシスト相模の従業員は、実質的には大和製罐の指示のもとに労務

の提供を行っていたと評価されるから、大和製罐とテクノアシスト相模の従業員との間には、実質的に使用従属関係が生じている。よって、大和製罐は、テクノアシスト相模の従業員に対し、信義則上、安全配慮義務を負う。その具体的内容については、テクノアシスト相模の場合と同様であるところ、大和製罐は、転落防止の措置が施されていない本件作業台を被災者に使用させたものであるから、安全配慮義務に違反した（大和製罐・テクノアシスト相模事件　東京地裁平成20年2月13日労判955-13）。

② 社外工が車両の屋根に登っての作業中高圧架線に触れて転落負傷したことについて、「原告は下請業者の従業員として元請である被告の現場主任の指示に従って業務に就いたものであり、原告の業務が、架線に1500ボルトの高圧電流が通電している検査場内における車輌の天井に設置された通風器の修理、点検作業であったのであるから、被告としては、高圧電流の通じている検査場内での作業に関する安全教育を徹底し、少なくとも、架線に通電中の場合には車輌の屋根上での作業をすることのないよう指導すると共にこれを監視するなどして、労災事故の発生を防止するための万全の措置をとるべき義務があったところ、かかる点についての配慮を欠き、漫然と通風器の手直し作業を命じたのみであったため、原告が車輌の屋根に上がって作業に就き、本件事故を招くに至った。しかして、被告は、原告との間に直接の雇用契約関係はなくとも、原告を被告が設置し提供した設備及び作業環境のもとで被告の指示によって稼働させていた以上、設備等から生ずる労働災害を防止し、安全に就労させるべき安全保護義務を負担しているところ、その義務を怠ったから、被告に安全保護義務違反の債務不履行が存した（東急車輌製造事件　横浜地裁昭和57年3月16日労判383-43）。」

イ　職業性疾病

1）中毒症

　腕時計の針の中心線をインクで印刷する業務に従事していた下請け労働者が、業務に使用する有機溶剤により中毒症にかかったことについて、「本件印刷業務につき被告とA製作所とは元請・下請の関係にあり、被告は、業務を発注するに当たって、被告工場内において、同製作所の従業員に対し業務の作業手順を研修指導していること、被告の外注担当者は、発注後約1か月は毎日、その後は1週間に1、2日程度日程管理及び品質管理の指導に同製作所に赴いていること、被告は同製作所に対し、本件印刷業務に必要な機械器具、備品及び治工具を無償で貸与し、A－ベンジンとインクを支給したこと、被告は昭和39年5月以降ノルマルヘキサンを使用する業務である腕時計針の印刷業務を遂行してきているのに対し、A製作所は本件印刷業務を下請けするまで業務の経験はなく、第2種有機溶剤を使用する業務を行った経験もないことなどの事実を総合すると、被告とA製作所とは、本件印刷業務については実質的な使用関係にあるものと同視し得る関係にあった。そして、A－ベンジンに含有されているノルマルヘキサンは第2種有機溶剤に指定されていて、その取扱いについては法及び予防規則等によって厳格に規制されているのであるから、被告は、ノルマルヘキサンの有害性及びその対策の必要性について十分認識し、本件印刷業務に従事するA製作所の従業員が被告の支給するA－ベンジンによって中毒症状を起こすことのないよう、同製作所に対し、所定の措置を講ずるように指示ないし指導をなすべき注意義務があった。しかるに被告は、ノルマルヘキサンが人体に対し強い毒性を有することやその対策の必要性について気付かないままA－ベンジンをA製作所に支給し、必要な指示ないし指導をしなかったものであって（被告は同製作所に対し、昭和58年3月7日付けの「特殊健康診断について」と題する文書を交付しているが、その内容からいって、特殊健康診断の法的必要性を指導しているものとは認められない。）、被告の過失により、同製

作所は、本件印刷業務に使用していた溶剤の有毒性やこれに対する対策の必要性についての認識を欠き、局所排気装置を設置せず、十分な気積を確保しなかったなどのために、原告らのノルマルヘキサン吸引による多発神経炎に罹患した(みくに工業事件　長野地諏訪支部平成3年3月7日労判588-64)。」

2)腰痛

　地金等をスコップですくいホッパーに投げ入れる作業に従事していた構内下請労働者の腰痛等について「原告らは、A工業所に雇用された労働者であって、被告会社との間に雇用契約はなく、ただA工業所が被告会社から請負ったかけ作業に従事していた者である。そして請負においては、本来注文者が請負人の仕事の結果を享受するにすぎないから、注文者は原則として当然には請負人の仕事の完成の過程における事故により請負人の被用者に発生した損害を賠償すべき責任を負うことになるものではない。しかしながら請負による仕事とはいえ、その仕事の内容からして、請負という契約形式によりながら、注文者が単に仕事の完成を請負人に一任してその成果を享受するというにとどまらず、請負人の雇用する労働者を自己の企業秩序の下に組み入れ、自己の管理する労働場所において、自己の管理する機械・設備を利用するなどして、自己の指揮・命令・監督の下におき、自己の望むように仕事の完成をさせ、実質的に注文者が当該労働者を一時的に雇用して仕事をさせると同様の効果をおさめているといった場合には、注文者と請負人の雇用する労働者との間に、実質的に使用従属の関係が生じているから、その間に労働契約関係が存在しなくとも、この場合には、信義則上、注文者は当該労働者に対して、使用者が負う安全配慮義務と同様の安全配慮義務を負う。被告会社は、原告らと直接の雇用関係にあるものではないが、原告らの作業現場、作業に利用される機械設備は被告会社の管理下にあり、原告らの作業は被告会社従業員の直接の指示・監督の下に行われていたから、被告会社と

原告らとの間には実質的に使用従属の関係があった。従って被告会社は、原告らに対し、使用者と同様の安全配慮義務を負う。被告会社は、かけ作業に従事していた原告らに対し、腰痛の発症を予防するために、かけ作業の取扱い時間や原告らの健康管理に注意して、原告らの身体を危険から保護し、安全に作業を続けられるよう配慮すべき義務を怠っていたものであり、それを知りうべき状態にあった。そうだとすると、被告会社は、原告らに対する安全配慮義務の履行を怠ったものであり、原告らの肩関節周囲炎、腰痛症の疾病は、安全配慮義務の不履行に起因する(ヤンマーディゼル事件　神戸地裁尼崎支部昭和60年2月8日労判448-31)。」

ウ　構内運送事業

　工場内の溝蓋の補修作業に従事していた者が、サイドフォークリフトにひかれて死亡したことについて、「被告Y2会社が被告Y1会社と請負契約を締結し被告Y1会社構内における原材料、鋼片及び鋼材の運搬作業を行っていたが、被告Y2会社は請負業務のうち知多工場構内における鋼片等の運搬作業については、作業総量のうち約15％を自社の直轄として残し、その余をD会社と訴外E合資会社に下請させており、本件第三圧延課における鋼片運搬作業はD会社が専属的に行っていた。被告Y2会社は請負業務についての一般的、全体的な事項に関しては被告Y1会社から直接指示を受けていたが、日常現場における具体的作業については被告Y1会社従業員からD会社従業員になされるのが実状であった。被告Y1会社における外注業者従業員に対する服務管理及び車両並びに車両運行に関する管理を定める同被告の「外来作業者服務規程」「構内交通安全管理規則」「構内専用車両管理基準」は、同被告から被告Y2会社に交付され、被告Y2会社がD会社にこれらに基づき指導をなし、また、被告Y1会社構内における被告Y2会社の請負業務遂行のために使用するサイドフォークリフト等の車両はすべて被告Y2会社の所

有でその旨の表示が付せられ、これをD会社等に貸与していた。これらの車両の点検は、年1回行われる定期点検については被告Y2会社自らが行い、日常の点検についてはD会社等の下請会社で行っていたが、その費用は被告Y2会社から下請会社に請負代金中に含めて支払われていた。D会社は、Y2会社D会社班という意味で「D会社班」とも一般的に呼称されていた。以上の事実からすれば、D会社従業員は第三圧延課における鋼片運搬作業に関し、被告Y2会社の一般的指揮命令の下にあったというべきであり、その実態に徴するならば、同被告の被用者と同視しうる立場にあった。したがって、本件事故はBが鋼片運搬作業遂行中にその過失により惹起させた（愛知製鋼所・三栄組事件　名古屋地裁昭和50年12月26日判タ338-224）。」

(2) 造船業の元方事業者

　造船業においては、建設業と並んで重層下請構造で業務が行われているため、労働安全衛生法においても特定元方事業者として特別の規制が行われています（第1章45～48、60～61頁参照）が、造船業の元方事業者と構内請負事業の労働者（社外工）などに関し、次のような裁判例があります。

ア　労働災害

① 　造船所で修理中のタンカー内部の吹付塗装工事中にタンク内に充満したガスの爆発により死亡したことについて、「被告工業所は被告造船所より船舶の塗装工事を専属的に請負い、被告造船所から防爆灯などの用具の貸与を受け、事務所も被告造船所構内に置いていた。被告造船所は被告工業所に塗料の種類を指定し、塗装工事は被告両者の打ち合わせの際、被告造船所より被告工業所に工事工程表を渡して指示する形で行われていた。塗装工事の際は、あらかじめ被告造船所の従業員が火気使用禁止の掲示や立入禁止のロープを張り、さらに

塗装現場付近を見廻り、自社や被告工業所の社員に注意を与えることにしていた。かかる事実関係の下においては、被告造船所と下請業者たる被告工業所との間には後者が組織的に前者の一部門であるかの如き密接な関係があり、被告工業所の塗装工事実施に際して両者が共同してその安全管理に当っていたと認めるべきであり、被告工業所の従業員の安全確保のためには、被告造船所の協力が不可欠と考えられるから被告造船所は被告工業所と共同して安全管理に当り事故の発生を未然に防止すべき注意義務がある。被告工業所および被告造船所はいずれも、アルミリッチペイントが引火性の強い危険な塗料であることを熟知していた。このような塗料を用いて本件タンクの如き場所で塗装工事を行う場合においては、被告らは両者共同してタンク内のアルミリッチペイントから発生したガスをタンク外に排出するための万全の通風措置を講じ、もって爆発事故の発生を未然に防止する注意義務がある（宇品造船所・共立工業所事件　広島地裁昭和48年9月13日判時739-98）。」

② 造船所における下請会社の従業員の事故について、「被告会社がその下関造船所で船舶修理事業などをするものであることによれば被告会社は労働災害防止団体等に関する法律（以下「労災団体法」という）施行規則13条所定の元方事業主である。被告会社が本件船舶の修理について請負業者の被告Yに鋏鋲の下請をさせたことに争いがなく、そして原告ら主張の「被告会社が本件船舶の修理作業統轄者であつたこと」の前提である下請人労働者のほか被告会社労働者も本件船舶の修理作業に従事したことによれば被告会社は本件船舶の修理元方事業主として労災団体法施行規則の定めるところにより下請人労働者と被告会社の作業が本件船舶において行われることによって生ずる労働災害を防止するため労災団体法57条1項所定の措置を講ずる義務をもつ本件船舶の修理作業安全責任者であった。本件ファンが作業用器具であるところ、「労災団体法57条1項所定の措置」というの

は「統轄管理者の選任、協議組織の設置、作業間の連絡及び調整、作業場所の巡視その他必要な措置」であって「その他必要な措置」についての労災団体法施行規則19条、20条、21条には「元方事業主が所有する作業用器具についての事故防止措置」を規定していないけれども、労災団体法にいう「労働災害」には2条によれば「労働者の就業に係る設備による負傷」も含むがここにいう「設備」を「作業用器具を除外した意味」に解する合理的理由がなく、したがって労働災害防止のための労災団体法57条1項による元方事業主の「その他必要な措置」を講ずる義務のなかには「元方事業主が所有する作業用器具についての事故防止措置」を講ずる義務も含まれる。本件ファンは高さ43.5糎、外径53糎の鉄製円筒型で内部には下部から6.5糎のところに長さ約10糎の鉄製羽根7枚があり原告が左手を吸いこまれた下部には直径7糎の鉄棒12本が3.5ないし4.5糎の間隔でついていたが金網はついていなかったこと、本件ファンは電動式220ボルト5馬力でかなりの吸引力があることが認められ、本件ファンが置いてあったマンホールの入口は短径40糎で長径は60糎であるが本件ファンが置いてあったため20糎位せばめられていて人1人がやっと出入できる位のものであったことをあわせ考えると本件ファンの下部には鉄棒がついていたとはいえ通常人の手が並行すれば入る間隔であるから金網がついていなければ吸引事故がおこるおそれがあった。ところで、本件ファンの下部に金網がついていなかったのは被告会社においてつけていなかったものと推認するほかはなく、そうすれば被告会社は本件ファンについて労災団体法57条1項による事故防止の措置を講ずる義務を怠った過失がある(三菱重工業事件　山口地裁下関支部昭和45年7月9日判タ259-187)。」

(注)労災団体法のこれらの規定は、現在は労働安全衛生法に規定されている。

イ　職業性疾病

1）振動障害

　造船所で働く労働者の振動障害について、「原告らのうちの社外工は、被告神戸造船所の構内で、被告の指示に基づき被告の本工と一緒に同一の作業をしたり、被告の職制から指示を受けた下請企業のボーシンの指示により下請企業のためにもうけられた区画で作業したり、使用工具に関する圧縮空気等の提供を受けていたことなどからすると、被告は、社外工に対する安全配慮義務を負担していた（三菱重工業神戸造船所事件　大阪高裁平成11年3月30日労判771−62）。」

2）難聴

① 　造船所で稼動していた労働者の騒音性難聴障害について、「上告人の下請企業の労働者が上告人の神戸造船所で労務の提供をするに当たっては、いわゆる社外工として、上告人の管理する設備、工具等を用い、事実上上告人の指揮、監督を受けて稼働し、その作業内容も上告人の従業員であるいわゆる本工とほとんど同じであったというのであり、このような事実関係の下においては、上告人は、下請企業の労働者との間に特別な社会的接触の関係に入ったもので、信義則上、労働者に対し安全配慮義務を負う（三菱重工業事件　最高裁第一小法廷平成3年4月11日労判590−14）。」

② 　騒音職場における事業者等のその被用者・下請工に対する安全配慮義務の内容としては、被告において、騒音性難聴予防対策を、問題とされる時代における技術水準、医学的知見、経済的、社会的情勢に応じて可能な範囲で最善の手段方法をもって実施すべきであった（三菱重工業事件　大阪高裁昭和63年11月28日労判532−49）。

③ 　使用者の労働者に対する安全保証義務はひとり直接の雇傭契約についてのみ生ずべきものではなく、事実上雇傭契約に類似する使用従属の関係を生ぜしめるべきある種の請負契約、たとえばいわゆる社外

工のごとく、法形式的には請負人（下請負人）と雇傭契約を締結したにすぎず、注文者（元請負人）と直接の契約を締結したものではないが、注文者請負人間の請負契約を媒介として、事実上、注文者から、作業につき、場所、設備・機械等の提供を受け、指揮監督を受ける等に至る場合の当該請負契約においても、この義務は内在する（三菱重工業事件　神戸地裁昭和59年7月20日労判440－75）。

(3) 建設業の元方事業者

　建設業も、労働安全衛生法において特定元方事業者として特別の規制が行われています（第1章45～48、59～63頁参照）が、建設業の元方事業者と請負事業の労働者などに関し、次のように労働災害に関する裁判例が多数あります。建設業の場合には、特に重層下請構造で行われるのが一般的であるために、再請負事業者の労働者に関して、元方事業者の民事責任が問われるケースも多く見られます。

ア　再請負人の労働者

① 　下請業者の従業員が運転するミニユンボのカウンターウエイト部分が作業員の右手小指付近に当たり負傷したことについて、「請負人は、その判断と責任において仕事を遂行するのが原則であり、元請人と下請人ないし再請負人の被用者との間に、使用関係はないのが通常であるが、元請人が、請負人等の被用者を直接間接に指揮監督して工事を施工させているような場合には、元請人と請負人ないし再請負人の被用者との間に実質的な使用関係があるものとして、請負人ないし再請負人の被用者の不法行為について、元請人は使用者責任を免れないところ、元請人は、現場事務所を設置してその従業員を本件工事現場に派遣して、常駐させ、請負人の従業員等を全般にわたって、直接間接に指揮監督して、作業に従事させていたのであるから、再請負人の従業員との間には実質的な使用関係にあった。従って、元請人は、被用

者あるいは実質上使用関係にある再請負人の従業員が業務の執行中不法行為によって本件事故を発生させた(熊谷建設ほか事件　福岡地裁小倉支部平成10年3月26日労判741－57)。」

② エレベーターの据付工事に従事していた労働者が墜落死したことについて、「工事の元請会社である被告Y2建設は、墜落を防止するため、本件工事現場の本件開口部に、囲い、手摺り、覆い等墜落防止に必要な措置を講ずべき注意義務を負っていたところ、被告Y2建設の現場代理人Dは、本件工事現場において、被告Y1機械の労働者が本件開口部にある床を本件工事のため使用し、その際開口部から本件工事に従事する労働者が墜落する危険に気づき、下請けのE工営に指示して手摺りの設置を指示したが、E工営がこれを完成させずに放置していたにもかかわらず、完全な墜落防止の措置を講じず、Cらをして本件工事に従事させ本件事故を発生させた。被告Y2建設は、Dを被用し、被告Y2建設の事業を執行するため、Dを現場代理人として被告Y1機械を孫請として使用し、本件工事に従事させていた。したがって、被告Y2建設は民法715条1項により原告らの損害を賠償する責任がある(海南特殊機械・竹村工業・松川建設事件　東京地裁昭和62年3月27日労判497－92)。

③ 再請負人に雇用されている従業員がマンション建設工事現場において作業中負傷したことについて、「請負は、本来注文者が請負人の仕事の結果を享受するにすぎないから、注文者は、原則として、当然には、請負人の仕事の完成の過程における事故により請負人に雇用される労働者に発生した損害を賠償すべき責任を負うことになるものではない。しかし、近時、請負による仕事の規模が拡大しその内容も複雑、多岐にわたり、これに伴い必然的に仕事の完成に要する労働の量内容も多量かつ、多種、多様となってくるに従い、景気の変動、企業経営の効率化等の理由から、仕事の完成に必要な大量、多種・多様の職種の労働者を常時雇用しておくことが困難なため、必要に応じて、請負という契

約形式によりながら、注文者が、単に仕事の完成を請負人に一任してその成果を享受するというにとどまらず、請負人の雇用する労働者を、自己の企業秩序の下に組み入れ、すなわち、自己の管理する労働場所において、自己の管理する機械・設備を利用するなどして、自己の指揮・命令・監督の下に置き、自己の望むように仕事の完成をさせ、実質的に、注文者が当該労働者を一時的に雇用して仕事をさせるのと同様の効果をおさめる場合がしばしばみられる。このように、注文者と請負人との間における請負という契約の形式をとりながら、注文者が、単に仕事の結果を享受するにとどまらず、請負人の雇用する労働者から実質的に労働契約に基づいて労務の提供を受けているのと同視しうる状態が生じていると認められる場合、すなわち、注文者と請負人の雇用する労働者との間に実質的に使用従属の関係が生じていると認められる場合には、その間に労働契約が存在しなくとも、信義則上、注文者は、当該労働者に対し、使用者が負う安全配慮義務と同様の安全配慮義務を負う(東急建設・吉田建設工業事件　東京地裁昭和56年2月10日労判358－28)。」

④　本件発破工事の5個の孔のうち2個の孔は交叉状態にあったから、その爆発効果が倍加していることを考慮して、発破業務に従事する者は、両孔の装薬量を減量するか、岩石の飛散防止措置を講ずるか、あるいは飛散方向および距離に応じた広範囲の交通遮断の措置をとるなど危害の発生を未然に防止すべき注意義務があり、会社には発破作業の具体的な場所の選択、実施の時期、安全措置などについて直接、間接の指揮、監督を行っていた以上、会社は再請負人の請負工事の執行についてなした不法行為について、使用者責任がある(高松地裁昭和43年1月25日)。

イ　ア以外の建設業の元方事業者

①　本件作業現場のように作業内容、作業規模が小さい現場で、作業

現場において元請の代表者自身が作業についての指示を与えているような場合には、現実に作業していた原告に対しても元請会社の現場支配が及んでおり、作業員が安全に作業できるように配慮する義務がある。したがって、本件において、作業現場に足場等もなく、雨中、滑りやすいビニール製の屋根材の上で、ボルト締めの作業をすることを結果的に黙認していた元請会社の代表者および本件作業を下請に出した元請会社にも、本件事故によって生じた損害を賠償する責任がある(植樹園事件　東京地裁平成11年2月16日労判761−101)。

② 元請の作業現場で昼間および夜間の作業に従事した下請の従業員が、夜間作業の後、深夜にマイクロバスを運転して他の従業員を宿舎に送る途中に発生させた交通事故について、「被控訴人Y1会社の作業現場では、被控訴人Y2の従業員は、直接Y1会社の指揮監督を受けており、作業終了時刻等の関係から作業に従事した者の運転で帰路につくほかなく、その者に作業による疲労が蓄積し運転に危険が生じると、作業に従事した他の従業員の生命身体にも危険の及ぶことから、被控訴人Y1会社はこれら従業員の実質的な使用者として、作業に起因する帰路の危険が生じないよう配慮すべき立場にあった(東鉄工業事件　東京高裁平成6年9月27日判タ900−244)。」

③ ダンプカーで積載作業を行っていた労働者が、建造物解体業者の従業員が運転するパワーショベルのバケットの衝突により地面に落下して被災したことについて、「下請業者が本件解体作業をするについては、解体業者がパワーショベル及びダンプカーを提供していること、解体作業の日程等については解体業者から事実上の指示、監督があったとみるのが合理的であること、下請業者及び原告を含むその従業員らとともに解体業者の従業員5名がパワーショベルの運転及びダンプカーの運転を含む作業に当たっていたこと、下請業者及びその従業員の賃金は日当で支払われたこと等の各事実によれば、解体業者と下請業者の従業員との間には、直接の雇用契約関係はないが、解体業者と下請業

者との間の請負契約及び下請業者とその従業員との間の雇用契約を媒介として間接的に成立した法律関係に基づいて、解体業者は、下請業者の従業員である原告が本件家屋の解体作業について労務を提供するに際し、原告の生命、身体の健康を害することがないように配慮すべき信義則上の安全配慮義務を負っていた(東邦建業事件　東京地裁平成5年11月19日交通民集26－6－1440)。」

④　運転資格のない者がクレーン操作中に吊り上げていた物が落下して右足をはさまれて負傷したことについて、「事故の発生原因としては、原告が本件クレーンの操作を誤ったことを指摘することができるのであるが、元請及び下請は、『本件クレーンを操作して走行中のものを停止させるには、それなりの習熟度を必要としたのに、これを運転する資格を有していない者がクレーンを操作していたのを黙認していた。走行用スイッチを切るだけでは、滑走を制御することが困難であったから、滑走による危険を防止するために走行ブレーキを取り付ける必要があったのに、これをしなかった。』という点において、原告に対する安全配慮義務を尽くさなかった。すなわち、被告らは、いずれも債務不履行の理由により、原告に生じた損害を連帯して賠償すべき責任がある。原告は、本件クレーンを運転する資格を有していなかったのに、クレーンに2点掛けのハッカーを使用して仮溶接済みのリングを吊り下げ、これを西方へ移動させていたところ、行き過ぎたため、反対方向(東方)への走行用スイッチを押したものの、リングが西方に揺れて、角材の上に置かれた他のリングに当たり、仮溶接部分が破損して、これに右足をはさまれた。本件クレーンに仮溶接のリングを吊り下げて移動させる作業を、一人でクレーンを操作しながら行うことは危険であった。被告Y会社は、3点掛け用のハッカーを用意しなかったが、2点掛けのハッカーを使用したのでは、移動中のリングの安全性が損なわれた(岡崎工業・高千穂工業事件　千葉地裁平成元年3月24日判タ712－179)。」

⑤　建設機械が倒れて下請従業員が足を切断したことについて、「被告

Y2会社が東京都から本件工事を請負い、現場に現場代理人A以下B、Cの3名の現場監督を配置して工事を施行し、被告Y1会社は被告Y2会社から本件抜き作業を下請しており、3名の監督員は常駐し、本件工事における品質管理、工程管理、安全管理の各点について、被告Y2会社作成の工事工程表により、全てにおいて現場を把握して管理監督しており、本件抜き作業についても、前日に3名の監督員とEとにより打ち合わせが行われていること、本件当日も、3名の監督員のうちBが本件現場の監督担当で、約1時間おきに見廻る筈であったこと、下請契約においては、被告Y1会社は作業につき、被告Y2会社の工程表及び係員の指示に従うことが合意されている。被告Y2会社は、被告Y1会社の従業員に対して雇主と同視できる程度にその労務管理について指揮監督をなし得る関係を有していたということができ、信義則上、雇主である被告Y1会社と同様の安全配慮義務を負っていた（藤代組・中里建設事件　東京地裁昭和59年10月22日労判462−149）。」

⑥　高炉建設工事の孫請会社が作業中に転落して重傷を負ったことについて、「一般の私法上の雇用契約においては、使用者は、労働者が給付する労務に関し指揮、監督の権能を有しており、この権能に基づき、所定の設備、器具、機械、作業場等の物的設備を指定した上、労働者をして特定の労務を給付させるものであるから、使用者としては、指揮、監督権能に付随する信義則上の義務として、労働者の労務給付過程において、物的設備から生じる危険が労働者の生命、身体、健康等に危害を及ぼさないようにこれを整備し、労働者の安全を配慮すべき義務（以下、「安全配慮義務」という）を負担する。従って、被告Y会社は、原告Xを直接雇用する者として、同原告に対し、安全配慮義務を負担していたことは明らかであるが、安全配慮義務は、指揮、監督権能に付随するものである以上、単に雇用契約の直接の当事者間のみに発生するというべきではなくある法律関係に基づいて、事実上雇用関係に類似する指揮、監督関係を生ずるに至った当事者間においても、これを認め

るべき場合がある(石川島重工業・増山組事件　福岡地裁小倉支部昭和57年9月14日労判399－55)。」

⑦　火力発電所の脱硫装置の検査および修理工事中の事故について、「原告Xと被告Y1会社との間には、形式上は直接の雇用契約ないし請負契約は存しないのであるが、実質的には両者の間にも、雇用契約に準ずる程度の使用、従属という関係があり、原告Xは作業面において被告Y1会社の指揮監督に、また、労働、安全衛生の面において同被告の管理に、それぞれ、服していたものといえる。そして、この場合の如く、両者の間に実質的な使用従属関係の存する以上、被告Y1会社は原告Xに対して、その安全を確保する義務を負うべく、本件作業についていえば、被告Y2会社の責任同様に、ベンチュリーノズル上部の石こうスケールの付着状況を精査し、その落下により作業員に危害が及ばないように配慮すべき義務、あるいは少なくとも被告Y2会社を介してこれらの安全対策を徹底させる義務を負っていたものと解され、この義務を尽さなかったことにより本件事故が発生したから、これにより原告らが被った損害を賠償すべき責を負わねばならない(三井三池製作所・濱田組事件　神戸地裁姫路支部昭和56年4月13日労判368－37)。」

⑧　建築現場の掘削作業中の下請会社の従業員の事故について、「Aが被告工務店の従業員として、本件工事の現場監督をしていた。Aは現場監督として本件工事現場に常駐し、作業手順の決定、下請けとの打合せ等を行うほか、作業員らに対する作業の際の危険防止の指示等安全管理を含む総括的な監督を行い、原告ら下請けの作業員はAの指示に従って作業していたが、Aは、本件事故の日の前日本件作業による掘削予定場所の地中にガス管が埋っているとの報告を受け、それが現在使用されていないガス管であることを確認したのに、本件事故当日、単に脇屋に対し本件バックホーの操作中バックホーの爪でそれを引掛けて跳ね飛ばしたりしないように注意したにとどまり、ガス管を切断しあるいはロープで結ぶなどの安全措置を講ずべきことをB又は原告に

指示するかあるいは自らそのような安全措置を講ずることはせず、Bらに本件作業の続行を命じた。Aは本件工事の現場監督として、掘削場所にガス管が埋っている旨の報告を受けその確認をしたのであるから、作業員らに対し安全措置を講ずべきことを指示しあるいは自らそのような措置を講じて本件事故の発生を未然に防止すべき注意義務を負っていたところ、同人はこれを怠り、Bに対し単に注意して作業するようにとの指示を与えたのみで本件作業の続行を命じた過失により、本件事故を発生させた(橋本工業・歌工務店事件　東京地裁昭和56年3月19日労判362-18)。」

⑨　下請会社の従業員が高所から墜落し、死亡したことについて、「使用者の労働者に対する私法上の安全保証義務は独り雇傭契約にのみあるものではなく、仮令それが部分的にせよ、事実上雇傭契約に類似する使用従属の関係を生ぜしめるべきある種の請負契約、例えばいわゆる社外工ないし貸工の如く、法形式的には請負人(下請負人)と雇傭契約を締結したにすぎず、注文者(元請負人)と直接の契約を締結したものではないが、注文者請負人間の請負契約を媒介として、事実上、注文者から、作業につき、場所、設備、機材等の提供を受け、指揮監督を受けるに至る場合の当該請負契約にも内在するものであって、かかる契約は少なくとも、注文者において請負人の被用者たる労働者に対し、被用者たる第三者のためにする契約或は請負人の雇傭契約上の安全保証義務の重畳的引受として、直接、その提供する設備等についての安全保証義務を負担する趣旨の約定を包含する。そしてこの法理は、契約法における信義則上、請負人が注文者との関係において必ずしも労働基準法第6条(中間搾取の排除)ないし職業安定法第44条(労働者供給事業の禁止)等の禁止規定に違反せず、職業安定法施行規則第4条第1項所定の基準を満す程度の企業としての独自性を保有するものであっても変りはない(鹿島建設・大石塗装事件　福岡地裁小倉支部昭和49年3月14日判タ311-228)。」

⑩　ビル建設工事の下請の作業員が作業中に地下3階に墜落して死亡した事故について、「雇傭契約において、雇主は被傭者に対して、信義則上、雇傭契約の付随義務として、その被傭者が労務に服する過程で、生命及び健康等を害しないよう労務場所その他の環境につき、配慮する義務、すなわち、安全配慮義務又は安全保証義務を負うから、本件においても、被告Y1は、雇主として被傭者の生命及び健康を危険から保護するように配慮すべき義務を負っていたが、被告Y2も、被告Y1に対して元請負人として、工事上の指図をし、その監督のもとに、工事を施工させていたのであって、作業員にも、被告Y1との雇傭契約を前提として、支配が及んでいたといえるから、その関係は、雇主と被傭者との関係と同視でき、同様の安全配慮義務を負っていた（大成建設・柏倉建設事件　札幌地裁昭和53年3月30日判タ369－283）。

⑪　元請負人が下請負人に対し、工事上の指図をし、もしくはその監督の下に工事を施行させ、その関係が使用者と被用者との関係またはこれと同視しうる場合において、下請負人の使用する第三者が下請工事自体、その附随的行為またはその延長もしくは外形上下請負人の事業の範囲内に含まれる行為によって他人に損害を加えたときは、直接または間接に元請負人の指揮監督関係が及んでいる場合に限り、第三者の行為は元請負人の事業の執行についてなされたものとして、元請負人が、第三者の不法行為について、使用者責任を負う（最高裁昭和45年2月12日）。

(4) 鉱業の元方事業者

鉱業の元方事業者と請負事業の労働者などに関しても、じん肺の罹患などについて、次のように多くの裁判例があります。

①　下請企業又はその孫請企業が雇用する労働者が、下請企業に対する注文企業の作業場所において労務の提供をするにあたり、注文企業の管理する設備、器具等を用い、事実上注文企業の指揮、監督を受

けて稼働し、その作業内容も注文企業が直接雇用する従業員とほとんど同じであったという場合には、注文企業は、下請企業等の労働者との間に特別な社会的接触の関係に入ったものであり、信義則上、下請企業等が雇用する労働者に対しても、直接雇用する労働者に対して負っていたのと実質的に同一内容の安全配慮義務を負う(三井三池炭鉱事件　福岡地裁平成13年12月18日判夕1107-92)。

② 安全配慮義務は、ある法律関係に基づき特別な社会的接触の関係に入った当事者間において、当該法律関係の付随義務として当事者の一方又は双方が相手方に対して信義則上負う義務であり、必ずしも直接の雇用契約関係を必要としないと解され、被告3社と下請従業員との間に特別な関係が認められる場合には、被告3社は下請企業の従業員であった本件下請従業員に対しても安全配慮義務を負う。これを本件について見ると、〔1〕被告3社は、その経営する各炭鉱の鉱業権及び基本的設備を保有し、基本的な採掘計画及び採掘方法等を決定して、これに基づいて採掘を実施していたこと、〔2〕本件下請従業員は、被告3社が経営する各炭鉱坑内において稼働していたこと、〔3〕鉱山保安法は、鉱業権者は「鉱山労働者」に対して粉じんの処理にともなう危害の防止のための必要な措置を講ずる義務がある旨規定しているところ、「鉱山労働者」とは、鉱山において鉱業に従事する者をいい(同法2条3項)、下請企業の労働者もこれに含まれるから、保安法及び保安法の委任に基づいて制定された炭則に規定された鉱業権者の鉱山労働者に対する保安義務は、下請企業の労働者にも及ぶこと、〔4〕石炭鉱山の保安については、保安法により、保安統括者から鉱山労働者に至るまでの指揮命令系統及び職責の分担が規定されていること(同法12条の2、14条ないし17条)、〔5〕合理化法57条の2は、「鉱業権者又は租鉱権者は、石炭鉱山における作業であって通商産業省令で定める種類のものにその使用人以外の者(請負夫)を従事させようとするときは、その作業の種類、従事させようとする期間その他の通商産業省令

で定める事項を定めて通産大臣の承認を受けなければならない。」とし、同法57条の3は通産大臣の承認の要件を定めるところ、同承認のための手続において、鉱業権者等は、請負わせる作業内容、請負人の使用人のうちの保安技術職員名、請負作業の総括責任者名、保安教育に関する事項を報告することとなっていたこと、以上によれば、下請企業従業員に対する安全配慮義務の履行の第一次的責任は、当該下請企業にあるとはいえ、発注者たる鉱業権者においても、当該炭鉱内での労働災害のうち、少なくとも保安法の規定する保安に関しては、下請企業の従業員に対して指揮監督の権利及び義務を有していたものであって、信義則上、安全配慮義務を負担していた。したがって、被告3社は、その保安体制を通じて、下請企業の従業員がじん肺に罹患しないような各種措置をとるとともに、下請企業がその従業員に対してじん肺罹患防止のための安全配慮義務を尽くすように指導監督する義務がある（筑豊じん肺事件　福岡高裁平成13年7月19日判時1785-19）。

③　注文企業と請負業者との間の請負契約及び請負業者とその従業員との間の雇用契約等、複数の契約を媒介として間接的に成立した関係が、社会通念に照らし、注文企業と請負業者の従業員との間に事実上雇用契約関係に準じる関係があると評価される場合には、信義則上、注文企業も請負業者の従業員に対して安全配慮義務を負うと解するのが相当であり、同雇用契約関係に準じる関係にあるといえるか否かについては、請負業者の当該従業員が注文企業の実質的な支配従属関係の下にあったといえるか否かという観点から判断される。各会社は、いずれも、実質的従属性の強い業者であり、請負業者の従業員も一定程度の指揮命令・監督を受ける関係にあったことが認められ、社会通念に照らし、事実上雇用契約関係に準じる関係があったと評価するのが相当であるから、直接の雇用契約関係にない者に対しても、信義則上、債務不履行責任の前提としての安全配慮義務を負っていた（岩手じん肺訴訟　盛岡地裁平成13年3月30日判時1776-112）。

④　会社と請負会社との間の契約において、会社は、請負会社に対しその計画どおりの設計図書に従って請負会社が施工することを求め、工事行程や現場監督等種々の事項について請負会社に対して指示、管理することができる旨定めていることが認められる。会社と請負会社との間の基本契約の締結の有無は不明であるが、各請負場所毎にその都度契約を締結していたものとしても、この契約内容と同様のものが定められていたものと推認するのが合理的である。すなわち、採炭のための坑道作りとその維持補修、坑内全体の保安の見地からは、坑内の作業は相互に関わりがあり、その一部についてもないがしろにすることができない以上、会社が請負会社に対し作業を依頼する部分についても採炭作業に支障をきたすことのないように工事の規格どおりに作業がなされなければならないから、請負会社のする作業内容や方法、行程に関して会社が関心を払い、一定の技術レベルを求め、坑内全体の安全の保たれるように指示、管理し、坑内全体の統一性ある規律を求めるのは当然であり、そのために、請負会社との契約においてこのような条項を定め、その作業に要する機材も保安規則に合致するものが使用されるべく会社において用意したものと解される。また、会社が請負会社の従業員をも含めて保安教育や検身をし、会社と一緒に入坑、昇坑させ、資格取得のための教育をしていたことをも考慮すれば、会社は、請負会社に対し、工程、労働時間、安全などについて確実に把握し、指示をし、請負会社はそれに従わざるをえない運命共同体的な職場状況にあったといえることからすると、請負会社の従業員は実質的には会社の作業環境の中で掘進作業に従事していたものといえること、会社と請負会社の従業員は、社内の業務上の指示命令と同程度の極めて密接な指揮監督、管理支配の関係を有する状況にあり、会社は請負会社の従業員に対し実質的に使用者に近い支配を及ぼしていたといえるし、その作業内容も一審被告の従業員とほとんど同じものであったといえるから、両者間には実質的使用従属関係があったと認められ、会社は、請負会社の従

業員に対し、信義則上、安全配慮義務を負う(長崎日鉄鉱業じん肺事件　福岡高裁平成12年7月28日判タ1108−215)。

⑤　直接の雇用関係はないが下請契約に基づき一定の作業につき発注を受けた請負会社との雇用契約に基づき当該作業を行う労働者に対する発注会社の安全配慮義務の存在を肯定するためには、労働者が従事する労働環境の整備と労務管理が、実質的に発注会社によって行われていたと評価し得るかが重要な要素となる。石炭鉱業会社と下請け会社との関係をみれば、〔1〕請負鉱員の採用に当たっては、健康診断を発注会社の炭鉱病院で行い、その労務課において採用内定を決していたこと、〔2〕保安教育は、請負会社が行うもののほかに、発注会社においても行っていたこと、〔3〕発注会社は、請負鉱員が使用する保安機器の大部分を請負会社に対して貸与しており、電話機、無線機、安全電灯、消化器、ガス警報機、点火機、一酸化炭素自己救命機等のほか、粉じん防止に関連の深い機器として、湿式さく岩機、局部扇風機、散水管、噴霧シャワー、ビニール風管等も貸与していたこと、〔4〕請負会社の従業員である保安係員が、発注会社の保安管理系統に組み入れられ、また、請負鉱員の作業現場は発注会社の係員が一日一回は巡回することとなっていた例があることが認められる。さらに、〔5〕鉱山保安法が、鉱業権者は「鉱山労働者」に対して粉じんの処理に伴う危害の防止のための必要な措置を講ずる義務がある旨規定しているところ、「鉱山労働者」には請負鉱員がこれに含まれると解釈することができること、〔6〕合理化法57条の2は「鉱業権者又は租鉱権者は、石炭鉱山における作業であって通商産業省令で定める種類のものにその使用人以外の者(「請負夫」)を従事させようとするときは、その作業の種類、従事させようとする期間その他の事項を定めて通産大臣の承認を受けなければならない。」とし、同法57条の3は通産大臣の承認の要件を定めるところ、承認のための手続において、鉱業権者等は、請け負わせる作業内容、使用資材の調達方法、保安監督機構の整備と元請会社との

連携関係、発注した切羽における保安係員の具体的な配置、保安教育に関する事項を報告するが、その結果、鉱業権者等は、保安上必要な事項を把握することとなるという事情が認められる。以上によれば、請負鉱員に対する安全配慮義務の履行の第1次的責任は粉じん作業を請け負った会社にあるとはいえ、発注者たる鉱業権者においても、請負鉱員に対して安全配慮義務を負担しているというべきであり、発注会社は、その保安体制を通じて請負鉱員がじん肺に罹患しないような各種措置をとるとともに、下請会社が請負鉱員に対してじん肺罹患防止のための安全配慮義務を尽くすように指導監督する義務がある（北海道石炭じん肺事件　札幌地裁平成11年5月28日判時1703-3）。

⑥　安全配慮義務は、ある法律関係に基づいて特別な社会的接触の関係に入った当事者間において、当該法律関係の当事者の一方又は双方が相手方に対して信義則上負う付随義務として一般的に認められるべきものであるから、直接の雇用契約関係にない注文企業と請負企業等（下請企業等を含む。）の従業員の場合であっても、注文企業と請負企業との間の請負契約、及び請負企業とその従業員との間の雇用契約等の複数の契約を媒介として間接的に成立した関係が、社会通念に照らして、事実上雇用契約関係に準じる関係にあると評価される場合には、注文企業も信義則上請負企業の従業員に対して安全配慮義務を負う。そして、雇用契約関係に準じる関係にあるといえるか否かについては、請負企業等の当該従業員が注文企業の実質的な支配従属関係下にあるか否かという観点から判断すべきであり、かつ、その判断にあたっては、〔1〕請負企業等が注文企業からの実質的独立性の強い企業であるか、実質的従属性の強い企業であるか、〔2〕注文企業が請負企業等の当該従業員の人事権を事実上掌握しているか否か、〔3〕請負企業等の当該従業員が注文企業から事実上の指揮命令・監督を受けているか否かなどを中心として、他に、〔4〕請負企業等の当該従業員が注文企業の指定・管理する場所で作業しているか否

か、〔5〕請負企業等の当該従業員が注文企業の選定・供給する設備・器具等を使用して作業しているか否かなどの諸事情を考慮に入れるべきである。以上の諸事情を総合考慮すれば、組従業員原告らは注文企業である被告Y1会社の実質的な支配従属関係下にあったから、被告Y1会社と組従業員原告らとの関係は、社会通念に照らして、事実上雇用契約関係に準じたものであった。したがって、被告Y1会社は、直接の雇用契約関係にない原告らに対しても、信義則上安全配慮義務を負っていた（秩父じん肺事件　浦和地裁熊谷支部平成11年4月27日判時1694-14）。

⑦　下請企業と元請企業との間の請負契約に基づき、下請企業の労働者が、下請企業を通じて元請企業の指定した場所に配置され、元請企業の供給する設備、器具等を用い、元請企業の指示のもとに元請企業が直接雇用する労働者と同様の労務の提供を行うといった事情がある場合には、下請企業の労働者と元請企業は、直接の雇用契約関係にはないものの、元請企業と下請企業との請負契約及び下請企業とその労働者との雇用契約を媒介として間接的に成立した法律関係に基づき特別な社会的接触の関係に入ったものと解することができ、このような場合には、実質的に見ても、元請企業は作業場所、設備、器具等の支配管理又は作業上の指示を通して、物的環境や作業内容上からくる下請企業の労働者に対する労働災害や職業病の発生を予見し、これらを回避するための措置をとることが可能であり、かつ、信義則上、災害等の発生を予見し、その結果を回避するための措置をとることが要請されるから、元請企業は、下請企業の労働者が当該労務を提供する過程において、安全配慮義務を負う。A会社は、独自の組織を有し、被告とは別個の独立した企業であり、被告が経営するB鉱業所坑内における一部箇所の掘進作業を請け負っていた。A会社に雇用されて作業に従事した労働者は、その作業の性質上、当然に被告が指定した場所、即ちB鉱業所に配置されることになり、同鉱業所で就労する掘進夫の作

業内容は、被告に雇用された者とA会社に雇用された者とで違いはなかった。また、被告は、同鉱業所における主要な設備を支配・管理し、掘進作業を請け負ったA会社に対し、坑枠鋼、ペーシ、ボルトナット、爆薬、雷管、坑木を供給したほか、A会社に雇用されてB鉱業所で働く作業夫が使用するさく岩機やピックも被告が供給していた。そして、A会社の代表者又はその代理人は、常に現場に出頭して被告が指定する現場監督員の指揮監督に従うこととされ、被告は、A会社が使用する作業夫の技術等が不適当と認めたときは、同社に作業夫の変更を要求することができるものとされていた。このような事実のもとでは、A会社に雇用され、B鉱業所において掘進作業に従事したCら2名は、直接被告等に雇用されていたわけではないものの、被告と特別な社会的接触関係に入ったものであって、実質的にも、被告は、作業場所や設備の支配管理又はA会社の代表者又はその代理人を介した作業上の指示を通して、A会社に雇用された労働者のじん肺罹患を予見し、その結果を回避するための措置をとることが可能であり、かつ、信義則上、結果発生を予見し、これを回避するための措置をとることが要請されるから、被告は、本件下請鉱夫らに対しても、安全配慮義務を負っていた。なお、A会社に雇用された作業夫が使用する防じんマスクについては、被告がこれを支配・管理していた証拠はないが、坑内環境の中で掘進作業に従事させる以上、被告には、本件下請鉱夫らに対し、適切な防じんマスクを自ら貸与又は支給若しくはA会社をして貸与又は支給させる義務もあった（長崎日鉄鉱業じん肺事件　長崎地裁平成10年11月25日判時1697－3）。

⑧　粉じん作業雇用契約の内容はこのように解すべきところ、この理は、労働者と直接粉じん作業雇用契約を締結した者との間に限られず、労働者を自己の支配下に従属させて常時粉じん作業に関する労務の提供を受ける粉じん作業事業者等、労働者との間に実質的な使用従属関係がある者との間においても妥当するから、実質的粉じん作業使用

者も、信義則上、粉じん作業労働者に対し、粉じん作業雇用契約に基づく付随的な安全配慮義務と同一の性質及び内容の義務を負うものであり、実質的粉じん作業使用者は、安全配義務の履行を怠った結果、粉じん作業労働者がじん肺に罹患したことにより被った損害を賠償すべき責任がある(筑豊じん肺事件　福岡地裁飯塚支部平成7年7月20日判タ898-61)。

⑨　元請業者がその作業現場の下請業者に対し、工程・労働時間・安全などについて絶えず指示を出し、下請業者はその都度これに従っていたため、下請業者の従業員は、実質的には、元請業者が作り出した作業環境の下で労働に従事していたこと(作業現場の実質的内容の決定が会社によってされていたことは、下請業者の従業員が、元請業者の作業現場で、若干の例外があるとはいえ、基本的には、元請業者が提供する機械、機具及び工具類を使用し、元請業者が全体的な管理をする木材、鉄パイプ、セメント等の資材の支給を受け、会社が設置した換気設備のもとで労働に従事し、元請業者が用意した宿舎・寮に寝泊まりしていたことからも、間接的に裏付けられている。)、その他元請業者と下請業者との関係を示す各事実を総合すると、元請業者と下請業者の従業員は、極めて密接な社会的接触に入り、元請業者は、下請業者の従業員に対し、実質的に使用者に近い支配を及ぼしていたものであり、元請業者は、下請業者の従業員に対し、信義則上、安全配慮義務を負う(三井鉱山他三社事件　千葉地裁平成5年8月9日判タ826-125)。

(5) 建設工事や運送・配送などの発注者

ア　建設工事の発注者

　自治体が建設工事を発注したことに関連して、設備に瑕疵があったことや事実上の支配関係があったとして、建設工事に従事している労働者に対する民事責任が問われた次のような裁判例があります。

① 本件プラントは、本件事故当時、その操業中に灰ブリッジが発生し、これを除去しなければ操業に支障が生じ、そのためには作業員が高所作業をする必要があるのに、十分な墜落防止設備を備えていない瑕疵があったものであり、本件事故による控訴人らの損害はこの瑕疵により生じたから、市は、民法717条、国賠法2条により、損害を賠償すべき義務がある(荏原製作所事件　大阪高裁平成6年4月28日労判655-22)。

② 被告山口県と被告会社との関係、人事面、予算面や具体的工事面での被告山口県の支配的地位、さらに工事現場における被告山口県の役割等を綜合考慮すれば被告山口県は、単なる注文者の地位に止まらず本件工事現場を事実上支配し、パイロット道路の欠陥についてもこれを修補しうる地位にあって被告会社と共に直接に占有していたと認めるのが相当で共同占有者として本件工作物の設置保存の瑕疵に基づく損害を被告会社と連帯して賠償する責任がある(前田建設事件　山口地裁昭和54年1月31日判タ388-114)。

イ　船舶による運送契約の発注者

　船舶による運送契約の発注者と受託者の関係が実質的に専属的下請関係にほかならず、発注者が船倉タンク内の酸欠の危険性については説明しなかったことや酸素検知機を設置するよう注意しなかったことを理由に船舶による運送契約の発注者のその船舶の船長に対する民事責任が問われた次のような判例があります。

　Aの所有するタンク船の船長が船倉タンク内で窒息死したことについて、「法形式上は対等な当事者としてAと定期傭船契約を締結していた被告との間に運送委託契約が締結されているものの、その実質は運送の専属的下請関係にほかならず、被告の指示のまま積荷の運送をしており、Aにおいて積荷の撰択・拒否の自由はなく、また被告以外の仕事をすることも不可能であったし、その関係はAが船主になる以前から継続し、船主

が変われども被告とB船の関係は継続してきたのであって、被告にとってB船は自社所有船と同様の役割りを果たしてきたこと等考慮すれば、被告YとB船の乗組員であるC、Aとの間には実質的な使用関係があった。そして、本件事故が発生した船倉タンク内は被告の所有であり、しかも本件のように苛性ソーダから塩化カルシュウムに積荷が変わる際、船倉タンク内の洗浄が必要である旨一般的ではあるが被告は指示していたこと、本件はまさに洗浄作業中に発生したこと等を考え合わせると、被告において船倉タンク内における酸欠による死亡事故が予想できた場合には、信義則上、船倉タンク内での作業者に対し、窒息事故を防止するための安全配慮義務がある。被告が船倉タンク内での窒息死事故を予想できたか判断するにB船は従前から圧縮空気を併用する荷揚作業を行ってきたこと、作業は被告Yの貸与したカーゴポンプの出力不足からきていること、圧縮気体による荷揚方法として圧縮窒素による方法も行われていることが認められることや、圧縮空気による陸揚を禁じている危険物船舶運送及び貯蔵規則83条の規定等に、そもそも船倉タンク内のような外部と遮断された場所は窒息事故が起こりやすい典型的な場所であることを総合すれば、被告は本件のように船倉タンク内に圧縮窒素が注入され、場合によっては酸欠による死亡事故が発生するということは十分予見可能であった。被告は、船主に対して、船倉タンク内の洗浄作業については、その危険性の説明を行ったことがあるが、その説明は専ら積荷自体（化学品）の危険性の説明であって、タンク内の酸欠の危険性については何ら説明せず、また、被告Yの擁する船舶の内10艘には酸素検知機が設置されていたが、B船にはそれが設置されていなかったこと、被告は船主に対して、酸素検知機を設置するよう注意したこともなかった。ところで、被告において直接或いは船主を通じてB船の乗組員に酸欠の危険性を認識させ、酸素検知機を自ら設置するか、その設置を船主に指示しておれば、本件事故の発生を防止できた（大豊運輸事件　広島高裁岡山支部昭和62年5月28日労判521-56、最高裁第一小法廷平成2年11月8日）。

ウ　配送の発注者

　商品を購入してその商品の配送を依頼した買主が売主と運送契約を結んだ運送会社の労働者に対して民事責任を負うと判断された次のような裁判例もあります。

　　清涼飲料水を買主方に運搬した運転手Aが、買主の設置管理する簡易リフトに搭乗して運搬中に、リフトのワイヤーが切れて転落して負傷したことについて、「Aは、買主会社と売主会社との間の本件売買契約の履行として売主会社と陸運会社との間の運送契約に基づき、本件缶ケースを買主会社東京支店に運搬したものであり、その地位は、売主会社の履行代行者たる陸運会社の履行補助者にすぎず、本件事故当時、買主会社と原告との間に直接の契約関係があったとはいえないが、他方、買主会社は、自己の支配領域内である東京支店において、本件売買契約の履行として、売主会社と陸運会社との間の運送契約に基づき、その履行補助者たるAに対し、自己の従業員をして、2階倉庫までの本件缶ケースの運搬を指示させたうえ、その施設の一部である本件リフトに乗ることを反復して指示させたものであり、このような場合、たとえ買主会社とAとの間に直接の契約関係がなくても、買主会社とAとは、売主会社との間の本件売買契約に基づき特別な社会的接触関係に入った者というべく、買主会社は、本件売買契約上の付随義務として、売主会社の履行代行者である陸運会社の履行補助者たるAに対しても、その生命、身体の安全等を危険から保護するよう配慮すべき信義則上の義務を負っている。ところが、買主会社は、本件リフト設置後、本件事故に至るまでの間、本件リフトの点検等をしていなかったにもかかわらず、業務により買主会社東京支店の施設を利用する第三者に対する関係において、本件リフトへの搭乗禁止の趣旨を徹底せず、漫然とAに対し、本件リフトに搭乗するよう指示していた事態を放置した結果、本件事故が発生したものであるから、この義務違反に基づき、Aに生じた損害を賠償する義務を負う（真田陸運事件　東京地裁平成8年2月13日労判690-63）。」

(6) 元方事業主などの請負事業の労働者に対する責任が否定された裁判例

元方事業主と請負事業の労働者の間に実質的な支配関係がないことから、元方事業主の民事責任を認められなかった次のような裁判例があります。

ア 労働災害

① 建物建築の鉄筋組立工事に従事していた労働者がクレーンの吊り荷が背中にあたり受傷したことについて、「工事の請負人が、工事に従事してはいるが直接の被傭者でない、下請ないし再下請あるいはそれ以下の下請の従業員に対して安全配慮義務を負うのは、請負人が契約上の地位に基づいて工事の現場を支配し、事実上これらの従業員が請負人の指揮監督の下で作業に従事しているという関係にある場合に限られる。工事の請負人は、工事に請負人として参加することにより利益を上げる者ではあるが、単に利益を享受するということだけから信義則上当然に工事に従事するすべての者に対し安全配慮義務を負うということはできず、契約上の地位により工事の進行、施設の管理、作業員に対する指揮監督をするなど現場支配があってはじめて、他の者とは異なり、指揮監督下で工事に従事する者に対し、その生命、身体、健康等の安全について配慮すべき債務を負担するからである。また、請負人が下請負人の不法行為について使用者責任を負うのは、請負人が下請負人に対し指揮監督をし、実質的に両者間に使用関係のある場合である。被告Y1会社とA会社との請負契約には、足場、防網等安全施設の設置は含まれておらず、両名の間では、A会社が元請けとしてこれらを用意するとの了解があった。本件工事の現場には、A会社が元請として現場事務所を置いたうえ、所長以下従業員を常駐させ、Bが現場所長の指揮監督の下、原告を含む配下の作業員を使って本件工事を進め、足場、防網等の安全施設の設置についてもA会社が責任を負

うことになっていたのであり、一方、被告Y1会社は、事実上鉄骨の製作、搬入のみを担当し、現実に本件工事の現場に従業員を派遣せず、また、被告Y2会社も10万円程度の利鞘を取って本件工事をBに回しただけで、作業員も監督者も派遣していなかったのであるから、本件工事はA会社とBが現場を支配し、その指揮監督のもと原告ら作業員が作業に従事していたのであって、被告らが現場を支配し、Bあるいは原告らに対する指揮監督権を行使することはなかった。確かに、被告Y2会社については、Bが同被告の仕事を請負うことが多く、本件工事でも同被告所有の工具を一部使用し、更には、同被告のネームの入った作業服、ヘルメットを身に付けていたなど、Bが被告Y2会社の専属的下請で同被告の指揮監督を受けて本件工事をしていたことを窺わせる事情が存在するが、被告Y2会社とBは同業者で互いに仕事を回しあっていた関係にたっていたこと、Bが固定式クレーンの操作をするに至った経緯その他に照らすと、このような事情から直ちにBが被告Y2会社の指揮監督を受けて本件工事をしていたと認めることはできない（東京エコン建鉄・タカミ工業事件　横浜地裁平成2年11月30日労判594-128）。」

② 大型トレーラーの運転手が鋼材運搬業務の注文主会社において、移動式クレーンによる鋼材積載業務の補助作業に従事中、鋼材の間に指をはさまれて負傷したことについて、「本件積載作業は鋼材置場からクレーンによって鋼材を巻き上げ、これをトレーラーの荷台に巻き下げをするものであり、同作業指揮者として被告従業員Y1、クレーン車運転手として同Y2、玉掛作業員として同Y3、その他の作業員として2名が従事しており、原告としてはトレーラー運転手として荷台への積載位置を指示する必要から、荷台に乗り積載位置を調整する作業に従事していた。したがって、原告は、本件積載作業全体の中の一部の職務分掌として被告従業員から指揮命令を受けて、この作業に従事したものとは認め難い。してみれば、原告と被告との間には雇傭契約と同規しうる法律関係はないので、このような法律関係の存在を前提とする安全保護

> 義務についての債務不履行責任は認めることができない（毛塚運輸事件　札幌地裁昭和62年8月27日労判505-59）。」

イ　職業性疾病

　航空機の機内クリーニング作業に従事していた従業員が、筋々膜性腰痛に罹患したことについて、「会社は、航空会社の子会社であって、両社には物的、人的その他の関係があり、また注文者である航空会社は、本件地上業務委託契約の請負人である会社に対し、会社の作業工程を把握し、その作業内容、作業時間、作業場所について指示ないし介入し、また作業時間を規制し、作業場所の管理を行っているのであって、その限度において、会社の行っている地上業務を指揮監督し、あるいはこれを管理支配している。また、会社職員に対し、航空会社の職員が直接に作業割愛その他の指示を出していたことなどが認められるけれども、その指示等は、会社及びその職員が行う地上業務が航空会社の航空機運行業務と密接不可分の関係にあることに基づき、注文者である航空会社が会社に対して本件地上業務委託契約の履行を求めているものと評価でき、しかも会社の被用者が航空会社の職員のその程度の指示に従うことは、会社との雇用契約上の義務を履行する前提となっているから、航空会社の職員が行う指示等は、会社の指揮監督に優先して、あるいはこれと並行してなされるものということはできず、むしろ会社の被用者に対する指揮監督の内容をなすものであり、会社に代行してこれを行っていた。したがって、航空会社の職員が会社職員に対し直接に指示等をすることがあるという事実によっても、以上の結論に変わりがない。以上を前提に、航空会社が原告らに対する安全配慮義務が認められる基準を本件に適用すると、会社は、その業務について航空会社の指揮監督を受け、会社の被用者の作業は、会社の事業の執行についてなされていたけれども、会社の被用者に、航空会社の指揮監督、管理支配が及んでいたということはできない。したがって、また会社が航空会社その他の対外的関係において

も、会社の被用者に対する雇用契約ないしはこれに付随する義務の履行という関係においても、独立した主体として十分対応できるに足る人的、物的な組織及び機能を有しており、現にそのように対応してきたことをあわせ考慮すると、航空会社と会社の被用者との間において、実質的に雇用関係が存在するのと同視できる管理支配、使用従属の労働関係が成立しているとすることはできないのであり、これを前提とする原告らの航空会社に対する責任を追求する主張は、失当というほかない(空港グランドサービス事件　東京地裁平成3年3月22日労判586－19)。」

2　建設共同企業体の構成企業の労働者に対する責任

　建設業においては、共同企業体によって事業を行うことが広く行われていますが、このような建設共同企業体がその構成企業の労働者に対し民事責任を負うとする次のような裁判例があります。

　仮設足場の取り外し作業に従事中に上から落ちてきた角材にあたって負傷したことについて、「A建設共同企業体は被告らを組合員とする民法上の組合であり、代表者の定めはあったが、組合の業務である会館建設工事の執行権は組合員である各被告が有していたものであり、被告X会社代表者BはA会社の会館建設工事現場監督の職にあったから、Bの過失に因る不法行為である本件事故については、民法第44条の類推適用によってA会社がその損害賠償債務を負い、かつ損害賠償債務は、組合契約の約定によって、民法第675条の規定にかかわらず、組合員である被告らのいわゆる不真正連帯債務である。また、本件事故は、Cが落下した角材のライトゲージとボルトとの間への食い込みを外すに当って、食い込みが外れた場合に落下を防止できるような適当な方法をとらなかった(栂角材はその一角をC型鋼の開口部に挿入するという比較的不安定な状態にあり、かつ天井の鉄骨骨組のうち、南北の方向に通じているものは、栂角材の長さとほぼ同じである約4mの間隔をおいたサブトラスのみであ

るから、東西の方向に通じている仮設足場の栂角材がC型鋼の開口部から外れた場合には、その落下を防ぐものがない状態にあった。これに対し、Cが先に取外し作業をした南北の方向に通じている仮設足場の場合には、ライトゲージが約80cmの間隔で東西の方向に通じているから、長さ約4mの角材、長さ約1.8mのパネル板は固定された状態を解かれても、直ちに落下する危険は少ない状態にあったといえる）過失に因って発生したもので、CはA建設共同企業体の民法第715条にいう被用者として（雇傭契約上は被告Y会社の被傭者であったが）その業務を執行していたから、A建設共同企業体はCの使用者として、Cの過失に因る不法行為である本件事故について損害賠償債務を負い、この債務はA建設共同企業体の組合員のいわゆる不真性連帯債務である（わかさ建設共同企業体事件　鹿児島地裁昭和48年6月28日判時720-86）。」

3　船舶所有者の乗組員に対する責任

　船舶所有者がその乗組員に対し民事責任を負うとする次のような裁判例があります。

　船舶の乗組員につき、その生命、身体の安全を害すべき事故の発生を未然に防止すべき法律上の義務は、雇用関係の有無にかかわらず、船舶所有者と乗組員との間に関係があること自体に基づいて発生する一般的義務であるから、故意又は過失により船舶所有者がこれに違反して違法に乗組員に損害を与えた場合は、不法行為に基づき、損害を賠償する責任がある（大晃機械工業事件　山口地裁下関支部平成13年4月23日判時1767-125）。

4　親会社の子会社の労働者に対する責任

　いわゆる親子会社の場合に、親会社が子会社の労働者に対して労働災害などについて民事責任を負うかについては、元方事業主と請負事業者の間の関係の場合と同様に実質上親会社と子会社の従業員との間に、使用者、被用者の関係と同視できるような経済的、社会的関係がある場合には、その責任を負うとする次のような裁判例があります。

> 　いわゆる親子会社の場合に、労働者が法形式としては子会社と雇用契約を締結しており、親会社とは直接の雇用契約関係になくとも、親会社、子会社の支配従属関係を媒介として、事実上、親会社から労務提供の場所、設備、器具類の提供を受け、かつ親会社から直接指揮監督を受け、子会社が組織的、外形的に親会社の一部門のごとき密接な関係を有し、子会社の業務については両者が共同してその安全管理にあたり、子会社の労働者の安全確保のためには親会社の協力及び指揮監督が不可欠と考えられ、実質上子会社の被用者たる労働者と親会社との間に、使用者、被用者の関係と同視できるような経済的、社会的関係が認められる場合には、親会社は子会社の被用者たる労働者に対しても、信義則上、この労働関係の付随義務として子会社の安全配慮義務と同一内容の義務を負担する（三井三池炭鉱事件　福岡地裁平成13年12月18日判タ1107-92）。

5　関連会社の他方の会社の労働者に対する責任

　会社間の関係はさまざまですが、たとえば、一方の会社が他方の会社の1部門であって安全衛生対策について両者の協力が不可欠であるような場合や両社間の業務内容、人的、物的構成、経理などの区分が明確でないような場合には、一方の会社が他方の会社の労働者に対して民事責任

を負うとする次のような裁判例があります。

(1) 一方の会社が他方の会社の1部門であって安全衛生対策について両者の協力が不可欠である場合

　石綿糸の製造を業としていた会社の元従業員が作業中多量の粉じんに曝されながら作業していたことによってじん肺にかかったことについて、「被告Y2会社は、被告Y1会社を実質的に支配し、被告Y1会社は、被告Y2会社に従属しているとみることができる。更に、被告Y1会社は、外形的には独立した株式会社であるけれども、被告Y2会社の石綿紡織品の1製造部門と同視しうる密接な関係を有していたから、被告Y1会社の粉じん作業について、除じん設備の改善及び充実、粉じん測定、労働時間短縮等の措置をとるについては、両被告が共同して行わなければその実を挙げることはできず、被告Y1会社の労働者の安全衛生確保のためには被告Y2会社の協力及び指揮監督が不可欠であった。被告Y2会社は、使用者と同視しうる地位にある者として、被告Y1会社の被用者たる従業員に対し、信義則上、この法律関係の付随義務である被告Y1会社の安全配慮義務と同一内容の義務を負担する (平和石綿工業・朝日石綿工業事件　長野地裁昭和61年6月27日労判478-53)。」

(2) 両社間の業務内容、人的、物的構成、経理などの区分が明確でない場合

　家具の製造販売を業とするY2会社に入社後、同じく家具の製造を業とするY1会社で勤務中に工場のムラ取機のかんな盤で手指切断したことについて、「被告Y2会社の建物 (工場) と被告Y1会社の建物 (工場) はそれぞれ別個独立のものであるけれども、両建物の敷地は隣接し、その間に明確な使用占有区分はなされていないこと、被告ら両会社の各代表取締役はいずれも同一人であること、被告Y2会社は通常の事務所を有しているけれども被告Y1会社の事務所は休憩所程度のものにすぎず、前

者の製品が相当数梱包されて後者の工場内の入口付近に置かれていること、原告を含む被告Y2会社の従業員6名が被告Y1会社で勤務するよう現場責任者から申し渡されたが、その際被告Y2会社を解雇するとか、退職させるという申入は何らなされず、原告らはその後も同会社の事務員から従来と同様の給料袋により給料の支給を受けていること、労働基準監督署長に対し提出した本件事故に関する労働者傷病報告書も現実には被告Y2会社において作成した。このように、被告ら両会社間には、業務内容、人的、物的構成の混同、経理上の区別の不明確が認められることを考え合わせると、被告ら両会社は実質的に同一の会社であることを認めることができる。そうすると、被告ら両会社は2人格共同責任の法理により、各自両会社の事業に従事していた従業員である原告に対し雇用契約に基づく責任を負う(株式会社ダイエー・中島木工所事件　福岡地裁久留米支部昭和53年1月27日判時919-90)。」

6　営業譲受人の責任

　営業譲渡人によるその営業に従事する労働者について労働災害などの防止義務の不履行があった場合には、その営業の譲受人も譲渡人の債務不履行責任を重畳的に負うとする次の裁判例があります。

　移動式クレーンによる金属スクラップ積込作業中の左目等負傷事故について、「被告Y1は、事業者として、安全保護義務の不完全履行があったものであり、被告Y2会社は、同Y1の商号続用の営業譲受人として、被告Y1の債務不履行責任を同被告と重畳的に負う。したがって、債務不履行によって原告に生じた損害を賠償すべき義務がある(黒崎産業事件　神戸地裁尼崎支部昭和54年2月16日判時941-84)。」

7　作業に関連する企業の責任

　発注者と請負事業者との関係にはない場合であっても、1つの場所で他の業務を行っていた会社の他方の会社の労働者に対する民事責任が問われた次のような裁判例があります。

> 　運輸会社でトレーラー運転手であった者がそのトレーラーへの鋼材の積み込み作業を行った際、港湾運送事業会社の従業員の機械操作のミスにより重症・後遺障害を負ったことについて、「本件事故当時は、本件スラブを積載予定位置の上方で停止させ降下に支障がないのを調べたうえ、従業員の確認で原告が降下を了承する返事をしていたなど、まさに本件スラブを番木の上に最終的に降ろす段階だった。にもかかわらず、本件スラブが前進して受傷したのは、従業員から降下の合図が出たのに、岸壁での作業の経験の浅い他従業員が前進の合図と取り違える等して誤った操作をしたか、又は間違って前進の合図を出したことによるものであり、従業員には過失がある。そして、従業員の行為は港湾運送事業会社の業務執行についてなされたから、その使用者には、本件事故による損害を賠償する責任がある（名海運輸作業事件　名古屋地裁平成14年8月6日労判835-5）。」

8　受注した修理事業者の責任

　発注した会社の労働者の労働災害に関して受注した修理事業者の民事責任が問われた次のような裁判例があります。

> 　船長および機関長が修理船舶の甲板から飛びおり負傷したことについて、「A船が傾斜したのは、同船を船台に固定する作業に関連するものと考えるほかはなく、同船が巻揚機による陸揚作業開始後、すぐ傾斜したことに鑑みると、作業の直前になされる船台固定の作業つまり同船の左右

両下舷に密着させた腹台ないしくさびが、一方の下舷に片寄り過ぎていたのにそのまま巻揚機により同船を陸上に引っ張ったため、同船が傾斜し、その勢いで造船ギルが外れた。してみると、本件事故は、被告側の従業員が船台固定作業において過誤をなし、しかもそれを看過して漫然と陸揚げ開始の作業指揮をした被告の過失により発生したものというべく、被告は、民法709条により、原告らに対し本件事故で蒙った損害を賠償する義務がある(山川造船所事件　神戸地裁昭和51年12月23日判タ352−289)。」

9　特殊な就業関係

(1) 出向者

　出向(在籍出向)は、出向元が、出向する労働者との間の労働契約に基づく関係を継続すること、出向先が出向労働者を使用すること、および出向先が出向労働者に対して負う義務の範囲について定める出向契約を出向先との間で締結し、出向労働者が、その出向契約に基づき、出向元との間の労働契約に基づく関係を継続しつつ、その出向先との間の労働契約に基づく関係の下に、出向先に使用されて労働に従事することをいいます。したがって、出向の場合には、出向労働者は出向元および出向先の双方との間に二重に労働契約があると解されています。出向者の労働災害などに関する民事責任については、②の裁判例にあるように、まず、労働に関する指揮命令権が現実に帰属する出向先がこれを負いますが、身分上の雇傭主たる出向元も出向労働者の経験・技能などに応じ出向先との出向契約を介して労働環境の安全に配慮すべき義務を負うものと解されています。

① 　出向労働者がガスの噴出により死亡したことについて、「被告らの作業員の派遣は、単に被告センターの作業について人手不足を補充するために行われた作業員の派遣依頼によるものであるから、特定の仕事

の完成を内容とする請負契約であると認定することはできず、被告らからの派遣従業員と被告ら及び被告センターとの関係は、被告センターとの間で新たに雇用契約を締結することなく、同被告の指揮命令の下にその業務に従事することが被告らへの労務の給付になることに鑑みると、いわゆる在籍出向社員類似の立場にある。C及びDは、被告センターに派遣された後も被告Y2会社の従業員としての身分を維持し、E及びFは、被告センターに派遣された後も被告Y3会社の従業員としての身分を維持し、それぞれ各雇用主である被告らから給与を支給されながら、被告センターの指揮命令に従って同被告の業務に従事していたから、いわゆる在籍出向社員類似の地位にあった。してみると、C及びDと被告Y2会社及び被告センターとの間並びにE及びFと被告Y3会社及び被告センターとの間には、それぞれ使用従属の労働関係を発生せしめる契約関係としての労働契約が二重に成立している。ところで、使用者は、労働契約上の付随的義務として労務提供者に対し、労務給付のための場所、施設若しくは器具、機材の管理または労務管理にあたって、労働災害等の事故の発生を防止し、労務提供者の生命及び健康等を労務上の危険から保護するよう配慮すべき義務がある。但し、この安全配慮義務は絶対的なものではなく、当該労務給付の内容から通常予測される危険について負担する。そこで、本件においてアンモニアガス漏出に対する被告センターの負うべき安全配慮義務の具体的内容について検討するに、被告センターの請け負った作業はA船の船底部にある機関関係の整備点検であるが、機関室内にはアンモニアを冷媒とする冷凍装置の回路の一部及び配管が設置されていることに鑑みると、アンモニアの危険性を教え、作業によって冷凍装置等を損傷させてアンモニアガスが漏出しないように作業をするよう指導し、アンモニアガスが漏出する非常事態に備え、避難方法を確保し、または防毒マスク等の備え付けを行い、作業と併行して同時に船内で冷凍装置の整備点検作業が行われ、それがアンモニアガスを取り扱う作業である場合に

はその旨を作業員に知らせ、非常事態に対応できる措置を講ずべき義務がある。労安衛法30条2項前段には、同一の場所において相関連して行われる仕事が2以上の請負人に分割発注され、かつ、発注者は当該仕事を自ら行わない場合は、発注者において、関係請負人の労働者の作業が同一の場所において行われることによって生ずる労働災害を防止するために、同条1項に規定する措置を講ずべき者として請負人で当該仕事を自ら行うもののうちから1人を指名しなければならない旨規定されている。被告公社は、その所有するA船の定期点検及び冷凍装置の整備点検を被告造船所、同センター及び同Y1会社の3業者に分割発注し、3業者の従業員がA船という同一作業場所で併行して作業を行うことになったものであるから、被告公社は労安衛法30条2項前段の特定事業の仕事の発注者に該当する。そうすると、被告公社は、A船の定期点検等を分割発注した者として、複数業者の作業員の作業によって生ずる労働災害の発生を防止するため、同法30条2項前段及びそれによる同法1項の措置を行う義務がある（株式会社山形県水産公社事件　新潟地裁昭和61年10月31日労判488−54）。」

② 下請会社の社員が元請会社に技術研修員として出向していることに関して、「Aは、被告Y1会社に派遣後も、被告Y2会社の従業員としての身分を維持し、同被告から賃金を支給されながら、被告Y1会社において、その従業員の指揮命令に従って同被告の労務に服していたいわゆる出向社員であり、出向元である被告Y2会社および出向先である被告Y1会社とAとの間には、いわゆる使用従属の労働関係を発生せしめる契約という意味での労働契約が二重に成立していた。ところで、労働契約上の使用者が労働者に対して負う義務は、労働者の労務の提供に対する対価の支払（本件において、対価の支払義務は出向元たる使用者が負担することになっている。）に止まらず、労務の提供に際し労働者の身体・生命に生ずる危険から労働者を保護すべき義務も含まれ、そのために必要な職場環境の安全を図らなくてはならず、この義務

を安全保証義務と称することができる。そして、本件のような移籍を伴わない出向労働者に対する安全保証義務は、まず、労働に関する指揮命令権の現実の帰属者たる出向先の使用者においてこれを負担すべきものであるが、身分上の雇傭主たる出向元の使用者も、当然にこれを免れるものではなく、当該労働者の経験・技能等の素質に応じ出向先との出向契約を介して労働環境の安全に配慮すべき義務を負う(大成建設、新興工業事件　福島地裁昭和49年3月25日判時744-105)。」

(2) シルバー人材センター
ア　シルバー人材センターの責任

　シルバー人材センターは、定年退職者などの高年齢者に、そのライフスタイルに合わせた臨時的かつ短期的またはその他の軽易な就業(その他の軽易な就業とは特別な知識、技能を必要とする就業)を提供するともに、ボランティア活動などの社会参加を通じて、高年齢者の健康で生きがいのある生活の実現と地域社会の福祉の向上や活性化に貢献することを目的とする団体で、原則として市(区)町村単位に設置される公益法人です。シルバー人材センターは、地域の家庭や企業、公共団体などから請負または委任契約により仕事(受託事業)を受注し、会員として登録した高年齢者の中から適任者を選んでその仕事を遂行します。仕事の完成は、契約主体であるシルバー人材センターが負います。また、雇用関係を必要とするなど仕事の内容によっては、無料職業紹介事業や労働者派遣事業により実施します。

　このシルバー人材センターが、高齢者である会員に対して就業の機会を提供するに当たっては、会員の生命や身体、健康などの安全を害する危険性が高いと認められる作業を内容とする作業の提供を避け、その安全を配慮すべき義務を負うとする次の裁判例があります。

　綾瀬市シルバー人材センターの会員が自動車部品加工会社において

プレスブレーキによる作業に従事している時に事故に被災し負傷したことについて、「本件会員は、身体的対応が遅れがちで、危険を避けるとっさの行動を取ることが困難になるなどの身体的心理的特性を持つことが指摘される高齢者であり、加えて、大学卒業後の大部分の期間を定年退職時までデスクワークに従事し、この間一度も機械作業に従事したことがなかったというのであるから、本件プレスブレーキによる作業は、作業内容等の客観的事情と会員の年齢、職歴等の主観的事情とを対比検討した場合、社会通念上高齢者である会員の健康を害する危険性が高いと認められる作業ということができる。事業団は、高齢者である会員に対して就業の機会を提供するに当たっては、社会通念上当該高齢者の健康（生命身体の安全）を害する危険性が高いと認められる作業を内容とする作業の提供を避止し、もって当該高齢者の健康を保護すべき信義則上の保護義務（健康保護義務）を負っている。そして、ある作業が社会通念上当該高齢者の健康を害する危険性が高いと認められる作業に当たるかどうかは、作業内容等の客観的事情と当該高齢者の年齢、職歴等の主観的事情とを対比検討することによって、通常は比較的容易に判断することができる。本件プレスブレーキによる作業は、作業内容等の客観的事情と原告の年齢、職歴等の主観的事情とを対比検討した場合、社会通念上高齢者である原告の健康を害する危険性が高いと認められる作業に当たる。にもかかわらず、事業団は、本件プレスブレーキによる作業も含まれるものとして会員に対して工場内作業の仕事を提供し、会員がこれに応じて本件プレスブレーキによる作業に従事した結果、本件事故に至ったのであるから、事業団は、会員に対する健康保護義務の違背があったものとして、債務不履行に基づき、本件事故によって会員が被った損害を賠償する義務がある（綾瀬市シルバー人材センター（I工業所）事件　横浜地裁平成15年5月13日労判850-12）。」

イ　シルバー人材センターから派遣された会員に対する派遣先の責任

　一方、シルバー人材センターから派遣された会員の労働災害について、派遣先の企業が民事責任を負うとする次の裁判例もあります。

　シルバー人材センターから会社に派遣された労働者が派遣先の作業場前庭の格子扉の倒壊により死亡したことについて、「会社は、本件現場で作業をするに当たり、その生命、身体等を保護するよう配慮する安全配慮義務を負う。そして、会社は、格子扉という高さ170cm、幅111cm、重さ16.38kgの重量物の運搬を伴う作業をさせていたから、格子扉を保管する場合には、これが倒壊しないように手当てをし、その取扱について十分な安全指導をすべきであったにもかかわらず、会社は、本件ラックに格子扉を倒壊しやすい状態で積んだまま、何らの措置もせず、また、特段の安全指導もしていなかったのであるから、安全配慮義務に違反したものであり、その結果、本件作業中に本件ラックから格子扉を下ろそうとした際、格子扉が倒れてきて、頭部、胸部に強度の打撲傷を負わせ、右頭部外傷により死亡するに至らしめた。したがって、会社は損害を賠償する責任がある（三広梱包事件　浦和地裁平成5年5月28日労判650−76）。」

(3) 職業紹介事業者

　職業紹介事業者から紹介された労働者の労働災害などについては、職業紹介事業者は、労働契約上の安全配慮義務を負うことも、求人者の過失について使用者責任を負うこともないとする次の裁判例があります。

　配ぜん人紹介業者から紹介された勤務先で交通事故の被害にあったことについて、「被告Y1会社は、労働大臣の許可を得て、配ぜん人の職業紹介事業を営む者であること、職業紹介事業は、配ぜん人に関する限り、申込の内容が法令に違反する等の場合以外は、いかなる求人及び求職の申込についてもこれを受理しなければならないこととされ、また、職業紹介を行うに当たって所定の手数料以外にいかなる名義でも手数料又は報酬を受けないこと、そして、手数料は、申込を受理した場合に、申込者

から1件につき400円、就職が決定した場合に、賃金が支払われた日以降に求人者から支払われた賃金の100分の10を受領する。A及び被告Y2は、被告Y1会社の紹介により、被告Y3会社に配ぜん人として雇用され、宿泊所と被告Y3会社との間を、同じく被告Y1会社の紹介により被告Y3会社に配ぜん人として雇用されたBとともに、被告Y3会社の従業員の運転する事故車両で送迎を受けて稼働していたところ、本件事故の前日、被告Y3会社の従業員が運転をしなかったため、事故車両をBが運転して宿泊所へ帰り、翌朝（本件事故当日）、事故車両をBが運転してA及び被告Y2らを同乗させて宿泊所を出発したが、途中で被告Y2が替わって運転中に本件事故が発生した。職業安定法第5条第1項に『この法律で職業紹介とは、求人及び求職の申込を受け、求人者と求職者との間における雇用関係の成立をあっ旋することをいう。』と規定されていて、職業紹介が、同条第5項にいう『労働者の募集』及び同条第6項にいう『労働者供給』と区別されていることを勘案すると、被告Y1会社は、求人者である被告Y3会社と求職者であるA及び被告Y2との間の雇用関係の成立を斡旋したにすぎず、A及び被告Y2と被告Y1会社の間に雇用契約が成立し、あるいは、その間に実質的にみて雇用関係と同視しうるような支配関係が存在したものと認めることはできないから、被告Y1会社は、Aに対し雇用契約上の安全配慮義務を負うことも、また、被告Y2の過失による本件事故につき、民法第715条の規定に基づく使用者責任を負うこともない（日本土地改良・日本エアロビクスセンター・東横配膳人紹介所事件東京地裁昭和62年1月30日労判498-77）。」

(4) 在日米軍に勤務する労働者

在日米軍に勤務する日本人労働者の労働災害などに関しては、国と米軍の双方が民事責任を負うとする次のような裁判例があります。

① 日本人労働者の感電事故について、「原告は、雇用契約に基づき、米海軍横須賀基地勤務の発電所電気工として、CB-14開閉所のO

CBの清掃・点検作業に従事したが、OCB内部には6,600Vの高圧電流が流れ、開閉所にはOCB相互を結ぶ送電線路や足場等が交錯していたのであるから、その作業現場は、人の生命身体に対する危険が極めて大きい場所であった。したがって、原告を指揮監督し、その安全を管理していた者は、そのような場所で作業をさせるに当たり、雇用契約に基づく信義則上の義務として、作業の開始前にOCBへの電路を遮断し、原告が高圧電流に接触して感電することのないように安全な措置を講じておくべき義務があった。地位協定12条5項には、『賃金及び諸手当に関する条件その他の雇用及び労働の条件、労働者保護のための条件並びに労働関係に関する労働者の権利は、日本国の法令で定めるところによらなければならない。』と規定され、基本労務契約には、日本人従業員の監督、指導、安全管理等は米軍側が行うものの、被告は、米軍による安全管理等が適正に行われるよう必要な申入れと援助等を行うことができると定められている。また、判例により、安全配慮義務は、『ある法律関係に基づいて特別な社会的接触の関係に入った当事者間において、当該法律関係の付随義務として当事者の一方又は双方が相手方に対して信義則上負う義務として一般的に認められるべきもの』と解釈されている。したがって、米海軍基地従業員に対する安全配慮義務については、基本労務契約に基づき、国との間に雇用契約が締結されたという法律関係に基づき、国と米海軍との間に特別な社会的接触関係に入ることにより生ずるものであり、安全配慮義務については、国と米海軍の双方が負担する。米海軍基地では、国が日本人従業員を直接指揮監督することができないため、米海軍が日本人従業員に対して直接の指揮監督を行うものとし、国は、米海軍による安全管理等が適正に行われるよう必要な申入れと援助等を行うものとするが、それは、国と米海軍が日本人従業員と雇用契約関係を持ったことにより、日本人従業員に対する安全配慮義務を尽くす方法として、それぞれの役割を内部的に定めたものにすぎないものであって、日本人従業員に対し

ては双方が一体となって安全配慮義務を尽くすべきものであった(米軍横須賀基地発電所電気工事件　横浜地裁横須賀支部平成6年3月14日判時1522-117)。」
② 日本人労働者のシャッターの故障による傷害について、「原告が雇傭契約上の労務を提供するにあたり、被告において使用主としての直接の指導、統制、訓練その他の指揮監督の権限を有してはいないが、原告が米軍に使用され米軍の施設内で労務に従事すること自体が原告・被告間の雇傭契約の内容をなし、これに基づくものであるから、この場合米軍は、被告に代って使用主としての指揮監督をなすものであり、またこれに伴って被告に代って労務者に対する安全配慮義務を負う。一般的に、債務者が債務の履行にあたり履行代行者を用い、かつその用いることが許容されている場合に、債務者自身が債務不履行の責任を負うのは、債務者がその履行代行者の選任、監督につき過失がある場合に限定されると解せられるところ、本件のように被告が地位協定に基づいて米軍の日本における労務の需要の充足を援助するため、その労務に従事する日本人従業員を提供する場合に、被告と米国ないし当該従業員を使用する米国機関との間に、いわゆる選任の問題が生ずる余地はなく、また私契約的な監督関係が生ずるものでもない。しかしながら、地位協定第12条第5項では『賃金及び諸手当に関する条件その他の雇用及び労働の条件、労働者保護のための条件並びに労働関係に関する労働者の権利は、日本国の法令で定めるところによらなければならない。』と定められているのであるから、米軍が、日本人従業員の労務提供のために設置すべき場所、施設もしくは器具等の設置管理もしくは使用者の指示のもとに提供する労務の管理にあたって、いわゆる安全配慮義務を尽すよう、被告は米国政府代理者もしくは基本労務契約担当官代理に対し、行政協定締結当事者としての立場から、具体的事例の発生に際しては、日本国法令(判例による解釈を含む)の内容を説明し、同法令に準拠して当該事例が処理されるよう要請すべき責務が

あり、この要請を行わないかまたは行なってもその効果が得られない場合には、被告は、第二次的に日本人従業員に対して、雇傭主としての責任を負うに至る。このことは、被告が日本人従業員の勤務する施設および区域に関して労働法令上の検査権限を有する等の基本労務契約中の諸規定の上にも、日米合同処理ないし援助協力の趣旨のもとに、あらわれており、ここに、被告は、直接の使用者たる米軍を通じて、いわば間接的にではあるが、なお法律上の雇傭主としての立場に基づく雇傭契約に付随する信義則上の義務として、日本人従業員（雇傭契約等一定の法律関係に基づいて被告と特別な社会的接触の関係に入った当事者であればよく、必ずしも公務員である必要はない。）の本来の職務および事実上もしくは慣習上これに付随する職務から生ずる労働災害による危険に対して従業員をして安全に就労せしめるべき義務を負う。被告との基本労務契約に基づき被告が提供した従業員の安全を被告にかわって保護すべき立場にある米軍はその義務を怠り、本件シャッターを通常有すべき安全性を備えないままの極めて危険な状態で放置したため本件事故が発生したものと認められ、他に不可抗力等被告もしくは被告にかわって従業員の安全を保護すべき立場にある米軍がその義務を尽したにもかかわらず本件事故が発生したことを認めるに足りる証拠は存しないから、被告には原告の蒙った損害を賠償する責任がある（在日米軍横浜冷凍倉庫事件　横浜地裁昭和54年3月30日労判329－64）。」

③　自動車運転手の業務上の事故について、「Aが米国駐留軍の被用者であり、自動車運転者として雇われたものであること、同人がその職務として米国駐留軍保有の大型自動四輪車を運転し、国道を南進中、道路中央部において佇立中の原告に、自動車の右前部を接触させて原告をその場に転倒させた結果、右側頭部打撲傷、後頭部擦過傷、右腰部挫傷、蜘蛛膜下出血等の傷害を負わせるに至った。そうすると、被告は本件衝突事故により原告に生じた有形・無形の損害を、自動車損

害賠償補償法第3条、日本国とアメリカ合衆国との間の相互協力及び安全保障条約第6条に基づく施設及び区域並びに日本国における合衆国軍隊の地位に関する協定の実施に伴う民事特別法第1条により賠償すべき義務がある(米国駐留軍事件　仙台地裁昭和36年4月11日訟務月報7-5-1024)。」

(5) 個人事業者に対する責任

個人事業者が請負や委託などにより就業する場合に労働災害や職業性疾病に被災したことについても、発注者がその個人事業者に対して民事責任を負うとする次のような裁判例があります。

① 　1階屋根工事に従事していた大工が約3m下の地上に墜落して重傷を負ったことについて、「原被告間の契約関係は、典型的な雇用契約関係であったとは到底認め難く、また、典型的な請負契約関係であったともいえないが、請負契約の色彩の強い契約関係であったところ、それにもかかわらず、原被告間には、実質的な使用従属関係があったから、被告は、本件事故の当時、原告に対し、使用者と同様の安全配慮義務(労働者が労務を提供する過程において生じる危険を防止し、労働者の生命、身体、健康等を害しないよう配慮すべき義務)を負っていた(藤島建設事件　浦和地裁平成8年3月22日労判696-56)。」

② 　配線作業者の感電死について、「会社は、Aを少なくとも本件高圧ケーブルの端末処理作業を行わせる目的で、雇用したことが認められる。会社は、Aの使用者であったから、労働契約上、Aに対し、その労働災害の発生を防止し、その危険から生命及び健康を保護すべき一般的な安全配慮義務(不法行為上の注意義務)を負っていた。そして、一般的な安全配慮義務の本旨及び会社が高圧本ケーブルの付け替えによる停電時間を昼休み時間内に留めることを要求されていたことなどにかんがみると、会社には具体的安全配慮義務があった(大森電設事件　札幌地裁平成4年5月14日労判612-51)。」

③　町から高圧受電設備の金網フェンスの張替工事を請負った者の感電死について、「請負契約においては、雇用契約とは異り、一般に請負人が注文者と支配従属関係に立つものではないけれども、それだからといって請負人において契約の履行にあたって生ずる損害をすべて甘受すべきいわれはなく、注文者の支配する場所において請負人がその契約にかかる作業をする場合には、当該作業の性質等に照らし請負人が損害を被ることあるべき危険を自ら冒さなければならない特段の事情のある場合を除いては、作業に先立ち、注文者において、かかる危険を除去すべきであるし、この危険が存するまま請負人が作業をしているのを認識した場合には、請負人に対しその作業を中止するよう命じ、もってその損害の発生を未然に防止すべき注意義務を負うものであり、また注文者の被用者で当該請負契約の締結ないし履行においてその衝に当たった者もこれと同様の注意義務を負う。そして、被告の職員であり、本件請負契約の締結ないし履行においてその衝に直接当たってきたA校長やB主事において、被告の支配するC中学校内でDが本件受電設備に高圧電流が流れているにもかかわらず本件工事を施工しているのを視認したものであるが、作業の性質等に照らしDにおいて電流による感電の危険をあえて冒してまで本件工事を施工すべき特段の事情があったとは到底いいえないから、A校長やB主事は直ちにDに工事を中止させるべき注意義務を負っていたところ、これを怠り、Dを感電死させた。従って、被告は、民法715条による不法行為責任として、Dの死亡に基づく損害を賠償する義務を負う（門前町事件　金沢地裁昭和62年6月26日労判510－69）。」

④　船舶の密閉された場所で特殊塗装工事に従事中ガス爆発により下請負人が負傷したことについて、「被告Y1会社は、被告Y2会社に対し、構内での作業については原則として孫請を許さない方針であったので、Aは、本件船舶等の塗装工事については危険も伴うことから、孫請の許可申請をしても承諾を得られないだろうと考え、被告Y1会社に対しては、

原告ら下請作業員を被告Y2会社の従業員であると報告して入構させ、労働者災害補償保険の取扱上も、原告らを同被告の従業員として届出ていた。原告は、被告Y2会社の指揮命令の下に本件塗装工事を行っていたものであり、その実態に着目するならば、同被告の従業員と何ら変りない立場にあったものと認められ、両者の間には、単なる民法上の請負契約にとどまらず、労働契約と同視すべき契約が成立していた。ところで、被告Y2会社は、原告は本件塗装工事を自己が雇用したBほか1名と一組になって施工していたものであり、同被告の帳簿上も原告が行った工事の対価の支払の費目は外注費となっており、原告と同被告との関係は、実質的にも請負契約であった旨主張する。なるほど、原告が自己が雇用したBほか1名と一組になって本件塗装工事を施工していた。同被告の帳簿上は、本件事故発生までは、原告が行った工事の対価の支払の費目が外注費となっており、原告が同被告から供与を受けた機械器具の使用料等が外注費から差引かれていたけれども、これらの事実は原告と同被告との関係が法形式上請負契約であることの当然の帰結であり、このことがこの認定の妨げとなるものとは解されない。従って、被告Y2会社は、原告を被用者と同然に使用していたものであり、自己の従業員に対するのと同様に、原告に対し、労働災害を防止しその危険から原告の生命及び健康を保護すべき労働契約上の義務に類する義務を負う(林兼造船・宝辺商店事件　山口地裁下関支部昭和50年5月26日判時806-76)。」

10　機械・設備などの設置・管理者の責任

　機械・設備などの設置・管理者は、その設置・管理に瑕疵があったときは、それによって発生した労働災害などについて、民事責任を負います。これに関して、次のような裁判例があります。

(1) 設置した機械・設備

① 　製鉄工場に勤務する電気係員が工場内にある66,000Vの碍子型油入り自動遮断器の故障の修理のため接近したところ爆発により死亡したことについて、「本件遮断器は、民法717条の土地の工作物にあたる。遮断器は、電力系統（回路）に地絡や短絡事故が生じたとき、速やかに可動後触子を駆動開放して、事故に伴い流れる過大電流のアーク放電を消弧し、事故の生じた電力回路を他の回路から切り離して、他の機器や事物への危害を最小限に喰い止めるために用いられる保護装置であり、しかも電力系統の最終の保護器でもあるから、正常時には比較的長期間静止の状態に放置されることが多いにも拘らず、一旦事故が生じた場合には迅速、確実に作動する機能をそなえなければならない。したがって、本件事故に際して、本件遮断器がその本来要求されている機能を発揮し得なかったことは明らかであるから、本件遮断器には民法717条所定の保存の瑕疵がある。被告Y2電力会社A給電所給電指令員BおよびCより電話を受けた同給電所員は、各通話内容により被告Y1会社D工場一次側の本件遮断器が遮断（開放）不能に陥り危険な状態にあることを知り、また容易に知るべきであったのであり、したがって速やかに緊急停止の措置を講ずべきであったにも拘らず、徒らにこれをちゅうちょして時間を空費した過失を免れない。A給電所給電指令室からE変電所に対する緊急停止の操作指令に基づき、実際に送電が停止されるまでに要する時間は1分を要しないから、指令員らが速やかに緊急停止の措置をとれば、本件事故を招来しなかったことは明らかである。よって指令員らの過失により本件事故が生じた（千代田亜鉛・東京電力事件　東京地裁昭和48年12月3日判タ310－281）。」

② 　本件基礎部分はこれに本体を据付けたからといって直ちに本体と附合しこれと一体となって権利の客体となるということはなく、それぞれ独立して権利の客体となり得るものであり、クレーン本体が引渡前であって、

いまだB重工の所有ならびに占有に属したからといって、本件基礎部分の所有権が本体の据付によってクレーン本体の所有者であるB重工の所有に帰するものと解することはできず、また基礎部分が試運転等のために一旦B重工に引渡されたこともないから、本件基礎部分は依然控訴人の占有に属した。そうとすれば、本件基礎部分に瑕疵があって、その瑕疵が本件事故の原因となった以上、控訴人会社は民法第717条第1項の規定によって、本件事故によって損害を蒙った者に対しその損害を賠償すべき義務ある（常石造船所・浦賀重工業（住友重機工業）事件　東京高裁昭和48年6月30日判時713-61）。

(2) 道路の設置・管理者

路肩崩壊により川に転落して運転手が死亡したことについて、「本件道路が被告県の管理にかかるものであり、国家賠償法第2条の公の営造物である。そして同法条にいうその設置または管理の瑕疵とは営造物が通常具備すべき安全性を欠いていることをいい、これに基づく国または公共団体の賠償責任については、その過失の存在を必要としないところ、本件事故現場付近の路肩部分については、一応コンクリート壁で補強されているが、そのコンクリート壁は約8.8mの間隔があけられその部分だけ中断しており、本件崩壊がその壁体のないところに発生していることを考えると、第一次的には、このような崩壊しやすい個所であるにも拘らず、コンクリート壁を連続して設置しなかったことが問題であり、間隔をあけて設置した点に原始的な瑕疵があった。しかし設置当時は今日のような自動車の激増が予想されなかった時代であり、かりに間隔をあけたコンクリート壁の設置が、必要最小限度にとどめる目的のもとに設計されたもので、当時の状況としてはそれ自体合理的な処置であったとしても、道路管理者は、その後の自動車や観光客の増加等の社会状勢の変化に応じて管理態勢を変えて行くべきであり、コンクリート壁を設置しなかった8.8mの部分については、付近の地形、過去の崩壊の事例等に照らし特別の注意をもって排水

施設を良好な状態に保ち、降雨による路肩又はこれに接続する路面部分の地盤軟弱化を防止し、道路上を通過する車輛の通常の衝撃や重量に耐え得るよう道路を安全な状態に維持する義務があり、第二次的にはこのような道路の安全状態維持のための管理に瑕疵があった。本件被害車はこれまで正常に運行の用に供されていたもので、車輛関係法令に適合するものと認められ、また本件道路については本件被害車の運行を禁止又は制限する処置がとられていた事実はないから、本件道路を被害車が通行することは、通常の利用方法とみなければならない。しかるに本件道路はこのような通常の利用にも耐え得なかったから、設置又は管理の何れに該当するかを問うまでもなく、道路としての通常有すべき安全性を欠いていたものと結論することができ、この意味においても本件道路の瑕疵を肯定することができる（新出組生コン運転手事件　金沢地裁昭和49年11月20日判時782−81）。」

11　機械・設備などの製造者の責任

　製造段階において機械・設備などに欠陥がある場合には、その製造者はいわゆる製造物責任を負わなければなりませんが、労働災害の発生に関しても次のような裁判例があります。

①　市発注のごみ処理プラントの水素ガス爆発事故について、「会社が市に対し、本件プラントのような工場設備を製造し、安定した操業をなしうる状態で引き渡すこととともに、市に対し、付随的に、本件プラントの操業に従事する労働者が、通常の就業中に生命身体の損害を受けることのないように、その安全を確保すべき設備の設置に努力すべきことの契約上の責任を負担したようなときは、その引き渡しがなされた後であっても、保証期間が経過する前においては、会社は、市以外の労働者に対しても、一定の範囲で、その生命身体についての損害を回避すべき注意義務を負担する。したがって、会社は、この範囲で、労働者の生命

身体につき損害が生ずる結果を予見することが可能であって、しかも市に対しこの結果の発生を防止できる措置をなすべき義務を負担するのにもかかわらず、この措置をしなかった結果、労働者の生命身体に損害が発生したときは、被害者に対し損害を賠償すべき責任がある(荏原製作所事件　大阪高裁平成6年4月28日労判655－22)。」

② 　コンビットを使用して金庫室の外壁に防犯用のボードを張る作業をしていた従業員が、使用者から動力源として使用するように指示されていた圧縮酸素にコンビットから出た火花が引火して、コンビットが破裂し腕を負傷したことについて、「会社がコンビットの製造者である。ところで、コンビットはコンクリートに釘を打ち込む機械であってその使用方法を誤ればコンビットの使用者ないしは周囲の人間を負傷させるおそれがあるものである。したがって、コンビットを販売する商品として製造した会社としては、コンビットを購入しこれを使用する者に対し、コンビットの使用により負傷事故が生じることのないようその正しい使用方法等について適確な指示説明ないしは情報提供をなすべき義務を負っていた(株式会社ツバキ・日立工機事件　福岡地裁昭和59年6月19日労判442－97)。」

12　会社の代表者その他の関係者の責任

(1) 会社の代表者の責任

　労働災害や職業性疾病が発生した場合には、労働者を雇用する会社などの法人や個人事業主がそれに関する民事責任を負うことが一般的ですが、このほか、法人の代表者である代表取締役の民事責任が問われるケースも多数あります。これに関しては、次のような裁判例がありますが、代表取締役が民事責任を負う根拠としては、代表取締役が業務全般を統括管理する立場にあることによるとするもの、実際の業務について指揮監督する立場にあることによるとするものなどがあり、実際の業務について指揮監

督していないことを理由に代表取締役の責任が否定された裁判例もあります。

ア　代表取締役が業務全般を統括管理する立場にあることを理由とする裁判例

① 代表取締役には、業務全般を統括掌理し、常務取締役を適切に指揮監督して従業員の安全に配慮すべき義務があったにもかかわらず、それを怠った過失がある。本件においては、その注意義務違反と本件事故の発生・死亡につき因果関係がある。労働時間管理等の責任についての義務違反があり、安全配慮義務違反があるので、損害賠償を支払わなければならない（協和エンタープライズほか事件　東京地裁平成18年4月26日労判930-79）

② 代表取締役としての職責上、会社において、労働者が職場において安全に労務を提供することができるように、人的・物的労働環境を整備すべき安全配慮義務を負っている（Aサプライ（知的障害者死亡事故）事件　東京地裁八王子支部平成15年12月10日労判870-50）。

③ 代表取締役は、その権限に基づき会社の事業全般につき実際かつ直接的に、専権的に指揮監督していたもので、もとより営業所における作業の方法や手順についても具体的に指示し得る立場にあったし、現にこれをしていたもので、一方、Aは従業員として代表取締役の指揮監督に服すべき立場にあった。代表取締役の会社における立場とその行動及び本件トラクターショベルの危険性に照らすと、代表取締役は営業所において無資格の者が運転、操作すればこのような事態が起り得ることを予測できた。そして、本件トラクターショベルが後退したのは、まさにAの運転技術の未熟さに由来する停止措置の不完全さにあったとみることができるのであり、さらに、Aのこの事態への対応のまずさもその未熟さの表われであって、このような事態は、無資格の者が運転、操作したときに起り得る危険のひとつで、代表取締役が予測可能なものであった。

そうすると、代表取締役は、その指揮監督権に基づき、無資格の者が本件トラクターショベルを運転、操作することを厳禁しこれを徹底、実効あらしめるための具体的方策をとり、無資格のものが運転、操作することによって発生するかもしれない人身事故の発生を未然に防止すべき義務がある。しかるに、代表取締役は、例えば具体的方策のひとつとして最も有効と考えられる本件トラクターショベルの鍵の管理を厳重にして無資格の者の運転、操作を不可能にするというような方策をとらず、むしろ運転、操作を黙認していたとみられても止むを得ないような言動しかとらなかった。そうであれば、代表取締役には注意義務を怠った過失がある。以上のとおり、代表取締役の注意義務の懈怠と本件事故との間には相当因果関係があるから、代表取締役は、本件事故につき過失に基づく不法行為責任を負う(産業廃棄物処理業社事件　福岡高裁平成13年7月31日判時1806-50)。

イ　実際の業務について指揮監督する立場にあることを理由とする裁判例

①　会社の代表者は、本件事故当時、原木の積み込み作業の指揮、監督をしていた者として、会社に安全配慮義務を尽くさせるよう注意すべき義務があるのに、これを怠った結果本件事故が発生したものであるから、代表者には、不法行為の規定に基づき、本件事故によって生じた損害を賠償する責任がある(三六木工事件　横浜地裁小田原支部平成6年9月27日労判681-81)。

②　会社はYの個人企業ともいうべきものであり、Yは、同会社の工場内で被用者とともに稼働し、事実上その指揮監督にあたってきた者であるから、原告に対し本件製本機を用いての中綴じ作業を命じるにあたっては、会社に対するものと同様の注意義務が一般不法行為法上の義務として課せられていたところ、Yはこれを怠り、その結果本件事故が発生したものと認められるから、民法709条により、本件事故により原告が

被った損害を賠償すべき責任がある(改進社事件　東京地裁平成4年9月24日労判618-15)。
③　代表取締役としては鉄塊の解体作業を従業員に命ずる場合においては、当該従業員にその経験の有無を確かめるべきは当然であって、特に原告のような未経験者に対しては、空洞のない砲弾様鉄塊を解体の対象から除外するよう強く指示し、作業経験の深い現場監督Bをして安全性の確認ができる砲弾様鉄塊を原告のために選別してやるべく指示する等の措置をとり爆発による事故の発生を未然に防止すべき義務があったところ、本件の砲弾様鉄塊は全て安全なものである旨軽信して何らこのような措置に出ることなく、慢然と解体作業を命じたにすぎない代表取締役には、重大なる過失があった(渡辺鋼材事件　大阪地裁昭和43年2月14日判タ221-186)。

ウ　実際の業務について指揮監督していないことを理由に代表取締役の責任が否定された裁判例

　原告らは、被告Y3は、被告Y1機械の代表取締役の地位にあり、同社の代理監督者であったところ、本件事故は、被告Y1機械の安全管理者A及び現場責任者Bの墜落防止に必要な措置を講ずべき注意義務違反により発生したものであるから、民法715条2項により原告らの損害を賠償する責任があると主張するが、法人の代表者は、現実に被用者の選任、監督を担当していたときに限り、当該被用者の行為について民法715条2項による責任を負うものであるところ、その点についての主張、立証がないから、原告の主張は理由がない。更に、原告らは、被告Y3は、Bをして本件開口部に墜落防止に必要な措置を講じた後作業に従事させるよう指揮監督すべき注意義務を負っていたところ、これを重大な過失により怠り、本件事故を発生させたものであるから、商法266の3により原告らの損害を賠償する責任があると主張するが、重大な過失の内容、程度について具体的な主張、立証がないから、原告の主張は理由がない(海南特殊機

械・竹村工業・松川建設事件　東京地裁昭和62年3月27日労判497-92)。

(2) その他の従業員などの責任

　業務の責任者などその他の従業員が労働災害や職業性疾病の発生に関して、責任を問われた裁判例も次のように多数あり、中には設計技術者や助手などが責任を問われたものもあります。

ア　業務の責任者

① 　常務取締役は、会社のトラックの運行管理についての責任者であったのであり、トラック運転手の労働管理についても責任を負っていたにもかかわらず、労働時間等の管理の責任を怠っていた。本件においては、その注意義務違反と本件事故の発生・死亡につき因果関係がある。労働時間管理等の責任についての義務違反があるので、損害賠償を支払わなければならない(協和エンタープライズほか事件　東京地裁平成18年4月26日労判930-79)

② 　特に、シェーカー、エアーシューター、レシーバーによる工程は町田工場にはないもので、Kがこれらの機械を担当するのは初めてであったにもかかわらず、所長、工場長は、Kに対し、町田工場が移転してきた直後の平成11年10月4日に約2時間、ダイアパー部の運転中の機械を見ながら、とりあえずひととおり、機械の運転方法について説明したのみで、自動洗濯ラインの仕組み(各機械が停止、運転する仕組み等)やトラブル時の対処方法、作業上及び安全上の注意事項(コンベヤー上に乗ってはならないこと、シェーカー内に進入してはならないこと、あるいは、やむを得ず進入せざるを得ない場合には、必ず、エアーシューター制御盤のシェーカー、エアーシューターのセレクタースイッチを『停』にしなければならないこと等)については、何ら具体的な説明・注意を行わなかった。また、所長や副工場長らは、ダイアパー部に長年勤務する中で経験で

仕事を覚え、町田工場時代は、機械操作にも習熟していたとはいえ、慣れていないことや予期せぬトラブルに臨機に応じて対処することが能力的に困難であると認識していたのであるから、作業に従事させるについて、トラブル時に適切な指導、監督を受けられる態勢を整える必要があったというべきである。しかし、稲城工場では、ダイアパー部の洗い部門を、副工場長のほか、洗濯主任の知的障害を有しており、自動洗濯ラインの機械操作を行うことは困難であるとして、これらの機械操作を禁止され、緊急時の機械操作の方法すら教育されていなかった4名に担当させていたにもかかわらず、副工場長、あるいは機械操作に精通した者が本件作業現場に常駐し得るように、作業分担や人員配置を工夫することなく、副工場長が不在の間は、漫然とダイアパー部洗い部門の現場を任せていた。実際、本件事故は、副工場長が相模原工場の片づけのために外出している間に発生したのであって、Kが作業を行うについて、安全確保のための配慮を欠いていた（Aサプライ（知的障害者死亡事故）事件　東京地裁八王子支部平成15年12月10日労判870－50)。

③　上司としては、予定に反して、原告1人に指導させることになったのであるから、例外的にプールの上で指導するよう指示するか、手足に触れて指導する必要のある、泳力の低い受講生を1コースだけに配置するよう指示すべきであった。さらに、上司は原告が本件事故により負傷したにもかかわらず、プール内で指導を続けるよう指示したり、医師の許可した時間を越えて、原告にプールに入るよう指示したものであり、その結果、原告の傷害が悪化した面がある。よって、上司には過失が認められるから、民法709条に基づく責任を負う（よみうりスポーツ事件　大阪地裁平成8年1月25日判タ916－183)。

④　町から高圧受電設備の金網フェンスの張替工事を請負った者が感電死した事故について、「被告の職員であり、本件請負契約の締結ないし履行においてその衝に直接当たってきたA校長やB主事において、

被告の支配するC中学校内でDが本件受電設備に高圧電流が流れているにもかかわらず本件工事を施工しているのを視認したものであるが、作業の性質等に照らしDにおいて電流による感電の危険をあえて冒してまで本件工事を施工すべき特段の事情があったとは到底いいえないから、A校長やB主事は直ちにDに工事を中止させるべき注意義務を負っていたところ、これを怠り、よってDを感電死させた（門前町事件　金沢地裁昭和62年6月26日労判510−69）。」

⑤　安全管理者A及び本件工事現場責任者Bは、墜落を防止するため、本件工事現場の本件開口部に、囲い、手摺り、覆い等墜落防止に必要な措置を講ずべき注意義務を負っていたところ、Aは本件工事現場を視察したが、本件開口部の床を作業のため使用すること、使用すれば本件開口部からの墜落の危険性に気付いたものの、また、Bは、Cらを指揮して本件工事に従事させるにあたり、開口部から本件工事に従事する労働者が墜落する危険に気づいていながら、A及びBは墜落防止の措置を何ら講じずCらをして本件工事に従事させ、本件事故を発生させた。また、現場代理人Dは、本件工事現場において、労働者が本件開口部にある床を本件工事のため使用し、その際開口部から本件工事に従事する労働者が墜落する危険に気づき、下請けのE工営に指示して手摺りの設置を指示したが、E工営がこれを完成させずに放置していたにもかかわらず、完全な墜落防止の措置を講じず、Cらをして本件工事に従事させ本件事故を発生させた（海南特殊機械・竹村工業・松川建設事件　東京地裁昭和62年3月27日労判497−92）。

⑥　Aは本件工事の現場監督として、掘削場所にガス管が埋っている旨の報告を受けその確認をしたのであるから、作業員らに対し安全措置を講ずべきことを指示しあるいは自らそのような措置を講じて本件事故の発生を未然に防止すべき注意義務を負っていたところ、同人はこれを怠り、Bに対し単に注意して作業するようにとの指示を与えたのみで本件作業の続行を命じた過失により、本件事故を発生させた（橋本工業・

歌工務店事件　東京地裁昭和56年3月19日労判362−18)。
⑦　本件作業の責任者として直接その指揮、監督に当っていたBとしては、艙内各作業員に対して空のモッコが艙内に返るまでは艙口直下に出ないように一般的な注意を与えていたものの、なお、時には艙内作業員がみずからの判断で艙口下に出ることをも黙認していた状況にあったから、かかる状況下において事故防止の万全を期するためには、艙内作業員各自の判断に任かせて艙口直下に出る安全な時期を確認させるだけでなく、本件作業の指揮、監督者たる立場から常時艙口付近に監視員を置き適宜艙内作業員に安全な時期を知らせる処置をとらせること等によって作業員が安全な時期までは艙口下に出ないように措置して、事故の発生を未然に防止すべき注意義務があった。しかるに、Bは、この注意義務を怠り、艙内作業員がみずからの判断で空のモッコが艙内に戻る前に艙口下に出るのに任かせていたところから本件事故が発生するにいたった（極洋事件　東京高裁昭和49年9月25日判タ320−161）。
⑧　失火による船舶火災事故の消化に際して、ガス中毒死したことについて、「本件溶接工事の施行にあたっては、その現場作業の指揮にあたる専門的立場のAにおいて、工事施行の安全を期するために施行個所およびその周辺の構造、材質、施設等を周到に調査検分して確認すべきであり、その方法としては、それらを知悉していると思われる船長または一等航海士その他責任のある乗組船員らにも協力を求め、それらの状況についての予備知識をえたうえで、たんなる目測や歩測に頼ることなく、巻尺その他の計測器具を用い、補助者とともに内外相呼応して合図しあうなどの手段があり、それらの調査検分ないし確認の場所に光源が乏しい場合にはなお一層強力な光源を持ち込むなどして入念周到に検分ないし確認を行うべきである。そして、本件溶接工事の作業にあたった作業員はA以下10余名であったことがうかがわれ、作業現場の状況からすれば、以上の措置をいかに入念に行っても極めて短時間内に

それを終り、そのために格別の労力を増すともいえないことが明らかであるにもかかわらず、それらの措置をとることなく、施行個所の裏側位置の誤認、構造材の可燃性の見落しなどをし、それが原因となって引火を招いたのは、Aの職務上の重大な過失というほかはない（日立造船事件　東京高裁昭和49年9月18日判時766-59）。」

⑨　Bは高圧電流の通電する場所での作業における指揮者であって、その用うべき注意、責任は極めて大きく、ことに通電再開による危険を十分に認識していたにもかかわらず、これが事実をAに周知させることなく本件電気室内の窓の閉鎖作業を命じたため本件事故を発生させた（陸上自衛隊陸士長事件　東京高裁昭和49年8月29日判時758-47）。

⑩　合成樹脂貯蔵用タンク内の作業中、塩素ガス発生の事故により死亡したことについて、「被告Yが被告会社の従業員であってAの作業を指揮監督する立場にあり、この種の作業が被告会社の業務内容に属し被告Yがその経験者であるところ、作業に伴って有毒な塩素ガスが発生し、作業者がこれを吸入すれば中毒ないし死亡の危険があること、ことにタンクの位置、構造からすればその危険が大きいことは、単に業務上具備すべき知識の上ばかりでなく科学の一般常識からしても十分予見し得るところであるから、被告YはAに対し作業中防毒マスクを使用させる等の措置を講じて危険を未然に防止すべき監督者としての注意義務があるのに拘らず、コンプレサーによる送風と防塵マスクの着用のみをもって（これらの措置が危険防止に役立たず、それが容易に認識できるものである。）漫然塩素ガス吸入の危険が防げるものと即断してAに作業を行わせた点において注意義務を怠った過失がある（菊池酸素工業所事件　東京地裁昭和40年1月29日判時423-42）。」

⑪　Aは一部の作業現場責任者でありながら、第1号電柱に取付けた開閉器の入側引綱が電柱の足場釘に引っかかっていて、切側引綱を引いても手を放せば閉路に復する状態になっていたにかかわらず、引綱

が足場釘に引っかかっていることにさえ気付かず、切側引綱を引いただけで漫然開閉器が開放されたものと軽信し、果して完全に開放されたか否かを確めるべき何等の方法を構じないでBに開閉器の取付及び開放を終った旨を報告し、Bも本件工事全般の現場責任者でありながら、Aの報告だけに信頼して第1号電柱の開閉器が果して完全に開放されたか否か第6号電柱への電流が果して完全に遮断されているか否かについて何等の検査もしないで被控訴人に高圧線の縛着状態の検査を命じたのは、いずれも現場責任者としての注意義務を怠った(九州電気工事事件　福岡高裁昭和27年4月9日下級民集3-4-482)。

イ　設計した技術者

　会社の責任技術者として、ガス工事の安全を図るべき重大な職責を担っており、ガス配管図の閲覧やガス工事設計書の作成に際しては、本管の種類を誤認して誤った設計書を作成しないよう、細心の注意を払うべき義務を負っていた。しかるに、ガス配管図上、中圧管を低圧管と見誤るおそれは極めて小さいにもかかわらず、わずかな注意すら怠った結果、これを見誤り、「(中圧)」の記載までをも見落とし、誤った本件設計書を作成、提出したのであって、過失が認められるから、これと相当因果関係のある損害について不法行為責任を負う(N設備・鴻巣市事件　さいたま地裁平成13年12月5日労判819-5)。

ウ　助手

　運送荷役に従事していた者がカーゴの下敷きとなり障害等級一級の後遺障害を残したことについて、「助手は、運転手の指示によらずに、ラッシングベルト及びフックを外した過失により、損害を賠償する責任がある(明津運輸事件　東京地裁平成12年5月31日交通民集33-3-907)。」

エ　その他の業務に従事する労働者

① 　デッキマンAには、原木がコーミングにひっかかるまえに直ちにデリックの操作担当のウインチマンに対し合図を送って原木がコーミングに接触するのを未然に防ぐか、または原木がコーミングにひっかかるのと同時にカーゴワイヤー操作担当のウインチマンに巻上げ中止の合図を送って、ワイヤスリングの切断による原木の落下を防止すべき注意義務があるのに、これを怠った過失がある（起重機取扱作業事件　福岡地小倉支部昭和54年4月27日判タ395−88）。

② 　サイドフォークリフトの運転者としては、その進行方向上の安全を確認すべき義務があるのはいうまでもなく、特にサイドフォークリフトは騒音の高い場所を走行したり夜間に走行したりする場合もあるのであるから、バックホーンやバックランプの故障を発見したならば速やかに運転を中止して故障を修理したうえ運転を継続すべき義務がある。また、故障を放置して運転を継続するのであれば、万全の安全確認を尽すべきは当然である。Bは、故障を放置したまま運転を継続していたから、C運転のサイドフォークリフトが西入口を通過したからといって漫然危険がないと安心することなく改めて同入口付近の安全を十分に確認したうえ、更に同入口で一旦停止させ、作業者との衝突を未然に防止すべき注意義務があったところ、同人はこれを怠り本件事故を惹起させたものであり、同人には本件事故発生につき過失がある（愛知製鋼所・三栄組事件名古屋地裁昭和50年12月26日判タ338−224）。

③ 　給電所給電指令員BおよびCより電話を受けた同給電所員は、各通語内容により被告Y1会社D工場一次側の本件遮断器が遮断（開放）不能に陥り危険な状態にあることを知り、また容易に知るべきであったのであり、したがつて速やかに緊急停止の措置を講ずべきであつたにも拘らず、徒らにこれをちゅうちょして時間を空費した過失を免れない。A給電所給電指令室からE変電所に対する緊急停止の操作指令に基づき、実際に送電が停止されるまでに要する時間は1分を要しないから、指

令員らが速やかに緊急停止の措置をとれば、本件事故を招来しなかった(千代田亜鉛・東京電力事件　東京地裁昭和48年12月3日判タ310-281)。

④　本件事故は、Cが落下した角材のライトゲージとボルトとの間への食い込みを外すに当って、食い込みが外れた場合に落下を防止できるような適当な方法をとらなかった(栂角材はその一角をC型鋼の開口部に挿入するという比較的不安定な状態にあり、かつ天井の鉄骨骨組のうち、南北の方向に通じているものは、栂角材の長さとほぼ同じである約4mの間隔をおいたサブトラスのみであるから、東西の方向に通じている仮設足場の栂角材がC型鋼の開口部から外れた場合には、その落下を防ぐものがない状態にあった。これに対し、Cが先に取外し作業をした南北の方向に通じている仮設足場の場合には、ライトゲージが約80cmの間隔で東西の方向に通じているから、長さ約4mの角材、長さ約1.8mのパネル板は固定された状態を解かれても、直ちに落下する危険は少い状態にあったといえる)過失に因って発生した(わかさ建設共同企業体事件　鹿児島地裁昭和48年6月28日判時720-86)。

(3) 事業の執行について従業員などに不法行為がある場合の使用者の責任

　従業員などが使用者の事業の執行について第三者に損害を加えた場合には、使用者が被用者の選任およびその事業の監督について相当の注意をしたとき、または相当の注意をしても損害が生ずべきであったときを除き、その使用者も、その損害を賠償する責任を負います。これに関しては、次のような裁判例があります。

①　会社は、技術者Bの使用者であり、Bによる本件設計書の作成、提出は、会社の事業の執行につきされた。したがって、会社は、Bの不法行為について、民法715条1項に基づく使用者責任を負い、Bと連帯して損害賠償義務を負う(N設備・鴻巣市事件　さいたま地裁平成13年1

2月5日労判819−5)。
② 運送荷役に従事していた者がカーゴの下敷きとなり障害等級一級の後遺障害を残した事故は、会社の業務の執行中に発生したのであるから、会社は、民法715条に基づき、生じた損害を賠償する責任がある(明津運輸事件　東京地裁平成12年5月31日交通民集33−3−907)。
③ 町から高圧受電設備の金網フェンスの張替工事を請負った者が感電死したことについて、「町は、民法715条による不法行為責任として、損害を賠償する義務を負う(門前町事件　金沢地裁昭和62年6月26日労判510−69)。」
④ エレベーターの据付工事に従事していた労働者が墜落死したことについて、「被告Y2建設は、Dを被用し、被告Y2建設の事業を執行するため、Dを現場代理人として被告Y1機械を孫請として使用し、本件工事に従事させていた。したがって、被告Y2建設は民法715条1項により原告らの損害を賠償する責任がある。被告Y1機械の従業員であるBには過失があり、被告Y1機械の業務の執行中のものであり、また被告Y2建設の従業員であるDには過失があり、被告Y2建設の業務の執行中のものであるから、被告Y1機械及び被告Y2建設は、民法715条1項により原告らの損害を賠償する責任がある(海南特殊機械・竹村工業・松川建設事件　東京地裁昭和62年3月27日労判497−92)。」
⑤ 建築現場の掘削作業中の下請会社の従業員の事故について、「Aは工務店の従業員として、本件工事の現場監督をしていたから、工務店は、民法第715条第1項により、Aがその職務を行うにつき原告に与えた本件事故による損害を賠償する責任がある(橋本工業・歌工務店事件　東京地裁昭和56年3月19日労判362−18)。」
⑥ 被告はAの使用者であり、また、本件事故が被告の事業の執行につき生じたものであるから、被告は民法715条により本件事故によって原告らが蒙った損害を賠償する義務がある(北陸電設工業所事件　富

山地裁昭和51年5月14日判時833-105)。
⑦　本件事故はBが鋼片運搬作業遂行中にその過失により惹起させたから、会社は民法709条、715条1項本文により、本件事故につき損害を賠償すべき責任がある(愛知製鋼所・三栄組事件　名古屋地裁昭和50年12月26日判タ338-224)。
⑧　CはA建設共同企業体の民法第715条にいう被用者として(雇傭契約上は被告Y会社の被傭者であったが)その業務を執行していたものであるから、A建設共同企業体はCの使用者として、Cの過失に因る不法行為である本件事故について損害賠償債務を負い、この債務はA建設共同企業体の組合員のいわゆる不真性連帯債務である(わかさ建設共同企業体事件　鹿児島地裁昭和48年6月28日判時720-86)。
⑨　代表取締役は職務執行の過程において、従業員たる原告に解体作業を命じたものであるから、その「職務を行うにつき」同原告に損害を加えたものであって、会社は商法第261条3項、78条2項、民法44条1項により、又、代表取締役は商法266条の3の1項により、各自連帯して本件爆発事故により原告両名が蒙った損害を賠償すべき義務がある(渡辺鋼材事件　大阪地裁昭和43年2月14日判タ221-186)。」
⑩　会社がその事業の監督について相当の注意をなしたもの又は相当の注意をなしてもなお本件事故が避け得なかったものとは認められない。従って会社はその被用者たるB及びA等が会社の業務の執行に際し過失によって被控訴人等に加えた損害を賠償する義務がある(九州電気工事事件　福岡高裁昭和27年4月9日下級民集3-4-482)。

(4) 外部の第三者の責任

　ゴルフ場のキャディの労働災害に関して、ゴルフプレーヤーの民事責任が否定された次のような裁判例があります。

通常ゴルフプレーヤーが球を打つに際しては、前方に同伴競技者等がいないこと、同伴プレーヤー等がいる場合には、その者らに対し、自己がこれから球を打つことについて注意を喚起すべき義務があるところ、この義務はキャディに対しても同様である。しかしながら、ゴルフがスポーツであり、スポーツに厳格な注意義務を求めるのは相当ではないこと、同伴プレーヤーらとしても、パーティ全体のプレーの流れや状況等については当然把握しているはずであること等に照らせば、球を打とうとするプレーヤーにおいて、同伴プレーヤー又は自己のパーティを担当するキャディの一切の動静に注意を払い、それらの者の位置関係を完全に把握した上で打球を放つべき注意義務まではないところ、通常自己の前方にキャディが移動していることは予想し得ないこと等を総合すると、プレーヤーにおいて第二打を放つ際に、キャディが前方に移動中であることを予見又は予見し得るとはいえないことに帰する。そうすると、プレーヤーにおいて、本件事故発生について過失があったとは認められない（山陽カンツリー事件　神戸地裁姫路支部平成11年3月31日判時1699−114）。

13　労働者本人の責任（過失相殺）

　労働者の就業中の安全については、その責任を一方的に使用者に負わせることは相当ではなく、労働者自身にも、自らの作業を管理し、安全を確保すべき注意義務があります（松藤商事事件　福岡高裁平成9年12月9日判時1644−133）ので、労働者自身に安全を守る義務の不履行がある場合には、過失相殺が行われます。ただし、労働者に重大な過失があるからといって、それ故に会社の安全配慮義務違反と本件事故との間の相当因果関係を否定し、さらには会社の安全配慮義務違反の事実を否定したりするのは相当ではない（産業廃棄物処理業社事件　福岡高裁平成13年7月31日判時1806−50）と解されています。

(1) 労働者に重大な過失がある場合

　労働災害や職業性疾病の発生に関して労働者自身に重大な過失がある場合には、使用者の損害賠償責任が認められないことがあります。このような判断がされた裁判例には、次のようなものがあります。

① 　本件梯子が昇降用のものでないことは一見して明らかであり、他に安全な通路が存在していたのにもかかわらず、Aは、梯子に昇って、梯子が掛かっている手すり部分を乗り越えようとしたから、Aの使用方法・態様は使用者等の通常予測しえない、無謀にして、異常なものということができる。したがって、Aのかかる行為により、Aに損害が生じたとしても、それは、専らAが招来したというべきであるから、これによって生じた損害につき、会社が安全配慮義務ないし注意義務違反に基づく責任を問われるべき理由はない。よって、作業の開始に際し、Aに対し梯子に昇らないよう注意せず、あるいは、梯子を撤去していなかった点を捉えて義務違反があるということはできない（栗本鐵工所・末広工業所事件　大阪地裁平成8年7月29日労判700−12）。

② 　橋工事の作業中に、鉄筋の束が落下してその下敷きとなり被災したことについて、「本件事故は、原告が、玉掛作業をする者にとって基本的な玉掛方法を誤りクレーンのフックにアイあるいはワイヤーをかけるのではなく荷重にたえられないことが明らかなO環をかけてしまい、しかもクレーン操作をする者にとって基本的な遵守事項に反し、漫然吊荷の下方で作業を続行したことによって生じたもので、原告の自招自損行為による結果と言わざるを得ず、原告主張の安全用具の不備の事実を認めることは困難である。そして原告の行為結果は被告らの予測可能性を超えており、いずれの見地からも被告らに帰責事由はない（藤元建設工業・石川島播磨工業事件　広島地裁福山支部平成5年5月10日労経速1514−11）。」

③ 　業務上の事由による腰痛症を罹患していたスーパー従業員が食肉運搬にかかわって受傷した肩関節炎等について、「本件事故は、原告

が共同作業を行っていたアルバイト学生が戻るのを待たず、また、食肉冷蔵庫から出るためだけであれば、他に方法がないわけではなかったのに、被告からも注意され、普段は自らも差し控えていた力作業に当たる総重量120ないし130kgのバッカを台車から引きずり降ろす作業を不用意に1人で行おうとした自らの過失によって発生した。従って、被告には、本件事故によって原告が被った損害を賠償する義務はない（ダイエー事件　大阪地裁平成元年2月28日労判542-68）。」
④　自動車教習所の指導員が教習中に自動車事故により負傷したことについて、「被告に対し安全配慮義務違反の責任を追及するためには、本件教習生は路上運転をするのにふさわしい技術や知識を修得していないのに路上運転をさせ、かつ、被告の指導員が本件教習生にオーバーライン走行を指導し、本件教習生がその指導に従い原告の再三の注意を無視してオーバーライン走行をしたため本件事故が発生したことがその前提となるところ、その事実を認めるに足りる証拠はない。そもそも、教習生が指導員の再三の注意を無視してオーバーライン走行を繰り返すような場合には、事故の発生が十二分に予想されるから、添乗指導員としては、当該教習生の運転を直ちに中止させ、自ら運転して教習所に引き返し、その旨報告すべき義務があること明白であるから、この基本的義務を怠り発生せしめた事故の責任を、教習所に対して安全配慮義務違反を理由に、指導員が追及しうるか極めて疑問である。なお、本件教習生は、センターラインのある片側一車線の道路において、指導員たる原告の指示により、教習車と同一方向に走っている自転車を追い抜こうとして、オーバーラインしたため対向車と自車のそれぞれフェンダー部分が衝突し、本件事故を起こした。したがって、その余の点について判断するまでもなく、安全配慮義務違反に基づく原告の請求は理由がない（茨木産業開発事件　大阪地裁昭和62年12月24日労判510-11）。」
⑤　地方鉄道の駅構内での貨車入替え作業中の駅務員の事故につい

て、「本件電柱の事故時における設置位置は、添乗している貨車から身体を大きく倒すと、その頭部が接触する位置であったものであるけれども、他方定められている手の肘を伸ばさないで身体を貨車に接近させる添乗姿勢をとっていたとすれば、身体と接触することはなかったという関係にあった。被告は、原告に対し、和気駅において車両入替え業を行うに際し、添乗業務について、基本姿勢を守り、かつ不安全行為をとることのないように安全教育の指導を怠っていたものとは認められず、却って、原告はこのことを知りながら、尾燈の処理を急ぐ余り、貨車入替え作業による添乗作業を遂行中に不安全行為をなしたものであるので、被告の従業員に対する安全教育の債務に瑕疵があったとは認められない（同和鑛業事件　岡山地裁昭和60年9月24日労判464-63）。」

⑥　トンネル掘削工事の土砂岩石搬出作業中の作業員の事故について、「本件事故は、原告としてはトラック荷台の上から安全作業すべきであり又それでも流出しないときは爆発物による破砕を依頼するなど作業上当然配慮すべき注意を怠り、あえて危険をかえりみずトラック荷台内に入り、熊手形の蓋もせぬまま作業をしたため流出岩石がトラック内に急激に流出し、そのため鉄棒に強い衝激を与え、附近にいた原告が傷害を負うに至ったもので、原告の一方的過失によって本件事故発生に至ったものであって、本件工作物に瑕疵があったために本件事故発生に至ったものとは認められない（トンネル掘削工事事件　福岡地裁直方支部昭和46年7月21日判タ269-279）。」

(2) 労働者に大きな過失がある場合

　労働者の職業や経験からみて、労働者に大きな過失があるために労働災害や職業性疾病が発生した場合には、5割を超える高い割合の過失相殺が行われています。5割を超える高い割合の過失相殺が行われた裁判例には、次のようなものがあります。

①　本件事故は、会社の安全配慮義務違反による部分もあるが、会社は、

抽象的にはプレーヤーの前方に出ないよう相当の注意ないし指導をしており、またプレーヤーの前方に出ないことは、ゴルフ競技に携わる者として基本的な事項であるといえること、換言すれば、プレーヤーの前方に出ることが自己の身体の安全を害する危険性は通常十分認識し得るということからすると、本件事故は、原告がこれらの諸点に反して安易にプレーヤーの前方に出たことによって生じたといえるのであって、大幅な過失相殺はやむを得ない事案であり、原告に生じた損害の8割を減じるのが相当である(山陽カンツリー事件　神戸地裁姫路支部平成11年3月31日判時1699-114)。

② 被害者も危険を押し切ってまで骨材置場に立ち入らなければならないという特別の事情もなく、上司と連絡、相談などもせずに立ち入ったから、その不注意は非常に重大であり、会社が賠償すべき損害額は3割とするのが相当である(忠臣事件　東京地裁昭和45年1月27日判夕247-249)。

③ 事故の原因は、誤った本件設計書を作成、提出したことにあるものの、本人が技術者及び市の職員の立会いを求めることなく穿孔作業を開始し、ガスの噴出という異常かつ危険な状態を認識しながら、あえて危険な作業を行ったことが認められるから、本人には、本件事故による損害の発生及びその拡大につき過失があるというべく、損害賠償額の算定につき、これを斟酌すべきところ、その過失の程度は技術者の過失に比してより重く、かつ、大きいというべきであり、その過失の割合は、本人の過失を6割5分とするのが相当である(N設備・鴻巣市事件　さいたま地裁平成13年12月5日労判819-5)。

(3) 労働者にも相当な過失があり、使用者の安全配慮義務の不履行などとあいまって災害が生じた場合

　労働者側にも相当な過失があり、使用者側の安全配慮義務の不履行または過失と双方あいまって労働災害や職業性疾病が発生した場合には、

相当割合の過失相殺が行われます。

ア　5割の過失相殺が行われた裁判例

① 本件バルブはその作動中に下から手を入れることは予定されていない機械であること、次に、原告は、大学の材料工学科を卒業し、機械一般についてもそれなりの知識を有していたと認められること、さらには、本件バルブがその中に手を入れれば危険であることが明らかであるのに、意識的に右手を入れたことなどの諸事情によれば、その過失は相当重大であると言わざるを得ず、当時時間に追われ、焦っていたことをも斟酌しても、50％の過失相殺をするのが相当である（セイシン企業事件　東京地裁平成12年8月29日労判831－85）。

② 本人は、会社における一般的作業手順とは異なる手順で本件カーゴを貨物ホームに降ろそうとした上、助手が本件カーゴをつかんで制御していると安易に信頼し、助手に声をかけて共同することなく本件カーゴとともに後ずさりし、両脇に飛び退くなど比較的容易に下敷きになることを回避することが可能であったと考えられるのにこれを怠り、本件カーゴの下敷きになった過失がある。本件事故の態様、助手とXの過失の内容などの事情を総合すると、Xの過失割合は50％とするのが相当である（明津運輸事件　東京地裁平成12年5月31日交通民集33－3－907）。

③ 後遺障害の原因は、右腓骨神経麻痺と反射性交感神経性異栄養症症候群が合併した状態であると思われること、神経麻痺の原因は特定できないこと、反射性交感神経異栄養症症候群は軽微な外傷を契機としても発症しうること、原告の後遺障害の主因は右腓骨神経麻痺であり、主因の関与比率が6ないし7割程度と見られること、もっとも本件事故態様及び初診時の原告の骨折の状態ないし程度からすると、原告の後遺障害の原因となるような神経麻痺が生じるとは通常考えられないこと等の事実が認められる。本件事故と原告の後遺障害との間に

事実的因果関係を認めることはできるものの、その相当性の判断としては、損害の公平な分担という不法行為の制度趣旨に照らし、100%の因果関係を認めるのは相当ではなく、いわゆる素因的要素による減額と、相当性の立証が完全になされていないとの観点から、後遺障害による損害の50%を減じるのが相当である（山陽カンツリー事件　神戸地裁姫路支部平成11年3月31日判時1699－114）。

④　失火による船舶火災事故の消化に際して、ガス中毒死したことについて、「一等航海士で本件船舶の消火活動を行うべき職務を有したBが呼吸具を装着しないままで再度火災現場に突入した相当重大な過失のあることをも併せ考慮して、その過失の割合は各2分の1（5対5）と認めるのが相当である（日立造船事件　東京高裁昭和49年9月18日判時766－59）。」

イ　4割の過失相殺が行われた裁判例

①　富山県国際研修振興協同組合と中国の上海交通大学の協定に基づき、大学所属の実務・技能研修生として来日し、約2年数か月滞在後、帰国した中国人が、日本滞在中に、組合に所属する会社の作業場で硫酸を扱う作業に従事していた際に、硝酸の暴露により肺機能及び視力に障害を受けたことについて、「保護具を着用するように指導した上、就労している期間中、相当数の吸収缶やフィルターマスク等の保護具を購入して本件作業場に備え置いていたこと、研修生においても、これらの説明や保護具が備え付けられていることからも、硝酸を吸引することの危険性について一応の理解をすることが可能であったと考えられること、それにもかかわらず、保護具を着用せずに本件作業に従事することがあったこと等の諸事情を総合して考慮すれば、過失割合を会社6、研修生4とすることが不公平であるとはいえない（中国研修生業務上災害事件　名古屋高裁金沢支部平成11年11月15日判タ1042－136）。」

② 本人が自ら本件隙間に右腕を入れ首を挟まれたものと推認することができる。Aは、本件枠が反転した後、8秒間は停止するものの、その後はもとに戻るため、本件隙間に身体を入れれば挟まれることは熟知していたのに、右腕と首を入れたものと認めることができる。そして、過去に本件事故と同様の事故がないので、Aが本件隙間に首や右腕を入れた理由は必ずしも明らかではないものの、それが業務のために行ったものではないと認めるべき証拠はない。以上の事情を総合勘案すると、Aにつき4割の過失相殺をするのが相当である（トオカツフーズ事件　東京高裁平成13年5月23日判タ1072−144）。

ウ　3割の過失相殺が行われた裁判例

① 　工場現場で作業中に、下請業者の従業員が運転するミニユンボのカウンターウエイト部分が作業員の右手小指付近に当たり負傷したことについて、「原告は正土を一輪車に積載した後ミニユンボの脇を通行するにあたり、間隔をとって通行せず、ミニユンボに近寄り過ぎたものと推測されるのである。従って、工事中の本件事故現場の地面の整地が十分でなく、また、正土を積載した一輪車の重量のためにある程度一輪車が左右に蛇行することはあり得ることを考慮しても、原告の身体がミニユンボに接触するについては、原告においても、不用意に旋回中のミニユンボに接近し過ぎた過失がある。原告の過失を斟酌すると、その損害額から3割減ずるのが相当である（熊谷建設ほか事件　福岡地裁小倉支部平成10年3月26日労判741−57）。」

② 　タンクローリーに乗務し、事業所外に出てカラーアスファルトを配送した後、ホース等に付着したアスファルトをタンクに戻すまでの業務に従事し、その間、必ずしも使用者の直接の指揮監督下になく、自らの状況判断に従って行動すべき部分もあったといえるから、被控訴人においても、作業上の危険を予知し、それを避けるべく行動すべき注意義務があった。また、被控訴人が危険物取扱者の免状を有していたことは、この注

意義務を裏付けるものである。そうすると、被控訴人が、カラーアスファルトから発生する臭気のあるガスの存在を知り、また、控訴人の車庫内に火気厳禁の札があることを知りながら、タンクの蓋を開けて、タンク上で漫然とバーナーの火器を使用したものであって、そこに、労働者自らが負うべき安全上の注意義務に反した過失がある。過失を、被控訴人の過失と対比すると、その割合は被控訴人について3割と認めることが相当である(松藤商事事件　福岡高裁平成9年12月9日判時1644-133)。

③　運転資格のない者がクレーン操作中に吊り上げていた物が落下して右足をはさまれて負傷したことについて、「事故の発生原因としては、原告が本件クレーンの操作を誤ったことを指摘することができる。クレーン運転士教本には、『クレーンの運転中、故意に逆ノッチを入れ、減速させることを逆相制動といい、運転を急停止させたい場合にしばしば使われている。』と記述されている。しかし、原告が、走行中の本件クレーンが行き過ぎたとして、西方への走行用スイッチを切り、直ちに東方への走行用スイッチを押したことは、リングを西方に揺れさせることになって、適切でなかった。したがって、原告は、本件クレーンに仮溶接のリングを2点掛けで吊り下げ、これを西方へ移動させるという危険を伴う作業を行おうとしたのであるから、補助者の手を借りるとか、走行用スイッチの操作に気を配るとかして、安全に作業を進めるべきであったのに、これを怠り、そのために事故を引き起こした。すなわち、事故の発生については、原告にも過失があったと認めるべきであり、過失の程度は3割に当たる(岡崎工業・高千穂工業事件　千葉地裁平成元年3月24日判夕712-179)。

④　自衛隊の作業中に感電事故により死亡したことについて、「Bは高圧電流の通電する場所での作業における指揮者であって、その用うべき注意、責任は極めて大きく、ことに通電再開による危険を十分に認識していたにもかかわらず、これが事実をAに周知させることなく本件電気室内の窓の閉鎖作業を命じたものであり、他方Aは窓の閉鎖作業に取り

かかる前にまもなく変成器のところまで通電されるであろうことを認識していたにもかかわらず、軽卒にも変成器のアングルに足をかけてその上に乗るような姿勢をとったため本件事故を発生させたもので、これらの事実をあわせ考えると、当事者双方の過失は、ほぼBの過失7に対しAの過失3とするのを相当と認める（陸上自衛隊陸士長事件　東京高裁昭和49年8月29日判時758-47）。」
⑤　事業場内の浴室での一酸化炭素中毒による死亡事故について、「浴室入口扉を開けないまま、ガスに点火入浴していたことは3割の過失相殺が認められる（東京地裁昭和43年12月21日）。」

(4) 労働者側にも責任の一端がある場合

　労働者側にも保護具を着用しないなど安全上の注意義務違反があり、労働災害や職業性疾病の責任の一端がある場合には、ある程度の過失相殺が行われます。

ア　2割の過失相殺が行われた裁判例

　Aは、亜硫酸ガスによる窒息等の災害の発生する危険がある坑内で作業に従事し、被告からA型防毒マスクの配布を受けるとともに、坑内での就業にあたってはこれを携行するよう指導されていたのであるから、自己の生命、身体の安全を守るためにこれを携行すべきであったのであり、Aがこれを携行していたならば、Dの例からしても、亜硫酸ガスによる窒息死だけは免れ得た可能性もあったものと考えられる。したがって、本件死亡事故の発生についてはAの側にも過失があったものといわざるを得ないから、賠償額の算定にあたってはこの過失を斟酌し、Aの得べかりし利益の喪失による損害額から2割を控除した金額をもって被告が支払うべき賠償額とするのが相当である（白根工業事件　東京地裁昭和48年9月14日判時725-65）。

イ　1割の過失相殺が行われた裁判例

①　本件事故前、安全担当者に対し、これからバルブの取替え作業を実施する旨報告し、安全担当者から、「何かあったら報告するように。」と指示を受けていたところ、本件ソイルタンク室に降り、排出ポンプを手動で回して汚水排出作業をしたものの、実際には汚水が排出されておらず、バルブ取替えのためフランジ継ぎ手を取り外した瞬間、真っ黒な汚水が噴出するという異常事態が発生したにもかかわらず、この事態を軽視し、安全担当者に報告をすることもないまま、漫然とバルブ取替え作業を継続しようとして本件事故に遭遇したから、本件事故の発生については、被災者にも若干の過失があったことは否定できない。しかして、これらの事情、就中、安全担当者の指示が極めて抽象的なものにとどまっていることに加えて、本件ソイルタンクから硫化水素ガスが発生する可能性があることの一般的知見の程度等を考慮すると、その過失割合は、1割とするのが相当である（大晃機械工業事件　山口地裁下関支部平成13年4月23日判時1767－125）。

③　本件事故について、Aは、その作業の危険性について認識しながら浄化槽の蓋が足りないことに気づき、係りの者にそのことを伝えることに気を取られて、足下の安全確認を怠った過失が認められるところ、Aは、会社の債務不履行により危険な状況における作業を迅速に行わなければならない立場にあったことを考慮すると、その相殺すべき過失割合は、1割を相当とする（石川トナミ運輸事件　金沢地裁平成9年9月26日労判727－59）。

(5) 過失相殺の割合が明示されずに相殺が行われる場合

過失相殺の割合が明示されずに相殺が行われる場合もあります。このような裁判例には、次のようなものがあります。

①　被告は、事業団の義務違反と本件事故との間の相当因果関係の存在を否定するが、原告が本件プレスブレーキによる作業が重大な結果

を引き起こすことがあり得る作業であることについて全く予備知識を欠いた状態で本件プレスブレーキによる作業を含む仕事の提供に応じたのであるから、会員に事業団からの仕事の提供に対する諾否の自由があるという点を考慮しても、相当因果関係の存在を否定することは当を得ないと。また、I工業所の関係者による本件プレスブレーキの操作方法の指示の存在は、過失相殺事由として考慮すれば足りる事柄である（綾瀬市シルバー人材センター（I工業所）事件　横浜地裁平成15年5月13日労判850−12）。

② 　被災者も危険性を熟知しており、同僚作業員は無事船底に到達していること、通行設備の設置を申し出ていないこと、降りる方法に問題があることから、相当の過失がある（門司港運事件　福岡地裁小倉支部昭和47年11月24日判時696−235）。

③ 　会社は、十全から作業現場における事故防止のため、現場安全十則を定めて作業員の遵守を強く要求しており、被災者も作業開始前に現場責任者から安全十則を示され、現場安全管理実施表に捺印しているにもかかわらず、安全十則の要請する命綱の使用を怠っていたから、賠償額の算定について斟酌しなければならない（三東工事件　東京地裁昭和45年7月6日判時614−17）。

④ 　潜水夫も1、2週間前に軽い潜函病にかかってその療養をしたのであるから、同病の再発を考慮して、自ら進んで医師の診察を受けるか、使用主に対してその診察を要求すべき自衛措置を取るべきであるが、あえてこの措置を取らなかったから、過失があった（山口地裁下関支部昭和26年10月16日）。

(6) 使用者側に安全配慮義務違反が大きいなどのために、過失相殺が否定される場合

　労働災害や職業性疾病の発生に関して労働者に過失があっても、使用者側の安全配慮義務違反が大きい場合などには、過失相殺が否定される

こともあります。このような裁判例には、次のようなものがあります。

① じん肺の危険性に係る認識について、雇用会社の管理者に欠けるところがあり、鉱山労働者に対する安全衛生上の指導や教育も必ずしも十分ではなかったこと、雇用会社には、防じんマスクの着用やフィルターの交換等について組織的に管理する十分な体制がなかったこと、水を使わないで湿式削岩機を使用したり、散水を怠ったことがあったのも、給水設備が不十分であったという事情に照らすと、過失相殺を適用するのは相当ではない（秩父じん肺事件　東京高裁平成13年10月23日判時1768－138）。

② 金属箔を製造する工場で竪型焼鈍炉における作業中、工場に設置されたピット内で作業員が酸欠死したことについて、「本件事故発生時、Aは、1人で本件ピット内に降りて作業を行っているうえ、本件ピット内に入る際計器類を事前に確認したものとは思われず、このことが本件事故を惹起する一因になったとも考えられるものの、本件事故当時、会社では、従業員に2人作業体制や計器類の事前確認を徹底するような指導はしておらず、恒常的に1人で作業するような体制がとられていたこと、Aが入社後わずか6か月しか経過しておらず、本件ピット内でアルゴンガス漏れによる酸欠事故が発生する可能性を具体的かつ徹底的に教育指導されていたわけではなく、そのため、Aだけでなく、従業員らはアルゴンガスの危険性及び本件ピット内におけるアルゴンガス漏れによる酸欠事故の可能性をそれほど留意することなく本件ピット内に立ち入っていたこと、そして会社の過失の重大性に鑑みれば、本件では、Aの死亡による損害額の算定に当たって過失相殺をすることは相当でない（東洋精箔事件　千葉地裁平成11年1月18日労判765－77）。」

③ 本人に重大な過失があり、それが直接の原因となって本件事故が発生したが、これも無資格者であったからこそ、咄嗟の場合における冷静な判断や合理的な対応をすることができず、危険極まりない振る舞いに及んだ結果である。そうだとすれば、本人に重大な過失があるからとい

って、それ故に会社の安全配慮義務違反と本件事故との間の相当因果関係を否定し、さらには会社の安全配慮義務違反の事実を否定したりするのは相当でない（産業廃棄物処理業社事件　福岡高裁平成13年7月31日判時1806-50）。

④　ボイラーの清掃を請負っている会社の従業員がボイラーの清掃中にチッ素ガス中毒により死亡したことについて、「本件事故が、被告会社の過失によって発生したものであって、A会社の4名に窒素供給用の配管のあることについては何ら知らされていなかったために、知らずに、これにゴムホースを接続し使用したことをもって、被害者（A会社の4名）に過失があるということはできないから、本件は、過失相殺をすべきではない（神戸製鋼所事件　神戸地裁昭和47年4月27日判時677-90）。」

⑤　ブルドーザー運転助手が現場指揮者の指示により飛び乗ったブルドーザーの下敷きになって死亡したことについて、「運転助手もブルドーザーの装置にある程度慣れていながら、クラッチ、変則レバーが中立になっているかどうかを確かめることなく、エンジンの始動を試みたなどの不注意が認められるが、とっさに上司から調整、修理を指示されるままに及んだ行為であり、下級の若年労務者という会社の地位からすると、その不注意も事故態様、経過からして会社の監督上の過失として吸収される（東京地裁昭和44年10月29日）。」

(7) 労働者側に過失がない場合

　労働災害や職業性疾病の発生に関して労働者側に過失がない場合には、過失相殺は行われません。このような裁判例には、次のようなものがあります。

①　Aは本件原木の玉掛け作業をしていないし、Aのクレーンの運転操作に事故の原因があったわけではないから、Aに本件事故の発生について過失があったと認めることはできない（三六木工事件　横浜地裁小田原支部平成6年9月27日労判681-81）。

② 本件ケーブルヘッドの移設作業を命じられた際、何ら特別の指示を受けていない以上、6,600Vならば指示があるはずと信頼し、本件配電線が停電している3,300Vケーブルのバックフィルタ配電線であると確信し、その確信に基づき移動する際、本件配電線のテーピング部分にたまたま触れたとしても、そこに何らかの過失があるとは到底解し難い。
③ 被告は、原告Xが命綱をつけておれば、本件事故による受傷の程度は右手掌電撃火傷に留まる旨主張する。しかし、本件事故は、Xが本件電柱上において移動する際に生じたものであるとともに、本件事故当時作業員に支給されていた命綱はこのような移動中の使用に適さないものであったこと、また、当時、移動中における命綱の使用は、通常行われていなかったことが認められ、Xが本件事故の際、命綱を使用していなかったからといって、原告に過失があるとは認め難い（北陸電設工業所事件　富山地裁昭和51年5月14日判時833−105）。
④ 原告は本件椅子と同じ型の旧式の道順組立用補助椅子の中に腰掛台の固定ねじの脱落しているものがあり、これに腰掛けた職員が原告と同じように転倒したという前例のあることを知っていたということを考慮したとしても、本件椅子に腰を掛けたときの状況からは、本件椅子に腰掛けたこと自体を過失として、本件事故につき原告に過失があったということはできないし、他に原告の過失を裏づけるような事実を認めるに足りる証拠はない（京橋郵便局員事件　東京地裁昭和48年12月21日判時731−97）。

(8) 本人の事情などと使用者の責任との関係

このほか、本人の事情などと使用者の責任との関係に関して、次のような裁判例もあります。

ア 一人親方の労災保険への特別加入と使用者の民事責任との関係

　一人親方の事故に関し、労災保険への特別加入していないことは、使用者の民事責任には影響しないとする次の裁判例があります。

> 1階屋根工事に従事していた大工が約3メートル下の地上に墜落して重傷を負ったことについて、「原告が労災保険に加入していれば本件事故について相当の補償が受けられたとしても、原告が本件事故の当時に労災保険に加入していなかった事実をもって、労災保険上の権利ないし本件損害賠償請求権の放棄と同視することは困難であり、原告の本訴請求を条理上失当とすべき事情に当たるとは到底認め難い（藤島建設事件　浦和地裁平成8年3月22日労判696−56）。」

イ 本人の了解を受けた措置であることと使用者の民事責任との関係

　本人の了解を受けた措置であることは、使用者が民事責任として講ずべき措置には影響しないとする次の裁判例があります。

> 　本人が了解したとしても、救命胴衣を装着させた上で訓練すべき義務を免除するものではない。また、本件事故の原因は、本人が本件訓練に際し救命胴衣を支給されていたにもかかわらずこれを貸与し、その返還を求めず、ヘリコプターから海上に吊り降ろされるに当たって救命胴衣のない状態で大丈夫かどうか確認された際に拒否することなく自らの意思により救命胴衣のない状態での吊り降ろしを了解し吊り降ろされたことにある旨主張するが、この行為をもって計画者、実施者の責任を否定するものと考えることはできない（航空自衛隊航空実験隊事件　東京高裁昭和57年10月12日判タ480−95）。

ウ 労働組合の承認を受けて行った労働災害や健康障害を防止するための対策であることと使用者の民事責任との関係

　労働組合の承認を受けて行った労働災害や健康障害を防止するため

の対策であることは、使用者が民事責任として講ずべき措置には影響しないとする次の裁判例があります。

> 被告らは、被告らがじん肺防止措置を講じるに当たって、その都度、労働組合の承認を得てきたことをもって、被告らに安全配慮義務の不履行がなかったことの根拠とする主張をする。しかしながら、安全配慮義務の履行・不履行は、以上検討してきた諸点を総合考慮して判断されることであって、被告らの講じてきたじん肺防止措置が労働組合の承認を得たものであったとしても、それにより、被告らの安全配慮義務がすべて尽くされたことにならない（細倉鉱山事件　仙台地裁平成8年3月22日判時1565-20）。

第4部

過重労働による脳・心臓疾患などの発症の防止

第10章
過重労働による脳・心臓疾患などの発症の要因

「過重労働による脳・心臓疾患などの発症の要因」のポイント
1　過重労働による脳・心臓疾患などの発症のメカニズム
2　発症のおそれのある疾病
3　過重労働による脳・心臓疾患などの発症の要因
4　基礎疾患
5　労働時間
6　勤務の形態
7　休日
8　作業環境
9　精神的緊張を伴う業務など

「過重労働による脳・心臓疾患などの発症の要因」のポイント

1　脳・心臓疾患は、その発症の基礎となる動脈硬化等による血管病変または動脈瘤、心筋変性等の基礎的病態（血管病変等）が長い年月の生活の営みの中で形成され、それが徐々に進行し、増悪するといった自然経過をたどり発症に至るが、業務による明らかな過重負荷が加わることによって、血管病変等がその自然経過を超えて著しく増悪し、脳・心臓疾患が発症する場合がある。そして、この業務による過重な負荷に当たるか否かについては、労働時間、勤務形態、作業環境、精神的緊張の状態などによって判断される。

2　過重労働により発症するおそれがある脳・心臓疾患として、(1)脳血管疾患としては、①脳内出血（脳出血）、②くも膜下出血、③脳梗塞、④高血圧性脳症が、(2)虚血性心疾患等としては、①心筋梗塞、②狭心症、③心停止（心臓性突然死を含む）、④解離性大動脈瘤が挙げられており、過重労働による脳・心臓疾患の発症に関する民事賠償を求める裁判例で問題となった疾病もおおむね同様の範囲である。

3　労働者が心身に何らかの基礎疾患を有する場合には、労働者の心身の健康を損なう危険が一層高まる。過重労働による脳・心臓疾患の発症に関する民事賠償を求める裁判例においても、基礎疾患を有する労働者の血管病変等がその自然経過を超えて著しく増悪し、脳・心臓疾患が発症したと判断されたケースが多数ある。

4　労働時間は疲労の蓄積をもたらす最も重要な要因と考えられており、特に、労働時間の長さは、業務の過重性を判断するにあたって最も重要である。長時間労働が脳・心臓疾患に影響を及ぼす理由については、①睡眠時間が不足し疲労の蓄積が生ずること、②生活時

「過重労働による脳・心臓疾患などの発症の要因」のポイント

間の中での休憩・休息や余暇活動の時間が制限されること、③長時間に及ぶ労働では、疲労し低下した心理・生理機能を鼓舞して職務上求められる一定のパフォーマンスを維持する必要性が生じ、これが直接的なストレス負荷要因となること、④就労態様による負荷要因（物理・化学的有害因子を含む）に対するばく露時間が長くなることなどが考えられている。このうちでも、疲労の蓄積をもたらす要因として睡眠不足が深く関わっており、長期間にわたる長時間労働やそれによる睡眠不足に由来する疲労の蓄積が血圧の上昇などを生じさせ、その結果、血管病変等をその自然経過を超えて著しく増悪させる可能性がある。なお、疲労の程度については、労働時間など客観的事実に基づいて判断すべきであるとする裁判例もある。

5　①ホテルの料理長が自宅において献立などの作成に要した時間や②警備員の巡回時間以外の時間、③管理職の職場での待機時間、④溶接工の手待時間、⑤仮眠時間、⑥病院の医師の名で学会発表や論文作成を行う時間などについては、労働時間に該当するか否かが問題となっている。

6　労働時間のほか、通勤時間とあわせると、疲労を回復できなかったと判断された裁判例がある。

7　①拘束時間の長さや②実業務時間の長さ、③深夜勤務、④宿日直勤務が問題となった裁判例がある。

8　①長期に休日をとっていないことや②休日の日数が少ないこと、③直近の休日労働が問題となった裁判例がある。

9　長期間の出張や頻度の高い出張は、生体リズムや生活リズムに大きな変化を生じさせるために、脳・心臓疾患の発症要因となることがある。

10　作業環境について、①高温環境や②低温環境、③高温環境と低温環境とに交互に変動すること、④休養を取るための設備が問題となった裁判例がある。

11　精神的緊張を伴う業務として、①危険回避責任がある業務、②人命や人の一生を左右しかねない重大な判断や処置が求められる業務、③危険な物質を取り扱う業務、④過大なノルマがある業務、⑤決められた時間（納期など）どおりに遂行しなければならないような困難な業務、⑥顧客との大きなトラブルなどを担当する業務、⑦周囲の理解や支援のない状況下での業務、⑧新規の業務、⑨日常とは異なる業務、⑩運転業務が問題となった裁判例がある。また、労働災害などで大きな怪我や病気をしたこととの関係が問題となった裁判例がある。

1　過重労働による脳・心臓疾患などの発症のメカニズム

　「脳血管疾患及び虚血性心疾患等の認定基準」によれば、脳・心臓疾患は、その発症の基礎となる動脈硬化等による血管病変または動脈瘤、心筋変性等の基礎的病態（血管病変等）が長い年月の生活の営みの中で形成され、それが徐々に進行し、増悪するといった自然経過をたどり発症に至るものですが、業務による明らかな過重負荷が加わることによって、血管病変等がその自然経過を超えて著しく増悪し、脳・心臓疾患が発症する場合があります。そして、この業務による過重な負荷に当たるか否かについては、労働時間、勤務形態、作業環境、精神的緊張の状態などによって判断されます（第3章151頁参照）。

　このような業務による過重な負荷による脳・心臓疾患の発症のメカニズムに関して、次のような裁判例があります。

　医学的知見によれば、くも膜下出血の原因の多くは、脳動脈瘤の破裂であること、脳動脈瘤破裂の誘因として最も直接的に作用するのは、脳動脈瘤に加わる血行力学的圧力であること、疲労蓄積や心身消耗状態などの存在が脳動脈瘤破裂の強力な誘因になり得ること、喫煙習慣がくも膜下出血のリスクファクターになること、長時間労働は、脳血管疾患をはじ

め、虚血性心疾患、高血圧、血圧上昇などの心血管系への影響があると指摘されている(ハヤシ事件　福岡地裁平成19年10月24日労判956-44)。

2　発症のおそれのある疾病

「脳血管疾患及び虚血性心疾患等の認定基準」においては、過重労働により発症するおそれがある脳・心臓疾患として、(1)脳血管疾患としては、①脳内出血(脳出血)、②くも膜下出血、③脳梗塞、④高血圧性脳症が、(2)虚血性心疾患等としては、①心筋梗塞、②狭心症、③心停止(心臓性突然死を含む)、④解離性大動脈瘤が挙げられており、次のような取扱いが行われています(第3章151頁参照)。

①　脳卒中については、脳血管発作により何らかの脳障害を起こしたものをいい、脳血管疾患に分類されているので、可能な限り疾患名を確認すること。

②　急性心不全(急性心臓死、心臓麻痺などという場合もある)は、疾患名ではないことから、可能な限り疾患名を確認すること。

③　「不整脈による突然死など」は、不整脈が一義的な原因となって心停止または心不全症状などを発症したものであることから、「心停止(心臓性突然死を含む)」に含めて取り扱うこと。

過重労働による脳・心臓疾患の発症に関する民事裁判例で問題となった疾病もおおむね同様の範囲で、次のような疾病が発症しています。

疾病の種類		裁判例
脳血管疾患	脳内出血	①　56歳の配送業務に従事する備車運転手(和歌の海運送事件　和歌山地裁平成16年2月9日労判874-64) ②　54歳のホテル販売グループ課長(ホテル日航事件　神戸地裁平成20年4月10日) ③　50代のトラック運転手(熊本地裁平成19年12月14日) ④　44歳の私立高校教師(真備学園事件　岡山地裁平成6年12月20日労判672-42) ⑤　33歳のシステムエンジニア(システムコンサルタント事件　東京高裁平成11年7月28日労判770-58)

		⑥ 26歳の精密機器製造会社員(天辻鋼球製作所事件　大阪地裁平成20年4月28日労判970-66) ⑦ 48歳のフォークリフトの運転業務に従事していた者(川西港運事件　神戸地裁昭和58年10月21日判時1116-105)。
	くも膜下出血	① 58歳のホテル料理長(中の島事件　和歌山地裁平成17年4月12日労判896-28) ② 43歳の産業用ロボット製作会社製造部長(ハヤシ事件　福岡地裁平成19年10月24日労判956-44) ③ 43歳の長距離トラック運転手(南堺運輸事件　大阪地裁堺支部平成13年3月8日)
	脳梗塞	① 75歳のタクシー運転手(名神タクシー事件　神戸地裁尼崎支部平成20年7月29日) ② 68歳の警備員(富士保安警備事件　東京地裁平成8年3月28日労判694-34) ③ 65歳の酒造会社の蔵人(やちや酒造事件　金沢地裁平成10年7月22日判タ1006-193) ④ 56歳の配送業務に従事する備車運転手(和歌の海運送事件　和歌山地裁平成16年2月9日労判874-64) ⑤ 54歳の溶接工(榎並工務店事件　大阪高裁平成15年5月29日労判858-93) ⑥ 53歳の長距離トラック運転手(高知地裁平成20年3月25日) ⑦ 46歳の照明制御装置設計・施工者(照明制御装置設計・施工会社事件　大阪地裁平成8年10月4日) ⑧ 43歳の線路工事現場監督(建設・軌道工事請負会社事件　和歌山地裁平成14年12月10日)
虚血性心疾患	心筋梗塞	① 58歳のNTT社員(NTT東日本北海道支店事件　最高裁第一小法廷平成20年3月27日労判958-5) ② 55歳の生鮮食品加工会社管理部長(札幌地裁平成19年3月23日) ③ 52歳リフォーム工事会社課長(南大阪マイホームサービス事件　大阪地裁堺支部平成15年4月4日労判854-64) ④ 32歳の生命保険会社営業員(住友生命保険相互会社　広島高裁岡山支部平成15年12月4日) ⑤ 26歳の現場作業員(KYOWA事件　大分地裁平成18年6月15日労判921-21)
	狭心症	52歳の消防士(伊勢市消防局事件　津地裁平成4年9月24日労判630-68)
	心停止(心臓性突然死を含む)	① 60歳の鞄卸売会社専務取締役(株式会社おつかわ事件　大阪高裁平成19年1月18日労判940-58) ② 59歳の工場従業員(石川島興業事件　大阪高裁平成8年11月28日判タ958-197) ③ 46歳の配送運転手(名糖運輸事件　大阪地裁平成13年2月19日) ④ 33歳の公立病院麻酔科医(大阪府立病院事件　大阪地裁平成19年3月27日労判972-63) ⑤ 26歳の大学病院研修医(関西医科大学事件　大阪高裁平成16年7月15日労判879-22) ⑥ 24歳のドラッグストア薬剤師(スギヤマ薬品事件　名古屋地裁平成19年10月5日労判947-5)
	解離性大動脈瘤	

このほか、脳・心臓疾患ではありませんが、肺炎が過重労働によるものと判断された裁判例（株式会社ギオン事件　千葉地裁平成18年9月21日労判927−54）があります。

3　過重労働による脳・心臓疾患などの発症の要因

　過重労働による脳・心臓疾患の発症の要因として、「脳血管疾患及び虚血性心疾患等の認定基準」においては、次の3つのケースを想定しています（第3章151〜158頁参照）。

① 　発症直前から前日までの間において、「異常な出来事」に遭遇したこと。
② 　発症に近接した時期に、「短期間の過重業務」に就労したこと。
③ 　発症前に「長期間の過重業務」に就労したこと。

(1) 発症直前から前日までの間において、「異常な出来事」に遭遇したこと

　「異常な出来事」とは、①極度の緊張、興奮、恐怖、驚がくなどの強度の精神的負荷を引き起こす突発的または予測困難な異常な事態、②緊急に強度の身体的負荷を強いられる突発的または予測困難な異常な事態、③急激で著しい作業環境の変化をいいます。異常な出来事と発症との関連性については、通常、負荷を受けてから24時間以内に症状が出現しますので、発症直前から前日までの間を評価期間として、異常な出来事と認められるか否かについては、①通常の業務遂行過程においては遭遇することがまれな事故または災害などで、その程度が甚大であったか、②気温の上昇または低下などの作業環境の変化が急激で著しいものであったかなどについて、これらの出来事による身体的、精神的負荷が著しいと認められるか否かという観点から判断します。

(2) 発症に近接した時期に、「短期間の過重業務」に就労したこと

　特に過重な業務とは、日常業務（通常の所定労働時間内の所定業務）に比較して特に過重な身体的、精神的負荷を生じさせたと客観的に認められる業務をいい、発症前おおむね1週間を評価期間として、特に過重な業務に就労したと認められるか否かについては、業務量、業務内容、作業環境などを考慮し、同僚労働者または同種労働者（その労働者と同程度の年齢、経験などを有する健康な状態にある者のほか、基礎疾患を有していたとしても日常業務を支障なく遂行できる者。以下「同僚等」という）にとっても、特に過重な身体的、精神的負荷と認められるか否かという観点から判断します。業務の過重性の具体的な評価に当たっては、次の負荷要因について検討します。

① 労働時間

　発症直前から前日までの間に特に過度の長時間労働が認められるか、発症前おおむね1週間以内に継続した長時間労働が認められるか、休日が確保されていたかなどの観点から判断します。

② 不規則な勤務

　不規則な勤務については、予定された業務スケジュールの変更の頻度・程度、事前の通知状況、予測の度合、業務内容の変更の程度などの観点から判断します。

③ 拘束時間の長い勤務

　拘束時間の長い勤務については、拘束時間数、実労働時間数、労働密度（実作業時間と手待時間との割合など）、業務内容、休憩・仮眠時間数、休憩・仮眠施設の状況（広さ、空調、騒音など）などの観点から判断します。

④ 出張の多い業務

　出張については、出張中の業務内容、出張（特に時差のある海外出張）の頻度、交通手段、移動時間および移動時間中の状況、宿泊の有無、宿泊施設の状況、出張中における睡眠を含む休憩・休息の状況、出張に

よる疲労の回復状況などの観点から判断します。
⑤　交替制勤務・深夜勤務
　交替制勤務・深夜勤務については、勤務シフトの変更の度合、勤務と次の勤務までの時間、交替制勤務における深夜時間などの頻度などの観点から判断します。
⑥　作業環境
　作業環境については、脳・心臓疾患の発症との関連性が必ずしも強くないので、付加的に考慮します。
　（a）　温度環境
　　　温度環境については、寒冷の程度、防寒衣類の着用の状況、一連続作業時間中の採暖の状況、暑熱と寒冷との交互のばく露の状況、激しい温度差がある場所への出入りの頻度などを考慮します。高温環境については、脳・心臓疾患の発症との関連性が明らかでないので、一般的に発症への影響は考え難いが、著しい高温環境下で業務に就労している状況が認められる場合には、過重性の評価に当たって配慮します。
　（b）　騒音
　　　騒音については、おおむね80dBを超える騒音の程度、そのばく露時間・期間、防音保護具の着用の状況などの観点から考慮します。
　（c）　時差
　　　飛行による時差については、5時間を超える時差の程度、時差を伴う移動の頻度などの観点から考慮します。
⑦　精神的緊張を伴う業務
　精神的緊張を伴う業務については、次の業務または出来事に該当するものがある場合に、負荷の程度を評価する視点から判断します。ただし、精神的緊張と脳・心臓疾患の発症との関連性については、医学的に十分な解明がなされていないこと、精神的緊張は業務以外にも多く存在することなどから、精神的緊張の程度が特に著しいと認められるものについ

て評価します。

(a) 日常的に精神的緊張を伴う業務

具体的業務	負荷の程度を評価する視点	
常に自分あるいは他人の生命、財産が脅かされる危険性を有する業務	危険性の度合、業務量(労働時間、労働密度)、就労期間、経験、適応能力、会社の支援、予想される被害の程度など	
危険回避責任がある業務		
人命や人の一生を左右しかねない重大な判断や処置が求められる業務		
極めて危険な物質を取り扱う業務		
会社に多大な損失をもたらし得るような重大な責任のある業務		
過大なノルマがある業務	ノルマの内容、困難性・強制性、ペナルティの有無など	業務量(労働時間、労働密度)、就労期間、経験、適応能力、会社の支援など
決められた時間(納期など)どおりに遂行しなければならないような困難な業務	阻害要因の大きさ、達成の困難性、ペナルティの有無、納期等の変更の可能性など	
顧客との大きなトラブルや複雑な労使紛争の処理等を担当する業務	顧客の位置付け、損害の程度、労使紛争の解決の困難性など	
周囲の理解や支援のない状況下での困難な業務	業務の困難度、社内での立場など	
複雑困難な新規事業、会社の建て直しを担当する業務	プロジェクト内での立場、実行の困難性など	

(b) 発症に近接した時期における精神的緊張を伴う業務に関連する出来事

出来事	負荷の程度を評価する視点
労働災害で大きな怪我や病気をした。	被災の程度、後遺障害の有無、社会復帰の困難性など
重大な事故や災害の発生に直接関与した。	事故の大きさ、加害の程度など
悲惨な事故や災害の体験(目撃)をした。	事故や被害の程度、恐怖感、異常性の程度など
重大な事故(事件)について責任を問われた。	事故(事件)の内容、責任の度合、社会的反響の程度、ペナルティの有無など
仕事上の大きなミスをした。	失敗の程度・重大性、損害などの程度、ペナルティの有無など
ノルマが達成できなかった。	ノルマの内容、達成の困難性、強制性、達成率の程度、ペナルティの有無など
異動(転勤、配置転換、出向など)があった。	業務内容・身分等の変化、異動理由、不利益の程度など
上司、顧客などとの大きなトラブルがあった。	トラブル発生時の状況、程度など

(3) 発症前に「長期間の過重業務」に就労したこと

　恒常的な長時間労働等の負荷が長期間にわたって作用した場合には、「疲労の蓄積」が生じ、これが血管病変等をその自然経過を超えて著しく増悪させ、その結果、脳・心臓疾患を発症させることがあることから、業務の過重性を評価するに当たっては、発症前おおむね6か月間（発症前おおむね6か月より前の業務も、疲労の蓄積に係る業務の過重性を評価するに当たり、付加的要因として考慮します）の就労実態などを考察し、発症時における疲労の蓄積がどの程度であったかという観点から判断します。

　過重な業務は、「短期間の過重業務」の場合と同様に、①労働時間、②不規則な勤務、③拘束時間の長い勤務、④出張の多い業務、⑤交替制勤務・深夜勤務、⑥作業環境（温度環境・騒音・時差）、⑦精神的緊張を伴う業務です。

　著しい疲労の蓄積をもたらす特に過重な業務に就労したと認められるか否かについては、業務量、業務内容、作業環境などを考慮し、同僚等にとっても、特に過重な身体的、精神的負荷と認められるか否かという観点から判断します。業務の過重性については、疲労の蓄積の観点から、①から⑦までの負荷要因について考慮しますが、時間外労働（1週間当たり40時間を超えて労働した時間）の時間については、発症日を起点とした1か月単位の連続した期間をみて、次のように評価されます。

① 　発症前1か月間ないし6か月間にわたって、1か月当たりおおむね45時間を超える時間外労働がない場合には、業務と発症との関連性が弱いが、おおむね45時間を超えて時間外労働が長くなるほど、業務と発症との関連性が徐々に強まるでは業務と発症との関連性が徐々に強まること。

② 　発症前1か月間におおむね100時間または発症前2か月間ないし6か月間にわたって、1か月あたりおおむね80時間を超える時間外労働がある場合には、業務と発症との関連性が強いこと。

　また、休日のない連続勤務が長く続くほど業務と発症との関連性をより

強め、休日が十分確保されている場合は、疲労は回復ないし回復傾向を示します。

　これらのうち、裁判例で主に問題となるのは、(3)の「長期間の過重業務」の場合です。

4　基礎疾患

　労働者が心身に何らかの基礎疾患を有する場合には、労働者の心身の健康を損なう危険が一層高まることはいうまでもありません(南大阪マイホームサービス事件　大阪地裁堺支部平成15年4月4日労判854-64)。

　過重労働による脳・心臓疾患の発症に関する民事賠償を求める裁判例においても、基礎疾患を有する労働者の血管病変等がその自然経過を超えて著しく増悪し、脳・心臓疾患が発症したと判断されたケースが次のように多数あります。

(1) 心筋梗塞の既往症があり、合併症として高脂血症に罹患していた労働者が急性心筋虚血により死亡したケース

　会社は、陳旧性心筋梗塞の既往症があり、合併症として高脂血症に罹患していたことを前提に、指導区分「要注意(C)」の指定をし、原則として、時間外労働や休日勤務を禁止し、過激な運動を伴う業務や宿泊を伴う出張をさせないこととしていた。本件において、急性心筋虚血により死亡するに至ったことについては、業務上の過重負荷と有していた基礎疾患とが共に原因となった(NTT東日本北海道支店事件　最高裁第一小法廷平成20年3月27日労判958-5)。

(2) 高血圧症の労働者が急性心筋虚血により死亡したケース

　Aが仕事中の立ちくらみや頭痛を訴えたことから、死亡する1月半前に明らかとなった本態性高血圧症は心筋梗塞を含む虚血性心疾患の基礎

疾病であり、心身の過重負荷の蓄積はこれを自然的経過を超えて増悪させて心臓疾患が発生する場合がある（株式会社おつかわ事件　大阪高裁平成19年1月18日労判940-58）。

(3) 拡張型心筋症の労働者が急性心臓死したケース

　従事してきた会社における過重な業務による精神的、肉体的な負荷や疲労の存在及び蓄積が、基礎疾患たる拡張型心筋症をその自然の経過を越えて増悪させて、急性心臓死に至った（南大阪マイホームサービス事件　大阪地裁堺支部平成15年4月4日労判854-64）。

(4) 高血圧や高脂血症の労働者が脳梗塞を発症したケース

　拘束時間が長く、極めて不規則な勤務状態であったから、発症前に従事した業務が少なくとも基礎疾患をその自然の経過を超えて増悪させ、TIA発症に至らせた一つの原因である（建設・軌道工事請負会社事件　和歌山地裁平成14年12月10日）。

(5) 高血圧症の労働者がクモ膜下出血により死亡したケース

　休日における血圧に比べて、勤務中の血圧の方が、収縮期血圧・拡張期血圧とも高値であり、とりわけ、運転作業中に血圧が上昇する。本件においては、Aの業務は、長時間の拘束時間や運転時間、連続運転時間が繰り返されたこと、また、このような状態は相当長期間継続していたところ、かかる運転業務の遂行により、疲労の蓄積がすすんでいたこと、また、長時間、平常時に比べて血圧値が高い状態にさらされたこと、それが、くも膜下出血の主たる原因とみられる未破裂脳動脈瘤の破裂につき有力な原因として作用した（南堺運輸事件　大阪地裁堺支部平成13年3月8日）。

(6) 高血圧症の労働者が脳出血により死亡したケース

　Aの脳出血発症は、同人の基礎疾患である本態性高血圧と、被告にお

ける過重な業務とが、共働原因となって生じた(システムコンサルタント事件　東京地裁平成10年3月19日労判736-94)。

(7) 高血圧症の労働者が脳梗塞を発症したケース

過重な負担・ストレスを与える本件労働に従事したことにより、これが共働原因となって、基礎疾患・脳血管の変化を、自然的経過を超えて著しく悪化させ、その結果、本件脳梗塞を発症させるに至った(やちや酒造事件　金沢地裁平成10年7月22日判タ1006-193)。

(8) 高血圧症の労働者が脳梗塞により死亡したケース

本件脳梗塞発症直前に急激な労働過重がなかったとしても、Aの長年の警備業務の遂行が外見や臨床検査値以上に動脈硬化を進行させる原因となったことは十分推認されるから、Aは、高血圧が年齢とともに進行し、これに過労が加わった結果、基礎疾患等の自然的経過を超えて本件脳梗塞を発症した(富士保安警備事件　東京地裁平成8年3月28日労判694-34)。

(9) 高血圧症の労働者が脳内出血により死亡したケース

Aの死亡は、同人のいわゆる持病としての高血圧症ないし腎疾患が自然経過的に増悪したことによるものとは考え難く、同人の高血圧症等の基礎疾患が入院加療又は6割方の仕事量程度を妥当とするまでに悪化していたところに、同人の学校における勤務上の一連の負荷が加わったことによって内在していた危険が現実化し、結果として双方が有力な共働原因となって、同人の昏倒を来たし、死亡に至った(真備学園事件　岡山地裁平成6年12月20日労判672-42)。

5　労働時間

　労働時間は、疲労の蓄積をもたらす最も重要な要因と考えられています。

(1) 労働時間の長さ

　特に、労働時間の長さは、業務の過重性を判断するにあたって最も重要です。長時間労働が脳・心臓疾患に影響を及ぼす理由については、①睡眠時間が不足し疲労の蓄積が生ずること、②生活時間の中での休憩・休息や余暇活動の時間が制限されること、③長時間に及ぶ労働では、疲労し低下した心理・生理機能を鼓舞して職務上求められる一定のパフォーマンスを維持する必要性が生じ、これが直接的なストレス負荷要因となること、④就労態様による負荷要因（物理・化学的有害因子を含む）に対するばく露時間が長くなることなどが考えられています。このうちでも、疲労の蓄積をもたらす要因として睡眠不足が深く関わっており、長期間にわたる長時間労働やそれによる睡眠不足に由来する疲労の蓄積が血圧の上昇などを生じさせ、その結果、血管病変等をその自然経過を超えて著しく増悪させる可能性がある（ハヤシ事件　福岡地裁平成19年10月24日労判956－44）と考えられています。

　なお、疲労の程度については、労働時間など客観的事実に基づいて判断すべきであるとする次のような裁判例もあります。

> 　Aは、平成16年1月や2月ころ、妻に対して、疲れた、健康状態が悪いなどと言ったことはなく、工場長から見ても、体調が悪そうな様子ではなかったものの、妻や上司である工場長に対して疲労を訴えなかったからといって、直ちにAが疲労していなかったとまでは認められないし、仮に、仕事に張り切る余り、疲労が蓄積しているとの自覚症状がなかったとしても、このことから直ちに疲労の蓄積がなかったと認めることはできないのであり、Aの勤務時間、客観的事実に基づいて同人の疲労の程度を判断すべき

である(ハヤシ事件　福岡地裁平成19年10月24日労判956-44)。

　労働時間の長さに関しては、次のようにさまざまな単位で、それぞれごとにその長さが判断されていますが、1日6時間程度の睡眠が確保できない状態は、労働者の場合、1日の労働時間8時間を超え4時間程度の時間外労働を行った場合に相当し、これは1か月間で、おおむね80時間を超える時間外労働を行った場合と想定されています(ハヤシ事件　福岡地裁平成19年10月24日労判956-44)。

ア　1日平均の労働時間の長さが問題となった裁判例

① 　公立病院麻酔科医の急性心機能不全による死亡について、「医師の出勤した日の労働時間は午前8時から午後9時までの13時間から休憩時間45分を控除した12時間15分と、日直の労働時間は午前9時から午後5時45分までの8時間45分から休憩時間45分を控除した8時間と認められ、時間外労働時間は長時間に及び、量的な負荷は大きいものであった(大阪府立病院事件　大阪地裁平成19年3月27日労判972-63)。」

② 　営業所幹部の肺炎による死亡について、「Aの平成10年5月からの1日13時間を超える労働時間等を併せ考慮すると、Aは、遅くとも同年7月末には、それまでの過剰な長時間労働等により精神的・肉体的に非常に疲労し、過重労働の状態にあったものであり、そのため、Aの免疫力・抵抗力は低下していた。これに、医師の所見等を総合すると、Aは、過重労働により、少なくとも過重労働が有力な原因となって、黄色ブドウ球菌性肺炎に罹患した(株式会社ギオン事件　千葉地裁平成18年9月21日労判927-54)」

イ　1週間の労働時間の長さが問題となった裁判例

① 　コンピューターソフト開発会社のシステムエンジニアの脳出血による死

亡について、「死亡直前1週間の労働時間が73時間25分と著しく過大であったこと、したがって、当時、長時間労働の影響で疲労困憊していた（システムコンサルタント事件　東京高裁平成11年7月28日労判770-58）。」

② 　中古車流通・情報雑誌の広告制作業務のアルバイトの虚血性心疾患による死亡について、「恒常的に時間外労働に従事し、その時間外労働時間は、死亡1週間前で50時間30分にも及んでおり、時間外労働時間は極めて長時間であった。特に、死亡直前の5日間は、午後11時30分過ぎから翌日の午前3時30分過ぎまで勤務したものであり、深夜勤務の翌日は約1時間ないし2時間遅れで出社していたものの、通勤時間をも考慮すると、十分な睡眠時間を確保できず、必要な休息を十分にとれていなかった。このようなことから、精神的・肉体的疲労が相当程度蓄積された状態にあった（ジェイ・シー・エム事件　大阪地裁平成16年8月30日労判881-39）。」

ウ　1週間を超え1月未満の労働時間の長さが問題となった裁判例

① 　精密機器製造会社の社員の脳出血について、「部署の配転に伴い、12日間の連続勤務と61時間の時間外労働が原因で、脳動静脈奇形（AVM）の部位からの出血。疾患のない者でも脳出血を発症する危険があるほどの過重労働である（天辻鋼球製作所事件　大阪地裁平成20年4月28日労判970-66）。」

② 　中古車流通・情報雑誌の広告制作業務のアルバイトの虚血性心疾患による死亡について、「恒常的に時間外労働に従事し、その時間外労働時間は、死亡1週間前で50時間30分、死亡4週間前で88時間7分にも及んでおり、時間外労働時間は極めて長時間であった。そのうえ、死亡前の9日間にわたり休日もなく連続して勤務し、特に、死亡直前の5日間は、午後11時30分過ぎから翌日の午前3時30分過ぎまで勤務したものであり、深夜勤務の翌日は約1時間ないし2時間遅れで出社し

ていたものの、通勤時間をも考慮すると、十分な睡眠時間を確保できず、必要な休息を十分にとれていなかった。このようなことから、それまでの長時間労働に加え、死亡前の9日間の連続勤務により、精神的・肉体的疲労が相当程度蓄積された状態にあった(ジェイ・シー・エム事件　大阪地裁平成16年8月30日労判881-39)。」
③　警備員の脳梗塞による死亡について、「Aの業務の過重性について検討するに、Aは、脳梗塞発症前の平成2年3月26日から同年4月22日までの4週間に拘束時間が432時間、労働時間が320時間の警備業務に従事し、その間休日が全くない(富士保安警備事件　東京地裁平成8年3月28日労判694-34)。」

エ　1月の労働時間の長さが問題となった裁判例

①　ホテル販売グループ課長の脳出血について、「発症前の残業は月約198時間であった(ホテル日航事件　神戸地裁平成20年4月10日)。」
②　ドラッグストア勤務の薬剤師の心停止による死亡について、「死亡する1か月前の平成13年5月8日から同年6月6日までの期間において、合計338時間11分の拘束を受け、労働時間も合計310時間11分に及び、このうち時間外労働時間は、およそ138時間46分に上るところ、必要な睡眠時間の確保も難しく、Aが従事した業務は、その労働時間に照らして、著しく過重であり、心室細動などの致死性不整脈を成因とする心臓突然死を含む心停止発症の原因となるものであった(スギヤマ薬品事件　名古屋地裁平成19年10月5日労判947-5)。」
③　公立病院麻酔科医の急性心機能不全による死亡について、「平成7年9月から平成8年2月までの1か月あたりの時間外労働時間は、いずれも88時間を超え、量的な負荷は大きく、また、本件業務の主たるものは人の生命や身体の安全に直結するものであり、質的な負荷もまた、極めて大きいものであった(大阪府立病院事件　大阪地裁平成19年3月27日労判972-63)。」

④　ホテルの料理長のくも膜下出血による死亡について、「発症前1か月については、これに更に献立ないし新しい料理の考案などに要した自宅での業務遂行時間も加わることから、かなりの時間外労働を負担していた(中の島事件　和歌山地裁平成17年4月12日労判896-28)。」
⑤　配送業務に従事する傭車運転手の脳内出血及び脳梗塞について、「原告は、平成10年6月から平成11年6月23日までの間、1か月当たり417時間30分ないし540時間にわたって被告の運送業務に従事し、同業務に従事しなかった日数は平均して1か月当たり2日に満たなかったこと等をも勘案すると、原告の業務内容は、原告に対して精神的、身体的にかなりの負荷となり慢性的な疲労をもたらすものであった(和歌の海運送事件　和歌山地裁平成16年2月9日労判874-64)。」
⑥　溶接工の脳梗塞による死亡について、「Aは被告に勤務後、常時時間外労働時間がおおよそ40時間となる業務に従事し、しかも常時往復に1時間以上の自動車運転をし、常に所定の始業時刻よりも30分以上前に出勤していたから、Aはこれらの精神的・肉体的負担のかかりやすい溶接作業を伴う労働等に長時間従事することなどによって、疲労が蓄積していった。そして、Aが脳梗塞を発症した平成8年5月25日の直前1か月を見ると、その労働時間は242.5時間、時間外労働時間は約71.5時間、溶接時間も97時間に達した。Aが脳塞栓を発症する直前1か月間は適切な休日もなく過酷ともいえる連続勤務が行われ、従前にも増して長時間労働が行われたから、被告が、適正な労働条件を確保し業務内容調整のための適切な措置をとるべき注意義務を怠った(榎並工務店事件　大阪地裁平成14年4月15日労判858-105)。」

オ　2月〜5月の労働時間の長さが問題となった裁判例

①　生鮮食品加工会社の管理部長の心筋梗塞で死亡について、「死亡前3か月間で休日2日、月平均180時間の時間外労働があった(生鮮食品加工会社事件　札幌地裁平成19年3月23日)。」

② 酒造会社の蔵人の脳梗塞について、「41日間連続して労働に従事していたものであり、約3週間は、連日、朝5時すぎから夜8時30分ころまで、1日約9時間強、1週約63時間超の労働に従事し、時折深夜の点検作業も行っていた。そして、会社は、このような労働体制を当然の前提として酒造りの業務を行っていた。このような長時間労働を連日続けさせるのは、明らかに労働者に身体的・精神的に過重な負担を与え、労働者の生命・健康の安全保持に大きな障害となるものである（やちや酒造事件　金沢地裁平成10年7月22日判タ1006-193）。」

③ 照明制御装置設計・施工者の脳梗塞について、「Aの労働時間は、タイムカードによっても、昭和62年9月（約278時間）、10月（約329時間）、11月（約390時間）、12月（約385時間）となっており、業務過重性は明らかである（照明制御装置設計・施工会社事件　大阪地裁平成8年10月4日）。」

カ　6か月の労働時間の長さが問題となった裁判例

① タクシー運転手の脳梗塞について、「脳梗塞発症前6か月間の時間外労働は、1か月平均80時間を超えていた（名神タクシー事件　神戸地裁尼崎支部平成20年7月29日）。」

② 公立病院麻酔科医の急性心機能不全による死亡について、「時間外労働時間は長時間に及び、平成7年9月から平成8年2月までの1か月あたりの時間外労働時間は、いずれも88時間を超え、量的な負荷は大きいものであった（大阪府立病院事件　大阪地裁平成19年3月27日労判972-63）。」

キ　1年間の労働時間の長さが問題となった裁判例

① 産業用ロボット製作会社の製造部長のくも膜下出血による死亡について、「Aの時間外労働時間は、発症前1か月は79時間2分、発症前2か月は74時間15分、発症前3か月は95時間40分、発症前4か月は9

2時間30分、発症前5か月は82時間30分、発症前6か月は126時間38分、発症前7か月は127時間40分、発症前8か月は79時間5分、発症前9か月は168時間26分、発症前10か月は101時間10分、発症前11か月は108時間16分、発症前12か月は104時間35分であり、新認定基準が業務と発症との関連性が強いと評価できるとしている1か月当たり80時間の時間外労働時間と比較しても、相当長期間にわたって、長時間労働を続けていた。以上のように、Aは、責任が重く、納期や予算等を気にしながら生産工程を管理していくという精神的に負担のかかる業務に長時間従事したのであり、Aの業務は、精神的肉体的に疲労を蓄積させる過重なものであった(ハヤシ事件　福岡地裁平成19年10月24日労判956－44)。」

② 配送業務に従事する傭車運転手の脳内出血及び脳梗塞について、「原告は、平成10年6月から平成11年6月23日までの間、1か月当たり417時間30分ないし540時間にわたって被告の運送業務に従事し、同業務に従事しなかった日数は平均して1か月当たり2日に満たなかったこと等を勘案すると、原告の業務内容は、原告に対して精神的、身体的にかなりの負荷となり慢性的な疲労をもたらすものであった(和歌の海運送事件　和歌山地裁平成16年2月9日労判874－64)。」

③ コンピューターソフト開発会社のシステムエンジニアの脳出血による死亡について、「被告はAの業務を軽減する措置を採らなかったばかりか、かえって、Aを、昭和62年には年間労働時間が3500時間を超える恒常的な過重業務に就かせ、過重な業務を行わせ続けた。その結果、Aの有する基礎疾患と相まって、同人の高血圧を増悪させ、ひいては高血圧性脳出血の発症に至らせた(システムコンサルタント事件　東京地裁平成10年3月19日労判736－94)。」

(2) 労働時間の範囲

労働時間とは、労働者が使用者の指揮命令下に置かれている時間をい

いますので、労働時間に該当するか否かは、労働者の行為が使用者の指揮命令下に置かれたものと評価することができるか否かにより客観的に定まります（三菱重工業長崎造船所事件　最高裁第一小法廷平成12年3月9日民集54－3－801。第2章96～102頁参照）。

　しかしながら、実際にその時間が労働時間に該当するか否かが問題となることがあります。脳・心臓疾患の発症に関する民事裁判例では、次のような時間が問題となっています。

ア　ホテルの料理長が自宅において献立などの作成に要した時間

　会社において献立の作成や新しい料理の考案が料理長の職責とされていたこと、ホテル内ではそれらの作業を遂行することは困難であるため、自宅で行わざるを得なかったこと、実際に、公休日や就労後に帰宅した後に自宅において献立を作成していたことなどの事実を総合すれば、自宅における献立等の作成に要した時間についても、会社における料理長としての業務を遂行していた時間と評価することができる（中の島事件　和歌山地裁平成17年4月12日労判896－28）。

イ　警備員の巡回時間以外の時間

　被告らは巡回時間以外の時間帯は出入者も少なく、その大半は待機又は休息時間であると主張するが、Aは出入者の監視の際は机に向かっており、また、病院側の事務職員も同室していたことから、休息時間として仮眠したり、自由に行動していたわけではない。Aは、宿直室に存在すること自体もその職務の性質上勤務に当たることから、それなりの緊張感を持って待機すべき立場にあり、また、出入者の数も日によって異なっていて、多い日（1晩当たり13名のときがあった。）のことを念頭において対処すべきであるから、精神的には休息できたものとはいうことができず、巡回以外の時間帯も、なお拘束時間と評価するのが相当である（富士保安警備事件　東京地裁平成8年3月28日労判694－34）。

ウ　管理職の職場での待機時間

　被告は、Aの長時間労働について、タイムカード上、退社時間に遅いものが認められるが、同人は、本来は帰宅できるにもかかわらず、他の従業員の作業を待っているだけであり、このような時間にはインターネットに興じたり、自分の趣味にパソコンを利用しており、被告代表者もこれを許容していた旨主張する。しかしながら、Aは、製造部部長という管理職にあり、Aと机を並べている上司である工場長も、管理職としての責任感から、他の従業員の仕事を待って、遅くまで残っているという状況からすれば、事実上、製造部の従業員が仕事を終えるまでは帰宅できない状況にあり、本来帰宅できるのに勝手に待っていたにすぎないと評価するのは適切ではない。また、従業員を待っている間、自由な時間を過ごしていたことを考慮しても、帰りたくても帰れない状況というのは精神的肉体的な疲労を蓄積する。さらに、Aが、他の従業員が残業をしていない場合に趣味のために会社に残っていたことがあったとしても、工場長は、基本的に遅くまで残っているのは仕事があるからかとの問いに対して、我々は管理職なので現場の作業があるときは残らざるを得ないという気持ちで残っているなどと答えていることからすれば、Aが遅くまで会社に残っていたのは、基本的には他の従業員の仕事が終わるのを待っている場合であって、完全に趣味のために残っていることがあったとしても極めて少ない。したがって、Aは長時間労働により精神的肉体的に疲労が蓄積していたとみるべきであって、被告の主張は採用できない（ハヤシ事件　福岡地裁平成19年10月24日労判956－44）。

エ　溶接工の手待時間

　Aの労働時間は、その全部がAが直接に溶接作業を行う時間を意味するものではないが、Aは労働時間中には手持ち時間も含めて被告に拘束されていて、労働時間は被告の明示又は黙示の作業上の指揮監督の下にその業務に従事する時間であるから、そのような手持ち時間などの存

在によってAの疲労が回復できたと見ることはできない(榎並工務店事件　大阪地裁平成14年4月15日労判858-105)。

オ　仮眠時間

① 被告において仮眠をとることができたこと等を理由に、睡眠時間を確保でき、疲労の蓄積はなかった旨主張する。しかしながら、仮眠といっても工場の報告等を待ちながらいすに座って軽く寝るという程度であり、疲労を解消できるような睡眠をとっていたとは認められず、Aの労働時間は、被告が列挙した休日を前提とした上で算出したものであるから、長時間労働であることには変わりがない(ハヤシ事件　福岡地裁平成19年10月24日労判956-44)。

② 仮眠用のベッドは当直勤務の事務職員待機場所と同一の部屋(約6畳の広さ)に置かれていて、安眠することが困難であった(富士保安警備事件　東京地裁平成8年3月28日労判694-34)。

カ　病院の医師の名で学会発表や論文作成を行う時間

　病院の医師の名で学会発表や論文作成を行うことは、単に個人の業績として有益であるにとどまらず、病院の業務遂行にも資するものであったから、研究活動は病院の業務であるとはいえないものの、これを行うことにより身体や精神にかかる負荷については、業務と死亡との因果関係の有無を判断するにあたっての基礎事情として副次的に考慮するのが相当である(大阪府立病院事件　大阪地裁平成19年3月27日労判972-63)。

(3) 通勤時間

　労働時間のほか、通勤時間とあわせると、疲労を回復できなかったと判断された裁判例には、次のようなものがあります。

① 常時往復に1時間以上の自動車運転をし、常に所定の始業時刻よりも30分以上前に出勤していたから、Aはこれらの精神的・肉体的負担

のかかりやすい溶接作業を伴う労働等に長時間従事することなどによって、疲労が蓄積していった（榎並工務店事件　大阪地裁平成14年4月15日労判858－105）。
② Aの通勤時間も考慮すると、必要な睡眠時間の確保も難しく、Aが従事した業務は、著しく過重であった（スギヤマ薬品事件　名古屋地裁平成19年10月5日労判947－5）。
③ 営業所幹部の肺炎による死亡について、Aの往復約3時間の通勤時間等を併せ考慮すると、Aは、遅くとも同年7月末には、それまでの過剰な長時間労働等により精神的・肉体的に非常に疲労し、過重労働の状態にあったものであり、そのため、Aの免疫力・抵抗力は低下していた。これに、医師の所見等を総合すると、Aは、過重労働により、少なくとも過重労働が有力な原因となって、黄色ブドウ球菌性肺炎に罹患した（株式会社ギオン事件　千葉地裁平成18年9月21日労判927－54）
④ 通勤時間等を考慮すると睡眠も十分確保できず、疲労困憊とまではいえないにしても、その疲労がピーク又はそれに近い状態に達していた（KYOWA事件　大分地裁平成18年6月15日労判921－21）。
⑤ 通勤時間をも考慮すると、十分な睡眠時間を確保できず、必要な休息を十分にとれていなかった（ジェイ・シー・エム事件　大阪地裁平成16年8月30日労判881－39）。

6　勤務の形態

(1) 拘束時間

拘束時間の長さが問題となった裁判例には、次のようなものがあります。

ア　長期にわたる拘束時間の長さが問題となった裁判例

46歳の配送運転手の急性心不全による死亡について、「Aの従前業務は、拘束時間が、7年以上の長期間にわたり、早朝から夕刻まで、1日1

3時間を超え、しかも配送時間を厳守して、その間に十数店舗回り、合計3t以上の牛乳パックケースを積み降ろさなければならず、その労働密度は高いといえ、このような勤務の継続がAにとって精神的身体的にかなりの負担となり、これが徐々に蓄桜されて、慢性的な疲労をもたらした（名糖運輸事件　大阪地裁平成13年2月19日）。」

イ　約1か月間の拘束時間の長さが問題となった裁判例

① ドラッグストア勤務の薬剤師の心停止による死亡について、「死亡する1か月前の平成13年5月8日から同年6月6日までの期間において、合計338時間11分の拘束を受け、これにより、Aは、業務に伴う疲労を過度に蓄積していった（スギヤマ薬品事件　名古屋地裁平成19年10月5日労判947-5）。」

② 警備員の脳梗塞による死亡について、「脳梗塞発症前の平成2年3月26日から同年4月22日までの4週間に拘束時間が432時間である（富士保安警備事件　東京地裁平成8年3月28日労判694-34）。」

ウ　拘束時間の長い日が多いことが問題となった裁判例

　長距離トラック運転手のクモ膜下出血による死亡について、「1日の拘束時間については、拘束時間が13時間を超える日が、24日間のうち10日間存在し（なお、Aは病気のため2日間欠勤しているので、実労働日数は22日間である。）、うち、拘束時間が16時間を超える日は5日間存在する。また、1日についての拘束時間が15時間以上の日についても、1月6日から12日までの間に3日間存在し、同月15日から21日までの間にも3日間存在する（南堺運輸事件　大阪地裁堺支部平成13年3月8日）。」

(2) 実業務時間

　実業務時間の長さが問題となった裁判例には、次のようなものがあります。

ア　連続運転時間

長距離トラック運転手のクモ膜下出血による死亡について、「連続運転時間についても、24日間のうち、17日間について、連続運転時間が4時間を超えるものが認められる（南堺運輸事件　大阪地裁堺支部平成13年3月8日）。」

イ　溶接時間

溶接工の脳梗塞による死亡について、「溶接時間も97時間に達し、このような労働密度も濃い業務に従事したことによって、Aの疲労は回復し難いものとなっていった（榎並工務店事件　大阪地裁平成14年4月15日労判858－105）。」

(3) 深夜勤務

深夜勤務が問題となった裁判例には、次のようなものがあります。

ア　深夜にわたる勤務

① 中古車流通・情報雑誌の広告制作業務のアルバイトの虚血性心疾患による死亡について、「死亡直前の5日間は、午後11時30分過ぎから翌日の午前3時30分過ぎまで勤務したものであり、深夜勤務の翌日は約1時間ないし2時間遅れで出社していたものの、通勤時間をも考慮すると、十分な睡眠時間を確保できず、必要な休息を十分にとれていなかった。このようなことから、精神的・肉体的疲労が相当程度蓄積された状態にあった（ジェイ・シー・エム事件　大阪地裁平成16年8月30日労判881－39）。」

② 深夜作業の反復連続であり、会社としては、作業環境である蔵内の温度設定等について必要な措置を講じたり、交代作業制や複数作業制等適切な作業体制を設定したりするなどして、各作業による負担が過重にならないよう配慮すべき義務があったのに、これらの点につき、蒸米取りにおいて一部手伝いを付した以外には、何らの配慮もしておらず、そ

の結果、過重な負担・ストレスをかける結果となった(やちや酒造事件　金沢地裁平成10年7月22日判タ1006-193)。」

イ　深夜勤務と昼間勤務の連続勤務

　昼間勤務と夜間勤務が連続する連続勤務に就くような勤務形態は、人が本来持っている生体リズムを狂わせ、自律神経系の乱れを引き起こし、社会生活との間にずれを来し、睡眠不足になりやすく、疲労の回復が遅れて慢性化し、次第に疲労が蓄積する傾向があり、特に連続勤務においては、勤務と勤務との間に疲労を回復するに足りる睡眠を確保することができないため、疲労の蓄積度合いは一層増加する(榎並工務店事件　大阪地裁平成14年4月15日労判858-105)と解されています。これに関して、次のような裁判例があります。

①　溶接工の脳梗塞による死亡について、「平成8年3月以降夜間作業が急に増え、中でも脳塞栓発症直前1か月の間に10回の夜間作業が集中しているだけでなく、数多くの昼間勤務と夜間勤務が連続する連続勤務にも就いていて、脳塞栓発症直前1か月の間には従前の平均の2倍に当たる8回の連続勤務に就いていた。特に夜間作業においては、その作業環境から相当の肉体的負荷も生じさせる(榎並工務店事件　大阪地裁平成14年4月15日労判858-105)。」

②　線路工事現場監督の脳梗塞について、「本件業務のうち特に夜勤は、線路の保守という公共の安全に関わる工事の監督業務であるから、相当程度の緊張を伴うものであり、また、夜勤が多く、月平均9ないし10回あって、勤務日数の約4割を夜勤をした日が占めていた上、夜勤をした日のほとんどは日勤に引き続き夜勤を行っており、夜勤をした日の8割強は、日勤に引き続き夜勤をし、引き続き日勤を行っており、その中には日勤に続き夜勤をした日が2日以上(最多で4日)続くこともあるという、拘束時間が長く、極めて不規則な勤務状態であった。TIA発症の前月(同年2月)の夜勤時間数は51時間にのぼる上、発症の約1か月前に

は、3日間おいて2回、1回につき3ないし4日を費やして、阪神大震災に伴う復旧工事の応援に赴いており、その際も、仮眠時間を挟んでとはいえ日中の作業に続き深夜の作業を行うことを繰り返し、夜間作業終了後仮眠等とることなく戻ったりしていたこと、仮眠や休憩は移動に用いた車両内や駐車場で行っていたことにその時季も考え併せると、その業務は原告の従前の業務と比較して決して負担の軽いものであったとはいえず、かなりの精神的、身体的負荷を与えた（建設・軌道工事請負会社事件　和歌山地裁平成14年12月10日）。」

(4) 宿日直勤務

宿日直勤務が問題となった裁判例には、次のようなものがあります。
① 　公立病院麻酔科医の急性心機能不全による死亡について、「宿直時には徹夜になることもあり睡眠時間は平均すると概ね4時間程度しかとることができず、日直についても、通常の平日の勤務と同程度の負担があった。重症当直についても、そもそも患者の容態が重篤である等の理由によって、正規の勤務時間を超えて深夜に及ぶ経過観察や診療に従事する場合をいうのであり、一般にそのまま泊まり込んで担当患者の急変に備え、必要に応じて当直医の支援にあたるものである以上、宿直と同様の負担がある。そして、負担の大きな宿日直、重症当直を、平成7年4月から死亡する直前月の平成8年2月まで、月平均で日直を1.9回、宿直、重症当直を7.5回行っていた（大阪府立病院事件　大阪地裁平成19年3月27日労判972-63）。」
② 　労働者の急性心不全による死亡について、「土曜出勤及び残業のみならず、宿直及び日直勤務についても、単に拘束時間が増えるだけではなく、実作業を伴い、疲労の蓄積につながる業務であるにもかかわらず、Aが各勤務を行うについて、被告においてその可否を検討した事実も認められない。したがって、本件復職に際し、被告が行った確認行為の内容及びその程度は、課せられた被告の義務内容に照らすと、不

十分な内容と言わざるを得ず、被告が十分に注意義務を果たしたものとはいえない(石川島興業事件　神戸地裁姫路支部平7年7月31日労判688－59、大阪高裁平成8年11月28日判夕958－197)。)

7　休日

休日をとっていないことが問題となった裁判例には、次のようなものがあります。

(1) 長期に休日をとっていないことが問題となった裁判例

① 　酒造会社の蔵人の脳梗塞について、「41日間連続して労働に従事していた。そして、会社は、このような労働体制を当然の前提として酒造りの業務を行っていた。このような長時間労働を連日続けさせるのは、明らかに労働者に身体的・精神的に過重な負担を与え、労働者の生命・健康の安全保持に大きな障害となるものである(やちや酒造事件　金沢地裁平成10年7月22日判夕1006－193)。

② 　警備員の脳梗塞による死亡について、「Aは、脳梗塞発症前の平成2年3月26日から同年4月22日までの間休日が全くない(富士保安警備事件　東京地裁平成8年3月28日労判694－34)。」

③ 　溶接工の脳梗塞による死亡について、「平成8年4月16日に雨天中止になった後は、5月8日に休暇を取るまで連続して21日間勤務し(うち2連続勤務5回、3連続勤務1回)、同月9日以降は同月20日に休暇を取るまで連続して11日間勤務し(うち2連続勤務3回)、同月21日以降は後述する目の怪我のため同月24日に休暇を取るまで連続して3日間勤務(うち2連続勤務1回)していたのであり、このような長時間・連続的労働でかつ労働密度も濃い業務に従事したことによって、Aの疲労は回復し難いものとなっていった(榎並工務店事件　大阪地裁平成14年4月15日労判858－105)。」

④ 精密機器製造会社の社員の脳出血について、「12日間の連続勤務が原因で、基礎疾患のない者でも脳出血を発症する危険があるほどの過重労働である(天辻鋼球製作所事件　大阪地裁平成20年4月28日労判970－66)
⑤ 中古車流通・情報雑誌の広告制作業務のアルバイトの虚血性心疾患による死亡について、「死亡前の9日間の連続勤務により、精神的・肉体的疲労が相当程度蓄積された状態にあった(ジェイ・シー・エム事件　大阪地裁平成16年8月30日労判881－39)。」

(2) 休日の日数が少ないことが問題となった裁判例

① 生鮮食品加工会社の管理部長の心筋梗塞による死亡について、「死亡前3か月間で休日2日、月平均180時間の時間外労働であった(生鮮食品加工会社事件　札幌地裁平成19年3月23日)。」
② 産業用ロボット製作会社の製造部長のくも膜下出血について、「Aは、特需の仕事のため、平成15年8月は、盆休みを取らずに勤務し、平成16年1月も、1日しか正月休みを取らずに勤務しており、蓄積した疲労を回復できない状況にあった(ハヤシ事件　福岡地裁平成19年10月24日労判956－44)。」
③ ドラッグストア勤務の薬剤師の心停止による死亡について、「死亡する1か月前の平成13年5月8日から同年6月6日までの期間中、Aに対して、わずか2日間の休日しか与えず、これにより、Aは、業務に伴う疲労を過度に蓄積していった(スギヤマ薬品事件　名古屋地裁平成19年10月5日労判947－5)。」
④ 営業所幹部の肺炎による死亡について、Aの1ヶ月に1日ないし3日の休日等を併せ考慮すると、Aは、遅くとも同年7月末には、それまでの過剰な長時間労働等により精神的・肉体的に非常に疲労し、過重労働の状態にあったものであり、そのため、Aの免疫力・抵抗力は低下していた。これに、医師の所見等を総合すると、Aは、過重労働により、少なくと

も過重労働が有力な原因となって、黄色ブドウ球菌性肺炎に罹患した（株式会社ギオン事件　千葉地裁平成18年9月21日労判927-54）
⑤　ホテルの料理長のくも膜下出血による死亡について、「Aには11か月間で56日（月平均5日強）しか公休が割り当てられていなかった（中の島事件　和歌山地裁平成17年4月12日労判896-28）。」
⑥　溶接工の脳梗塞による死亡について、「Aは、平均して1か月当たり5日間の休日ないし雨天中止による作業のない日があったが、雨天中止の場合は無論、休日も規則的なものではなかった上、溶接作業が他の土工や鉄工による作業との共同作業であったため自らの都合で休暇を取ること自体困難であり、Aがいつ休暇を取れるのかということは、休暇を取る数日前にならなければ判明しなかったことが多かったことからすると、このような勤務形態自体も、Aに疲労を蓄積させる一因になっていた（榎並工務店事件　大阪地裁平成14年4月15日労判858-105）。」
⑦　建物のリフォーム工事会社の資材業務課課長の心筋梗塞による死亡について、「本来週に2日ずつある休日についても結局その日数の半分は業務に従事しているなど、長時間にわたる労働を継続的に行っている（南大阪マイホームサービス事件　大阪地裁堺支部平成15年4月4日労判854-64）。」
⑧　運輸会社の配送運転手の急性心不全による死亡について、「1か月に3日程度の休日しかとらず、かなりの疲労の蓄積は免れなかった（名糖運輸事件　大阪地裁平成13年2月19日）。」

(3) 直近の休日労働が問題となった裁判

　コンピューターソフト開発会社のシステムエンジニアの脳出血による死亡について、「死亡前日において、休日であるにもかかわらず、顧客会社に呼び出され、自分の担当していなかった部分について、午後8時ないし9時頃までトラブルの原因を調査し、ようやくその原因を突き止めたことなど

の事実を考慮すると、これらの要因が相対的に有力な原因となって、脳出血発症に至った(システムコンサルタント事件　東京高裁平成11年7月28日労判770-58)。」

8　出張

　長期間の出張や頻度の高い出張は、生体リズムや生活リズムに大きな変化を生じさせるために、脳・心臓疾患の発症要因となることがあります。これに関しては、次のような裁判例があります。

① 　本件研修が、長期間の連続する宿泊を伴うもので、生体リズムおよび生活リズムに大きな変化が生じたと解されること等の諸事情を総合考慮すると、本件研修に参加したことで、その精神的、身体的ストレスが同人の冠状動脈硬化を自然的経過を超えて進行させ、その結果、突発的な不整脈等が発生し、急性心筋虚血により死亡するに至った(NTT東日本北海道支店事件　最高裁第一小法廷平成20年3月27日労判958-5)。

② 　Aの北陸地方出張前の体調と会社における日常業務に加え、出張による暑熱下における長時間の車両運転とこの間の相次ぐ得意先との商談、各日の業務の遂行に要した時間等から、Aの心筋梗塞による死亡と会社の業務執行と相当因果関係を肯定すべきと考えられる。Aの毎月の予定に組み込まれた北陸地方の出張も、月曜日から金曜日までの勤務に引き続き、土、日を挟んで5泊6日の予定で、午前6時前に荷物を積み込んだ商用車で自宅を出発し、出張先では毎日車を運転して10時間から12時間の営業(商談、受注)をこなし、最終日も同様の営業を終えて、夕方から再び高速道路を運転して午後9時半頃帰阪し、その走行距離は1,400kmから1,600kmに及ぶものである(株式会社おつかわ事件　大阪高裁平成19年1月18日労判940-58)。

9 作業環境

　作業環境は、脳・心臓疾患の発症との関連性が必ずしも強くないと考えられていますが、その発症要因となる場合があります。

(1) 高温環境が問題となった裁判例

① 暑熱下における長時間の車両運転等から、Aの心筋梗塞による死亡と会社の業務執行と相当因果関係を肯定すべきと考えられる(株式会社おつかわ事件　大阪高裁平成19年1月18日労判940−58)。
② 夏期の屋外作業などの高温条件で、熱を放散しにくい衣服を着て作業を行ったりすると、体温調節機能が消失し、体温が40度以上になり、血圧上昇、脈拍亢進、時に不整脈が起きること、ことに、7月から8月9日までの勤務については、暑い環境の中で長時間労働が続き、休日も少なく、死亡前日には深夜まで勤務し、通勤時間等を考慮すると睡眠も十分確保できず、疲労困憊とまではいえないにしても、その疲労がピーク又はそれに近い状態に達していたことなどを総合考慮すると、被告における過重な業務により肉体的・精神的負荷がかかり、Aの疲労が蓄積している状態の中で、長時間労働などによる職業性ストレスの結果、心筋梗塞を発症した(KYOWA事件　大分地裁平成18年6月15日労判921−21)。
③ 平成2年の夏は、例年にない猛暑が続いた時期であるところ、相生工場の仕上げ場は、設備その他建物構造の関係上、外気温に比べて1、2度気温が高い上、冷却水槽等から発生する水蒸気により湿度も高い環境にあった(石川島興業事件　大阪高裁平成8年11月28日判夕958−197)。

(2) 低温環境が問題となった裁判例

　冬季には、早朝の寒冷下における荷物の拙み降ろし作業が身体に負荷を与えていた(名糖運輸事件　大阪地裁平成13年2月19日)。

(3) 高温環境と低温環境とに交互に変動することが問題となった裁判例

① 　12月30日という冬季に午後2時30分ころから午後8時30分ころまで行われ、そのうち約3時間は、日が暮れてから行われた40軒以上の顧客宅を廻るために暖かい自動車内と寒い屋外の出入りを繰り返し行った本件カレンダー配布業務の内容は、被告の営業社員の日常業務と大きく変わらないものであったとしても、Aは、松葉杖をついて、通常営業社員が何日かかけてする業務を短時間に、しかも厳しい条件の下で行ったもので、Aがいかに松葉杖をついての歩行に習熟していたとはいえ、松葉杖をつきながらの本件カレンダー配布業務は、肉体的に、日常業務の範囲を超える過重な業務であった(住友生命保険相互会社　岡山地裁平成14年9月11日)。

② 　酒造りに際しての労働は、高温多湿環境下での筋肉労働、高温多湿環境下労働直後の寒冷暴露、屋外とほぼ同じ温度で寒い蔵内での筋肉労働の反復連続であり、いずれの作業も身体的・精神的に大きな負担・ストレスを与える可能性の高い類の作業なのであり、かつ、被告方に住み込んでの連続勤務体制だったのであるから、酒蔵の温度を10度以下の低温に維持することが必要であるとの事情を考慮に入れてもなお、会社としては、作業環境である蔵内の温度設定等について必要な措置を講じたりするなどして、各作業による負担が過重にならないよう配慮すべき義務があったのに、これらの点につき、何らの配慮もしておらず、その結果、過重な負担・ストレスをかける結果となった(やちや酒造事件　金沢地裁平成10年7月22日判タ1006−193)。

(4) 休養を取るための設備が問題となった裁判例

業務によって生じた疲労の回復を図るためには、休憩したり、仮眠したりするための施設や設備が重要となりますが、このような施設・設備が問題となった裁判例には、次のようなものがあります。

① 休憩、就寝の場所に適切な設備をして疲労回復を図るなどして、各作業による負担が過重にならないよう配慮すべき義務があったのに、これらの点につき何らの配慮もしておらず、その結果、過重な負担・ストレスをかける結果となった（やちや酒造事件　金沢地裁平成10年7月22日判タ1006－193）。

② 仮眠用のベッドは当直勤務の事務職員待機場所と同一の部屋（約6畳の広さ）に置かれていて、安眠することが困難であった（富士保安警備事件　東京地裁平成8年3月28日労判694－34）。

10 精神的緊張を伴う業務など

(1) 精神的緊張を伴う業務

精神的緊張については、脳・心臓疾患の発症との関連性が医学的に十分な解明がなされていませんが、「脳血管疾患及び虚血性心疾患等の認定基準」によれば、精神的緊張を伴う業務として、①常に自分あるいは他人の生命、財産が脅かされる危険性を有する業務、②危険回避責任がある業務、③人命や人の一生を左右しかねない重大な判断や処置が求められる業務、④極めて危険な物質を取り扱う業務、⑤会社に多大な損失をもたらし得るような重大な責任のある業務、⑥過大なノルマがある業務、⑦決められた時間（納期など）どおりに遂行しなければならないような困難な業務、⑧顧客との大きなトラブルや複雑な労使紛争の処理などを担当する業務、⑨周囲の理解や支援のない状況下での困難な業務、⑩複雑困難な新規事業、会社の建て直しを担当する業務が挙げられていますが、これに関連する裁判例には、次のようなものがあります。

精神的緊張を伴う業務など

ア　危険回避責任がある業務

① 転落の危険があり神経の緊張を招く高所作業などいずれの作業も身体的・精神的に大きな負担・ストレスを与える可能性の高い類の作業なのである（やちや酒造事件　金沢地裁平成10年7月22日判タ1006-193）。

② 線路の保守という公共の安全に関わる工事の監督業務であるから、相当程度の緊張を伴う（建設・軌道工事請負会社事件　和歌山地裁平成14年12月10日）。

イ　人命や人の一生を左右しかねない重大な判断や処置が求められる業務

本件研修が、会社における構造改革を前提として、会社に残るか新会社等に転出するかという処遇選択を伴ったもので、研修後にこれまでとは全く異なる職種の仕事に従事しなければならなくなるといった点で精神面に大きな作用を及ぼすと考えられること等の諸事情を総合考慮すると、本件研修に参加したことで、その精神的、身体的ストレスが同人の冠状動脈硬化を自然的経過を超えて進行させ、その結果、突発的な不整脈等が発生し、急性心筋虚血により死亡するに至った（ＮＴＴ東日本北海道支店事件　最高裁第一小法廷平成20年3月27日労判958-5）。

ウ　危険な物質を取り扱う業務

永覚店に勤務する唯一の薬剤師となり、管理薬剤師として、責任ある立場で業務に従事し、医薬品に関する接客業務においては、副作用や禁忌などに配慮するなどの慎重な対応が求められた（スギヤマ薬品事件　名古屋地裁平成19年10月5日労働判例947-5）。

エ　過大なノルマがある業務

生命保険の募集業務に従事する営業社員は、獲得した保険契約によ

る歩合給であることなどから、通常、多かれ少なかれ精神的ストレスを負っている。しかし、未だ幼い原告X2及び原告X3と、妻を扶養しているAにとって復職後の資格及び給与が保障されないということの不安は大きいし、入院中であり松葉杖をつかなければ歩けないにもかかわらず、営業活動を指示され、さらに、新規保険契約を獲得したにも関わらず、年末に業務を指示され、行わなければならない理不尽さに対する憤まんの情も大きいから、Aの負っている精神的ストレスは、通常の営業社員よりも過大なものであった(住友生命保険相互会社　岡山地裁平成14年9月11日)。

オ　決められた時間(納期など)どおりに遂行しなければならないような困難な業務

①　Aは、受注を受けた製品の見積及び製造工程を決定し、工場等からの報告を受けて製造工程の進捗状況を把握し、間に合いそうになければ外注を利用するなどして、納期までに予算内に製造できるよう常に気を配らなければならないため、精神的に負担のかかる業務であった。また、自分が管理する課が増えた上、不足する人員をどのように使って納期までに製造を終わらせるか神経を使わねばならなかった。被告は、Aの業務内容について、生産工程の管理が中心であり、疲労が残るようなものではない旨主張するが、納期や予算を決め、これに沿うように生産工程を管理するという業務内容からして、精神的に負担がないということは通常考えられず、被告の主張は採用できない(ハヤシ事件　福岡地裁平成19年10月24日労判956-44)。

②　制作期間の締切が迫っている時期で、こうした時間的な制約の中で、掲載される予定の中古車の写真とスペック部の原稿とを照合するという面倒な作業を行っていた(ジェイ・シー・エム事件　大阪地裁平成16年8月30日労判881-39)。

③　極めて困難な内容の本件プロジェクトの実質的責任者としてスケジュール遵守を求める顧客会社と、増員や負担軽減を求める協力会社の

SEらの、双方からの要求及び苦情の標的となり、いわば板挟みの状態になり、疲労困憊していた（システムコンサルタント事件　東京高裁平成11年7月28日労判770-58）。

カ　顧客との大きなトラブルなどを担当する業務
① 　予定された発送業務が大幅に遅滞し、前月受注分の発送さえおぼつかず、得意先から苦情が入るという状況であった（株式会社おつかわ事件　大阪高裁平成19年1月18日労判940-58）。
② 　極めて困難な内容の本件プロジェクトの実質的責任者としてスケジュール遵守を求める顧客会社と、増員や負担軽減を求める協力会社のSEらの、双方からの要求及び苦情の標的となり、いわば板挟みの状態になり、疲労困憊していた（システムコンサルタント事件　東京高裁平成11年7月28日労判770-58）。
③ 　工事管理業務は、リフォーム等の顧客との関係はもとより、現場で実際に稼働している大工との関係でも、気を遣う業務であった。また、少なくとも数件のクレーム処理案件に携わっていたところ、その案件の具体的な内容は定かではないが、仮に担当したクレーム処理案件が、既に被告会社を退職した者の担当案件を引き継いだものであったとしても、会社の行う工事等に対する不満を持つ顧客に対応するということ自体、精神的疲弊につながる（南大阪マイホームサービス事件　大阪地裁堺支部平成15年4月4日労判854-64）。

キ　周囲の理解や支援のない状況下での業務
① 　永覚店に勤務する唯一の薬剤師となり、管理薬剤師として、責任ある立場で業務に従事し、医薬品に関する接客業務においては、副作用や禁忌などに配慮するなどの慎重な対応が求められた（スギヤマ薬品事件　名古屋地裁平成19年10月5日労判947-5）。
② 　深夜から日中にかけて、助手や交代要員を置かず1人でトラックを運

転し、鮮魚や冷凍食品を運送する業務に従事し、しかも積み込みや荷卸しの作業をも行っていたもので、その仕事の内容は相当程度の緊張を伴うものであった（和歌の海運送事件　和歌山地裁平成16年2月9日労判874-64）。

③　年末である12月30日に新規保険契約獲得を目的にカレンダーを配布していること、Aの入院中、S又はその指示を受けた被告の従業員が、頻繁に入院中のAに電話をかけていたこと、同月25日ころ、Aが、被告からの電話の後、「訳の分からないことを言う。」などと言い、電話の相手の発言に怒りを示したことからすれば、Aが一連の営業活動を行っていたのは、自らの営業成績を上げて高い収入を得ようとしたことがあるとしても、それより上司であるSの指示による。したがって、被告は、Aに対して、入院中にもかかわらず業務の遂行を強要したことについて安全配慮義務違反が認められる（住友生命保険相互会社　岡山地裁平成14年9月11日）。

④　極めて困難な内容の本件プロジェクトの実質的責任者としてスケジュール遵守を求める顧客会社と、増員や負担軽減を求める協力会社のSEらの、双方からの要求及び苦情の標的となり、いわば板挟みの状態になり、高度の精神的緊張にさらされ、疲労困憊していた（システムコンサルタント事件　東京高裁平成11年7月28日労判770-58）。

⑤　本件発症当時、調理場の現場の実情、調理課員の勤務実態と会社の基本方針との間で板挟みになり、肉体的のみならず、精神的にも強いストレスを負っていた（中の島事件　和歌山地裁平成17年4月12日労判896-28）。

ク　新規の業務

①　雑誌の制作業務に従事した経験はなかったから、日々の業務には不慣れであり、必死に仕事を覚えようとしている状態であった（ジェイ・シー・エム事件　大阪地裁平成16年8月30日労判881-39）。

②　新業務に変更になった直後においては、運転車両の変更、配送方

法の変更などの業務環境の変化によって、相当の精神的ストレスがあった（名糖運輸事件　大阪地裁平成13年2月19日）。

③　Aは、学校において、校長、教頭に次ぐ重要なポストである教務課長の任にあり、学校の懸案である翌年度から教養科新設の準備の責任者として奔走するかたわら、2年生の副担任として、死亡した担任教諭の後任教諭の健康状態不安定等のためその負担が増している状況にあり、更に教頭の入院のため教頭代行に就任し、授業時間の減免の措置はうけたものの慣れない立場に心身両面の負担を感じるようになっていたところに、体調が優れないことが傍目にもうかがわれるのに2年生の修学旅行の引率に加わったほか、旅行後間もない職員会議において主要議題すべてについて説明答弁謝罪等を担当し、その翌日、公式の場で校長の代わりに苦手な挨拶をする予定となっていて、初めての経験を前にかなり緊張していたうえに、その直前に急に校長の代わりとして生徒の訓戒説諭の場に立ち会いを求められた（真備学園事件　岡山地裁平成6年12月20日労判672-42）。

ケ　日常とは異なる業務

　本件訓練は、被告消防本部が実施した耐寒訓練であり、職員の職務遂行に必要な気力、体力の錬成を図ると共に地理の把握を目的とした公務であって前年、前々年の訓練に続くものであった。そして、Aが、昭和58年7月ころに罹患した労作性狭心症は、消防職員として通常の勤務に就ける程度にまで改善されており、自然的増悪はなかったこと、しかし加重な運動負荷が加わると不整脈の症状がでていたこと、公務である本件訓練が厳寒期になされた登山で、通常の勤務とは内容及び条件が異なるし、同人にとっては季節的、年齢的、勤務条件的（夜勤明けの非番日）に厳しいものであったこと、Aは登山道のうち最も険しい場所で心臓疾患者特有の倒れ方をしている。Aが罹患していた労作性狭心症は、公務である本件登山訓練によって悪化させられ、その結果不整脈を生じて死亡した

（伊勢市消防局事件　津地裁平成4年9月24日労判630-68）。

コ　運転業務

① 　出張時における緊張を強いられる長距離の車両運転等に照らせば、齢60歳にして高血圧に罹患していたAにとっては、明らかに身体的、精神的な限度を超えた過重労務を負担していた（株式会社おつかわ事件　大阪高裁平成19年1月18日労判940-58）。

② 　自動車の運転はもともと精神的緊張を伴う（名糖運輸事件　大阪地裁平成13年2月19日）。

③ 　休日における血圧に比べて、勤務中の血圧の方が、収縮期血圧・拡張期血圧とも高値であり、とりわけ、運転作業中に血圧が上昇する。また、その上昇の程度についても、道路・交通状況に大いに左右される。自動車運転手の実車中における血圧値と健康診断における血圧値を比較すると、収縮期血圧・拡張期血圧とも、高血圧群、正常血圧群のいずれにおいても、実車中の血圧位の方が、健康診断における血圧値よりも、高値となる（なお、実験によれば、実車中の血圧値の平均値と健康診断における血圧値とを比較すると、実車中の血圧値の方が、収縮期血圧において約14mmHg、拡張期血圧において約8mmHg高くなっている（南堺運輸事件　大阪地裁堺支部平成13年3月8日）。

④ 　フォークリフト運転作業の方が、身体に及ぼす影響という点からみれば、手鉤を用いる単純筋肉労働よりむしろ重激なものといえる。また被告はAを他の倉庫に比し群を抜いて貨物取扱量の多いR1、R2番各倉庫に配置したため、同人は常に他のフォークリフト運転者よりもはるかに多量の貨物を運搬していたこと、したがって、Aの作業が倉庫内の貨物を倉庫付近のトラックまで運搬するものであって、他の場所に配置されたフォークリフト運転者よりも走行距離が短かったことを考慮しても、Aは他のフォークリフト運転者よりも、連日かなり高密度な労働に従事していた（川西港運事件　神戸地裁昭和58年10月21日判時1116-105）。

(2) 業務の過重性がないと判断された裁判例

　一方、業務の過重性がないと判断された裁判例には、次のようなものがあります。

① 　電機機器製造・販売会社を定年退職した元従業員が56歳のときに、業務を終えて自家用車で帰宅途中にくも膜下出血等を発症し、その後定年退職したが、発症により付添介護の必要な四肢麻痺等の後遺症が残ったことについて、「50歳のときに、開設されたばかりで設備も十分でない静岡営業所に出向し、経験のある水道の水漏れ等の補修作業だけでなく、経験のないその他の補修作業や不動産管理業務一般を行うよう命ぜられ、会社の寮・社宅等の営繕管理のほか緑地管理、パートタイマーの管理等多岐にわたる業務を行ってきたほか、その業務の性質上、休日出勤や夜間出勤を余儀なくされていたこと等が認められるが、他方で、個々の業務の内容は、一般の就労と比較して決して重労働とはいえないこと、業務は、確かに、夜間等に不定期に緊急な処理を求められることもあったが、通常は、必要に応じて適宜に行われれば足り、ノルマ等もなく、これらの業務を自己のペースで行うことができた上、その一部については部下と共同で行っていたこと、業務は、多忙をきわめるといったものではなく、通常は、ほぼ所定労働時間内に業務を終了することができた上、残業時間も1日に多くて2時間程度であり、その合計時間も本件疾病発症前の1年間で約58.5時間と決して多いとはいえないこと、その業務の性質上、休日出勤を余儀なくされることも多かったが、その場合には、年次有給休暇を取ることができたこと、夜間出勤の回数は、多くて年に2、3回であり、極めて稀にしかなかったこと等が認められ、これらの事実を総合すれば、本件業務が安全配慮義務違反と評価できるほど過重な業務であったとは認めることができない（三菱電機事件　静岡地裁平成11年11月25日労判786-46）。」

② 　出版会社の課長が勤務時間中に会社内で心筋梗塞で死亡したことについて、「課長としての業務は、出張業務と内勤業務とに分かれ、出

張業務は、飛行機で広島市に赴き、ビジネスホテル等に宿泊して、そこを拠点にレンタカー等で広島県や山口県内の高等学校等を訪問し、教師等に面会して、被告会社出版にかかる教科書や参考書等の使用を働きかけ、会社主催の模擬試験への参加を勧誘するというものであり、内勤業務は、本社での会議に出席するほか、出張の準備をし、あるいは、出張後の業務報告書等を作成提出し、更には、東京都内の担当地域の高等学校等を訪問して出張業務と同じ営業活動をするというものであって、出張業務と内勤業務とがほぼ1週間ごとに繰り返されるものであり、そして、教育事業局推進部は新しい部であって、配置人員も決して多いとはいえず、出張回数も、本件狭心症を発症するまでの間に6回・46日に及んでおり、それまで比べて格段に多くなっていること、それに伴って身体的心理的負担が増加したであろうことは、否定できない。しかしながら、課長としての業務はそれ以上のものではなく、出張業務においても、訪問先が主として高等学校であってみれば、さほど遅くまで業務を遂行していたものとも認められず、また、少なくとも当時においては推進部にはノルマというほどのものはなかったこと、課長に就任した日からその死亡する日までの155日間において99日ほど勤務しているが、56日間は休んでおり、99日の内の46日は出張業務であったものの、53日は内勤業務であって、内勤業務においては残業はほとんどなかったこと、出張業務を他の課長と比べても、その出張日数等においてはほぼ同じであって、多いとはいえないこと、かつてかなりの期間営業に従事したことがあり、特に広島市には4年近くも住んで、中国支局長等として勤務していたこと、死亡する前々日と前々々日に2日続けてゴルフに行っていることを考慮すると、たとえ出張先でのレンタカー運転を勘案しても、課長としての業務が同人の健康を害するほどにそれ自体過重ないしは極めて過重なものであったとは未だいい難い(旺文社事件　千葉地裁平成8年7月19日判時1596-93)。」

(3) 精神的緊張を伴う出来事

　また、「脳血管疾患及び虚血性心疾患等の認定基準」によれば、精神的緊張を伴う出来事として、①労働災害で大きな怪我や病気をした、②重大な事故や災害の発生に直接関与した、③悲惨な事故や災害の体験(目撃)をした、④重大な事故(事件)について責任を問われた、⑤仕事上の大きなミスをした、⑥ノルマが達成できなかった、異動(転勤、配置転換、出向など)があった、⑦上司、顧客などとの大きなトラブルがあったが挙げられていますが、これに関連して、労働災害などで大きな怪我や病気をしたことに関する裁判例には、次のようなものがあります。

① 　Aは、昭和61年9月1日、本件バイク事故により、右脛骨々幹骨折等の傷害を負い、入院し、右大腿部から足にかけてギプス処置を受け、骨折が治療されていないところがあるため、同年11月26日に、さらに右腸骨移植手術を受け、同年12月30日ころ、松葉杖をついての歩行で、右足への部分荷重が可能となったから、入院中は、安静にして、治療に専念しなければならなかった。しかし、Aは、入院中も、病院内の病室を廻ったり、病院を外出して、被告の保険募集業務を行っていた。Sは、Aの入院中の営業活動を消極的に黙認していたというような態様ではなく、入院中で安静療養すべきであったAに業務の遂行を強要した(住友生命保険相互会社　岡山地裁平成14年9月11日、広島高裁岡山支部平成15年12月4日)。

② 　グラインダー作業中の事故により、鉄粉が目に突き刺さり、その夜勤明けの23日及び急遽有給休暇を取得した24日の両日、激痛にさいなまれて、十分な睡眠をとることができず、Aは脳塞栓発症当日には疲労の極みに達していた(榎並工務店事件　大阪地裁平成14年4月15日労判858-105)。

③ 　復職当時、Aは、1か月に及ぶ入院生活及びそれに続く約2週間の自宅療養生活に加え、本件交通事故の術後も残った後遺症のため、十分に固形物が噛めないことにより適切な食事が摂取しえない状態にあ

ったため、本件交通事故前に比較するとかなりの体力が低下し、復職後安博が従事した作業に適する状態には至っていなかった。したがって、Aは、退院後も1か月程度の自宅療養を続けることが望ましく、また、復職するに際しても、直ちに本件交通事故以前と同様の肉体的作業を行うことは適切ではなかったにもかかわらず、退院約2週間後である7月19日に復職した。開口障害、顔面の痺れ及び複視などの精神的ストレスを抱えたまま復職したAは、復職当時、本件交通事故以前と同様の作業を行う身体的条件を具備していなかったにもかかわらず、残業、土曜出勤及び宿日直勤務に就いたため、結果的に同人の健康状態との関係で過重な負担となる労働を継続し、同人の身体に精神的・肉体的疲労が蓄積して慢性的過労状態となり、慢性的過労状態が急性心不全の誘因となり、結果的に同人の死亡を招来せしめた（石川島興業事件　大阪高裁平成8年11月28日判タ958−197）。

第11章
労働者の脳・心臓疾患などの発症の防止

「労働者の脳・心臓疾患などの発症の防止」のポイント
1 過重な労働による脳・心臓疾患などの発症の防止
2 労働者の脳・心臓疾患などの発症を防止するための具体的な措置
3 使用者が労働者の脳・心臓疾患などの発症を防止するために講ずべき措置と労働者の健康管理に関する責任との関係

「労働者の脳・心臓疾患などの発症の防止」のポイント

1　過重な労働による脳・心臓疾患などの発症を防止するため、使用者には、一般に、①労働者に従事させる業務を定めてこれを管理するに際し、業務の遂行に伴う疲労や心理的負荷等が過度に蓄積して労働者の健康を損なうことがないように注意する義務、②労働者の生命、身体及び健康を危険から保護するように配慮すべき義務がある。

2　使用者が労働者の脳・心臓疾患などの発症を防止するために講ずべき措置の内容については、個々のケースによって異なるが、一般には、労働時間、休憩時間、休日、休憩場所などについて適正な労働条件を確保し、さらに、健康診断を実施して労働者の健康状態を的確に把握し、その結果に基づき、医学的知見をふまえて、労働者の健康管理を適切に実施した上で、労働者の年齢、健康状態などに応じて従事する作業時間および内容の軽減、就労場所の変更などの業務内容調整のための適切な措置をとるべき義務を負う。

3　業務の遂行に伴って労働者にかかる負荷が著しく過重なものとなって、その心身の健康を損なうことがないようにするためには、①労働時間の適正な把握、②労働時間の適正な管理、③適正な職場環境の整備、④適切な給与体系など適正な労働条件を確保しなければならない。

4　業務の遂行に伴って労働者にかかる負荷が著しく過重なものとなって、その心身の健康を損なうことがないようにするためには、①健康状態の適切な把握、②医師の意見の聴取と尊重、③労働衛生管理体制の整備、④健康状態を悪化させないための措置の実施など労働者の健康状態などに応じた適切な健康管理のための措置を講じなければならない。

> 5　使用者には、労働者の健康状態を把握した上で、業務遂行によって健康を害さないように配慮すべき第一次的責任があり、労務提供過程での労働者の心身の健康に対する配慮をするのは、まずは使用者ということになる。ただし、労働者自身も日々の生活において可能な限り健康保持に努めるべきであり、本来他人には即座に計り知れ難い領域を含む健康管理は第一義的には労働者本人においてなすべきことである。

1　過重な労働による脳・心臓疾患などの発症の防止

　過重な労働による脳・心臓疾患などの発症を防止するため、使用者には、一般に、次のような義務があると解されています。

① 　労働者に従事させる業務を定めてこれを管理するに際し、業務の遂行に伴う疲労や心理的負荷などが過度に蓄積して労働者の健康を損なうことがないように注意する義務(NTT東日本北海道支店事件　札幌高裁平成18年7月20日労判922-5、関西医科大学事件　大阪高裁平成16年7月15日労判879-22など)。

② 　労働者の生命、身体および健康を危険から保護するように配慮すべき義務(建設・軌道工事請負会社事件　和歌山地裁平成14年12月10日、システムコンサルタント事件　東京高裁平成11年7月28日労判770-58など)。

　使用者が労働者の脳・心臓疾患などの発症を防止するために講ずべき措置の内容については、個々のケースによって異なりますが、一般には、労働時間、休憩時間、休日、休憩場所などについて適正な労働条件を確保し、さらに、健康診断を実施して労働者の健康状態を的確に把握し、その結果に基づき、医学的知見をふまえて、労働者の健康管理を適切に実施した上で、労働者の年齢、健康状態などに応じて従事する作業時間および内容の軽減、就労場所の変更などの業務内容調整のための適切な措置

をとるべき義務を負う(榎並工務店事件　大阪地裁平成14年4月15日労判858−105)と解されています。この使用者が講ずべき措置の範囲に関する裁判例については、次のように分類されます。

(1) 労働時間などの適正な労働条件の確保
ア　労働時間だけを問題とする裁判例
① 　労働時間を把握し、過度に長い労働を課することのないよう労働時間を統制し、健康が損なわれることのないよう配慮すべき義務(和菓子製造会社事件　さいたま地裁平成19年12月5日)。
② 　過度に長い労働を課することのないよう残業や労働時間を調整し、休日又は代休を定期的に与えることにより最低限の休息日を確保し、業務時間中も若い若しくは見習の従業員も最低限必要な休憩をとることができるように一斉休憩を適宜与えることにより、健康が損なわれることのないよう配慮する義務(KYOWA事件　大分地裁平成18年6月15日労判921−21)
③ 　労働時間、休日の取得状況等について適切な労働条件を確保すべき義務(和歌の海運送事件　和歌山地裁平成16年2月9日労判874−64)

イ　労働時間以外の事項を含め適正な労働条件を確保することを問題とする裁判例
　労働時間、休憩時間、休日、休憩場所等について適正な労働条件を確保するべき義務(中の島事件　和歌山地裁平成17年4月12日労判896−28、榎並工務店事件　大阪地裁平成14年4月15日労判858−105など)。

(2) 労働者の年齢、健康状態などに応じた適切な健康管理に関する措置

① 健康診断を実施して労働者の健康状態を的確に把握し、その結果に基づき、医学的知見をふまえて、労働者の健康管理を適切に実施した上で、労働者の年齢、健康状態等に応じて従事する作業時間及び内容の軽減、就労場所の変更等の業務内容調整のための適切な措置をとるべき義務（システムコンサルタント事件　東京高裁平成11年7月28日労判770−58、南堺運輸事件　大阪地裁堺支部平成13年3月8日など）。

② 健康状態の把握に努め、業務開始前は始業点検等により、また、業務開始後は何らかの方法により、疾病、疲労等健康状態の悪いことが認識・予見できたときは、乗務を差し控えさせるとともに、その健康状態に応じた措置を講じ、もって、労働者の生命、身体等に危険が及ばないように配慮する義務（東宝タクシー事件　千葉地裁平成15年12月19日労経速1856−11）。

2　労働者の脳・心臓疾患などの発症を防止するための具体的な措置

(1) 適正な労働条件の確保

業務の遂行に伴って労働者にかかる負荷が著しく過重なものとなって、その心身の健康を損なうことがないようにするためには、適正な労働条件を確保しなければなりません。

ア　労働時間の適正な把握

労働時間は、労働者の健康に大きな影響を及ぼしますので、その心身の健康を損なうことがないようにするためには、労働時間を適正に把握しなければなりません。そして、その対象となるのは、労働基準法などで労働時間

の把握が義務付けられていない管理・監督者やみなし労働時間が適用される裁量労働制の労働者、教育職員なども含まれています（京都市教育委員会事件　京都地裁平成20年4月23日労判961-13）。

1) 一般労働者についての労働時間の把握が問題となった裁判例

> 和菓子職人について、「会社は、労働時間を正確に把握し、管理することなく、恒常的に1日10時間以上の勤務をさせ、行事前には休日出勤や午前零時をまわる長時間の勤務をさせていたから、会社がこの義務を怠った（和菓子製造会社事件　さいたま地裁平成19年12月5日）。」

2) 管理・監督者についての労働時間の把握が問題となった裁判例

> ①　産業用ロボット製作会社の製造部長について、「労働時間についても原価計算のために日報につけさせてはいるものの、労務管理という視点から把握しようとはしていない（ハヤシ事件　福岡地裁平成19年10月24日労判956-44）。」
> ②　ホテルの料理長について、「建前上は公休日の取得や出退勤時間の管理を自ら行いうる立場にあったことを考慮してもなお（部下を思いやる性格の管理職の場合、部下に過重な負担をかけさせないために、自ら負担を背負い込んでしまうこともあることを十分考慮すべきである。）、事後的にでも制度的に具体的な作業時間を把握するための仕組みを用意せず、実際にこれに代わる措置も取っていなかったことが正当化されるものではない。したがって、会社は、労働時間の管理につき、適正な労働条件を確保すべき前提たる義務に違反した（中の島事件　和歌山地裁平成17年4月12日労判896-28）。」

イ　労働時間の適正な管理

　労働時間に関しては、これを適切に把握した上で、適正な管理を行うことが必要になります。そして、適正な労働時間の管理の対象となるのは、管

労働者の脳・心臓疾患などの発症を防止するための具体的な措置

理・監督者や裁量労働制の労働者などにとどまらず、労働基準法などが適用されない会社役員や個人事業主などもその対象となります。このような適正な労働時間の管理が問題となった裁判例には、次のようなものがあります。

1) 21歳の中古車流通・情報雑誌の広告制作業務のアルバイトのケース

　被告は、労働基準法36条1項に基づく協定を締結することなく、労働時間等に関する規制を逸脱して、大阪支店の労働者に時間外労働及び休日労働を行わせ、しかも、日々の業務に不慣れで、著しい精神的ストレスを受けながら、ときに深夜に及ぶ極めて長時間の勤務を重ね、特に、死亡直前の9日間には休日をまったく取得できないなど疲労解消に必要十分な休日や睡眠時間を確保できないまま業務に従事することを余儀なくされたから、適正な労働条件を確保すべき注意義務を怠った。そして、この注意義務を履行していれば、死亡は回避できた(ジェイ・シー・エム事件　大阪地裁平成16年8月30日労判881-39)。

2) 26歳の現場作業員のケース

　被告は、Aの労働状態を認識していたのであるから、Aに対し、過度に長い労働を課することのないよう残業や労働時間を調整し、休日又は代休を定期的に与えることにより最低限の休息日を確保し、業務時間中もAのような若い若しくは見習の従業員も最低限必要な休憩をとることができるように一斉休憩を適宜与えることにより、Aの健康が損なわれることのないよう配慮する義務があった。被告は8月12日からはお盆休みが予定されていたことを理由に7月の労働に対する業務軽減措置が取られていたと主張する。しかし、Aの労働時間は、5月、6月にも時間外労働が多くあったのであり、過重労働の状態が7月に限られるわけではなく、また、そもそもお盆休みは、8月13日から同月15日までは、就業規則にも休日と定められているものであり、特別な業務軽減措置となるのは、8月12日のみであ

る。被告は8月9日からは掃除やペンキ塗り等の片づけのみで、通常の作業をさせていなかったと主張するが、片づけ等の作業とはいえ、8月9日には深夜まで残業をさせた上、就業規則によれば休日である第2土曜日の8月10日も結局出勤日としており、Aには、炎天下で土砂ならしの作業をさせるなどしているから、8月12日からのお盆休みをもって業務軽減措置であるということはできない（KYOWA事件　大分地裁平成18年6月15日労判921－21）。

3）26歳の医科大学病院の研修医のケース

研修時間を管理するなどして研修が研修医の健康に害を及ぼさないようにする措置を講じることは一切せず、安全配慮義務を怠り、そして、被告が、この安全配慮義務を履行していれば、死亡は回避できた（関西医科大学事件　大阪高裁平成16年7月15日労判879－22）。

4）54歳の溶接工のケース

Aは、心房細動等の心電図上の異常を有するだけでなく、肝機能検査や脂質などにも異常があり、治療を要する状態にあって、使用者である被告はこれらを健康診断の結果を通じて把握していた（あるいは仮に重大な過失によりこれを把握していなかったとしても極めて容易に把握し得た。）から、Aにおいて脳梗塞等の脳・心臓疾患などの致命的な合併症を発症させる危険性のある過重な業務に就かせないようにし、またAの従事する作業時間及び内容の軽減等の業務内容調整のための適切な措置をとるべき注意義務があった。しかるに、Aが従事した業務は、被告に就職した当初から労働時間が長時間に及んでいたが、被告は三六協定を締結することなく従業員に違法に時間外及び休日労働を継続させていただけでなく、1か月単位の変形労働時間制を採用していたにもかかわらず変形労働時間とする週及び日並びに各日の所定労働時間を労使協定、就業規則により、変更期間の開始前に予め具体的に特定することを求め

る労働基準法32条の4の規定に違背した運用を行っていたのであり、また、被告はガス埋設工事の元請である住友金属プランテックからの発注を拒否することなく、そのすべてを受注し、3班の鉄工及び溶接工に仕事を割り振る際にも班毎の負担割合が公平となるように配慮しなかった結果、特に平成7年12月以降のAの業務内容は、溶接時間が倍増して労働密度が高くなり、Aが脳塞栓を発症する直前1か月間は適切な休日もなく過酷ともいえる連続勤務が行われ、従前にも増して長時間労働が行われたから、被告が、適正な労働条件を確保し業務内容調整のための適切な措置をとるべき注意義務を怠った（榎並工務店事件　大阪高裁平成15年5月29日労判858-93）。

5）裁量労働制の労働者のケース

　会社は、具体的な法規の有無にかかわらず、使用者として、高血圧をさらに増悪させ、脳出血等の致命的な合併症に至らせる可能性のある精神的緊張を伴う過重な業務に就かせないようにするとか、業務を軽減するなどの配慮をする義務を負う。しかるに、会社は、定期健康診断の結果を知らせ、精密検査を受けるよう述べるのみで、業務を軽減する措置を採らなかったばかりか、かえって、年間労働時間が3,500時間を超える恒常的な過重業務に就かせ、さらに、本件プロジェクトのプロジェクトリーダーの職務に就かせた後は、要員の不足等により、長時間の残業をせざるを得ず、またユーザーからスケジュールどおりに作業を完成させるよう厳しく要求される一方で協力会社のSEからも増員の要求を受けるなど、精神的に過大な負担がかかっていることを認識していたか、あるいは少なくとも認識できる状況にあるにもかかわらず、特段の負担軽減措置を採ることなく、過重な業務を行わせ続けた。その結果、基礎疾患と相まって、高血圧を増悪させ、ひいては高血圧性脳出血の発症に至らせたものであるから、会社は、安全配慮義務に違反した（システムコンサルタント事件　東京高裁平成11年7月28日労判770-58）。

6）産業用ロボット製作会社の製造部長のケース

　被告は、週に1度はノー残業デーを設けてAを含む従業員全員に残業をさせないようにする、被告代表者がAに対して早く帰るように声を掛けるなど、一定の配慮は行っていた。しかしながら、被告は、Aの過重な業務状況について把握していたにもかかわらず、その改善策をとろうとしたことはうかがわれず（なお、被告代表者がAに早く帰るように声を掛けたことがあるが、日常的に声を掛けていたとは認められないし、製造部部長であるAは、上司である工場長と机を並べ、工場長と共に、管理職の立場として、従業員が仕事を終えるまで待ってから帰るようにしていたのであるから、被告代表者がたまに声を掛けたくらいで、Aが他の従業員や工場長を置いて先に帰るとは通常考えられず、実際にもAは声を掛けられても様々な理由をつけて残っていたのであるから、被告代表者の声掛けは、改善策といえるようなものではない。）、Aが製造部部長の仕事にやりがいを感じて張り切って、弱音を吐かずに仕事を続けることを放置していたから、Aがこのような過重な業務状況に陥ったのは、被告が、杜撰な労務管理を行い、Aの長時間労働等の労働状況を改善する努力をせず、これを放置していたことに起因する。したがって、被告は、適正な労働条件を確保すべき注意義務を怠った（ハヤシ事件　福岡地裁平成19年10月24日労判956-44）。

7）鞄卸売会社の専務取締役のケース

　会社としては、Aの健康状態にかんがみ、勤務時間を適切に管理し、業務負担を適宜軽減して、Aの生命、健康被害の危険を防止する安全配慮義務があったのに、これに違背（放置）した。「被控訴人がAに対し、年齢も考慮して、折に触れて、出張先等を若い従業員に肩代わりしてもらうように提案した。」と記載する部分があるが、現実には、結果回避を果たすための措置をとっていない。また会社の報告書には「出荷作業は、本来営業担当者の仕事で女性従業員がサポートするだけであったから、女性従

業員が退職しても、それほど負担ではなかった。」とする記載等があるものの、女性従業員が退職した後は終日出荷作業をしていたとしているし、同年2月以降の出荷作業が大変であった（株式会社おつかわ事件　大阪高裁平成19年1月18日労判940－58）。

8）傭車運転手のケース

　被告は、原告の業務内容を十分把握していたにもかかわらず、原告から進んで仕事を休みたいと申し出ることのできない状況を作り出していたので、被告は、原告の休日の取得を妨げたとの非難を免れない上、原告の健康管理を怠り、その健康状態に応じて労働時間を軽減するなどの措置を講じず、原告を過重な業務に従事させたものであり、原告に対する安全配慮義務に違反した（和歌の海運送事件　和歌山地裁平成16年2月9日労判874－64）。

ウ　適正な職場環境の整備

　職場環境の整備も脳・心臓疾患を発症させないために必要な適正な労働条件の確保の重要な要素となります。これに関して、次のような裁判例があります。

① 　酒造りに際しての労働は、高温多湿環境下での筋肉労働、高温多湿環境下労働直後の寒冷暴露、屋外とほぼ同じ温度で寒い蔵内での筋肉労働、転落の危険があり神経の緊張を招く高所作業、深夜作業の反復連続であり、いずれの作業も身体的・精神的に大きな負担・ストレスを与える可能性の高い類の作業なのであり、かつ、被告方に住み込んでの連続勤務体制だったのであるから、酒蔵の温度を10度以下の低温に維持することが必要であるとの事情を考慮に入れてもなお、会社としては、作業環境である蔵内の温度設定等について必要な措置を講じたり、交代作業制や複数作業制等適切な作業体制を設定したり、更には休憩、就寝の場所に適切な設備をして疲労回復を図るなどして、各

作業による負担が過重にならないよう配慮すべき義務があったのに、これらの点につき、何らの配慮もしておらず、その結果、過重な負担・ストレスをかける結果となったから、この点においても、安全配慮義務の違反がある(やちや酒造事件　金沢地裁平成10年7月22日判タ1006－193)。
② 仮眠用のベッドは当直勤務の事務職員待機場所と同一の部屋(約6畳の広さ)に置かれていて、安眠することが困難であった(富士保安警備事件　東京地裁平成8年3月28日労判694－34)。

エ　適切な給与体系

給与体系などから労働者に過重な労働を強いたと評価された次のような裁判例もあります。

給与体系などから客観的にみて、被告は、過重な労働をAに強いていたものであり、被告は労働者の作業時間及び作業内容等について適切な措置を採るべき義務に違反していた(南堺運輸事件　大阪地裁堺支部平成13年3月8日)。

(2) 適切な健康管理

業務の遂行に伴って労働者にかかる負荷が著しく過重なものとなって、その心身の健康を損なうことがないようにするためには、労働者の健康状態などに応じた適切な健康管理のための措置を講じなければなりません。

ア　健康状態の適切な把握

労働者の健康状態等に応じた適切な健康管理のための措置を講じるためには、その前提として、健康診断を実施するなどして、労働者の健康状態を適切に把握しなければなりません。これに関しては、次のような裁判例があります。

労働者の脳・心臓疾患などの発症を防止するための具体的な措置

1）健康診断全般を実施していないと判断された裁判例

　被告は、原告の業務内容を十分把握していたにもかかわらず、被告が原告に健康診断を受けるように指示したことはなかった（和歌の海運送事件　和歌山地裁平成16年2月9日労判874-64）。

2）雇入れ時の健康診断を実施していないと判断された裁判例

①　病院における研修開始時に健康診断を行うことはなく、また、研修中に病院の医師は数秒ほど胸を手で押さえて静止していたのを目撃し異変を感じたことがあったにもかかわらず、そのことが耳鼻咽喉科の研修責任者らに対して報告されたことはなく、また精密検査を行うなどの措置もとられていないことからすれば、研修医に対する健康管理に対して細心の注意を払うことができる態勢すら作っていなかった（関西医科大学事件　大阪高裁平成16年7月15日労判879-22）。

②　酒造りの業務においては蔵人にこのような身体的・精神的な負担・ストレスをかける作業が予定されているから、会社としては、蔵人を雇い入れるにあたっては、健康診断をしたり、健康診断の結果の書類を提出させる等して、その健康状態を把握し、これを考慮して、健康を保持するために適切な作業条件・作業環境を設定すべきであった。しかるに、健康状態を全く把握しようとせず、「やや高血圧」という状態にあることを認識しないまま、過重な負担を課する労働をさせ続けたものであって、この意味でも、安全配慮義務の違反があった。会社における労働内容や15年連続蔵人として働いてきたことを併せ考えると、季節労働者であったことをもっては、会社に健康状態を把握して配慮を加えるべき義務があったことを左右することはできない（やちや酒造事件　金沢地裁平成10年7月22日判タ1006-193）。

3）定期健康診断を実施していないと判断された裁判例

　恒常的な過重業務を行わせながら採用して以降健康診断を実施せ

ず、健康状態の把握を怠った(富士保安警備事件　東京地裁平成8年3月28日労判694－34)。

4) 定期健康診断の項目を十分に実施していないと判断された裁判例

　学校では、Aの死亡した昭和61年度までは、各法規定の定めに則した職員を対象とする正規の健康診断等は実施されておらず、僅かに、毎年1回民間医療機関である岡山クリニック及び財団法人淳風会に胸部エックス線間接撮影並びに尿中の糖及び蛋白の有無の検査を委託し、その検査結果の報告を受けるにすぎず、血圧については、学校の保健室に血圧計を常時2基設備して職員が自由に血圧を測定することができるようにしていた(Aもこれにより養護教諭に血圧測定を依頼したことがあった)が、健康診断の一項目として血圧検査が実施されたことはなかったほか、学校では職員の健康診断個人票も作成されていた形跡はない(真備学園事件　岡山地裁平成16年12月20日労判672－42)。

5) 年2回を行うべき定期健康診断を1回しか実施していないと判断された裁判例

　労働安全衛生法関係法令によれば、被告は、深夜業務に定期的に従事するAに対する定期健康診断を年2回行わなければならない(労働安全衛生規則45条1項、13条1項2号ヌ)とされているのに、被告はAに対する定期健康診断を年1回しか実施しなかった(榎並工務店事件　大阪地裁平成14年4月15日労判858－105)。

6) 健康診断結果の活用が適切でないと判断された裁判例

① 　年に1度従業員に健康診断を受けさせるなど、一定の配慮は行っていた。しかしながら、被告は、従業員の健康診断の結果を把握しようともしていない(ハヤシ事件　福岡地裁平成19年10月24日労判956－44)。

② 被告は、健康診断の結果をそのまま本人に渡すだけで、本人から会社に対して健康診断の結果のコピーが提出されていたものの、要治療や要二次検査の所見が出た労働者が病院に行くことができるよう、作業の日程を調整したことはなく、被告からAの直属の上司に対して、Aの健康状態に関する情報は何ら伝えられておらず、上司らは住友金属プランテックから受注した仕事を割り振る際、Aの作業配分を特に考慮したこともなかった（榎並工務店事件　大阪地裁平成14年4月15日労判858-105）。

7）研修に当たっての健康状態の把握が十分でないと判断された裁判例

　Bを本件研修に参加させるか否かを決定するに当たっては、慎重な検討をすべきであって、控訴人が行った健康診断の結果やBから得た情報のみで判断するのではなく、市立旭川病院のカルテを取り寄せたり、主治医のC医師からカルテ等に基づいた具体的な診療、病状の経過及び意見を聴取するなどすべきであった（NTT東日本北海道支店事件　札幌高裁平成18年7月20日労判922-5）

8）当日の健康状態の把握が十分でないと判断された裁判例

　Aが被告に対し、事故やその後の体調について報告等していなかったため、被告においてこの点を知り得なかったことにはやむを得ない点もあるが、他方で、Aが就業予定日に突然有給休暇を取ることは同人の従前の勤務態度に照らしてもかなり異例の事例であり、被告はAの健康診断の結果を把握していたから、翌25日に出勤してきたAの状況に特段の注意を払うべきであり、具体的には、被告で従業員の業務を管理支配する立場にあったGにおいて、憔悴したまま出勤したAに体調を確認する等の対応を取るべきであった。そして、被告がこのような対応を取っていれば、Aに対し、25日当日予定されていた業務への従事を止めさせた上安静を取らせることもでき、その結果、本件脳梗塞の発症を回避し得た可能性も

あった(榎並工務店事件　大阪高裁平成15年5月29日労判858-93)。

9)労働者の健康状態の把握に問題がないと判断された裁判例

　一方、労働者の健康状態の把握に問題がないと判断された裁判例には、次のようなものがあります。

> タクシー乗務員は、その業務の性質上、業務開始前の点呼を受けた後は自らの判断で自由に車両を運行し、稼働するものであって、運行管理者等が乗務員の健康状態を把握すべきであるといっても、出庫した乗務員の健康状態を逐一把握する義務までは存しない。運行管理規程9条12項が「運行状況を常に把握し、状況に変化がある時は適切な指示を行える体制を確立しておく」と規定しているのは、個々の車両の運行状況について把握すべきことを定めたものではなく、被告の営業区域における道路状況や交通状況をふまえ、一般的に被告の保有する車両の運行状況がどのようになっているかを把握しておくべき義務を定めたものと解される。そうすると、運行管理者等が乗務員の稼働状況ないし動静を常に把握しておくべき義務までは存しない(東宝タクシー事件　千葉地裁平成15年12月19日労経速1856-11)。

イ　医師の意見の聴取と尊重

　労働者の健康状態を把握し、適正な健康管理の措置を行うためには、医学的知見を踏まえること、すなわち、医師の意見を聞いて、これを尊重することが必要となります。これに関連して、次のような裁判例があります。

1)産業医などの選任や健康診断結果について医師の意見を聴取しなかったことなどが問題とされた裁判例

① 　労働安全衛生法関係法令によれば、被告は、労働者の健康管理等をその職務とする産業医を選任した上(労働安全衛生法13条、労働安全衛生法施行令5条)、深夜業務に定期的に従事するAに対する定

期健康診断を年2回行い(労働安全衛生規則45条1項、13条1項2号ヌ)、健康診断の結果、労働者の健康を保持するため必要があると認めるときは、当該労働者の実情を考慮して、就業場所の変更、作業の転換、労働時間の短縮等の措置を講じるなどの適切な措置をとらなければならない(労働安全衛生法66条7項)とされており、そのような措置を講じるためには、当該労働者の健康を保持するための必要な措置について医師の意見を聴取したりすることも必要であったところ、被告はAに対する定期健康診断を年1回しか実施せず、産業医を選任せず、医師の意見も聴取しなかった(榎並工務店事件　大阪地裁平成14年4月15日労判858-105)。
② 　学校の人的組織上は校医として医師の名が掲げられてはいたものの、当該医師が職員の健康診断や健康に関する指導相談に当たるなど健康管理に関する措置を講じていた形跡もない(真備学園事件　岡山地裁平成6年12月20日労判672-42)。

2) 研修に参加させるに当たり主治医の意見を聴かなかったことなどが問題とされた裁判例

　Bを本件研修に参加させるか否かを決定するに当たっては、慎重な検討をすべきであって、控訴人が行った健康診断の結果やBから得た情報のみで判断するのではなく、市立旭川病院のカルテを取り寄せたり、主治医のC医師からカルテ等に基づいた具体的な診療、病状の経過及び意見を聴取するなどすべきであった(NTT東日本北海道支店事件　札幌高裁平成18年7月20日労判922-5)。

3) 病気休職からの復職時に主治医や産業医の意見を聴かなかったことなどが問題とされた裁判例

　Aの復職時の健康状態は、直ちに本件交通事故前と同様の作業内容に従事できる状態になかったのであり、被告もこの事実については、Aその

他の同僚を通じて容易に知り得る状況にあったから、その復職にあたり、被告としても、Aの主治医と十分に相談し、あるいは産業医による判断を仰いだ上、Bの健康状態に応じて、残業及び宿日直勤務を禁じ、または、その作業量及び作業時間を制限し、あるいはこの制限のみで不十分な場合には、その職種を変更する等の措置を講ずるべき義務を有していた（石川島興業事件　神戸地裁姫路支部平7年7月31日労判688-59）。

ウ　労働衛生管理体制の整備

労働安全衛生法に定められた労働衛生管理体制などが整備されていないことが問題とされた次のような裁判例もあります。

1)衛生管理者や衛生委員会が設置されていないことが問題とされた裁判例

被告は、就業規則にある衛生管理者、衛生委員会を設けていない（ハヤシ事件　福岡地裁平成19年10月24日労判956-44）。

2)産業医が選任されていないことが問題とされた裁判例

労働安全衛生法関係法令によれば、被告は、労働者の健康管理等をその職務とする産業医を選任した上（労働安全衛生法13条、労働安全衛生法施行令5条）、深夜業務に定期的に従事するAに対する定期健康診断を年2回行い（労働安全衛生規則45条1項、13条1項2号ヌ）、健康診断の結果、労働者の健康を保持するため必要があると認めるときは、当該労働者の実情を考慮して、就業場所の変更、作業の転換、労働時間の短縮等の措置を講じるなどの適切な措置をとらなければならない（労働安全衛生法66条7項）とされており、そのような措置を講じるためには、当該労働者の健康を保持するための必要な措置について医師の意見を聴取したりすることも必要であったところ、被告はAに対する定期健康診断を年1回しか実施せず、産業医を選任せず、医師の意見も聴取しなかった。

被告は、法令の要求する労働者の健康管理を適切に講じるための適切な措置をとることができるような体制を整えていなかったのであって、仮に、被告がこのような安全配慮義務を履行していれば、Aは死亡しなかった（榎並工務店事件　大阪地裁平成14年4月15日労判858-105）。

3）衛生委員会や衛生管理者、産業医が機能していないことが問題とされた裁判例

① 　被告には安全衛生委員会（労働安全衛生法18条1項、19条1項）及び安全・衛生管理者（労働安全衛生法12条1項、10条1項）が設置されていたものの、それらは労働者の過労による健康障害を防止するためには全く機能していなかった。これらのことからすると、被告は、労働者の健康管理を適切に講じるための適切な措置をとることができるような体制を整えていなかった。被告は、法令の要求する労働者の健康管理を適切に講じるための適切な措置をとることができるような体制を整えていなかったのであって、仮に、被告がこのような安全配慮義務を履行していれば、Aは死亡しなかった（榎並工務店事件　大阪地裁平成14年4月15日労判858-105）。

② 　学校の人的組織上は校医として医師の名が掲げられてはいたものの、当該医師が職員の健康診断や健康に関する指導相談に当たるなど健康管理に関する措置を講じていた形跡もなく、これらの健康管理に関する措置や体制の整備を漫然と怠っていた当時の学校の態度は、諸法規の要求する労働安全衛生保持のための公的な責務を果たさない不十分なものであったと同時に、職員らに対する雇用契約関係上の付帯義務として信義則上要求される健康管理に関する安全配慮義務にも反していた（真備学園事件　岡山地裁平成6年12月20日労判672-42）。

4）健康状態に関する組織的な連絡などがなかったことが問題とされた裁判例

> 研修中に病院の医師は数秒ほど胸を手で押さえて静止していたのを目撃し異変を感じたことがあったにもかかわらず、そのことが耳鼻咽喉科の研修責任者らに対して報告されたことはなく、また精密検査を行うなどの措置もとられていないことからすれば、研修医に対する健康管理に対して細心の注意を払うことができる態勢すら作っていなかった（関西医科大学事件　大阪高裁平成16年7月15日労判879－22）。

(3) 健康状態を悪化させないための措置の実施

労働者の健康状態が悪化している場合には、使用者はその健康状態が悪化しないようにするために必要な措置を講じなければなりません。講ずべき措置の内容は、個々の事案に応じて異なりますが、これに関して、次のような裁判例があります。

ア　適切な治療などを受けさせること

健康を損ねている労働者に対しては、適切な治療を受けさせなければなりません。これに関し、次のような裁判例があります。

> 被告は、使用者として、信義則上、労働者の健康状態に配慮し、身体や健康を損ねている労働者に対しては、適切な診療を受けさせ、治療に専念させ、労働させることによりその健康等の障害をより増長させないよう適切な措置をとるべき義務を負っている（住友生命保険相互会社　岡山地裁平成14年9月11日）。

イ　業務量の低減

健康状態に問題がある労働者については、業務量の低減を行わなければなりません。これに関し、次のような裁判例があります。

> ①　会社は健康状態を認識していたから、業務の割り振りや労働時間に

ついてはなおのこと配慮をし、労働により、症状が悪化することのないよう注意すべき義務を怠った(和菓子製造会社事件　さいたま地裁平成19年12月5日)。

② 病院は、健康に配慮して業務量を低減させたり、人員配置を見直す等の処置をとらなかったから、安全配慮義務違反があった(大阪府立病院事件　大阪地裁平成19年3月27日労判972−63)。

③ 会社としては、Aの健康状態にかんがみ、勤務時間を適切に管理し、業務負担を適宜軽減して、Aの生命、健康被害の危険を防止する安全配慮義務があった(株式会社おつかわ事件　大阪高裁平成19年1月18日労判940−58)。

④ 被告は8月12日からはお盆休みが予定されていたことを理由に7月の労働に対する業務軽減措置が取られていたと主張する。しかし、Aの労働時間は、5月、6月にも時間外労働が多くあったのであり、過重労働の状態が7月に限られるわけではなく、また、そもそもお盆休みは、8月13日から同月15日までは、就業規則にも休日と定められているものであり、特別な業務軽減措置となるのは、8月12日のみである。被告は8月9日からは掃除やペンキ塗り等の片づけのみで、通常の作業をさせていなかったと主張するが、片づけ等の作業とはいえ、8月9日には深夜まで残業をさせた上、就業規則によれば休日である第2土曜日の8月10日も結局出勤日としており、Aには、炎天下で土砂ならしの作業をさせるなどしているから、8月12日からのお盆休みをもって業務軽減措置であるということはできない(KYOWA事件　大分地裁平成18年6月15日労判921−21)。

⑤ 被告は、心臓等に異常があり治療を要する状態にあったAの年齢、健康状態等に応じて従事する作業時間及び内容の軽減、就労場所の変更等の業務内容調整のための適切な措置をとるべき注意義務を怠ったのであって、仮に、被告がこのような安全配慮義務を履行していれば、Aは死亡しなかった(榎並工務店事件　大阪地裁平成14年4月1

5日労判858−105)。

⑥　入社後、定期健康診断の結果により基礎疾患の存在とその程度を認識していたから業務を軽減するなどの配慮をすべき義務があったが、業務を軽減することなく、過重な業務を継続して行わせたから、安全配慮義務に違反した(建設・軌道工事請負会社事件　和歌山地裁平成14年12月10日)。

⑦　携わっている業務の内容や量の低減の必要性やその程度につき直ちに検討を開始した上、就労を適宜軽減し、基礎疾患(拡張型心筋症)の増悪を防止して、心身の健康を損なうことがないように注意すべきであった。しかるに、医師から意見を聴取することもなく、業務の軽減の必要性について何ら検討すらせず、漫然と過重な業務を課していた(南大阪マイホームサービス事件　大阪地裁堺支部平成15年4月4日労判854−64)。

⑧　使用者は、労働者が高血圧に罹患し、その結果致命的な合併症を生じる危険があるときには、当該労働者に対し、高血圧を増悪させ致命的な合併症が生じることがないように、持続的な精神的緊張を伴う過重な業務に就かせないようにするとか、業務を軽減するなどの配慮をするべき義務がある。そして、会社は、入社直後から高血圧に罹患しており、心拡張も伴い高血圧は相当程度増悪していたことを、定期健康診断の結果により認識していた。そうであるとすれば、会社は、具体的な法規の有無にかかわらず、使用者として、高血圧をさらに増悪させ、脳出血等の致命的な合併症に至らせる可能性のある精神的緊張を伴う過重な業務に就かせないようにするとか、業務を軽減するなどの配慮をする義務を負う(システムコンサルタント事件　東京高裁平成11年7月28日労判770−58)。

⑨　被告は、使用者として、Aの高血圧をさらに増悪させ、脳出血等の致命的な合併症に至らせる可能性のある精神的緊張を伴う過重な業務に就かせないようにするとか、業務を軽減するなどの配慮をする義務を

負う。しかるに、被告は、Aの業務を軽減する措置を採らなかったばかりか、かえって、Aを、昭和62年には年間労働時間が3500時間を超える恒常的な過重業務に就かせ、さらに、平成元年5月に本件プロジェクトのプロジェクトリーダーの職務に就かせた後は、要員の不足等により、Aが長時間の残業をせざるを得ず、またユーザーから厳しく納期遵守の要求を受ける一方で協力会社のSEらからも増員の要求を受けるなど、Aに精神的に過大な負担がかかっていることを認識していたか、あるいは少なくとも認識できる状況にあるにもかかわらず、特段の負担軽減措置を採ることなく、過重な業務を行わせ続けた。その結果、Aの有する基礎疾患と相まって、同人の高血圧を増悪させ、ひいては高血圧性脳出血の発症に至らせたから、被告は、安全配慮義務に違反した（システムコンサルタント事件　東京地裁平成10年3月19日労判736－94）。
⑩　健康状態に応じて、残業及び宿日直勤務を禁じ、または、その作業量及び作業時間を制限し、あるいはこの制限のみで不十分な場合には、その職種を変更する等の措置を講ずるべき義務を有していた（石川島興業事件　大阪高裁平成8年11月28日判タ958－197）。
⑪　会社は、就業場所の変更、作業の転換、労働時間の短縮等の措置を何らとることなく、健康体の者と同一の長時間でかつ高密度な労働を長期間にわたって継続させたものであって、高血圧症の従業員に対する使用者としての安全配慮を全く欠如していた（川西港運事件　神戸地裁昭和58年10月21日判時1116－105）。

ウ　業務方法の改善

労働者の従事する業務方法に問題がある場合には、その改善を図らなければなりません。これに関し、次のような裁判例があります。
①　被告は、心臓等に異常があり治療を要する状態にあったAの年齢、健康状態等に応じて従事する作業時間及び内容の軽減、就労場所の変更等の業務内容調整のための適切な措置をとるべき注意義務を怠

ったのであって、仮に、被告がこのような安全配慮義務を履行していれば、Aは死亡しなかった（榎並工務店事件　大阪地裁平成14年4月15日労判858－105）。

② 　Aの担当コースや配送方法などを早期に変更したりなどすることが著しく困難であったとの事情はない。そして、被告がその措置を講じていれば、Aは、本件発症を免れていた。また、被告は、Aの要望に従い、死亡の4日前よりAの業務内容を変更したが、その変更は、時期的に遅すぎた（名糖運輸事件　大阪地裁平成13年2月19日）。

③ 　健康状態に応じて、残業及び宿日直勤務を禁じ、または、その作業量及び作業時間を制限し、あるいはこの制限のみで不十分な場合には、その職種を変更する等の措置を講ずるべき義務を有していた。被告は、Aの復職に際し、出荷作業から仕上げ作業に変更したのは、Aの作業量の軽減を考慮したものであるし、Bには自己のペースに併せて作業するよう指示し、また、職長及び班長には、Bが自己のペースで仕事できるよう協力してやって欲しいと他の作業員に話しておくよう指示した旨主張する。しかしながら、出荷作業と比較して仕上げ作業が肉体的・精神的に疲労が少ない作業であるとは認められないし、現実にBが他の作業員との比較において、特に休憩を余分に取っていた事実も作業量においても差異があった事実も認められないから、本件において被告の主張を認めることはできない（石川島興業事件　大阪高裁平成8年11月28日判タ958－197）。

④ 　入社当時から同人が高血圧であることを把握しながらその後定期健康診断を一切行わなかったため、配置転換等の措置を執らず、これが脳梗塞発症の一因となっている（富士保安警備事件　東京地裁平成8年3月28日労判694－34）。

⑤ 　本件訓練は厳寒期における登山であって、Aの担当職務（消防、救急業務）以外のものであり、しかも肉体的負担の大きいものであったから、心臓疾患を有するAを本件訓練に参加させる必要性は認めがたいし、

また、参加させた場合には不測の事態が発生する可能性もあったから、被告消防本部は、同人に対し、本件訓練への参加を免除し、公務遂行の過程において、同人の生命、身体が危険にさらされないように配慮すべき義務があったのに、これを怠り同人を訓練に参加させ、労作性狭心症による不整脈により同人を死亡させた（伊勢市消防局事件　津地裁平成4年9月24日労判630-68）。
⑥　会社は、就業場所の変更、作業の転換、労働時間の短縮等の措置を何らとることなく、健康体の者と同一の長時間でかつ高密度な労働を長期間にわたって継続させたものであって、高血圧症の従業員に対する使用者としての安全配慮を全く欠如していた（川西港運事件　神戸地裁昭和58年10月21日判時1116-105）。

エ　適正な人員の配置や必要な体制の整備

労働者の心身の健康を損なうことがないようにするためには、適正な人員の配置や必要な体制の整備が必要になります。これに関し、次のような裁判例があります。

①　病院は、健康に配慮して、人員配置を見直す等の処置をとらなかった（大阪府立病院事件　大阪地裁平成19年3月27日労判972-63）。
②　体調不良を訴えた平成12年は、被控訴人、経理担当専従を除く従業員6名のうち、Aの発送業務を補助していた女性従業員3名が2月に退職し（新規補充者2名も間もなく辞めている）、7月には残った男子従業員3名のうち1名が退職したため、営業の責任者としてAの業務量は明らかに密度が濃くなっており、その結果として予定された発送業務が大幅に遅滞し、前月受注分の発送さえおぼつかず、得意先から苦情が入るという状況であった（株式会社おつかわ事件　大阪高裁平成19年1月18日労判940-58）。
③　労務負担に応じて適正な人員を配置することや事実上過重労働を

強制されることがない程度に代替要員等を配置することは、労働者が過重労働により生命や健康を害することがないような措置として要求される（中の島事件　和歌山地裁平成17年4月12日労判896-28）。
④　会社としては、交代作業制や複数作業制等適切な作業体制を設定したりなどして、各作業による負担が過重にならないよう配慮すべき義務があったのに、これらの点につき、蒸米取りにおいて一部手伝いを付した以外には、何らの配慮もしておらず、その結果、過重な負担・ストレスをかける結果となった（やちや酒造事件　金沢地平10年7月22日判タ1006-193）。
⑤　会社内には技術者がAしかおらず改善措置を取らなかった（照明制御装置設計・施工会社事件　大阪地裁平成8年10月4日）。

オ　健康状態の悪化した労働者を宿泊を伴う研修に参加させないこと

健康状態の悪化した労働者を宿泊を伴う研修に参加させないことを求めた次の裁判例があります。

　会社は、本件研修への参加を止めさせるべきであったにもかかわらず、本件研修に参加させた過失がある（NTT東日本北海道支店事件　最高裁第一小法廷平成20年3月27日労判958-5）。

カ　入院中の労働者に業務の遂行を強要しないこと

入院中の労働者に業務の遂行を強要しないことを求めた次の裁判例があります。

　控訴人は、Aに対し、入院中であるにもかかわらず、業務の遂行を強要したことについて安全配慮義務違反が認められる（住友生命保険相互会社　広島高裁岡山支部平成15年12月4日）。

キ　健康状態の悪化した労働者を休養させること
　健康状態の悪化した労働者を休養させることを求めた次の裁判例があります。
> 労働者が現に健康を害し、そのため当該業務にそのまま従事するときには、健康を保持する上で問題があり、もしくは健康を悪化させるおそれがあるときは、速やかに労働者を当該業務から離脱させて休養させるか、他の業務に配転させるなどの措置を執る義務を負う（石川島興業事件　大阪高裁平成8年11月28日判タ958－197）。

ク　生活指導上の配慮をすること
　節酒を勧告するなど生活指導上の配慮をすることを求めた次の裁判例があります。
> 労働過程において症状を増悪させないよう、節酒を勧告するなど生活指導上の配慮をすべき義務があった（川西港運事件　神戸地裁昭和58年10月21日判時1116－105）。

ケ　労働者の異常な状態を上司に報告するよう指導、教育を行うこと
　労働者の異常な状態を上司に報告するよう指導、教育を行うことを求めた次の裁判例があります。
> 鉄粉が目に刺さった事故及び25日のAの憔悴した異常な状態を、上司に対して直ちに報告がなされるように従業員を指導・教育しておくべきであった（榎並工務店事件　大阪地裁平成14年4月15日労判858－105）。

3 使用者が労働者の脳・心臓疾患などの発症を防止するために講ずべき措置と労働者の健康管理に関する責任との関係

　使用者が労働者の脳・心臓疾患などの発症を防止するために講ずべき措置と労働者の健康管理に関する責任との関係に関しては、使用者には、労働者の健康状態を把握した上で、業務遂行によって健康を害さないように配慮すべき第一次的責任があり（榎並工務店事件　大阪高裁平成15年5月29日労判858-93）ますので、労務提供過程での労働者の心身の健康に対する配慮をするのは、まずは使用者ということになります（株式会社おつかわ事件　大阪高裁平成19年1月18日労判940-58）。ただし、労働者自身も日々の生活において可能な限り健康保持に努めるべきであり（榎並工務店事件）、本来他人には即座に計り知れ難い領域を含む健康管理は第一義的には労働者本人においてなすべきことです（真備学園事件　岡山地裁平成6年12月20日労判672-42）。これに関しては、次のような裁判例があります。

ア　使用者に労務提供過程での健康管理に関する第一次的責任があるとする裁判例

① 　被控訴人らは、自らの健康管理は、第一次的には本人が負うべきであると主張するが、私生活における健康管理は別論として、労務提供過程での従業員の心身の健康に対する配慮をするのは、先ずは使用者である会社にあり、被控訴人らの主張は採用しない（株式会社おつかわ事件　大阪高裁平成19年1月18日労判940-58）。

② 　使用者は、労働者の健康状態を把握した上で、業務遂行によって健康を害さないように配慮すべき第一次的責任を負っている。労働者が業務中にその後の労働提供に支障を生ずるような事故に遭った場合

も、使用者は、当該労働者の症状を前提に今後の治療や業務担当について十分に配慮すべき第一次的な義務を負うことは当然である(榎並工務店事件　大阪高裁平成15年5月29日労判858-93)。
③　安全配慮義務は、使用者において、自己の支配下に労働者を置く場合、使用者に当然に生ずるものであり、労働者が健康状態を悪化させない等の配慮を行う第一次的な義務は使用者側にあるのである(南堺運輸事件　大阪地裁堺支部平成13年3月8日)。
④　労働者が自身の健康を自分で管理し、必要であれば自ら医師の診断治療を受けるなどすべきことは当然であるが、使用者としては、労働者の健康管理をすべて労働者自身に任せ切りにするのではなく、雇用契約上の信義則に基づいて、労働者の健康管理のための義務を負う(システムコンサルタント事件　東京高裁平成11年7月28日労判770-58)。
⑤　労働者が現に健康を害し、そのため当該業務にそのまま従事するときには、健康を保持する上で問題があり、もしくは健康を悪化させるおそれがあるときは、速やかに労働者を当該業務から離脱させて休養させるか、他の業務に配転させるなどの措置を執る契約上の義務を負うものであり、それは、労働者からの申し出の有無に関係なく、使用者に課せられる性質のものである。安全配慮義務は、使用者において自己の支配下に労働者を置く場合、使用者に当然に生ずるものであり、労働者が健康状態を悪化させない等の配慮を行う第一次的な義務は使用者側にある(石川島興業事件　大阪高裁平成8年11月28日判タ958-197)。

イ　労働者にも健康管理に関する責任があると判断した裁判例
①　健康の保持自体は、業務を離れた労働者個人の私的生活領域においても実現されるべきであるから、使用者が負う第一次的責任とは別個に、労働者自身も日々の生活において可能な限り健康保持に努める

べきであることは当然である。労働者が業務中にその後の労務提供に支障を生ずるような事故に遭った場合も、使用者は、当該労働者の症状を前提に今後の治療や業務担当について十分に配慮すべき第一次的な義務を負う。しかしながら、他方で、使用者がこの義務を十分に履行するためには、その前提として、労働者が使用者に対して、発生した事故の内容や自己の症状に関する報告をし、使用者側でこれを十分に認識する必要がある。したがって、労働者は義務中に事故に遭いその後の労務提供等に支障が生じた場合、使用者に対して、報告することが困難である等の特段の事情がない限り事故の内容や自己の症状について報告すべきである(榎並工務店事件　大阪高裁平成15年5月29日労判858-93)。

② 　本来他人には即座に計り知れ難い領域を含む健康管理は第一義的には労働者本人においてなすべき筋合いのものである(真備学園事件　岡山地裁平成6年12月20日労判672-42)。

第12章
労働者の脳・心臓疾患などの発症を防止する措置の構造

「労働者の脳・心臓疾患などの発症を防止する措置の構造」のポイント
1 業務との相当因果関係
2 危険の予見
3 結果の回避

「労働者の脳・心臓疾患などの発症を防止する措置の構造」のポイント

1 労働者の脳・心臓疾患などの発症を防止する措置についても、①その疾患の発症と労働者が従事する業務との間に因果関係があること(業務との相当因果関係)、②使用者が精神障害などの発症の危険性を予見し、認識できること(予見可能性)、③危険性が予見可能であるときは、その危険を回避するための措置を講ずることができること(結果回避の可能性)および④このような危険を回避するための措置を講ずること(結果回避義務)によって構成される。

2 労働者の脳・心臓疾患などの発症の場合における相当因果関係の存否の立証も、一点の疑義も許されない自然科学的な証明ではなく、経験則に照らして全証拠を総合検討し、業務と死亡の直接の原因となった疾患との関係を是認し得る高度の蓋然性を証明することであり、その判定は通常人が疑いを差し挟まない程度に真実性の確信を持ち得るものであることを要し、かつ、それで足りる。

3 基礎疾患が存在している場合であっても、業務に起因する過重な精神的、身体的負担によって労働者の基礎疾患が自然的経過を超えて増悪し、疾患を発症するに至ったといえる場合には、業務とその疾患との間の相当因果関係が存在する。

4 基礎疾患の存在に加え、喫煙、飲酒など脳・心臓疾患を引き起こすおそれのある生活習慣がある場合であっても、業務と脳・心臓疾患との間に相当因果関係があると判断された裁判例が相当数ある。

5 使用者は,労働者の健康の保持、確保の観点から労働時間などを管理し、その管理の中でその勤務内容、態様が生命や健康を害するような状態であることを認識、予見した場合、またはそれを認識,予見でき得たような場合にはその業務の分配などを適正にするなどして

「労働者の脳・心臓疾患などの発症を防止する措置の構造」のポイント

> その労働者が業務により健康を害しないように配慮すべき義務を負っている。
> 6 労働者の脳・心臓疾患などの発症に関して、予見可能性があったか否かについては、労働者が従事する業務の状況および本人の健康状況の双方から危険の予見が可能であったかについて判断され、そのいずれかの点で危険の予見が可能であった場合には、予見可能性があったと判断されている。
> 7 危険について予見可能である場合には、使用者は、その結果を回避するための措置を講じなければならない。結果を回避するための措置を講じていない、あるいは十分に講じていない場合には、結果回避義務違反が問われる。

　労働者の脳・心臓疾患などの発症を防止する措置についても、①その疾患の発症と労働者が従事する業務との間に相当因果関係があること（業務との相当因果関係）、②使用者が精神障害などの発症の危険性を予見し、認識できること（予見可能性）、③危険性が予見可能であるときは、その危険を回避するための措置を講ずることができること（結果回避の可能性）および④このような危険を回避するための措置を講ずること（結果回避義務）によって構成されています。

　労働者の脳・心臓疾患などの発症の場合における相当因果関係の存否の立証も、一点の疑義も許されない自然科学的な証明ではなく、経験則に照らして全証拠を総合検討し、業務と死亡の直接の原因となった疾患との関係を是認し得る高度の蓋然性を証明することであり、その判定は通常人が疑いを差し挟まない程度に真実性の確信を持ち得るものであることを要し、かつ、それで足ります（ハヤシ事件　福岡地裁平成19年10月24日労判956-44）。

1　業務との相当因果関係

(1) 労働者の脳・心臓疾患などの発症についての業務との相当因果関係

　労働者の脳・心臓疾患などの発症について、業務との相当因果関係があると判断された裁判例には、次のようなものがあります。

ア　基礎疾患がある場合の業務との相当因果関係

　基礎疾患が存在している場合であっても、業務に起因する過重な精神的、身体的負担によって労働者の基礎疾患が自然的経過を超えて増悪し、疾患を発症するに至った場合には、業務とその当該疾患との間に相当因果関係があります（ＮＴＴ東日本北海道支店事件　最高裁第一小法廷平成20年3月27日労判958－5）。

1) 喫煙、飲酒などの生活習慣がある場合に、業務と脳・心臓疾患などとの間に相当因果関係があると判断された裁判例

　基礎疾患の存在に加え、喫煙、飲酒など脳・心臓疾患を引き起こすおそれのある生活習慣がある場合であっても、業務と脳・心臓疾患との間に相当因果関係があると判断された次のような裁判例があります。

①　Aは、精神的にも負担がある長時間労働を長期間にわたって行い、これにより精神的肉体的疲労が蓄積し、その結果、1日当たり約20ないし30本という喫煙習慣と相まって、血圧が上昇し、脳動脈瘤の破裂を引き起こし、本件発症に至った（ハヤシ事件　福岡地裁平成19年10月24日労判956－44）。

②　長時間にわたる労働を継続的に行っていること、医師による投薬等の治療を受けていたにもかかわらず本件健康診断受診時点からわずか約10か月ほどで死亡してしまっていること、死亡に至る発作を起こし

たのも本社における業務中のことであったこと、医師に指導されて本件健康診断後にいったん減らしたたばこの本数が再び増加傾向にあったことや健康診断当時から肥満傾向が認められた体重がさほど変わらなかったものの、病状を急激に悪化させるような他の要因は認められないこと等を総合的に考慮すると、従事してきた会社における過重な業務による精神的、肉体的な負荷や疲労の存在及び蓄積が、基礎疾患たる拡張型心筋症をその自然の経過を越えて増悪させて、急性心臓死に至った（南大阪マイホームサービス事件　大阪地裁堺支部平成15年4月4日労判854-64）。

③　Aの脳梗塞は、同人が有していた心房細動（ないしその素因）や高脂血症、飲酒等の危険因子の自然的経過によって発症したと考えることは困難である。そして、極めて過重な業務に継続的に従事した上、業務遂行中のグラインダー事故が原因で、激痛のため睡眠をほとんど取れず、著しい疲労が蓄積した状態のまま就労したため、血液の乱流等の血行動態の変化、血液凝固能の亢進等を引き起こし、あるいは心房細動を誘発憎悪する等して、心臓内における血栓の急激な増加を招き、その結果、脳塞栓を発症した可能性が高い（榎並工務店事件　大阪高裁平成15年5月29日労判858-93）。

④　高脂血症、高尿酸血症の状態であったことや、喫煙をすることを除けば、Aには、自然的経過により心筋梗塞を発症させるような特段の心疾患の病歴等を有していなかったこと、過重な精神的ストレスの下で、過重な業務に従事した後約6時間後に死亡したこと、他にAが心筋梗塞を含む心疾患を発症させる有力な原因があったとは認められないことからすれば、本件カレンダー配布業務が有力な原因となって心筋梗塞が発症した（住友生命保険相互会社　岡山地裁平成14年9月11日）。

⑤　従前業務の過重労働により、慢性的な身体的肉体的疲労状態にあり、さらに、新業務による新たな精神的ストレスが加わるなどして、有していた冠動脈硬化を、自然的経過を超えて急激に著しく促進させたため、

Aが急性心筋梗塞により、本件発症に至り、その結果死亡した。1日約20本という喫煙は冠動脈硬化を進展させる因子と考えられるが、認定の過重労働以上の要因とは認められない。したがって、冠動脈硬化の主たる原因は、業務にあった(名糖運輸事件　大阪地裁平成13年2月19日)。

⑥　60歳頃までは飲酒・喫煙歴がありその後も時折少量飲酒していたもこと及び15年に及ぶ蔵人としての労働の影響により、ある程度、脳の血管に変化を引き起こしていたと考えられるが、6か月前の健康診査の結果等からは、自然的経過では脳梗塞を起こす危険があるとは推測できない状態であり、他に脳梗塞を惹起する有力な因子となる事情も見当たらなかったところ、過重な負担・ストレスを与える本件労働に従事したことにより、これが共働原因となって、基礎疾患・脳血管の変化を、自然的経過を超えて著しく悪化させ、その結果、本件脳梗塞を発症させるに至った(やちや酒造事件　金沢地裁平成10年7月22日判タ1006-193)。

⑦　高血圧症が、要治療状態になって既に数年を経過していたものであり、また、飲酒は必ずしも勤務終了後の「ふるまい酒」だけではなかったこと、「ふるまい酒」は従業員一人当たり1、2合程度であった。そうすると、本件においては、フォークリフト運転業務に従事させたこと及び「ふるまい酒」を供したことの死亡という結果発生に対する各寄与度は、合計しても50パーセントを越えない(川西港運事件　神戸地裁昭和58年10月21日判時1116-105)。

2) 喫煙、飲酒などの生活習慣が明確でない場合に、業務と脳・心臓疾患などとの間に相当因果関係があると判断された裁判例

①　心筋梗塞を伴い、外科的治療の効果が望めない重度の冠状動脈硬化が発症していたこと、本件研修が、会社における構造改革を前提として、会社に残るか新会社等に転出するかという処遇選択を伴ったも

ので、研修後にこれまでとは全く異なる職種の仕事に従事しなければならなくなるといった点で精神面に大きな作用を及ぼすと考えられること、本件研修が、長期間の連続する宿泊を伴うもので、生体リズムおよび生活リズムに大きな変化が生じたと解されること等の諸事情を総合考慮すると、本件研修に参加したことで、その精神的、身体的ストレスが同人の冠状動脈硬化を自然的経過を超えて進行させ、その結果、突発的な不整脈等が発生し、急性心筋虚血により死亡するに至った（NTT東日本北海道支店事件　最高裁第一小法廷平成20年3月27日労判958－5）。

② 死亡原因は急性心筋梗塞と考えるのが医学的知見に照らして合理的であること、仕事中の立ちくらみや頭痛を訴えたことから、本態性高血圧症は心筋梗塞を含む虚血性心疾患の基礎疾病であり、心身の過重負荷の蓄積はこれを自然的経過を超えて増悪させて心臓疾患が発生する場合があること、しかるに、北陸地方出張前の体調と会社における日常業務に加え、出張による暑熱下における長時間の車両運転とこの間の相次ぐ得意先との商談、各日の業務の遂行に要した時間等から、心筋梗塞による死亡と会社の業務執行と相当因果関係を肯定すべきと考えられる（株式会社おつかわ事件　大阪高裁平成19年1月18日労判940号58）。

③ 原告には脳内出血及び脳梗塞の危険因子の一つである高血圧がみられたので、被告における過重な業務が原告の脳内出血及び脳梗塞の唯一の原因であるということはできないが、被告における運送の業務は、原告に慢性的な疲労の蓄積をもたらすものであったこと、一般に、慢性の疲労や過度のストレスの持続は慢性の高血圧の原因の一つとなり得ること、原告の脳内出血及び脳梗塞の発症について高血圧以外の危険因子である飲酒、喫煙、肥満、糖尿病等が作用したとは考えられないことなどにかんがみると、原告は、被告において運送の業務に従事したことにより、高血圧が日常生活の中で徐々に悪化する程度を超え

て著しく増悪し、そのため脳内出血及び脳梗塞を発症した（和歌の海運送事件　和歌山地裁平成16年2月9日労判874-64）。

④　長時間の拘束時間や運転時間、連続運転時間が繰り返されたこと、また、このような状態は相当長期間継続していたところ、かかる運転業務の遂行により、疲労の蓄積がすすんでいたこと、また、長時間、平常時に比べて血圧値が高い状態にさらされたこと、それが、くも膜下出血の主たる原因とみられる未破裂脳動脈瘤の破裂につき有力な原因として作用した（南堺運輸事件　大阪地裁堺支部平成13年3月8日）。

⑤　高血圧は、長時間労働に基づくストレス等を原因として上昇した本態的高血圧である。本件プロジェクトにおける業務は、困難かつ高度の精神的な緊張を伴う過重なものであったこと、高血圧患者は血圧正常者に比較して精神的緊張等心理的ストレス負荷によって血圧が上昇しやすいこと、しかるところ、基礎疾患たる本態性高血圧は、長時間労働により、自然的経過を超えて急速に増悪していたところ、これに加えて、本件プロジェクトに関する高度の精神的緊張を伴う過重な業務により、さらに高血圧が増悪していたこと、死亡する直前の労働時間が著しく過大であったこと、したがって、当時、長時間労働の影響で疲労困憊していたこと、死亡前日において、休日であるにもかかわらず、顧客会社に呼び出され、自分の担当していなかった部分について、トラブルの原因を調査し、ようやくその原因を突き止めたことなどの事実を考慮すると、これらの要因が相対的に有力な原因となって、脳出血発症に至った（システムコンサルタント事件　東京高裁平成11年7月28日労判770-58）。

⑥　脳梗塞発症直前に急激な労働過重がなかったとしても、Aの長年の警備業務の遂行が外見や臨床検査値以上に動脈硬化を進行させる原因となったことは十分推認されるから、Aは、高血圧が年齢とともに進行し、これに過労が加わった結果、基礎疾患等の自然的経過を超えて本件脳梗塞を発症した。そうすると、本件発症は、Aの基礎疾患等と過

重な業務の遂行とが共働原因となって生じた(富士保安警備事件東京地裁平成8年3月28日労判694-34)。

⑦ Aの死亡は、同人のいわゆる持病としての高血圧症ないし腎疾患が自然経過的に増悪したことによるものとは考え難く、同人の高血圧症等の基礎疾患が入院加療又は6割方の仕事量程度を妥当とするまでに悪化していたところに、同人の学校における勤務上の一連の負荷が加わったことによって内在していた危険が現実化し、結果として双方が有力な共働原因となって、同人の昏倒を来たし、死亡に至ったものであり、同人の死亡と学校における職務との間には法的な因果関係がある(真備学園事件　岡山地裁平成6年12月20日労判672-42)。

⑧ Aが罹患していた労作性狭心症は、公務である本件登山訓練によって悪化させられ、その結果不整脈を生じて死亡した(伊勢市消防局事件　津地裁平成4年9月24日労判630-68)。

イ　基礎疾患が認められない場合に過重な労働との相当因果関係があると判断された裁判例

1) 喫煙、飲酒などの生活習慣がある場合に、業務と脳・心臓疾患などとの間に相当因果関係があると判断された裁判例

① 従事していた業務は、特に肉体的・精神的に過重なものであったといえ、その結果、死亡直前のころには、肉体的・精神的な疲労が相当程度蓄積していた。喫煙開始から死亡までに3ないし4年しか経過しておらず、喫煙のみで心筋梗塞を発症させるまで心臓機能が悪化したとは認めがたいが、過重な業務により肉体的・精神的負荷がかかり、疲労が蓄積している状態の中で、1日あたり20本ないし30本という喫煙を重ねた結果、長時間労働などによる職業性ストレスと喫煙の影響が相まって心筋梗塞を発症した(ジェイ・シー・エム事件　大阪地裁平成16年8月30日労判881-39)。

② 開口障害、顔面の痺れ及び複視などの精神的ストレスを抱えたまま

復職したAは、復職当時、交通事故以前と同様の作業を行う身体的条件を具備していなかったにもかかわらず、残業、土曜出勤及び宿日直勤務に就いたため、結果的に同人の健康状態との関係で過重な負担となる労働を継続し、同人の身体に精神的・肉体的疲労が蓄積して慢性的過労状態となり、慢性的過労状態が急性心不全の誘因となり、結果的に同人の死亡を招来せしめた。死亡前夜にAがビール及び日本酒を飲み、クーラーのタイマーをセットした宿直室において上半身裸のままで就寝していた事実が認められるが、飲酒等の事実がAの直接の死亡原因となったと認めることはできない（石川島興業事件　大阪高裁平成8年11月28日判タ958-197）。

2）喫煙、飲酒などの生活習慣が明確でない場合に、業務と脳・心臓疾患などとの間に相当因果関係があると判断された裁判例

① 　Aの年齢や死亡前1か月間に休日が2日しか取得できなかったことなども考慮すると、Aは、過重な業務により心室細動等の致死性不整脈を発症して心停止に至って死亡したものであると推認することができ、これによれば両者間には相当因果関係が存する（スギヤマ薬品事件　名古屋地裁平成19年10月5日労判947-5）。

② 　特別に心機能に関する疾患やその低下があったような事実は認められず、業務及び研究活動以外に心臓に負担をかけるような事象や行為があったとは認められない。以上の諸事情を総合して考慮するならば、急性心機能不全は、主として業務及びこれに付随する研究活動の過重性によってもたらされた（大阪府立病院事件　大阪地裁平成19年3月27日労判972-63）。

③ 　Aが、先天的な心臓疾患を有していた可能性は低い。また、Aの健康診断の結果や家族歴等から、高血圧、高脂血症、糖尿病、肥満といった虚血性心疾患の危険因子を有していたとも認められず、これらを原因とする虚血性心疾患の発症は否定的に考えられ、出血等の異常が

見られていないことから、解離性大動脈瘤があったとも考えにくい。暑い環境の中で長時間労働が続き、休日も少なく、死亡前日には深夜まで勤務し、通勤時間等を考慮すると睡眠も十分確保できず、疲労困憊とまではいえないにしても、その疲労がピーク又はそれに近い状態に達していたことなどを総合考慮すると、被告における過重な業務により肉体的・精神的負荷がかかり、疲労が蓄積している状態の中で、長時間労働などによる職業性ストレスの結果、心筋梗塞を発症した（KYOWA事件　大分地裁平成18年6月15日労判921-21）。

(2) 業務との相当因果関係がないと判断された裁判例

業務との相当因果関係がないと判断された裁判例には、次のようなものがあります。

①業務それ自体が同人の健康を害するほどに過重とはいえないものであったこと、②課長に就任してから本件狭心症を発症するまでの期間はわずか5か月であること、③他方、狭心症を発症させる要因としては、加齢のほかに、永年にわたる高コレステロール血症、高血圧、喫煙、糖尿病、肥満、運動不足、ストレス、A型行動等があるところ、やや肥満であり、喫煙量も少なくないことを考慮すると、本件において、課長としての業務を遂行することによって冠動脈の硬化による内腔狭窄が生じこれを基盤として本件狭心症を発症させるに至ったものとは未だいえない（旺文社事件　千葉地裁平成8年7月19日判時1596-93）。

2　危険の予見

労働者の脳・心臓疾患などの発症に関して、使用者の民事責任を問われる場合にも、使用者が脳・心臓疾患などの発症の危険性を予見し、認識できること（予見可能性）が必要となります。すなわち、使用者は、労働者の健康の保持、確保の観点から労働時間などを管理し、その管理の中でその

勤務内容、態様が生命や健康を害するような状態であることを認識、予見した場合、またはそれを認識、予見でき得たような場合には当該労働者の業務により健康を害しないように配慮すべき義務を負っています（京都市教育委員会事件　京都地裁平成20年4月23日労判961－13）。

(1) 労働者の脳・心臓疾患などの発症に関して、予見可能性があったと判断された裁判例

　労働者の脳・心臓疾患などの発症に関して、予見可能性があったか否かについては、労働者が従事する業務の状況および労働者本人の健康状況の双方から危険の予見が可能であったかについて判断され、そのいずれかの点で危険の予見が可能であった場合には、予見可能性があったと判断されています。

ア　労働者の業務の状況から予見可能性があったと判断された裁判例

① 　直属の上司である工場長も、Aと共に、他の従業員が帰るまで残っており、被告は、Aが管理職の立場として遅くまで残っていることを把握していたことからすれば、Aが、そのような業務状況を続けることにより、精神的肉体的に疲労が蓄積して、血圧が上がるなど健康状態が悪化することは容易に想像がつくものであり、予見可能性がなかったとの被告の主張は採用できない（ハヤシ事件　福岡地裁平成19年10月24日労判956－44）。
② 　被告は、永覚店店長らを通じるなどして、このような過重労働の実態を十分に認識できたし、これにより疲労やストレスなどが過度に蓄積し、労働者の心身の健康を損なう危険があることは周知のとおりであることからすれば、被告は、Aの死亡について予見することが可能であった（スギヤマ薬品事件　名古屋地裁平成19年10月5日労判947－5）。
③ 　かかる労働及び研究活動は、病院において、これらを把握し、あるい

は把握し得るものであった(大阪府立病院事件　大阪地裁平成19年3月27日労判972-63)。

④　高血圧による動脈硬化が脳血管系障害や心臓疾患系障害の引き金になることは成人病の一つとして広く知られたところであるから、厳密な医学的知識を持たなくとも、長時間労働による身体的、精神的な過重負担がその増悪因子となることは、使用者として当然に予見すべき事柄に属する(株式会社おつかわ事件　大阪高裁平成19年1月18日労判940-58)。

⑤　長時間労働が継続するなどして疲労やストレス等が過度に蓄積すると、労働者の心身の健康を損なう危険性のあることは周知の事実であり、また、Aは、見習期間終了前の段階であり、他の労働者が、適宜休憩を取っていても、真面目な性格と、その立場上、他の労働者のように、休憩が取りにくく、また、残業を断ったり、代休を申し出ることも困難であった。そうすると、Aに対し、休日を与えることなく、長時間の過重な労働をさせた被告には、Aの死亡についての予見可能性があり、Aの年齢や、入社時の健康状態、Aが体調不良を訴えなかったこと、同様の労働に従事している他の労働者が同様の疾患に罹患していないこと等をもって、予見可能性がないとはいえない(KYOWA事件　大分地裁平成18年6月15日労判921-21)。

⑥　使用者は、労働者が過重な労働をしていることを認識し得るならば、脳出血が発症し死亡という結果を招来することについて予見は可能であったところ、被告は、Aの労働の内容、程度を認識していたから、被告は、Aの脳出血による死亡を予見することができた(システムコンサルタント事件　東京高裁平成11年7月28日労判770-58)。

⑦　自動車の運転作業は必然的に血圧の上昇を招くことは一般的知見として広く認識されているところであり、自動車運転を業とする者が高血圧症に罹患している率が高いことも併せ鑑みると、使用者としては、労働者が高血圧症に罹患しているか否かを問わず、労働者の拘束時間

や連続運転時間などのほか、休憩場所・仮眠場所等について要求される客観的な安全配慮義務違反に該当する事実を認識している（南堺運輸事件　大阪地裁堺支部平成13年3月8日）。
⑧　Aの従前業務は、勤務時間が長時間にわたる上、業務内容も過重であったところ、被告（具体的には、堺出張所の業務全体を統括する堺出張所長）は、Aの業務が過重であったことを容易に認識し得たのであり、このような過重な業務が原因となって、Aが、心筋梗塞などの虚血性心疾患を発症し、ひいてはAの生命・身体に危険が及ぶ可能性があることを予見し得た（名糖運輸事件　大阪地裁平成13年2月19日）。

イ　労働者の健康状態から予見可能性があったと判断された裁判例
①　会社は、陳旧性心筋梗塞の既往症があり、合併症として高脂血症に罹患していたことを前提に、指導区分「要注意（C）」の指定をし、原則として、時間外労働や休日勤務を禁止し、過激な運動を伴う業務や宿泊を伴う出張をさせないこととしていたから、本件研修に参加させることにより、急性心筋梗塞等の急性心疾患を発症する可能性が高いことを少なくとも認識することが可能であった（NTT東日本北海道支店事件　最高裁第一小法廷平成20年3月27日労判958-5）。
②　会社は健康状態を認識していたから、業務の割り振りや労働時間についてはなおのこと配慮をし、労働により、症状が悪化することのないよう注意すべきであった（和菓子製造会社事件　さいたま地裁平成19年12月5日）。
③　直属の上司である工場長も、会社の健康診断において、179／109mmHgと高血圧が診断されており、その後一時的にAの血圧が正常値に戻ったとしても、その健康状態に留意すべき状態であったことからすれば、Aが、そのような業務状況を続けることにより、精神的肉体的に疲労が蓄積して、血圧が上がるなど健康状態が悪化することは容易に想像がつくものであり、予見可能性がなかったとの被告の主張は採用で

きない(ハヤシ事件　福岡地裁平成19年10月24日労判956-44)。
④　控訴人は、Sにおいて、Aの入院中の営業活動につき消極的に黙認していたとしても、Aがカレンダー配布等が原因となって急死するとは到底予期せず、かつ予期できる状況ではなかったから、予見可能性がないと主張する。しかし、Sは、Aの入院中の営業活動を消極的に黙認していたというような態様ではなく、入院中で安静療養すべきであったAに業務の遂行を強要したものであって、それによって、Aが健康を損ねたことにつき控訴人はその責任を免れない。控訴人は、Aに対し、入院中であるにもかかわらず、業務の遂行を強要したことについて安全配慮義務違反が認められる(住友生命保険相互会社　広島高裁岡山支部平成15年12月4日)。
⑤　使用者は、労働者が高血圧であることを認識し得るならば、脳出血が発症し死亡という結果を招来することについて予見は可能であったところ、被告は、Aが高血圧であることを認識していたから、被告は、Aの脳出血による死亡を予見することができた(システムコンサルタント事件　東京高裁平成11年7月28日労判770-58)。
⑥　Aは死亡前、被告に対し、仕事がしんどいから配達先を断っていたから、被告において、Aが死亡する以前の段階で、客観的に安全配慮義務違反がなされていることを認識していた(南堺運輸事件　大阪地裁堺支部平成13年3月8日)。
⑦　就職当初から高血圧症の基礎疾患を有することを認識できた(富士保安警備事件　東京地裁平成8年3月28日労判694-34)。
⑧　被告消防本部としては、Aが長期の休暇を取るころから同人が心臓に疾患を有する者であったこと、職場復帰の際にはそれが完治しておらず、軽作業程度の勤務が可能であったことを認識していたものであり、更に同人の直接の上司は、その後もAの疾患は完治しておらず、本件訓練も通院治療中であったことを認識していたから、被告消防本部も組織体としてこの事実を認識していた。被告は、本件訓練によってAが不

整脈によって死亡することを予見することは不可能であったと主張し、その理由として、同人は、職場復帰後、外形上正常で、自宅から勤務先まで自転車通勤し、定期健康診断でも特別な疾病がなく、その際の問診でも狭心症で通院中であるなどの話をしておらず、昭和62、3年の耐寒訓練でも何ら健康上の問題を生じなかったのであり、さらに、本件訓練に当たっては、事前及び直前に、被告消防本部から体調不調の者は申し出るように通知、注意がなされているのに、何らの申し出をしなかったことなどを指摘している。確かに、本件訓練の時点に限って考えれば、それまでのAの外形や行動等から被告消防本部の予見可能性としては、被告の主張のようにいえなくもない。しかしながら、被告消防本部は、Aの職場復帰の際には、同人の労作性狭心症が完治していないことを認識していたから、本件訓練による同人の不整脈による死まではともかくとして、同人に負荷の高い運動をさせれば、心臓発作等により不測の事態が発生する可能性を予見することは可能であった。しかも、職場復帰後も個々の職員にはAがニトログリセリン舌下錠を服用するなど同人の病歴を認識していた者が少なからずいたことも考慮すると、被告消防本部には、Aの職場復帰後、労務管理の一環として継続的に同人の健康状態を把握する義務があったにもかかわらず、その義務を尽くさなかった故に、本件訓練の時点では、被告の主張のような予見可能性になってしまったのである。すなわち、もし被告において、Aに対して継続的な健康把握義務を尽くしておれば、本件訓練の時点でAが労作性狭心症による不整脈で死亡する事態を予見することも決して不可能ではなかった。そうすると、被告の主張は、予見可能性の時点を限定しすぎているのみならず、自己に要求される義務を果たさなかった結果として、予見可能性がなかったと主張しているに等しく、論理が逆であり、その主張は採用できない(伊勢市消防局事件　津地裁平成4年9月24日労判630−68)。

⑨　経験則に照らし、健康体の者と同一の長期間でかつ高密度の労働

の継続が高血圧症を増悪させ、脳出血による死亡の結果をも惹起し得るということは、十分予見することが可能であった。しかるに、会社は、就業場所の変更、作業の転換、労働時間の短縮等の措置を何らとることなく、健康体の者と同一の長時間でかつ高密度な労働を長期間にわたって継続させたものであって、高血圧症の従業員に対する使用者としての安全配慮を全く欠如していた。そして、会社は、経験則に照らし、飲酒が高血圧症を増悪させ、脳出血による死亡の結果をも惹起し得ること及び酒好きに「ふるまい酒」を供すれば飲酒することは十分予見することが可能であった。しかるに会社は、飲酒をしないよう生活上の指導をしなかったばかりか、逆に職場である寄場で、高血圧症の者も含めた全作業員に対し、作業終了の直後に連日のように「ふるまい酒」を供していた（川西港運事件　神戸地裁昭和58年10月21日判時1116－105）。

(2) 予見可能性がなかったと判断された裁判例

一方、労働者の健康状態に照らし、予見可能性がなかったと判断された次の裁判例もあります。

> 原告は、本件疾病発症の1年以上前から高血圧症の既往症を有していたが、その程度は必ずしも重症ではなく、その血圧の数値等から本件疾病の発症までをも予測することは不可能であった。原告自身は、被告に対し、休暇取得の申請も体調不良の申出もしなかった。従事していた業務はそれ自体過重ではなく、現実に休暇申請が可能であったにもかかわらず、休暇申請はおろか体調不良の申出もしなかったのであり、かつ、高血圧症の既往症から本件疾病を予測することは不可能であった（友定事件　大阪地裁平成9年9月10日労判725－32）。

3 結果の回避

　危険について、予見可能である場合には、使用者は、その結果を回避するための措置を講じなければなりません。結果を回避するための措置を講じていない、あるいは十分に講じていない場合には、結果回避義務違反が問われます。

(1) 結果を回避するための措置を講じていないと判断された裁判例

① 　会社において、本件研修に参加させることにより、急性心筋梗塞等の急性心疾患を発症する可能性が高いことを少なくとも認識することが可能であったにもかかわらず、健康管理医と職場の上長との協議に基づき、安定した状態にあると判断し、本件研修への参加を決定したのであって、その結果、急性心筋虚血によって死亡するに至ったから、会社の担当者には、義務に違反した過失がある。会社は、本件研修への参加を止めさせるべきであったにもかかわらず、本件研修に参加させた過失があり、民法715条に基づき、損害を賠償する責任がある（NTT東日本北海道支店事件　最高裁第一小法廷平成20年3月27日労判958-5）。

② 　会社は、労働時間を把握し、過度に長い労働を課することのないよう労働時間を統制し、健康が損なわれることのないよう配慮すべき義務があった。とりわけ、会社は健康状態を認識していたから、業務の割り振りや労働時間についてはなおのこと配慮をし、労働により、症状が悪化することのないよう注意すべきであった。にもかかわらず、会社は、労働時間を正確に把握し、管理することなく、恒常的に1日10時間以上の勤務をさせ、行事前には休日出勤や午前零時をまわる長時間の勤務をさせていたから、会社が義務を怠った（和菓子製造会社事件　さいたま地

裁平成19年12月5日）。
③　労働時間等について適切な労働条件を確保する義務を負っていた。しかるに、被告は、平成13年5月8日から6月6日までの間において、労働基準法32条1項に照らすと、およそ138時間46分にも上る時間外労働にAを従事させ、また、この期間中、Aに対して、わずか2日間の休日しか与えず、これにより、Aは、業務に伴う疲労を過度に蓄積していった。そして、被告は、永覚店店長らを通じるなどして、このような過重労働の実態を十分に認識できたし、これにより疲労やストレスなどが過度に蓄積し、労働者の心身の健康を損なう危険があることは周知のとおりであることからすれば、被告は、Aの死亡について予見することが可能であった。以上によれば、被告は、安全配慮義務に違反している（スギヤマ薬品事件　名古屋地裁平成19年10月5日労判947－5）。
④　病院は、労働時間、労働内容、休憩時間及び休憩場所等について適切な配慮をする義務を負っていた。しかるに、健康診断を行ってはいたものの、労働時間や労働内容につき特に配慮することなく、過重な労働に従事させた。かかる労働及び研究活動は、病院において、これらを把握し、あるいは把握し得るものであったと認められ、それにもかかわらず、病院は、健康に配慮して業務量を低減させたり、人員配置を見直す等の処置をとらなかったから、安全配慮義務違反があった（大阪府立病院事件　大阪地裁平成19年3月27日労判972－63）。
⑤　死亡の6か月前に部下従業員6名のうち半数、その前月には残り3名のうち1名が退社して過密な長時間労働を余儀なくされていたことに加え、出張時における緊張を強いられる長距離の車両運転、宿泊先を出発してから到着までの拘束時間等に照らせば、齢60歳にして高血圧に罹患していたAにとっては、明らかに身体的、精神的な限度を超えた過重労務を負担していたもので、会社としては、Aの健康状態にかんがみ、勤務時間を適切に管理し、業務負担を適宜軽減して、Aの生命、健康被害の危険を防止する安全配慮義務があったのに、これに違背（放

置)した(株式会社おつかわ事件　大阪高裁平成19年1月18日労判940-58)。
⑥　被告は、Aの労働状態を認識していたのであるから、Aに対し、過度に長い労働を課することのないよう残業や労働時間を調整し、休日又は代休を定期的に与えることにより最低限の休息日を確保し、業務時間中もAのような若い若しくは見習の従業員も最低限必要な休憩をとることができるように一斉休憩を適宜与えることにより、Aの健康が損なわれることのないよう配慮する義務があった。そして、この注意義務が履行されていたとしたら、Aの死亡は回避できた(KYOWA事件　大分地裁平成18年6月15日労判921-21)。
⑦　本件においては、主として会社における恒常的な公休日返上や長時間勤務と、発症前の献立作成作業による過重な心身の負担に起因したものと認められるところ、会社には、出勤簿による勤務状況の管理以外には労働時間を把握するための実効的な措置を講じることを怠って、恒常的な公休日返上や長時間勤務を放置していた点につき、雇用契約上の安全配慮義務違反が認められた(中の島事件　和歌山地裁平成17年4月12日労判896-28)。
⑧　被告は、労働基準法36条1項に基づく協定を締結することなく、労働時間等に関する規制を逸脱して、大阪支店の労働者に時間外労働及び休日労働を行わせ、しかも、日々の業務に不慣れで、著しい精神的ストレスを受けながら、ときに深夜に及ぶ極めて長時間の勤務を重ね、特に、死亡直前の9日間には休日をまったく取得できないなど疲労解消に必要十分な休日や睡眠時間を確保できないまま業務に従事することを余儀なくされたから、適正な労働条件を確保すべき注意義務を怠った(ジェイ・シー・エム事件　大阪地裁平成16年8月30日労判881-39)。
⑨　研修時間を管理するなどして研修が研修医の健康に害を及ぼさないようにする措置を講じることは一切せず、また、病院における研修開始

時に健康診断を行うことはなく、また、研修中に病院の医師は数秒ほど胸を手で押さえて静止していたのを目撃し異変を感じたことがあったにもかかわらず、そのことが耳鼻咽喉科の研修責任者らに対して報告されたことはなく、また精密検査を行うなどの措置もとられていないことからすれば、研修医に対する健康管理に対して細心の注意を払うことができる態勢すら作っていなかった。したがって、安全配慮義務を怠り、そして、被告が、この安全配慮義務を履行していれば、死亡は回避できた（関西医科大学事件　大阪高裁平成16年7月15日労判879-22）。

⑩　被告は、原告の休日の取得を妨げたとの非難を免れない上、原告の健康管理を怠り、その健康状態に応じて労働時間を軽減するなどの措置を講じず、原告を過重な業務に従事させたものであり、原告に対する安全配慮義務に違反した（和歌の海運送事件　和歌山地裁平成16年2月9日労判874-64）。

⑪　憔悴したまま出勤したAに体調を確認する等の対応を取るべきであった。そして、被告がこのような対応を取っていれば、Aに対し、25日当日予定されていた業務への従事を止めさせた上安静を取らせることもでき、その結果、本件脳梗塞の発症を回避し得た可能性もあった（榎並工務店事件　大阪高裁平成15年5月29日労判858-93）。

⑫　被告は、心臓等に異常があり治療を要する状態にあったAの年齢、健康状態等に応じて従事する作業時間及び内容の軽減、就労場所の変更等の業務内容調整のための適切な措置をとるべき注意義務を怠ったのみならず、法令の要求する労働者の健康管理を適切に講じるための適切な措置をとることができるような体制を整えていなかったであって、仮に、被告がこのような安全配慮義務を履行していれば、Aは死亡しなかった（榎並工務店事件　大阪地裁平成14年4月15日労判858-105）。

⑬　就労が過度に及んでいないかにつき、タイムカードの記載の確認や直接の事情聴取などを行うほか、健康を保持するために必要な措置につ

き医師から個別に意見を聴取するなどして必要な情報を収集し、携わっている業務の内容や量の低減の必要性やその程度につき直ちに検討を開始した上、就労を適宜軽減し、基礎疾患（拡張型心筋症）の増悪を防止して心身の健康を損なうことがないように注意すべきであった。しかるに、医師から意見を聴取することもなく、業務の軽減の必要性について何ら検討すらせず、漫然と過重な業務を課していたのであるから、注意義務に違反した（南大阪マイホームサービス事件　大阪地裁堺支部平成15年4月4日労判854-64）。

⑭　入社後、定期健康診断の結果により基礎疾患の存在とその程度を認識していたから業務を軽減するなどの配慮をすべき義務があったが、業務を軽減することなく、過重な業務を継続して行わせたから、安全配慮義務に違反した（建設・軌道工事請負会社事件　和歌山地裁平成14年12月10日）。

⑮　顕著な改善基準違反の状況、給与体系などから、客観的にみて、被告は、過重な労働をAに強いていたものであり、継続的に蓄積された過労や運転業務に伴う高血圧状態の反復継続が、脳血管障害や疾患等を引き起こすおそれがあることは、一般的に知られており、これがために、改善基準等も定められていることに照らすと、被告は労働者の作業時間及び作業内容等について適切な措置を採るべき義務に違反していた（南堺運輸事件　大阪地裁堺支部平成13年3月8日）。

⑯　被告は、業務の量などを適切に調整するための措置として、Aの健康状態に配慮し、Aの担当コースや配送方法などを早期に変更したり、適宜、休日をとらせるなどすることが著しく困難であったとの事情はない。そして、被告がその措置を講じていれば、Aは、本件発症を免れていた。それにもかかわらず、被告（具体的には、堺出張所長）は、Aに過重な労働を7年以上も強いたため、Aに対し、本件発症に至らしめたから、被告にはAの健康を損なうことがないように注意する義務の違反があった（名糖運輸事件　大阪地裁平成13年2月19日）。

⑰　会社は、定期健康診断の結果を知らせ、精密検査を受けるよう述べるのみで、業務を軽減する措置を採らなかったばかりか、かえって、年間労働時間が3、500時間を超える恒常的な過重業務に就かせ、さらに、本件プロジェクトのプロジェクトリーダーの職務に就かせた後は、要員の不足等により、長時間の残業をせざるを得ず、またユーザーからスケジュールどおりに作業を完成させるよう厳しく要求される一方で協力会社のSEからも増員の要求を受けるなど、精神的に過大な負担がかかっていることを認識していたか、あるいは少なくとも認識できる状況にあるにもかかわらず、特段の負担軽減措置を採ることなく、過重な業務を行わせ続けた。その結果、基礎疾患と相まって、高血圧を増悪させ、ひいては高血圧性脳出血の発症に至らせたものであるから、会社は、安全配慮義務に違反した（システムコンサルタント事件　東京高裁平成11年7月28日労判770−58）。

⑱　長時間労働を連日続けさせるのは、明らかに労働者に身体的・精神的に過重な負担を与え、労働者の生命・健康の安全保持に大きな障害となるものであり、かつ、労働基準法の定める労働時間規制及び休日付与規制を大きく逸脱するものであって安全配慮義務に違反している。作業環境である蔵内の温度設定等について必要な措置を講じたり、交代作業制や複数作業制等適切な作業体制を設定したり、更には休憩、就寝の場所に適切な設備をして疲労回復を図るなどして、各作業による負担が過重にならないよう配慮すべき義務があったのに、これらの点につき、蒸米取りにおいて一部手伝いを付した以外には、何らの配慮もしておらず、その結果、過重な負担・ストレスをかける結果となったから、この点においても、安全配慮義務の違反がある。蔵人を雇い入れるにあたっては、健康診断をしたり、健康診断の結果の書類を提出させる等して、その健康状態を把握し、これを考慮して、健康を保持するために適切な作業条件・作業環境を設定すべきであった（やちや酒造事件　金沢地裁平成10年7月22日判タ1006−193）。

⑲　労働基準法及び就業規則に定める労働時間、休日の保障を全く行わず、恒常的な過重業務を行わせながら採用して以降健康診断を実施せず、健康状態の把握を怠った上、就職当初から高血圧症の基礎疾患を有することを認識できたにもかかわらず、その後の勤務内容等について、年齢、健康状態等に応じた作業内容の軽減等適切な措置を全くとらなかった結果、基礎疾患と相まって、脳梗塞を発症させたから、安全配慮義務に違反した（富士保安警備事件　東京地裁平成8年3月28日労判694-34）。

⑳　健康管理に関する措置や体制の整備を漫然と怠っていた当時の学校の態度は、諸法規の要求する労働安全衛生保持のための公的な責務を果たさない不十分なものであったと同時に、職員らに対する雇用契約関係上の付帯義務として信義則上要求される健康管理に関する安全配慮義務にも反していた（真備学園事件　岡山地裁平成6年12月20日労判672-42）。

㉑　被告消防本部は、Aに対し、本件訓練への参加を免除し、公務遂行の過程において、同人の生命、身体が危険にさらされないように配慮すべき義務があったのに、これを怠り同人を訓練に参加させ、労作性狭心症による不整脈により同人を死亡させた（伊勢市消防局事件　津地裁平成4年9月24日労判630-68）。

㉒　会社は、就業場所の変更、作業の転換、労働時間の短縮等の措置を何らとることなく、健康体の者と同一の長時間でかつ高密度な労働を長期間にわたって継続させたものであって、高血圧症の従業員に対する使用者としての安全配慮を全く欠如していた。また、飲酒をしないよう生活上の指導をしなかったばかりか、逆に職場である寄場で、高血圧症の者も含めた全作業員に対し、作業終了の直後に連日のように「ふるまい酒」を供していたものであって、会社は、その点においても、高血圧症の従業員に対する使用者としての安全配慮を全く欠如していた（川西港運事件　神戸地裁昭和58年10月21日判時1116-105）。

(2) 結果を回避するための措置が十分ではないと判断された裁判例

① 被告は、年に1度従業員に健康診断を受けさせる、週に1度はノー残業デーを設けてAを含む従業員全員に残業をさせないようにする、被告代表者がAに対して早く帰るように声を掛けるなど、一定の配慮は行っていた。しかしながら、製造部部長であるAは、上司である工場長と机を並べ、工場長と共に、管理職の立場として、従業員が仕事を終えるまで待ってから帰るようにしていたのであるから、被告代表者がたまに声を掛けたくらいで、Aが他の従業員や工場長を置いて先に帰るとは通常考えられず、実際にもAは声を掛けられても様々な理由をつけて残っていたのであるから、被告代表者の声掛けは、改善策といえるようなものではない。)、Aが製造部部長の仕事にやりがいを感じて張り切って、弱音を吐かずに仕事を続けることを放置していたから、Aがこのような過重な業務状況に陥ったのは、被告が、杜撰な労務管理を行い、Aの長時間労働等の労働状況を改善する努力をせず、これを放置していたことに起因する。したがって、被告は、適正な労働条件を確保すべき注意義務を怠った（ハヤシ事件　福岡地裁平成19年10月24日労判956-44）。

② Aの復職時の健康状態は、直ちに本件交通事故前と同様の作業内容に従事できる状態になかったのであり、被告もこの事実については、Aその他の同僚を通じて容易に知り得る状況にあったから、その復職にあたり、被告としても、Aの主治医と十分に相談し、あるいは産業医による判断を仰いだ上、Bの健康状態に応じて、残業及び宿日直勤務を禁じ、または、その作業量及び作業時間を制限し、あるいはこの制限のみで不十分な場合には、その職種を変更する等の措置を講ずるべき義務を有していた。この点につき、被告は、Aの復職にあたって、工場長がAに体調等を確認したことによって復職の可否についての注意義務は果たした旨主張する。しかしながら、その確認内容も、医師の判断等を前提にするなど医学的裏付けを基礎になされたものとは認められないし、被

告がAの復職にあたって主治医等に復職の可否を確認した事実も認められない。また、土曜出勤及び残業のみならず、宿直及び日直勤務についても、単に拘束時間が増えるだけではなく、実作業を伴い、疲労の蓄積につながる業務であるにもかかわらず、Aが各勤務を行うについて、被告においてその可否を検討した事実も認められない。したがって、本件復職に際し、被告が行った確認行為の内容及びその程度は、課せられた被告の義務内容に照らすと、不十分な内容と言わざるを得ず、被告が十分に注意義務を果たしたものとはいえない（石川島興業事件大阪高裁平成8年11月28日判タ958-197）。

(3) 結果を回避するための措置について問題がないと判断された裁判例

① タクシー乗務員は、その業務の性質上、業務開始前の点呼を受けた後は自らの判断で自由に車両を運行し、稼働するものであって、運行管理者等が乗務員の健康状態を把握すべきであるといっても、出庫した乗務員の健康状態を逐一把握する義務までは存しない。運行管理規程9条12項が「運行状況を常に把握し、状況に変化がある時は適切な指示を行える体制を確立しておく」と規定しているのは、個々の車両の運行状況について把握すべきことを定めたものではなく、被告の営業区域における道路状況や交通状況をふまえ、一般的に被告の保有する車両の運行状況がどのようになっているかを把握しておくべき義務を定めたものと解される。そうすると、運行管理者等が乗務員の稼働状況ないし動静を常に把握しておくべき義務までは存しない（東宝タクシー事件千葉地裁平成15年12月19日労経速1856-11）。

② 業務が安全配慮義務違反と評価できるほど過重な業務であったとは認めることができない。また、労働安全衛生法に基づく産業医による健康診断は、労働者に対し、当該業務上の配慮をする必要があるか否かを確認することを主たる目的とするものであり、労働者の疾病そのものの

治療を積極的に行うことを目的とするものではないこと、高血圧症は、一般的に知られている疾病であり、その治療は、日常生活の改善や食事療法等のいわゆる一般療法を各個人が自ら行うことが基本であって、一般療法により改善されない場合には、各個人が自らその治療を目的として病院等で受診することが一般的であることに照らすと、仮に、高血圧症が、当時、降圧剤の投薬を開始するのが望ましい状態にあったとしても、産業医がこれを指示しなかったことをもって、直ちに産業医に過失がある、あるいは会社に安全配慮義務違反があるとはいえない（三菱電機事件　静岡地裁平成11年11月25日労判786－46）。

③　従事していた業務はそれ自体過重ではなく、現実に休暇申請が可能であったにもかかわらず、休暇申請はおろか体調不良の申出もしなかったのであり、かつ、高血圧症の既往症から本件疾病を予測することは不可能であったから、かかる状況下にあっては、就業するにつき、その生命・身体・健康を配慮して、その安全のために、特別の措置を講じるべき義務があったということはできないので、本件疾病の発症防止のために、安全配慮義務を負っていたと認めることはできない（友定事件　大阪地裁平成9年9月10日労判725－32）。

④　原告らは、「(1)被告会社は、Aの本件中国課長就任後の業務が極めて過重であったのであるから、本件中国課に人員を増員し、もってその業務の軽減を図るべきであったのに、これを怠った。(2)被告会社は、Aの本件中国課長就任後の業務が極めて過重であったから、Aに適切な健康診断を実施してその脳心臓疾患等の過労性疾病の早期発見に努めるべきであったのに、これを怠った。(3)被告会社は、昭和57年2月22日頃に、Aから、「健康状態不良」と記載された業務報告書の提出を受けたから、直ちに適切な健康診断を実施し、また、以後の出張を中止させるなど適切な業務軽減措置を講じるべきであったのに、これを怠った。(4)更に、被告会社は、昭和57年3月12日の朝、Aから、当日の健康状態が不良である旨の連絡を受けたのであるから、Aに対し

て当日の出社を控えさせるべきであったのに、これをしなかった。(5)また、Aが出社した後は、Aをして直ちに医療機関で受診させるなどの措置を講じるべきであったのに、これを怠り、また、Aをして一人で離席させるべきではなかったのに、離席させた。」旨を主張する。しかし、仮にAの業務の遂行と本件狭心症及び本件心筋梗塞との間に条件的因果関係及び相当因果関係があるとしても、(1)及び(2)については、Aの本件中国課長としての業務が同人の健康を害するほどに過重なものであったといえないから、原告らの主張はその前提を欠くものであり、(3)については、Aは、上司にあたるB推進部長からその後の状態を尋ねられて、「その後は大丈夫であった。」旨を答えているから、被告会社においてAにつき適切な健康診断を実施し、また、その業務軽減措置を講ずべきであったとまではいい難く(なお、被告会社は、その後、呼吸器検診とはいえ健康診断を実施しており、Aがその際に自己の健康状態が不良である旨を訴えた事実はない。)、(4)については、Aは課長であって自己の判断と責任において出社を決定したと認められ、上司に出社の要否を尋ねたりあるいは休暇の申請をしたりしたわけではないから、たとえ、Aに出張の準備のために出社しなければならない事情があったとしても、被告会社の上司にこれを控えさせる義務があったとまではいえず、(5)についても、Aは、出社後は一応通常どおりに仕事をしていたのであって、外形的には何ら異常と認めるべき事情はなかったから、被告会社の上司にAをして直ちに医療機関で受診させるべき義務があったとはいえず、また、Aをして一人で離席させてはならない義務があったものともいえない(旺文社事件　千葉地裁平成8年7月19日判時1596-93)。

第13章
脳・心臓疾患などの発症の防止に関する民事責任と労働安全衛生法令などとの関係

「脳・心臓疾患などの発症の防止に関する民事責任と労働安全衛生法令などとの関係」のポイント

1　脳・心臓疾患などの発症の防止に関する民事責任として行わなければならない措置と労働安全衛生法との関係

2　脳・心臓疾患などの発症の防止に関する民事責任として行わなければならない措置と労働基準法との関係

3　脳・心臓疾患などの発症の防止に関する民事責任として行わなければならない措置と「自動車運転者の労働時間等の改善のための基準」との関係

4　脳・心臓疾患などの発症の防止に関する民事責任として行わなければならない措置と脳・心臓疾患に関する認定基準との関係

「脳・心臓疾患などの発症の予防に関する民事責任と労働安全衛生法令などとの関係」のポイント

1　脳・心臓疾患などの発症の防止に関する民事責任として行わなければならない措置に関しても、労働安全衛生法の①目的や②事業者の責務、③労働衛生管理体制、④作業管理、⑤健康診断、に関する規定との関係が問題となった裁判例がある。

2　脳・心臓疾患などの発症の防止に関する民事責任として行わなければならない措置に関しても、①労働基準法の法定労働時間や休日を超えて労働させたことや②時間外・休日労働協定（36協定）を締結せずに時間外労働をさせたことが問題となった裁判例がある。

3　1か月単位の変形労働時間制について、その適用要件を満たすことなく、行っていたことが問題となった裁判例がある。

4　労働者の業務が裁量労働であったことをもって、安全配慮義務違反がないとすることはできないとする裁判例がある。

5　労働時間、休憩および休日に関する規定が適用されない管理監督者についても、業務遂行に伴う疲労や心理的負荷などが過度に蓄積して労働者の心身の健康を損なうことのないように、適正に労働時間管理を行うことが求められている。

6　労働基準法や労働安全衛生法などが適用される労働者であるか否かにかかわらず、過重労働による脳・心臓疾患などの発症を防止する措置を講じなければならない。

7　自動車運転者の労働時間については、長時間の過重な労働となりやすいことなどにかんがみ、「自動車運転者の労働時間等の改善のための基準」が策定され、拘束時間などについて、通常の労働と異なる規制がされているため、自動車運転者については、この基準

> に違反する場合には、過重な労働であると評価される場合がある。
> 8 脳血管疾患及び虚血性心疾患等の認定基準」は、労災補償に関する認定基準であるが、使用者の労働者に対する民事賠償責任に関しても、その基準になる場合がある。
> 9 労災補償と使用者の労働者に対する民事賠償責任とは、法的には直接の関係はないが、実際の裁判例においては、民事賠償責任の根拠として、労災補償の認定が行われたことや認定手続に関する資料が用いられることがある。

1 脳・心臓疾患などの発症の防止に関する民事責任として行わなければならない措置と労働安全衛生法との関係

　脳・心臓疾患などの発症の防止に関しても、労働安全衛生法や労働安全衛生規則などに定める義務は、使用者の国に対する公法上の義務と解されていますが、その規定する内容は、使用者の労働者に対する私法上の義務の内容ともなり、その基準になる（内外ゴム事件　神戸地裁平成2年12月27日労判596-69）と考えられます。

(1) 労働安全衛生法の目的や事業者の責務に関する規定との関係

ア　労働安全衛生法の目的に関する規定との関係

　労働安全衛生法の目的に関する規定を根拠に使用者が講ずべき措置に関する判断をした次のような裁判例があります。

> 労働安全衛生法の目的（同法1条）にも鑑みれば、これらの義務は、心身に何らかの基礎疾患をもつ労働者について、危険性が生じるのを防止する目的をも有する。そうすると、使用者は、その雇用する労働者に従事させる業務を定めてこれを管理するに際し、業務の遂行に伴う疲労や心

理的負荷等が過度に蓄積して当該労働者の基礎疾患を増悪させ、心身の健康を損なうことがないよう注意する義務を負う(南大阪マイホームサービス事件　大阪地裁堺支部平成15年4月4日労判854-64)。

イ　事業者の責務に関する規定との関係
　事業者の責務に関する規定を根拠に使用者が講ずべき措置に関する判断をした次のような裁判例があります。

　労働安全衛生法3条1項は、事業者等の責務として「事業者は、単にこの法律で定める労働災害の防止のための最低基準を守るだけでなく、快適な作業環境の実現と労働条件の改善を通じて職場における労働者の安全と健康を確保するようにしなければならない…」旨定めている。事業者である被告は、学校の設置者として、学校に勤務する職員らのために労働安全衛生法ないし学校保健法等の規定する内容の公的責務を負担すると同時に、これらの規定の存在を前提に、被告と雇用契約関係にある職員らに対しても、直接、雇用契約関係の付帯義務として、信義則上、健康診断やその結果に基づく事後措置等により、その健康状態を把握し、その健康保持のために適切な措置をとるなどして、その健康管理に関する安全配慮義務を負う(真備学園事件　岡山地裁平成6年12月20日労判672-42)。

(2) 労働衛生管理体制に関する規定との関係

　労働安全衛生法は、衛生管理者や産業医の選任や衛生委員会の設置を定めています。このような労働衛生管理体制との関係が問題となった次のような裁判例があります。

ア　衛生管理者
　被告は、衛生管理者を設けていない(ハヤシ事件　福岡地裁平成19年10月24日労判956-44)。

イ　産業医

①　労働安全衛生法関係法令によれば、被告は、労働者の健康管理等をその職務とする産業医を選任すること（労働安全衛生法13条、労働安全衛生法施行令5条）が必要であったところ、被告は産業医を選任しなかった（榎並工務店事件　大阪地裁平成14年4月15日労判858－105）。

③　労働安全衛生法13条、同法施行令5条は「事業者は、常時50人以上の労働者を使用するすべての事業場ごとに…医師のうちから産業医を選任し、その者に労働者の健康管理…を行わせなければならない」旨定め、同規則14条1項は、産業医の職務として、健康診断の実施その他労働者の健康管理に関することを定めている。なお、学校保健法16条1項、4項は「学校には学校医を置くものとし、学校医は、学校における保健管理に関する専門的事項に関し、技術及び指導に従事する」旨定めている。しかるに、学校の人的組織上は校医として医師の名が掲げられてはいたものの、当該医師が職員の健康診断や健康に関する指導相談に当たるなど健康管理に関する措置を講じていた形跡もない（真備学園事件　岡山地裁平成6年12月20日労判672－42）。

ウ　衛生委員会

被告は、衛生委員会を設けていない（ハヤシ事件　福岡地裁平成19年10月24日労判956－44）。

(3) 作業管理に関する規定との関係

作業管理に関する規定を根拠に使用者が講ずべき措置に関する判断をした次のような裁判例があります。

労働安全衛生法65条の3が事業者に労働者の健康に配慮してその従事する作業の適切な管理に努めるべき旨をも定めていることにも鑑みれば、これらの義務は、心身に何らかの基礎疾患をもつ労働者について、危

> 険性が生じるのを防止する目的をも有する。そうすると、使用者は、その雇用する労働者に従事させる業務を定めてこれを管理するに際し、業務の遂行に伴う疲労や心理的負荷等が過度に蓄積して当該労働者の基礎疾患を増悪させ、心身の健康を損なうことがないよう注意する義務を負う（南大阪マイホームサービス事件　大阪地裁堺支部平成15年4月4日労判854−64）。

(4) 健康診断に関する規定との関係
ア　一般健康診断の実施に関する規定との関係

　事業者は、労働者に対し、①常時使用する労働者を雇い入れるときに行う健康診断、②常時使用する労働者（③の労働者を除く）に対し、1年以内ごとに1回、定期に行う健康診断、③深夜業を含む業務など特定業務に常時従事する労働者に対し、その業務への配置替えの際および6月以内ごとに1回、定期に行う健康診断などを行わなければなりません（第1章83〜84頁参照）。

1）雇入れ時の健康診断の実施

　事業者は、常時使用する労働者を雇い入れるときには、労働者に対し健康診断を行わなければなりません。これに関しては、研修医に対して、雇入れ時の健康診断を行っていないと判断された次の裁判例があります。

> 病院における研修開始時に健康診断を行うことはなかった（関西医科大学事件　大阪高裁平成16年7月15日労判879−22）。

　事業者が雇入れ時の健康診断を実施しなければならない常時使用する労働者には一般に季節労働者は含みませんが、このような季節労働者に対しても、これを行わなければならないとする次の裁判例があります。

> 酒造りの業務においては蔵人にこのような身体的・精神的な負担・ストレスをかける作業が予定されているから、会社としては、蔵人を雇い入れる

にあたっては、健康診断をしたり、健康診断の結果の書類を提出させるなどして、その健康状態を把握し、これを考慮して、健康を保持するために適切な作業条件・作業環境を設定すべきであった。しかるに、健康状態を全く把握しようとせず、「やや高血圧」という状態にあることを認識しないまま、過重な負担を課する労働をさせ続けたものであって、この意味でも、安全配慮義務の違反があった。会社における労働内容や15年連続蔵人として働いてきたことを併せ考えると、季節労働者であったことをもっては、会社に健康状態を把握して配慮を加えるべき義務があったことを左右することはできない（やちや酒造事件　金沢地裁平成10年7月22日判タ1006-193）。

2）定期の健康診断の実施

常時使用する労働者に対しては、原則として1年以内ごとに1回定期に健康診断を行わなければなりませんが、この定期の健康診断を行っていないと判断された次の裁判例があります。

恒常的な過重業務を行わせながら採用して以降健康診断を実施せず、健康状態の把握を怠った（富士保安警備事件　東京地裁平成8年3月28日労判694-34）。

また、健康診断については、実施すべき項目が定められていますが、その項目のすべてを行っていないと判断された次の裁判例があります。

労働安全衛生法66条1項は「事業者は、労働者に対し、労働省令で定めるところにより、医師による健康診断を行なわなければならない」と定め、同条7項は「事業者は…健康診断の結果、労働者の健康を保持するため必要があると認めるときは、当該労働者の実情を考慮して、就業場所の変更、作業の転換、労働時間の短縮等の措置を講…じなければならない」旨定め、労働安全衛生規則44条（平成元年6月30日改正前）は「事業者は、常時使用する労働者…に対し、1年以内ごとに1回、定期に、次

の項目について医師による健康診断を行わなければならない」とし、項目として「既往症及び業務歴の調査、自覚症状及び他覚症状の有無の検査、身長、体重、視力及び聴力の検査、胸部エックス線検査…、血圧の測定並びに尿中の糖及び蛋白の有無の検査」を定め、同規則51条(同)は「事業者は…健康診断の結果に基づき、一般健康診断個人票…を作成して、これを5年間保存しなければならない」旨定めている。なお、学校保健法8条(職員の健康診断の義務付けについて)、同法施行規則10条(検査の項目について)、同規則12条(健康診断票作成の義務付けについて)、同規則13条(健康診断の結果に基づく事後措置について)にも、同趣旨の規定が存在する。これら諸規定の趣旨に照らすと、事業者である被告は、学校の設置者として、学校に勤務する職員らのために労働安全衛生法ないし学校保健法等の規定する内容の公的責務を負担すると同時に、これらの規定の存在を前提に、被告と雇用契約関係にある職員に対しても、直接、雇用契約関係の付帯義務として、信義則上、健康診断やその結果に基づく事後措置等により、その健康状態を把握し、その健康保持のために適切な措置をとるなどして、その健康管理に関する安全配慮義務を負う。学校では、各法規定の定めに則した職員を対象とする正規の健康診断等は実施されておらず、僅かに、毎年1回民間医療機関である岡山クリニック及び財団法人淳風会に胸部エックス線間接撮影並びに尿中の糖及び蛋白の有無の検査を委託し、その検査結果の報告を受けるにすぎず、血圧については、学校の保健室に血圧計を常時2基設備して職員が自由に血圧を測定することができるようにしていたが、健康診断の一項目として血圧検査が実施されたことはなかった(真備学園事件　岡山地裁平成6年12月20日労判672-42)。

3)特定業務従事者に対する健康診断の実施

深夜業を含む業務など特定業務に常時従事する労働者に対しては、6か月以内ごとに1回定期に健康診断を行わなければなりませんこれを行っ

ていないと判断された次の裁判例があります。

　労働安全衛生法関係法令によれば、被告は、深夜業務に定期的に従事するAに対する定期健康診断を年2回行わなければならない（労働安全衛生規則45条1項、13条1項2号ヌ）とされているところ、被告はAに対する定期健康診断を年1回しか実施しなかった（榎並工務店事件　大阪地裁平成14年4月15日労判858－105）。

イ　健康診断結果の記録

　事業者は、一般健康診断を行った場合には、健康診断個人票を作成して健康診断の結果を記録し、5年間保存しなければなりません（第1章86頁参照）。健康診断の結果の記録が行われていないと判断された次の裁判例があります。

　学校では職員の健康診断個人票も作成されていた形跡はない（真備学園事件　岡山地裁平成6年12月20日労判672－42）。

ウ　健康診断の結果についての医師などからの意見の聴取

　事業者は、健康診断の結果（健康診断の項目に異常の所見があると診断された労働者に限る）に基づき、その労働者の健康を保持するために必要な措置について、医師などの意見を聴かなければなりません（第1章86～87頁参照）。健康診断の結果についての医師などからの意見の聴取が行われていないと判断された次の裁判例があります。

　労働安全衛生法関係法令によれば、被告は、当該労働者の健康を保持するための必要な措置について医師の意見を聴取したりすることも必要であったところ、医師の意見も聴取しなかった（榎並工務店事件　大阪地裁平成14年4月15日労判858－105）。

エ　健康診断結果に基づく事後措置

　事業者は、健康診断結果に基づき、医師などの意見を勘案し、その必要

があるときは、労働者の実情を考慮して、就業場所の変更、作業の転換、労働時間の短縮、深夜業の回数の減少、作業環境測定の実施、施設・設備の設置・整備、医師や歯科医師の意見の衛生委員会などへの報告などの適切な措置を講じなければなりません（第1章87頁参照）。健康診断結果に基づく事後措置が適切に行われていないと判断した次のような裁判例があります。

> ① 年に1度従業員に健康診断を受けさせるなど、一定の配慮は行っていた。しかしながら、被告は、従業員の健康診断の結果を把握しようともしていない（ハヤシ事件　福岡地裁平成19年10月24日労判956－44）。
>
> ② 労働安全衛生法関係法令によれば、被告は、健康診断の結果、労働者の健康を保持するため必要があると認めるときは、当該労働者の実情を考慮して、就業場所の変更、作業の転換、労働時間の短縮等の措置を講じるなどの適切な措置をとらなければならない（労働安全衛生法66条7項）とされていたところ、健康診断の結果をそのまま本人に渡すだけで、本人から会社に対して健康診断の結果のコピーが提出されていたものの、要治療や要二次検査の所見が出た労働者が病院に行くことができるよう、作業の日程を調整したことはなく、被告からAの直属の上司に対して、Aの健康状態に関する情報は何ら伝えられておらず、上司らは住友金属プランテックから受注した仕事を割り振る際、Aの作業配分を特に考慮したこともなかった（榎並工務店事件　大阪地裁平成14年4月15日労判858－105）。

オ　健康診断に関する規定を根拠に使用者が講ずべき措置に関する判断をした裁判例

このほか、健康診断に関する規定を根拠に使用者が講ずべき措置に関する判断をした次の裁判例があります。

> 労働安全衛生法66条1項は、事業者が、労働者に対して医師による健

康診断を行うべきこと(以下「健康診断実施義務」という。)を罰則(同法120条1号)をもって強制するとともに、同法66条の2は、異常の所見があると診断された健康診断の結果に基づいて、当該労働者の健康を保持するために必要な措置について医師の意見を聞かなければならない(以下「意見聴取義務」という。)ものとし、さらに、同法66条の3は、医師の意見を勘案し、その必要があると認めるときは、当該労働者の実情を考慮して、就業場所の変更、作業の転換、労働時間の短縮等の措置等適切な措置を講ずべきものとしている(以下「措置義務」という。)が、健康診断実施義務、意見聴取義務及び措置義務は、心身に何らかの基礎疾患をもつ労働者について、危険性が生じるのを防止する目的をも有する。そうすると、使用者は、その雇用する労働者に従事させる業務を定めてこれを管理するに際し、業務の遂行に伴う疲労や心理的負荷等が過度に蓄積して当該労働者の基礎疾患を増悪させ、心身の健康を損なうことがないよう注意する義務を負う(南大阪マイホームサービス事件　大阪地裁堺支部平成15年4月4日労判854-64)。

2　脳・心臓疾患などの発症の防止に関する使用者の民事責任として行わなければならない措置と労働基準法との関係

(1) 時間外・休日労働の時間・日数との関係

　使用者は、労働者に、休憩時間を除き、原則として、1週間について40時間(特例措置の事業所)については44時間)を超えて、また、1週間のそれぞれの日について8時間を超えて、労働させてはなりません。また、毎週1回または4週間を通じ4日以上の休日を与えなければなりません(第2章102～119頁参照)。これらの法定労働時間や休日を超えて労働させたことが問題となった次の裁判例があります。

①　労働基準法32条1項に照らすと、およそ138時間46分にも上る時間

外労働にAを従事させ、これにより、Aは、業務に伴う疲労を過度に蓄積していった（スギヤマ薬品事件　名古屋地裁平成19年10月5日労判947-5）。
② このような長時間労働を連日続けさせるのは、労働基準法の定める労働時間規制及び休日付与規制を大きく逸脱するものであって、安全配慮義務に違反している（やちや酒造事件　金沢地裁平成10年7月22日判夕1006-193）。

(2) 時間外・休日労働協定（36協定）との関係

　法定労働時間や休日を超えて労働させる場合には、災害その他避けることのできない事由によって臨時の必要が発生した場合で、労働基準監督署長の許可（事態急迫の場合事後の届出）を受けた場合を除き、その事業所に労働者の過半数で組織する労働組合があるときはその労働組合、労働者の過半数で組織する労働組合がないときは労働者の過半数を代表する者と時間外・休日労働協定（36協定）を結び、36協定の範囲内で行わせることができます（第2章120～125頁参照）。36協定を締結せずに時間外労働をさせたことが問題となった次のような裁判例があります。

① 被告は、労働基準法36条1項に基づく協定を締結することなく、労働時間等に関する規制を逸脱して、大阪支店の労働者に時間外労働及び休日労働を行わせたから、適正な労働条件を確保すべき注意義務を怠った（ジェイ・シー・エム事件　大阪地裁平成16年8月30日労判881-39）。
② Aが従事した業務は、被告に就職した当初から労働時間が長時間に及んでいたが、被告は三六協定を締結することなく従業員に違法に時間外及び休日労働を継続させていたから、被告が、適正な労働条件を確保し業務内容調整のための適切な措置をとるべき注意義務を怠った（榎並工務店事件　大阪地裁平成14年4月15日労判858-105）。

③　Aは、脳梗塞発症前の平成2年3月26日から同年4月22日までの4週間に拘束時間が432時間、労働時間が320時間の警備業務に従事し、その間休日が全くなく、これらが労働基準法（32条、35条）の定める最低基準に違反していることは明らかであり（会社において、いわゆる三六協定が締結されていたことを認めるに足りる証拠はない。）、労働基準法及び就業規則に定める労働時間、休日の保障を全く行わず、恒常的な過重業務を行わせた（富士保安警備事件　東京地裁平成8年3月28日労判694-34）。

(3) 変形労働時間制との関係

　変形労働時間制には、1か月単位の変形労働時間制、1年単位の変形労働時間制、1週間単位の非定型的変形労働時間制およびフレックスタイム制があり、変形労働時間制は、それぞれごとに定める適用要件を満たさなければ、採用できません（第2章102～109頁参照）。このうち、1か月単位の変形労働時間制について、その適用要件を満たすことなく、行っていたことが問題となった次の裁判例があります。

　　Aが従事した業務は、被告に就職した当初から労働時間が長時間に及んでいたが、被告は1か月単位の変形労働時間制を採用していたにもかかわらず変形労働時間とする週及び日並びに各日の所定労働時間を労使協定、就業規則により、変更期間の開始前に予め具体的に特定することを求める労働基準法32条の4の規定に違背した運用を行っていたから、被告が、適正な労働条件を確保し業務内容調整のための適切な措置をとるべき注意義務を怠った（榎並工務店事件　大阪地裁平成14年4月15日労判858-105）。

(4) みなし労働時間制との関係

　みなし労働時間制には、事業場外労働、専門業務型裁量労働制および企画業務型裁量労働制があり、「労働時間の適正な把握のために使用者

が講ずべき措置に関する基準」においては、みなし労働時間制が適用される労働者には適用されません（第2章109～116頁参照）が、これに関して、次のような裁判例があります。

> 労働者の労働時間の適正な把握のために講ずべき基準の適用を除外されたみなし労働時間制を採用された労働者についても生命及び健康の保持や確保（業務遂行に伴う疲労や心理的負荷等が過度に蓄積して労働者の心身の健康を損なうことのないように配慮すること）の観点から勤務時間管理をすべきことが求められている（京都市教育委員会事件京都地裁平成20年4月23日労判961－13）。

　また、このうち、専門業務型裁量労働制の労働者に関する次のような裁判例があります。

> システムエンジニアについて、「被告は、Aの業務はいわゆる裁量労働であり時間外労働につき業務命令がなかったことを理由に、被告に安全配慮義務違反はないとも主張する。しかし、取引先から作業の完了が急がされている本件プロジェクトのリーダーとして、Aを業務に就かせている以上、仮にAの業務がいわゆる裁量労働であったことをもって、被告の安全配慮義務違反がないとすることはできない（システムコンサルタント事件東京高裁平成11年7月28日労判770－58）。」

(5) 管理・監督者に関する取扱い
ア　管理・監督者に関する取扱い
　管理・監督の地位にある者や機密の事務を取り扱う者については、労働時間、休憩および休日に関する規定は適用されません（第2章128～129頁参照）が、これに関して、次のような裁判例があります。

> 労働者の労働時間の適正な把握のために講ずべき基準の適用を除外された管理監督者についても生命及び健康の保持や確保（業務遂行に伴う疲労や心理的負荷等が過度に蓄積して労働者の心身の健康を

損なうことのないように配慮すること)の観点から勤務時間管理をすべきことが求められている(京都市教育委員会事件　京都地裁平成20年4月23日労判961-13)。

イ　管理・監督者に関する裁判例

　管理・監督者の脳・心臓疾患の発症に関して、次のような裁判例があります。

1)産業用ロボット製作会社の製造部長のケース

　代表者、工場長に次ぐ3番目の役職にあり、産業用ロボットの製作等を目的とする被告の製造部部長として製品の見積及び製造工程の管理を行っていたものであり、その職責は重大であった。Aは、製造部部長という管理職にあり、Aと机を並べている上司である工場長も、管理職としての責任感から、他の従業員の仕事を待って、遅くまで残っているという状況からすれば、事実上、製造部の従業員が仕事を終えるまでは帰宅できない状況にあり、本来帰宅できるのに勝手に待っていたにすぎないと評価するのは適切ではない。また、従業員を待っている間、自由な時間を過ごしていたことを考慮しても、帰りたくても帰れない状況というのは精神的肉体的な疲労を蓄積する。さらに、Aが、他の従業員が残業をしていない場合に趣味のために会社に残っていたことがあったとしても、工場長は、基本的に遅くまで残っているのは仕事があるからかとの問いに対して、我々は管理職なので現場の作業があるときは残らざるを得ないという気持ちで残っているなどと答えていることからすれば、Aが遅くまで会社に残っていたのは、基本的には他の従業員の仕事が終わるのを待っている場合であって、完全に趣味のために残っていることがあったとしても極めて少ない。したがって、Aは長時間労働により精神的肉体的に疲労が蓄積していた(ハヤシ事件　福岡地裁平成19年10月24日労判956-44)。

2) ホテルの料理長のケース

　会社において献立の作成や新しい料理の考案が料理長の職責とされていたこと、ホテル内ではそれらの作業を遂行することは困難であるため、自宅で行わざるを得なかったこと、実際に、公休日や就労後に帰宅した後に自宅において献立を作成していたことなどの事実を総合すれば、自宅における献立等の作成に要した時間についても、会社における料理長としての業務を遂行していた時間と評価することができ、その1か月当たりの時間外労働は、恒常的に、業務と脳血管疾患等の発症との関連性が強いとされる1か月当たり80時間に近いか、場合によってはこれを超えるものであった上、発症前1か月については、これに更に献立ないし新しい料理の考案などに要した自宅での業務遂行時間も加わることから、かなりの時間外労働を負担していた。また、本件発症当時、調理場の現場の実情、調理課員の勤務実態と会社の基本方針との間で板挟みになり、肉体的のみならず、精神的にも強いストレスを負っていたことがうかがえる。以前から調理課員の増員や待遇改善を求めていたことに照らせば、この会議において受けたストレスは必ずしも小さくなかった。本件においては、業務外の要因も一定の寄与をしているものの、主として会社における恒常的な公休日返上や長時間勤務と、発症前の献立作成作業による過重な心身の負担に起因したものと認められるところ、会社には、出勤簿による勤務状況の管理以外には労働時間を把握するための実効的な措置を講じることを怠って、恒常的な公休日返上や長時間勤務を放置していた点につき、雇用契約上の安全配慮義務違反が認められた（中の島事件　和歌山地裁平成17年4月12日労判896-28）。

(6) **労働者か否かが問題となる者**

　労働基準法や労働安全衛生法などが適用される労働者とは、「職業の種類を問わず、事業に使用される者で、賃金を支払われる者」をいい（労働基準法第9条）、「労働者」に当たるか否かについては、①勤務時間・勤務

場所の拘束の程度と有無、②業務の内容及び遂行方法に対する指揮命令の有無、③仕事の依頼に対する諾否の自由の有無、④機械や器具の所有や負担関係、⑤報酬の額や性格、⑥専属性の有無などの要素を総合的に考慮して判断されます（第1章31～32頁参照）。

このように、労働者か否かが問題となる者の脳・心臓疾患の発症に関しても、次のような裁判例があります。

ア　大学病院の研修医のケース

　病院における研修は、医師国家試験に合格した医師を臨床医に育成するという教育的側面があると同時に、他面において、医師免許を取得した研修医は、入院患者に対する採血・点滴、指導医の処置の補助など被告の業務の一部を研修の一環として担っており、奨学金名目で実質的にはその労働の対価と考えられる金員を受領していたことからすると、具体的指揮・監督に基づき労働を提供していた。そして、従事していた初期の研修のみに着目すれば教育的側面が大きいとしても、その後は、研修医として主治医となったり手術を担当したりするなど被告の重要な業務の一部を担うことが予定され、更に順調にいけば2年間の臨床研修プログラムを終えた後も、他の同僚研修医や先輩研修医と同様に、被告病院又は被告の指示のもとその関連病院で医師として勤務することが予定されていたから、研修医の研修は、その内容が高度に専門的であるため長期にわたってはいるが、一般企業でいうところの新人研修的な性格を有している。つまり、医師のような高度に専門的な職業の場合、医師国家試験に合格した後、臨床医に必要な知識・技術を修得するためには相当の研修を積まなければならないことは当然であり、その初期において教育的側面が強いとしても、研修医が将来的にも病院やその関連病院で勤務しようとすれば、どうしても病院の指導監督の下に行われる研修を忠実に遂行していく必要があるから、臨床研修には徒弟的な側面が存することも考慮すれば、研修医と病院との間には、教育的側面があることを加味しても、労働

契約関係と同様な指揮命令関係を認めることができる(関西医科大学事件　大阪高裁平成16年7月15日労判879-22、大阪地裁平成14年2月25日労判827-133)。

イ　専務取締役のケース

　Aは、久しく会社の取締役の肩書を付されていたとはいうものの、その職種、労務内容、勤務時間、労務の提供場所等の実態に即してみれば、取締役の名称は名目的に付されたものにすぎず、会社との法律関係は、その指揮命令に基づき営業社員としての労務を提供すべき雇用契約の域を出ないものであって、会社がAに対し、一般的に安全配慮義務を負担すべき地位にあった。被控訴人らは、Aは委任契約法理により律せられるべき取締役として、他の従業員とは異なる権限と地位を付与されており、会社の指揮命令に従い労務を提供する関係になかったから双方間には、およそ安全配慮義務を観念する余地がない旨反論するが、もともと会社が所有と経営の分離しない小規模会社で、Aの会社での地位が利益参加の機会を有しないものであることや、本来の株式会社としての株主総会、取締役会の開催もなく、定款には専務取締役の業務執行権の規定も、Aが取締役会決議に基づき業務執行権が付与された事実も、さらに専務取締役の職務分掌を定める内規の類もないものであって、Aが、業務のかたわら代表者の日常的な相談相手となったり、他の従業員と異なる権限を付与されたり、処遇を受けてきた(部下従業員の指揮監督、新規採用者の採否の相談、商品の取扱、交際費、具体的業務遂行過程における広い裁量、勤務時間管理、高給等)のは、基本的には、創業時から多年にわたる営業社員としての知識、経験、実績、さらには代表者一族並びに取引先との間に築かれた信頼関係を背景に、いわば営業、労務を含む幅広い代表者の補助的な役割が要請され、これに対応した長年の社内慣行・態勢により形成されたものにすぎないと推測され、業務執行者である代表者の黙示的な指揮命令の下で労務を提供する立場にあったことと矛盾しな

い。したがって、会社が、このようなAの業務遂行について、およそいかなる安全配慮義務も負担しないとする主張は採用しない（株式会社おつかわ事件　大阪高裁平成19年1月18日労判940号58）。

ウ　傭車運転手のケース

　原告は、被告において運送の業務に従事するに当たり、自己の所有・管理に属する普通貨物自動車を使用していたこと、原告は、たまに和歌山市新和歌浦にある被告の事務所に顔を出す程度であり、タイムカードや出勤簿に押印したことがないこと、被告は、原告の売上に応じて報酬を計算し、所得税の源泉徴収をしていたが、社会保険等の保険料の控除をしていなかったこと、被告は、原告を被告の運送の業務に従事させるに当たって、運送の経路の指定や高速道路の使用制限をしなかったことなどを指摘でき、これらの諸点にかんがみると、原告を被告の労働者と認めるのは困難であり、被告が原告を運転手として雇用していたということはできない。しかし、他方において、原告は、被告から鮮魚の配達先や冷凍食品の積み込み先の指示を受け、運送作業日報と受取伝票を被告の事務所に届けており、仕事に関しては従業員運転手と同様に被告から指示を受け、これに従って運送の業務に従事していたこと、原告は、妻から仕事を休むように言われたものの、被告の意向に反して休みを取った運転手が被告を辞めざるを得なくなったこともあって、ほとんど休みを取っていなかったことなどを考慮すると、原告は、被告の業務に従事するに当たり、時間的、場所的に従業員運転手とほぼ同様の拘束を受け、しかも、専属的に被告の運送業務に携わっており、被告の意向に反して仕事を休むことができなかったのであるから、被告と原告との間には、雇用契約は認められないものの、原告が被告の指揮監督の下に労務を提供するという関係が認められ、雇用契約に準じるような使用従属関係があった。したがって、被告は、信義則上、原告に対して安全配慮義務を負うべき立場にあった（和歌の海運送事件　和歌山地裁平成16年2月9日労判874-64）。

3 脳・心臓疾患などの発症の防止に関する民事責任として行わなければならない措置と「自動車運転者の労働時間等の改善のための基準」との関係

　自動車運転者の労働時間については、長時間の過重な労働となりやすいことなどにかんがみ、「自動車運転者の労働時間等の改善のための基準」が策定され、拘束時間などについて、通常の労働と異なる規制がされています（第2章131～136頁参照）。このため、自動車運転者については、この基準に違反する場合には、過重な労働であると評価される場合があります。これに関しては、次のような裁判例があります。

① 　自動車運転業務については、特に、労働安全衛生法や同規則、監督官庁による通達等の一連の法令等によって、労働者の健康の維持・増進や交通事故の防止等の観点から規定がおかれ、種々の規制が設けられていることに照らすと、かかる法令等による規制は、安全配慮義務の内容、違反の有無、程度を判断するための重要な資料となる。一般乗用旅客自動車運送業以外の事業に従事する自動車運転者の拘束時間等については、改善基準4条において規定が存在し、使用者に対して、その遵守を義務づけている。平成3年1月6日以降のAの稼働状況は、総拘束時間及び休息期間については、概ね守られているが、1日の拘束時間については、拘束時間が13時間を超える日が、24日間のうち10日間存在し（なお、Aは病気のため2日間欠勤しているので、実労働日数は22日間である。）、うち、拘束時間が16時間を超える日は5日間存在する。また、1日についての拘束時間が15時間以上の日についても、1月6日から12日までの間に3日間存在し、同月15日から21日までの間にも3日間存在することからすると、被告は、改善基準4条（二）に違反し、その違反の程度も顕著である。また、運転時間についてみると、死亡直前の2週間（1月16日から同月29日まで）については、総

運転時間が129時間であり、改善基準4条(四)に違反し、その違反の程度も顕著である。さらに、連続運転時間についても、24日間のうち、17日間について、連続運転時間が4時間を超えるものが認められ、運転時間同様、休憩時間が明らかでないものが複数存在することを考慮に入れても、なお、改善基準四条(五)に違反する連続運転が反復・継続してなされており、同条項の違反の程度についても顕著である。以上のような顕著な改善基準違反の状況、給与体系などから、客観的にみて、被告は、過重な労働をAに強いていたものであり、継続的に蓄積された過労や運転業務に伴う高血圧状態の反復継続が、脳血管障害や疾患等を引き起こすおそれがあることは、一般的に知られており、これがために、前記改善基準等も定められていることに照らすと、被告は労働者の作業時間及び作業内容等について適切な措置を採るべき義務に違反していた(南堺運輸事件　大阪地裁堺支部平成13年3月8日)。

② トラック等の自動車運転者の労働時間については、長時間の過重な労働となりやすいことなどにかんがみ、労働大臣告示「自動車運転者の労働時間等の改善のための基準」が策定され、1か月の拘束時間(始業時刻から終業時刻までの時間)は原則として293時間でなければならないことなど、通常の労働と異なる規制がされていることをも勘案すると、原告の業務内容は、原告に対して精神的、身体的にかなりの負荷となり慢性的な疲労をもたらすものであった(和歌の海運送事件　和歌山地裁平成16年2月9日労判874-64)。

③ 53歳の長距離トラック運転手の脳梗塞について、「労働時間の改善基準告示に違反する長時間労働が原因で発症した(高知地裁平成20年3月25日)。

4 脳・心臓疾患などの発症の防止に関する民事責任として行わなければならない措置と脳・心臓疾患に関する認定基準との関係

「脳血管疾患及び虚血性心疾患等の認定基準」は、労災補償に関する認定基準です（第3章150〜158頁参照）が、使用者の労働者に対する民事賠償責任に関しても、その基準になる場合があります。これに関して、次のような裁判例があります。

(1)「脳血管疾患及び虚血性心疾患などの認定基準」は、使用者の民事責任に関しても、その基準になると判断した裁判例

① 新認定基準が業務と発症との関連性が強いと評価できるとしている1か月当たり80時間の時間外労働時間と比較しても、相当長期間にわたって、長時間労働を続けていた。専門検討会報告書には、高血圧と喫煙がくも膜下出血のリスクファクターとなることを示す複数の調査結果や研究が記載されていることに照らして考えると、Aの喫煙が、本件発症に少なからず寄与した（ハヤシ事件　福岡地裁平成19年10月24日労判956−44）。

② 脳血管疾患及び虚血性心疾患等の認定基準（平成13年12月12日基発第1063号通達）は、基本的には合理的なものとして、本件を検討するに際しても考慮に値すべきものといえる（中の島事件　和歌山地裁平成17年4月12日労判896−28）。

③ 脳内出血等の脳・心臓疾患が業務上の疾病と認められるかどうかの認定基準（平成13年12月12日付け基発第1063号通達）では、医学面からの検討結果を踏まえ、この疾患は、主に加齢、食生活等の日常生活の諸要因により、発症の基礎となる血管病変等が形成され、それが徐々に進行し、増悪するといった自然経過をたどり発症に至る

ものとされているが、業務による明らかな過重負荷として、長期間（概ね6か月間）にわたる疲労の蓄積が加わることによっても、血管病変等がその自然経過を超えて著しく増悪して発症することがある、と指摘されている（和歌の海運送事件　和歌山地裁平成16年2月9日労判874-64）。

(2) 「脳血管疾患及び虚血性心疾患等の認定基準」は、使用者の民事責任に関しても、その基準にはならないと判断した裁判例

　被告らは、本件のような脳血管疾患の場合の業務起因性の認定は、労働省の「脳血管疾患及び虚血性心疾患等の業務上外認定基準」によるべきであると主張するが、認定基準は、業務上外認定処分を所管する行政庁が処分を行う下級行政機関に対して運用基準を示した通達にすぎず、安全配慮義務違反に基づく損害賠償請求訴訟における相当因果関係についての裁判所の判断を拘束するものではないから、被告の主張は採用できない（富士保安警備事件　東京地裁平成8年3月28日労判694-34）。

　労災補償と使用者の労働者に対する民事責任とは、法的には直接の関係はありませんが、実際の裁判例においては、民事責任の根拠として、労災補償の認定が行われたことや認定手続に関する資料が用いられることがあります。これに関して、次のような裁判例があります。

(3) 労災補償の認定が行われたことを理由として、業務との相当因果関係を肯定した裁判例

　大阪中央労働監督基準署長は、Aの死亡に業務起因性を認めて労災保険法に基づく支給決定をしたことが認められ、これら一連の事実関係によれば、Aの心筋梗塞による死亡と会社の業務執行と相当因果関係を肯定すべきと考えられる（株式会社おつかわ事件　大阪高裁平成19

年1月18日労判940号58)。

(4) 労災補償の認定手続とは異なる判断をした裁判例

　和歌山労働局地方労災医員作成の意見書には、原告は、脳内出血の発症当日には異常な出来事に遭遇しておらず、過重負荷を思わせる業務に就いていないし、発症前1週間の業務を検討しても、トラック運転手として拘束時間はやや長いものの、運転時間や走行距離等は通常業務であって、特に過重とは考えられないとして、原告の脳内出血は業務との間に因果関係がないと結論付けているが、この意見書は、長期間すなわち発症前概ね6か月間にわたる疲労の蓄積の有無について検討された形跡がなく、この結論を左右するに足りるものではない(和歌の海運送事件　和歌山地裁平成16年2月9日労判874−64)。

第14章
脳・心臓疾患の発症の防止に関する措置を講ずべき関係者

「脳・心臓疾患の発症の防止に関する措置を講ずべき関係者」のポイント
1 営業譲受人の責任
2 会社の代表者の責任
3 その他の従業員などの責任
4 本人の責任

> # 「脳・心臓疾患の発症の防止に関する措置を
> 講ずべき関係者」のポイント
>
> 1　営業を譲渡した者の行った脳・心臓疾患の発症の防止に関する安全配慮義務違反について、その営業を譲り受けた者の損害賠償義務が認められた裁判例がある。
> 2　脳・心臓疾患の発症の防止に関しても、会社の代表者が業務全般を統括管理する立場にあることを理由として、その責任が問われた裁判例がある。
> 3　業務の責任者や上司、担当者、産業医などその他の従業員が脳・心臓疾患の発症に関して責任を問われた裁判例がある。
> 4　労働者本人が業務の軽減を行わなかったことや事故や健康状態などについて使用者に申告しなかったこと、自らの健康悪化を防止するための措置を講じなかったこと、喫煙、飲酒などの生活習慣があること、基礎疾患があることなど脳・心臓疾患の発症に関して、本人に責任がある場合には、過失相殺として、損害賠償額が過失相殺される場合がある。

1　営業譲受人の責任

営業を譲渡した者の行った安全配慮義務違反に関し、その営業を譲り受けた者の損害賠償義務が認められた次の裁判例があります。

> 安全配慮義務違反に基づく損害賠償義務は、営業活動から生じる債務であり、商法26条1項にいう営業に関する債務といいうるので、営業を譲り受けた会社には損害賠償義務がある（照明制御装置設計・施工会社事件　大阪地裁平成8年10月4日）。

2　会社の代表者の責任

　脳・心臓疾患の発症の防止に関しても、会社の代表者が業務全般を統括管理する立場にあることを理由として、その責任が問われた次のような裁判例があります。

① 被告は、会社代表者であると同時に職人として会社の作業場において、和菓子製造を行い、従業員を直接指導・監督する立場にあったから、同様、労働時間を把握・管理し、その健康について配慮すべき義務があった。しかしながら、適宜休憩をとらせたり、勤務時間を短縮するなどの措置をとったことは認められず、長時間勤務の続く状態を放任していたのであり、義務を怠った（和菓子製造会社事件　さいたま地裁平成19年12月5日）。

② 旧商法266条の3は、株式会社内の取締役の地位の重要性にかんがみ、取締役の職務懈怠によって当該株式会社が第三者に損害を与えた場合には、第三者を保護するために、法律上特別に取締役に課した法定責任であるところ、本来、商法は商事として定める法律事実をもって規律の対象とするものであるが、そこにおける労使関係は企業経営に不可欠な領域を占めるものであり、ここにいう取締役の会社に対する善管注意義務は、ただに、会社資産の横領、背任、取引行為という財産的範疇に属する任務懈怠ばかりでなく、会社の使用者としての立場から遵守されるべき被用者の安全配慮義務の履行に関する任務懈怠をも包含する。これを本件につき検討すると、会社はAに対し、その健康状態にかんがみ、勤務時間を適切に管理し、業務負担と適宜軽減してAの生命、健康被害の危険を防止すべき安全配慮義務を負っていたところ、会社の規模・陣容、Aの職務内容に照らせば、これら安全配慮義務は、唯一、会社の代表取締役である被控訴人の業務執行を通じて実現されるべきものである。そして、被控訴人は、Aの勤務状況、休日

等の取得状況、これに引き続く北陸出張の実態について十分に認識し、その労務の過重性についても認識し得たから、会社が適宜適切に安全配慮義務を履行できるように業務執行すべき注意義務を負担しながら、重大な過失によりこれを放置した任務懈怠があり、その結果、第三者であるAの死亡という結果を招いたから、被控訴人も旧商法266条の3に基づき、控訴人らに対し、会社と同一の責任を負担する（株式会社おつかわ事件　大阪高裁平成19年1月18日労判940－58）。

③　会社の社長として会社の運営全般に責任を負い、かつ、日常的に会社の業務に関与していたものであって、会社の労働者については、業務上の負担が過大となることを防止するための制度を整備する義務があるところ、本件においては、会社が労働時間を把握するための制度的な仕組みを十分に用意せず、また労働時間を把握するための代替的な措置も講じていない状態を放置したものであるから、違法性がある（中の島事件　和歌山地裁平成17年4月12日労判896－28）。

④　使用者は、その雇用する労働者に従事させる業務を定めてこれを管理するに際し、業務の遂行に伴う疲労や心理的負荷等が過度に蓄積して当該労働者の基礎疾患を増悪させ、心身の健康を損なうことがないよう注意する義務を負う。使用者の代表者は、その職務として、使用者の注意義務を誠実に遂行する必要がある。取締役は、遅くとも平成10年2月27日の医師による保健指導実施時点までに、心電図につき要医療との診断を受けていることを認識し得たし、また、就労状況の実情についても知悉していたのであるから、取締役としては、就労が過度に及んでいないかにつき、タイムカードの記載の確認や直接の事情聴取などを行うほか、健康を保持するために必要な措置につき医師から個別に意見を聴取するなどして必要な情報を収集し、携わっている業務の内容や量の低減の必要性やその程度につき直ちに検討を開始した上、就労を適宜軽減し、基礎疾患（拡張型心筋症）の増悪を防止して、心身の健康を損なうことがないように注意すべきであった。しかるに、取締

役は、医師から上記意見を聴取することもなく、業務の軽減の必要性について何ら検討すらせず、漫然と過重な業務を課していたのであるから、取締役には、注意義務に違反した過失が認められる。取締役は、その任務を懈怠し、健康配慮義務に違反したことにより、死亡という結果を招いたから、商法266条の3による責任も免れない（南大阪マイホームサービス事件　大阪地裁堺支部平成15年4月4日労判854-64）。
⑤　会社は警備員30名程度の規模であり、会社の代表取締役かつ唯一の常勤取締役として従業員の雇用、勤務地の指定等会社業務全般を統括管理していたが、このような会社の規模、取締役の勤務形態等に鑑みれば、代表取締役はその職責上会社において労働基準法等に定める労働時間を守り、従業員の健康診断を実施し、従業員の健康に問題が生じれば作業内容の軽減等の措置をとることを確保すべき義務を負っていたところ、会社はこれらの点をいずれも行わず安全配慮義務に違反したのであり、代表取締役はその確保義務を怠っていたことは明らかであって、代表取締役の義務懈怠もあって脳梗塞が発症したから、代表取締役は民法709条に基づき損害を賠償すべき責任がある（富士保安警備事件　東京地裁平成8年3月28日労判694-34）。

3　その他の従業員などの責任

　業務の責任者などその他の従業員が脳・心臓疾患の発症に関して責任を問われた次のような裁判例があります。

(1) 業務の責任者

　会社の常務取締役として会社の運営全般に責任を負い、かつ、日常的に会社の業務に関与していたものであって、会社の労働者については、業務上の負担が過大となることを防止するための制度を整備する義務があると解されるところ、本件においては、会社が労働時間を把握するため

の制度的な仕組みを十分に用意せず、また労働時間を把握するための代替的な措置も講じていない状態を放置したものであるから、違法性がある（中の島事件　和歌山地裁平成17年4月12日労判896-28）。

(2) 上司

① 　健康管理医であるK医師と職場の上長であるN課長は協議の上、前年におけるK医師との面談等で特別問題がなかったこと、毎月の保健師による職場巡回の際に、Bから症状の悪化や体調不良等の訴えがなく、職場の上司との話合いの中でも特別な事情が出てこなかったことから、控訴人は、漫然と、Bが本件研修に耐えられる状態にあると判断し、Bの本件研修への参加を決定したのであって、その結果、Bが急性心筋虚血によって死亡するに至ったから、その雇用する労働者に従事させる業務を定めてこれを管理するに際し、業務の遂行に伴う疲労や心理的負荷等が過度に蓄積して労働者の健康を損なうことがないように注意する義務に違反した過失がある（NTT東日本北海道支店事件　札幌高裁平成18年7月20日労判922-5）。

② 　被告で従業員の業務を管理支配する立場にあったGにおいて、憔悴したまま出勤したAに体調を確認する等の対応を取るべきであった（榎並工務店事件　大阪高裁平成15年5月29日労判858-93）。

③ 　営業所長は、Aの入院中の営業活動を消極的に黙認していたというような態様ではなく、入院中で安静療養すべきであったAに業務の遂行を強要したものであって、それによって、Aが健康を損ねたことにつき控訴人はその責任を免れない（住友生命保険相互会社　広島高裁岡山支部平成15年12月4日）。

④ 　被告（具体的には、堺出張所の業務全体を統括する堺出張所長）は、Aの業務が過重であったことを容易に認識し得たのであり、このような過重業務が原因となって、Aが、心筋梗塞などの虚血性心疾患を発症し、ひいてはAの生命・身体に危険が及ぶ可能性があることを予見

し得た(名糖運輸事件　大阪地裁平成13年2月19日)。

(3) 担当者

　会社において、本件研修に参加させることにより、急性心筋梗塞等の急性心疾患を発症する可能性が高いことを少なくとも認識することが可能であったにもかかわらず、健康管理医と職場の上長との協議に基づき、安定した状態にあると判断し、本件研修への参加を決定したのであって、その結果、急性心筋虚血によって死亡するに至ったから、会社の担当者には、義務に違反した過失がある(NTT東日本北海道支店事件　最高裁第一小法廷平成20年3月27日労判958-5)。

(4) 産業医

　健康管理医であるK医師と職場の上長であるN課長は協議の上、前年におけるK医師との面談等で特別問題がなかったこと、毎月の保健師による職場巡回の際に、Bから症状の悪化や体調不良等の訴えがなく、職場の上司との話合いの中でも特別な事情が出てこなかったことから、控訴人は、漫然と、Bが本件研修に耐えられる状態にあると判断し、Bの本件研修への参加を決定したのであって、その結果、Bが急性心筋虚血によって死亡するに至ったから、その雇用する労働者に従事させる業務を定めてこれを管理するに際し、業務の遂行に伴う疲労や心理的負荷等が過度に蓄積して労働者の健康を損なうことがないように注意する義務に違反した過失がある(NTT東日本北海道支店事件　札幌高裁平成18年7月20日労判922-5)。

4　労働者本人の責任

　脳・心臓疾患の発症に関して、労働者本人に責任がある場合には、過失相殺として、損害賠償額が減額される場合があります。

(1) 労働者本人が業務の軽減を行わなかったこと

　労働者本人が業務の軽減を行わなかったことが脳・心臓疾患の発症の要因である場合には、労働者本人の責任を問われる場合がありますが、業務遂行過程における労働者の安全配慮義務は使用者に第一的な責任があることや労働者本人に業務を軽減することが期待できないような場合には、労働者本人の責任は否定されます。

ア　労働者本人が業務の軽減を行わなかったことに責任はないと判断された裁判例

1) 労働者の安全配慮義務は使用者に第一的な責任があることを理由とするもの

　被告は、A又はその家族において、Aの健康状態を知ることができたのであるから、適切な健康管理を行うことが可能であったとし、また、復職、残業及び宿直もAが自発的に行ったから、Aには大きな過失がある旨主張する。しかしながら、安全配慮義務は、使用者において自己の支配下に労働者を置く場合、使用者に当然に生ずるものであり、労働者が健康状態を悪化させない等の配慮を行う第一次的な義務は使用者側にあるから、仮に労働者に被告主張のような事実があったとしても、損害賠償額の算定につき斟酌すべき過失があったということはできない（石川島興業事件　神戸地裁姫路支部平7年7月31日労判688-59）。

2) 労働者本人に業務を軽減することが期待できないことを理由とするもの

①　控訴人は、労働者自身の健康管理義務を主張するが、本件研修が控訴人の構造改革に伴う雇用形態・処遇体系の選択に伴うものであって、Bが控訴人に対し本件研修への参加を見合わせることを要請することを期待できるような状況にあったとは考えにくいことを考慮すると、Bが本件研修への参加を見合わせることを申し入れなかったといった事情は、控訴人の注意義務違反を否定ないし軽減するものではない（NT

T東日本北海道支店事件　札幌高裁平成18年7月20日労判922－5)。
② 控訴人の指示に従って業務の遂行を行ったAやそれに同行した同人の妻について、その損害の算定に当たり掛酌すべき過失があると認めることはできない(住友生命保険相互会社　広島高裁岡山支部平成15年12月4日)。
③ 被告は、Aの復職後、本件訓練に当たっては、事前及び直前に、担当者から体調不調の者は申し出るように通知、注意しているのであって、公務災害の発生防止に十分配慮していたと主張する。しかしながら、被告は、Aの継続的な健康把握を怠っていたものであり、その結果Aに対して本件訓練への参加を免除しなかったものであって、被告主張程度のことでは十分であるとは到底いえず、この点でも被告の主張は採用できない(伊勢市消防局事件　津地裁平成4年9月24日労判630－68)。

イ　労働者本人が業務の軽減を行わなかったことに責任があると判断された裁判例

① 調理課長として、自らの労働時間を自ら管理する立場にあり、調理課員への仕事の分担を決めることができる立場にあったところ、他者への配慮から、あるいは料理人としての職業意識から、業務と無関係とは言えないものの、必ずしも業務上要求されていない仕事まで自ら背負い込んでしまった。これらの諸事情を総合すれば、本件発症についての寄与要因を3割と評価するのが相当である(中の島事件　和歌山地裁平成17年4月12日労判896－28)。
② 本人は、自らの健康保持を考慮しながら、労働時間を短くするなどして負荷を軽減する余地はあった。また、研究活動は、病院の業務遂行に資する面はあるものの、業務命令の下で行われたものではなく、個人の研さん及び業績向上のためのものという面があったこともまた否定で

きない。以上のような事情を考慮すると、損害額の1割を減額するのが相当である（大阪府立病院事件　大阪地裁平成19年3月27日労判972-63）。

(2) 労働者本人が事故や健康状態などについて使用者に申告しなかったこと

労働者本人が事故や健康状態などについて使用者に申告しなかったために、使用者側で十分な対応ができなかったとして、労働者本人に責任があると判断された次のような裁判例があります。

① 職員であるAは、腎疾患を原因とする悪性の高血圧症により通院継続中で、昭和61年7月頃以降は、医師から病状悪化により入院治療を勧告され、入院しない場合は仕事量を6割方に減らすよう勧告を受けるまでに至ったにもかかわらず、職務熱心のあまりとはいえ、この点を一切学校に申告せず、それとなく体調の優れない様子を慮った校長や同僚教諭らの勧めすら辞退して修学旅行の引率に参加するなどし、疲労の蓄積を招いたものであって、自ら申告しさえすれば、学校側がこれに配慮してそれなりの措置をとることを期待できたことなどからすると、Aの自己の健康管理についての落ち度は大きい。したがって、Aの自らの健康管理の問題性、特に医師から入院を勧められるような容態であるのにいわば隠して無理をしていたこと、職務自体は当時教頭の入院や教務課の新設その他の行事のため繁忙となっていたが、通常の健康体ならば堪え得る程度のものとうかがわれること、その他本来他人には即座に計り知れ難い領域を含む健康管理は第一義的には労働者本人においてなすべき筋合いのものであることなどを考慮し、これらを被告側の職員に対する健康管理に関する安全配慮義務違反の内容程度に対比すると、過失の割合は、被告を1とすれば、Aを3とするのが相当であり、過失相殺の割合は4分の3とすべきである（真備学園事件　岡山地裁平成6年12月20日労判672-42）。

② 本件健康診断の当日に医師の診察を受け、同医師から、ACE損害剤等の薬剤剤を投与されるとともに、うっ血性心不全等による突然死の可能性を指摘され、仕事に関しては、規則正しい生活を送り無理をしないよう指導を受けるなどした。A自身も疲労の蓄積を強く自覚していたばかりか、原告ら家族もAの疲労の蓄積につき心配するほどの状況にあったのに、Aは、自己の業務を軽減するよう会社側に述べたり、自己の身体の状況を報告したりすることはなかった。これらの事情は、拡張型心筋症の増悪をいわば放置したといえるから、Aにも過失が認められる。これらからすると、Aに生じた損害のうち5割を減額することが相当である（南大阪マイホームサービス事件　大阪地裁堺支部平成15年4月4日労判854−64）。

③ 労働者は業務中に事故に遭いその後の労務提供等に支障が生じた場合、使用者に対して、報告することが困難である等の特段の事情がない限り事故の内容や自己の症状について報告すべきである。しかるに、Aは、事故に遭ったことや平成8年5月25日までの同事故に起因する症状等について、使用者である被告に対して一切報告しないまま25日に就労したものであり、Aの年齢、経験年数及び職務上の立場に照らしても、また、報告が困難であったと窺える特段の事情は認定できない。そして、本件の経緯を併せ考慮すれば、Aが被告に対し、報告を直ちに行っていれば、被告において、Aの業務担当やその後の安静等についてより迅速かつ適切な措置を取ることが期待でき、本件脳塞栓の発症を回避できた可能性は高かった。以上によれば、Aが被告の安全配慮義務違反により被った損害額から4割を減じた額について、被告は賠償責任を負うのが相当である（榎並工務店事件　大阪高裁平成15年5月29日労判858−93）。

④ 原告は、自分で仕事の調整を行わなくてはならなかった面もあるから3割の過失相殺が認められる（照明制御装置設計・施工会社事件　大阪地裁平成8年10月4日）。

(3) 労働者本人が自らの健康悪化を防止するための措置を講じなかったこと

　労働者は、自身の健康を自分で管理し、必要であれば自ら医師の診断治療を受けるなどしなければなりません（システムコンサルタント事件　東京高裁平成11年7月28日労判770-58）。このような自らの健康悪化を防止するための措置を労働者本人が講じない場合には、労働者本人の過失事由の1つになります。これに関して、次のような裁判例があります。

ア　労働者本人が自らの健康悪化を防止するための措置を講じなかったことに責任はないと判断された裁判例

① 　被告代表者及びDは、Aが同人らに水分を補給することを指示された2回の際に水を飲もうとしなかったと証言ないし供述し被告代表者は、平成14年11月12日の厚生労働事務官との面談においても同旨の供述をしていることからすると、これらの供述の信用性も一概には否定できない。しかしながら、上司に注意された際に直ちに水を飲もうとしなかったことがあったとしても、Aの性格や上司の指示には素直に従っていた普段の態度に照らすと、これに全く従わないことは考えられず、当日の暑さや労働状況からしても、Aが全く水分補給をしていなかったと断定することはできない。そうすると、Aの水分補給の不足の状況は明らかであるとはいえず、夏期の水分の不足は虚血性心疾患のリスクファクターであることは否定できないとしても、寄与度減額をするに足りる両者の関係や寄与度については、これを認めるに足りない（KYOWA事件　大分地裁平成18年6月15日労判921-21）。

② 　被告は、Aの死亡は、同人の自己の健康管理上の問題とも主張しているが、それが採用できないこと明らかである。Aは、定期健康診断の問診の際に、狭心症で通院中であるなどの話をしていなかったこと、本件訓練について、主治医に相談せず、被告消防署にも不参加の申出をしていなかったことが認められ、本件被災の発生、拡大にAの不陳述、非

相談が関与していたことは疑いないが、一方で、心臓疾患であることを認識しながら長期間にわたって継続的な健康把握義務を怠っていた被告の過失も重大であること、職場復帰当初、Aが事務系統への異動を希望していたのに果たされなかったこと（被告消防署の体制が許さなかった事情は認められるが、その合理性については認めるに足る証拠はない。）、同人は私生活では療養に十分努めており、病状悪化の危険因子となるのは仕事関係だけであったこと、同人が仕事熱心で、真面目な性格であり、定期健康診断の問診の際や本件訓練について、病状の説明や不参加の申出をしなかったのはそれなりにうなづけること、本件訓練は、特に現場勤務である消防署の一般職員には、参加に義務感を感じさせるものであったことなども認められる（伊勢市消防局事件　津地裁平成4年9月24日労判630-68）。

イ　労働者本人が自らの健康悪化を防止するための措置を講じなかったことに責任があると判断された裁判例

①　健康診断の結果、自己が高血圧症で要治療状態にあることを知りながら、従来家人にもこれを秘し、何らの治療も受けなかった。以上の諸点を考慮すると、本件におけるAの過失割合は相当に大きいものというべく、本件の結果発生については、8割の過失があった（川西港運事件　神戸地裁昭和58年10月21日判時1116-105）。

②　労働安全衛生法66条5項は労働者に対して事業者が行う健康診断を受けることを義務付けているところ、Aは、これを受けようとしなかった。本来他人には即座に計り知れ難い領域を含む健康管理は第一義的には労働者本人においてなすべき筋合いのものであることなどを考慮し、過失の割合は、被告を1とすれば、Aを3とするのが相当であり、過失相殺の割合は4分の3とすべきである（真備学園事件　岡山地裁平成6年12月20日労判672-42）。

③　本件健康診断の当日に医師の診察を受け、同医師から、ACE損害

剤等の薬剤剤を投与されるとともに、うっ血性心不全等による突然死の可能性を指摘され、入院の後心筋生検することを勧められ、また、仕事に関しては、規則正しい生活を送り無理をしないよう指導を受けるなどした。しかるに、Aは、心筋生検を受けずにおり、そのため、Aが拡張型心筋症であるとの確定診断はなされずにいたものである。これらからすると、Aに生じた損害のうち5割を減額することが相当である（南大阪マイホームサービス事件　大阪地裁堺支部平成15年4月4日労判854-64）。

④　Aは、健康診断を受診しなかった昭和62年度を除く毎年、被告から健康診断結果の通知を受けており、自らが高血圧であって治療が必要な状態であることを知っていた上、被告から精密検査を受けるよう指示されていたにもかかわらず、全く精密検査を受診したり、あるいは医師の治療を受けることをしなかったこと（被告におけるAの業務は極めて過重であったと認められるが、数年間にわたって病院に行くための一日ないし半日の休暇すら取ることができない程多忙であったとまではいえない。）が認められ、自らの健康の保持について、何ら配慮を行っていない。また、Aは、被告に入社した直後である昭和54年12月ころには、既に最高血圧140、最低血圧92の境界域高血圧であったのであり、このようなA自身の基礎的要因も、その後の血圧上昇に対し何らかの影響を与えていたから、Aの血圧の上昇から脳出血発症についての全責任を被告に負わせることは衡平を欠き、相当ではない。これらの事情を総合的に考慮すれば、本件において被告に賠償を命ずべき金額は、認定の損害額のうち、その50％を減ずることが相当である（システムコンサルタント事件　東京高裁平成11年7月28日労判770-58）。

⑤　健康の保持自体は、業務を離れた労働者個人の私的生活領域においても実現されるべきであるから、使用者が負う第一次的責任とは別個に、労働者自身も日々の生活において可能な限り健康保持に努めるべきであることは当然である。本件において、Aは、平成6年及び平成7

年7月の各予防検診で、心房細動により治療を必要とするとの所見を医師から示されており、それ以前から、心房細動同様に胸内苦悶や不整脈といった心由来の疾病に罹患した経験を有していたから、検診で指示された治療等を受けるべきであり、他方で、それが困難な状況にあったとは認められない（なお、原告らは、Aは被告における過重な業務により治療を受けることができなかったと主張するが、脳梗塞発症1週間前はともかく、それ以前の平成7年段階から継続的な治療を受ける機会が得られなかったとは認定できない。）。それにもかかわらず、Aは、本件脳梗塞が発症するまで心房細動等についての治療等を受けなかったものでありAが治療を受けていれば、本件脳梗塞の発症を回避し得た可能性が相当程度あることは否定し難い。以上によれば、Aが被告の安全配慮義務違反により被った損害額から4割を減じた額について、被告は賠償責任を負うのが相当である（榎並工務店事件　大阪高裁平成15年5月29日労判858−93）。

⑥　原告は、自分で健康管理をしなくてはならなかった面もあるから3割の過失相殺が認められる（照明制御装置設計・施工会社事件　大阪地裁平成8年10月4日）。

⑦　研修業務に従事していたが、既に医師国家試験に合格し、医師免許を取得していたのであるから、自己の心身の状況を自ら管理する能力は十分に備わっていたもので、Aは、日常生活において可能な限り自らの健康保持に努めるべき義務を負っていた。Aは研修開始後1ヶ月も経過しないころから、何らかの心疾患の存在を疑わせるような胸痛を覚え、そのことを同僚に告白するとともに、両親に対しても、「僕はひょっとしたら倒れるかも知れない。時々、胸が痛む。」などと述べていたとすると、Aは自らの健康に異変が生じていることを認識していたことになる。そうすると、Aは自己の健康状態を把握すべく、とりあえず病院を訪れ健康診断を受診するなど然るべき措置を講じるべきである。病院研修医が、年間30名程度の他科において受診していることからみても、Aがそ

の程度の措置を講じることが不可能であったとは認め難い。そして、自己の健康に異変を感じて、控訴人病院を受診していたならば、ブルガダ症候群の発症を回避することができた可能性があった事情を総合勘案すると、過失割合はAが2割と認めるのが相当である（関西医科大学事件　大阪高裁平成16年7月15日労判879－22）。

(4) 喫煙、飲酒などの生活習慣があること

　脳・心臓疾患の発症には、喫煙、飲酒などの生活習慣が重要な要因となります。このため、喫煙、飲酒などの生活習慣がある場合には、本人の過失事由の1つになります。これに関して、次のような裁判例があります。

ア　生活習慣を理由に損害賠償額が減額された裁判例

① 　飲酒を続けて、症状を自ら増悪させていた。また「ふるまい酒」が供される時も飲酒が強要される訳ではなく、酒を飲まずに帰る従業員もいたことが認められ、「ふるまい酒」は、何ら飲酒を事実上強制するものではなかったから、Aも自身の健康を考慮して当然飲酒を控えるべきであった。以上の諸点を考慮すると、8割の過失があった（川西港運事件　神戸地裁昭和58年10月21日判時1116－105）。

② 　原告が平成7年3月にTIAを起こし、その後脳梗塞を起こし、後遺障害を残すに到ったについては、原告が健康診断の都度高血圧等を指摘され、医師から禁酒、禁煙、食事療法を行ったり治療を受けることを指示されたにもかかわらず、指示を守らず、平成7年3月に到るまで医師の診察すら受けなかったこと、その後も飲酒喫煙を止めず、平成8年1月5日に入院した後も禁煙が守られなかったことなど、原告の生活、診療態度に大きな原因がある。したがって、原告に生じた損害の7割を減額するのが相当である（建設・軌道工事請負会社事件　和歌山地裁平成14年12月10日）。

③ 　本件健康診断の当日に医師の診察を受け、同医師から、ACE損害

剤等の薬剤剤を投与されるとともに、うっ血性心不全等による突然死の可能性を指摘され、入院の後心筋生検することを勧められ、塩分の摂取を控え、禁煙をするよう指導を受けるなどした。しかるに、Aは、一時的にはたばこの本数を減少させたものの再び増加させ、また、体重についても、Aが肥満傾向が指摘されていたにもかかわらず、特に減量を行わなかった。これらからすると、Aに生じた損害のうち5割を減額することが相当である(南大阪マイホームサービス事件　大阪地裁堺支部平成15年4月4日労判854-64)。

④　Aは、業務中、1日当たり約20ないし30本のたばこを吸っており、専門検討会報告書には、高血圧と喫煙がくも膜下出血のリスクファクターとなることを示す複数の調査結果や研究が記載されていることに照らして考えると、Aの喫煙が、本件発症に少なからず寄与した。そして、Aの1日当たりの喫煙本数は、約20ないし30本と相当程度多かったこと、喫煙が健康に悪影響を及ぼすことは周知の事実であり、Aもそのことは十分承知していたこと、しかも、Aは、会社の健康診断で、平成12年9月7日に、153／91mmHg、要再検査、平成13年11月2日に、147／104mmHg、要精密検査、平成14年11月16日に、144／102mmHg、要精密検査、平成15年10月22日に、179／109mmHg、要精密検査の診断を受けており、本件発症の4年前からずっと、高血圧と診断されているのであるから、喫煙をやめて血圧を下げるように留意すべきであったのに、1日当たり約20ないし30本もの多量の喫煙を続けていたこと、Aは疲労が相当蓄積した状態にありながら、なお喫煙を続けていたこと等の事情を考慮すると、Aの損害額の20％を減ずるのが相当である(ハヤシ事件　福岡地裁平成19年10月24日労判956-44)。

⑤　疲労が相当蓄積した状態にあることを自覚していながら、なお喫煙を続けていたこと等の事情を考慮すると、損害額の20％を減ずるのが相当である(ジェイ・シー・エム事件　大阪地裁平成16年8月30日労判881-39)。

⑥　Aは、生前、1日20本程度の煙草を吸っており、また、Aの喫煙開始時期は明らかではないが、本件事故時のAの年齢が46歳であったことを考慮すれば、喫煙期間が20年以上であったことが窺われる。喫煙が、冠動脈硬化の危険因子であることは、被告提出の文献においても示されているが、本件において、喫煙がどの程度、Aの冠動脈硬化に寄与したかは、必ずしも明らかではない。しかし、1日20ないし29本喫煙する者の虚血性心疾患による死亡率は、非喫煙者のそれの1.7倍とされており、喫煙が起動脈硬化に寄与する度合いは、決して無視することはできない。加えて、Aにあっても、早期に医師の診断を受けるなどして、自らの健康を積極的に保持するべく措置すべきであった。以上の各事情を総合考慮するとき、20％の割合で減額をするのが相当である（名糖運輸事件　大阪地裁平成13年2月19日）。

イ　生活習慣を理由に損害賠償額が減額されなかった裁判例

　宿直当夜飲酒したことや裸で就寝したことと心不全の間に因果関係が認められないから、この事実は過失相殺で斟酌すべき事情にはならない（石川島興業事件　神戸地裁姫路支部平7年7月31日労判688-59）。

(5) その他の本人の事情があること

　そのほかの本人の事情が脳・心臓疾患の発症に寄与しているのではないかということが問題となることがあります。次のような裁判例です。

ア　本人の私的な行為について過失相殺が否定された裁判例

　被告は、Aは、(1)平成15年7月から取引先からリベートを受領し、本件発症の平成16年2月にも、2回にわたって、リベートが入金されていた口座から各12万円を引き出していること、(2)Aが、協力業者に、飲食店やソープランドの支払を強要していたこと、(3)ソープランドといった風俗店に頻

繁に出入りしていたこと、(4) Aは、風俗店に出入りするために勃起不全治療剤であるバイアグラを常用しており、会社で、バイアグラを飲めば、心臓がどくどくするという話をしていたこと、(5) 妻にリベートを受け取っていたことを秘匿し、金回りがよくなった理由について、会社から借入れを認めてもらっているなどと虚偽の話をしていたことにより、強度のストレスを感じ、Aの血管病変が自然的経過を超えて著しく増悪し、本件発症に至ったのであり、Aの業務ではなく、この(1)ないし(5)の要因が、本件発症に100％寄与した旨主張する。確かに、被告代表者は、A死亡後に、取引先から(1)(2)の事実を聞いた旨供述し、その取引先の具体的名称まで供述していること、被告代表者が、その取引先の代表者から、Aに振り込むために預かっていたというA名義の通帳を入手し、これを証拠として提出しており、同通帳には定期的に12万円ずつ振り込まれては同額を降ろしたという記載があること、妻は、リベート等についてAから特に聞かされていないことからすれば、(1)(2)(5)の事実があった可能性は否定できない。しかしながら、そもそも(1)(2)(5)によって体に害を与えるほどの強度のストレスを感じるとは通常考えられず、本当にそうであればそのような行為を中止すればよいわけであるから、例え(1)(2)(5)の事実があったとしても、これらの事実がAの血圧を上昇させるほどのストレスになっていたとまでは考えられない。また、(3)(4)の事実についても、被告代表者及び工場長はこれに沿う供述をしているが、仮に、(3)(4)の事実があったとしても、このような事実が直ちにAの血圧を上昇させる要因になったと認めるに足りる医学的知見等の証拠はない。したがって、(1)ないし(5)の事実があったとしても、これらの事実が直ちに本件発症に寄与したと認めることはできない(ハヤシ事件　福岡地裁平成19年10月24日労判956-44)。

イ　家族の死亡などについて過失相殺が認められた裁判例

　　父親が死亡したことによる心痛、高知県において行われた父親の葬儀等法要を主催したことなどによる業務外での肉体的・精神的負担があっ

たと考えられ、これも本件発症に一定程度寄与している。これらの諸事情を総合すれば、本件発症についての寄与要因を3割と評価するのが相当である（中の島事件　和歌山地裁平成17年4月12日労判896－28）。

(6) 基礎疾患があること

　脳・心臓疾患の発症には、基礎疾患の存在が重要な要因となります。このため、基礎疾患がある場合には、損害賠償額が減額される事由の1つになります。これに関して、次のような裁判例があります。

ア　基礎疾患の存在を理由に損害賠償額が減額された裁判例

① 　本件において急性心筋虚血により死亡するに至ったことについては、業務上の過重負荷と有していた基礎疾患とが共に原因となったところ、家族性高コレステロール血症（ヘテロ型）にり患し、冠状動脈の2枝に障害があり、陳旧性心筋梗塞の合併症を有していたという基礎疾患の態様、程度、本件における不法行為の態様等に照らせば、上告人に死亡による損害の全部を賠償させることは、公平を失する。基礎疾患の寄与度は7割と評価するのが相当である（NTT東日本北海道支店事件　最高裁第一小法廷平成20年3月27日労判958－5、札幌高裁平成21年1月30日）。

② 　原告は、被告入社当時既に基礎疾患を有していたと推認される。したがって、原告に生じた損害の7割を減額するのが相当である（建設・軌道工事請負会社事件　和歌山地裁平成14年12月10日）。

③ 　Aには、年齢のほか、高血圧、冠不全の基礎疾患が存在し、それらが身体的素因として、Aの脳梗塞発症の共働原因となったことは否定できない。そして、Aの脳梗塞発症の原因中、高血圧が最も大きな割合を占めることが認められること、もっとも、被告会社においては、Aの入社当時から同人が高血圧であることを把握しながらその後定期健康診断を一切行わなかったため、配置転換等の措置を執らず、これが脳梗塞発症

の一因となっていること、その他本件に顕れた諸般の事情を考慮すると、損害額から60％を減額するのが相当である（富士保安警備事件　東京地裁平成8年3月28日労判694－34）。
④　Aは、拡張型心筋症であったが、同症が、会社における就労により生じたものと認めるに足りる証拠はないから、同症は、Aの体質的ないわゆる素因であり、その素因と会社における業務による負荷とが相まって、Aの急性心臓死による死亡という結果が導かれた。これらからするとAに生じた損害のうち5割を減額することが相当である（南大阪マイホームサービス事件　大阪地裁堺支部平成15年4月4日労判854－64）。
⑤　身体的にいくつかの危険因子を保有していた。これらの諸事情を総合すれば、本件発症についての寄与要因を3割と評価するのが相当である（中の島事件　和歌山地裁平成17年4月12日労判896－28）。
⑥　Aの本件訓練中の死亡は、同人の心臓疾患という素因に基づくものであるから、損害額の算定にあたり3割を斟酌すべきである（伊勢市消防局事件　津地裁平成4年9月24日労判630－68）。

イ　基礎疾患の存在を理由に損害賠償額が減額されなかった裁判例
①　Aの健康状態及び業務実態によれば、本件脳梗塞は、Aの被告における業務によって蓄積した疲労のみを原因とするものではなく、Aの心房細動（の素因）、高脂血症及び飲酒といった身体的な素因や生活習慣もその原因となっており、とりわけ、Aの脳梗塞は心原性のものでありその発症に心房細動が大きく関与した。そして、被告はAに対し、使用者として安全配慮義務を負っており、労働者であるAの健康状態を把握した上で、同人が業務遂行によって健康を害さないように配慮すべき第一次的責任を負っているから、Aの身体的な素因等それ自体を過失相殺等の減額事由とすることは許されない（榎並工務店事件　大阪高裁平成15年5月29日労判858－93）。
②　くも膜下出血の発症は、未破裂脳動脈瘤が破裂することにより引き起

こされる場合が全体の70ないし80パーセントと高値であることからすると、およそ、未破裂脳動脈瘤の破裂によるくも膜下出血の場合には全て過失相殺を認めざるを得ないことになり妥当ではないこと、未破裂裂脳動脈瘤については、その形成原因について争いがあるが、脳動脈瘤の拡張には、被告の安全配慮義務違反が影響している可能性が存すること等からすると、未破裂脳動脈瘤の存在をもって、直ちに過失相殺の対象となりうる身体的素因には該当しない（南堺運輸事件　大阪地裁堺支部平成13年3月8日）。

第5部

精神障害の発症の防止

第15章
精神障害などを発症させる要因

「精神障害などを発症させる要因」のポイント
1 精神障害などが発症するメカニズム
2 仕事の量や質の変化
3 仕事の失敗や過重な責任の発生など
4 企業内などでの身分や役割、地位などの変化
5 企業内などでの対人関係のトラブル
6 企業内などでの対人関係の変化
7 その他の要因
8 業務以外による心理的負荷の要因
9 本人の個体的要因
10 精神障害などを発症する過程

「精神障害を発症させるなどの要因」のポイント

1　精神障害が発症するなどのメカニズムについては、環境から来るストレスと個体側の反応性、脆弱性との関係で精神的破綻が生じるかどうかが決まるという「ストレス−脆弱性」理論によって説明されることが一般的である。

2　精神障害の発症などは、業務による心理的負荷、業務以外の心理的負荷、及び個体側要因によって発症し、精神障害の疾病が明らかになった場合には、①業務による心理的負荷、②業務以外の心理的負荷、③個体側要因について各々検討し、その上でこれらと発病した精神障害発症などとの関係について総合判断する。

3　精神障害の発症などに関しても、労働時間の長さは、業務の過重性を判断するにあたって極めて重要で、1か月当たり100時間以上の時間外労働がある場合などに問題となる。

4　労働時間については、①労働時間の増加や②違法な労働時間であったこと、③帰宅後の労働が問題となった裁判例もある。

5　勤務形態についても、①拘束時間の長さや②深夜勤務、③早朝からの勤務、④交代制勤務、⑤不規則な勤務が問題となった裁判例がある。

6　休日については、①休日が少ないことや②休日を取らずに連続出勤したこと、③年次有給休暇を取らかったことが問題となった裁判例がある。

7　業務内容の変化が精神障害を発症させたなどの要因であると判断された裁判例がある。

8　仕事の失敗については、①本人の不正経理があったことや②売上や生産計画などの未達成、③自然災害への対応への失敗、④同僚の失敗が問題となった裁判例がある。

9　特に、若い労働者の場合には、本人の能力以上に過重な責任を負うことが問題となることがある。
10　①従業員の削減や取引の打ち切りなどの業務、②集中力を持続させる必要がある業務、③気配りを要する業務、④密度の濃い業務を担当したこと、⑤業務の多さ、⑥自然災害などに対応する業務など精神的緊張を伴う業務を担当したことが精神障害を発症させたなどの要因であると判断された裁判例がある。
11　①昇進や②本人が左遷されたと考えたこと、③配置転換、④解雇の不安が精神障害などを発症させたなどの要因の1つであると判断された裁判例がある。
12　①嫌がらせやいじめ、②同僚とのトラブル、③セクハラが精神障害を発症させたなどの要因であると判断された裁判例がある。
13　①親しい同僚の転勤や②信頼する先輩の配置換えが精神障害を発症させたなどの要因の1つであると判断された裁判例もある。
14　①出張や②職場環境が精神障害を発症させたなどの要素と評価する裁判例もある。
15　業務以外による心理的負荷の要因については、これを否定する裁判例、存在することを認めつつも、病気の発症や自殺に至るほどのものではないと判断した裁判例が多いが、①父親の疾病による徘徊と死亡、②祖父の死亡、③母親などへの金員の貸与が問題となった裁判例がある。
16　業務の負担が過重であることを原因として労働者の心身に生じた損害の発生又は拡大に労働者の性格などが寄与した場合において、その性格が同種の業務に従事する労働者の個性の多様さとして通常想定される範囲を外れるものでないときには、損害額を算定する際に、その性格などを労働者の心因的要因として斟酌すべきではない。
17　本人の性格や生活史、基礎疾患、アルコールへの依存などが精

神障害の発症や自殺の要因であると判断した裁判例は、相当見られる。
18　精神障害を発症するなどの過程については、個々のケースによって異なっているが、その過程で本人に明るさが見られる場合もある。

1　精神障害が発症するなどのメカニズム

(1) 精神障害が発症するなどのメカニズム

　精神障害が発症するなどのメカニズムについては、環境から来るストレスと個体側の反応性、脆弱性との関係で精神的破綻が生じるかどうかが決まるという「ストレス－脆弱性」理論によって説明されることが一般的です（みずほトラストシステムズ　東京地裁八王子支部平成18年10月30日労判934－46）。そして、「心理的負荷による精神障害等に係る業務上外の判断指針」においては、精神障害は、業務による心理的負荷、業務以外の心理的負荷、及び個体側要因によって発症するとしており、精神障害の疾病が明らかになった場合には、①業務による心理的負荷、②業務以外の心理的負荷、③個体側要因について各々検討し、その上でこれらと発病した精神障害との関係について総合判断することにしています（富士通四国システムズ事件　大阪地裁平成20年5月26日労判973－76）。

(2) 業務による心理的負荷の要因

　「心理的負荷による精神障害等に係る業務上外の判断指針」によれば、精神障害が発症するおそれのある業務による心理的負荷の要因としては、①仕事の失敗や過重な責任など、②勤務時間や拘束時間が長時間化するなどの仕事の量や質の変化、③出向や左遷などの企業内などでの身分の変化、④配置転換や昇格・昇進などの企業内などでの役割や地位などの変化、⑤セクハラやいじめを受ける、上司や同僚、部下などとのトラブルなどの企業内などでの対人関係のトラブル、⑥上司の交代や同僚の昇進・昇

格などの企業内などでの対人関係の変化、⑦企業内などでの事故や災害の体験などがありますが、このほかにも、⑧所定外労働や休日労働、仕事の密度の増加の程度、⑨仕事の内容や責任の変化の程度と経験、適応能力との関係、⑩他律的な仕事を強制されるなど仕事の裁量性がない場合、⑪職場の騒音や暑熱、多湿、寒冷などの環境の変化の程度などがあります。また、⑫職場の支援や協力などの状況も精神障害の発症に影響してきます。

このうち、労働時間に関連しては、恒常的な長時間労働は、精神障害を引き起こす準備状態を形成する要因となる可能性が高く、また、生理的に必要な最小限度の睡眠時間を確保できないほどの極度の長時間労働の場合には、他の要因の如何にかかわらず、精神障害を引き起こすおそれがある程度に心理的・身体的な負担があります。

(3) 業務以外の心理的負荷の要因

一方、精神障害が発症するおそれのある業務以外の心理的負荷の要因としては、病気やケガ、妊娠・出産、結婚・離婚、財産を失う、災害に巻き込まれる、家族の病気やケガ、死亡、犯罪、家族や親戚・近所とのトラブルなどがあります。

(4) 本人の資質

精神障害の発症については、一般に、環境からくるストレスとストレスを受ける個人の側の反応性や脆弱性との関係で精神的な破綻が生じるかどうかが決まると考えられていますので、その発症には、個人の資質が極めて大きな影響を及ぼします（第3章159〜178頁参照）。

2　仕事の量や質の変化

　「心理的負荷による精神障害等に係る業務上外の判断指針」においては、労働時間に関し、恒常的な長時間労働は、精神障害を引き起こす準備状態を形成する要因となる可能性が高く、また、生理的に必要な最小限度の睡眠時間を確保できないほどの極度の長時間労働の場合には、他の要因の如何にかかわらず、精神障害を引き起こすおそれがある程度に心理的・身体的な負担があるとして、その例として、所定労働時間が午前8時から午後5時までの労働者、深夜時間帯に及ぶような長時間の時間外労働を度々行っているような状態や1か月平均の時間外労働時間がおおむね100時間を超えるような状態を挙げています。また、生理的に必要な最小限度の睡眠時間を確保できないほどの極度の長時間労働の場合には、他の要因の如何にかかわらず、精神障害を引き起こすおそれがある程度に心理的・身体的な負担があるとして、その例として数週間にわたり生理的に必要な最小限度の睡眠時間を確保できないほどの長時間労働を挙げています。その上で、「仕事の量や質の変化」として、「仕事内容・仕事量の大きな変化を生じさせる出来事があった」、「勤務・拘束時間が長時間化する出来事が生じた」、「勤務形態に変化があった」、「仕事のペース、活動の変化があった」、「職場のＯＡ化が進んだ」をストレス要因として挙げています（第3章163～166、174～175頁参照）が、労働者の精神障害の発症に関する裁判例では、次のように労働時間が問題となったものが数多くあります。

(1) 労働時間
ア　労働時間の長さ
　特に、労働時間の長さは、業務の過重性を判断するにあたって極めて重要です。労働時間の長さに関しては、次のようにさまざまな単位で、それぞれごとにその長さが判断されています。

1）1か月当たりの労働時間が問題となった裁判例

　脳・心臓疾患の発症の場合と同様に、精神障害の発症に関しても、1か月当たり100時間以上の時間外労働がある場合が問題となっています。これは、1か月当たり100時間以上の時間外労働は、1日の労働時間8時間を超え5時間程度の時間外労働を行った場合に相当し、1日5時間程度の睡眠しか確保できない状態になるからです。なお、行政の取扱いにおいても、1か月平均の時間外労働がおおむね100時間を超えるような状態は、恒常的長時間労働に該当するとしています（平成20年9月25日事務連絡）。

　1か月当たり100時間以上の時間外労働が問題となった裁判例には、次のようなものがあります。

① 　23歳の社会保険庁職員の自殺について、「被災者の超過勤務は、被災直前の1か月間には約120時間に上っている（社会保険庁職員事件　甲府地裁平成17年9月27日判時1915－108）。」

② 　24歳の自動車部品等製造会社の塗装班リーダーの自殺について、「時間外労働・休日労働は、本件自殺から1か月前は110時間6分、同1か月前から2か月前は118時間6分、同2か月前から3か月前は84時間48分であった（山田製作所事件　福岡高裁平成19年10月25日労判955－59）。」

③ 　28歳のシステムエンジニアのうつ病発症について、「原告の時間外労働は、本件発症前の6か月間のうち、4か月前の期間及び年末年始の休みを含む3か月前の期間を除いては、いずれも110時間を超えるものであった（富士通四国システムズ事件　大阪地裁平成20年5月26日労判973－76）。」

④ 　41歳の自動車設計責任者の自殺について、「月平均の時間外労働時間は、約104時間51分となる（スズキ自動車事件　静岡地裁浜松支部平成18年10月30日労判927－5）。」

2）1週間当たりの労働時間が問題となった裁判例

　次の裁判例では、1週間当たりの労働時間が長時間であったことも問題となっています。

> 23歳の社会保険庁職員の自殺について、「被災者の超過勤務は、被災直前の1週間には少なくとも約48時間に上っている（社会保険庁職員事件　甲府地裁平成17年9月27日判時1915－108）。」

3）1日平均の労働時間が問題となった裁判例

　1日平均の労働時間が長時間であったことが問題となった次のような裁判例もあります。

> ①　24歳の広告代理店社員の自殺について、「休日も含め、平成3年1月から同年3月までは、4日に1度の割合で、同年4月から同年6月までは約5日に1日の割合で、同年7月及び8月については、5日に2日の割合で、深夜午前2時以降まで残業していたのであり、いわば慢性的に深夜まで残業していた状態であり、とりわけ同年7月及び8月については、休日も含めて4日に1回は午前6時30分に至るまで残業し、8月については、原村へ出張するまでの22日間に、約3日に1回は午前6時30分に至るまで残業していたから、Aは、社会通念上許容される範囲をはるかに超え、いわば常軌を逸した長時間労働をしていた（電通事件　東京地裁平成8年3月28日判時1561－4）。」
>
> ②　41歳の製鉄所掛長の自殺について、「平成3年1月から死亡時の同年6月20日まで、少なくとも平日（113日）は1日当たり5時間、休日（56日）は1日当たり11時間の時間外労働をしていた（川崎製鉄水島製鉄所事件　岡山地裁倉敷支部平成10年2月23日労判733－13）。」
>
> ③　49歳の飲食店長の自殺について、「平成7年1月21日から平成8年2月14日までのタイムカード上の労働時間は、1日平均労働時間は約12時間に及んでいる（エージーフーズ事件　京都地裁平成17年3月25日労判893－18）。」

④ 45歳の建設工事事務所長の自殺について、「時間外勤務が急激に増加し、1日平均3時間30分を超える時間外勤務をした(協成建設工業ほか事件　札幌地裁平成10年7月16日労判744-29)。」

4) 1年間の労働時間が問題となった裁判例

年間労働時間が長時間であったことが問題となった次の裁判例もあります。

41歳の製鉄所掛長の自殺について、「Aの労働時間を年間に引き直すと4420時間となり、過労死の年間平均労働時間3000時間を超え、所定労働時間の約2.3倍であって、社会通念上許容される範囲をはるかに超え、常軌を逸した長時間労働をしていた(川崎製鉄水島製鉄所事件　岡山地裁倉敷支部平成10年2月23日労判733-13)。」

5) 労働時間の増加が問題となった裁判例

労働時間の長さそのものは著しいものではないものの、増加したことが問題となった次の裁判例もあります。

24歳のソース会社員の自殺について、「1日当たりの平均就業時間数は8月(平均9時間35分)よりも9月(平均9時間56分)の方が増加している。また、退社時刻(ただし、9月21日以降は記録なし。)についても、午後7時、8時台になることも多く、1日当たりの平均在社時間は8月(平均11時間17分)よりも9月(平均11時間43分)の方が増加している。これらの事実関係からすると、平均労働時間が著しく長いとはいえないとの事実は、平成7年9月当時、Aが慢性的疲労状態にあったとの認定を左右するに足りるものではない(オタフクソース事件　広島地裁平成12年5月18日労判783-15)。」

6) 違法な労働時間であったことが問題となった裁判例

違法な労働時間であったことが問題となった次の裁判例もあります。

> 41歳の女性技術者のうつ病の発症について、「被告はプロジェクトに関し、短期間の余裕のないスケジュールを組み、原告に特別延長規定の定める時間をも超える長時間労働をさせている（東芝事件　東京地裁平成20年4月23日労経速2005-3）。」

イ　労働時間の範囲

帰宅後の労働が問題となった次の裁判例があります。

> 21歳の幼稚園保母の自殺について、「早出の日は午前7時ころ家を出て午後7時頃帰宅し（遅出の日は午前8時ころ家を出て午後8時ころ帰宅）、帰宅後も翌日の保育や調理の準備、お遊戯会の小道具作りなどのため午後11時ないし12時ころまで仕事をせざるを得ない状況となった（東加古川幼稚園事件　最高裁第三小法廷平成12年6月27日労判795-13、大阪高裁平成10年8月27日労判744-17）。」

(2) 勤務の形態

ア　拘束時間

拘束時間の長さが問題となった次の裁判例があります。

> 28歳のシステムエンジニアのうつ病発症について、「会社構内にいた時間が長時間にわたれば、その分自宅において睡眠ないし休養をとる時間が相当程度減少していたから、疲労の蓄積の程度が著しく増加することにより、労働者の心身の健康に何らかの悪影響を与える危険を与える（富士通四国システムズ事件　大阪地裁平成20年5月26日労判973-76）。」

イ　深夜勤務

深夜勤務が問題となった裁判例には、次のようなものがあります。

> ① 53歳の運輸会社営業所長の自殺について、「深夜に及ぶ不規則勤務はさらにその程度を増し、これにより、身体の疲労が慢性化し、精神的

なストレスも増大した(貨物自動車運送会社事件　鹿児島地裁平成15年5月19日)。」
②　28歳のシステムエンジニアのうつ病発症について、「この期間中には、原告は午前中の遅い時間や午後に出勤し、深夜まで勤務した日が散見されるところ、このような勤務形態は、正常な生活のリズムに支障を生じさせて、疲労を増幅させる(富士通四国システムズ事件　大阪地裁平成20年5月26日労判973-76)。」
③　24歳の自動車部品等製造会社の塗装班リーダーの自殺について、「本件自殺から3か月前までの期間内における連続勤務は最高13日間で、深夜10時を越えて勤務したのは12日間である(山田製作所事件　福岡高裁平成19年10月25日労判955-59)。」
④　23歳の業務請負会社員の自殺について、「被告は、仮眠をとれない状態の夜勤を含む昼夜交替勤務(夜勤時にも時間外労働をさせられ、平成10年12月10日から同月12日までは3日間連続で夜勤時の時間外労働をさせられた。)をさせた(アテスト(ニコン)事件　東京地裁平成17年3月31日労判894-21)。」

ウ　早朝からの勤務
　一方、早朝からの勤務が問題となった次の裁判例もあります。
　24歳のソース会社員の自殺について、「特注ソース等製造部門における業務は、午前5時、6時といった早朝から出勤しての作業であり、早朝から出勤する業務であった(オタフクソース事件　広島地裁平成12年5月18日労判783-15)。

エ　交代制勤務
　交代制勤務が問題となった次の裁判例もあります。
　23歳の業務請負会社員の自殺について、「被告は、仮眠をとれない状態の夜勤を含む昼夜交替勤務(夜勤時にも時間外労働をさせられ、平成

10年12月10日から同月12日までは3日間連続で夜勤時の時間外労働をさせられた。)をさせた(アテスト(ニコン)事件　東京地裁平成17年3月31日労判894-21)。

オ　不規則な勤務

不規則な勤務が問題となった次の裁判例もあります。

53歳運輸会社営業所長の自殺について、「恒常的な不規則勤務、担当業務の繁忙化による肉体的疲労の蓄積があったところ、恒常的な長時間労働と深夜に及ぶ不規則勤務はさらにその程度を増し、これにより、身体の疲労が慢性化し、精神的なストレスも増大した(貨物自動車運送会社事件　鹿児島地裁平成15年5月19日)。」

(3) 休日

ア　休日が少ないこと

休日が少ないことが問題となった裁判例には、次のようなものがあります。

① 41歳の製鉄所掛長の自殺について、「掛長昇進後会社に行かなかった日は、わずかに1月1日と6月15日の2日だけであり、土曜、日曜も午前9時、10時には出勤し、午後9時、10時に帰宅していた(川崎製鉄水島製鉄所事件　岡山地裁倉敷支部平成10年2月23日労判733-13)。」

② 49歳の飲食店長の自殺について、「平成7年1月21日から平成8年2月14日まで休日は月2日程度しかない(エージーフーズ事件　京都地裁平成17年3月25日労判893-18)。」

③ 21歳の幼稚園保母の自殺について、「平成5年2月、3月は日曜日もほとんど出勤する状況となった(東加古川幼稚園事件　最高裁第三小法廷平成12年6月27日労判795-13、大阪高裁平成10年8月27日労判744-17)。」

④ 45歳の建設工事事務所長の自殺について、「31日の休日中16日

間休日出勤をした(協成建設工業ほか事件　札幌地裁平成10年7月16日労判744-29)。」

イ　休日を取らずに連続出勤したこと

休日を取らずに連続出勤したことが問題となった次のような裁判例があります。

① 　23歳の業務請負会社員の自殺について、「被告は、平成11年1月24日から同年2月7日までの時間外労働・休日労働を含んだ連続15日間の初めてのソフト検査実習(この間、指導員が付かずに実習を行っていた日が3日間あり、また、指導員がAより先に退社した日が3日間ある。)をさせた(アテスト(ニコン)事件　東京地裁平成17年3月31日労判894-21)。」

② 　24歳の自動車部品等製造会社の塗装班リーダーの自殺について、「本件自殺から3か月前までの期間内における連続勤務は最高13日間であった(山田製作所事件　福岡高裁平成19年10月25日労判955-59)。」

ウ　年次有給休暇を取らかったこと

年次有給休暇を取らかったことが問題となった次の裁判例もあります。

24歳のソース会社員の自殺について、「休日の取得についても平日における年次有給休暇の行使はなく、脱水症状を起こして病院を受診した8月8日でも午後4時20分まで製造作業に従事し、午後6時30分まで業務を行っており、同じく病院を受診した9月13日も病院から午前11時に帰った後、午後8時まで業務に従事しているのであり、これらの事実関係からすると、平成7年9月当時、Aが慢性的疲労状態にあったとの認定を左右するに足りるものではない(オタフクソース事件　広島地裁平成12年5月18日労判783-15)。」

(4) 業務内容の変化

業務内容の変化が精神障害を発症させた要因であると判断された裁判例には、次のようなものがあります。

① 24歳の自動車部品等製造会社の塗装班リーダーの自殺について、「1か月余り前には、発注先からの新たな品質管理基準への対応が会社として迫られる（山田製作所事件　熊本地裁平成19年1月22日労判937-109、福岡高裁平成19年10月25日労判955-59）。」

② 23歳の業務請負会社員の自殺について、「昼夜交替勤務開始後は、不眠、胃の不調、下痢等を訴え、台湾出張後は、これに加え、疲労感・味覚鈍麻を覚え、宮城県出張後は、これらの訴えに加え、摂食量の低下が見られた。その後、夜勤がなくなり、体調回復の兆しがあり、電気技術主任者（2種）資格試験への準備を始めていた。しかし、再度昼夜交替勤務に従事してから、記憶力・集中力の低下、激しい頭痛、胃痛の再発、疲労感を訴え、退職したい旨を訴え、また、味覚鈍麻及び嗅覚鈍麻が見られ、さらに、15日間連続の過度の時間外労働・休日労働を含むソフト検査実習後には、簡単な理科の問題が解けない、簡単な単語を打ち間違える等を訴え、入社時には60kg程度の体重が52kgまで減少した（アテスト（ニコン）事件　東京地裁平成17年3月31日労判894-21）。」

③ 21歳の幼稚園保母の自殺について、「高畑園における責任者としての仕事とコンピューターを利用した保育の担当をすることを告げられた。責任者としての仕事の内容は、園内の連絡等、事務的な仕事であり、クラス担任は持たなかった。また、コンピューターを利用した保育の内容は、各クラス週2回、1回20分のコンピューターソフト「学ぶ君」を使った授業を行うことであった。この業務を引き受けることに消極的であり、一旦は、これを断り、高畑園においてクラス担任にしてもらうことを申し入れたが、園長が協力するので引き受けて欲しいと言われたことから、この業務を承諾した（東加古川幼稚園事件　神戸地裁平成9年5月26日労判7

44-22)。」

3 仕事の失敗や過重な責任の発生など

「心理的負荷による精神障害等に係る業務上外の判断指針」においては、「仕事の失敗や過重な責任の発生など」として、「交通事故（重大な人身事故、重大事故）を起こした」、「労働災害（重大な人身事故、重大事故）の発生に直接関与した」、「会社の経営に影響するなどの重大な仕事上のミスをした」、「会社で起きた事故（事件）について、責任を問われた」、「違法行為を強要された」、「自分の関係する仕事で多額の損失を出した」、「達成困難なノルマが課せられた」、「ノルマが達成できなかった」、「新規事業の担当になった、会社の建て直しの担当になった」、「顧客や取引先から無理な注文を受けた」、「顧客や取引先からクレームを受けた」、「研修、会議等の参加を強要された」、「大きな説明会や公式の場での発表を強いられた」、「上司が不在になることにより、その代行を任された」を挙げています（第3章164、174頁参照）が、これらに関連すると考えられる次のような裁判例があります。

(1) 仕事の失敗
ア　本人の不正経理

所長に就任した1ヶ月頃から、部下に指示して受注高、出来高、原価等につき現実と異なる数値を報告する不正経理を開始した。四国支店工務部長のBは、東予営業所の報告する数字に異常があることに気付き、Aが架空出来高の計上を認めたため、正しい数値に戻すよう指示した。Bは直ちに支店に赴いて調査をしなければならない程の架空出来高はなかったと認識していたこと、Aの将来を配慮したこと等から、詳細な内容まで突き詰めることはせず、平成16年初め頃、Aから「架空出来高」を是正したとの報告を受けて信用し、それ以上の調査を行わなかったが、実際には

是正されていなかった(前田道路事件　松山地裁平成20年7月1日労経速2013-3)。

イ　売上や生産計画などの未達成
①　49歳の飲食店長の自殺について、「三条店の売上は少なくとも店長在任中には十分に回復しておらず、社長は、売上の回復を求め続けていたことに照らせば、過重な労働を強いられていた。三条店の売上減少により、これを回復するため種々努力を重ねることを要求されたが、その効果が十分に出ていない状況にあった(エージーフーズ事件　京都地裁平成17年3月25日労判893-18)。」
②　41歳の自動車設計の責任者の自殺について、「業務に関して、コストアップになったことが判明したことやシートベルトの試験が失敗したことに関して非常に心配していた(スズキ自動車事件　静岡地裁浜松支部平成18年10月30日労判927-5)。」
③　41歳の製鉄所掛長の自殺について、「生産計画が未達成という重大な業務課題に直面し、これらもあって業務上の負荷が増大し、長時間労働を強いられるようになり、顔色も悪く、煙草の量も増えてきた(川崎製鉄水島製鉄所事件　岡山地裁倉敷支部平成10年2月23日労判733-13)。」

ウ　自然災害への対応への失敗
①　57歳の給油所所長の自殺について、「Aは、台風後の処理がうまくはかどらないことや、台風に対する対処のまずさ(6月末の棚卸しを行わなかったことや、台風襲来時に書類や商品等を水に浸からないようにする処置が不十分であったこと等)について思い悩み、しかも、それは日を追うごとに深刻になっていき、ついには正常な精神状態ではなくなっていった(みくまの農協(新宮農協)事件　和歌山地裁平成14年2月19日労判826-67)。」

② 45歳の建設工事事務所長の自殺について、「殊に、本件工事が豪雪等の影響で大幅に遅れ、休日出勤や時間外勤務の継続を余儀なくされたうえ、自殺する直前のころ、工事量を大幅に減少する変更をしてようやく工期までに完成することができる状態になった（協成建設工業ほか事件　札幌地裁平成10年7月16日労判744－29）。」

エ　同僚の失敗

24歳のソース会社員の自殺について、「同僚は失敗を続け、かつ、失敗は自己の責任ではないといった対応をすることから、どのような指導を行えば効果的であるかについて悩むことが多くなり、その精神的負担が増大し、心身共に疲労していた（オタフクソース事件　広島地裁平成12年5月18日労判783－15）。」

（2）過重な責任

特に、若い労働者の場合には、本人の能力以上に過重な責任を負うことが問題となることがあります。これに関しては、次のような裁判例があります。

① 24歳のソース会社員の自殺について、「特注ソース等製造部門においてはAの経験が他の2人に比較すると著しく長いことになり、その結果、少なくとも主観的にはAは部門のリーダーとして他の2人を指導してゆかなければならないとの責任を感じるに至ったにもかかわらず、Bらが期待どおりの働きをしてくれないことから、その打開策について思い悩んだ結果、うつ病を発病していた（オタフクソース事件　広島地裁平成2年5月18日労判783－15）。」

② 21歳の幼稚園保母の自殺について、「園長から、高畑園では同年3月1日付で主任保母を含む保母6名全員が退職すること、高畑園では3歳から5歳までの園児約150名が5クラスに分けられているが、4月からクラス担当保母の5名全員が新任保母（保母資格を取得した直後で保育経験のない者）となり、Aが高畑園の主任保母（責任者）となること

などを告げられた。高畑園（及び本園、二俣園）の園長は、午前と午後の合計4時間バスの運転をしていることもあって、主任保母は事実上新任保母の相談に応じるなどの重責を負うものであり、Aより前に高畑園の主任保母となるよう打診を受けた2名の保母はこれを断っている。Aも、帰宅後父母と相談した結果、クラス担任にとどめるのでなければ園を退職することにし、翌日その旨を園長に伝えたが、Aを主任保母とすることは既に決定済みであり、園長がフォローするから何とか承諾してほしいといわれたことから、Aとしても頑張ってみる気持になり、引き受けた。主任保母となった後は、業務遂行に大きな不安を抱き、体重が減り始めるなど体調が悪くなったことなどから、退職することを考えるようになった。さらに、園長が協力するといっておきながら、実際には十分な協力をしなかったこともあって、疲れ切った様子で園児を保育する状態ではなくなり、それまで書いていた保育日誌もそれ以降は書かなくなった。家族はこの夜退職を勧めたが、責任感から思い悩み、その夜はほとんど眠れず、次いで翌日にも遅くまで園で打合せがあったが、疲れ切って放心状態となり、夜12時頃帰宅するなり泣き崩れ、床についても目を開けて一点を見つめて放心状態を続け、ほとんど眠れず、翌日に入院した（東加古川幼稚園事件　最高裁第三小法廷平成12年6月27日労判795-13、大阪高裁平成10年8月27日労判744-17）。」

(3) 精神的緊張を伴う業務

　従業員の削減や取引の打ち切りなど精神的緊張を伴う業務を担当したことが精神障害を発症させたなどの要因であると判断された裁判例には次のようなものがあります。

ア　従業員の削減や取引の打ち切りなどの業務

　密度の濃い業務を担当したことが精神障害を発症させた要因であると判断された裁判例には次のようなものがあります。

53歳運輸会社営業所長の自殺について、「2度目の損益改善計画の実施は、部下である従業員の削減及び開拓した顧客との取引の打ち切りを伴うもので、いずれもFを苦悩させるものであったことに加え、営業所移転の際の労働組合の非協力、移転後の一部の組合員や近隣とのトラブルなどによりFが受けた精神的な負荷は強度なものであった（貨物自動車運送会社事件　鹿児島地裁平成15年5月19日）。」

イ　集中力を持続させる必要がある業務
　集中力を持続させる必要がある業務を担当したことが精神障害を発症させたなどの要因であると判断された次の裁判例があります。

　28歳のシステムエンジニアのうつ病発症について、「本件業務は、コンピューターを用いたソフトウェア開発業務であるところ、原告は、特に、障害に対する対応をはじめ、開発した本件ソフトウェアを商品として売り出した後のメンテナンス作業を中心的に担当しており、これらの業務は、一定程度集中力を持続させる必要があるから、その業務が軽易なものであったとはいえない。本件業務は、一定程度集中力を必要とするものであったから、原告に対して負荷を与えた（富士通四国システムズ事件　大阪地裁平成20年5月26日労判973-76）。」

ウ　気配りを要する業務
　気配りを要する業務を担当したことが精神障害を発症させたなどの要因であると判断された次の裁判例があります。

　23歳の社会保険庁職員の自殺について、「電話相談係等における業務は、前任者の業務内容と比較して量的に増加しており、置かれていた職場環境や、人間関係等にも照らせば、些細であっても、対応に気配りを要するものやその他の雑多な事務が多く含まれていたといえ、質的にも対応が難しいものがあった（社会保険庁職員事件　甲府地裁平成17年9月27日判時1915-108）。」

エ　密度の濃い業務

　密度の濃い業務を担当したことが精神障害を発症させたなどの要因であると判断された次の裁判例があります。

> 　24歳のソース会社社員の自殺について、「特注ソース等製造部門における業務は、午前5時、6時といった早朝から出勤しての作業であり、早朝から出勤する業務であったこと、各々の作業自体の負担はそれほどではないものの、各作業は並行して、あるいは断続的に行われるために作業全体でみると密度の濃いものである（オタフクソース事件　広島地裁平成12年5月18日労判783－15）。」

オ　業務の多さ

　業務の多さが精神障害を発症させたなどの要因であると判断された次の裁判例があります。

> 　24歳の広告代理店社員の自殺について、「少なくとも40社をスポンサーとして担当し、そのうちの数社に対し、同時並行的に、タイムセールス、イベントの企画立案等を行い、スポンサーの窓口となる営業局員と打合せをし、また自らスポンサー先に出向く等していたことに加え、同人には、新入社員として求められる作業もあり、また年次の高い営業局の社員等からは、本来は同人の業務でない雑用を求められることもあったこと等からすれば、その処理していた業務は、相当多いものであった（電通事件　東京地裁平成8年3月28日判時1561－4）。」

カ　自然災害などに対応する業務

　自然災害などに対応する業務を担当したことが精神障害を発症させたなどの要因であると判断された次の裁判例があります。

> ①　57歳の給油所所長の自殺について、「台風後の処理がうまくはかどらないことや、台風に対する対処のまずさ（6月末の棚卸しを行わなかったことや、台風襲来時に書類や商品等を水に浸からないようにする処置

が不十分であったこと等）について思い悩み、しかも、それは日を追うごとに深刻になっていき、ついには正常な精神状態ではなくなっていった（みくまの農協（新宮農協）事件　和歌山地裁平成14年2月19日労判826-67）。」

② 45歳の建設工事事務所長の自殺について、「工事が豪雪等の影響で大幅に遅れ、休日出勤や時間外勤務の継続を余儀なくされたうえ、自殺する直前のころ、工事量を大幅に減少する変更をしてようやく工期までに完成することができる状態になったこと、家族や周囲の者に対し本件工事が遅れていることを気に病む言動をしていたこと（協成建設工業ほか事件　札幌地裁平成10年7月16日労判744-29）。」

ク　過重ではないと判断された業務

一方、その業務が過重ではないと判断された裁判例には、次のようなものがあります。

1）内科医の業務

診療業務自体何ら過剰なものではなく、診療業務を正常にこなしていた（日赤益田赤十字病院事件　広島地裁平成15年3月25日労判850-64）。

2）小児科医の業務

勤務状況は、平日の日中における通常勤務だけではなく、夜間を含む日当直勤務を定期的に行うから、一定程度の負担を伴うものであるといえ、Fの担当した当直回数も少なかったとはいえない。当直を含む労働時間、特に時間外労働時間が多いとはいえないこと、時間外労働時間が少ないとはいえない時期であっても、急患患者が毎回仮眠する暇もないほどひっきりなしに来院するような状況ではなく、ある程度まとまった空き時間が存在していたこと、当直空けに勤務のない場合が多い等、一定程度の余

裕があったといえること、外来・入院・急患の各患者数は突出して多いとはいえないこと、部長代行に就任したことによる心理的負荷はそれほど強いものではなかったこと、小児科医の確保は容易ではなかったものの、Fが医師確保のため奔走し、そのために強い心理的負荷を受けていたという状況にあったとは認め難く、被告病院小児科において常勤医を補充しなければ立ち行かないほど多忙であったとは認められないこと、その他、被告病院の人員構成、病院経営の状況等の客観的事実を総合考慮すれば、Fの業務が特に過重な身体的・心理的負荷を与えるものであったとはいい難く、うつ病発症の内在的危険性を有するほどの過重な業務であるとは認められない（立正佼成会付属佼成病院事件　東京地裁平成19年3月29日労経速1973−3）。

3）コンピューターシステム開発会社のシステムエンジニアの業務

　原告らは、コンピューターの経験のないKに営業第4部のベストグループ内のチームに配属したことによって、過重な業務負担を与えたものと主張する。確かに、被告は集合研修の成績等を考慮することなく、営業第3部と営業第4部に新入社員をそれぞれ配属しているけれども、このチームには過去にも新入社員が配属されたことがあり、そのこと自体が不適切ということはできないし、Kの研修状況等からみて、特に同人をこのチームに配属したことをもって不適当であるとする特段の事情等も見当たらない。原告らは、Kに与えられたプログラムの保守業務は、研修で学んでいないにもかかわらず、何の説明もないまま仕様書のみ手渡され、Kは全く不明のまま独力で課題を解決せざるを得なかったと主張する。しかしながら、Kに与えられたプログラム保守業務は、本来の業務というよりも、新人研修も兼ねた色合いが濃く、オーバーレイを除き一通り学習した技術、知識の理解を深めるためのものと解される。なお、研修で扱っていない技術はオーバーレイのみであるから、これをもって業務が特段過重であったともいえない。日銀与信明細票プログラムの保守業務が、配属されたチームの本来の仕事

ではなかったこと等から、スムーズに指導を受けることが難しかったことは否めないが、ベストグループでは、他のチームに所属する先輩社員にいつでも質問できる職場環境にあり、プログラム保守業務に関して指導を受けた記載がある。そして日銀与信明細表プログラム保守業務は、仕様変更がなければ締切日前に完成していたから、独力で解決せざるを得ない状況に追い込まれていたとまではいえずKの与えられた仕事の内容や性質、労働時間のほか、特に厳密なノルマやペナルティが課されていたわけではないこと等の諸点に鑑みれば、直ちに業務が特段過重であったということはできない。8月12日以降、新しい課題を随時与えられているが、この課題の内容等に照らすと、他の新入社員に比べて特に過重な負担を強いたものとまではいえない。集合研修中、部内研修中、日銀与信明細票プログラムの保守業務中を通じ、最も遅くまで残業したとしても午後9時頃であり、社会人になったばかりで多少の負担感はあるにせよ、そのことをもって直ちに業務が過重であったということはできない（みずほトラストシステムズ東京地裁八王子支部平成18年10月30日労判934-46）。

4）技術課長の業務

　入社後一貫して電気工事の予算管理、原価管理、現場施工管理等の業務に従事してきたベテラン従業員であったこと、関西支社において既に管理職の経験があったこと等に照らせば、第三課で従事した業務は、内容面において、従前Tが従事してきた業務と質的に大きな変化があったものということはできず、また、特定の期間を除いては勤務時間がさほど長時間にわたるものではなく、休日出勤もなかったことに照らせば、中部支社における業務はさほど過重であったということはできない（富士電機E＆C事件　名古屋地裁平成18年1月18日労判918-15）。

5）地方銀行員の業務

　相当の残業があり、販売目標が課されていたものの、社会通念上許容

される範囲を超えた過剰なものであったと認めることはできない（北海道銀行事件　札幌地裁平成17年1月20日労判889−89）。

4　企業内などでの身分や役割、地位などの変化

「心理的負荷による精神障害等に係る業務上外の判断指針」においては、「企業内などでの身分や役割、地位などの変化」として、「退職を強要された」、「出向した」、「左遷された」、「非正規社員であることの理由等により、仕事上の差別、不利益取扱いを受けた」、「早期退職制度の対象となった」、「転勤をした」、「複数名で担当していた業務を1人で担当するようになった」、「配置転換があった」、「自分の昇格・昇進があった」、「部下が減った」、「部下が増えた」、「同一事業場内での所属部署が統廃合された」、「担当ではない業務として非正規社員のマネージメント、教育を行った」を挙げています（第3章176頁参照）が、これらに関連すると考えられる次のような裁判例があります。

(1) 昇進

昇進が精神障害を発症させた要因の1つであると判断された裁判例には、次のようなものがあります。

① 　46歳の電気製品部品販売等会社の課長の自殺について、「課長昇進の内示を受けた後、休暇をとるようになり、課長昇進の辞令が交付される日にも欠勤した。同僚に対し、課長として自分は役不足であるとか、会社を辞めたいと話し、欠勤の理由について報告を行う際、自分には課長職が重く、辞めたいとか、辞めるしかないなどと言い出した（三洋電気サービス事件　東京高裁平成14年7月23日労判852−73）。」

② 　41歳の自動車設計責任者の自殺について、「異動によって車体設計という異なる業務に異動となったことや、部下の人数も増加してその人事評価も行うようになったことなどから、その業務に重圧を感じるように

なった(スズキ自動車事件　静岡地裁浜松支部平成18年10月30日労判927-5)。」
③　41歳の製鉄所掛長の自殺について、「掛長昇進後は主任部員として形鋼グループを担当し、計画グループ、命令グループ、進捗グループ全体を総括する立場となり、業務上の負荷が増大し、長時間労働を強いられるようになり、顔色も悪く、煙草の量も増えてきた(川崎製鉄水島製鉄所事件　岡山地裁倉敷支部平成10年2月23日労判733-13)。」
④　24歳の自動車部品等製造会社の塗装班リーダーの自殺について、「リーダーへ昇格するなどの心理的負荷などが更に加わる(山田製作所事件　熊本地裁平成19年1月22日労判937-109、福岡高裁平成19年10月25日労判955-59)。」

(2) 左遷

本人が左遷されたと考えたことが精神障害を発症させた要因の1つであると判断された次の裁判例があります。

49歳の飲食店長の自殺について、「原告らは、三条店は被告の中核店舗であって、Aの三条店店長からN店店長への異動は左遷であると主張し、また、Aにおいても、三条店が被告の中核店舗であると認識していた。しかし、本件自殺時のN店店長であったBは、Aが三条店チーフであったころの三条店店長であっていわばAの元上司であり、また、被告の取締役でもあったことからすれば、この異動が左遷とは認められない。また、この異動は、三条店の売上の回復のために営業が不得手なAに代えて営業を得意とするB営業部長を三条店店長とするものであって、経営上の必要に基づく一応正当なものであるが、Aの意思に反するものであって、Aが何度も抵抗を示していたにもかかわらずC社長において強く異動を説得しており、これが、Aに対するストレス要因となった。さらに、これに対して、C社長がAを三条店からN店への異動を決めて、Aの意に反して実行すべく強く説得するなど職場におけるストレス要因が積み重なっていた(エー

ジーフーズ事件　京都地裁平成17年3月25日労判893-18)。」

(3) 配置転換

配置転換が精神障害を発症させた要因の1つであると判断された次の裁判例があります。

> 23歳の社会保険庁職員の自殺について、「被災者の前任者が転出するに伴って、被災者は、同日から業務の引継ぎなどのために超過勤務をするようになり、異動となった後は、締め切りが間近に迫った昇給・昇格関係資料の作成に日々追われていた。さらに、同係では、係長や同僚らが新たに配属された者であった上、前任者からの引継書も残されていなかった。このような被災者の業務内容、職場環境や被災者の置かれていた立場、状況に照らせば、当時の業務が被災者にとって相当な精神的、肉体的負担を伴うものであり、被災者の当時の超過勤務時間を合わせ考えるならば、被災者が担っていた業務は、被災者にとって過重なものであった(社会保険庁職員事件　甲府地裁平成17年9月27日判時1915-108)。」

(4) 解雇の不安

特に、不況期や非正規労働者の場合には、解雇の不安が生じてきます。このような解雇の不安が精神障害を発症させた要因の1つであると判断された次の裁判例があります。

> 23歳の業務請負会社員の自殺について、「請負社員・派遣社員の縮小方針に基づく退職等による外部からの就労者としての解雇の不安について認識し得る(アテスト(ニコン)事件　東京地裁平成17年3月31日労判894-21)。」

5　企業内などでの対人関係のトラブル

「心理的負荷による精神障害等に係る業務上外の判断指針」においては、「企業内などでの対人関係のトラブル」として、「ひどい嫌がらせ、いじめまたは暴行を受けた」「セクハラを受けた」、「上司とのトラブルがあった」、「同僚とのトラブルがあった」、「部下とのトラブルがあった」を挙げています（第3章176頁参照）が、これらに関連すると考えられる次のような裁判例があります。

(1) 嫌がらせやいじめ

嫌がらせやいじめなどのトラブルが精神障害を発症させたなどの要因であると判断された次のような裁判例があります。

① 43歳の建設会社営業所長の自殺について、「自らの営業成績を仮装するために行った不正経理の是正のため、四国支店に呼び出されて上司から叱責を受け、早期に工事日報を報告するよう指導され、日報報告の際に電話で叱責されたことがあったこと、東予営業所を訪れた四国支店長から改善指導を受け、業績検討会においても上司から不正経理の責任を取るのは所長である旨叱責・注意を受けた（前田道路事件　松山地裁平成20年7月1日労経速2013-3）。

② 30歳の市水道局職員の自殺について、「①Bら3名が、工業用水課に配転されたAに対し、聞こえよがしに、『何であんなのがここに来たんだよ。』、『何であんなのがAの評価なんだよ。』などと言ったこと、②Cが、Kといわゆる下ネタ話をしていたとき、会話に入ってくることなく黙っているAに対し、『もっとスケベな話にものってこい。』、『K、Aは独身なので、センズリ比べをしろ。』などと呼び捨てにしながら猥雑なことを言ったこと、そして、Aが女性経験がないことを告げると、Aに対するからかいの度合いをますます強め、CがKに対し、『Aに風俗店のことについて教えてや

れ。』『経験のために連れて行ってやってくれよ。』などと言ったこと、③Cが、Aを『むくみ麻原』などと呼んだり、Aが登庁すると『ハルマゲドンが来た。』などと言って嘲笑したこと、④Cが、ストレス等のためにさらに太ったAに対し、外回りから帰ってきて上気していたり、食後顔を紅潮させていたり、ジュースを飲んだり、からかわれて赤面しているときなどに、『酒をのんでいるな。』などと言って嘲笑したこと、⑤同年9月ころになると、いじめられたことによって出勤することが辛くなり、休みがちとなったAに対し、Bら3名は、『とんでもないのが来た。最初に断れば良かった。』『顔が赤くなってきた。そろそろ泣き出すぞ。』『そろそろ課長にやめさせて頂いてありがとうございますと来るぞ。』などとAが工業用水課には必要とされていない、厄介者であるかのような発言をしたこと、⑥合同旅行会の際、Aが、Bら3名が酒を飲んでいる部屋に、休みがちだったことなどについて挨拶に行ったところ、Bが持参した果物ナイフでチーズを切っており、そのナイフをAに示し、振り回すようにしながら『今日こそは切ってやる。』などとAを脅かすようなことを言い、さらに、Aに対し、『一番最初にセンズリこかすぞ、コノヤロー。』などと言ったり、Aが休みがちだったことについても『普通は長く休んだら手みやげぐらいもってくるもんだ。』などと言ったことにより、Aが精神的、肉体的に苦痛を被った（川崎市水道局事件　横浜地裁川崎支部平成14年6月27日労判833－61）。」

③　海上自衛隊の護衛艦の21歳の3等海曹の自殺について、「直属の上官が『3曹らしい仕事をしろよ』『バカかお前は、3曹失格だ』などと侮辱的な言動を繰り返していたことは、ある程度厳しい指導を行う合理的理由はあるが、人格を非難・否定するもので、目的に対する手段としての相当性を著しく欠く（海上自衛隊事件　福岡高裁平成20年8月25日）。」

④　23歳の薬局のパートタイマーがセクハラをした経営者の妻から罵倒、叱責、詰問されたため、過呼吸状態になり、痙攣が止まらなくなって、その後精神科の診断を受け、PTSDと診断された（福岡薬局事件　福岡

地裁平成17年3月31日判タ1196-106)。

(2) 同僚とのトラブル

同僚とのトラブルが精神障害を発症させたなどの要因であると判断された次のような裁判例があります。

① 21歳の准看護師の自殺について、「Mは、自ら又は他の男性看護師を通じて、Tに対し、冷やかし・からかい、嘲笑・悪口、他人の前で恥辱・屈辱を与える、叩くなどの暴力等の違法な本件いじめ行為を行った。MらのTに対する言動が、悪ふざけや職場の先輩のちょっと度を超した言動であったと認めることは到底できない。いじめは執拗、長期間にわたり、その態様も悪質になっていたこと、他にTが本件自殺を図るような原因は何ら見当たらないことに照らせば、本件いじめと本件自殺との間には事実的因果関係がある(誠昇会北本共済病院事件　さいたま地裁平成16年9月24日労判883-38)。」

② 知的障害者更生・授産施設の看護師のうつ病について、「本件職員会議においては、自らU労組を脱退しユニオンに加入した原告を非難、糾弾する発言をしたばかりか、本件職員会議に参加した職員らを誘導し、扇動し、その結果、本件職員の多くが原告を非難する内容の発言をしたものであり、本件職員会議において非難、糾弾された結果、精神的疾患に罹患し、休職を余儀なくされた(U福祉会事件　名古屋地裁平成17年4月27日労判895-24)。」

③ 1年更新の女性臨時職員が抑うつ状態となったことについて、「被告が原告に対し、応接室において、2人きりで、数十分にわたり一方的に大声を出して怒鳴ったりした行動は著しく不適切であるばかりでなく、これに近接した時期から原告が心療内科に通院し始めている(K省臨時職員事件　東京地裁平成18年7月26日)。」

(3) セクハラ

セクハラが精神障害を発症させたなどの要因であると判断された次のような裁判例があります。

① 新婚1か月の女性が一緒に営業に回る男性労働者と自動車で得意先の病院を訪問した帰路、新婚生活について「すぐにでも子供ができる」などと話をし、取り合わない姿勢を見せたところ、「じゃ、僕とキスしよう」と言って、シートベルトをしたまま、上半身を倒すようにしてキスをしようとした行為をきっかけにして、思考・運動制止、興奮、憂鬱気分、希死念慮、不眠、易疲労性、不安、胃炎、下肢の傷みと歩行困難等の心身症、湿疹や皮膚の過敏等の症状が出ており、著しい精神的衝撃を与え、それがもとで心と体の健全なバランスを失い、様々な症状に苦しんでいる（医薬品会社事件　さいたま地裁平成19年12月21日）。

② 23歳の薬局のパートタイマーが経営者から夜間帰ろうとするのを薬局2階和室に連れ込み、その抵抗を省みず、性的な関係を迫り、身体を密着させ、無理にキスをしようと顔を近づけるなどしたこと、拒絶していたにもかかわらず、マッサージを求められ、優越的地位を利用して接触を求め、馬乗りになり、腰の下部を触ろうとするなどしたことなどのため、過呼吸状態になり、痙攣が止まらなくなって、その後精神科の診断を受け、PTSDと診断された（福岡薬局事件　福岡地裁平成17年3月31日判タ1196－106）。

③ 採用1年目の市職員がその上司である係長が　バーベキューでの記念撮影の際に原告の手を掴んで自分の方へ引き寄せ「不倫しよう」と言った言動、　他市の独身男性に対し「うちにいいのがいるから」と発言したことなどにより、精神的に追い詰められて孤立した状態になり、激しい屈辱感と悲しみに襲われ続け、対人関係にも支障を来たし、身体的にも何日も腹痛が続き、係長の声が聞こえたり、近くを通ったりするだけで頭がのぼせ吐き気がこみ上げてくるような状態にまで至った（神奈川県市役所事件　横浜地裁平成16年7月8日判時1865－106）。

企業内などでの対人関係のトラブル

④　教会内での信徒の教育活動等に従事してきた女性が教会の主任担当教師（牧師）から、夜間2人きりの車内でラブホテル街を通過したこと、2人だけの車内や電話で夫婦の性生活や牧師として知った相談者の性に関する相談事を露骨に聞かせ、性関係を望んでいるかのような趣旨の発言をし、傘の中に入って腕を絡ませるように組み、口説くような言葉を吐きながら2人きりの車内で手や腕を触り、礼拝堂などで2人きりになった際に偶然を装いながら、肘で胸を触ったり、手を太股に当て、「僕は抱きたいと思った子しか雇わない」などと発言したりしたことなどの行為により、体が動かない、胸が痛い、生理が止まらない等体調を崩し、更に頭痛、脱水症状等で入院するなどの事態になった（熊本教会・幼稚園事件　神戸地裁平成15年10月7日労判860-89）。

⑤　27歳の社員が上司である取締役兼部長から、i 海藻の標本とともに「大切なAさまへ」「元美少年より」などと記載した手紙を手渡したこと、ii 入院したところ、退院までの約1ヶ月間、ほぼ毎日面会に訪れ、1〜2時間過ごし、1度足をマッサージしたこと、iii 仕事の帰り、手をつないだほか、2泊3日の出張をした際、山中で手をつなぎ、夜自己の宿泊室で特別な感情を持っている趣旨の告白をし、帰りの車中において腕を掴んだりしたこと、iv デパートについて行き、その頃作業指示書に「大好きなあなたの笑顔が私の元気になる」などのコメントを付して手渡したこと、v セクハラで迷惑している旨伝えたのに対し愛している旨答え、態度を改めなかったこと、vi 帰路、会話を拒否したにもかかわらず、「近い将来、君と結婚したい」などと告白したこと、vii ビデオカメラで身体の特定の部位をズームアップで撮影するという行為を行うようになったため、出社できない状態になった（環境汚染研究分析調査会社事件　東京地裁平成15年6月9日）。

⑥　女性社員が「商品開発チーム」の顔見せ会の三次会終了後、専務取締役から、帰途に同乗したタクシー車内において、手を掴み、左手で右肩を掴んで体の向きを変えさせた上、体にのしかかるようにして覆い

15　精神障害を発症させるなどの要因

かぶさり、執拗に唇にキスをし、更に舌を口の中に入れようとしたため、歯を食いしばってこれを阻んだところ、キスに積極的でないと感じて力を緩めたため、離れたが、その際「エッチしよう。」と性関係を要求する発言をしたため、カウンセリングないし治療を受け、心因反応という診断により精神安定剤の投薬等の治療を受けるようになった（東京マヨネーズ等製造会社事件　東京地裁平成15年6月6日判タ1179-267）。

⑦　18歳のアルバイトが、働き始めて10日後から、残業中又は残業を終えて帰宅しようとした際に、その指揮監督を行う責任者から、性行為などをしたために、解離性同一性障害（多重人格障害）に罹患しており、症状の程度は6段階の重い方から2番目であって、3年ないし5年をかけて週1回あるいは2回のカウンセリング等の治療を要すると診断された（広島女子高生アルバイト事件　広島地裁平成15年1月16日判タ1131-131）。

⑧　店長として勤務していた女性が上司である総括責任者から、体に触れる、いやらしい言葉を言う、ベルトのファスナーを下げて下着を見せる、自分の性器のサイズを言う等の行為を行い、相談をした者は居酒屋及びバーで原告と飲食を共にした後、自宅マンションまで送り届けた際に部屋の中に入って押し倒し、猥褻行為に及んだため、PTSDと診断された（岡山リサイクルショップ事件　岡山地裁平成14年11月6日労判845-73）。

⑨　社協の女性職員が、上司である事務局長から、会長室などに呼ばれ、キスを強要され、着衣の中に手を入れて乳房や性器を触られるなどの性的行為を受けたため、うつ病と診断された（福岡社会福祉法人事件　福岡高裁平成12年1月28日判タ1089-217）。

⑩　市役所の職員が所属部署の係長からしばしば胸、尻、髪等の身体を触り、また、性的発言をしたり、個人的なことを根堀り葉掘りきいたり、宴会では抱きつくなどの行為をしたため、精神的苦痛を被り、それが一因で、抑うつ状態（反応性うつ病）との診断を受け、休職した（奈良県市

役所事件　奈良地裁葛城支部平成9年8月7日)。

⑪　人材派遣会社に勤務する25歳の女性が派遣先会社の男性従業員から、勤務を開始して2日後、歓迎会で強度の酩酊状態になったため、タクシーで自宅に送ることになったところ、車内で帰りたくないという趣旨の発言をしたことから、下車してホテルに入り、しばらくカラオケを歌うなどした後着衣のままベッドで眠ってしまい、着衣を脱がそうとしたため、目を覚ましてこれに抵抗すると、暴力を振るって抵抗を排除し、強いて性行為に及んだため、精神的ショック及び身体に受けた打撲等のため、2日間起きられず、腰の痛みと発熱で自宅で寝込む状態であったこと、その後も精神的ショックが継続し、食事の摂取もほとんどできず胃が痛む状態が続いたこと、更に顔を合わせることを恐れて出勤することができなかった（東京派遣社員事件　東京地裁平成9年1月31日労判716－105)。

⑫　会社受付業務及び全盲の会長の介添え業務を行うために雇用された21歳の女性が、会長から2度にわたって介添えとして出張に同行するように命じられ、いずれもホテルの部屋で暴行を受けたため、精神的ストレスからうつ状態になった（東京全盲会長事件　平成3年1月30日)。

6　企業内などでの対人関係の変化

「心理的負荷による精神障害等に係る業務上外の判断指針」においては、「対人関係の変化」として、「理解してくれていた人の異動があった」、「上司が変わった」、「昇進で先を越された」、「同僚の昇進・昇格があった」を挙げています（第3章176頁参照）が、これらに関連すると考えられる次のような裁判例があります。

(1) 親しい同僚の転勤

親しい同僚の転勤が精神障害を発症させたなどの要因の1つであると判断された次の裁判例があります。

> 46歳の電気製品部品販売等会社の課長の自殺について、「平成8年9月17日にそれまで友人として親身に相談に乗ってくれていたBが大阪に転勤する旨の内示があり、Aは精神的な支えの一つを失うことになった（三洋電気サービス事件　東京高裁平成14年7月23日労判852-73）。

(2) 信頼する先輩の配置換え

信頼する先輩の配置換えが精神障害を発症させたなどの要因の1つであると判断された次の裁判例があります。

> 24歳のソース会社員の自殺について、「Cが他の部署へ配転替えになったことに伴う人的環境の変化及びそれに伴い、特注ソース等製造部門においてはAの経験が他の2人に比較すると著しく長いことになり、その結果、少なくとも主観的にはAは部門のリーダーとして他の2人を指導してゆかなければならないとの責任を感じるに至ったにもかかわらず、Bらが期待どおりの働きをしてくれないことからその打開策について思い悩んだ結果、うつ病を発病していた（オタフクソース事件　広島地裁平成12年5月18日労判783-15）。

7　その他の要因

(1) 企業内などでの事故や災害の体験

「心理的負荷による精神障害等に係る業務上外の判断指針」においては、「事故や災害の体験」として、「重度の病気やケガをした」、「悲惨な事故や災害の体験（目撃）をした」を挙げています（第3章174頁参照）。

(2) 出張業務

　出張が精神障害発症などの要素と評価していると考えられる次の裁判例もあります。

> 　23歳の業務請負会社員の自殺について、「台湾出張後は、疲労感・味覚鈍麻を覚え、同年7月の宮城県出張後は、これらの訴えに加え、摂食量の低下が見られた（アテスト（ニコン）事件　東京地裁平成17年3月31日労判894-21）。

(3) 職場環境

　職場環境が精神障害発症などの要素と評価していると考えられる次の裁判例もあります（第3章164頁参照）。

> 　24歳のソース会社員の自殺について、「作業していた職場は夏場には40度を超えるほどの高温となり、体力を消耗しやすい作業環境にあったこと、猛暑が続き、作業環境は一層悪化していたことからすれば、日々の作業により慢性的な疲労状態にあった（オタフクソース事件　広島地裁平成12年5月18日労判783-15）。」

8　業務以外による心理的負荷の要因

(1) 心理的負荷による精神障害等に係る業務上外の判断指針

　「心理的負荷による精神障害等に係る業務上外の判断指針」においては、業務以外による心理的負荷の要因として、次のような要因を挙げています（第3章166～167、178頁参照）。

① 　「自分の出来事」として、「離婚又は夫婦が別居した」、「自分が重い病気やケガをした又は流産した」、「自分が病気やケガをした」、「夫婦のトラブル、不和があった」、「自分が妊娠した」、「定年退職した」。

② 　「自分以外の家族・親族の出来事」として、「配偶者や子供、親又は兄弟が死亡した」、「配偶者や子供が重い病気やケガをした」、「親類の誰

かで世間的にまずいことをした人が出た」、「親族とのつきあいで困ったり、辛い思いをしたことがあった」、「親が重い病気やケガをした」、「家族が婚約したまたはその話が具体化した」、「子供の入試・進学があったまたは子供が受験勉強を始めた」、「親子の不和、子供の問題行動、非行があった」、「家族が増えた（子供が産まれた）または減った（子供が独立して家を離れた）」、「配偶者が仕事を始めたまたは辞めた」。

③ 「金銭関係」として、「多額の財産を損失したまたは突然大きな支出があった」、「収入が減少した」、「借金返済の遅れ、困難があった」、「住宅ローン又は消費者ローンを借りた」。

④ 「事件、事故、災害の体験」として、「天災や火災などにあったまたは犯罪に巻き込まれた」、「自宅に泥棒が入った」、「交通事故を起こした」、「軽度の法律違反をした」。

⑤ 「住環境の変化」として、「騒音など、家の周囲の環境（人間環境を含む）が悪化した」、「引越した」、「家屋や土地を売買した又はその具体的な計画が持ち上がった」、「家族以外の人（知人、下宿人など）が一緒に住むようになった」。

⑥ 「他人との人間関係」として、「友人、先輩に裏切られショックを受けた」、「親しい友人、先輩が死亡した」、「失恋、異性関係のもつれがあった」、「隣近所とのトラブルがあった」。

(2) 業務以外による心理的負荷の要因を否定する裁判例

裁判例では、「業務以外の側面について、強度の心理的負荷がかかっていたと評価できるような事情は認められない」とするなど業務以外による心理的負荷の要因を否定するもの（富士通四国システムズ事件　大阪地裁平成20年5月26日労判973-76、山田製作所事件　熊本地裁平成19年1月22日労判937-109）があります。

(3) 業務以外による心理的負荷の要因があることを認めつつも、精神障害の発症などに至るほどのものではないと判断した裁判例

一方、業務以外による心理的負荷の要因があることを認めつつも、精神障害の発症などに至るほどのものではないと判断した裁判例には、次のようなものがあります。

ア 自分の出来事

① 検査で癌の疑いも否定され、メモにも健康状態に関する記述は一切ないことからすると、自身の健康状態に関して大きな不安を抱えていたということはできない（スズキ自動車事件　静岡地裁浜松支部平成18年10月30日労判927−5）。

② 平成4年8月に胃ガンで胃を全部摘出し、以後毎年入院検査を受けてきたほかには、健康状態に問題はなく、家庭など仕事以外の場面でも、特に心理的な負荷がかかるような環境にはなかった（貨物自動車運送会社事件　鹿児島地裁平成15年5月19日）。

イ 自分以外の家族・親族の出来事

① 長男の受験失敗（経歴、日常の発言等からして長男の大学受験は決して軽い問題とは思われないが。）等の個人生活、家庭環境に同人をして死に至らしめると合理的に推認できるような事情は何ら存在しない（川崎製鉄水島製鉄所事件　岡山地裁倉敷支部平成10年2月23日労判733−13）。

② 家庭環境等がうつ病に罹患させたと合理的に推認できるような事情はこれを認めることができない（オタフクソース事件　広島地裁平成12年5月18日労判783−15）。

③ 父親との父子関係を含む家庭環境に、うつ病ないし自殺に至らしめたと合理的に推認できるような事情があるとは認められない（電通事件

東京高裁平成9年9月26日労判724-13)。
④ 弟や妹のことを心配していたとしても、これをもってうつ病を発症したということはできない(スズキ自動車事件　静岡地裁浜松支部平成18年10月30日労判927-5)。
⑤ 被告は、自殺に影響した業務外の要因として、不倫関係ないし妻との夫婦関係に悩んでいたことを主張するが、これらについて深刻に悩んでいたことを窺わせる事情は証拠上認められず、この主張は採用できない(エージーフーズ事件　京都地裁平成17年3月25日労判893-18)。

ウ　金銭関係
① 収入の減少、妻の本人に対する金銭面での抑制等の経済問題等の個人生活、家庭環境に死に至らしめると合理的に推認できるような事情は何ら存在しない(川崎製鉄水島製鉄所事件　岡山地裁倉敷支部平成10年2月23日労判733-13)。
② 被告は、自殺に影響した業務外の要因として、住宅ローンなどの返済に悩んでいたことを主張するが、これらについて深刻に悩んでいたことを窺わせる事情は証拠上認められず、この主張は採用できない(エージーフーズ事件　京都地裁平成17年3月25日労判893-18)。

エ　他人との人間関係
① 当時真剣に交際していた女性との交際を悩んでいたとの点については、その時期は、平成8年の5月から遅くとも秋以前のことであること、その後、同年12月には交際をはじめていることからすると、同年11月ころからの抑うつ状態や平成9年3月ころのうつ病の発症の要因として大きな影響を及ぼすものとは認められない(社会保険庁職員事件　甲府地裁平成17年9月27日判時1915-108)。
② 婚約者との交際を含む交友関係等がうつ病に罹患させたと合理的

に推認できるような事情はこれを認めることができない(オタフクソース事件　広島地裁平成12年5月18日労判783−15)。
③　Bとの交際を含む個人生活に、同人をしてうつ病ないし自殺に至らしめたと合理的に推認できるような事情があるとは認められない(電通事件　東京高裁平成9年9月26日労判724−13)。
④　被告は、自殺に影響した業務外の要因として、不倫関係ないし妻との夫婦関係に悩んでいたことを主張するが、これらについて深刻に悩んでいたことを窺わせる事情は証拠上認められず、この主張は採用できない(エージーフーズ事件　京都地裁平成17年3月25日労判893−18)。

(4) 業務以外による心理的負荷の要因があることを認めた裁判例

業務以外による心理的負荷の要因があることを認めた裁判例には、次のようなものがあります。

ア　自分以外の家族・親族の出来事

①　男手で自分を養育してくれた父親に対する愛情が深かったが、課長に昇進したころ、父親の症状が悪化して勝手に排桐したり、妻では抑えきれないごとがあり、父親に対する心配と妻に苦労をかけたという思いがあって心労が重なっていたこと、その後父親を失ったことにより精神的に痛手を被った(三洋電気サービス事件　東京高裁平成14年7月23日労判852−73)。
②　祖父が死亡したことについても、被災者は幼児期に祖父母方で育てられたことがあったものの短期間のことで、その後養子に出され、高校進学のころには両親の元に戻って生活をしており、祖父母と顔を合わせるのは正月の里帰りのときくらいであったのであり、その経過に照らせば、祖父の死亡は、悲しい出来事であることは否定できないとしても、被災者のうつ病の発症に大きな要因となったとは考えられない(社会保険庁職

員事件　甲府地裁平成17年9月27日判時1915-108)。

イ　金銭関係

　奨学金、Aの貯蓄状況等に照らせば、製作所勤務当時に家族の借金の取立てに追われていた等の事情までは認めるに足りない。また、母親などへの金員の貸与については、その貸与時の保有預金残額及びその貸与金額に照らせば、その貸与の合計額は預金金額のおよそ2分の1程度であり、自殺の直接の原因となる事実とまでは認めるに足りないものの、一定程度の精神的負担になっていたことは否定できない(アテスト(ニコン)事件　東京地裁平成17年3月31日労判894-21)。

9　労働者本人の個体的要因

(1) 心理的負荷による精神障害等に係る業務上外の判断指針

　「心理的負荷による精神障害等に係る業務上外の判断指針」においては、検討すべき個体的要因として、既往歴(精神障害)、生活史(社会適応状況・過去の学校生活、職業生活、家庭生活等における適応に困難が認められる場合)、アルコール等依存状況、性格傾向(性格特徴上の偏り)を挙げています(第3章166～167頁参照)。

　ただし、最高裁は、業務の負担が過重であることを原因として労働者の心身に生じた損害の発生又は拡大に労働者の性格等が寄与した場合において、その性格が同種の業務に従事する労働者の個性の多様さとして通常想定される範囲を外れるものでないときには、損害額を算定する際に、その性格などを労働者の心因的要因として斟酌すべきではない(電通事件　最高裁第二小法廷平成12年3月24日民集54-3-1155)としています。

(2) 本人の資質

本人の資質が精神障害の発症などの要因であると判断した裁判例には、次のようなものがあります。

ア 本人の性格

① 医師は、うつ病にかかりやすい性格であったと指摘しており、性格がうつ病の発症に寄与したことは否定できない（スズキ自動車事件　静岡地裁浜松支部平成18年10月30日労判927-5）。

② Aの性格傾向については、Aは、真面目、物静か、こつこつタイプであり、気分障害（精神障害）の原因といわれ、うつ病親和性があるとされる執着性格が認められる。そして、これらの個体的要因がうつ病発症の背景となっていることは無視できない（アテスト（ニコン）事件　東京地裁平成17年3月31日労判894-21）。

③ クリニックを受診する3年前ころには十二指腸潰瘍を患い、治療を受けたこともあって、もともと精神的な負荷に対する耐性に弱い面があったことが窺われ、真面目で凡帳面な性格であり、仕事については完璧を期そうとし、責任感が強く、自責傾向があって、悩みを他人に話すなどして発散させることを苦手とする性格であった。再度の自殺の企ての原因には様々な事情が競合し、自由な意思が介在している面も否定できず、A自身の性格や素因から来る心因的要因が寄与している（三洋電気サービス事件　東京高裁平成14年7月23日労判852-73）。

④ いじめにより心因反応を生じ、自殺に至ったが、いじめがあったと認められるのは平成7年11月ころまでであり、その後、職場も配転替えとなり、また、同月から医師の診察を受け、入通院をして精神疾患に対する治療を受けていたにもかかわらず、これらが効を奏することなく自殺に至ったものである。これらの事情を考慮すると、本人の資質ないし心因的要因も加わって自殺への契機となったものと認められる（川崎市水道局事件　横浜地裁川崎支部平成14年6月27日労判833-61）。

⑤　自殺は本人の素因（精神疾患）に主たる原因がある（みくまの農協（新宮農協）事件　和歌山地裁平成14年2月19日労判826-67）。

⑥　置かれた状況において、誰もが自殺を選択するものとは言えず、本人の素因に基づく任意の選択であったという要素を否定できない（三洋電気サービス事件　浦和地裁平成13年2月2日労判800-5）。

⑦　自殺は、通常は本人の自由意思に基づいてなされるものであり、仕事の重圧に苦しむ者であっても、その全員あるいはその多くの者がうつ状態に陥って自殺に追い込まれるものではないことはいうまでもなく、本件の場合においても自殺する以外に解決の方法もあったと考えられ、うつ状態に陥って自殺するに至ったのは、多分に性格や心因的要素によるところが大きい（東加古川幼稚園事件　最高裁第三小法廷平成12年6月27日労判795-13、大阪高裁平成10年8月27日労判744-17）。

⑧　うつ病を発症するについては性格が影響している可能性は否定できない。しかしながら、精神疾患の既往歴はなく、同人の家族に精神疾患の既往歴のある者がいることを認めるべき証拠はない。なお、疾病の性質上、その発生には性格が一定限度で寄与しているであろうことは容易に推認できる。ただ、少年時代、学生時代を通じて性格上の問題を周囲に感じさせることなく過ごして入社しているのであり、したがって、うつ病を発症し易い性格要素を有していたとしても、それは通常の性格傾向の一種であるにすぎない（オタフクソース事件　広島地裁平成12年5月18日労判783-15）。

⑨　責任感が強く、几帳面で、完全欲が強い特徴的性格であり、また「メモ魔」と呼ばれていることや、ワープロを使用して丁寧かつ見た目も気にすること等から、長時間労働は同人の性格に起因する一面は否定できない。そして、うつ病はAの性格もさることながら長時間労働による疲労という誘因が存在した結果である。うつ病の罹患には、患者側の体質、気質、性格等の要因が関係しているところ、仕事に厳格で、几帳面、

完全志向、責任感が強く、常に仕事に前向きに向かうという姿勢で臨んでいたもので、このようなうつ病親和性が存したことが認められる（川崎製鉄水島製鉄所事件　岡山地裁倉敷支部平成10年2月23日労判733-13）。
⑩　うつ病の発症（罹患）には、患者側の体質、性格等の要因が関係しており、過労ないしストレス状況があれば必ずうつ病になるわけではない。過労ないしストレス状況があれば誰でも必ずうつ病に罹患するわけではなく、うつ病の罹患には、患者側の体質、性格等の要因が関係しているところ、真面目で責任感が強く、几帳面かつ完璧主義で、自ら仕事を抱え込んでやるタイプで、能力を超えて全部自分でしょい込もうとする行動傾向があったものであり、このようないわゆるうつ病親和性ないし病前性格が存したことが、結果として自分の仕事を増やし、その処理を遅らせ、また、仕事に対する時間配分を不適切なものにし、さらには、自分の責任ではない仕事の結果についても自分の責任ではないかと思い悩むなどの状況を作りだした面があることは否定できない（電通事件　東京高裁平成9年9月26日労判724-13）。

イ　生活史

　Aの生活史においては、Aは東京都内を6回転居し、それに伴い小学校も転校しており、Aの父親には放浪癖があって、家庭にいることが少なく、また、Aが中学3年生の時に、父親のギャンブル癖等が原因で離婚しており、Aはその離婚時期に悩み顔を見せていた。そして、これらの個体的要因がうつ病発症の背景となっていることは無視できない（アテスト（ニコン）事件　東京地裁平成17年3月31日労判894-21）。

(3) 基礎疾患

　本人の基礎疾患が精神障害の発症や自殺の要因であると判断した裁判例には、次のようなものがあります。

> ① うつ病に罹患し、悪化するに至ったことにつき、てんかんの既往症が影響している（積善会（十全総合病院）事件　大阪地裁平成19年5月28日労判942-25、大阪高裁平成20年8月28日）。
> ② 本件職員会議以前にうつ病に罹患しており、本件職員会議当時、うつ病は寛解状態にはなく、寛解した場合と比べると、ストレス耐性は弱かった（U福祉会事件　名古屋地裁平成17年4月27日労判895-24）。

(4) アルコールへの依存

アルコールへの依存が精神障害の発症や自殺の要因の1つであると判断した次の裁判例があります。

> 掛長昇進後は、少なくとも1日に200ミリリットルないし270ミリリットルのウィスキーを殆ど毎晩飲んでいたが、晩酌に1時間半位掛けていたのでそれが睡眠不足の一因になったと思われ、更に結婚当初から長期間大量の飲酒を重ねていたことから、Aがアルコール依存症になっていた、ないしはその飲酒がうつ病及び自殺の何らかの原因になっていた可能性を否定することはできないが、アルコール依存症とする所見は見られず、その他にもそれを窺わせるものは特にないのであって、飲酒をもってうつ病の誘因と直ちにいうことはできない。（医師は、アルコールとうつ病及び自殺との関係について、証明はできないと思うが、あると考えた方が普通である旨供述している。）（川崎製鉄水島製鉄所事件　岡山地裁倉敷支部平成10年2月23日労判733-13）。

10　精神障害を発症する過程

(1) 精神障害を発症する過程

精神障害を発症する過程については、個々のケースによって異なっていますが、これに触れた裁判例には、次のようなものがあります。

ア　発症までの期間が比較的明確なもの

①　責任感が強い性格も影響して、平成7年秋ころから快楽感情への興味が減退し、疲労感の増加、頭痛、腹痛を訴えており、長時間労働等の結果、平成7年12月ころからは抑うつ気分、焦燥感、全身倦怠、疲労感、会話の減少、関心の低下、思考力低下、おっくう感、自信喪失、閉塞感、睡眠障害、罪責感情、食欲変化などのうつ病の症状（中等症うつ病エピソード）を呈するようになった末、社長から意に反する異動の内示を受けて強く説得されたことがきっかけとなって、うつ病によって正常の認識行為選択能力が著しく阻害され、又は自殺行為を思いとどまる精神的な抑制力が著しく、阻害されている状態にて、衝動的に自殺を図った（エージーフーズ事件　京都地裁平成17年3月25日労判893－18）。

②　業務遂行に大きな不安を抱き、体重が減り始めるなど体調が悪くなったことなどから、退職することを考えるようになった。さらに、園長が協力するといっておきながら、実際には十分な協力をしなかったこともあって、疲れ切った様子で園児を保育する状態ではなくなり、それまで書いていた保育日誌もそれ以降は書かなくなった。家族はこの夜退職を勧めたが、責任感から思い悩み、その夜はほとんど眠れず、次いで翌日にも遅くまで園で打合せがあったが、疲れ切って放心状態となり、夜12時頃帰宅するなり泣き崩れ、床についても目を開けて一点を見つめて放心状態を続け、ほとんど眠れず、翌日に入院した。入院時に体重は就職時より約6kgも減少しており、精神的ストレスが起こす心身症的疾患と診断された。これらの事実によれば、新しい仕事に対する不安、責任感、環境の変化などで精神的にも肉体的にも極度に疲労していた。また、一般的に、3か月程度の期間ストレスが持続すればうつ状態に陥ることがあり、そして、うつ状態に基づく自殺は、うつ状態がひどい時期に起こることはあまりなく、外形的には元気を取り戻したかのように見える回復期に起こることのほうがむしろ多いことが医学的に広く承認されており、精神科医の見解も同様である（東加古川幼稚園事件　最高裁第三小法廷平

成12年6月27日労判795−13、大阪高裁平成10年8月27日労判744−17)。

イ　発症までの期間が明確でないもの

①　業務内容、職場環境、勤務形態から生じた疲労は、その持続期間を考慮すれば、人間の肉体面、心理面の双方に慢性的な過労状態を導くものといえ、うつ病を惹起するのに十分な程度であったといえ、継続的な業務の負担により肉体的・心理的な疲労が溜まるなどの身体症状が現れ、疲労が回復しないまま業務を続行する中で抑うつ状態が生じ、ついにはうつ病の罹患、発症、さらに自殺へ至った(山田製作所事件　熊本地裁平成19年1月22日労判937−109)。

②　自宅へ書類を持ち帰り、朝早くあるいは夜遅くに書類仕事をしており、やがては書類を広げるものの、仕事がはかどるような状態ではなくなったことや、自らを責めたり、仕事がはかどらない旨つぶやくようになったこと、「辞表」の記載内容からすると、台風後の処理がうまくはかどらないことや、台風に対する対処のまずさ(棚卸しを行わなかったことや、台風襲来時に書類や商品等を水に浸からないようにする処置が不十分であったこと等)について思い悩み、しかも、それは日を追うごとに深刻になっていき、ついには正常な精神状態ではなくなっていった(みくまの農協(新宮農協)事件　和歌山地裁平成14年2月19日労判826−67)。

③　体重が約10kg減少し、不眠等を訴えて医院を受診するようになったこと、遺書の記載、胃腸科内科医院で特に異常所見がない旨告げられており、私病が原因で自殺をするとは考え難いことなどの事実を考慮すると、本件工事の責任者として、本件工事が遅れ、本件工事を工期までに完成させるため工事量を大幅に減少せざるを得なくなったことに責任を感じ、時間外勤務が急激に増加するなどして心身とも極度に疲労したことが原因となって、発作的に自殺をした(協成建設工業ほか事件　札幌地裁平成10年7月16日労判744−29)。

④　感情障害の状態(うつ状態)に符合する諸症状が窺われるほか、精神疾患の既往歴はなく、家族歴にも精神疾患のないことを考慮すれば、業務上の過重な負荷と常軌を逸した長時間労働により、心身ともに疲弊し、それか誘因となって、うつ病に罹患した。しかし過重な労働条件は変わらず、うつ病は更に悪化して、家庭内において妻に対し、数回突然怒鳴ったり、頬を叩いたりグラスをテーブルに投げつける等の暴行に及んだり、「仕事が思うように進まない。死にたい気持ちだ。わしは馬車馬か」と誰に言うともなく自殺の予兆ともみられる発言をしたり、「まるで駄目だ。」と自己否定的な発言をしたり、口数が少なくなって、朝なかなか起きず、新聞も読まず、朝食も摂らずに、事務服を着て出勤するようになるといったそれまでにはなかった異常な言動等をするようになり、健康面では微熱、左胸部痛、ひどい寝汗を訴えるようになり、疲労によるうつ病が進む中で睡眠不足もあいまって、症状が増悪して、うつ病に支配された状態に至ったために、その結果として自殺した(川崎製鉄水島製鉄所事件　岡山地裁倉敷支部平成10年2月23日労判733−13)。

⑤　継続的な業務の負担により、睡眠時間が不足し、食欲がなくなるなどの身体症状が現れ、疲労が回復しないまま業務を続行する中で抑うつ状態が生じ、ついにはうつ病の罹患、発症、さらに自殺へと至った(社会保険庁職員事件　甲府地裁平成17年9月27日判時1915−108)。

⑥　昼夜交替勤務を開始してから15日間連続の過度の時間外労働・休日労働を伴ったソフト検査実習までは、通常以上の身体的・精神的負担のある業務に従事し続けたことにより、強い心理的負担におそわれ、精神障害の兆候とも見られる睡眠障害、疲労感、味覚鈍麻、嗅覚鈍麻、摂食量の低下、体重減少等が生じていたところに、15日間連続の過度の時間外労働・休日労働を伴った心理的負荷の高いソフト検査実習を行ったため、その後には簡単な理科の問題が解けない、簡単な単語を打ち間違える等を訴え、退職を申し出るに至っており、遅くともソフト検査実習後には、うつ病に罹患していた(アテスト(ニコン)事件　東京地裁

平成17年3月31日労判894−21)。

⑦　ラジオ局ラジオ推進部に配属後の慢性的な深夜に至る残業にもかかわらず、総じて平成2年度中は、自らの業務に面白さを感じ、明るく元気に仕事に取り組んでいた。しかしながら、平成3年になると、休日、平日を問わない、深夜に至るまでの長時間残業の状態がさらに悪化し、顔色が悪くなり、元気がなく、うつうつとした暗い感じになり、仕事に対して自信を喪失し、精神的に落ち込み、2時間程度しか眠れなくなった。そして、このような事実経過によると、うつ状態に符合する諸症状が窺われる。傍目にも明らかに元気がなくなり、自分は役に立たないといった自信を喪失した言動や、人間としてもう駄目かもしれないといった自殺の予兆であるかのような言動や、無意識のうちに蛇行運転やパッシングをしたり、霊が乗り移ったみたいだと述べるといった異常な言動等をするようになり、また、肉体的には、顔色不良、睡眠障害、痩せ、顔面上の赤い斑点、コンタクトレンズや喉の不調といった症状が現れ、疲労によるうつ病が進むなかで、イベントが終了して仕事上の目標が達成され、肩の荷が下りてほっとするとともに、翌日から再び同様な長時間労働の日々が続くことに虚しい気持ちに陥り、そのうち状態がさらに深まったために、その結果として自殺した(電通事件　東京地裁平成8年3月28日判時1561−4)。

⑧　自己が実施したERCP検査の結果Bが急性膵炎になったことについて責任を強く感じ、特に同女の容態が悪化していった中で自責の念をますます強め、同女の病棟への訪室を一層頻繁にかつ長時間行うようになり、睡眠不足や身体的疲労を募らせ、これが精神状態にさらなる悪影響を及ぼして、身体的にも精神的にも疲労困ぱいし、その挙げ句自殺に至った(日赤益田赤十字病院事件　広島地裁平成15年3月25日労判850−64)。

(2) 精神障害の発症や自殺に至る過程で本人に明るさが見られる場合に触れた裁判例

　精神障害の発症や自殺に至る過程で、本人に明るさが見られる場合がありますが、このような場合であっても、うつの気分は動揺することなどから、精神障害の発症が否定されることにはなりません。これに触れた裁判例には、次のようなものがあります。

① 　Aは、同年4月1日以降本件自殺まで、体重が2キログラム増加したことがあること、また、同年5月13日ころまでは特段食欲の減退などは見られず、本件自殺直前には妻と芦北まで遊びに行くなどしていること、さらにAは、塗装班の中で、Bとテレビゲームの話をするなどしている。以上のようなAの行動に、本件自殺前のAの勤務状態などあわせ考えると、同年4月中旬ころ以降は、Aは疲労感を感じながらも理性的な行動を保ち、外見上問題のない勤務態度を取るため自己統制のための非常な努力をしていたものと推測できる（山田製作所事件　熊本地裁平成19年1月22日労判937－109）。

② 　被告は、ⅰ同僚をラーメンやサウナに誘い、長女の出産祝いを持参するなどしており、元気を喪失していたといえない、ⅱ転落事故による入院中に、見舞いに訪れた社長らに対して明るく対応していたと主張するが、仮に、ある時点でこのような事実があったとしても、うつの気分は動揺するものであるし、自殺に至る経緯の事実に照らせば、うつ病に罹患したことを否定することはできない（エージーフーズ事件　京都地裁平成17年3月25日労判893－18）。

③ 　自殺する直前の平成8年5月7日から平成8年9月24日までの間（4か月と2週間）Aの勤務状態は極めて安定していたから、被告らがAの自殺することは予見できなかった旨主張するが、この間Aは理性的な行動を保ち外見上問題のない勤務態度をとるため自己統制のための非常な努力をしていたものと推測できる（三洋電気サービス事件　東京高裁平成14年7月23日労判852－73）。

④　被告は、当時は、自動車を運転したり、種々の書類を作成するなど、通常の業務に支障を来していなかったから、その当時うつ病に罹患していたとは考え難いと主張するが、うつ病患者といえども、その程度に波があることは広く一般に知られたところであり、およそ日々の業務が不可能になるほど日常生活全般にわたって支障が生じることはむしろ稀であるから、被告の主張は採用することができない。少なくとも、当時うつ病に罹患していたか否かはともかくとしても、自殺を惹起するような、うつ病に比肩すべき精神疾患に罹患していた（みくまの農協（新宮農協）事件和歌山地裁平成14年2月19日労判826－67）。

第16章
精神障害の発症などの防止

「精神障害の発症などの防止」のポイント
1 精神障害の発症などの防止
2 精神障害の発症などを防止する措置の内容

「精神障害の発症などの防止」のポイント

1　過重な労働による精神障害の発症などを防止するため、使用者には、一般に、①労働者に従事させる業務を定めてこれを管理するに際し、業務の遂行に伴う疲労や心理的負荷等が過度に蓄積して労働者の健康を損なうことがないように注意する義務、②労働者の生命、身体及び健康を危険から保護するように配慮すべき義務がある。

2　嫌がらせやいじめを防止することによる精神障害の防止に関する裁判例には、①嫌がらせやいじめを防止することが安全配慮義務の内容であるとするもの、②嫌がらせやいじめは不法行為に該当し、それが使用者の事業の執行について行われたときは、使用者責任を負うとするものがある。

3　セクハラによる精神障害の発症などの防止に関しては、セクハラ行為は不法行為に該当し、それが使用者の事業の執行について行われたときは、使用者責任を負うとするのが裁判例では一般的であるが、セクハラそのものの防止に関して、使用者には、セクハラを防止する就業環境整備義務があるとする裁判例が多数ある。

4　過重な労働による精神障害の発症などを防止する措置として、使用者は、①労働者が従事する業務の把握、②労働者の健康状態の把握、③労働者の健康状態などに応じて、これを悪化させないために、ⅰ 職場環境などへの配慮、ⅱ 労働者の健康状態に応じた適正な配置、ⅲ 必要な支援体制の整備、ⅳ 業務負担の軽減、などの適正な労働所件の確保、④労働者の精神状態を悪化させないために、ⅰ カウンセリングなどの実施、ⅱ 休養させること、ⅲ 家族への連絡、などの健康管理に関する措置を講じなければならない。

5　嫌がらせやいじめなどによる精神障害の発症などを防止する措置として、使用者は、①労働者に対して過度に心理的負荷を蓄積させ

る言動の防止、②嫌がらせやいじめなどの実態の把握、③嫌がらせやいじめなどを受けた労働者の精神状態の把握、④嫌がらせやいじめなどを受けた労働者の心理的負担を軽減するための措置、⑤職場環境の改善、などの措置を講じなければならない。

6　セクハラによる精神障害の発症などを防止する措置として、使用者は、①使用者の方針の明確化およびその周知・啓発、②相談に応じ、適切に対応するために必要な体制の整備、③セクハラが生じた場合における事後の迅速かつ適切な対応、④セクハラについての情報の保護、⑤相談苦情を理由とする不利益な取扱いの禁止、などの措置を講じなければならない。

1　精神障害の発症などの防止

(1) 過重な労働による精神障害の発症などの防止

　過重な労働による精神障害の発症などの防止に関し、裁判例には、①使用者には業務の遂行に伴う疲労や心理的負荷等が過度に蓄積して労働者の心身の健康を損なうことがないよう注意する義務があるとするものと、②使用者には安全配慮義務があるとするものがあります。

ア　労働者の心身の健康を損なうことがないよう注意する義務

　最高裁は、過重な労働による労働者の精神障害の発症に関して、「労働者が労働日に長時間にわたり業務に従事する状況が継続するなどして、疲労や心理的負荷などが過度に蓄積すると、労働者の心身の健康を損なう危険のあることは、周知のところである。労働基準法は、労働時間に関する制限を定め、労働安全衛生法65条の3は、作業の内容等を特に限定することなく、同法所定の事業者は労働者の健康に配慮して労働者の従事する作業を適切に管理するように努めるべき旨を定めているが、それは、このような危険が発生するのを防止することをも目的とするものと解される。こ

れらのことからすれば、使用者は、その雇用する労働者に従事させる業務を定めてこれを管理するに際し、業務の遂行に伴う疲労や心理的負荷等が過度に蓄積して労働者の心身の健康を損なうことがないよう注意する義務を負う」としています（電通事件　最高裁第二小法廷平成12年3月24日労判779－13。同旨東芝事件　東京地裁平成20年4月23日労経速2005－3、ボーダフォン（ジェイホン）事件　名古屋地裁平成19年1月24日労判939－61、アテスト（ニコン）事件　東京地裁平成17年3月31日労判894－21、エージーフーズ事件　京都地裁平成17年3月25日労判893－18、みくまの農協（新宮農協）事件　和歌山地裁平成14年2月19日労判826－67）。

イ　安全配慮義務

　一方、過重な労働による精神障害の場合にも、過重な労働による脳・心臓疾患などの健康障害の場合と同様に、使用者は、労働者との間の労働契約上の信義則に基づき、労働者の生命、身体及び健康を危険から保護するように配慮すべき安全配慮義務を負っているとする次のような裁判例も多数あります（積善会（十全総合病院）事件　大阪地裁平成19年5月28日労判942－25、大阪高裁平成20年8月28日、同旨富士通四国システムズ事件　大阪地裁平成20年5月26日労判973－76、みずほトラストシステムズ　東京地裁八王子支部平成18年10月30日労判934－46、社会保険庁職員事件　甲府地裁平成17年9月27日判時1915－108、川崎製鉄水島製鉄所事件　岡山地裁倉敷支部平成10年2月23日労判733－13）。

　　一般に、使用者は、従業員との間の雇用契約上の信義則に基づき、従業員の生命、身体及び健康を危険から保護するように配慮すべき義務（安全配慮義務）を負い、その具体的内容として、労働時間、休憩時間、休日、休憩場所等について適正な労働条件を確保した上、労働者の年齢、健康状態等に応じて従事する作業時間及び内容の軽減、就労場所

の変更等適切な措置を執るべき義務を負う(積善会(十全総合病院)事件　大阪地裁平成19年5月28日労判942-25、大阪高裁平成20年8月28日)。

ウ　事業者の責務

　労働安全衛生法第3条には事業者の責務が規定されていますが、この規定を根拠として、使用者には過重な労働による精神障害の発症を防止する義務があるとする次のような裁判例もあります(協成建設工業ほか事件　札幌地裁平成10年7月16日労判744-29)。

　被告らは、Aの使用者として、労働災害の防止のための最低基準を守るだけではなく、快適な職場環境の実現と労働条件の改善を通して職場における労働者の安全と健康を確保する義務(労働安全衛生法3条)を負っている(協成建設工業ほか事件　札幌地裁平成10年7月16日労判744-29)。

エ　そのほか

　そのほか、これらの義務を組み合わせた裁判例もあります。

1)アおよびイを組み合わせた裁判例

　長時間労働の継続などにより疲労や心理的負荷等が過度に蓄積すると労働者の心身の健康を損なうおそれがあることは周知のところであり、うつ病罹患又はこれによる自殺はその一態様である。そうすると、使用者はこのような結果を生む原因となる危険な状態の発生自体を回避する必要がある。使用者は、労働者が労務提供のために設置する場所、設備若しくは器具等を使用し又は使用者の指示のもとに労務を提供する過程において、労働者の生命及び身体等を危険から保護するよう配慮すべき義務を負っている(最高裁第三小法廷判決昭和59年4月10日・民集38巻6号557頁参照)。安全配慮義務の内容としては、事業者は労働環境を改

善し、あるいは、労働者の労働時間、勤務状況等を把握して労働者にとって長時間又は過酷な労働とならないように配慮するのみならず、労働者に業務の遂行に伴う疲労や心理的負担等が過度に蓄積して労働者の心身の健康を損なうことがないよう注意し、それに対して適切な措置を講ずべき義務がある。会社は、使用者として従事させていたのであり、本件自殺前には、時間外労働・休日労働時間が極めて長時間に及んでいることに加え、業務内容、リーダーへ昇格したことなどの事態が生じていた。いずれも会社が当然に認識していた事実であるから、適宜、塗装班の現場の状況や時間外労働・休日労働など勤務時間のチェックをし、さらには、健康状態に留意するなどして、作業の遅れ・不具合などにより過剰な時間外勤務や休日出勤をすることを余儀なくされ心身に変調を来すことがないように注意すべき義務があった(山田製作所事件　福岡高裁平成19年10月25日労判955－59、スズキ自動車事件　静岡地裁浜松支部平成18年10月30日労判927－5)。

2)アおよびウを組み合わせた裁判例

　一般に、使用者は、労働災害防止のため、快適な職場環境の実現と労働条件の改善を通じて職場における労働者の安全と健康を確保しなければならず(労働安全衛生法3条)、かつ、労働者に従事させる業務を定めてこれを管理するに際し、業務の遂行に伴う疲労や心理的負荷等が過度に蓄積して労働者の心身の健康を損なうことがないように注意する義務を負う(貨物自動車運送会社事件　鹿児島地裁平成15年5月19日)。

(2) 嫌がらせやいじめによる精神障害の発症などの防止

　嫌がらせやいじめを防止することによる精神障害の発症などの防止に関する裁判例には、①嫌がらせやいじめを防止することが安全配慮義務の内容であるとするもの、②嫌がらせやいじめは不法行為に該当し、それが使用者の事業の執行について行われたときは、使用者責任を負うとするものが

あります。

ア　安全配慮義務

上司や同僚が行う嫌がらせやいじめを防止することが安全配慮義務の内容であるとする次のような裁判例があります。

① 　約1800万円の架空出来高を遅くとも会計年度の終わりまでに解消することを踏まえた上での目標値は、営業環境に照らして達成困難な目標値であったというほかなく、平成16年お盆以降に、Aが端から見ても落ち込んだ様子を見せるに至るまで叱責したり、検討会の際に、「辞めても楽にならない」旨の発言をして叱責したことは、不正経理の改善や工事日報を報告するよう指導すること自体が正当な業務の範囲内に入ることを考慮しても、社会通念上許される業務上の指導の範疇を超えるものと評価せざるを得ないものであり、Aの自殺と叱責との間に相当因果関係があることなどを考慮すると、Aに対する叱責などは過剰なノルマの達成の強要あるいは執拗な叱責として違法である。不正経理是正に伴って設定された目標値が達成困難なものであり、不正経理是正等のためにAに対してなされた叱責は違法と評価せざるを得ないから、これらは安全配慮義務違反を基礎付ける事実に当たる（前田道路事件　松山地裁平成20年7月1日労経速2013－3）。

② 　被告法人は、Tに対し、雇用契約に基づき、信義則上、労務を提供する過程において、Tの生命及び身体を危険から保護するように安全配慮義務を尽くす債務を負担していたと解され、具体的には、職場の上司及び同僚からのいじめ行為を防止して、Tの生命及び身体を危険から保護する安全配慮義務を負担していた。これを本件についてみれば、被告法人は、被告MらのTに対する本件いじめを認識することが可能であったにもかかわらず、これを認識していじめを防止する措置を採らなかった安全配慮義務違反の債務不履行があった（誠昇会北本共済病院事件　さいたま地裁平成16年9月24日労判883－38）。

③　一般的に、市は市職員の管理者的立場に立ち、そのような地位にあるものとして、職務行為から生じる一切の危険から職員を保護すべき責務を負う。そして、職員の安全の確保のためには、職務行為それ自体についてのみならず、これと関連して、ほかの職員からもたらされる生命、身体等に対する危険についても、市は、具体的状況下で、加害行為を防止するとともに、生命、身体等への危険から被害職員の安全を確保して被害発生を防止し、職場における事故を防止すべき注意義務（安全配慮義務）がある（川崎市水道局事件　横浜地裁川崎支部平成14年6月27日労判833－61）。

イ　不法行為

上司や同僚が行う嫌がらせやいじめは不法行為に該当し、それが使用者の事業の執行について行われたときは、使用者責任を負うとする次のような裁判例もあります。

①　原告は、本件職員会議において非難、糾弾された結果、精神的疾患に罹患し、休職を余儀なくされたものである。そうすると、被告Aらの本件職員会議における発言内容及び被告Aらが他の職員らを誘導、扇動したことによる各職員の発言内容に照らせば、会議の進行方法は、被告法人の職員及び労組組合員としての正当な言論活動の範囲を逸脱するもので、違法に原告の人格権を侵害した。したがって、被告Aらは、共同で原告に対する不法行為を行ったものであり、連帯して原告に対する不法行為責任を負う。被告Aらはいずれも被告法人の職員であり、また職員会議が施設長によって主宰されるものであることなどに照らせば、本件職員会議における被告Aらの不法行為が、被告法人の事業の執行についてなされた。したがって、被告法人は、被告Aらの不法行為について、民法715条に基づき使用者責任を負う（U福祉会事件　名古屋地裁平成17年4月27日労判895－24）。

②　国家賠償法1条1項にいわゆる「公権力の行使」とは、国又は公共

団体の行う権力作用に限らず、純然たる私経済作用及び公の営造物の設置管理作用を除いた非権力作用をも含むから、川崎市の公務員が故意又は過失によって安全配慮保持義務に違背し、その結果、職員に損害を加えたときは、同法1条1項の規定に基づき、川崎市は、その損害を賠償すべき責任がある(川崎市水道局事件　横浜地裁川崎支部平成14年6月27日労判833-61)。

(3) セクハラによる精神障害の発症などの防止
ア　職場におけるセクハラの防止

使用者は、職場におけるセクハラを防止するために雇用管理上必要な措置を講じなければなりません(男女雇用機会均等法第11条。第2章137～140頁参照)。セクハラによる精神障害の発症などの防止に関しては、セクハラ行為は不法行為に該当し、それが使用者の事業の執行について行われたときは、使用者責任を負うとするのが裁判例では一般的ですが、セクハラそのものの防止に関して、使用者には、セクハラを防止する就業環境整備義務があるとする次のような裁判例が多数あります。

> 使用者は、労働者に対し、労働契約上の付随義務として労務遂行に関連して被用者の人格的尊厳を侵しその労務提供に重大な支障を来す事由が発生することを防ぎ、またはこれに適切に対処するなど被用者にとって働きやすい就業環境を整備するように配慮すべき義務を負っている(福岡セクハラ(丙企画)事件　福岡地裁平成4年4月16日労判607-6、三重セクハラ(厚生農協連合会)事件　津地裁平成9年11月5日労判729-54、仙台セクハラ(自動車販売会社)事件　仙台地裁平成13年3月26日労判808-13、鹿児島セクハラ(医師会)事件　鹿児島地裁平成13年11月27日労判836-151、岡山リサイクルショップ事件　岡山地裁平成14年11月6日労判845-73、下関セクハラ(食品会社営業所)事件　広島高裁平成16年9月2日労判881-29、派遣添乗員セクハラ・解雇事件　東京地裁平成17年1月25日労判890-42、京都セク

ハラ(消費者金融会社)事件　京都地裁平成18年4月27日労判920－66など)。

イ　セクハラによる精神障害の発症などの防止

　セクハラにより、精神障害を発症させたことが不法行為に該当し、それが使用者の事業の執行について行われたときは、使用者責任を負うとする裁判例は、次のように多数あります。

① 　被告Bのマッサージ等の行為は、いずれも本件薬局内において、勤務時間ないし休憩時間中に被告会社の代表者である被告Bが自己の代表者としての優越的地位に乗じて行ったものであって、その外形上職務を行うについてされたことは明らかであり、被告会社は損害賠償責任を負う。また、被告Bの歓迎会後の行為は、歓迎会直後にされたものであり、かつ、被告Bは仕事の話があると言って原告Aを引き止め、職務上の優越的地位を利用して、本件薬局内で行ったものであり、被告会社の業務に近接してその延長において行われた被告会社の職務と密接な関連性を有する行為に当たるものであって、被告会社は賠償責任を負う。更に、被告Bの解雇をめぐる一連の行為は、被告Bのセクハラ等に対する原告Aの対応を問題にし、かつ、原告Aに給料を渡して即時解雇の意思表示をするに至っているのであるから、その外形上、被告Bが被告会社の職務に関して行ったというべきであり、被告会社はこれによって生じた損害の賠償責任を負う(福岡薬局事件　福岡地裁平成17年3月31日判夕1196－106)。

② 　A係長の各言動は、私経済作用ではない通常の業務に関連して行われたから、これらの各行為は公権力性を有する。国家賠償法1条1項の「職務を行うにつき」の要件は、職務行為自体を構成する行為のみならず、職務遂行の手段として行われる行為や職務内容と密接に関連し職務行為に附随してされる行為、さらに客観的に職務の外形を備える行為も含む。そして、勤務時間外に職場以外の場所で私費によって

行われる懇親会であっても、その会合に原則として職員全員が参加することが想定され、その会の主たる目的が飲食を伴う懇親の機会を得ることによって職員相互の親睦を深め、円滑な職務遂行の基礎を形成することにあるような場合には、職務内容と密接に関連し職務行為に付随してされ、かつ、社会通念上、外形的、客観的に見て職務行為の範囲内に属するから、その懇親会は同条項にいう「職務を行うについて」との要件を充たす。本件バーベキューは、職員全員が参加することが想定され、その主たる目的が、家族の親睦を含めた職員相互の親睦を深め円滑な職務遂行の基礎を形成することにあったから、たとえ休日に勤務場所以外で私費で行われたものであっても、A係長の行為は、国家賠償法1条1項の職務遂行性を認めるのが相当である。文書管理研究会の懇親会も、参加各市の職員の交流及び情報交換を目的とするものであったから、このような懇親会への出席は、職務行為そのものか、職務内容と密接に関連し職務行為に付随する。したがって、そのような場でされたA係長の行為は、職務を行うについてなされた。その他の懇親会等も、主目的は職員相互の親睦を深め、円滑な職務遂行の基礎となる人間関係を形成することにあったから、この会合への出席も職務行為の範囲内のものである。そして、A係長には本件各行為をするについて、少なくとも過失があったから、被告は、国家賠償法1条1項の規定に基づき、A係長の違法行為により原告に生じた損害を賠償する義務を負う(神奈川県市役所事件　横浜地裁平成16年7月8日判時1865-106)。

③　被告の各行為は、被告会社の河川環境部長として行い、又は職務中に、若しくはその機会を利用して行った不法行為であるから、被告会社の事業の執行につき行われたものである。したがって、被告会社は民法715条1項本文により被告の不法行為によって原告に生じた損害を賠償する責任を負う(環境汚染研究分析調査会社事件　東京地裁平成15年6月9日)。

④　被告会社は、三次会は被告Aらが私的に行ったもので、被告Aが原告にキスをするに至ったのは、個人的関係に基づくものであり、被告会社は責任を負わないと主張する。しかし、i 一次会は被告会社の職務として開催されたこと、ii 二次会についても、最高責任者である被告Aが発案して参加者を誘い、一次会参加者全員が参加していること、iii 被告Aは原告に対し、一次会の後この会場に戻るよう声をかけた上、二次会の後も再度三次会に来るよう声をかけていること、iv 三次会に参加したのはいずれも被告会社の社員であり、職務についての話がされていること、v 被告Aと原告は個人的に親しい関係にあったものではないこと、vi 被告Aは三次会終了後、タクシーを3台だけ呼び、他の2名にはチケットを渡しながら原告にのみチケットを渡さずに同乗した。そうすると、本件セクハラ行為は、被告会社の業務に近接して、その延長において、被告Aの被告会社における上司としての地位を利用して行われたものであり、被告会社の職務と密接な関連性があり、事業の執行につき行われた。本件セクハラ行為は、被告会社の事業所外において、深夜1時過ぎに行われたが、かかる状況は被告Aの上司としての地位抜きには作出できないものであり、それが可能であったのは被告Aが上司としての地位を利用したからに外ならず、原告と被告Aの個人的関係から生じたものでない。被告会社は、セクハラ防止に努めてきたと主張するが、就業規則にセクハラ禁止の定めが置かれ、セクハラ担当部署が定められていた以上の対応を取っていたとは認められず、むしろ雇用均等室からセクハラ防止措置を改善するよう求められていたことからすると、被告会社が被告Aの選任及びその事業の監督について相当の注意をなしたということはできない。したがって、被告会社は、本件セクハラ行為について民法715条の使用者責任を免れず、本件セクハラ行為と因果関係がある原告の損害について、被告Aと連帯して賠償する責任を負う（東京マヨネーズ等製造会社事件　東京地裁平成15年6月6日判タ1179-267）。

⑤　被告Dの各セクハラ行為が、被告会社内で、勤務時間中ないしそれに密着した時間内に、被告会社における職場環境及び被告Dの原告Aに対する地位の優越性を利用して行われたことなどを考慮すると、被告Dの本件不法行為は、被告会社の事業の執行につきなされた。よって、被告会社は、原告らに対し、民法715条の使用者責任を免れない（広島女子高生アルバイト事件　広島地裁平成15年1月16日判夕1131-131）。

⑥　被告Aのセクハラ行為は、店内において、勤務時間中に行われたものであり、職務を行うにつきなされたから、被告会社は被告Aの行為につき使用者責任を負う（岡山リサイクルショップ事件　岡山地裁平成14年11月6日労判845-73）。

⑦　被控訴人社協は、使用者の立場にあったから、被控訴人Bが派遣職員であるあるからといって選任監督についての責任を免れるものではない。6月1日の行為は、時間外勤務命令が出されていなかったとはいえ、被控訴人社協の事務とみるべき立会い業務と時間的に接着し、職場内で行われたから、外形上その職務の範囲内の行為と認められ、「事業の執行につき」行われたものということができる。また、6月12日の行為は、職場内で勤務時間に接着して行われたから、外形上その職務の範囲内の行為と認められ、「事業の執行につき」行われたから、被控訴人社協は、事業の執行につき行われた各不法行為について使用者責任を負う（福岡社会福祉法人事件　福岡高裁平成12年1月28日判夕1089-217）

⑧　原告Aに対する強姦行為自体は勤務時間外に被告Cの自宅において行われたものであるが、被告Cは、被告銀行の日本における代表者であり、従業員である原告Aに対し、業務時間中に内線電話を用いて支店長室に呼び出して日本語を教わりたいことを口実に自宅への来訪を要請したものであって、被告Cの地位に照らせば、従業員に日本語を教えるよう求める行為は被告銀行の事業の執行行為と密接な関連を有

する行為と認められる。また、原告Bに対する強制わいせつ行為については、被告Cが内線電話を用いて呼び出した上、勤務時間中に支店長室において強制わいせつ行為に及んでおり、被告銀行の業務の執行行為と密接な関連がある行為である。したがって、被告Cの使用者である被告銀行は、民法715条1項により、原告らに対して、原告らが被告Cの行為によって受けた損害を賠償する義務がある(外国法人銀行支店長事件　東京地裁平成11年10月27日判タ1032－172)。

2 精神障害の発症などを防止する措置の内容

(1) 過重な労働による精神障害の発症などを防止する措置の内容

ア　労働者が従事する業務の把握

　労働者が従事する業務が過重であるために、精神障害が発症することを防止するためには、使用者は、業務そのものの状況を把握しなければなりません。この場合に、業務の状況の把握は、労働者からの報告を待って行うことや体制的な管理を行うことだけでは十分ではなく、使用者の側から日常的に行うことが求められています。これに関連する裁判例としては、次のようなものがあります。

① 　会社は、使用者として従事させていたのであり、業務内容、リーダーへ昇格したことなどの事態が生じていた。いずれも会社が当然に認識していた事実であるから、適宜、塗装班の現場の状況のチェックをするなどして、心身に変調を来すことがないように注意すべき義務があった(山田製作所事件　熊本地裁平成19年1月22日労判937－109、福岡高裁平成19年10月25日労判955－59)。

② 　被告はTの労働時間や労働状況を把握管理せず、平成14年2月以降、月平均で約100時間もの時間外労働などの長時間労働をさせた(スズキ自動車事件　静岡地裁浜松支部平成18年10月30日労判9

27-5)。

③　社会保険業務センターにおいて国の履行補助者として業務上の指揮監督権限を有していた上司は、Aの勤務の実態等について的確に把握するべき義務があった。被告は、Aの業務は、時間的にも内容的にも被災者のうつ病の罹患を予期しなければならないほど過重なものということはできず、仕事に対し積極的な姿勢を見せていたと主張する。確かに、職員現況調書にも健康状態に不安を感じている様子はみられず、仕事に向けた意欲が感じられる内容の記載がなされていた。しかしながら、職員の健康管理は体制的な管理に尽きるものではなく、職員に対して業務上の指揮監督権限を有する者は、職員の日常の勤務状況、職場環境、業務の負担量等について、継続的に的確に業務の把握を行い、健康状態等につき管理をする必要がある。被災者に対して業務上の指揮監督をする権限を有する者は、国の履行補助者としてAの業務内容を把握し、負担量や勤務時間が増加していないかを的確に把握し、必要な措置を講ずべき立場にあった。そこで検討するに、電話相談係の係長は、Aの業務量やその負担感、業務が被災者の心身に及ぼす影響などに対して注意を払っていたとは認められない。Aの行っていた早朝の新聞記事の切り抜きに関しても、隣接する係からの指摘を受けて初めてこれを知り、係長が注意をした後も、Aはこれをやめることなく継続していたところ、係長は、切り抜きが続けられているのを知りながら、Aの早朝勤務について特に注意を払うことなく放置していた。これらによれば、課長はそもそもAの勤務実態を的確に把握していなかったにとどまらず、的確に把握しようとしたことすらなかった。電話相談係や管理係の業務は、制度改正等に伴って増加したことも客観的に明らかな事実であり、課長も認識していたから、業務の増加に伴う職員の勤務実態や健康保持に対し、管理職としての通常の注意を払っていればAの状況を認識し得た。課長は、それにもかかわらず、実際の業務の負担量や職場環境などに何らの配慮もすることなく、漫然と放置していた（社会

保険庁職員事件　甲府地裁平成17年9月27日判時1915-108)。
④　被告は、中間管理職の立場に留意し、定期的にFの業務の実態を把握し、何らかの過負荷の徴候が見られたときは、速やかに業務を軽減し、配置を移動するなどの措置を講じるべき注意義務を負っていた。しかしながら、営業所の統合、損益改善計画の実施にあたり、業務が過剰とならないよう配慮し、遂行中の業務実態を把握して過剰かどうかを評価した形跡はない。被告は従業員の勤務状況を常に把握し、業務の遂行に伴う疲労や心理的負荷等が過度に蓄積して労働者の心身の健康を損なうことがないように注意する義務を負っていたのであり、従業員から報告があがってこないからといって過剰な勤務状況を放置したことを正当化することはできない(貨物自動車運送会社事件　鹿児島地裁平成15年5月19日)。
⑤　会社は、本件工事を請け負い、本件工事遂行のため所長として本件工事現場に派遣していたのであるから、適宜本件工事現場を視察するなどして本件工事の進捗状況をチェック注意すべき義務があった(協成建設工業ほか事件　札幌地裁平成10年7月16日労判744-29)。
⑥　使用者の労働時間管理は、使用者が労働時間の実態を把握することが第一歩であるところ、被告には職員の残業時間を把握するための体制がなく、各職員は私的なメモに各人の残業時間数を書いて自己申告し、その時間も実際の残業時間より相当少なく申告するのが被告水島製鉄所においては常態であり、課長などの認識を考慮すると、被告もこの事情を認識していたのにこれを改善するための方策を何ら採っていなかった(川崎製鉄水島製鉄所事件　岡山地裁倉敷支部平成10年2月23日労判733-13)。
⑦　雇用主として、その社員に対し、その労働時間及び労働状況を把握し、同人が過剰な長時間労働によりその健康を侵害されないよう配慮すべき安全配慮義務を負っていた(電通事件　東京地裁平成8年3月28日判時1561-4)。

イ　労働者の健康状態の把握

　過重な労働による労働者の精神障害を防止するためには、使用者は、労働者の健康状態を的確に把握しなければなりません。労働者の健康状態を十分に把握していないと判断した裁判例としては、次のようなものがあります。

① 　会社は、使用者として従事させていたのであり、業務内容、リーダーへ昇格したことなどの事態が生じていた。いずれも会社が当然に認識していた事実であるから、適宜、健康状態に留意するなどして、心身に変調を来すことがないように注意すべき義務があった（山田製作所事件　熊本地裁平成19年1月22日労判937－109、福岡高裁平成19年10月25日労判955－59）。

② 　社会保険業務センターにおいて国の履行補助者として業務上の指揮監督権限を有していた者は、Aの職場環境及び人間関係に伴う心理的負荷や身体的疲労の蓄積の有無等について的確に把握するべき義務があった。被告は、社会保険庁においては、各種の健康診断の実施を行い、医務室の設置を行い、メンタルも含めた健康相談を実施しており、職員の健康管理及び被災者の健康管理には落ち度がなかったこと、被災者に健康面での異常はみられず、メンタル面での健康相談を受けた記録もなく、かえって、仕事に対し積極的な姿勢を見せていたと主張する。確かに、社会保険庁においては定期の健康診断が実施されており、Aには、健康診断で職務に支障を来すような健康上の問題は指摘されておらず、メンタル面での健康相談は受診すらしたこともなかった上、職員現況調書にも健康状態に不安を感じている様子はみられず、仕事に向けた意欲が感じられる内容の記載がなされていた。しかしながら、職員の健康管理は体制的な管理に尽きるものではなく、職員に対して業務上の指揮監督権限を有する者は、職員の日常の健康状態等につき管理をする必要がある（社会保険庁職員事件　甲府地裁平成17年9月27日判時1915－108）。

③　部長も、退職を決意するまでに至ったFの心身の状態を理解せず、ただ、辞めてもらっては困るとして慰留したのであり、これはFが退職を決意した理由につき、自らを被告の組織には無用の人間であるのみならず、円滑な業務と収益向上の妨げとなっていると思い込み、落ち込んでいるものと理解し、Fが被告にとって貴重な人材である旨を告げて励まそうとした。しかしFの言葉は自己の業務と存在についての無力感、抑圧感から生じた抑うつ状態の現われであり、したがって、FにとってE部長の言葉は、一時的には気力を回復する作用があったとしても、結局は自分を便利な存在として従前どおり負担の大きい業務を押し付けようとしているにすぎないと受け取られ、Fの抑うつ感をさらに深めるのみであった(貨物自動車運送会社事件　鹿児島地裁平成15年5月19日)。

④　本件給油所は、台風による浸水被害を受けたことにより、通常業務に加えて、その復旧作業を要する事態に至ったのであるから、使用者としては、通常業務に加えて復旧作業に従事する給油所職員、とりわけ、所長という責任ある立場にあった者に対して、通常時以上に、その健康状態、精神状態等に留意すべき義務を有していた(みくまの農協(新宮農協)事件　和歌山地裁平成14年2月19日労判826−67)。

⑤　上司には、少なくとも課長職が重荷であると訴えて退職の希望までしていた者が医師の診断書を提出して1か月の休養を申し出たときには、会社に代わって部下である会社の従業員について業務上の事由による心理的負荷のため精神面での健康が損なわれていないかどうかを把握し、適切な措置をとるべき注意義務に従って、心身の状況について医学的見地に立った正確な知識や情報を収集し、休養の要否について慎重な対応をすることが要請されていた(三洋電気サービス事件　東京高裁平成14年7月23日労判852−73)。

⑥　使用者は、日ごろから従業員の業務遂行に伴う疲労や心理的負荷等が過度に蓄積して従業員の心身の健康を損なうことがないように注意する義務を負うのであって、相当の注意を尽くせば、Aの状態が精神

的疾患に罹患したものであったことが把握できた(三洋電気サービス事件　浦和地裁平成13年2月2日労判800-5)。
⑦　次長らは、上司としてその経緯も承知し、あるいは知りうる立場にあったのであるし、本件作業所の夏場における作業環境が過酷なものであることは分かっていたから、Aの心身の故障を疑い、同僚や家族に対してAの勤務時間内や家庭内における言動、状況について事情を聴取すべき義務があった(オタフクソース事件　広島地裁平成12年5月18日労判783-15)。
⑧　会社は、本件工事を請け負い、本件工事遂行のため所長として本件工事現場に派遣していたから、健康状態に留意するなどして、心身に変調を来し自殺することがないよう注意すべき義務があった(協成建設工業ほか事件　札幌地裁平成10年7月16日労判744-29)。

一方、使用者による労働者の健康状況の把握について、問題がないと判断された次のような裁判例もあります。

①　労働者に異常な言動が何ら見られないにもかかわらず、精神的疾患を負っているかどうかを調査すべき義務まで認めることは、労働者のプライバシーを侵害する危険があり、法律上、使用者に健康管理義務を課すことはできない(ボーダフォン(ジェイホン)事件　名古屋地裁平成19年1月24日労判939-61)。
②　原告らは、8月中旬頃のKの状態から、被告においてKの健康状態を把握し、適切な健康管理を行い、精神障害を早期に発見すべき義務が存在すると主張する。確かに、Kは、8月15日には体調不良を理由に欠勤しているが、翌日には通常通り勤務しており、Kは8月29日に受診しているが、その折早急に精神科で受診するよう勧められた事実もない。このような状況を前提として考えると、8月中旬のKの状態から、被告において直ちに何らかの措置をとらない限り、Kの精神状態が悪化し自殺することについて、被告が具体的に予見することが可能であったという

ことはできず、そうすると、原告らが摘示する各事実は、Kの精神障害の徴表と考えられるというに過ぎない。したがって、一般的には、被告が健康管理義務を負っているとしても、本件において、特に健康管理義務違反があったと認めるべき事情は見当たらない（みずほトラストシステムズ東京地裁八王子支部平成18年10月30日労判934－46）。
③　病院に赴任してきて日も浅く、このような事情のもとでは、病院において、家族に面談してそのプライバシーにわたる生活状況全般について事情を聴取すべきであったとまでいうこともできない（日赤益田赤十字病院事件　広島地裁平成15年3月25日労判850－64）。

ウ　労働者の健康状態などに応じて、これを悪化させないための労働条件の確保

過重な労働による労働者の精神障害を防止するためには、使用者は、労働者の健康状態などに応じて、その健康を悪化させないために必要な就業条件を整備しなければなりません。

1）職場環境などへの配慮

使用者は、労働者が就業する職場環境などについて、適切に配慮しなければなりません。これに関しては、次のような裁判例があります。

①　会社は、使用者として従事させていたのであり、業務内容、リーダーへ昇格したことなどの事態が生じていた。いずれも会社が当然に認識していた事実であるから、適宜、塗装班の現場の状況のチェックをし、さらには、健康状態に留意するなどして、心身に変調を来すことがないように注意すべき義務があった。それにもかかわらず、職場環境などに何らの配慮もすることなく、漫然と放置していた。したがって、安全配慮義務違反があった（山田製作所事件　熊本地裁平成19年1月22日労判937－109、福岡高裁平成19年10月25日労判955－59）。
②　電話相談係や管理係の業務は、勤務態度に問題のある指導官が

いることも客観的に明らかな事実であり、課長も認識していたから、業務の増加に伴う職員の勤務実態や健康保持に対し、管理職としての通常の注意を払っていればAの状況を認識し得た。課長は、それにもかかわらず、Aの職場環境などに何らの配慮もすることなく、漫然と放置していた(社会保険庁職員事件　甲府地裁平成17年9月27日判時1915-108)。

2) 労働者の健康状態に応じた適正な配置

使用者は、労働者の健康状態に応じて適正な配置を行わなければなりません。これに関しては、次のような裁判例があります。

① 会社が、例えば、異動についての希望聴取を行い、心身の状態に適した配属先への異動を行うなどの対応を取っていれば、自殺により死亡することを防止し得る蓋然性は高かった(山田製作所事件　熊本地裁平成19年1月22日労判937-109、福岡高裁平成19年10月25日労判955-59)。

② 社会保険業務センターにおいて国の履行補助者として業務上の指揮監督権限を有していた上司は、人事係への異動の妥当性等について的確に把握するべき義務があった。人事係は、Aの希望していた職種ではないことに加え、当時の人事係の担当者は、体調を崩していたり、精神的に弱っているというようなことがあれば人事係への異動は行わないのであるから、人事係の業務の質、量にかんがみれば、Aを異動対象とするに当たっては、少なくとも正確にAの心身の状況を把握し、本人への聴取等を実施する必要があった。しかし、Aの配属先である相談業務課長も、異動予定先でかつ人事の担当でもある総務部庶務課長も、そのような配慮をした形跡はない。両課長は、悪化しつつあった被災者のうつ病に配慮することなく、さらに過重な業務を強いられる人事係への配属換えをした。そして、被災者が過重な業務を行い続けた結果、被災者の心身の健康に悪影響を及ぼしていたことは、遅くとも平成9年3

月末ころには認識し得た。したがって、遅くとも平成9年3月末ころに、Aの心身の状態に適した配属先への異動を行うなどの対応を採ることは容易であったし、そのような対応を採っていれば、これによりAのうつ病の重症化とこれに基づく自殺という結果の発生を避けることは可能であった。したがって、被告は、Aに対する安全配慮義務違反があり、また、Aの自殺が、業務以外の要因によるものでなく、過重な業務との因果関係が認められるから、Aの自殺については、被告がその責を負う（社会保険庁職員事件　甲府地裁平成17年9月27日判時1915－108）。
③　被告は、中間管理職の立場に留意し、定期的に業務の実態を把握し、何らかの過負荷の徴候が見られたときは、速やかに配置を移動するなどの措置を講じるべき注意義務を負っていた（貨物自動車運送会社事件　鹿児島地裁平成15年5月19日）。

一方、労働者の配置について、問題がなかったと判断された次の裁判例があります。

　コンピューターシステム開発会社のシステムエンジニアの自殺について、「原告らは、被告には、適正部署への配置等をすべき義務がありながら、被告らはこれに違反したと主張する。しかしながら、被告がKを営業開発第4部のベストグループのうち受信・共通支援技術チームへ配属した点が不適切であったとはいえないから、Kが精神障害を発症し自殺したことに関し、直ちに被告に適正労働条件措置義務違反があったということはできない（みずほトラストシステムズ　東京地裁八王子支部平成18年10月30日労判934－46）。」

3）必要な支援体制の整備
　業務が増加した場合や過重である場合、労働者の健康状態が悪化している場合には、使用者は、緊急時に応援体制を組むなど必要な支援体制を整備しなければなりません。これに関しては、次のような裁判例がありま

す。

① 　Aの時間外労働・休日労働時間が、本件自殺前3か月前から過重ともいえる時間数に至っており、特に本件自殺2か月前からは、連続して1か月100時間を超えていることに加え、リーダーへの昇格などの状況の中、十分な支援体制が取られていないことから、Aは過度の肉体的・心理的負担を伴う勤務状態において稼働していた（山田製作所事件　熊本地裁平成19年1月22日労判937−109）。

② 　本件給油所は、台風による浸水被害を受けたことにより、通常業務に加えて、その復旧作業を要する事態に至ったのであるから、使用者としては、通常業務に加えて復旧作業に従事する給油所職員、とりわけ、所長という責任ある立場にあった者に対して、通常時以上に、その健康状態、精神状態等に留意し、過度な負担をかけ心身に変調を来して自殺をすることがないように注意すべき義務を有していた。しかるに、上司として指揮監督命令をなしうる立場にあった者においては、台風後の処置の中で既に処理の目途が立った損害について思い悩み、蒸し返すように同じ趣旨の発言を繰り返していたことなどからすると、異変を認識しうる可能性を有していたにもかかわらず、浸水被害を受けた日の翌日から4日間通常業務を休業することとして、その間、応援の者を派遣して清掃等を手伝わせたに止まり、本件給油所従業員にその後の復旧作業を委ねた結果、自殺させるに至ったから、安全配慮義務違反が認められる（みくまの農協（新宮農協）事件　和歌山地裁平成14年2月19日労判826−67）。

③ 　園長が協力するといっておきながら、実際には十分な協力をしなかったこともあって、疲れ切った様子で園児を保育する状態ではなくなり、それまで書いていた保育日誌もそれ以降は書かなくなった（東加古川幼稚園事件　最高裁第三小法廷平成12年6月27日労判795−13、大阪高裁平成10年8月27日労判744−17）。

④ 　会社は、工事が遅れた場合には作業員を増加し、また、健康状態に

留意するなどして、工事の遅れ等により過剰な時間外勤務や休日出勤をすることを余儀なくされ心身に変調を来し自殺することがないよう注意すべき義務があったところ、これを怠り、本件工事が豪雪等の影響で遅れているのに何らの手当もしないで事態の収拾を任せきりにした結果、自殺させたものであるから、会社には過失が存する（協成建設工業ほか事件　札幌地裁平成10年7月16日労判744−29）。

　一方、支援体制の整備について、問題がなかったと判断された次の裁判例もあります。

　コンピューターシステム開発会社のシステムエンジニアの自殺について、「原告らは、被告には、十分な業務体制の業務が特段過重であったとまでは認められないし、その後における業務体制も不適切とまではいえないから、Kが精神障害を発症し自殺したことに関し、直ちに被告に適正労働条件措置義務違反があったということはできない（みずほトラストシステムズ東京地裁八王子支部平成18年10月30日労判934−46）。」

4）業務負担の軽減

　業務負担が過重である場合や労働者の健康状態が悪化している場合には、使用者は、業務負担を軽減する措置を講じなければなりません。これに関しては、次のような裁判例があります。

① 　病院における業務を継続させることは困難であると考えるに至り、病院長においても、同年12月までには、病院において勤務させるのは困難であるとの考えから異動させる方針を固めていたから、被告病院としては、業務負担の大幅な軽減を図るなどの措置を執るべき注意義務を負っていた。しかるに、病院長は、他の医師を通じて業務の負担を適宜の方法により軽減する措置を執りつつも、引き続き勤務させ、失踪し、自殺する危険性が顕在化した段階においても、業務を軽減するための措置を具体的に講じることなく、当直勤務を含め、通常どおりの業務に引き続

き従事させていたから、安全配慮義務を怠った（積善会（十全総合病院）事件　大阪地裁平成19年5月28日労判942-25、大阪高裁平成20年8月28日）。
② 　被告においては平成12年4月に、従業員のメンタルヘルス対策に着手していたのであるし、平成13年3月及び4月の問診結果から、原告が頭痛、不眠等の自覚症状を訴え始めていることを認識していた。にもかかわらず、被告は同年4月以降も原告の業務を軽減することなく、引き続きプロジェクトに従事させ、原告と同じ担当の技術者を1名減らした（2名となった）上、反射製品開発業務という原告が携わったことのない業務を併任させ、原告を5月下旬に12日間連続して欠勤させた上、同業務ができないとの原告の申し出を事実上拒否した。そして、被告は、定期健康診断等で原告のストレス感、抑うつ気分、自信喪失に気付き、業務負担軽減等の措置を講じる機会があったにもかかわらず、かえって、同年7月に会議の提案責任者として当たらせた。してみると、原告が平成13年4月にうつ病を発症し、同年8月頃までに症状が増悪していったのは、被告が、原告の業務の遂行に伴う疲労や心理的負荷等が過度に蓄積して心身の健康を損なうことがないような配慮をしない債務不履行による（東芝事件　東京地裁平成20年4月23日労経速2005-3）。
③ 　会社は、使用者として従事させていたのであり、業務内容、リーダーへ昇格したことなどの事態が生じていた。いずれも会社が当然に認識していた事実であるから、適宜、塗装班の現場の状況のチェックをし、さらには、健康状態に留意するなどして、心身に変調を来すことがないように注意すべき義務があった。それにもかかわらず、実際の業務の負担量などに何らの配慮もすることなく、漫然と放置していた。したがって、安全配慮義務違反があった（山田製作所事件　福岡高裁平成19年10月25日労判955-59）。
④ 　被告はTの労働時間や労働状況を把握管理せず、平成14年2月以降、月平均で約100時間もの時間外労働などの長時間労働をさせ、少

なくとも同年4月には、上司も、Tに活気がなくなったり、意味不明の発言をしたなどうつ病の発症を窺わせる事実を認識していながら、Tの業務の負担を軽減させるための措置を何ら採らず、Tにうつ病を発症させて自殺に至らしめたから、被告には安全配慮義務違反があった（スズキ自動車事件　静岡地裁浜松支部平成18年10月30日労判927－5）。
⑤　社長は、三条店に日常的に出入りしていたから、Aの長時間労働及び過重な業務の実態を当然知り得たはずであるが、三条店の経営改善を図ることを優先して、同人の業務などを軽減させる措置をとっていなかったから、被告の責めに帰すべき事由によらずにAの自殺が発生したということはできない（エージーフーズ事件　京都地裁平成17年3月25日労判893－18）。
⑥　被告は、中間管理職の立場に留意し、定期的に業務の実態を把握し、何らかの過負荷の徴候が見られたときは、速やかに業務を軽減するなどの措置を講じるべき注意義務を負っていた（貨物自動車運送会社事件　鹿児島地裁平成15年5月19日）。
⑦　Aがうつ病に罹患した後に、Aに対し、業務を軽減するなどの措置を講ずることは可能であった。しかしながら、定期的な健康診断のほかは、業務に伴う身体的・精神的負荷を軽減する措置を講じたことを認めるに足る証拠はない。被告ネクスターは、被告ニコンと同様に、通常以上の身体的・精神的負荷がAにあったと考えられる事実については認識し、Aがうつ病に罹患した後に、Aに対し、業務を軽減するように被告ニコンに要請するなどの措置を講ずることは可能であったにもかかわらず、被告ネクスターは、Aの健康診断の費用は負担するものの、Aの労働時間の管理については、月末に被告ニコンからの労働時間の報告を受けて初めて当月のAの労働時間を把握しており、被告ニコンの窓口業務担当者と打合せをし、週に1回程度、Aと面談しているだけにすぎなかったから、安全配慮義務を怠った（アテスト（ニコン）事件　東京地裁平成17年3月31日労判894－21）。

⑧　Aが、しばしば翌朝まで会社で徹夜して残業をすることは、その直属の部長が、すでに平成3年3月ころには知っており、Aの直属の班長にこれを告知したが、部長自らBの長時間労働を軽減させるための措置は何ら取らなかったこと、これを聞いた班長は、Aに対し、なるべく早く仕事を切り上げるようにとは注意したものの、単なる指導に止まり、Aの長時間労働を減少させるための具体的な方策は何ら行わなかったこと班長は、同年7月には、Aの顔色が悪く、その健康状態が悪いことに気づいていながらも、何らの具体的な措置を取らないまま、同人が従前どおりの業務を続けるままにさせたこと、同年8月に至っては、Aは、班長に対し、自分は役に立たないといった自信を喪失した言動や、人間としてもう駄目かもしれないといった自殺の予兆であるかのような言動や、無意識のうちに蛇行運転やパッシングをしたり、霊が乗り移ったみたいだと述べるといった異常な言動等をするようになり、また肉体的には、顔色が悪い、明らかに元気がない等の症状が現れ、班長もAの様子がよりおかしくなっていることに気づきながら、Aの健康を配慮しての具体的な措置は、なお何ら取らなかったこと等の事情に鑑みれば、被告の履行補助者である部長及び班長には、Aの常軌を逸した長時間労働及び同人の健康状態の悪化を知りながら、その労働時間を軽減させるための具体的な措置を取らなかった過失がある（電通事件　東京地裁平成8年3月28日判時1561-4）。

　一方、業務の配分について、問題がなかったと判断された次の裁判例もあります。

　　コンピューターシステム開発会社のシステムエンジニアの自殺について、「原告らは、被告には、業務の適正な配分等をすべき義務がありながら、被告らはこれに違反したと主張する。しかしながら、業務が特段過重であったとまでは認められないし、その後、新入社員に対する集合研修、部内研修、その後における業務体制も不適切とまではいえないから、Kが精神障

害を発症し自殺したことに関し、直ちに被告に適正労働条件措置義務違反があったということはできない(みずほトラストシステムズ　東京地裁八王子支部平成18年10月30日労判934-46)。」

エ　労働者の精神状態を悪化させないための健康管理に関する措置

労働者の精神状態に問題がある場合には、さらに健康を悪化させないために、使用者は、必要な健康管理のための措置を講じなければなりません。

1)カウンセリングなどの実施

労働者本人の精神状態に応じて、使用者は、病院における受診、健康相談、カウンセリングなどを実施しなければなりません。これに関しては、次のような裁判例があります。

① 症状は悪化し、病院での勤務は困難であると判断され、自殺を示唆する言動があり、非常に深刻な事態となっていた以降においては、いかに両親との不仲を聞かされていたとしても、両親に連絡し、まず安全を確保し、精神科を受診させ、精神状態が安定するのを待って、今後の業務について相談すべきであった(積善会(十全総合病院)事件　大阪高裁平成20年8月28日)。

② 遅くとも平成9年3月末ころに、Aの心身の健康相談を実施して、休暇を取らせたり、異動についての希望聴取を行い、心身の状態に適した配属先への異動を行うなどの対応を採ることは容易であったし、そのような対応を採っていれば、これにより被災者のうつ病の重症化とこれに基づく自殺という結果の発生を避けることは可能であった(社会保険庁職員事件　甲府地裁平成17年9月27日判時1915-108)。

③ Aがうつ病に罹患した後に、Aに対し、カウンセリングを行うなどの措置を講ずることは可能であった。にもかかわらず、被告ニコンは、定期的な健康診断のほかは、業務に伴う身体的・精神的負荷を軽減する措置

を講じたことを認めるに足る証拠はない。また、被告ネクスターは、Aの健康診断の費用は負担するものの、Aの労働時間の管理については、月末に被告ニコンからの労働時間の報告を受けて初めて当月のAの労働時間を把握しており、被告ニコンの窓口業務担当者と打合せをし、週に1回程度、Aと面談しているだけにすぎなかったから、安全配慮義務を怠った（アテスト（ニコン）事件　東京地裁平成17年3月31日労判894-21）。

一方、病院での受診やカウンセリングの実施などに問題がないと判断された次のような裁判例もあります。

① 被告において、9月6日から8日、10日、13日から23日までKに休暇を取らせ、その間Kが受診し、その結果についてその都度Kから報告を受け、対応を検討していたものであって、かかる経緯に照らせば、被告において、休暇中にKが病院で適切な指示を受けながら体調を回復すべく努めていたものと期待するのは当然であって、特に早急に被告として他の措置を検討すべき必要性があったと認めるべき状況とはいえない（みずほトラストシステムズ　東京地裁八王子支部平成18年10月30日労判934-46）。

② 精神的疾患については、社会も個人もいまだに否定的な印象を持っており、プライバシーに対する配慮が求められる疾患であって、その診断の受診を義務付けることは、プライバシー侵害のおそれが大きいといわざるを得ない。これらに、労働安全衛生法及び労働安全衛生規則の各規定ぶりなどを併せ考慮すると、事業者は同規則44条1項に定められた健康診断の検査項目について異常所見が認められた労働者に対する関係では、当該労働者の健康を保持するために必要な措置について、医師又は歯科医師の意見を聴くべき義務を負うものであり、これを超えて精神疾患に関する事項についてまで医師の意見を聴くべき義務を負うということはできない。そして、労働安全衛生法66条の5第1項所

定の、事業者が負う就業場所の変更、作業の転換、労働時間の短縮等の措置を講ずるべき義務は、同法66条の4を受けたから、精神疾患に関する事項には当然に適用されるものではない。被告の労働安全衛生規程は労働安全衛生法等法令に定められた法的義務を前提として定められたから、同法の義務に該当しない以上、同規程を根拠に主治医からの意見聴取義務、就業場所の変更、産業医の指示に基づく健康要保護者としての管理等の義務が直ちに発生するものとも認め難い（富士電機Ｅ＆Ｃ事件　名古屋地裁平成18年1月18日労判918－15）。
③　病院から決して過剰な負担を伴う業務を割り当てられていたわけではなく、容態が悪化した後も、通常の診療業務を従来どおり支障なく遂行しており、遅刻や無断欠勤もなく、診療業務や言動に関して異常な点は見受けられなかった。そうしてみると、うつ病にり患していたと認めることは到底困難であり、病院において神経科、精神科の専門医の診断を実施する義務があったとはいえない（日赤益田赤十字病院事件　広島地裁平成15年3月25日労判850－64）。

2）休養させること

労働者の精神状態が悪化している場合には、労働者本人に休養を取らせる必要があります。これに関しては、次のような裁判例があります。

①　病院における業務を継続させることは困難であると考えるに至り、病院長においても、同年12月までには、病院において勤務させるのは困難であるとの考えから異動させる方針を固めていたから、被告病院としては、その時点で休職を命じるなどの措置を執り、十分な休養をとらせるべき注意義務を負っていた。とりわけ、自殺を示唆するメモを残して失踪した後にあっては、自殺する危険性が顕在化し、かつ、切迫した状況にあったから、より一層健康状態、精神状態に配慮し、十分な休養をとらせて精神状態が安定するのを待ってから通常の業務に従事させるべき注

意義務があった。しかるに、病院長は、他の医師を通じて業務の負担を適宜の方法により軽減する措置を執りつつも、引き続き勤務させ、失踪し、自殺する危険性が顕在化した段階においても、業務を軽減するための措置を具体的に講じることなく、当直勤務を含め、通常どおりの業務に引き続き従事させていたから、安全配慮義務を怠った。休職の申し出がないのに、無理に休職させることによってかえって症状が悪化する可能性もないわけではなく、急に休んだ場合にも他の医師が対応できる態勢を整えた上で業務を継続させたことがあながち誤りであったということはできず、絶えずフォローしていた他の医師の熱意と努力は並大抵のものではなかったことは容易に理解できる。しかしながら、症状は悪化し、病院での勤務は困難であると判断され、自殺を示唆する言動があり、非常に深刻な事態となっていたから、それ以降においては、病院での業務をさせるのではなく、いかに両親との不仲を聞かされていたとしても、両親に連絡し、まず安全を確保し、精神科を受診させ、精神状態が安定するのを待って、今後の業務について相談すべきであったが、病院長においてそのような措置を講じることなく、通常の業務に従事させたことは、安全配慮義務に違反し、違法である（積善会（十全総合病院）事件　大阪地裁平成19年5月28日労判942−25、大阪高裁平成20年8月28日）。

②　Aの心身の健康相談を実施して休暇を取らせるなどの対応を採ることは容易であったし、そのような対応を採っていれば、これによりAのうつ病の重症化とこれに基づく自殺という結果の発生を避けることは可能であった。したがって、被告は、Aに対する安全配慮義務違反がある（社会保険庁職員事件　甲府地裁平成17年9月27日判時1915−108）。

③　Aがうつ病に罹患した後に、Aに対し、休養を取らせるなどの措置を講ずることは可能であった。にもかかわらず、被告ニコンは、定期的な健康診断のほかは、業務に伴う身体的・精神的負荷を軽減する措置を講

じたことを認めるに足る証拠はない。また、被告ネクスターは、Aの健康診断の費用は負担するものの、Aの労働時間の管理については、月末に被告ニコンからの労働時間の報告を受けて初めて当月のAの労働時間を把握しており、被告ニコンの窓口業務担当者と打合せをし、週に1回程度、Aと面談しているだけにすぎなかったから、安全配慮義務を怠った（アテスト（ニコン）事件　東京地裁平成17年3月31日労判894-21）。

④　上司には、少なくとも課長職が重荷であると訴えて退職の希望までしていた者が医師の診断書を提出して1か月の休養を申し出たときには、会社に代わって部下である会社の従業員について業務上の事由による心理的負荷のため精神面での健康が損なわれていないかどうかを把握し、適切な措置をとるべき注意義務に従って、心身の状況について医学的見地に立った正確な知識や情報を収集し、休養の要否について慎重な対応をすることが要請されていた（三洋電気サービス事件　東京高裁平成14年7月23日労判852-73）。

一方、休養させなかったことについて問題がないと判断された次のような裁判例もあります。

①　被告において、9月6日から8日、10日、13日から23日までKに休暇を取らせ、その間Kが受診し、その結果についてその都度Kから報告を受け、対応を検討していたものであって、かかる経緯に照らせば、被告において、休暇中にKが病院で適切な指示を受けながら体調を回復すべく努めていたものと期待するのは当然であって、特に早急に被告として他の措置を検討すべき必要性があったと認めるべき状況とはいえない（みずほトラストシステムズ　東京地裁八王子支部平成18年10月30日労判934-46）。

②　病院としては、他の医師が業務を休むよう勧めた以上に、強制的に診療業務を休ませる措置を採る正当な理由は見出し難く、そのような措

置を採ることは困難であったし、訪室も専ら自発的なものであった以上、これを制限する理由はなく、その制限措置を採るのも困難であった。そうである以上、病院にそのような措置を採るべき義務があったということはできない（日赤益田赤十字病院事件　広島地裁平成15年3月25日労判850−64）。

3）家族への連絡

　本人の健康状態が悪化している場合には、家族に連絡する必要がある場合があるとする次の裁判例があります。

　症状は悪化し、病院での勤務は困難であると判断され、自殺を示唆する言動があり、非常に深刻な事態となっていた以降においては、いかに両親との不仲を聞かされていたとしても、両親に連絡し、まず安全を確保し、精神科を受診させ、精神状態が安定するのを待って、今後の業務について相談すべきであった（積善会（十全総合病院）事件　大阪高裁平成20年8月28日）。

(2) 嫌がらせやいじめによる精神障害の発症などの防止の措置の内容

ア　労働者に対して過度に心理的負荷を蓄積させる言動の防止

　使用者は、上司などが部下などに対して過度に心理的負荷を蓄積させるような言動を防止しなければなりません。これに関しては、次のような裁判例があります。

① 　海上自衛隊の護衛艦の21歳の3等海曹の自殺について、「直属の上官が『3曹らしい仕事をしろよ』『バカかお前は、3曹失格だ』などと侮辱的な言動を繰り返していたことについては、ある程度厳しい指導を行う合理的理由はあるが、人格を非難・否定するもので、目的に対する手段としての相当性を著しく欠く。できるだけ早期に任務に熟練させる必要があったことは認められるが、経験年数に照らせば技能練度不足が

あることはある程度やむを得ず、同様の隊員もいるので、心理的負荷をかけてまで指導を急ぐ緊急の必要性はない。特に緊急を要しない場面で繰り返し言われたし個々の行為や技能について言われるに留まらず、地位階級に言及し、人格的非難を加えたものというほかない（海上自衛隊事件　福岡高裁平成20年8月25日）。」

②　43歳の営業所長の自殺について、約1800万円の架空出来高を遅くとも会計年度の終わりまでに解消することを踏まえた上での目標値は、営業環境に照らして達成困難な目標値であったというほかなく、平成16年お盆以降に、Aが端から見ても落ち込んだ様子を見せるに至るまで叱責したり、検討会の際に、「辞めても楽にならない」旨の発言をして叱責したことは、不正経理の改善や工事日報を報告するよう指導すること自体が正当な業務の範囲内に入ることを考慮しても、社会通念上許される業務上の指導の範疇を超えるものと評価せざるを得ないものであり、Aの自殺と叱責との間に相当因果関係があることなどを考慮すると、Aに対する叱責などは過剰なノルマの達成の強要あるいは執拗な叱責として違法である。不正経理是正に伴って設定された目標値が達成困難なものであり、不正経理是正等のためにAに対してなされた叱責は違法と評価せざるを得ないから、これらは安全配慮義務違反を基礎付ける事実に当たる（前田道路事件　松山地裁平成20年7月1日労経速2013-3）。

③　知的障害者更生施設、授産施設の看護師のうつ病について、「本件職員会議においては、被告Aらが中心となって、自らU労組を脱退しユニオンに加入した原告を非難、糾弾する発言をしたばかりか、本件職員会議に参加した職員らを誘導し、扇動し、その結果、本件職員の多くが原告を非難する内容の発言をしたものであり、本件職員会議は被告Aらが、ユニオンに加入した原告を非難、糾弾する意図で進行されたものといえる。そして原告は、本件職員会議において非難、糾弾された結果、精神的疾患に罹患し、休職を余儀なくされたものである。そうすると、

被告Aらの本件職員会議における発言内容及び被告Aらが他の職員らを誘導、扇動したことによる各職員の発言内容に照らせば、会議の進行方法は、被告法人の職員及び労組組合員としての正当な言論活動の範囲を逸脱する(U福祉会事件　名古屋地裁平成17年4月27日労判895-24)。」

④　被告法人は、Tに対し、職場の上司及び同僚からのいじめ行為を防止して、Tの生命及び身体を危険から保護する安全配慮義務を負担していた。これを本件についてみれば、被告法人は、被告MらのTに対する本件いじめを認識することが可能であったにもかかわらず、これを認識していじめを防止する措置を採らなかった安全配慮義務違反の債務不履行があった(誠昇会北本共済病院事件　さいたま地裁平成16年9月24日労判883-38)。

⑤　工業用水課の責任者は、いじめを制止するなどの適切な処置をとるべきであったにもかかわらず、いじめなどを制止しないばかりか、これに同調していたものであり、安全配慮義務を怠った(川崎市水道局事件　横浜地裁川崎支部平成14年6月27日労判833-61)。

イ　嫌がらせやいじめの実態の把握

嫌がらせやいじめの実態を把握すべきであるとする次の裁判例があります。

課長は、自らも上司3名などに対し面談するなどして調査を一応行ったものの、いじめの一方の当事者にその調査を命じ、しかも、欠勤しているという理由で本人からはその事情聴取もしなかったものであり、いじめの性質上、このような調査では十分な内容が期待できないものであった。調査を命じられても、いじめの事実がなかった旨報告し、これを否定する態度をとり続けていた。また、訴えを聞いた課長は、直ちに、いじめの事実の有無を積極的に調査すべきであったのに、これを怠り、その結果、不安感の大きかったAは復帰できないまま、症状が重くなり、自殺に至った。したがっ

て、安全配慮義務を怠った(川崎市水道局事件　横浜地裁川崎支部平成14年6月27日労判833-61)。

ウ　嫌がらせやいじめを受けた労働者の精神状態の把握
　嫌がらせやいじめを受けた労働者の精神状態を把握すべきであるとする次の裁判例があります。

　直属の上官は、3曹に変わった様子がないか観察、対処する義務も怠った(海上自衛隊事件　福岡高裁平成20年8月25日)。

エ　嫌がらせやいじめを受けた労働者の心理的負担を軽減するための措置
　嫌がらせやいじめを受けた労働者の心理的負担を軽減するための措置を講ずべきであるとする次のような裁判例があります。

①　厳しい指導を行った後に心情を和らげるような措置もとっていない(海上自衛隊事件　福岡高裁平成20年8月25日)。
②　工業用水課の責任者は、いじめを制止するとともに、自ら謝罪し、上司らにも謝罪させるなどしてその精神的負荷を和らげるなどの適切な処置をとるべきであったにもかかわらず、自ら謝罪することも、上司らに謝罪させることもしなかった(川崎市水道局事件　横浜地裁川崎支部平成14年6月27日労判833-61)。

オ　職場環境の改善
　嫌がらせやいじめなどを受けた労働者が職場復帰しやすいようにするための職場環境の改善に関する措置を講ずべきであるとする次のような裁判例があります。

　課長は、直ちに、いじめの事実の有無を積極的に調査し、速やかに善後策(防止策、加害者等関係者に対する適切な措置、配転など)を講じるべきであったのに、これを怠り、いじめを防止するための職場環境の調整

をしないまま、職場復帰のみを図ったものであり、その結果、不安感の大きかったAは復帰できないまま、症状が重くなり、自殺に至った（川崎市水道局事件　横浜地裁川崎支部平成14年6月27日労判833-61）。

(3) セクハラによる精神障害の発症などの防止の措置の内容

　セクハラの防止のために、使用者は次のような措置を講じなければなりません（セクハラ指針。第2章137～140頁参照）。

ア　使用者の方針の明確化およびその周知・啓発
① 　就業規則などの服務規律を定めた文書に職場におけるセクハラの内容および職場におけるセクハラはあってはならない旨の方針を明確化し、管理監督者を含む労働者に対して、広報啓発資料や研修、講習などにより、周知・啓発すること。
② 　職場におけるセクシャルハラスメントに関する性的な言動を行った者については、厳正に対処する旨の方針や懲戒規定の適用対象となることなどの対処の内容を就業規則などの服務上の規律を定めた文書に規定し、管理監督者を含む労働者に対して、周知・啓発すること。

イ　相談に応じ、適切に対応するために必要な体制の整備
① 　相談担当者の選任、相談に対応するための制度の整備、外部機関に対する相談への対応の委託などにより、相談窓口を定めること。
② 　相談窓口の担当者と人事部門との連携体制や相談マニュアルの整備など相談窓口の担当者が適切に対応できるようにすること。

ウ　セクシャルハラスメントが生じた場合における事後の迅速かつ適切な対応
① 　相談窓口の担当者や人事部門、専門の委員会による相談者および行為者の双方からの事実関係の確認、事実関係についての主張に不一致がある場合の第三者による確認、事実関係の確認が困難な場合における第三者機関への紛争処理の委託などにより、事実関係を迅速かつ正確に確認すること。

②　事実確認ができた場合には、行為者に対する就業規則に基づく制裁措置や被害者の不利益の回復措置（第三者機関に委託した場合にはその紛争解決案に従った措置）により、行為者および被害者に対する措置を適切に行うこと。
③　広報啓発資料や研修、講習などにより、周知・啓発を行い、再発防止措置を講ずること。
エ　セクシャルハラスメントについての情報の保護
　職場におけるセクシャルハラスメントについての相談者・行為者の情報はそのプライバシーに属することから、相談マニュアルの整備などその保護のために必要な措置を講ずるとともに、広報啓発資料などにより、労働者に対して周知すること。
オ　相談苦情を理由とする不利益な取扱いの禁止
　職場におけるセクハラに関して、労働者が相談をし、または事実関係の確認に協力したことなどを理由として、不利益な取扱いを行ってはならない旨を就業規則などの服務規律を定めた文書に定めるとともに、広報啓発資料などにより、労働者に周知・啓発すること。

第17章
労働者の精神障害の発症など を防止する措置の構造

「労働者の精神傷害の発症などを防止する措置の構造」のポイント
1 業務との相当因果関係
2 危険の予知
3 結果の回避

「労働者の精神障害の発症などを防止する措置の構造」のポイント

1 労働者の精神障害の発症などを防止するための使用者の義務についても、①その精神障害などの発症と労働者が従事する業務との間に因果関係があること（業務との相当因果関係）、②使用者が精神障害などの発症の危険性を予見し、認識できること（予見可能性）、③危険性が予見可能であるときは、その危険を回避するための措置を講ずることができること（結果回避の可能性）および④このような危険を回避するための措置を講ずること（結果回避義務）によって構成されている。

2 労働者の精神障害の発症などについて業務との相当因果関係があるか否かについては、①労働者の精神障害の発症について業務との相当因果関係があるか否か、②労働者の精神障害の発症について嫌がらせやいじめとの相当因果関係があるか否か、③労働者の自殺について過重な労働との相当因果関係があるか否か、④労働者の自殺について嫌がらせやいじめとの相当因果関係があるか否か、⑤労働者の自殺について業務による精神障害の発症との間に相当因果関係があるか否か、などの観点から、判断されている。

3 事前に使用者側が労働者の具体的な健康状態の悪化を認識することが困難であったとしても、これを予見できなかったとは直ちにいえないのであって労働者の健康状態の悪化を現に認識していたか、あるいは、それを現に認識していなかったとしても、就労環境などに照らし、労働者の健康状態が悪化するおそれがあることを容易に認識し得たというような場合には、結果の予見可能性があったと判断される。このため、①労働者の業務の状況や②労働者の健康状態から

> 予見可能性があったと判断される裁判例は多いが、調査をすれば、予見可能性があったと判断された裁判例もある。
> 4　労働者の精神障害の発症などの危険について、予見可能である場合には、使用者は、その結果を回避するための措置を講じなければならない。結果を回避するための措置を講じていない、あるいは十分に講じていない場合には、結果回避義務違反が問われる。

　労働者の精神障害の発症などを防止するため、使用者は、その雇用する労働者に従事させる業務を定めてこれを管理するに際し、業務の遂行に伴う疲労や心理的負荷等が過度に蓄積して労働者の心身の健康を損なうことがないよう注意する義務を負っていますが、この義務についても、①その精神障害などの発症と労働者が従事する業務との間に相当因果関係があること（業務との相当因果関係）、②使用者が精神障害などの発症の危険性を予見し、認識できること（予見可能性）、③危険性が予見可能であるときは、その危険を回避するための措置を講ずることができること（結果回避の可能性）および④このような危険を回避するための措置を講ずること（結果回避義務）によって構成されています。

1　業務との相当因果関係

　「心理的負荷による精神障害等に係る業務上外の判断指針」においては、労働者の精神障害の発症などが業務上のものであるか否かを判断するにあたっては、精神障害の発病の有無、発病時期および疾患名を明らかにした上で、①業務による心理的負荷、②業務以外の心理的負荷、③個体側要因（精神障害の既往歴など）について評価し、これらと発病した精神障害との関連性について総合的に判断して、①対象疾病に該当する精神障害を発病していること、②対象疾病の発病前おおむね6ヵ月の間に客観的にその精神障害を発病させるおそれのある業務による強い心理的負

荷が認められること、③業務以外の心理的負荷および個体側要因によりその精神障害を発病したとは認められないことのすべてを満たす場合に、業務上のものであると判断しています（第3章159～178頁参照）。

労働者の精神障害の発症などに関して使用者の民事責任を問われる場合にも、業務との相当因果関係があるか否かにつて、同様の判断が行われています。

(1) 労働者の精神障害の発症について、業務との相当因果関係があると判断された裁判例

労働者の精神障害の発症について、業務との相当因果関係があると判断された裁判例には、次のようなものがあります。

ア　労働者の精神障害の発症について業務との相当因果関係があると判断された裁判例

① 　原告は、業務による強度の心理的負担を感じていたのに対し、本件業務以外にも強度の心理的負担を感じさせるようなおそれがあるともいえないから、本件発症は、本件業務を主たる原因とするものである。したがって、本件発症と本件業務との間には因果関係を認めることができる（富士通四国システムズ事件　大阪地裁平成20年5月26日労判973-76）。

② 　呆然とした状態になることがあり、周囲の者に対し意味不明な発言をするようになり、うつ病を発症した。このような事情に加えて、医師らの見解をも考慮すれば、他にうつ病の主たる要因を疑わせる事情がない限り、長時間労働等被告の業務を主たる要因としてうつ病を発症した（スズキ自動車事件　静岡地裁浜松支部平成18年10月30日労判927-5）。

③ 　自殺に至るまでの状態、言動などに照らすと、その悩みや心労の原因が社会保険庁における業務に関する事項であり、既にみたように、う

つ病罹患の原因となる個人的な要因、業務以外の要因（家族関係、女性関係）も認められない。したがって、被災者の業務内容、職場環境、勤務形態から生じた疲労は、その持続期間を考慮すれば、人間の身体面、精神面の双方に慢性的な過労状態を導くものといえ、うつ病を惹起するのに十分な程度であった。被災者は、継続的な業務の負担により、睡眠時間が不足し、食欲がなくなるなどの身体症状が現れ、疲労が回復しないまま業務を続行する中で抑うつ状態が生じ、ついにはうつ病の罹患、発症、さらに自殺へと至った（社会保険庁職員事件　甲府地裁平成17年9月27日判時1915-108）。

④　うつ状態になった原因は、日常の勤務そのものが過重であったことに加え、保母としての経験が浅く年若い者に重大な責任を負わせ、それに対する配慮を欠いていた園における仕事の過酷さ以外には思い当たるものがない。このことに、園では保母の定着率が極めて悪く、いつも保母を求人していたこともあわせ考えれば、園の勤務条件は劣悪で、うつ状態に陥らせるものであったというほかないことなど、を総合すれば、園の過酷な勤務条件がもとで精神的重圧からうつ状態に陥り、その結果、園児や同僚保母に迷惑をかけているとの責任感の強さや自責の念から、ついには自殺に及んだ（東加古川幼稚園事件　最高裁第三小法廷平成12年6月27日労判795-13、大阪高裁平成10年8月27日労判744-17）。

⑤　性格がうつ病発症の一因であるとしても、その大きな部分を占めるのは業務に起因する慢性的疲労並びに職場における人員配置の変更とこれに伴う精神的、身体的負荷の増大であるから、うつ病発症の業務起因性はこれを肯定することができる。以上のとおり、業務とうつ病発症との間には相当因果関係がある（オタフクソース事件　広島地裁平成12年5月18日労判783-15）。

⑥　業務の負担は従前よりも増加することとなった。その結果、心身共に疲労困ぱいした状態になり、それが誘因となって、うつ病にり患し、うつ病

によるうつ状態が深まって、衝動的、突発的に自殺するに至った。このような経過に加えて、うつ病の発症等に関する知見を考慮し、業務の遂行とそのうつ病り患による自殺との間には相当因果関係がある（電通事件　最高裁第二小法廷平成12年3月24日労判779－13）。

⑦　感情障害の状態（うつ状態）に符合する諸症状が窺われるほか、Aには精神疾患の既往歴はなく、家族歴にも精神疾患のないことを考慮すれば、業務上の過重な負荷と常軌を逸した長時間労働により、心身ともに疲弊し、それか誘因となって、うつ病に罹患した（川崎製鉄水島製鉄所事件　岡山地裁倉敷支部平成10年2月23日労判733－13）。

⑧　過労等による長期の慢性的疲労や睡眠不足がストレスを増大させることは経験則上明らかであるうえ、慢性疲労が自律神経失調症状と抑うつ状態を招き、内因性うつ病と区別できない反応性うつ病を引き起こすことがあるとするのは神経医学会の定説であると認められることなどに照らすと、過労等の肉体疲労によって疲憊性うつ病になることはないとする控訴人の主張は採用できない（電通事件　東京高裁平成9年9月26日労判724－13）。

⑨　精神疾患の既往はなく、家族歴にも精神疾患はないことをも考慮すれば、常軌を逸した長時間労働とそれによる睡眠不足の結果、心身共に疲労困憊し、それが誘因となって、うつ病に罹患した（電通事件　東京地裁平成8年3月28日判時1561－4）。

イ　労働者の精神障害の発症について嫌がらせやいじめとの相当因果関係があると判断された裁判例

①　原告は本件職員会議において職員らによって非難糾弾された結果、うつ病とは別の新たな精神的疾患である心因反応を発症した（U福祉会事件　名古屋地裁平成17年4月27日労判895－24）。

②　病名は心因反応又は精神分裂病とするのが妥当と思われるが、精神分裂病はICD－10による分類のF2に当たるから、Aに対するいじめ

と精神分裂病の発症・自殺との間には事実的因果関係が認められる（川崎市水道局事件　東京高裁平成15年3月25日労判849-87）。
③　Aの自殺の原因については、自殺直前の遺書等がなかったが、Aの作成した遺書1には、「私Aは、工業用水課でのいじめ、B課長、C主査、D係長に対する「うらみ」の気持が忘れられません。」などと記載されており、これに加え、いじめによって心理的苦痛を蓄積した者が、心因反応を含む何らかの精神疾患を生じることは社会通念上認められ、さらに、「心因反応」は、ICD-10第V章の「精神症障害、ストレス関連障害及び身体性表現障害」に当たり、自殺念慮の出現する可能性は高いとされている。そして、Aには、他に自殺を図るような原因はうかがわれないことを併せ考えると、Aは、いじめを受けたことにより、心因反応を起こし、自殺したものと推認され、その間には事実上の因果関係がある（川崎市水道局事件　横浜地裁川崎支部平成14年6月27日労判833-61）。

(2) 労働者の自殺について、業務との相当因果関係があると判断された裁判例

　労働者の自殺について、業務などとの相当因果関係があると判断された裁判例には、次のようなものがあります。

ア　労働者の自殺について業務との相当因果関係があると判断された裁判例

①　自殺3か月前から過重な長時間労働に従事したことによる肉体的・心理的負荷に、1か月余り前には、発注先からの新たな品質管理基準への対応が会社として迫られる中、リーダーへ昇格するなどの心理的負荷等が更に加わるという過重労働の最中に、他に特段の動機がうかがわれない状況で、本件自殺に及んでいるものであり、その経過からして、本件自殺と業務との間に因果関係（業務起因性）がある（山田製作所

事件　福岡高裁平成19年10月25日労判955-59)。

② 　自殺3か月前から常軌を逸した長時間労働に従事することによる肉体的・心理的負荷に、業務内容それ自体の負荷、リーダーへの昇格という心理的負荷等が更に加わることにより、自殺に至ったものであり、本件自殺と業務との間に因果関係（業務起因性）が認められる（山田製作所事件　熊本地裁平成19年1月22日労判937-109)。

③ 　うつ病の場合、急激に症状が進行して自殺に至ることがあるとの医学的知見等に照らせば、自殺の原因の重要な部分は、業務の過重性に基づくうつ病にあり、業務起因性を肯定することができる（アテスト（ニコン）事件　東京地裁平成17年3月31日労判894-21)。

④ 　営業所の統合移転の前後ころから、恒常的な長時間労働及び深夜の不規則勤務を強いられ、業務に基づく心理的な負荷をかなり受けていたこと、従業員の解雇や荷主との取引打ち切りによる精神的苦悩は2度目の損益改善計画の実施、営業所への移転の前後ころから次第に深刻なものとなっていったこと、平成4年8月に胃ガンで胃を全部摘出し、以後毎年入院検査を受けてきたほかには、健康状態に問題はなく、家庭など仕事以外の場面でも、特に心理的な負荷がかかるような環境にはなかったこと、精神傷害の既往症もないことに照らし、うつ状態に陥ったのは、長時間で不規則な労働時間と業務に基づく強い心理的な負荷を受けたことが原因であり、業務の過剰性と自殺との間には因果関係がある（貨物自動車運送会社事件　鹿児島地裁平成15年5月19日）。

⑤ 　精神状態が不安定になったのが台風後であり、また、他に自殺を考えるような原因が一切窺われないことからすると、昭和61年に転勤のことを思い悩んで4か月ほど病欠したことがあり、思い悩む性格の持ち主であったと考えられること、およそ自殺の原因を当人以外の傍から正確に窺い知ることが困難であることを考慮しても、台風に対する対処のまずさなどを思い悩んで精神疾患に罹患した末に自殺したものであって、

自殺と業務遂行との間には因果関係が認められる（みくまの農協（新宮農協）事件　和歌山地裁平成14年2月19日労判826-67）。

⑥　自己が実施したERCP検査の結果Bが急性膵炎になったことについて責任を強く感じ、特に容態が悪化していった中で自責の念をますます強め、病棟への訪室を一層頻繁にかつ長時間行うようになり、睡眠不足や身体的疲労を募らせ、これが精神状態にさらなる悪影響を及ぼして、身体的にも精神的にも疲労困ぱいし、その挙げ句自殺に至った。したがって、自殺は業務（ERCP検査の実施及びその後のBのもとへの訪室）に起因し、業務と自殺との間に因果関係がある（日赤益田赤十字病院事件　広島地裁平成15年3月25日労判850-64）。

イ　労働者の自殺について嫌がらせやいじめとの相当因果関係があると判断された裁判例

被告MらのTに対するいじめは執拗、長期間にわたり、平成13年後半からはその態様も悪質になっていたこと、他にTが本件自殺を図るような原因は何ら見当たらないことに照らせば、本件いじめと本件自殺との間には事実的因果関係がある（誠昇会北本共済病院事件　さいたま地裁平成16年9月24日労判883-38）。

(3) 労働者の自殺について業務による精神障害の発症との間に相当因果関係があると判断された裁判例

「心理的負荷による精神障害等に係る業務上外の判断指針」においては、労働者の自殺と業務による精神障害の発症との間の相当因果関係について、うつ病や重度ストレス反応などの精神障害では、病態として自殺念慮が出現する蓋然性が高いことから、業務による心理的負荷によってこれらの精神障害が発病したと認められる者が自殺を図った場合には、精神障害によって正常の認識、行為選択能力が著しく阻害され、または自殺を思いとどまる精神的な抑制力が著しく阻害されている状態で自殺したものと

推定し、業務起因性を認めています(第3章169〜170頁参照)。このように労働者の自殺について、業務による精神障害の発症との間に相当因果関係があると判断された裁判例には、次のようなものがあります。

> ① 業務による心理的負荷によってこれらの精神障害が発病したと認められる者が自殺を図った場合には、精神障害によって正常の認識、行為選択能力が著しく阻害され、又は自殺行為を思いとどまる精神的な抑制力が著しく阻害されている状態で自殺が行われたものと推定し、原則として業務起因性が認められる(川崎市水道局事件　東京高裁平成15年3月25日労判849−87)。
>
> ② うつ病患者の自殺率はこれに罹患していない者と比較すると高く、それを基礎づける研究報告も多数存在する。また、自殺はうつ病が悪化するときあるいは逆に一応の達成、負担の軽減等により軽快に向かうときに起こりやすい。うつ病に罹患していた以降においても、同部門の知識経験が同等又はそれ以上の者を新たに配置するといった対策は講じられなかった。そして、同僚らによる製造ミスが続いたため、ますます自信を喪失し、症状を悪化・進展させた。自殺はこのようなうつ病によるうつ状態の進行の中で衝動的、突発的にされたものと推認するのが相当であり、自由意思の介在を認めることはできない。以上のとおり、うつ病と自殺との間には相当因果関係がある(オタフクソース事件　広島地裁平成12年5月18日労判783−15)。

(4) 労働者の精神障害の発症などについて、業務との相当因果関係がないと判断された裁判例

一方、労働者の精神障害の発症について、業務との相当因果関係がないと判断された裁判例には、次のようなものがあります。

> ① Fの勤務状況は、平日の日中における通常勤務だけではなく、夜間を含む日当直勤務を定期的に行うから、一定程度の負担を伴うものであるといえ、Fの担当した当直回数も少なかったとはいえない。しかしな

から、平成10年9月から平成11年8月までの間の当直を含む労働時間、特に時間外労働時間が多いとはいえないこと、時間外労働時間が少ないとはいえない時期であっても、急患患者が毎回仮眠する暇もないほどひっきりなしに来院するような状況ではなく、ある程度まとまった空き時間が存在していたこと、当直空けに勤務のない場合が多い等、一定程度の余裕があったといえること、外来・入院・急患の各患者数は突出して多いとはいえないこと、部長代行に就任したことによる心理的負荷はそれほど強いものではなかったこと、小児科医の確保は容易ではなかったものの、Fが医師確保のため奔走し、そのために強い心理的負荷を受けていたという状況にあったとは認め難く、被告病院小児科において常勤医を補充しなければ立ち行かないほど多忙であったとは認められないこと、その他、被告病院の人員構成、病院経営の状況等の客観的事実を総合考慮すれば、Fの業務が特に過重な身体的・心理的負荷を与えるものであったとはいい難く、うつ病発症の内在的危険性を有するほどの過重な業務であるとは認められない。うつ病の発症ないし増悪と業務との因果関係を肯定するためには、業務と死亡の原因となった疾病（うつ病）との間に条件関係が存在することだけではなく、両者の間に相当因果関係が認められることが必要であり、業務とうつ病との相当因果関係の有無は、社会通念上、うつ病が業務に内在又は随伴する危険が現実化したものと評価し得るか否かによって決せられる。そして、その相当因果関係の有無の判断に当たっては、Fに起こった個別具体的な業務上・業務外の出来事が、医学的経験則を基礎としつつ、社会通念に照らして、Fに与える心理的負荷の有無及び程度を評価し、更にFの基礎疾患等の身体的要因や、個別的要因も併せて勘案し、総合的に判断するのが相当である。これをFの場合について見ると、その業務については、うつ病発症の約6ヶ月前以降である平成10年9月から自殺した平成11年8月にかけて、うつ病を発症させる内在的危険性を有するような過重なものであったとは認め難い。Fの健康状態について見る

と、かなり以前から通風の発作により消炎鎮痛剤を服用していた上、平成10年頃から膝の水を抜くために何度か穿刺を受けるほどの状況になっていたから、そのことがFにとって強い心理的負荷となっていたことが窺われる。また、Fは高血圧症等にも罹患しており、健康面の不安を抱えていた。このほか、Fは、平成8年頃には不眠を訴えて被告病院から睡眠導入剤の処方を受けていたほか、平成11年当時も睡眠導入剤を頻回服用していた。この点、睡眠障害及び睡眠不足がうつ病の重大な要因となることについては、原告らも自認している。Fの父は平成8年頃から病気のため入退院を繰り返し、被告病院に長期入院中、Fはほとんど毎日見舞っていたほか、原告ら家族もFの弟家族と交替で付き添っていた。また、Fは父の死亡後、相続税の支払等のため預貯金を切り崩し、子供の教育費や病院の開業資金のことで弟と幾度か相談の機会を持っていた。そして、勤務医と開業医の収入の差や、子女の医学部進学に伴う学費の負担について一般的に考えられるところも考慮すると、金銭問題はFにとって一定の強い心理的負荷となっていた。Fの長女である原告Bが、平成11年当時高校3年生であり、医学部を志望していたが、Fはこれに大反対であり、また優秀な成績を修めていたFの長男である原告Cは、平成10年7月頃には成績がやや下がり、勉強しなくなったとして、Fが腹を立てるなどの悶着があった。これらの事情は、それほど強い強度ではないとしても、Fにとって一定の心理的負荷となった。なお、Fの性格等について、真面目、責任感が強い、患者の信望が厚い、嫌なことは嫌というタイプ等の事実は窺われるが、特に精神疾患等の既往歴は認められず、また親族に精神疾患を有する者があったことは認められない。以上のように、Fの業務過重性については認め難い上、業務のほかに一定の心理的負荷を与える出来事も認められることを総合的に判断すると、Fのうつ病の発作と業務との相当因果関係を認めることはできない（立正佼成会付属佼成病院事件　東京地裁平成19年3月29日労経速1973-3）。

②　精神障害の発症の具体的機序について、環境から来るストレスと個体側の反応性、脆弱性との関係で精神的破綻が生じるかどうかが決まるという「ストレス－脆弱性」理論によって説明されることが多いところ、被告におけるKの業務が客観的にみて特に過重であるとは認められないことからすれば、Kが仕事に対する心理的負荷により精神障害を発症させた原因は、主として、Kの個人的素因によるところが大きいのであって、Kの精神障害が直ちに被告の業務に起因するものとは認められない（みずほトラストシステムズ　東京地裁八王子支部平成18年10月30日労判934－46）。

③　Aには相当の残業があり、販売目標が課されていたものの、社会通念上許容される範囲を超えた過剰なものであったと認めることはできない。また、支店長や次長がAに対して会議の場で行った指摘や指導は相当厳しいものであったものの、職場の上司の指導として社会通念上許容される限度を超えた過剰なものとまではいえず、Aに対して限度を超えた過剰に厳しい指導を行った事実を認めることはできない。また、Aは思うように販売実績を上げることができず、会議において支店長から厳しく注意されるなどして、相当のストレスを感じていたものの、引継書を提出せずに仕事を休んだことを除き、通常の業務を従来通り遂行しており、Aの業務や言動に関して特に異常な点は見受けられなかったこと、Aは毎年健康診断を受けていたが、精神障害を発病したとの診断はなされなかったことなどからすれば、Aがうつ病に罹患していたと認めることは困難である。以上によれば、Aには、許容される範囲を超えた過剰な業務負担があったとはいえず、上司による限度を超えた指導、あるいはいじめがあったとも認められず、またAがうつ病に罹患し、自殺に至ったものと認めることもできないから、Aの自殺と被告の業務との間に相当因果関係を認めることもできない。なお、Aは、投資信託の販売目標の達成ができなかったこと等について従前から相当の精神的ストレスを感じていた上に、被告において禁止されていた行員による立替払が発覚

したことに衝撃を受け、思い悩んだ末自殺した可能性が高い。しかし、Aが社会通念上相当な範囲を超えた過剰な業務を負担していたとまでは認められず、また支店長らがAに対して過剰に厳しい指導やいじめを行っていたとも認められない以上、Aが本件立替払の発覚について悩み、自殺に至ったとしても、あくまでもAの個人的な考え方や受け止め方によるものであり、Aの自殺について被告が債務不履行や不法行為責任を負う前提としての、業務自体との相当因果関係を認めることはできない（北海道銀行事件　札幌地裁平成17年1月20日労判889−89）。

④　同月末には、新しい仕事に対する不安、責任感、環境の変化等で精神的にも肉体的にも疲労していた。しかしながら、入院期間は僅か1日であり、診察した医師も、症状を精神的ストレスによる心身的疾患だとし、うつ病若しくはうつ病に似た症状であるとは考えなかったこと、その後何らの治療も受けていないこと、その後次第に元気を取り戻し、4月11日に洗礼を受けてからは生活状態は正常となり、洗礼の前後に書かれた感謝の手紙からもうつ状態を窺わせるような記載も認められないこと、Aはその後就職活動を始めていること、退職後園を訪れた際も、勤務していたときの状態と変わらない様子であり、精神的肉体的疲労からかなり回復していたと認められ、この事実に園における勤務は僅か3か月足らずであること、Aが自殺したのは退職後約1か月後であること等の事実に鑑みると、園における業務と自殺との間に因果関係は認められない（東加古川幼稚園事件　神戸地裁平成9年5月26日労判744−22）

2　危険の予見

　労働者の精神障害の発症などに関して、使用者の民事責任を問われる場合にも、使用者が精神障害などの発症の危険性を予見し、認識できること（予見可能性）が必要となります。

(1) 労働者の精神障害の発症などに関して、予見可能性があったと判断された裁判例

　労働者の精神障害の発症やこれによる自殺は、長時間労働の継続などにより疲労や心理的負荷等が過度に蓄積すると労働者の心身の健康を損なうおそれがあることの一態様であるので、使用者が回避する必要があるのは、このような結果を生む原因となる危険な状態の発生であって、危険の予見の対象もこれに対応したものとなります。このため、事前に使用者側が労働者の具体的な健康状態の悪化を認識することが困難であったとしても、これを予見できなかったとは直ちにいえないのであって、労働者の健康状態の悪化を現に認識していたか、あるいは、それを現に認識していなかったとしても、就労環境などに照らし、労働者の健康状態が悪化するおそれがあることを容易に認識し得たというような場合には、結果の予見可能性があった（山田製作所事件　福岡高裁平成19年10月25日労判955－59）ことになります。

ア　労働者の業務の状況から予見可能性があったと判断された裁判例

① 　被告は、原告の本件発症に関して予見可能性がなかったから、安全配慮義務を負わない旨主張する。しかしながら、安全配慮義務を生じる前提としては、具体的な発症の経過に対する予見可能性まで要求されるものでないところ、原告の時間外労働は1か月当たり100時間を超え、原告は、約1年半の間、ほぼ毎月のように、長時間労働を対象とした、健康診断個人票の提出を求められていたから、会社においては、本件業務が原告の心身の健康に及ぼすおそれを認識することは可能であった。したがって、被告の主張は採用できない（富士通四国システムズ事件　大阪地裁平成20年5月26日労判973－76）。

② 　労働者が死亡している事案において、事前に使用者側が当該労働者の具体的な健康状態の悪化を認識することが困難であったとしても、

これを予見できなかったとは直ちにいえないのであって、当該労働者の健康状態の悪化を現に認識していたか、あるいは、それを現に認識していなかったとしても、就労環境等に照らし、労働者の健康状態が悪化するおそれがあることを容易に認識し得たというような場合には、結果の予見可能性が認められる。これを本件についてみるに、会社が本件自殺までに具体的な心身の変調を認識し、これを端緒として対応することは必ずしも容易でなかったとしても、時間外労働・休日労働時間が、自殺前3か月前からは明らかに過重なものに至っており、特に自殺2か月前からは、連続して1か月100時間を超えていることに加え、リーダーへの昇格などの状況の中、十分な支援体制が取られないまま、過度の肉体的・心理的負担を伴う勤務状態において稼働していたのであって、会社において、かかる勤務状態が健康状態の悪化を招くことは容易に認識し得たといえる。したがって、会社には、結果の予見可能性があった(山田製作所事件　福岡高裁平成19年10月25日労判955−59)。

③　長時間労働の継続などにより疲労や心理的負荷等が過度に蓄積すると労働者の心身の健康を損なうおそれがあることは周知のところであり、うつ病罹患またはこれによる自殺はその一態様である。そうすると、使用者が回避する必要があるのは、このような結果を生む原因となる危険な状態の発生であって、予見の対象もこれに対応したものとなる。つまり、労働者が死亡している事案において、使用者側が労働者の健康状態の悪化を認識していない場合、これに気づかなかったから予見できないとは直ちにいえないのであって、死亡についての業務起因性が認められる以上、労働者の健康状態の悪化を認識していたか、あるいは、それを認識していなかったとしても、その健康状態の悪化を容易に認識し得たというような場合には、結果の予見可能性が認められる。これを本件についてみるに、Aの時間外労働・休日労働時間が、本件自殺前3か月前から過重ともいえる時間数に至っており、特に本件自殺2か月前からは、連続して1か月100時間を超えていることに加え、リーダーへ

の昇格などの状況の中、十分な支援体制が取られていないことから、Aは過度の肉体的・心理的負担を伴う勤務状態において稼働していたことなどが認められ、被告において、Aのかかる勤務状態がAの健康状態の悪化を招くことを容易に認識し得た。そして、ゴールデンウィークの連休中、Aの親族により、Aに対し、「また、やつれたんじゃないの。」、「疲れているね。」などとAの健康状態の悪化が指摘されていることからすると、被告においても、遅くとも平成14年4月下旬ころまでには、Aが過重な業務を行い続けた結果、Aの心身の健康に悪影響を及ぼしていたことを認識し得た。この点、被告は、本件自殺に至るまで、Aの妻や親、被告熊本事業部の上司や従業員の誰もがAに死亡あるいは精神疾患に至るような徴候や変化を予見しうる状況などを見ていなかったことなどから、被告に予見は不可能であった旨主張する。確かに、Aは、同年4月1日以降本件自殺まで、体重が2キログラム増加したことがあること、また、同年5月13日ころまでは特段食欲の減退などは見られず、本件自殺直前には妻と芦北まで遊びに行くなどしていること、さらにAは、塗装班の中で、Bとテレビゲームの話をするなどしている。しかし、他方で、同年4月下旬以降、Aにその疲労が現れていることを見ることが容易であった。以上のようなAの行動に、本件自殺前のAの勤務状態などあわせ考えると、同年4月中旬ころ以降は、Aは疲労感を感じながらも理性的な行動を保ち、外見上問題のない勤務態度を取るため自己統制のための非常な努力をしていたものと推測できるのであり、被告においてかかる事実を認識することはできたから、このようなAの行動などがあったからといって、この判断は左右されない。以上から、本件において被告には予見可能性が認められるのであり、この点に関する被告の主張は採用し難い（山田製作所事件　熊本地裁平成19年1月22日労判937-109）。

④　社長は、三条店に日常的に出入りしていたから、Aの長時間労働及び過重な業務の実態を当然知り得たはずである（エージーフーズ事件　京都地裁平成17年3月25日労判893-18）。

⑤　被告MらのTに対するいじめは、長期間にわたり、執拗に行われていたこと、Tに対し「死ねよ」との言葉が浴びせられていたこと、被告Mは、Tの勤務状態を認識していたことなどに照らせば、Tが自殺を図るかも知れないことを予見することは可能であった（誠昇会北本共済病院事件　さいたま地裁平成16年9月24日労判883-38）。

⑥　被告は、Fが南九州支店の支店長代理に就任して3営業所の事務を事実上統括していたこと、1度目の損益改善計画後、鹿児島営業所において、週に1、2度、早朝の4時や5時に出社して運転手の点呼を行い、本社等に度々出張していたこと、2度目の損益改善計画に伴い、現場の責任者として、E営業所への移転や従業員の削減、得意先との取引打ち切りの直接の事務処理を担当しつつ、本社へ頻繁に出張し、E営業所への移転後は、深夜2時や3時の運転手点呼を週に2、3度行なっていたことについては、当然これを認識し、もしくは認識し得たと認められ、したがって、Fの業務が過剰であるとの認識は十分に持ち得た。被告は、Fの勤務状況は被告が命令したものではなく、Fからも勤務状況の報告があがってこなかったことから、Fの勤務状況を知りようがなかったこと、Fから被告に対して何らの訴えもなかったことから、業務が過剰であるためにFがうつ状態に陥っていることを認識できず、また、これを予見することもできなかったと主張する。しかし、被告はFの勤務状況を知り又は知ることができたから、被告の主張は理由がない（貨物自動車運送会社事件　鹿児島地裁平成15年5月19日）。

⑦　控訴人は、自殺は本人の自殺念慮に起因し、自ら死を選択するものであり、控訴人にはそれを予見することも、またこれを回避することも全く不可能であるから、Aの死亡につき、安全配慮義務が成立する余地がないと主張するが、控訴人はAの常軌を逸した長時間労働を知っていたものと認められるのであり、そうである以上、Aがうつ病等の精神疾患に罹患し、その結果自殺することもあり得ることを予見することが可能であった（電通事件　東京高裁平成9年9月26日労判724-13）。

イ 労働者の健康状態から予見可能性があったと判断された裁判例

① 被告は平成13年3月及び4月の問診結果から、原告が頭痛、不眠等の自覚症状を訴え始めていることを認識していた。そして、被告は、定期健康診断等で原告のストレス感、抑うつ気分、自信喪失に気付き、業務負担軽減等の措置を講じる機会があった（東芝事件　東京地裁平成20年4月23日労経速2005-3）。

② 社長が静養するよう告げたことからすれば、Aが心身の疲労状態にあったことは社長においても知っていたと窺える（エージーフーズ事件　京都地裁平成17年3月25日労判893-18）。

③ いじめを原因とする自殺による死亡は、特別損害として予見可能性のある場合に、損害賠償義務者は、死亡との結果について損害賠償義務を負う。被告MらのTに対するいじめは、長期間にわたり、執拗に行われていたこと、Tに対し「死ねよ」との言葉が浴びせられていたこと、被告Mは、Tの心身の状況を認識していたことなどに照らせば、Tが自殺を図るかも知れないことを予見することは可能であった（誠昇会北本共済病院事件　さいたま地裁平成16年9月24日労判883-38）。

④ Fは、従業員の解雇や自分が開拓した得意先との取引の打ち切りについて悩んでいたが、営業所の従業員らには度々そのような話をしていたから、被告はそのことを認識し得る機会があったと認められ、7月上旬から病院に入院し、その後も出勤しなかっただけでなく、唐突に辞表を提出したことは当然認識していたうえ、E部長は、7月21日にFと直接面談し、「することがなくなった」と発言するなど、Fが通常でない精神状態にあることを認識する機会があったから、少なくとも、Fが過剰なストレスを受け、正常な精神状態を逸脱し、もしくは逸脱しつつあることを十分に認識し得た（貨物自動車運送会社事件　鹿児島地裁平成15年5月19日）。

⑤ 上司として指揮監督命令をなしうる立場にあった者においては、台風後の処置の中で既に処理の目途が立った損害について思い悩み、蒸

し返すように同じ趣旨の発言を繰り返していたことなどからすると、異変を認識しうる可能性を有していた（みくまの農協（新宮農協）事件　和歌山地裁平成14年2月19日労判826－67）。

⑥　Aが、自分には嫁入り前の娘がいることや住宅ローンを返済しなければならないような家庭の事情があることを熟知し、一家の支柱であり課長職という立場にあることを自覚しながら、課長職が重荷であるなどと言って出社することを嫌がり、上司からの強い説得に対しても涙を流しながら頑なにこれを拒絶するといった場面は通常では考え難いものである上、医師からも1か月の休養を要する旨の診断書が提出されたから、その精神状態が単なる一時的な気分の落ち込みではなく、自分の意志の力では克服できない内的な障害があって、医師の治療によらなければ回復できない病的状態にあること、そして、単に本人の訴えがあるだけではなく、医学的見地からも相当期間の休養を要する状態であったことを知ることができ、このまま勤務を継続させた場合には心身にさらに深刻な影響が及び、状況によっては自殺などの最悪の事態が生じることもあるものと予見できた。そして、自殺未遂事故を起こしたことを知って以降はより一層予見が可能であった。被告らは、自殺する直前の平成8年5月7日から平成8年9月24日までの間（4か月と2週間）Aの勤務状態は極めて安定していたから、被告らがAの自殺することは予見できなかった旨主張するが、この間Aは理性的な行動を保ち外見上問題のない勤務態度をとるため自己統制のための非常な努力をしていたものと推測できるのであり、上司もこの事実を認識することはできたから、このような勤務状態が認められたからといって、被告らにとってAの自殺企図についての予見可能性がなかったとはいえない。また、被告らは、平成8年5月7日の時点で妻がAの自殺を予見していた事実はないと主張する。確かに、妻が、Aの自殺が確実に起きるとか、差し迫った自殺の危険性があると判断していたならば、どのようにしてでもAを退職させたと考えられるから、妻にはそれまでの予見はなかった。しかし、だからといって、妻に

Aの自殺企図についての予見可能性がなかったとはいえないのであり、妻にとっては、Aが立ち直り勤務を継続してくれることに勝ることはないから、仮に妻がそのような期待を抱いたとしてもそのこと自体を直ちに責めることはできず、また、妻にそのような期待が全くなかったとは断定できないけれども、妻は、Aが再び自殺の企てなどをしないように精神科の医院を受診させたり、Aの身を案じながらAの様子を見守っていたから、被告らが主張するような事実は、妻及び被告らにAの自殺企図についての予見可能性があったことを否定する根拠とはならない。真面目で勤務成績も優秀であったことの期待があり、発憤させることができれば、従前どおり勤務を継続することができると軽信して、退職の希望を受け入れず、1か月の休暇申し出を撤回するよう慫慂したものであるが、精神状態は既に病的な状態にあって、医師の適切な措置を必要とする状況であり、このことは上司にも認識できた(三洋電気サービス事件　東京高裁平成14年7月23日労判852-73)。

⑦　Aは、同人に対する課長昇進の内示がされた日以降断続的に会社を欠勤し、医師作成の診断書を提示しており、上司は断続的な欠勤について知っていたこと、欠勤の理由について父親の看病のためである旨伝えていたこと、Aは、上司に対し、父親の病状が芳しくないこと及び自分にとって課長職が負担であることを告げ、退職の意思を示したこと、上司は、Aの相談に対し、プレッシャーをかけない旨約束した程度ですませたこと、妻は上司に対し、Aの自殺未遂の事実を告げた。以上の事実からすると、被告らは、Aに自殺の危険性があったことについて予見可能であった。これに対し、被告らは、Aは、勤務状態も社内健康診断における健康状態も安定していたし、Aの自殺未遂について上司が知ったのは平成8年6月になってからであり、Aがうつ病であるとの診断を受けたことについては被告らは知らされてはいなかった上、本件診断書は、A自身が速やかに撤回したから、Aの自殺を予見することは不可能であった旨反論する。しかしながら、使用者は、日ごろから従業員の業務

遂行に伴う疲労や心理的負荷等が過度に蓄積して従業員の心身の健康を損なうことがないように注意する義務を負うのであって、相当の注意を尽くせば、Aの状態が精神的疾患に罹患したものであったことが把握できたのであり、精神的疾患に罹患した者が自殺することはままあることであるから、Aの自殺について予見可能性はあった（三洋電気サービス事件　浦和地裁平成13年2月2日労判800−5）。

⑧　被告ニコンは、Aがうつ病に罹患し、それによって自殺したことを予見し得るには、うつ病を発症し得るに足りる業務上の著しい強度の心理的負荷があることを認識しているだけでは足りず、安全配慮義務違反の前提としては、当該労働者の健康状態が悪化していることを認識しつつ、すなわち、当該労働者がうつ病に罹患し、衝動的、突発的に自殺することを予見しながら、当該労働者の負担を軽減させるための措置をとらなかったという結果回避義務違反が必要であるところ、本件では、被告ニコンにおいてAの健康状態の悪化が認識されていない旨主張する。しかし、労働者が死亡している事案において、使用者側が労働者の健康状態の悪化を認識していない場合、気付かなかったから予見できないとは直ちにいえないのであって、死亡について業務起因性が認められる以上、労働者の健康状態の悪化を認識していたか、あるいは、それを認識していなかったとしても、その健康状態の悪化を容易に認識し得たような場合には、結果の予見可能性を肯定してよい。本件では、Aが自殺に至るまでに原告が認識していたような疲労感、体重減少に伴う痩せや顔色の悪さという症状は生じており、また、15日間連続勤務に伴う疲労が蓄積し、その後の2交替勤務を継続することが困難なほどの状況にあったから、そのような健康状態を容易に認識することは可能であった。被告ネクスターは、Aは、被告ネクスターに対し、精神身体の不調や業務の過重性を訴えたことはなく、また、Aには、自殺以前にうつ病等の精神障害に罹患していたことを伺わせる言動等における異常な兆候はなく、さらに、原告の執着気質によるストレス脆弱性により一般人であ

れば精神障害を発病せしめない程度の心理的負荷によってうつ病を発病させたとすれば、被告ネクスターはAの自殺を予見することは不可能であったと主張する。しかし、Aの業務は精神障害を発病させるおそれがある強い心理的負担があった。そして、被告ニコンの責任について説示したとおり、労働者の健康状態の悪化を認識していたか、あるいは、それを認識していなかった(認識していた事実が証拠上的確に認められない。)としても、その健康状態の悪化を容易に認識し得たような場合には、結果の予見可能性を肯定してよい。このことは、実際に労働者が業務を行っていた被告ニコンと、そこへ労働者を送り出し、就労状況の報告を受け、かつ、定期的に労働者と面談をしていた雇用主である被告ネクスターとで異ならない。本件では、Aが自殺に至るまでに原告が認識していたような疲労感、体重減少に伴う痩せや顔色の悪さという症状は生じており、被告ネクスター従業員のBは、Aのこの症状を認識していたうえ、Aから直接退職の申出を受けていたから、健康状態の悪化を容易に認識することは可能であった(アテスト(ニコン)事件　東京地裁平成17年3月31日労判894-21)。

⑨　控訴人は、自殺は本人の自殺念慮に起因し、自ら死を選択するものであり、控訴人にはそれを予見することも、またこれを回避することも全く不可能であるから、Aの死亡につき、安全配慮義務が成立する余地がないと主張するが、控訴人はAの健康状態(精神面も含めて)の悪化を知っていたものと認められるのであり、そうである以上、Aがうつ病等の精神疾患に罹患し、その結果自殺することもあり得ることを予見することが可能であった(電通事件　東京高裁平成9年9月26日労判724-13)。

ウ　調査をすれば、予見可能性があったと判断された裁判例

　次長らにおいてこの調査を行っていれば、Aか職場の同僚に対して「ノイローゼかも知れない。」と洩らしており、様子も暗い感じに変化してきてい

> ること、家庭においては著しく疲れた様子であり、原告が会社を休むよう勧めても「ソースができない。」などと述べて無理に出勤していること、原告はAの心の病を疑って神経科を受診させることを考えていることが判明したはずである（オタフクソース事件　広島地裁平成12年5月18日労判783-15）。

(2) 予見可能性がなかったと判断された裁判例

　一方、労働者の従事する業務の状況あるいは労働者の健康状態に照らし、使用者には、予見可能性がなかったと判断された次のような裁判例があります。

ア　労働者の業務の状況から予見可能性がなかったと判断された裁判例

> 　Kに対し実施した集合研修や部内研修の実情、その後同人に課された仕事の内容及び程度、その他Kの置かれた労働条件や職場環境等からみて、Kがうつ病に罹患し、その後自殺したことが通常生じ得る結果であるといえないことはもとより、被告がKの使用者として、同人が自殺に至ることを予見していたとか、相当の注意義務を尽くせば予見が可能であったとまで認めることは困難というほかない（みずほトラストシステムズ　東京地裁八王子支部平成18年10月30日労判934-46）。

イ　労働者の健康状態に照らし、予見可能性がなかったと判断された裁判例

> ①　冬季休暇を取った際に引継書を提出せずに仕事を休み、電話連絡もつかなかったという事情はあるものの、その後に出勤した日以降、把握し得る異常な言動はなく、また、その他に軽症うつ病エピソードに罹患していることを窺わせる事情を把握していたとも認められず、さらに、健康状態等を理由に業務の変更等を求める申し出もなかったことに照ら

すと、会社において、自殺等不測の事態が生じうる具体的危険性まで認識し得る状況があったとは認められない（北海道銀行事件　札幌高裁平成19年10月30日労判951−82）。

② 　精神科医が専門的立場に立って見た場合であれば、Fのうつ病を疑うことは不可能であったとはいえないものの、医師であっても、うつ病であるかどうかを認識することは容易ではなく、周囲の者が精神症状を見逃すのも致し方ない。これらの事情を総合すると、Fが同年3月から同年6月の間にうつ病に罹患したことから、仮にFにとってみれば、うつ病発症後の被告病院における業務が過重であったと見る余地があるとしても、Fのうつ病やその増悪に関し、被告の認識可能性を認めることは困難である（立正佼成会付属佼成病院事件　東京地裁平成19年3月29日労経速1973−3）。

③ 　うつ病患者が病気を隠して就労し、異動後に自殺したことについて、「被告は、本件異動の当時、Aがうつ病にり患していたことを認識していたとはいえず、また、これを認識することが可能であったということはできない。本件異動命令自体は、格別不合理ではなかったものであり、異動命令に係る説得状況は、うつ病にり患していたことを併せて考慮することにより、初めて強い心理的負担を与えて、うつ病を増悪させたといえるから、予見可能性の前提として、少なくともうつ病又はその他の精神疾患にり患していることの認識又は認識可能性を前提としなければ、不可能を強いることになる。労働者に異常な言動が何ら見られないにもかかわらず、精神的疾患を負っているかどうかを調査すべき義務まで認めることは、労働者のプライバシーを侵害する危険があり、法律上、使用者に健康管理義務を課すことはできない。したがって、うつ病り患に関する被告の認識及び認識可能性を認めることができない（ボーダフォン（ジェイホン）事件　名古屋地裁平成19年1月24日労判939−61）。」

④ 　8月中旬頃のKの客観的な状態から、被告において何らかの措置をとらない限り、Kの精神状態が更に悪化し、その結果、自殺することまで

を具体的に予見することが可能であったということはできない。原告らは、被告には、精神障害を発症した労働者に対し、適切な看護と治療を受けさせるべき義務を負っている旨主張するところ、Kの8月当時における健康状態等からみて、被告において、使用者として何らかの措置をとらない限り、Kの精神状態が更に悪化して自殺するおそれがあることを具体的に予見し得る客観的な状況にあったものと認めることが困難であった（みずほトラストシステムズ　東京地裁八王子支部平成18年10月30日労判934－46）。

⑤　病院から決して過剰な負担を伴う業務を割り当てられていたわけではなく、容態が悪化した後も、通常の診療業務を従来どおり支障なく遂行しており、遅刻や無断欠勤もなく、診療業務や言動に関して異常な点は見受けられなかった。そうしてみると、うつ病にり患していたと認めることは到底困難であり、病院において神経科、精神科の専門医の診断を実施する義務があったとはいえない。また、家庭生活における変化や自己診断でハルシオンを処方したことは病院としては知り得なかった。そうすると、病院としては、膵炎の症状の悪化を気にかけて悩み、頻繁に同女のもとに訪室し、疲労しているという事情以外に、異常な点は何ら見受けられなかったし、十分な経験を積んだ熟練の内科医だったのであるから、自殺等不測の事態が生じ得る具体的危険性まで認識し得る状況ではなかった（日赤益田赤十字病院事件　広島地裁平成15年3月25日労判850－64）。

3 結果の回避

　危険について、予見可能である場合には、使用者は、その結果を回避するための措置を講じなければなりません。結果を回避するための措置を講じていない、あるいは十分に講じていない場合には、結果回避義務違反が問われます。

(1) 結果を回避するための措置を講じていないと判断された裁判例

ア　業務による精神障害の発症などに関する裁判例

① 　被告における業務は、労働時間の質量ともに決して軽いものではなく、他の医師は、うつ病の症状が悪化していると認識し、遅くとも平成15年11月ころには、病院における業務を継続させることは困難であると考えるに至り、病院長においても、同年12月までには、病院において勤務させるのは困難であるとの考えから異動させる方針を固めていたから、被告病院としては、その時点で休職を命じるか、あるいは業務負担の大幅な軽減を図るなどの措置を執り、十分な休養をとらせるべき注意義務を負っていた。とりわけ、自殺を示唆するメモを残して失踪した後にあっては、自殺する危険性が顕在化し、かつ、切迫した状況にあったから、より一層健康状態、精神状態に配慮し、十分な休養をとらせて精神状態が安定するのを待ってから通常の業務に従事させるべき注意義務があった。しかるに、病院長は、他の医師を通じて業務の負担を適宜の方法により軽減する措置を執りつつも、引き続き勤務させ、失踪し、自殺する危険性が顕在化した段階においても、業務を軽減するための措置を具体的に講じることなく、当直勤務を含め、通常どおりの業務に引き続き従事させていたから、安全配慮義務を怠った。休職の申し出がないのに、無理に休職させることによってかえって症状が悪化する可能性もないわけ

ではなく、急に休んだ場合にも他の医師が対応できる態勢を整えた上で業務を継続させたことがあながち誤りであったということはできず、絶えずフォローしていた他の医師の熱意と努力は並大抵のものではなかったことは容易に理解できる。しかしながら、症状は悪化し、病院での勤務は困難であると判断され、自殺を示唆する言動があり、非常に深刻な事態となっていたから、それ以降においては、病院での業務をさせるのではなく、いかに両親との不仲を聞かされていたとしても、両親に連絡し、まず安全を確保し、精神科を受診させ、精神状態が安定するのを待って、今後の業務について相談すべきであったが、病院長においてそのような措置を講じることなく、通常の業務に従事させたことは、安全配慮義務に違反し、違法である（積善会（十全総合病院）事件　大阪地裁平成19年5月28日労判942-25、大阪高裁平成20年8月28日）。

② 　会社は、原告の作業の進捗状況を把握し、作業に遅れが出た場合にはBが作業の補助をし、業務を一部引き継いだり、補充要員を確保するなどして、原告の業務軽減につながる措置を一定程度講じた。しかしながら、原告の時間外労働は、業務軽減措置を講じても、1か月当たり100時間を超えており、このような長時間労働は、それ自体労働者の心身の健康を害する危険が内在している。そして、会社は、このような原告の労働時間を認識していたから、これを是正する義務を負っていた。それにもかかわらず、会社はこの義務を怠り、原告の長時間労働を是正するために有効な措置を講じなかったものであり、その結果、本件業務を原因として、本件発症に至った。したがって、会社は、安全配慮義務に違反した（富士通四国システムズ事件　大阪地裁平成20年5月26日労判973-76）。

③ 　被告はプロジェクトに関し、短期間の余裕のないスケジュールを組み、原告に特別延長規定の定める時間をも超える長時間労働をさせている。また、被告においては平成12年4月に、従業員のメンタルヘルス対策に着手していたのであるし、平成13年3月及び4月の問診結果から、

原告が頭痛、不眠等の自覚症状を訴え始めていることを認識していた。にもかかわらず、被告は同年4月以降も原告の業務を軽減することなく、引き続きプロジェクトに従事させ、原告と同じ担当の技術者を1名減らした（2名となった）上、反射製品開発業務という原告が携わったことのない業務を併任させ、原告を5月下旬に12日間連続して欠勤させた上、同業務ができないとの原告の申し出を事実上拒否した。そして、被告は、定期健康診断等で原告のストレス感、抑うつ気分、自信喪失に気付き、業務負担軽減等の措置を講じる機会があったにもかかわらずかえって、同年7月に会議の提案責任者として当たらせた。してみると、原告が平成13年4月にうつ病を発症し、同年8月頃までに症状が増悪していったのは、被告が、原告の業務の遂行に伴う疲労や心理的負荷等が過度に蓄積して心身の健康を損なうことがないような配慮をしない債務不履行によるものである（東芝事件　東京地裁平成20年4月23日労経速2005-3）。

④　本件自殺前には、時間外労働・休日労働時間が極めて長時間に及んでいることに加え、業務内容、リーダーへ昇格したことなどの事態が生じていた。いずれも、会社が当然に認識していた事実であるから、適宜、塗装班の現場の状況や時間外労働・休日労働など勤務時間のチェックをし、さらには、健康状態に留意するなどして、作業の遅れ・不具合などにより過剰な時間外勤務や休日出勤をすることを余儀なくされ心身に変調を来すことがないように注意すべき義務があった。それにもかかわらず、労働者の心身の健康に悪影響を与えることが明らかな限度時間をはるかに超える時間外労働の状況を是正することすらなく、実際の業務の負担量や職場環境などに何らの配慮もすることなく、漫然と放置していた。したがって、安全配慮義務違反があった。そして、会社が、労働時間を適正な程度に抑えることを前提に、精神面での健康状態を調査し、改めて休養の必要性について検討したり、例えば、異動についての希望聴取を行い、心身の状態に適した配属先への異動を行うなどの

対応を取っていれば、自殺により死亡することを防止し得る蓋然性は高かった（山田製作所事件　福岡高裁平成19年10月25日労判955－59）。

⑤　本件自殺前には、Aの時間外労働・休日労働時間が過重なものといえるほど長時間に及んでいることに加え、Aの業務内容、Aがリーダーへ昇格したことなどの事態が生じていたから、適宜塗装班の現場の状況やAの時間外労働・休日労働などAの勤務時間のチェックをし、さらには、Aの健康状態に留意するなどして、Aが作業の遅れ・不具合などにより過剰な時間外勤務や休日出勤をすることを余儀なくされ心身に変調を来たすことがないように注意すべき義務があった。ところが、被告は、このような配慮を一切せず、Aがうつ病に罹患したことも把握できず、Aの実際の業務の負担量や職場環境などに何らの配慮もすることなく、Aを漫然と放置し、その結果、本件自殺が引き起こされてしまった。したがって、被告には安全配慮義務違反があり、被告は、Aに対して債務不履行責任を負う。そして、被告が、遅くとも同年4月下旬ころに、Aの精神面での健康状態を調査して改めて、Aについて休養の必要性について検討したり、例えば、異動についての希望聴取を行い、心身の状態に適した配属先への異動を行うなどの対応を取っていれば、同年5月14日にAが自殺により死亡することを防止しうる蓋然性はあった（山田製作所事件　熊本地裁平成19年1月22日労判937－109）。

⑥　被告はTの労働時間や労働状況を把握管理せず、平成14年2月以降、月平均で約100時間もの時間外労働などの長時間労働をさせ、少なくとも同年4月には、上司も、Tに活気がなくなったり、意味不明の発言をしたなどうつ病の発症を窺わせる事実を認識していながら、Tの業務の負担を軽減させるための措置を何ら採らず、Tにうつ病を発症させて自殺に至らしめたから、被告には安全配慮義務違反があった（スズキ自動車事件　静岡地裁浜松支部平成18年10月30日労判927－5）。

⑦　人事係への異動内示があったころには、係長においても、被災者の

顔色が悪く、体がやせていることを認識していたし、遅くとも自殺に至る前日には、主任は、被災者が明らかに異常な精神状態でかけてきたとみられる電話を受けている。したがって、結果回避可能性がなかったという被告の主張を採用することはできない（社会保険庁職員事件　甲府地裁平成17年9月27日判時1915-108）。

⑧　本件給油所は、台風による浸水被害を受けたことにより、通常業務に加えて、その復旧作業を要する事態に至ったのであるから、使用者としては、通常業務に加えて復旧作業に従事する給油所職員、とりわけ、所長という責任ある立場にあった者に対して、通常時以上に、その健康状態、精神状態等に留意し、過度な負担をかけ心身に変調を来して自殺をすることがないように注意すべき義務を有していた。しかるに、上司として指揮監督命令をなしうる立場にあった者においては、台風後の処置の中で既に処理の目途が立った損害について思い悩み、蒸し返すように同じ趣旨の発言を繰り返していたことなどからすると、異変を認識しうる可能性を有していたにもかかわらず、浸水被害を受けた日の翌日から4日間通常業務を休業することとして、その間、応援の者を派遣して清掃等を手伝わせたに止まり、本件給油所従業員にその後の復旧作業を委ねた結果、自殺させるに至ったから、安全配慮義務違反及び不法行為上の過失が認められる（みくまの農協（新宮農協）事件　和歌山地裁平成14年2月19日労判826-67）。

⑨　上司には、少なくとも課長職が重荷であると訴えて退職の希望までしていた者が医師の診断書を提出して1か月の休養を申し出たときには、会社に代わって部下である会社の従業員について業務上の事由による心理的負荷のため精神面での健康が損なわれていないかどうかを把握し、適切な措置をとるべき注意義務に従って、心身の状況について医学的見地に立った正確な知識や情報を収集し、休養の要否について慎重な対応をすることが要請されていたから、上司にはそのような注意義務に違反した過失があり、また会社も同様に従業員の精神面での健

康状態についても十分配慮し、使用者として適切な措置を講ずべき義務に違反した。上司が平成8年5月7日にAから1か月の休暇願が出された際にこれに対し適切な対応をし、あるいは、Aが自殺を図ったことがあることを知った時点で、それまでのAに対する対応の仕方について再考し、Aの精神面での健康状態を調査して改めてAについて休養の必要性について検討していれば、平成8年9月24日にAが自殺により死亡することを防止しうる蓋然性はあった。したがって、被告らの注意義務違反とAの死亡との間には因果関係がある（三洋電気サービス事件東京高裁平成14年7月23日労判852－73）。

⑩　園の過酷な勤務条件がもとで精神的重圧からうつ状態に陥り、その結果、園児や同僚保母に迷惑をかけているとの責任感の強さや自責の念から、ついには自殺に及んだ。そうであれば、園は、従業員の仕事の内容につき通常なすべき配慮を欠き、その結果自殺を招いたといえるから、債務不履行（安全配慮義務不履行）による損害賠償責任を負う（東加古川幼稚園事件　最高裁第三小法廷平成12年6月27日労判795－13、大阪高裁平成10年8月27日労判744－17）。

⑪　上司には、恒常的に著しく長時間にわたり業務に従事していること及びその健康状態が悪化していることを認識しながら、その負担を軽減させるための措置を採らなかったことにつき過失がある（電通事件　最高裁第二小法廷平成12年3月24日労判779－13）。

⑫　次長らにおいてこの調査を行っていれば、Aか職場の同僚に対して「ノイローゼかも知れない。」と洩らしており、様子も暗い感じに変化してきていること、家庭においては著しく疲れた様子であり、原告が会社を休むよう勧めても「ソースができない。」などと述べて無理に出勤していること、原告はAの心の病を疑って神経科を受診させることを考えていることが判明したはずである。そうすれば、被告らにおいてAを直ちに特注ソース等製造部門から外し、あるいは医師の治療を受けさせるなどの適宜の措置をとることかでき、本件事故の発生はこれを防止することかできた。

会社はそれぞれに要求された安全配慮義務を怠った(オタフクソース事件　広島地裁平成12年5月18日労判783−15)。

⑬　会社は、本件工事を請け負い、本件工事遂行のため所長として本件工事現場に派遣していたのであるから、適宜本件工事現場を視察するなどして本件工事の進捗状況をチェックし、工事が遅れた場合には作業員を増加し、また、健康状態に留意するなどして、工事の遅れ等により過剰な時間外勤務や休日出勤をすることを余儀なくされ心身に変調を来し自殺することがないよう注意すべき義務があったところ、これを怠り、本件工事が豪雪等の影響で遅れているのに何らの手当もしないで事態の収拾を任せきりにした結果、自殺させたものであるから、会社には過失が存する(協成建設工業ほか事件　札幌地裁平成10年7月16日労判744−29)。

⑭　被告においては長時間残業と休日出勤が常態化しており、Aについても同様であることは、上司は把握していたところ、平成3年春頃、Aが、病院から帰ってきた時、課長は、Aが疲れているように感じて、A担当の仕事を引き受けようかと言ったが、Aがこの申出を断るとそれ以上の措置は採らなかったこと、更にAの業務上の課題について相談を受けながら単なる指導に止まり、Aの業務上の負荷ないし長時間労働を減少させるための具体的方策を採らなかったこと、課長は午後7時から9時の間に帰るため、以後のAの残業については把握する上司もなく放置されていたこと、Aの休日労働も同様に放置されていたこと、そもそも、使用者の労働時間管理は、使用者が労働時間の実態を把握することが第一歩であるところ、被告には職員の残業時間を把握するための体制がなく、各職員は私的なメモに各人の残業時間数を書いて自己申告し、その時間も実際の残業時間より相当少なく申告するのが被告水島製鉄所においては常態であり、課長などの認識を考慮すると、被告もこの事情を認識していたのにこれを改善するための方策を何ら採っていなかったこと等に鑑みれば、被告にはAの常軌を逸した長時間労働及び

同人の健康状態の悪化を知りながら、その労働時間を軽減させるための具体的な措置を採らなかった債務不履行がある（川崎製鉄水島製鉄所事件　岡山地裁倉敷支部平成10年2月23日労判733-13）。

⑮　被告は、雇用主として、その社員であるAに対し、同人の労働時間及び労働状況を把握し、同人が過剰な長時間労働によりその健康を侵害されないよう配慮すべき安全配慮義務を負っていたところ、Aは、社会通念上許容される範囲をはるかに逸脱した長時間労働をしていた。そして、Aが、しばしば翌朝まで会社で徹夜して残業をすることは、その直属の部長が、すでに平成3年3月ころには知っており、Aの直属の班長にこれを告知したが、部長自らBの長時間労働を軽減させるための措置は何ら取らなかったこと、これを聞いた班長は、Aに対し、なるべく早く仕事を切り上げるようにとは注意したものの、単なる指導に止まり、Aの長時間労働を減少させるための具体的な方策は何ら行わなかったこと、班長は、同年7月には、Aの顔色が悪く、その健康状態が悪いことに気づいていながらも、何らの具体的な措置を取らないまま、同人が従前どおりの業務を続けるままにさせたこと、同年8月に至っては、Aは、班長に対し、自分は役に立たないといった自信を喪失した言動や、人間としてもう駄目かもしれないといった自殺の予兆であるかのような言動や、無意識のうちに蛇行運転やパッシングをしたり、霊が乗り移ったみたいだと述べるといった異常な言動等をするようになり、また肉体的には、顔色が悪い、明らかに元気がない等の症状が現れ、班長もAの様子がよりおかしくなっていることに気づきながら、Aの健康を配慮しての具体的な措置は、なお何ら取らなかったこと等の事情に鑑みれば、被告の履行補助者である部長及び班長には、Aの常軌を逸した長時間労働及び同人の健康状態の悪化を知りながら、その労働時間を軽減させるための具体的な措置を取らなかった過失がある（電通事件　東京地裁平成8年3月28日判時1561-4）。

イ　嫌がらせやいじめによる精神障害などに関する裁判例

①　被告法人は、被告MらのTに対する本件いじめを認識することが可能であったにもかかわらず、これを認識していじめを防止する措置を採らなかった安全配慮義務違反の債務不履行があった（誠昇会北本共済病院事件　さいたま地裁平成16年9月24日労判883−38）。

②　課長は、いじめを訴えた時点で、精神疾患が見られるようになったことを知った。そこで、課長は、自らも上司3名などに対し面談するなどして調査を一応行ったものの、いじめの一方の当事者にその調査を命じ、しかも、欠勤しているという理由で本人からはその事情聴取もしなかったものであり、いじめの性質上、このような調査では十分な内容が期待できないものであった。このような経過及び関係者の地位・職務内容に照らすと、工業用水課の責任者は、いじめを制止するとともに、自ら謝罪し、上司らにも謝罪させるなどしてその精神的負荷を和らげるなどの適切な処置をとり、また、職員課に報告して指導を受けるべきであったにもかかわらず、いじめなどを制止しないばかりか、これに同調していたものであり、課長から調査を命じられても、いじめの事実がなかった旨報告し、これを否定する態度をとり続けていたものであり、自ら謝罪することも、上司らに謝罪させることもしなかった。また、訴えを聞いた課長は、直ちに、いじめの事実の有無を積極的に調査し、速やかに善後策（防止策、加害者等関係者に対する適切な措置、配転など）を講じるべきであったのに、これを怠り、いじめを防止するための職場環境の調整をしないまま、職場復帰のみを図ったものであり、その結果、不安感の大きかったAは復帰できないまま、症状が重くなり、自殺に至った。したがって、安全配慮義務を怠った（川崎市水道局事件　横浜地裁川崎支部平成14年6月27日労判833−61）。

(2) 結果を回避するための措置が十分ではないと判断された裁判例

① 会社は、労働法上課せられた労働力管理及び安全配慮義務を履行している旨主張する。そして、会社が原告のスケジュールを変更し、補充要員を確保するなどして原告の業務を軽減し、原告の上司が原告に対し、帰宅できるときには帰宅するようにと助言・指導した。しかしながら、原告は、時間外労働が恒常的に1か月当たり100時間を超える状態となっており、健康診断個人票の提出を求められていたにもかかわらず、上司の助言・指導にも全く従わなかったから、この状況が容易に改正される見込みはなかった。このような状況のもとで、会社が原告に対する安全配慮義務を履行するためには、単に原告に対して残業しないように助言・指導するだけではもはや十分ではなく、端的にこれ以上の残業を禁止する旨を明示した強い助言・指導を行うべきであり、それでも原告が応じない場合には、最終的には、業務命令として、遅れて出社してきた原告の会社構内への入館を禁じ、あるいは一定の時間が経過した以降は帰宅すべき旨を命令するなどの方法を選択することも念頭に置いて、原告が長時間労働することを防止する必要があった。したがって、被告は、原告の長時間労働を防止するために必要な措置を講じたということはできないから、被告の主張は採用できない（富士通四国システムズ事件　大阪地裁平成20年5月26日労判973−76）。

② 確かに、社会保険庁においては定期の健康診断が実施されており、Aには、健康診断で職務に支障を来すような健康上の問題は指摘されておらず、メンタル面での健康相談は受診すらしたこともなかった上、平成8年10月1日付けの職員現況調書にも健康状態に不安を感じている様子はみられず、仕事に向けた意欲が感じられる内容の記載がなされていた。しかしながら、職員の健康管理は体制的な管理に尽きるものではなく、職員に対して業務上の指揮監督権限を有する者は、職員の日常の勤務状況、職場環境、業務の負担量等について、継続的に的

確に業務の把握を行い、健康状態等につき管理をする必要がある（社会保険庁職員事件　甲府地裁平成17年9月27日判時1915－108）。

③　被告ニコンは、Aに対し、被告ネクスターの費用で、昼夜交替勤務に就く際の健康診断として平成9年12月8日に健康診断（身長・体重・視力・色神・聴力・血液検査・胸部X線）を実施し（平成10年1月7日にはレーザー従事者用特殊健康診断（網膜・水晶体・角膜）を実施し、同年2月23日には尿検査を実施し、同年4月20日に春季健康診断（身長・体重・視力・聴力・血圧・尿・医師打聴診・問診・胸部X線）を実施した。しかしながら、以上のような定期的な健康診断のほかは、業務に伴う身体的・精神的負荷を軽減する措置を講じたことを認めるに足りる証拠はない。以上によれば、被告ニコンには、本件に関し、安全配慮義務を怠った。これに対し、被告ニコンは、以下のとおり主張する。すなわち、被告ニコンは本件製作所において、①安全管理体制として、Ⅰ総括安全衛生管理者、安全管理者及び衛生管理者を任命し、安全衛生確保、安全衛生教育、健康の管理及び保持増進、労働災害の原因調査及び再発防止、快適な職場の形成等の業務を組織的に行い、また、産業医を1名選任し、健康診断の実施及びそれに基づく健康保持、作業環境の維持管理、作業の管理、健康教育及び健康相談、労働衛生教育、健康障害の原因調査及び再発防止等の業務を行い、さらに、被告ニコンは、主任安全衛生管理者を任命し、安全衛生教育の立案及び実施、災害及び疾病に対する調査及び措置、災害及び疾病の統計並びに記録の作成、安全衛生施設及び保護具の点検整備、快適職場の形成その他安全衛生及び健康の保持増進に関する業務を行っていた、Ⅱ各部門、各課ごとに部安全衛生管理者、課安全衛生管理者、安全衛生補導者及び安全衛生担当者を任命し、安全衛生管理を実施していた、Ⅲ被告ニコンは、総括安全衛生管理者を委員長とし、安全管理者、衛生管理者、産業医及び主任安全衛生管理者等を会社代表委員とし、労働組

合から推薦された者を従業員代表委員として、安全衛生委員会を設置し、本件製作所の安全衛生に関する諸問題を毎月1回の開催で調査・審議していた、②安全衛生活動として、ⅰ年度ごとに安全衛生活動計画を策定し、安全衛生に関する業務を行っていた、ⅱ職場の管理者に対し、安全衛生に関する「安全衛生職場チェックリスト」を配布し、また、精神衛生面に関して年1回メンタルヘルスを含めた安全衛生研修会を実施し、従業員や作業員に対する安全衛生について周知徹底させていた、ⅲ従業員に対し、年2回春期及び秋期に定期健康診断を実施しており、その検査項目は、体重測定、尿検査、視力・聴力検査、血圧検査、胸部X線検査、医師による問診及び打聴診等であり、作業に問題があるような異常が認められる場合には職場に連絡されることになっており、さらに、昼夜交替勤務に従事する従業員には、定期健康診断とは別に従事する際の健康診断を行っていた、ⅳ本件製作所内に設けられた診療所は、日曜日を除き、平日の午後2時から4時まで医師及び看護婦が常勤し、それ以外の平日の昼間及び土曜、祝日の昼間には看護婦が常駐しており、随時、健康診断や診察を受け入れる態勢がとられていた、診療所の利用は、原則として、被告ニコンの従業員をはじめとするニコン健康保険組合加入者としていたが、緊急の場合は、それ以外の者も受診できるとされており、実際に請負作業者等も利用しており、さらに、委託したカウンセラーが各事業者を定期的に巡回し、相談を受けるというトータルヘルス相談制度を設け、本件製作所においては毎週木曜日に相談受付を実施していた、ⅴ本件交替勤務に従事する者に対し、昼夜交替勤務の問題点を指摘しつつ、自己健康維持管理の要諦を示したパンフレットを配布していたという安全管理体制をとっていたと主張する。確かに、パンフレットを配布していた事実を除いて、被告ニコンが主張する安全管理体制が実施されていたことは認められる。しかし、外部からの就労者についての健康診断は、被告ニコン社員と同様に春季と秋季の2回実施されたとはいえないし、診療所の利用は原

則として、ニコン健康保険組合加入者に限定されているのであって、組合に加入していない外部からの就労者も緊急時にはその診療所が利用可能であったとしても、それによって、外部からの就労者に対する健康管理を全うしていたとはいいがたい。よって、被告ニコンが主張する安全管理体制をもって、被告ニコンの安全配慮義務違反の認定を覆すとはいえない。また、被告ネクスターは、Aの健康診断の費用は負担するものの、Aの労働時間の管理については、月末に被告ニコンからの労働時間の報告を受けて初めて当月のAの労働時間を把握しており、被告ニコンの窓口業務担当者と打合せをし、週に1回程度、Aと面談しているだけにすぎなかったから、安全配慮義務を怠った（アテスト（ニコン）事件東京地裁平成17年3月31日労判894-21）。

④　被告は、健康管理センターの設置、深夜宿泊施設の確保、出勤猶予制度の設置、タクシー乗車券の無制限の配付、特に時間外労働の多い社員に対するミニドックでの受診の義務づけ、勤務状況報告表による社員の労働時間の把握、社員の労働時間の改善について労働組合と協議していること等から、安全配慮義務を尽くしていると主張する。しかしながら、社員の労働時間を把握するための資料として被告が用いている勤務状況報告表が真実を反映するものでなかく、平成3年1月から12月までの期間を対象とした、被告の労働組合の調査によれば、午後10時以降の勤務状況報告表への記載について、真実と異なる申告をした者の割合が、男子につき42.9％、女子につき58.7％に及んでいること、三六協議会においては、従前から恒常的長時間労働が問題とされ、三六協定に違反する社員の長時間労働が従前からの懸案事項であったこと、Eもその真実の残業時間をそのまま勤務状況報告表に記載していたわけではなかったこと等の事情を総合して判断からすれば、社員がその残業労働を勤務状況報告表に過少申告していたことは、被告においては、いわば常態化していたことであり、被告もこのことを認識していた。しかるに、被告は、例えばミニドックの受診の要否を勤務状況報告表に

記載された労働時間に基づいて判断していたのであって、被告が準備した健康管理の措置は実質的に機能していないことは明らかであり、そのような状況下では、健康管理センターの設置やタクシー乗車券の無制限の配付等、被告の主張する安全配慮義務を具体化する措置のみでは、社員の労働時間を把握し、過剰な長時間労働によって社員の健康が侵害されないように配慮するという義務の履行を尽くしていたということができず、被告の主張は理由がない（電通事件　東京地裁平成8年3月28日判時1561-4）。

(3) 結果を回避するための措置について問題がないと判断された裁判例

一方、結果を回避するための措置について問題がないと判断された次のような裁判例があります。

① 　被告は、同年8月下旬には原告の業務を限定し、翌9月からの療養を勧め、カウンセリングを定期的に受けさせ、職場復帰に向けた対応等をしているから、被告の同年8月下旬以降の対応については、これを原告の病状の悪化と因果関係がある安全配慮義務違反ということはできない（東芝事件　東京地裁平成20年4月23日労経速2005-3）。

② 　冬季休暇を取った際に引継書を提出せずに仕事を休み、電話連絡もつかなかったという事情はあるものの、その後に出勤した日以降、把握し得る異常な言動はなく、また、その他に軽症うつ病エピソードに罹患していることを窺わせる事情を把握していたとも認められず、さらに、健康状態等を理由に業務の変更等を求める申し出もなかったことに照らすと、会社において、自殺等不測の事態が生じうる具体的危険性まで認識し得る状況があったとは認められないから、会社において、精神状態に特段配慮し、労働時間又は業務内容を軽減するなどの措置を採るべき義務が生じていたということはできない。また、ファームバンキングサービスの解約について確認した際のやり取りに、特段不適切な点は

認められないし、解約について確認されると突然本件支店を飛び出し、そのまま行方不明になり、その3日後自殺に至ったから、会社において、自殺を防止するための措置を採ることができたとは認められない（北海道銀行事件　札幌高裁平成19年10月30日労判951-82）。

③　Aが社会通念上許容される範囲を超えた過剰な業務を負担していたとも、支店長らがAに対して限度を超えた厳しい指導やいじめを行ったとも認められず、またAがその結果自殺したものとも認められないのであるから、被告がAの自殺についてこれを防止すべき義務を負う旨の原告の主張は、その前提を欠くものである。Aには、引継書を提出せずに仕事を休んだこと以外に異常な言動は見受けられず、Aから健康状態等を理由に業務の変更等を求める申し出もなかったことに照らすと、被告において、Aの自殺等不測の事態が生じ得る具体的危険性まで認識し得る状況にあったとは認められないから、被告において、Aの精神状態に特段配慮し、労働時間又は業務内容を軽減するなどの措置を採るべき義務が生じたということはできない（北海道銀行事件　札幌地裁平成17年1月20日労判889-89）。

④　原告らは、被告には、適正部署への配置、業務の適正な配分、十分な業務体制の確保等をすべき義務がありながら、被告らはこれに違反したと主張する。しかしながら、被告がKを営業開発第4部のベストグループのうち受信・共通支援技術チームへ配属した点が不適切であったとはいえず、業務が特段過重であったとまでは認められないし、その後、新入社員に対する集合研修、部内研修、その後における業務体制も不適切とまではいえないから、Kが精神障害を発症し自殺したことに関し、直ちに被告に適正労働条件措置義務違反があったということはできない。Kは連続休暇を取得するまでの間、他の新入社員や営業第4部の同僚との人間関係は極めて良好であり、Kは退職決意後も同僚との交流を希望していたこと、部長との面談の際も、Kはコンピューターに対する拒否反応を理由に退職を決意したものであることを伝えていたこと等を総

合すると、被告において、Kが退職を申し出た9月24日の時点で、更に退職日までの数日間、Kが自殺しないよう特別の措置を講じるべき義務があったことを肯認すべき特段の事情があったとまではいえない。以上によれば、Kに対し実施した集合研修や部内研修の実情、その後同人に課された仕事の内容及び程度、その他Kの置かれた労働条件や職場環境等からみて、Kがうつ病に罹患し、その後自殺したことが通常生じ得る結果であるといえないことはもとより、被告がKの使用者として、同人が自殺に至ることを予見していたとか、相当の注意義務を尽くせば予見が可能であったとまで認めることは困難というほかなく、他にKの死亡との間に相当因果関係のある安全配慮義務違反があったことを認めるに足りる的確な証拠もない(みずほトラストシステムズ　東京地裁八王子支部平成18年10月30日労判934－46)。

⑤　Tは上司らに対し自らうつ病に罹患したことを報告していたことから、被告としてはTのうつ病罹患の事実を認識していたものといわざるを得ず、そのようなTが職場復帰をし、就労を継続するについては、被告としてもTの心身の状態に配慮した対応をすべき義務を負っていた。Tから被告に、平成9年12月8日から3ヶ月程度の休養加療を要する旨の診断書が提出されていたにもかかわらず、被告はTの職場復帰について、内部的な協議をしたり、医師等に相談することもなかったのであり、いささか慎重さを欠いた不適切な対応であったことは否めない。しかしながら、そもそもTが希望したことから被告も診断書記載の休業加療期間よりも前にTの職場復帰を認めたこと、被告はTの希望を踏まえて比較的難易度の低い業務に従事させたこと、Tに対外的な折衝業務に従事させたことはなかったこと、業務が特に劣悪な環境下での長時間労働であったとも認められないこと、被告においてTのうつ病罹患の前歴を理由にそれ以上業務の軽減措置を採ることは疾病の前歴を理由にした不当な差別との批判も招きかねないことに照らせば、被告はTの職場復帰に際し、Tの心身の状態に相応の配慮をした。そうすると、被告がT

を職場復帰させる過程において、いささか慎重さを欠いた不適切な対応があったことは否めないものの、Tの心身の状態に相応の配慮をしたことから、被告に安全配慮義務違反があったとまで認めることはできない。Tが中部支社に転勤した後の被告の安全配慮義務の有無について検討するに、Tのうつ病は平成10年12月8日頃の時点で完全寛解の状態に至っていたから、それ以前の被告の安全配慮義務違反がTのうつ病の再発及び自殺の原因となったものと認めることはできない。また、Tのうつ病が完全寛解した後の被告の安全配慮義務について検討するに、うつ病が完全寛解の状態にあったTにとって中部支社で従事した業務は過重であったと認めることはできないから、被告に安全配慮義務違反があったと認めることはできない(富士電機E&C事件　名古屋地裁平成18年1月18日労判918-15)。

第18章
精神障害の発症などの防止に関する措置と労働安全衛生法令などとの関係

「精神障害の発症などの防止に関する措置と労働安全衛生法令などとの関係」のポイント

1 精神障害の発症などの防止に関する民事責任として行わなければならない措置と労働安全衛生法との関係
2 精神障害の発症などの防止に関する民事責任として行わなければならない措置と労働規準法との関係
3 精神障害の発症などの防止に関する民事責任として行わなければならない措置と精神障害等に関する業務上外の判断指針との関係
4 労災補償の認定との関係

「精神障害の発症などの防止に関する措置と労働安全衛生法令などとの関係」のポイント

1　精神障害の発症などの防止に関しても、労働安全衛生法や労働安全衛生規則などに定める義務は、使用者の国に対する公法上の義務と解されているが、その規定する内容は、使用者の労働者に対する私法上の義務の内容ともなり、その基準になる。このため、①事業者の責務、②作業管理、③健康診断結果に基づく事後措置、などに関する規定を根拠に使用者が講ずべき措置に関する判断をした裁判例がある。

2　労働基準法との関係では、36協定で定める時間を超えて、時間外労働させたことが問題となった裁判例がある。

3　精神障害の発症などに関する労災補償に関しては、「心理的負荷による精神障害等に係る業務上外の判断指針」により行われているが、同指針が引用された裁判例もある。

4　国家公務員災害補償法に基づき公務上の災害と認定した場合には、損害賠償責任においてもこれと矛盾した態度をとることは許されないとする裁判例がある。

1　精神障害の発症などの防止に関する民事責任として行わなければならない措置と労働安全衛生法との関係

　精神障害の発症などの防止に関しても、労働安全衛生法や労働安全衛生規則などに定める義務は、使用者の国に対する公法上の義務と解されていますが、その規定する内容は、使用者の労働者に対する私法上の義務の内容ともなり、その基準になる（内外ゴム事件　神戸地裁平成2年12

精神障害の発症などの防止に関する責任と労働安全衛生法との関係

月27日労判596-69)と考えられます。

(1) 事業者の責務に関する規定などとの関係

事業者の責務に関する規定などを根拠に使用者が行うべき措置に関する判断をした次のような裁判例があります。

ア　事業者の責務との関係

一般に、使用者は、労働災害防止のため、快適な職場環境の実現と労働条件の改善を通じて職場における労働者の安全と健康を確保しなければならない(労働安全衛生法3条)(みずほトラストシステムズ　東京地裁八王子支部平成18年10月30日労判934-46、貨物自動車運送会社事件　鹿児島地裁平成15年5月19日、協成建設工業ほか事件　札幌地裁平成10年7月16日労判744-29)。

イ　事業者の責務および労働安全衛生法に定める各規定との関係

事業者の場合については、法が、その責務として労働安全衛生法に定める労働災害防止のための最低基準を守るだけでなく、快適な職場環境の実現と労働条件の改善を通じて職場における労働者の安全と健康を確保するようにしなければならない義務を負っており(同法3条1項)、その具体的措置として、同法第三章において安全衛生管理体制を取ることを、第四章において労働者の危険又は健康障害を防止するための措置を取ることを、第六章において労働者の就業に当たって安全衛生教育などを行うことを、第七章において健康の保持増進のための措置を取ることを義務付け、更には第七章の二において快適な職場環境を形成するように努めなければならないことを定めている(山田製作所事件　熊本地裁平成19年1月22日労判937-109、福岡高裁平成19年10月25日労判955-59)。

(2) 作業管理に関する規定との関係

　作業管理に関する規定を根拠に使用者が行うべき措置に関する判断をした次のような裁判例があります。

> 　労働者が労働日に長時間にわたり業務に従事する状況が継続するなどして、疲労や心理的負荷等が過度に蓄積すると、労働者の心身の健康を損なう危険のあることは、周知のところである。労働基準法は、労働時間に関する制限を定め、労働安全衛生法65条の3は、作業の内容等を特に限定することなく、同法所定の事業者は労働者の健康に配慮して労働者の従事する作業を適切に管理するように努めるべき旨を定めているが、それは、このような危険が発生するのを防止することをも目的とするものと解される（電通事件　最高裁第二小法廷平成12年3月24日労判779-13）。

(3) 健康診断結果に基づく事後措置に関する規定との関係

　事業者は、健康診断結果に基づき、医師などの意見を勘案し、その必要があるときは、労働者の実情を考慮して、就業場所の変更、作業の転換、労働時間の短縮、深夜業の回数の減少、作業環境測定の実施、施設・設備の設置・整備、医師や歯科医師の意見の衛生委員会などへの報告などの適切な措置を講じなければなりません（第1章87頁参照）。これに関し、次のような裁判例があります。

> 　使用者は、労働者の健康悪化を知った場合には、当該労働者の実情を考慮して、就業場所の変更、作業の転換、労働時間の短縮その他の措置を講じるなど、労働者の健康状態が更に悪化することを防止すべき義務がある（労働安全衛生法66条の5）（みずほトラストシステムズ　東京地裁八王子支部平成18年10月30日労判934-46）。

　一方、健康診断結果に基づく事後措置に関する規定は、精神疾患に関する事項には当然に適用されるものではないとする次のような裁判例もあり

ます。

　労働安全衛生法及び労働安全衛生規則の各規定ぶりなどを併せ考慮すると、事業者は同規則44条1項に定められた健康診断の検査項目について異常所見が認められた労働者に対する関係では、当該労働者の健康を保持するために必要な措置について、医師又は歯科医師の意見を聴くべき義務を負うものであり、これを超えて精神疾患に関する事項についてまで医師の意見を聴くべき義務を負うということはできない。そして、労働安全衛生法66条の5第1項所定の、事業者が負う就業場所の変更、作業の転換、労働時間の短縮等の措置を講ずるべき義務は、同法66条の4を受けたから、精神疾患に関する事項には当然に適用されるものではない。被告の労働安全衛生規程は労働安全衛生法等法令に定められた法的義務を前提として定められたから、同法の義務に該当しない以上、同規程を根拠に主治医からの意見聴取義務、就業場所の変更、産業医の指示に基づく健康要保護者としての管理等の義務が直ちに発生するものとも認め難い(富士電機E&C事件　名古屋地裁平成18年1月18日労判918-15)。

2　精神障害の発症などの防止に関する民事責任として行わなければならない措置と労働基準法との関係

　36協定で定める時間を超えて、時間外労働させたことが問題となった次の裁判例があります。

　41歳の女性技術者うつ病の発症について、「被告はプロジェクトに関し、短期間の余裕のないスケジュールを組み、原告に特別延長規定の定める時間をも超える長時間労働をさせている(東芝事件　東京地裁平成20年4月23日労経速2005-3)。

3 精神障害の発症などの防止に関する民事責任として行わなければならない措置と精神障害等に関する業務上外の判断指針との関係

精神障害の発症などに関する労災補償に関しては、「心理的負荷による精神障害等に係る業務上外の判断指針」により行われています（第3章159～178頁参照）が、同指針が引用された次のような裁判例があります。

(1) 精神障害等に関する業務上外の判断指針に沿って判断するとする裁判例

旧労働省は、通達「心理的負荷による精神障害等に係る業務上外の判断指針について（平成11年9月14日基発第544号）」において、精神障害等に関する業務上外の判断基準を示し、精神障害は、業務による心理的負荷、業務以外の心理的負荷、及び個体側要因によって発症するとされていることから、精神障害の疾病が明らかになった場合には、①業務による心理的負荷、②業務以外の心理的負荷、③個体側要因について各々検討し、その上でこれらと発病した精神障害との関係について総合判断するものとしている。原告は、精神疾患を発症したものであるから、本件発症と本件業務との間の因果関係の有無を判断するに当っても、精神障害等にかかる業務起因性と同様の判断を行う。したがって、基本的には基準に挙げられた各要因を判断するのが相当である（富士通四国システムズ事件　大阪地裁平成20年5月26日労判973－76）。

(2) 精神障害等に関する業務上外の判断指針を引用している裁判例

「心理的負荷による精神障害等に係る業務上外の判断指針について」（平成11年9月14日付け労働基準局長通達）においても、業務の強い心

理的負荷（職場における人間関係から生じるトラブル等、通常の心理的負荷を大きく超えるものについて考慮するものとされている。）により精神障害（ICD-10の分類によるもの）を発病する場合があるものとされ、業務による心理的負荷によってこれらの精神障害が発病したと認められる者が自殺を図った場合には、精神障害によって正常の認識、行為選択能力が著しく阻害され、又は自殺行為を思いとどまる精神的な抑制力が著しく阻害されている状態で自殺が行われたものと推定し、原則として業務起因性が認められるものとされている（川崎市水道局事件　東京高裁平成15年3月25日労判849-87）。

4　労災補償の認定との関係

　国家公務員災害補償法に基づき公務上の災害と認定した場合には、損害賠償責任においてもこれと矛盾した態度をとることは許されないとする次の裁判例があります。

　23歳の社会保険庁職員の自殺について、「社会保険庁による遺族補償一時金等の支給決定とその本件訴訟における位置づけ社会保険庁は、国家公務員災害補償法に基づき、被災者の自殺を公務上の災害と認定し、原告らに対する遺族補償一時金等の支給を決定している。すなわち、社会保険庁自身、被災者が公務上死亡したことを認めている。しかも、これは、同法24条による人事院の審査、判定を受けたものである。このように、被告国の行政機関である社会保険庁が自ら「公務上の死亡」と認定している被災者の死亡について、本件訴訟において被告がこの認定に反する主張をすることが許されるとするならば、行政機関の決定に対する公の信頼を失わせることになりかねないし、自己の行為に矛盾した態度をとることは許されないという禁反言の原則に反し原告らに対する信義に反することにもなる。したがって、被災者の死亡が公務上のものであることを被告が否定することは原則として許されない。例外として、社会保険

庁の決定に瑕疵があり、これを維持することが公益に反するという事情が認められる場合に限って、被災者の死亡が公務上のものであることを否定することができる（社会保険庁職員事件　甲府地裁平成17年9月27日判時1915-108）。」

第19章
精神障害の発症などの防止に関する措置を講ずべき関係者

「精神障害の発症などの防止に関する措置を講ずべき関係者」のポイント
1 請負事業における責任
2 出向者に関する責任
3 管理・監督者や裁量労働者などに関する責任
4 上司や同僚の責任
5 本人の責任
6 家族の責任

「精神障害の発症などの防止に関する措置を講ずべき関係者」のポイント

1　労働者派遣事業に類似した請負事業（偽装請負）において、発注者（派遣先）および請負事業者（派遣元）の双方が請負事業者（派遣元）の労働者の精神障害の発症の防止に関する措置を講ずべき義務を負うとする裁判例がある。

2　出向先の事業に従事する労働者については、出向先が出向労働者の精神障害の発症の防止に関する措置を講ずべき義務を負い、その事業の執行に関し権限がない場合には出向元はその義務を負わないとする裁判例がある。また、セクハラの加害者が出向者である場合についても、出向先が被害者に対する責任を負い、出向元はその事業の執行に関し権限がない場合にはその責任を負わないとする裁判例がある。

3　①管理・監督の地位にある者については労働基準法の労働時間に関する規制が適用されないが、会社内でこのような取扱いがなされている場合であっても、労働基準法の管理・監督者ではないと判断された裁判例、②飲食店の店長について勤務時間の軽減に関する裁量がないと判断された裁判例、③裁量労働的な労働者の精神障害の発症などに関する裁判例がある。

4　使用者に代わって労働者に対し業務上の指揮監督を行う権限を有する者は、使用者の注意義務の内容に従って、その権限を行使しなければならない。

5　嫌がらせやいじめについては、上司が加害者となったり、職場の先輩などのいじめなどが問題となっている。

6　本人の①勤務態度や②性格、③基礎疾患、④精神障害防止のための措置を十分行わなかったこと、⑤不正行為などを理由に損害

賠償について過失相殺が行われる場合がある。ただし、企業などに雇用される労働者の性格が多様のものであるから、ある業務に従事する特定の労働者の性格が同種の業務に従事する労働者の個性の多様さとして通常想定される範囲を外れるものでない限り、その性格およびこれに基づく業務遂行の態様などが業務の過重負担に起因して労働者に生じた損害の発生または拡大に寄与したとしても、そのような事態は使用者として予想すべきもので、しかも、各労働者がその従事すべき業務に適するか否かを判断して、その配置先、遂行すべき業務の内容などを定めるので、その際に、各労働者の性格をも考慮することができるため、労働者の性格がその範囲を外れるものでない場合には、業務の負担が過重であることを原因とする損害賠償請求において使用者の賠償すべき額を決定するに当たり、その性格およびこれに基づく業務遂行の態様等を、心因的要因としてしんしゃくすることはできない。

7 ①家族が本人の健康状況などを使用者や医師などに連絡しなかった場合や②家族が精神障害防止のための措置を十分行わなかった場合などには、そのことを理由に損害賠償について過失相殺が行われる場合がある。ただし、業務の負担が過重であったために生じた精神障害の発症などについて、被災者が独立の社会人として自らの意思と判断に基づき被告の業務に従事していた場合には、同居している家族も、その勤務状況を改善する措置を採り得る立場にあったとは、容易にいうことはできない。

1 請負事業における責任

　労働者派遣事業に類似した請負事業(偽装請負)において、発注者(派遣先)および請負事業者(派遣元)の双方が請負事業者(派遣元)の労働者の精神障害の発症などの防止に関する措置を講ずべき義務を負う

とする次の裁判例があります。

(1) 発注者の責任

> 被告ニコンの本件製作所において勤務する外部からの就労者は、人材派遣あるいは業務請負等の契約形態の区別なく、同様に、被告ニコンの労務管理のもとで業務に就いていた。そして、Aも、シフト変更、残業指示及び業務上の指示を被告ニコン社員より直接受け、それに従って業務に就いていたからAは被告ニコンの労務管理のもとで業務に就いていた。とするならば、被告ニコンは、Aに対し、従事させる業務を定めて、これを管理するに際し、業務の遂行に伴う疲労や心理的負担等が過度に蓄積してAの心身の健康を損なうことがないよう注意する義務を負担していた（アテスト(ニコン)事件　東京地裁平成17年3月31日労判894-21）。

(2) 請負事業者の責任

> Aは、人材派遣あるいは業務請負等の契約形態の評価は別として、被告ネクスターの社員として被告ニコンの本件製作所において勤務していたこと、被告ネクスターは、被告ニコンから、自社の社員であるAの就労状況について月ごとに報告を受けてこれを把握していたこと、被告ネクスター熊谷営業所の担当者が、週に1回程度、Aと面談していること等に照らすと、その業務による疲労や心理的負担等が過度に蓄積してAの心身の健康を損なうことがないよう注意する義務を負担していた（アテスト(ニコン)事件　東京地裁平成17年3月31日労判894-21）。

2　出向に関する責任

(1) 被災者が出向者である場合の責任

出向先の事業に従事する労働者については、出向先が出向労働者の精神障害の発症の防止に関する措置を講ずべき義務を負い、その事業の

執行に関し権限がない場合には出向元はその義務を負わないとする次の裁判例があります。

ア　出向先の責任

　会社は、本件工事を請け負い、本件工事遂行のため所長として本件工事現場に派遣していたのであるから、適宜本件工事現場を視察するなどして本件工事の進捗状況をチェックし、工事が遅れた場合には作業員を増加し、また、健康状態に留意するなどして、工事の遅れ等により過剰な時間外勤務や休日出勤をすることを余儀なくされ心身に変調を来し自殺することがないよう注意すべき義務があったところ、これを怠り、本件工事が豪雪等の影響で遅れているのに何らの手当もしないで事態の収拾を任せきりにした結果、自殺させたものであるから、会社には過失が存する（協成建設工業ほか事件　札幌地裁平成10年7月16日労判744－29）。

イ　出向元の責任

　組合については、在籍のまま会社に出向させているとはいえ、休職扱いにしているうえ、本件工事を請け負ったのが会社であって組合としては本件工事の施工方法等について会社等を指導する余地はなかったと認められるから、自殺について組合に責任があるとは認められない（協成建設工業ほか事件　札幌地裁平成10年7月16日労判744－29）。

(2) セクハラの加害者が出向者である場合の責任

　セクハラの加害者が出向者である場合についても、出向先が被害者に対する責任を負い、出向元はその事業の執行に関し権限がない場合にはその責任を負わないとする次の裁判例があります。

ア　出向先の責任

　社協は、A市と職員派遣についての協定書を締結し、これに基づいて

Bの派遣を受け入れたものであり、受け入れ後は使用者の立場にあったから、Bが派遣職員であるからといって選任監督についての責任を免れるものではない（福岡社会福祉法人事件　福岡高裁平成12年1月28日判夕1089－217）。

イ　出向元の責任

　BはA市を休職になって社協に派遣されたものであり、給与も社協から支給されていた。社協は、A市とは別個独立の法人であり、BはA市の職務ではなく、社協に職務を担当していたから、同人の行った行為がA市の事業の執行につき行われたとみることは困難である（福岡社会福祉法人事件　福岡高裁平成12年1月28日判夕1089－217）。

3　管理・監督者や裁量労働者などに関する責任

(1) 管理・監督者に関する裁判例

ア　管理・監督者ではないと判断された裁判例

　管理・監督の地位にある者、機密の事務を取り扱う者については、労働基準法の労働時間に関する規制が適用されません（第2章128～129頁参照）が、会社内でこのような取扱いがなされている場合であっても、労働基準法の管理・監督者ではないと判断された次のような裁判例があります。

① 　被告は、Tが労働基準法41条2号の管理監督職であるかのような主張をするが、Tは上司から管理監督されるいわゆる中間管理職の立場にあり、行先や外出、出社、退社時刻を表示するものとされていたことからすると、労務管理につき経営者と一体的な立場にあり、自己の勤務につき裁量権を持っていたということはできず、労働基準法41条2号の管理監督者に該当するということはできない（スズキ自動車事件　静岡地裁浜松支部平成18年10月30日労判927－5）。

② 　製鉄所の掛長の自殺について、「被告は、平成3年1月Aの掛長昇

進後、Aを労働基準法第41条第2号の「管理の地位にある者」として取り扱い、その結果掛長に対しては、一般従業員と異なり、原則として労働時間による拘束はなく、一般従業員に適用される所定労働時間を超える労働は、掛長自らの判断に委されていたと主張する。Aは、管理職といっても条鋼工程課40名の内の課長、課長補佐に次ぐ一番下の掛長であり、その職務内容は、担当品種またはプロセスの業務総括、部下の育成、指導、労務管理等であり、年収も平成2年当時約750万円でそれ程高額の給与を受けていたわけでもなく、掛長になれば時間外手当が出ない関係で一時は減収にもなるという状況であって、経営方針や労働条件の決定についての権限を有しておらず、職務遂行について広い裁量権を有していたわけでもなく、Aは労働基準法第41条第2号の「管理の地位にある者」には該当するということはできず、所定労働時間の拘束を受けるものであって、被告の主張は採用できない（川崎製鉄水島製鉄所事件　岡山地裁倉敷支部平成10年2月23日労判733-13）。

イ　労働時間の軽減に関する裁量がないと判断された裁判例

飲食店の店長について、労働時間の軽減に関する裁量がないと判断された次の裁判例があります。

被告は、Aは、店長の裁量に基づいて自らの勤務時間を決定することができ、現にアイドル・タイムに休憩するなどしていたから、タイムカード上の就労時間のすべてが被告の業務への従事に当てられていたものではないと主張するが、実際にこの時間帯に休憩することが多かったと認めることはできない。むしろ、Aは、アイドル・タイムに休憩したり、私用に当てたりすることはあったが、従業員の監督とあわせて自らも率先して業務に従事していたとの勤務態度に照らせば、タイムカード上の勤務時間中はほとんどは業務への従事に当てられていた。とすれば、Aは、タイムカードによる勤務時間のとおり、被告の業務に従事していた。被告らは、Aの業務の過重

性に関して、店長の裁量として、勤務時間を決定すること及び業務を他の従業員に委ねることができた旨主張し、店長として三条店の業務の一部を従業員に委ねるなどして、自らの業務の負担を一定程度軽減することができた。しかし、B営業部長は、Aと比べて自ら業務に従事することよりも従業員の指揮監督を重視して三条店店長の業務を行っていたにもかかわらず、勤務時間は平均して12時間程度であったことからすれば、被告から三条店店長として与えられていた裁量をもって勤務時間の軽減を容易に図ることができたとはいえないし、また、Aが率先して業務に自ら関与し、かつ、しばしば花番及びレジスターの会計管理を行っていたことは店長業務の遂行の態様として通常であるといえ、自らの負担を殊更に加重していたともいえない。そして、Aの労働時間、三条店店長の業務内容及び店長の裁量により勤務時間の軽減を容易に図ることができたとはいえないことに加えて、三条店の売上は少なくともAの同店店長在任中には十分に回復しておらず、C社長は、Aに対して、売上の回復を求め続けていたことに照らせば、Aは、被告により過重な労働を強いられていた（エージーフーズ事件　京都地裁平成17年3月25日労判893-18）。

(2) 裁量労働的な事案に関する裁判例

　裁量労働的な労働者の精神障害の発症などに関する次のような裁判例もあります。

① 　原告のような技術者は、一定期間に高度の集中する必要もあるため、勤務形態について、ある程度の裁量が認められるべきであるが、原告は、入社間もない時期に、生活が不規則にならないようにとの正当かつ常識的な助言・指導を上司・先輩から受けたにもかかわらず、これを聞き入れることなく自らが選んだ勤務形態を取り続けた結果、ついに本件発症に至った。このような勤務態度が原告の生活のリズムを乱し、本件業務による疲労の度合を一層増加させる一因となった。会社及び被告は、原告のこのような勤務形態を是正すべき責任を負っていたが、このよう

な原告の勤務形態は、当時の原告が入社後間もなく、社会的経験が十分ではなかったという事情を斟酌しても、客観的に見れば、正常なものでなく、かつ身勝手なものであった。その結果、会社としては、原告に対する安全配慮義務を尽くすためには、もはや、原告に対する出勤停止ないし退社命令までも選択肢の一つとして考えなければならない段階に至っていた。そうすると、原告の一連の勤務態度は、それ自体原告の過失とまでは評価することはできないものの、他方で、このような勤務形態が寄与して生じた損害の全てを被告の負担に帰することは、公平に失する(富士通四国システムズ事件　大阪地裁平成20年5月26日労判973-76)。

② 　Aの長時間労働については、これが控訴人の積極的ないし強制的な命令によるものであるとはいえないが、Aにとっては業務を処理する上で必要なものであり、控訴人はこれを許容ないし黙認していた。控訴人において必要とされるような知的・創造的労働については、日常的な業務の遂行に関して逐一具体的な指揮命令を受けるのではなく、一定の範囲で労働者に労働時間の配分、使用方法が委ねられているところ(控訴人が超過勤務につき自己申告制を採用していることも、このような労働の性質を考慮したためと考えられる。もっとも、Aの行う業務がこのようにいわば裁量労働の面を有し、Aの長時間労働が控訴人の強制によるものではないとしても、控訴人が長時間労働を許容ないし黙認していた以上控訴人に責任が生じないことにならないのはいうまでもない。)、Aは、時間の適切な使用方法を誤り、深夜労働を続けた面もあるから、Aにもうつ病罹患につき、一端の責任がある(電通事件　東京高裁平成9年9月26日労判724-13)。

4　上司や同僚の責任

(1) 上司の責任
ア　過重労働の防止に関する責任

　使用者に代わって労働者に対し業務上の指揮監督を行う権限を有する者は、使用者の注意義務の内容に従って、その権限を行使しなければなりません（電通事件　最高裁第二小法廷平成12年3月24日労判779-13）。このような上司の義務を履行していないと判断された次のような裁判例があります。

① 　上司には、少なくとも課長職が重荷であると訴えて退職の希望までしていた者が医師の診断書を提出して1か月の休養を申し出たときには、会社に代わって部下である会社の従業員について業務上の事由による心理的負荷のため精神面での健康が損なわれていないかどうかを把握し、適切な措置をとるべき注意義務に従って、心身の状況について医学的見地に立った正確な知識や情報を収集し、休養の要否について慎重な対応をすることが要請されていたから、上司にはそのような注意義務に違反した過失がある（三洋電気サービス事件　東京高裁平成14年7月23日労判852-73）。

② 　上司には、Aに対する悪意はなく、むしろAへの期待があったこと及び原告らの希望がAの勤務継続にあったことが窺われるが、上司のAに対する対応は相当であったとはいえず、結局Aを追い詰めた。使用者に代わって従業員に対し業務上の指揮監督を行う権限を有する者は、使用者の注意義務の内容に従ってその権限を行使すべき義務を負う。Aに対し、業務上の指揮監督権限を有していた上司には、同義務に違反した過失がある（三洋電気サービス事件　浦和地裁平成13年2月2日労判800-5）。

③ 　次長らは、上司としてその経緯も承知し、あるいは知りうる立場にあっ

たのであるし、本件作業所の夏場における作業環境が過酷なものであることは分かっていたから、Aの心身の故障を疑い、同僚や家族に対してAの勤務時間内や家庭内における言動、状況について事情を聴取すべき義務があった。そして、次長らにおいてこの調査を行っていれば、Aか職場の同僚に対して「ノイローゼかも知れない。」と洩らしており、様子も暗い感じに変化してきていること、家庭においては著しく疲れた様子であり、原告が会社を休むよう勧めても「ソースができない。」などと述べて無理に出勤していること、原告はAの心の病を疑って神経科を受診させることを考えていることが判明したはずである。そうすれば、被告らにおいてAを直ちに特注ソース等製造部門から外し、あるいは医師の治療を受けさせるなどの適宜の措置をとることかでき、本件事故の発生はこれを防止することかできた(オタフクソース事件　広島地裁平成12年5月18日労判783-15)。

④　使用者に代わって労働者に対し業務上の指揮監督を行う権限を有する者は、使用者の注意義務の内容に従って、その権限を行使すべきである。上司は、残業時間の申告が実情より相当に少ないものであり、業務遂行のために徹夜まですることもある状態にあることを認識しており、また、健康状態が悪化していることに気付いていたのである。それにもかかわらず、業務は所定の期限までに遂行すべきことを前提として、帰宅してきちんと睡眠を取り、それで業務が終わらないのであれば翌朝早く出勤して行うようになどと指導したのみで、業務の量等を適切に調整するための措置を採ることはなく、かえって、業務の負担は従前よりも増加することとなった。その結果、心身共に疲労困ぱいした状態になり、それが誘因となって、うつ病にり患し、うつ病によるうつ状態が深まって、衝動的、突発的に自殺するに至った。上司には、恒常的に著しく長時間にわたり業務に従事していること及びその健康状態が悪化していることを認識しながら、その負担を軽減させるための措置を採らなかったことにつき過失がある(電通事件　最高裁第二小法廷平成12年3月24日

労判779-13)。

⑤　Aが、しばしば翌朝まで会社で徹夜して残業をすることは、その直属の部長が、すでに平成3年3月ころには知っており、Aの直属の班長にこれを告知したが、部長自らBの長時間労働を軽減させるための措置は何ら取らなかったこと、これを聞いた班長は、Aに対し、なるべく早く仕事を切り上げるようにとは注意したものの、単なる指導に止まり、Aの長時間労働を減少させるための具体的な方策は何ら行わなかったこと班長は、同年7月には、Aの顔色が悪く、その健康状態が悪いことに気づいていながらも、何らの具体的な措置を取らないまま、同人が従前どおりの業務を続けるままにさせたこと、同年8月に至っては、Aは、班長に対し、自分は役に立たないといった自信を喪失した言動や、人間としてもう駄目かもしれないといった自殺の予兆であるかのような言動や、無意識のうちに蛇行運転やパッシングをしたり、霊が乗り移ったみたいだと述べるといった異常な言動等をするようになり、また肉体的には、顔色が悪い、明らかに元気がない等の症状が現れ、班長もAの様子がよりおかしくなっていることに気づきながら、Aの健康を配慮しての具体的な措置は、なお何ら取らなかったこと等の事情に鑑みれば、被告の履行補助者である部長及び班長には、Aの常軌を逸した長時間労働及び同人の健康状態の悪化を知りながら、その労働時間を軽減させるための具体的な措置を取らなかった過失がある(電通事件　東京地裁平成8年3月28日判時1561-4)。

イ　嫌がらせやいじめの防止に関する責任

嫌がらせやいじめについては、上司が加害者となるケースが一般的です。これに関しては、次の裁判例があります。

言動、経過などに照らすと、Bら3名の言動は、Aに対するいじめである。被告らは、Bら3名によるAに対するいじめの事実はなく、Aは、精神分裂病ないし境界性人格障害による関係妄想、被害妄想が生じた結果、被告B

ら3名からいじめを受けたと訴えていたものである旨主張する。しかしながら、諸事情を併せ考えると、いじめの事実を否定する証人の各供述等は採用できず、他にこれを覆すに足りる証拠はない。以上によれば、Aに対するいじめはなく、精神分裂病ないし境界性人格障害により妄想が生じた結果、AがBら3名からいじめを受けたと訴えていた旨の被告らの主張は採用できない。工業用水課に配転されたが、内気で無口な性格であり、しかも、本件工事に関するトラブルが原因で職場に歓迎されず、また、負い目を感じ、職場にも溶け込めない状態にあった。ところが、工業用水課に配転されてから1か月しか経過せず、仕事にも慣れていない時期に、Bら3名は、職員数が10名という同課事務室において、一方的に執拗にいじめを繰り返していたものであり、しかも、Bは、同課の責任者でありながら、Aに対するいじめを制止しなかった。その結果、Aは、巡回作業に出掛けても、巡回先に行かなくなったり、同課に配属されるまではほとんど欠勤したことがなかったにもかかわらず、まったく出勤できなくなるほど追い詰められ、心因反応という精神疾患に罹り、治療を要する状態になってしまった（川崎市水道局事件　横浜地裁川崎支部平成14年6月27日労判833−61）。

(2) 同僚の責任

職場の先輩などのいじめに関する次の裁判例もあります。

被告MらのTに対する言動が、被告らが主張するような悪ふざけや職場の先輩のちょっと度を超した言動であったと認めることは到底できない。被告MらのTに対するいじめは執拗、長期間にわたり、平成13年後半からはその態様も悪質になっていた。被告MらのTに対するいじめは、長期間にわたり、執拗に行われており、Tに対し「死ねよ」との言葉が浴びせられていた。被告Mは、自ら又は他の男性看護師を通じて、Tに対し、冷やかし・からかい、嘲笑・悪口、他人の前で恥辱・屈辱を与える、叩くなどの暴力等の違法な本件いじめ行為を行ったから、損害を賠償する不法行為責任がある。（誠昇会北本共済病院事件　さいたま地裁平成16年9月24

日労判883-38)。

5　労働者本人の責任

　労働者の精神障害の発症には、労働者本人の性格や勤務態度など労働者本人側の要素が大きく影響している場合があります。
　ただし、企業などに雇用される労働者の性格が多様のものですから、ある業務に従事する特定の労働者の性格が同種の業務に従事する労働者の個性の多様さとして通常想定される範囲を外れるものでない限り、その性格およびこれに基づく業務遂行の態様などが業務の過重負担に起因して労働者に生じた損害の発生または拡大に寄与したとしても、そのような事態は使用者として予想すべきものです。しかも、使用者またはこれに代わって労働者に対し業務上の指揮監督を行う者は、各労働者がその従事すべき業務に適するか否かを判断して、その配置先、遂行すべき業務の内容などを定めるので、その際に、各労働者の性格をも考慮することができます。このため、労働者の性格がその範囲を外れるものでない場合には、業務の負担が過重であることを原因とする損害賠償請求において使用者の賠償すべき額を決定するに当たり、その性格およびこれに基づく業務遂行の態様等を、心因的要因としてしんしゃくすることはできない（電通事件　最高裁第二小法廷平成12年3月24日労判779-13）と解されています。
　これに関しては、次のような裁判例があります。

(1) 労働者本人の勤務態度

　労働者本人の勤務態度が精神障害を発症させた要因の1つであると判断した次の裁判例があります。

> 　原告は、本件発症以前に、定時に出勤せず、午前中の遅い時刻に出勤した際に、上司からこのような出勤をするのであれば、むしろその日1日休養をとるようにとの指導を受けたにもかかわらず、指導を聞き入れなかっ

たこと、その他の日にも、休日あるいは代休とされた日を含め午前の遅い時間や午後に出勤して深夜まで勤務した日がたびたびあった。そして、指導に対する返答内容に照らせば、原告は、このような勤務形態を、あえて自らの意思によって取り続けていた。もとより、原告のような技術者は、一定期間に高度の集中する必要もあるため、勤務形態について、ある程度の裁量が認められるべきであるが、原告は、入社間もない時期に、生活が不規則にならないようにとの正当かつ常識的な助言・指導を上司・先輩から受けたにもかかわらず、これを聞き入れることなく自らが選んだ勤務形態を取り続けた結果、ついに本件発症に至った。このような勤務態度が原告の生活のリズムを乱し、本件業務による疲労の度合を一層増加させる一因となった。このような原告の勤務形態は、当時の原告が入社後間もなく、社会的経験が十分ではなかったという事情を斟酌しても、客観的に見れば、正常なものでなく、かつ身勝手なものであった。その結果、会社としては、原告に対する安全配慮義務を尽くすためには、もはや、原告に対する出勤停止ないし退社命令までも選択肢の一つとして考えなければならない段階に至っていた。そうすると、原告の一連の勤務態度は、それ自体原告の過失とまでは評価することはできないものの、他方で、このような勤務形態が寄与して生じた損害の全てを被告の負担に帰することは、公平に失する。そこで、被告の安全配慮義務違反の内容・程度、原告の勤務状況その他本件に現れた諸般の事情を考慮すれば、民法418条の過失相殺の規定を類推適用して、本件発症によって生じた損害の3分の1を減額するのが相当である（富士通四国システムズ事件　大阪地裁平成20年5月26日労判973-76）。

(2) 労働者本人の性格

　労働者本人の性格が精神障害を発症させた要因の1つであると判断した次のような裁判例があります。

ア　業務による精神障害の発症などに関する裁判例

① 自殺は、通常は本人の自由意思に基づいてなされるものであり、仕事の重圧に苦しむ者であっても、その全員あるいはその多くの者がうつ状態に陥って自殺に追い込まれるものではないことはいうまでもなく、本件の場合においても自殺する以外に解決の方法もあったと考えられ、うつ状態に陥って自殺するに至ったのは、多分に性格や心因的要素によるところが大きいものと考えられるところであり、これらの事情に照らすと、死亡による損害については、その8割を減額し、園に対してはその2割を賠償するよう命じるのが相当である（東加古川幼稚園事件　最高裁第三小法廷平成12年6月27日労判795－13、大阪高裁平成10年8月27日労判744－17）。

② Aの昇進後の職務に対する労働が過剰な負担を課すものとはいえないこと、Aの置かれた状況において、誰もが自殺を選択するものとは言えず、本人の素因に基づく任意の選択であったという要素を否定できないことに鑑みると、Aの自殺という結果に対する寄与度については、A本人の固有のものが7割であって、上司の行為によるものは3割である（三洋電気サービス事件　浦和地裁平成13年2月2日労判800－5）。

③ ⅰ金員の貸与による預金の一時的喪失については、自殺の直接の原因となる事実とまでは認めるに足りないものの、一定程度の精神的負担になっていたことは否定できないこと、ⅱまた、本件に固有の事情として、Aは、退職申出に対する被告らからの回答を待つだけの精神的余裕もないほど悲観的になったものと推定されるところ、その要因の一つは、退職が先に延ばされてしまうと、資格試験の準備が間に合わないという焦りがあったのではないかと考えられること等の諸事情を総合して判断すると、Aの損害につき、公平の見地から、3割の減額をし、7割の限度で認容するのが相当である（アテスト（ニコン）事件　東京地裁平成17年3月31日労判894－21）。

④ うつ病の発症（罹患）には、患者側の体質、性格等の要因が関係し

ており、過労ないしストレス状況があれば必ずうつ病になるわけではない。過労ないしストレス状況があれば誰でも必ずうつ病に罹患するわけではなく、うつ病の罹患には、患者側の体質、性格等の要因が関係していると認められるところ、Aは、真面目で責任感が強く、几帳面かつ完璧主義で、自ら仕事を抱え込んでやるタイプで、能力を超えて全部自分でしょい込もうとする行動傾向があったものであり、Aにこのようないわゆるうつ病親和性ないし病前性格が存したことが、結果として自分の仕事を増やし、その処理を遅らせ、また、仕事に対する時間配分を不適切なものにし、さらには、自分の責任ではない仕事の結果についても自分の責任ではないかと思い悩むなどの状況を作りだした面があることは否定できない。Aのうつ病罹患ないし自殺という損害の発生及びその拡大について、Aの心因的要素等被害者側の事情も寄与しているから、損害の公平な分担という理念に照らし、民法722条2項の過失相殺の規定を類推適用して、発生した損害のうち7割を控訴人に負担させるのが相当である（電通事件　東京高裁平成9年9月26日労判724-13）。

⑤　うつ病の罹患には、患者側の体質、気質、性格等の要因が関係しているところ、Aは仕事に厳格で、几帳面、完全志向、責任感が強く、常に仕事に前向きに向かうという姿勢で臨んでいたもので、Aにこのようなうつ病親和性が存したことが、結果として仕事量を増大させ、より時間が必要になり、更には自己の責任とはいえないものまで自己に抱え込み責任を感じて思い悩む状況を作り出した面は否定できないこと（もっとも、一般社会では、このような性格は通常は美徳ともされる性格、行動傾向であり、これをあまり重視すべきではない。）、Aは、社内的には、労働基準法第41条第2号の「管理の地位にある者」であり、原則として労働時間の拘束を受けず、自ら労働時間の管理が可能であったのに、課長からの担当の仕事を引き受けようかとの申出を断る等、適切な業務の遂行、時間配分を誤った面もあり、更にAが毎晩相当量のアルコールを摂取し、そのため時間を費やしたことが睡眠不足の一因となったこと等から、A

にもうつ病罹患につき、一端の責任がある(川崎製鉄水島製鉄所事件　岡山地裁倉敷支部平成10年2月23日労判733-13)。

イ　**嫌がらせやいじめによる精神障害の発症などに関する裁判例**

① いじめにより心因反応を生じ、自殺に至ったが、いじめがあったと認められるのは平成7年11月ころまでであり、その後、職場も配転替えとなり、また、同月から医師の診察を受け、入通院をして精神疾患に対する治療を受けていたにもかかわらず、これらが効を奏することなく自殺に至ったものである。これらの事情を考慮すると、本人の資質ないし心因的要因も加わって自殺への契機となったものと認められ、損害の負担につき公平の理念に照らし、損害額の7割を減額するのが相当である(川崎市水道局事件　横浜地裁川崎支部平成14年6月27日労判833-61)。

② いじめに対する対処方法は自殺が唯一の解決方法ではなく、自殺を選択したのはTの内心的要因による意思的行動である面も否定できないことなど諸般の事情を考慮すれば、Tに対する本件いじめ及びそれによってTが自殺したことによってTが被った精神的苦痛を慰謝する金額は、1000万円をもって相当と認める(誠昇会北本共済病院事件　さいたま地裁平成16年9月24日労判883-38)。

(3) 労働者本人の基礎疾患

労働者本人の基礎疾患が精神障害を発症させた要因の1つであると判断した次のような裁判例があります。

① うつ病に罹患し、悪化するに至ったことにつき、Dのてんかんの既往症が影響していることは否定し難い。また、本人は、他の医師から再三勧められたにもかかわらず、精神科医による診察を受けなかったことが、うつ病を悪化させ自殺するに至らせた。かかる事情について、病状を考慮すると、直ちに過失があると評価することはできないものの、本件に

おける損害賠償額を算定するにあたっては、これを全面的に被告の負担に帰することは公平を失するから、民法722条2項の規定を類推適用して損害額から相当額を控除するのが相当であり、本件においては、損害額の30％を減額するのが相当である（積善会（十全総合病院）事件　大阪地裁平成19年5月28日労判942－25、大阪高裁平成20年8月28日）。

② 自殺が所長の素因（精神疾患）に主たる原因がある。以上を比較考慮すると、その損害を算定するに当たり、過失相殺により、損害の7割を減額するのが相当である（みくまの農協（新宮農協）事件　和歌山地裁平成14年2月19日労判826－67）。

(4) 労働者本人が精神障害防止のための措置を十分行わなかったこと

労働者本人が精神障害防止のための措置を十分行わなかったことが精神障害を発症させた要因の1つであると判断した次のような裁判例があります。

① うつ病罹患の前あるいは直後には、Aは精神科の病院に行くなり、会社を休むなどの合理的な行動を採ることを期待することも可能であったにもかかわらず、これをしていなかったことなどの諸事情が認められ、これらを考慮すれば、Aのうつ病罹患ないし自殺という損害の発生及びその拡大について、Aの心因的要素等被害者側の事情も寄与しているから、発生した損害のうち7割を控訴人に負担させるのが相当である（電通事件　東京高裁平成9年9月26日労判724－13）。

② Aは家庭内ではうつ病によると見られる異常言動があったものの、会社内では特段の異常言動が認められなかったこと、Aは病院で服薬を指示され、投薬後微熱及び寝汗の症状が改善されていないにもかかわらず、医師にその旨を申し出ず、自らの判断で受診を中断したことを考慮すれば、Aのうつ病罹患ないし自殺という損害の発生及びその拡大

について、被害者側の事情も寄与している（川崎製鉄水島製鉄所事件　岡山地裁倉敷支部平成10年2月23日労判733-13）。

(5) 労働者本人の不正行為

労働者本人の不正行為が精神障害を発症させた要因の1つであると判断した次の裁判例があります。

> 上司による叱責等はAが行った不正経理に端を発することや、上司に隠匿していた不正経理がうつ病の発症に影響を及ぼしたと推認できることは明らかであり、これらの事情は損害の発生又は拡大に寄与した要因である。そして、一連の経緯の発端、東予営業所に関する経営状況、Aの上司の叱責等の内容、Aが隠匿していた不正経理の総額とそこに至った事情などを総合的に考慮すると、Aにおける過失割合は6割を下らない（前田道路事件　松山地裁平成20年7月1日労経速2013-3）。

6　家族の責任

労働者の精神障害の発症には、家族の対応などが大きく影響している場合があります。

ただし、業務の負担が過重であったために生じた精神障害の発症などについて、被災者が独立の社会人として自らの意思と判断に基づき被告の業務に従事していた場合には、同居している家族も、その勤務状況を改善する措置を採り得る立場にあったとは、容易にいうことはできない（電通事件　最高裁第二小法廷平成12年3月24日労判779-13）と解されています。これに関しては、次のような裁判例があります。

(1) 家族が労働者本人の健康状況などを使用者や医師などに連絡しなかったこと

家族が労働者本人の健康状況などを使用者や医師などに連絡しなか

ったことが精神障害を発症させた要因の1つであると判断した次のような裁判例があります。

① Aや妻が医師に対し、自殺未遂の話を打ち明けていれば、医師は将来再度自殺を図る危険性があると判断し、もっと強力に自殺を防止する措置を採ったものと認められる。しかるに、Aや妻が医師に自殺未遂の話をしなかったのであるから、自殺による死亡という結果が生じたことについて被害者側にも落ち度があった。したがって、民法722条により、本件不法行為による損害賠償額を算定するに当たってはこの事情も斟酌すべきである。そして、損害額から8割を控除し、残余の2割について賠償させるのが相当である（三洋電気サービス事件　東京高裁平成14年7月23日労判852−73）。

② 勤務環境を改善し得る立場にあったとは認められないものの、家族としてAの症状に気付いて対処すべきであり、組合が勤務環境に対して相当な配慮をなしていたことからみると、精神疾患に罹患したと認められるころにおいても、異変に気付いた家族の者から、その旨連絡がなされれば、組合において相応の対処がなされた。以上を比較考量すると、損害の7割を減額するのが相当である（みくまの農協（新宮農協）事件　和歌山地裁平成14年2月19日労判826−67）。

(2) 家族が精神障害防止のための措置を十分行わなかったこと

家族が精神障害防止のための措置を十分行わなかったことが精神障害を発症させた要因の1つであると判断した次の裁判例があります。

① Aや妻が強く申し出れば、退職することや休暇をとることも可能であったと考えられ、主事試験についても受験するかどうかは本人の任意であるから、どうしても断ることができなかったというものではない。しかるに、妻は結果的には退職や休暇について上司の説得を受け入れる形になったから、自殺による死亡という結果が生じたことについて被害者側にも落ち度があった。したがって、損害額から8割を控除し、残余の2割に

ついて賠償させるのが相当である(三洋電気サービス事件　東京高裁平成14年7月23日労判852-73)。
② 　妻はAの長時間労働の実態を認識し、その異常言動に気付いていたにもかかわらず、単に会社を休むようにいったり、病院に行くよう勧めただけで、専門医の診察を受けさせる等適切な対応を怠ったこと、Aの健康を考え、アルコールを止めさせて睡眠を十分とらせるべきであったにもかかわらず、アルコールを止めさせなかったこと等の諸事情(原告にはAのうつ病罹患及び自殺について予見可能性があり、Aのこの状況等を改善する措置を採り得たことは明らかで、かような場合、原告らがAの相続人として請求する損害賠償の額及び原告が請求する損害賠償の額につき、原告の事情を斟酌することは許される。)が認められ、これらを考慮すれば、Aのうつ病罹患ないし自殺という損害の発生及びその拡大について、Aの心因要素等被害者側の事情も寄与しているから、発生した損害の5割を被告に負担させるのが相当である(川崎製鉄水島製鉄所事件　岡山地裁倉敷支部平成10年2月23日労判733-13)。
③ 　Aの両親も、Aの勤務状況、生活状況をほぼ把握しながら、これを改善するための具体的措置を採ってはいないこと(被控訴人らは、Aの両親として独身のAと同居し、Aの勤務状況等をほぼ把握していたから、Aのうつ病罹患及び自殺につき予見可能性があり、また、Aの状況等を改善する措置をとり得た。そして、このような場合には、たとえAが成人で社会的に独立していても、被控訴人らがAの相続人として請求する損害賠償の額につき、被控訴人らの事情を斟酌することは許される。)などの諸事情が認められ、これらを考慮すれば、Aのうつ病罹患ないし自殺という損害の発生及びその拡大について、Aの心因的要素等被害者側の事情も寄与しているから、発生した損害のうち7割を控訴人に負担させるのが相当である(電通事件　東京高裁平成9年9月26日労判724-13)。

(3) そのほかの家族の行為

そのほかの家族の行為が問題となった次の裁判例もあります。

> 妻は、飲食店においてBにAのことを相談した翌日、Aを会社に送り出し、会社までAの後を尾行した上、Bに対し、会社前で躊躇するAを社屋へ連れ込むよう依頼し、Bから事後報告を受けたこと、妻は、Aに対し、Aが自殺未遂に利用した自動車をそのまま使用させたこと、妻、上司及びBは、飲食店において話し合った際、Aの勤務を継続させる方向で一致し、翌日、原告ら方においてAの勤務を継続させるべくAを説得したこと、妻は、Aに対し、診断書の提出を確認することもなく、退職届の処理も任せており、その文面上の宛先であった者に提出することもしなかったこと、長女が使用する自動車を被告会社の関連会社からリースで購入したり、上司に対し中元や梨を届けたり、特別休暇を利用した海外旅行を計画したこと、A及び原告らは、自殺未遂や診断書を撤回したことを医師に報告せず、定期的な通院をしなかったこと、Aは、自己の悩みを他人に率直に相談することはなかった本件のような事案において、以上の事実を直ちに過失といえるかは問題があるが、以上の事実は原告らの領域で生じたことであり、自殺者本人を支える家庭の重要性を考慮すると、信義則上相殺すべきであり、その割合は5割と認めるのが相当である（三洋電気サービス事件浦和地裁平成13年2月2日労判800-5）。

第6部

労働者の安全と健康を確保するために使用者が行うべきそのほかの措置

第20章
労働者の安全と健康を確保するために使用者が行うべきそのほかの措置

「労働者の安全と健康を確保するために使用者が行うべきそのほかの措置」
のポイント
1 寮や宿泊施設に寄宿する労働者の安全や健康の確保
2 職場などでの暴力行為などの防止
3 職場などでの受動喫煙による健康被害の防止
4 健康診断に関する措置
5 負傷や疾病による休職などからの復職

「労働者の安全と健康を確保するために使用者が行うべきそのほかの措置」のポイント

1　労働災害や職業性疾病、業務に起因する脳・心臓疾患や精神障害の発症などを防止するほか、使用者は労働者の安全と健康を確保するために、①寮や宿泊施設の施設や設備を整備することなどにより、寄宿する労働者の安全や健康の確保、②職場などでの暴力行為などの防止、③職場などでの受動喫煙による健康被害の防止のための措置を行わなければならない。

2　使用者は、①寮居住者が容易に帰寮できるような方法を確立しておく義務や②宿舎の居住者に対し、宿舎の設置管理に関する安全配慮義務、③入寮者が通常期待できる看護を受け療養することができるよう配慮すべき義務などを負っている。

3　従業員が暴行、傷害、脅迫などの危害を加えられることが予見される場合、使用者は、それを防止するために必要な措置を講ずべき義務を負っている。

4　使用者には、労働者の業務の遂行に伴う受動喫煙による健康への悪影響が生じていないか、個々の労働者の健康状態を定期的に診断するなどして、労働者が受動喫煙によりその健康を害することのないように配慮し対応すべき義務がある。ただし、安全配慮義務の不履行または不法行為に基づく損害賠償義務を負うというためには、労働者において、使用者に対しその業務の遂行における受動喫煙による体調の変化を具体的に訴え、使用者が、その健康診断により、労働者に受動喫煙による健康への悪影響を生じていることを認識し得たのにもかかわらず、これを漫然と放置したために、労働者に受動喫煙による健康被害の結果が生じたものと認められる場合であるとする裁判例がある。

> 5　使用者には、労働者の健康状態が不良かまたはその疑いがある場合は遅滞なく労働者に健康診断の結果を告知すべき義務がある。
> 6　使用者には、負傷や疾病により休業していた者を復職させる際にも、復職後の業務が負傷や疾病を再発、増悪せしめることのない様に配慮すべき義務がある。

労働災害や職業性疾病、業務に起因する脳・心臓疾患や精神障害の発症などを防止するほか、使用者は労働者の安全と健康を確保するために次のような措置を行わなければなりません。

① 　寮や宿泊施設の施設や設備を整備することなどにより、寄宿する労働者の安全や健康を確保すること。
② 　職場などでの暴力行為などを防止すること。
③ 　職場などでの受動喫煙による健康被害を防止すること。
④ 　労働者の健康状態が不良かまたはその疑いがある場合は遅滞なく労働者に健康診断の結果を告知すること。
⑤ 　負傷や疾病により休業していた者を復職させる際にも、復職後の業務が負傷や疾病を再発、増悪せしめることのないように配慮すること。

1　寮や宿泊施設に寄宿する労働者の安全や健康の確保

　事業附属寄宿舎に関しては労働基準法などによる規制を受けます（第2章140～143頁参照）が、このほかに、使用者は、寮居住者が容易に帰寮できるような方法を確立しておく義務（寮生転落死事件　大阪地裁平成9年5月12日判時1626－102）や宿舎の居住者に対する、宿舎の設置管理に関する義務（道園会事件　東京地裁昭和59年6月26日労判443－71）、入寮者が通常期待できる看護を受け療養することができるよう配慮すべき義務（日産自動車事件　東京地裁昭和51年4月19日判時822－3）

などを負っていると解されています。これに関して、次のような裁判例があります。

(1) 寮生の転落

　寮生活を義務づけられた未成年の従業員が、入口が施錠された後に雨樋づたいに3階の窓から部屋に入ろうとして転落し、死亡したことに関し、安全配慮義務違反が認められた次の裁判例（寮生転落死事件　大阪地裁平成9年5月12日判時1626－102）があります。

ア　使用者が行うべき措置

> 　被告は、本件建物の2階を従業員の寮として利用していたものであるが、寮には中学を卒業したばかりの従業員が入寮することになっており、まだ遊びたい盛りの若者もいたこと等を考えれば、そのような寮居住者が1階入口施錠後に帰寮したような場合には、1階入口以外の危険な場所から本件建物内に侵入しようとし、その結果、怪我等をすることも十分ありうるところであったから、被告としては、施錠後に帰寮した場合でも1階入口以外の危険な場所から本件建物内に侵入するような危険な行動をとらないよう十分注意するとともに、旋錠時刻を帰寮可能な時間にきちんと定め、それまでに帰寮するよう指導教育するとか、あるいは、営業終了時刻がまちまちで施錠時刻を定めにくいというのであれば、施錠後でも寮居住者が容易に帰寮できるような方法を確立しておく安全配慮上の義務があった。

イ　危険の予見

> 　被告は、Bが雨樋を伝って本件建物3階から入ろうとすることはおよそ予見できなかった旨主張するが、安全配慮義務違反の予見可能性としては、寮居住者が2階以上の窓から本件建物に侵入し、その結果、怪我を負うこともありうることを予見できれば十分であるところ、寮居住者の年齢等に照らせば、その程度の予見であれば可能であったうえ、殊に本件にお

いては、Aの件があり、より予見は容易であったから、被告の主張は採用できない。

ウ　結果の回避

　一定の施錠時刻を定めて予め寮居住者に知らせることなく、被告経営者家族らの都合で日々まちまちの時刻に寮居住者の帰寮の有無を確認することなく施錠し、施錠後の帰寮者に対し危険な行動をとらないよう注意することもなく、また、AがBを含む寮居住者に対し、従業員教育とはいってもいささか度を超えた厳しい叱責を繰り返していたため、寮居住者に1階入口からの帰寮をためらわせる状態を作り出し、もって安全配慮義務に違反した。また、1階入口の窓際に就寝しているAらは、寮居住者が施錠後に帰寮した場合でも、寮居住者が窓ガラスを叩くなどして帰寮したことを知らせれば開扉していたこと、本件事故当日、日頃Bに対して叱責を行っていたAは旅行のため外出中であり、1階入口付近にはCが就寝していたこと、本件事故当日、Dが1階入口の窓ガラスを叩いて開扉してもらおうとしたが、Bはこれを制止し、いつも雨樋を登って3階から寮に入っている旨Dに伝えて3階から寮に入ろうとしたこと、Bらが帰寮した午前1時30分ころには、本件建物の2階の他の従業員の部屋の電気がついており、Bらが階下からこの従業員に声をかければ1階入口を開扉してもらうことも可能であったことなどの事情も認められるが、本件事故は、AのBに対する度重なる叱責が、Bに1階入口からの帰寮をためらわせる状態を作り出していたことに一因があること、従業員の身であるBが、深夜という時間帯に、被告の代表取締役であるCら家族を起こして1階入口を開扉してもらうことは必ずしも容易な帰寮方法であったとはいえないこと、本件建物の2階にいた他の従業員に一階入口を開扉してもらう場合、従業員を呼ぶ声や従業員に1階入口を開扉してもらった際の騒々しさで、1階入口付近で就寝しているCら家族を起こしてしまう可能性もあったことなどを考慮すれば、この事情をもって被告の安全配慮義務違反に基づく責任を否定すること

はできない。

(2) 寮の火災
ア 使用者の民事責任が認められた裁判例
　病院の寄宿舎で就寝中の看護婦が寄宿舎の火元責任者の失火によって焼死したことについて使用者の民事責任が認められた次の裁判例(道園会事件　東京地裁昭和59年6月26日労判443-71)があります。

1) 寄宿舎の性格と使用者の安全配慮義務
　被告は本件宿舎をA病院の霊安室として利用するほか、同病院で働く事務員及び看護婦の宿舎として設置管理しているものであるが、医師・看護婦等病院に勤務して医療に直接従事する者の労働が、その職務の性質上、しばしば深夜ないし早朝にまでわたることが避けられないこと、及び緊急時には、勤務時間外においても仕事に従事することを余儀なくされざるを得ないところであり、特に病院においては、災害発生時等不測の事態が発生した際の入院患者保護のため、物的、人的両面からする防災設備の完備は、病院事業の経営上不可欠である(医療法20条ないし24条、消防法8条、8条の3、17条、建築基準法2条、35条参照)。そして、同宿舎の居住者は、病院内に緊急事態が発生した場合は本部に集合して防災活動に従事するとともにA病院自衛消防隊(夜間)の救出救護班、消火班、防護安全係として重要な役割を担うことが予定されている(ところが、A病院においては、消火班は寄宿舎居住者と夜警をもって組織されるべきであるのに、本件事故当時夜警は特に配備されていなかったから、結局同病院での夜間の火災に対する消火活動は、寄宿舎居住者にのみ期待されていた)から、本件宿舎は、単に看護婦に対する便宜供与の目的で設置されただけのものではなく、被告の事業の本質と密接かつ有機的に関連し、看護婦らからの労務の提供及び被告の受領を容易ならしめるための施設としてすなわち被告の行う病院事業経営のための必要不可欠

な設備として、設置、管理されていた。そうである以上、被告がその被用者たる看護婦である本件宿舎の居住者に対し、本件宿舎の設置管理に関して安全配慮義務を全うすべきものである。

2）安全配慮義務

　初期消火には非常に重要と思われる消火栓は、人の居住する老朽木造建物である本件宿舎に設置されていないばかりか、本館に設置された消火栓も、自動火災通報装置と消火栓の起動装置との連動という重要な点について度々欠陥が指摘されながら、何らの対策を講ぜず、そのため本件火災の際においてもこれが何ら有効に機能しなかったこと、また、消火器についても数は少なく、更に度々は再充填の指示がなされていることからすれば、被告は、一応の消火設備は備えていたといえなくはないにもせよ、その日常の管理においては重大な手落ちがあり、更に、B、Cが、その出火に気づいた初期の段階に、備付けの消火器と設置に係る消火栓を使用した有効な初期消火を行っていたならば、火災は速かに鎮火してDは本件事故により焼死するに至らなかったから、この手落ちは、B、Cらの本件出火に対する不適切な対応と相まって、本件事故の原因をなしており、両者の間には、法律上のいわゆる相当因果関係が存するもので、この落度の存することにおいて、被告には安全配慮義務違反があった。

イ　使用者の民事責任が認められなかった裁判例

　年末休暇中の寮の火災により精神薄弱の従業員が焼死したことについて使用者の民事責任が認められなかった次の裁判例（小西縫製工業事件　大阪高裁昭和58年10月14日労判419-28）があります。

1）安全配慮義務

　本件の如く、精神薄弱者が会社敷地内の寮に住込みで稼働する場合には、精神薄弱者は正常者に比較して判断力、注意力、行動力が劣るも

のであるから、会社施設の火災など不測の事態が発生したような場合、それが仮令休暇中当該寮から発生したものであっても精神薄弱者の生命、身体を危険から保護するため、その精神薄弱の程度に応じた適切な方法手段によって安全な場所に避難させ、危難を回避することができるようにする安全配慮義務がある。

2）危険の予見と結果の回避

　本件の事案は、精神薄弱者であるAが、火災報知機の警報機の作動と機を一にして寮から第二工場を通り第一工場まで出てきて、たまたま出社していたBに対し火事の発生を知らせ、その後一旦火災現場近くに戻ったものの、消火活動をしていたBから、未だ火勢が強くない段階で、火災の現場である第二工場から反対方向の出口を指さされ外に出るように指示され、一旦は外に出たものの、出火現場は反対方向の、Bの指示した出口よりさらに遠い第三工場に立戻り、同所で焼死した。しかも、Aは精神薄弱者ではあるが軽度であって、IQ65ないし70であり、小学生3、4年程度の知能を有しており、五体健全であって避難に介護を要することなく避難能力を有していること、現に火災発生とともに第一工場まで出て来た後Bの指示に従って外に出ていること、他方Bは現に消火活動に従事しており、また当時工場にはBの外にはC専務しかおらず、まして初期消火の段階であって未だ火勢が弱く危険な状況ではなかったこと、そして精神薄弱者であるが故に予期しない行動に出るおそれのあることを予想することはできないこと、さらにはAが避難した後になお工場内にいた小学生4年生と1年生の子供が無事に避難していること、またAは一旦外に出たにもかかわらず再び工場内に立戻っているのであって、仮にBが現実にAを工場外に連れ出したとしても再び工場に立戻ることも考えられないではないことに照らせば、Bはたまたま休日に出勤してきた社員であって会社の安全配慮義務についての履行補助者といえるかはさて置くとしても、Bには、消火活動を中止してAを外に連れ出す義務は存しない。またBは自身が工場

外に退去した際にAが安全に避難したことを確認してはいないが、Aは未だ安全な時期に外に出たのであって、従業員や消防署員や警察官までもが丸一日かかって工場内を除きAを探していたことに照らせば、通常の注意義務をもってしてはAが工場内に立戻ることは予想し得ないから、Bには、Aが再び工場内に立戻ることまで予測する義務は存しない。Aが既に安全に避難しているものと考えAの避難の確認をしなかったこともやむを得ない。以上のとおり、仮にBには会社の安全配慮義務についての履行補助者としての責任があるとしても、Bがこの状況のもとにAに対してなした処置に義務違反はないから、他に会社の債務不履行につき主張立証のない本件においては、会社の安全配慮義務違反はない。また、被控訴人らは控訴人の不法行為責任を追及するが、BにAを安全に保護すべき注意義務があるか否かはさて置くとしても、Bの避難誘導に過失は存しないから、控訴会社にはBの使用者としての不法行為責任はない。

(3) 入寮者の病気

　工場独身寮の入寮者の病死について使用者の民事責任が認められた次の裁判例（日産自動車事件　東京地裁昭和51年4月19日判時822-3）があります。

ア　寄宿舎の性格と安全配慮義務

　村山寮は、被告会社の事業運営に密接不可分な関連性を有する労働基準法にいわゆる「事業の付属寄宿舎」ではなく、会社の福利厚生施設として建設された共同住宅といわざるを得ない。しかしながら、村山寮は村山工場の敷地内にあって、そのうち5棟が独身寮であり、会社が村山寮に居住する従業員のうち無断欠勤をした者に対し寮管理人を通じ出勤を促していることに照らすと、村山寮は会社の事業運営に少なからず関連性を有している。そのうえ、Aは、高等学校卒業後初めて茨城県新治郡の親元を離れて寮生活にはいり、独身かつ未成年者であった。また、会社が

新規採用内定者の父兄に対する説明会を開催した際、担当者が父兄に対し採用者の生命および身体の安全確保に十分努める旨述べている。このような村山寮の機能・目的・入寮者の年令等の事実関係に照らして考察すると、被告会社は、寮の物的人的設備を整備し、仮に入寮者が勤務と関係ない原因に基づき発病した場合であっても（A発病の原因が勤務に起因するかどうかについては立証がないが、Aが専ら自己の不摂生により発病したことについても立証がない）、入寮者との間の雇傭契約に附随する信義則上の義務として、入寮者が通常期待できる看護を受け療養することができるよう配慮するべき義務がある。従って、寮設置者（会社）の履行補助者であるB管理人は、本件においては、担当医師Cの指示を忠実に守り錠剤（抗生物質）を指示されたとおりAに服用させ、Aの病状の推移を的確に把握できる態勢を確立するよう措置し、病状悪化に際しては直ちに担当医師に連絡をしてその指示を受けて行動し、不測の事態発生を未然に防ぐことができるよう配慮をすべき義務がある

イ　安全配慮義務

　会社の履行補助者であるB管理人は、C医師から指示された抗生物質（錠剤）を指示された時刻にAに服用させる努力を怠り、Aがこの状態のもとで第二回目以降の錠剤の服用を拒否しているのに医師の指示を受けて行動をするなどの措置をとることなく、さらに同室者（D）が夜勤のため1人で夜を過ごさなければならないことを知りながら、同僚をAと同室させるなどの配慮をすることなく、近くの在室者にAの容態を説明しその動静に注意してくれるよう協力を求めることもしないで、Aを414号室に1人で残したまま退室した。してみれば、会社は、少なくともこの点において、入寮者（A）発病の場合に、入寮者に対しこれを看護し療養することができるよう配慮すべき義務（会社とA間の雇傭契約に附随する信義則上の義務）を履行しなかった。

2 職場などでの暴力行為などの防止

　従業員が暴行、傷害、脅迫などの危害を加えられることが予見される場合、使用者は、それを防止するために必要な措置を執るべき義務(安全配慮義務)を負っています(東京育毛会社事件　東京地裁平成11年4月2日労判772-84)。これに関して、次のような裁判例があります。

(1) 職場の同僚、上司などからの暴行
ア　シルバー人材センターに関する裁判例
　シルバー人材センターの会員が就業中に副班長に殴打されて負傷したことについて使用者の民事責任が認められた次の裁判例(大阪市シルバー人材センター事件　大阪地裁平成14年8月30日労判837-29)があります。

1)シルバー人材センターの行うべき措置

　シルバー人材センターと会員との関係は請負契約であったところ、請負人は、その判断と責任において仕事を遂行するのが原則であるから、注文者との間には使用関係はないのが通常であるが、注文者が請負人を直接間接に指揮監督して工事を施工させているような場合には、注文者と請負人の間には実質的な使用関係があるものとして、請負人の不法行為について、注文者は使用者責任を免れない。シルバー人材センターとしては、会員への就業機会の提供が請負契約によるからといって、単に会員に仕事を請け負わせるだけではなく、高齢者である就業会員が安全に仕事ができるように環境整備を図る必要があるうえ、集団的作業の現場においても、就業会員一人一人が勝手な作業をしないように秩序を保ち、相互に協力しあって円滑に仕事を進めさせ、仕事の質も良好に保つことによって関係取引先からの仕事の発注を維持拡大し、会員の就業機会と組織の財政基盤とを確立して、高齢者福祉の一翼を担うという使命を果たす必

要があった。

2) 暴行と事業の執行

　暴行が、使用者の事業の執行行為を契機とし、これと密接な関連を有すると認められる行為であるときは、その暴行は、使用者の事業の執行につき加えた損害に当たる。本件殴打事件の契機は、班長代行が、作業の指導という、シルバー人材センターに対して負っている班長としての任務を執行しようとした際に、これを聞き入れないかのような態度を示したことを契機として発生したものであり、シルバー人材センターの事業の執行につきなされた。本件殴打事件は、職務を離れた個人的な感情のもつれに起因するものではないから、事業執行性を完全に否定することは困難である。

イ　同僚からの暴行行為に関する裁判例

　同僚から暴力行為を受けたことについて使用者の民事責任が認められた次の裁判例（青木鉛鉄事件　東京高裁昭和57年10月27日判時1059-71）があります。

　被控訴人の傷害は、控訴人Xが、控訴会社の工場内で就業時間中にその事業執行の過程において、作業の内容、方法についての被控訴人との意見の食い違いから、暴力を振るって加害行為に及んだため、これにより生じたから、控訴人Xが控訴会社の事業を執行するにつき被控訴人に対してした暴行により生じた。

ウ　アルバイトに関する裁判例

　アルバイト労働者が正職員から暴力を受けたことについて使用者の民事責任が認められた次の裁判例（郵政省職員事件　東京地裁昭和51年3月31日判タ344-253）があります。

　職責上部下の指揮、監督に当るA主事には、人的面においても職場内の秩序を維持する責任があるから、職場の秩序を紊乱する職員間の喧

嘩口論、闘争に至っては、もとよりこれを未然に防止する職務上の義務がある。したがって、A主事としては、被告Yの何でもないという言葉をうのみにせずに、直ちに両者に対し持場に復帰するよう命ずるとか、あるいは両者が洗面所の方へ歩き出した際に、不審に思ったからには直ちに制止させ詰問する等し、少なくとも原告が洗面所に赴く理由を問い質し、正当な理由がなければ持場に帰るよう注意する等し、喧嘩闘争を未然に防止すべきであった。しかるにA主事は、かかる処置を何ら講じないから、監督者として要求される注意義務を怠った。そして、かかる処置をなしていたならば、本件の喧嘩闘争を防ぐことができた。そうすると、A主事のこのような不注意も重なって、原告らの喧嘩闘争に発展したから、被告国もやはり民法715条に基づき、原告の被った損害を賠償する義務がある。

(2) 顧客からの暴行

ア　使用者の民事責任が認められた裁判例

　ホテルの楽団演奏員が泊り客から暴行を受けたことについて使用者の民事責任が認められた次の裁判例(豊商事事件　名古屋地裁昭和58年11月30日判タ520-184)があります。

> 安全配慮義務の中には、業務上の災害が発生した場合には災害の拡大や災害による損害の発生・拡大をできる限り防止する措置をとるべき義務も含まれる。

イ　使用者の民事責任が認められなかった裁判例

　顧客から暴行、傷害、脅迫などの危害を加えられたことについて使用者の民事責任が認められなかった次の裁判例(東京育毛会社事件　東京地裁平成11年4月2日労判772-84)があります。

> 従業員が顧客から暴行、傷害、脅迫等の危害を加えられることが予見される場合、使用者は、それを防止するために必要な措置を執るべき義務(安全配慮義務)を負う。これを本件について検討するに、傷害事件発

> 生前は、Cが原告に危害を及ぼすことを会社が予見し得る状況にあったとまでは認めがたいから、会社に何らかの措置を執るべき義務が生じていたと認めることは困難である。他方、傷害事件発生後は、その後の危害防止のために会社が必要な措置を執るべき義務が生じていた。原告は、会社の執るべき措置として、営業店舗内に警報設備を備えること、原告に警報装置を常備させることを挙げている。しかし、Cの行動が電車の中にまで及び、原告が「痴漢です」と叫んでもひるまず、かえって暴力をエスカレートさせるなどしていたことからすると、会社が原告主張の措置を執ったとしても、被害を防ぐことは困難であったと考えられ、結局は、会社の執った方法によらざるを得なかった。そうすると、会社が原告主張の措置を執らなかったからといって、会社に安全配慮義務違反があったとは認められない。

(3) 外部の侵入者による暴行

ア　宿直勤務中の者に関する裁判例

宿直勤務中の新入社員が、窃盗目的で来訪した元同僚に殺害されたことについて使用者の民事責任が認められた次の裁判例(川義事件　最高裁第三小法廷昭和59年4月10日労判429－12)があります。

1）使用者が行うべき措置

> 会社は、A1人に対し24時間の宿直勤務を命じ、宿直勤務の場所を本件社屋内、就寝場所を同社屋1階商品陳列場と指示したから、宿直勤務の場所である本件社屋内に、宿直勤務中に盗賊等が容易に侵入できないような物的設備を施し、かつ、万一盗賊が侵入した場合は盗賊から加えられるかも知れない危害を免れることができるような物的施設を設けるとともに、これら物的施設等を十分に整備することが困難であるときは、宿直員を増員するとか宿直員に対する安全教育を十分に行うなどし、もって物的施設等と相まって労働者たるAの生命、身体等に危険が及ばないよう

に配慮する義務があった。

2）危険の予見

　本件社屋には、昼夜高価な商品が多数かつ開放的に陳列、保管されていて、休日又は夜間には盗賊が侵入するおそれがあったのみならず、当時、会社では現に商品の紛失事故や盗難が発生したり、不審な電話がしばしばかかってきていたのであり、しかも侵入した盗賊が宿直員に発見されたような場合には宿直員に危害を加えることも十分予見することができた。

3）安全配慮義務

　会社では、盗賊侵入防止のためののぞき窓、インターホン、防犯チェーン等の物的設備や侵入した盗賊から危害を免れるために役立つ防犯ベル等の物的設備を施さず、また、盗難等の危険を考慮して休日又は夜間の宿直員を新入社員1人としないで適宜増員するとか宿直員に対し十分な安全教育を施すなどの措置を講じていなかったから、会社には、Aに対する安全配慮義務の不履行があった。会社においてこのような安全配慮義務を履行しておれば、本件のようなAの殺害という事故の発生を未然に防止しえたから、この事故は、会社の安全配慮義務の不履行によって発生した。

イ　自衛隊に関する裁判例

　自衛隊員が自衛隊員を装った過激派活動家によって駐とん地内で刺殺されたことについて使用者の民事責任が認められた次の裁判例（陸上自衛隊朝霞駐屯隊事件　東京高裁昭和58年12月23日判時1070−29）があります。

1）危険の予見

　戦術の専門家である駐とん地司令は、過激派活動家の活動状況、とくに自衛隊駐とん地への度々の侵入、自衛隊の制服、階級章等が入手容易であったこと、本件駐とん地において徒歩の幹部自衛官及びその随従者は制服を着ている限りは身分証明書の呈示を要しなかったこと等の事実から、過激派活動家の本件駐とん地に対する幹部自衛官の制服着用による不法侵入を予想するのは可能であり、予想すべきであった。

2）使用者の行うべき措置

　数百名の多きに達する幹部自衛官を擁していた本件駐とん地の状況に鑑み、営門の警衛勤務者に対して、直属の上司等面識のある幹部自衛官以外の者については、幹部自衛官の階級章を付け制服、制帽を着用して外観上幹部自衛官と見える者に対しても、営門を出入りする際、原則として身分証明書の提示を求めて身分の確認を徹底させるようにし、また、陸上自衛隊服務細則134条1項7号及び9号による営門出入者の所持する私物品、出入車両及び搬出入物品の点検に関し、朝霞駐とん地警衛勤務規則に具体的な警衛勤務要領を定めまたはこれについて適切な指示、命令をし、もって、自衛隊幹部でない者が自衛隊幹部の制服を着用し幹部をよそおって営門から不法侵入することがないように営門の出入を管理すべき注意義務があった。また、駐とん地警衛勤務者は、警衛に関する陸上自衛隊服務規則62条3項等の規定及び指導された警衛方法を順守、活用し、不法侵入者の発見、阻止に努めるべきであり、本件事故当時、本件駐とん地正門警衛勤務者は、営門出入者の取扱いとして、制服、制帽階級章によって幹部自衛官及びその随従者と認めた場合に、徒歩であるときはそれらの者に身分証明書の提示を求めて身分確認を行うことまで要求されていなかったとしても、A及びBの同乗してきたレンタカーが本件駐とん地各部隊等所属以外の部外車両であり、駐とん地内使用許可証または車友会発行のステッカーを掲示しておらず、また、前後の

ナンバープレートの番号が違い、後部のプレートが折曲げられている等入門時刻とあいまって不審の点があったから、Aらに身分証明書の提示を求めて身分を確認し、かつ、レンタカーを点検し、陸上自衛隊服務細則134条1項9号所定の部外車両出入記録簿へ記入すべき注意義務があった。

3）安全配慮義務

　警衛勤務者は、直近の上司である本件警衛司令の指揮下にあったから、警衛勤務者の注意義務の懈怠はその指揮者である本件警衛司令の注意義務の懈怠に基づく。そして、本件警衛司令が注意義務を尽していたならば、Aらが身分証明書を所持せず、しかも右レンタカー前後の車両番号が異なり、その判読を妨害するためナンバープレートを折曲げている事実にも容易に気付き、Aらの挙動とあいまってレンタカー及びA、Bに不審を抱き、必然的に車内及び搬入物品の点検をすることとなり、その結果右両名が過激派活動家であって自衛官に変装し、本件駐とん地内に侵入しようとしていた事実を突き止めこれを阻止することができた。Aらが本件駐とん地内に侵入することがなければ、本件事故が発生しなかった。従って、本件駐とん地司令及び本件警衛司令を履行補助者とする被控訴人には、営門出入の管理を適正にし、もって本件駐とん地内の自衛隊員（動哨勤務中の者を含む。）の生命、身体を危険から保護すべき安全配慮義務につき、債務不履行があった。

3　職場などでの受動喫煙による健康被害の防止

　使用者には、労働者の業務の遂行に伴う受動喫煙による健康への悪影響が生じていないか、個々の労働者の健康状態を定期的に診断するなどして、労働者が受動喫煙によりその健康を害することのないように配慮し対応すべき義務があります（神奈川ハイヤー事件　東京高裁平成18年10月

12日労判943-82)。ただし、安全配慮義務の不履行または不法行為に基づく損害賠償義務を負うというためには、労働者において、使用者に対しその業務の遂行における受動喫煙による体調の変化を具体的に訴え、使用者が、その健康診断により、労働者に受動喫煙による健康への悪影響を生じていることを認識し得たのにもかかわらず、これを漫然と放置したために、労働者に受動喫煙による健康被害の結果が生じたものと認められる場合である(神奈川ハイヤー事件)と解されています。

これに関して、次のような裁判例があります。

ア　使用者の民事責任が認められた裁判例

区職員に関し、「平成8年1月12日から同年3月31日までについてみると、原告は課長に対し、血たん、咽頭痛、頭痛等の受動喫煙による急性障害が疑われること、勤務後受診時には喫煙の指標である呼気中一酸化炭素濃度が高値をとっており、明らかに受動喫煙環境下にあると考えられること、今後同様の環境下では健康状態の悪化が予想されること等が記載された診断書を示して申し出ており、執務室内の分煙状況等に鑑みても、被告としては原告が執務室内においてなお受動喫煙環境下に置かれる可能性があることを認識し得たものと認められるから、医師の指摘を踏まえた上で、原告の健康状態の悪化を招くことがないよう、原告の席を喫煙場所から遠ざけるとともに、自席での禁煙を更に徹底させるなど、速やかに必要な措置を講ずるべきであったにもかかわらず、同年4月1日に原告を異動させるまでの間、特段の措置を講ずることなく、これを放置していたから、被告は原告の生命及び健康を受動喫煙の危険性から保護するよう配慮すべき義務に違反した(江戸川区事件　東京地裁平成16年7月12日労判878-5)。」

イ　使用者の民事責任が認められなかった裁判例

1）タクシー運転手に関する裁判例

　控訴人はタクシーの車内で乗客が喫煙することは禁煙タクシーでない限り許されることを知りながら、タクシー乗務員として勤務していたものであること、被控訴人に受動喫煙についての要望を行ったのは平成15年6月が最初であり、平成16年7月の手紙でも「禁煙タクシー導入」、「事務所内の全面禁煙」の提案のみであって、控訴人が受動喫煙により深刻な被害を受けていることについての具体的な指摘はなく、被控訴人は、原告の健康診断の結果が特に異常なしとされていたことから、診断書が送付されるまで知り得ない状況にあった。そして、被控訴人は、診断書の送付を受けてからは、原告の乗務に際し、原告の体調に配慮し、控訴人を非禁煙タクシーの乗務から外し、禁煙タクシーの準備が調った同年10月2日からは、禁煙タクシーへの乗務をさせ、今日に至っている。そうすると、被控訴人は、控訴人が非禁煙タクシーに乗務することにつき、控訴人が特に異議を唱えることなく乗務し、その体調の不良を被控訴人に明確に訴えることはなく、健康診断の結果にも特に異常がなかったから、安全配慮義務に違反していたとすることはできず、控訴人が診断書により自ら受動喫煙の被害を訴えてからは、事務所においては必要な期間を置いて禁煙とし、タクシー乗務については、その健康状態に配慮して勤務をさせ、禁煙タクシーに乗務させているのであり、控訴人が被害を訴えてから禁煙タクシーを導入するまでの期間等を考慮すれば、被控訴人において、直ちに控訴人を禁煙タクシーに乗務させなかったことが安全配慮義務に違反するとはいえない（神奈川ハイヤー事件　横浜地裁小田原支部平成18年5月9日労判943-84、東京高裁平成18年10月12日労判943-82）。

2）区職員に関する裁判例

　平成7年4月から同8年1月頃までは原告の席までたばこの煙が流れてきていた可能性は否定できないものの、喫煙をめぐる当時の社会情勢の

下で官公署や民間企業において一般的に採用されていた分煙対策が執られていたものと評価できること、また、執務室内における受動喫煙により急性影響が生ずることは否定し難く、原告の自覚する眼の痛み、のどの傷み、頭痛等の症状もその影響であると推認されるものの、受動喫煙の影響はこの程度に留まるものであり、慢性副鼻控炎等の診断結果や頸部椎間板ヘルニアと受動喫煙との因果関係は不明であること、平成7年に原告がした喫煙対策の申し入れは、診断書などを示してなされたものではなく、むしろ受動喫煙を防止するために一般的な喫煙対策を求めるという色彩の強いものであったこと、当時執務室において原告以外に受動喫煙による健康被害を訴えた者がいたことを窺わせる証拠はなく、執務室内の空気環境測定結果が一応ビル管理法基準の範囲内にあったことなどに鑑みると、被告が原告の生命及び健康を受動喫煙の危険性から保護するよう配慮すべき義務に違反したとまではいえない。また、平成8年4月以降についてみると、保健所においては、1階は禁煙、2階の会議室とトイレも禁煙、その他の部分は分煙とするなどの対策が実施されており、被告における分煙対策の先がけとなった職場であること、2階事務室においては、原告の異動前の執務室に比べてそれなりに分煙は守られていたことに加え、喫煙者数が半分程度であったこと、喫煙場所はパーテーション等で区画されていなかったものの、原告は室内の喫煙場所から約19メートル、室外の喫煙場所から約10メートル離れ、たばこの煙が流れてきにくい1番奥に席を指定してもらったこと、平成10年4月にはトイレに禁煙の表示が行われ、吸い殻入れの空き缶が撤去されるとともに、所内に分煙及び禁煙の表示がなされて喫煙対策の周知が図られ、同年7月頃には室外の喫煙場所が廃止され、平成11年4月からは室内の喫煙場所も廃止され、喫煙はベランダのみで行うとの分煙対策が更に進められたこと、原告が保健所配属期において、受動喫煙による急性障害がなお残存しているとか、その急性障害が更に悪化したといった診断書を提示した形跡はなく、原告がした喫煙対策の申入れも受動喫煙に関する一般的な知見を示してなされ

たものであったこと、被告が平成8年当時既に実施済みであった分煙対策に加え、座席配置の変更、保健所長による相談等を経ながら原告に対応しつつ、更に平成10年以降、禁煙原則に立脚した分煙対策を推進したことなどに照らせば、被告が原告の生命及び健康を受動喫煙から保護するよう配慮すべき義務に違反したとはいえない（江戸川区事件　東京地裁平成16年7月12日労判878－5）。

3）簡易保険事務センター職員に関する裁判例

　本件センターにおいては、各階に喫煙室が設けられ、平成10年3月ころを境に、喫煙者は、換気装置を設けた喫煙室（及び食堂の喫煙席）でのみ喫煙をするようになり、現時点では空間的な分煙は図られており、そのような状況は今後も継続することが期待できる。また、喫煙室から漏れ出すETSがいくらかは存在するにしても、その量及び濃度はわずかであって、被害も一時的な不快感にとどまる上、日常執務する席は喫煙室からは遠く、そこから漏れ出してくるETSに暴露される程度は低いこと、また、その化学物質過敏症による症状が本件センターにおける受動喫煙と因果関係があるとまでは認められないことを総合考慮すると、本件センター庁舎内の現状程度の分煙をもって、安全配慮義務に違反し、違法であるとまではいうことができない（京都簡易保険事務センター事件　京都地裁平成15年1月21日労判852－38）。

4）中学校職員に関する裁判例

　被告は、両中学校の職員室において喫煙をすることのできる場所の範囲を画然と区別した上、その空気が他の部分に流入することを防止する設備を設け、他の部分では喫煙しないように求め、教職員も皆了解して喫煙を控えるに至ったというのであり、禁煙措置等の実効はそれ相応に上がったとみて妨げない（両中学校の庁舎の構造上、物理的に他の場所に喫煙室を設けることは容易ではなく、現時点では最大限可能と思われる分煙

措置を講じていることも認められる)。他方、原告の自覚する受動喫煙の影響は、のどの痛み及び不快感、頭痛という程度のものに留まるのであるから、被告の講じた措置をもって、原告の生命及び健康を受動喫煙の蔵する危険から保護するような配慮をすべき義務を尽くしていないとはいまだ評価することはできない。そうすると、被告が公務遂行のために設置すべき施設等の管理等又は公務の管理に当たり、原告の生命及び受動喫煙の危険から保護するよう配慮すべき義務に違反したということはできない(名古屋市中学校事件　名古屋地裁平成10年2月23日判タ982－174)。

4　健康診断に関する措置

(1) 健康診断結果の通知

　労働者の健康状態が不良かまたはその疑いがある場合には、遅滞なく労働者に健康診断の結果を告知すべき義務があるとする次の裁判例があります。なお、労働安全衛生法第66条の6により、現在では、健康診断の結果を労働者本人に通知することが義務付けられています。

　会社は労働安全衛生法、同規則により労働者に対する健康診断の実施が義務づけられており健康診断の結果は、事業者が労働者を採用するかどうかを判断するうえの資料となるばかりでなく、採用後は労働者の健康を管理するための指針となり労働者自身もまた自己の健康管理を行ううえで重要な資料となるものであり、同法、同規則が専ら労働者の職場での健康維持を立法趣旨としていることからも、殊に労働者の健康状態が不良かまたはその疑がある場合は採用後遅滞なく労働者に健康診断の結果を告知すべき義務がある(京和タクシー事件　京都地裁昭和57年10月7日労判404－72)。

(2) 健康診断結果に基づく病者の就業制限

健康診断結果に基づく病者の就業制限に関し、使用者の民事責任が認められなかった次の裁判例があります。

> 被告は原告が肺結核に感染し、治療又は精密検査を要することを知っていたことは認められるが、それ以上病状の程度、性質を知っていたものとは認められず、原告に医師の診療および精密検査を受けるよう指示しているのであるから、その結果の報告をまって現在の労働のために病勢が著しく増悪するおそれがあるかどうか判断して対応措置をとれば足りるものであり、健康診断の結果から直ちに就業を禁止し、あるいは制限することは就業の機会を奪うことにもなり、このようなことまで法令が要求しているとは解されず、また法令は使用者の労働者に対する義務を直接定めているとも解されない。原告の従業していた出荷受渡部門が軽作業であること、および原告の残業時間数が多くないから、いずれにしても被告が原告を休業とし、あるいは軽作業に転換させなかったこと等について、被告に故意、過失があるとはいえない（城東製鋼事件　大阪地裁昭和46年3月25日判時645-96）。

(3) 健康診断に関する産業医の職務

健康診断に関する産業医の職務に関し、使用者の民事責任が認められなかった次の裁判例があります。

> 労働安全衛生法に基づく産業医による健康診断は、労働者に対し、当該業務上の配慮をする必要があるか否かを確認することを主たる目的とするものであり、労働者の疾病そのものの治療を積極的に行うことを目的とするものではないこと、高血圧症は、一般的に知られている疾病であり、その治療は、日常生活の改善や食事療法等のいわゆる一般療法を各個人が自ら行うことが基本であって、一般療法により改善されない場合には、各個人が自らその治療を目的として病院等で受診することが一般的であることに照らすと、仮に、高血圧症が、当時、降圧剤の投薬を開始するの

が望ましい状態にあったとしても、産業医がこれを指示しなかったことをもって、直ちに産業医に過失がある、あるいは会社に安全配慮義務違反があるとはいえない（三菱電機事件　静岡地裁平成11年11月25日労判786-46）。

5　負傷や疾病による休職などからの復職

　使用者には、負傷や疾病により休業していた者を復職させる際にも、復職後の業務が負傷や疾病を再発、増悪せしめることのない様に配慮すべき義務があります（観光日本事件　大津地裁昭和51年2月9日判時831-77）。これに関し、次の裁判例があります。

(1) 職場復帰2か月後に急性心不全で死亡したケース

　工場内の交通事故で負傷し、入院・手術を余儀なくされた59歳の労働者が、職場復帰2か月後に急性心不全で死亡したことについて使用者の民事責任が認められた次の裁判例があります。

> 復職当時、Aは、1か月に及ぶ入院生活及びそれに続く約2週間の自宅療養生活に加え、本件交通事故の術後も残った後遺症のため、十分に固形物が噛めないことにより適切な食事が摂取しえない状態にあったため、本件交通事故前に比較するとかなりの体力が低下し、復職後Aが従事した作業に適する状態には至っていなかった。したがって、Aは、退院後も1か月程度の自宅療養を続けることが望ましく、また、復職するに際しても、直ちに本件交通事故以前と同様の肉体的作業を行うことは適切ではなかったにもかかわらず、退院約2週間後である7月19日に復職した。Aの復職時の健康状態は、直ちに本件交通事故前と同様の作業内容に従事できる状態になかったのであり、被告もこの事実については、Aその他の同僚を通じて容易に知り得る状況にあったから、その復職にあたり、被告としても、Aの主治医と十分に相談し、あるいは産業医による判断を仰い

だ上、Bの健康状態に応じて、残業及び宿日直勤務を禁じ、または、その作業量及び作業時間を制限し、あるいはこの制限のみで不十分な場合には、その職種を変更する等の措置を講ずるべき義務を有していた。この点につき、被告は、Aの復職にあたって、工場長がAに体調等を確認したことによって復職の可否についての注意義務は果たした旨主張する。しかしながら、その確認内容も、医師の判断等を前提にするなど医学的裏付けを基礎になされたものとは認められないし、被告がAの復職にあたって主治医等に復職の可否を確認した事実も認められない。また、土曜出勤及び残業のみならず、宿直及び日直勤務についても、単に拘束時間が増えるだけではなく、実作業を伴い、疲労の蓄積につながる業務であるにもかかわらず、Aが各勤務を行うについて、被告においてその可否を検討した事実も認められない。したがって、本件復職に際し、被告が行った確認行為の内容及びその程度は、課せられた被告の義務内容に照らすと、不十分な内容と言わざるを得ず、被告が十分に注意義務を果たしたものとはいえない。また、被告は、Aの復職に際し、出荷作業から仕上げ作業に変更したのは、Aの作業量の軽減を考慮したものであるし、Bには自己のペースに併せて作業するよう指示し、また、職長及び班長には、Bが自己のペースで仕事できるよう協力してやって欲しいと他の作業員に話しておくよう指示した旨主張する。しかしながら、出荷作業と比較して仕上げ作業が肉体的・精神的に疲労が少ない作業であるとは認められないし、現実にBが他の作業員との比較において、特に休憩を余分に取っていた事実も作業量においても差異があった事実も認められないから、本件において被告の主張を認めることはできない（石川島興業事件　神戸地裁姫路支部平成7年7月31日労判688-59、大阪高裁平成8年11月28日判タ958-197）。

20 労働者の安全と健康を確保するために使用者が行うべきそのほかの措置

(2) 復職後10ヵ月で再発・増悪により再入院したケース

　キャディが復職後10ヵ月で再発・増悪により再入院したことについて使用者の民事責任が認められた次の裁判例があります。

> 　使用者が被傭者を業務に就かしめるに際して、その業務の執行が、被傭者の健康を損う虞れのある場合には、これを防止する措置を講じて、損害の発生を防止すべき義務があり、疾病により休業していた者を復職せしめる際にも、復職後の業務が疾病を再発、増悪せしめることのないように配慮すべき注意義務が存する（観光日本事件　大津地裁昭和51年2月9日判時831-77）。

(3) 自らの希望により職場復帰を果たした後、転勤を希望して単身赴任していた者が自殺したケース

　うつ病に罹患し自宅療養を経て、自らの希望により職場復帰を果たした後、転勤を希望して単身赴任していた者が自殺したことについて使用者の民事責任が認められなかった次の裁判例があります。

> 　Tは上司らに対し自らうつ病に罹患したことを報告していたことから、被告としてはTのうつ病罹患の事実を認識していたものといわざるを得ず、そのようなTが職場復帰をし、就労を継続するについては、被告としてもTの心身の状態に配慮した対応をすべき義務を負っていた。Tから被告に、平成9年12月8日から3ヶ月程度の休養加療を要する旨の診断書が提出されていたにもかかわらず、被告はTの職場復帰について、内部的な協議をしたり、医師等に相談することもなかったのであり、いささか慎重さを欠いた不適切な対応であったことは否めない。しかしながら、そもそもTが希望したことから被告も診断書記載の休業加療期間よりも前にTの職場復帰を認めたこと、被告はTの希望を踏まえて比較的難易度の低い業務に従事させたこと、Tに対外的な折衝業務に従事させたことはなかったこと、業務が特に劣悪な環境下での長時間労働であったとも認められないこと、被告においてTのうつ病罹患の前歴を理由にそれ以上業務の軽減措置

を採ることは疾病の前歴を理由にした不当な差別との批判も招きかねないことに照らせば、被告はTの職場復帰に際し、Tの心身の状態に相応の配慮をした。そうすると、被告がTを職場復帰させる過程において、いささか慎重さを欠いた不適切な対応があったことは否めないものの、Tの心身の状態に相応の配慮をしたことから、被告に安全配慮義務違反があったとまで認めることはできない(富士電機E&C事件　名古屋地裁平成18年1月18日労判918-15)。

判　例　一　覧

（●最高裁、■高裁、◆地裁、▲簡易）

第1章　労働安全衛生法が求めるもの
【使用者の講ずべき措置】
- ●西田工業事件　最高裁第三小法廷昭和48年7月24日判時715-110

第2章　労働基準法などの求めているもの
【労働時間の範囲】
- ●三菱重工業長崎造船所事件　最高裁第一小法廷平成12年3月9日民集54-3-801（就業に関連する行為）
- ◆東京急行電鉄事件　東京地裁平成14年2月28日労判824-5（就業に関連する行為）
- ◆日本貨物鉄道事件　東京地裁平成10年6月12日労判745-16（手待時間）
- ◆大虎運輸事件　大阪地裁平成18年6月15日労判924-72（手待時間）
- ●大星ビル管理事件　最高裁第一小法廷平成14年2月28日民集56-2-361（仮眠時間）
- ■ビル代行事件　東京高裁平成17年7月20日労判899-13（仮眠時間）
- ●大林ファシリティーズ（オークビルサービス）事件　最高裁第二小法廷平成19年10月19日　労判946-31（不活動時間）
- ◆横河電機事件　東京地裁平成6年9月27日労判660-35（移動時間）
- ◆高栄建設事件　東京地裁平成10年11月16日労判758-63（移動時間）
- ■札幌東労基署長（北洋銀行）事件　札幌高裁平成20年2月28日労判968-136（始業時刻より前に出勤する時間）
- ◆八尾自動車興産事件　大阪地裁昭和58年2月14日労判405-64（小集団活動・教育訓練）
- ◆丸十東鋼運輸倉庫事件　大阪地裁堺支部昭和53年1月11日労判304-61（小集団活動・教育訓練）
- ●大林ファシリティーズ（オークビルサービス）事件　最高裁第二小法廷平成19年10月19日労判946-31（黙示の指示）
- ◆ドワンゴ事件　京都地裁平成18年5月29日労判920-57（黙示の指示）
- ◆互光建物管理事件　大阪地裁平成17年3月11日労判898-77（黙示の指示）
- ■京都銀行事件　大阪高裁平成13年6月28日労判811-5（黙示の指示）
- ◆千里山生活協同組合事件　大阪地裁平成11年5月31日労判772-60（黙示の指示）
- ◆光和商事事件　大阪地裁平成14年7月19日労判833-22（事業場外に関するみなし労働時間）

- ◆ほるぷ事件　東京地裁平成9年8月1日労民集48-4-312（事業場外に関するみなし労働時間）
- ◆ドワンゴ事件　京都地裁平成18年5月29日労判920-57（労使協定の効力）

【休憩時間の範囲】
- ◆関西警備保障事件　大阪地裁平成13年4月27日労経速1774-15
- ◆立正運輸事件　大阪地裁昭和58年8月30日労判416-40
- ◆すし処「杉」事件　大阪地裁昭和56年3月24日労経速1091-3
- ●■住友化学工業事件　最高裁第三小法廷昭和54年11月13日労経速1032-7、名古屋高裁昭和53年3月30日労判299-17

【休日の振替】
- ◆三菱重工業横浜造船所事件　横浜地裁昭和55年3月28日労判339-20

【時間外・休日労働】
- ●トーコロ事件　最高裁第二小法廷平成13年6月22日労判808-11

【宿日直勤務】
- ◆北海道教育委員会事件　札幌地裁平成2年12月26日労判578-40

第3章　労災補償の認定

第4章　使用者の民事責任の基本

【安全配慮義務に関する立証責任】
- ●陸上自衛隊八戸車両整備工場事件　最高裁第三小法廷昭和50年2月25日民集29-2-143
- ●川義事件　最高裁第三小法廷昭和59年4月10日労判429-12
- ◆日鉄鉱業（伊王島鉱業所）事件　長崎地裁平成6年12月13日労判673-27

【安全配慮義務に関する立証責任】
- ●自衛隊ヘリコプター墜落事件　最高裁第二小法廷昭和56年2月16日民集35-1-56
- ◆日本たばこ産業事件　静岡地裁浜松支部平成3年8月26日労判597-37
- ■熊野電報電話局事件　名古屋高裁昭和63年3月30日労判523-62
- ◆安成工業事件　名古屋地裁昭和55年11月14日労判355-60
- ◆スズキ自販中部事件　津地裁四日市支部昭和51年2月9日判時822-89

【故意、過失または信義則上これと同視すべき事由】
- ◆筑豊じん肺事件　福岡地裁飯塚支部平成7年7月20日判夕898-61

【複数の使用者の安全配慮義務違反】
- ◆日鉄鉱業（伊王島鉱業所）事件　長崎地裁平成6年12月13日労判673-27

【使用者側の安全配慮義務違反が認定された裁判例】
◆足立建設事件　静岡地裁浜松支部平成6年4月15日労判664－67
◆航空自衛隊第八航空団事件　東京地裁昭和54年9月28日判夕402－112
◆航空自衛隊第五航空団事件　東京地裁昭和53年7月24日訟務月報24－9－1744
■熊野電報電話局事件　名古屋高裁昭和63年3月30日労判523－62
【労働者側の立証責任が十分尽くされていないと判断された裁判例】
◆日清鋼材事件　神戸地裁昭和59年9月27日判夕541－204
◆航空自衛隊第二航空団事件　東京地裁昭和58年6月28日判夕508－129
◆海上自衛隊第三航空群事件　東京地裁昭和56年9月30日判夕466－120
【安全配慮義務の履行補助者の範囲】
◆航空自衛隊航空救難群事件　東京地裁昭和55年5月14日判時971－75
◆陸上自衛隊第三三一会計隊事件　東京地裁昭和53年9月5日判時920－156
◆陸上自衛隊第一空挺団事件　東京地裁昭和53年8月22日判夕381－139
●陸上自衛隊第三三一会計隊事件　最高裁第二小法廷昭和58年5月27日民集37－4－477
■陸上自衛隊第三三一会計隊事件　東京高裁昭和55年2月28日訟務月報26－5－738
【安全配慮義務の履行補助者と判断された裁判例】
◆社会保険庁職員事件　甲府地裁平成17年9月27日判時1915－108
◆電通事件　東京地裁平成8年3月28日判時1561－4
◆名古屋市水道局事件　名古屋地裁昭和59年12月26日判夕550－201
■航空自衛隊第三航空団事件　東京高裁昭和59年7月19日判夕533－148
■陸上自衛隊朝霞駐屯隊事件　東京高裁昭和58年12月23日判時1070－29
■航空自衛隊航空実験隊事件　東京高裁昭和57年10月12日判夕480－95
◆航空自衛隊第六航空団事件　東京地裁昭和57年3月29日判夕475－93
◆海上自衛隊第三航空群事件　東京地裁昭和56年9月30日判夕466－120
■陸上自衛隊西部航空方面隊事件　東京高裁昭和55年2月29日訟務月報26－6－905
◆第八航空団事件　東京地裁昭和53年11月27日判夕378－116
◆陸上自衛隊第三三一会計隊事件　東京地裁昭和53年9月5日判時920－156
◆航空自衛隊防府南基地第一航空教育隊事件　東京地裁昭和53年7月27日判夕381－141
◆日産自動車事件　東京地裁昭和51年4月19日判時822－3
【安全配慮義務の履行補助者ではないと判断された裁判例】
◆海上自衛隊第三航空群事件　東京地裁昭和56年9月30日判夕466－120
◆陸上自衛隊第一空挺団事件　東京地裁昭和53年8月22日判夕381－139
◆陸上自衛隊第一〇二輸送大隊事件　東京地裁昭和53年7月20日判夕381－14

3
【損害賠償請求権の時効】
●日鉄鉱業（長崎じん肺）第一事件　最高裁第三小法廷平成6年2月22日労判646-7
【履行すべき安全配慮義務の個数】
◆内外ゴム事件　神戸地裁平成2年12月27日労判596-69
【消滅時効の起算点】
◆内外ゴム事件　神戸地裁平成2年12月27日労判596-69
◆自衛隊員白血病事件　東京地裁昭和58年2月24日判夕496-100
●日鉄鉱業（長崎じん肺）第一事件　最高裁第三小法廷平成6年2月22日労判646-7
◆三井三池炭鉱事件　福岡地裁平成13年12月18日判夕1107-92
◆秩父じん肺事件　浦和地裁熊谷支部平成11年4月27日判時1694-14
◆日本化工クロム事件　東京地裁昭和56年9月28日労判372-21
【遺族の固有の慰謝料の取扱い】
●鹿島建設・大石塗装事件　最高裁第一小法廷昭和55年12月18日民集34-7-888
■トオカツフーズ事件　東京高裁平成13年5月23日判夕1072-144
【慰謝料の額】
●日鉄鉱業（長崎じん肺）第一事件　最高裁第三小法廷平成6年2月22日労判646-7
【業務による被ばく期間の長さと損害賠償】
■筑豊じん肺事件　福岡高裁平成13年7月19日判時1785-19
【債務の遅滞に陥る時期】
●鹿島建設・大石塗装事件　最高裁第一小法廷昭和55年12月18日民集34-7-888
◆住友生命保険相互会社　岡山地裁平成14年9月11日
◆南堺運輸事件　大阪地裁堺支部平成13年3月8日
◆■石川島興業事件　神戸地裁姫路支部平成7年7月31日労判688-59、大阪高裁平成8年11月28日判夕958-197
◆富士通四国システムズ事件　大阪地裁平成20年5月26日労判973-76
【遅延損害金の利率】
◆和歌の海運送事件　和歌山地裁平成16年2月9日労判874-64
【国の規制権限不行使と損害賠償との関係】
■筑豊じん肺事件　福岡高裁平成13年7月19日判時1785-19

第5章　労働災害や職業性疾病の防止に関する基本的な事項
【労働災害や職業性疾病の防止に関する責任】
- ◆三菱重工業事件　神戸地裁昭和62年7月31日労判502-6
- ■榎並工務店事件　大阪高裁平成15年5月29日労判858-93
- ◆起重機取扱作業事件　福岡地小倉支部昭和54年4月27日判タ395-88

【業務の性格の違いによる安全配慮義務の範囲の違い】
- ■大阪地方裁判所事件　大阪高裁昭和56年10月23日労判375-45
- ◆宮崎市消防隊員事件　宮崎地裁昭和57年3月30日労判384-28

【危険な業務に従事する義務】
- ●千代田丸事件　最高裁第三小法廷昭和43年12月24日民集22-13-3050

【使用者が安全配慮義務を履行しない場合の労務の提供の義務】
- ◆新清社事件　横浜地裁平成2年10月16日労判572-48
- ◆ヤマヨ運輸事件　大阪地裁平成11年3月12日労経速1701-24

【安全配慮義務の履行の請求】
- ◆高島屋工作所事件　大阪地裁平成2年11月28日労経速1413-3

第6章　労働災害や職業性疾病の防止に関する具体的な措置の内容
【労働災害や職業性疾病の防止に関する措置】
- ●川義事件　最高裁第三小法廷昭和59年4月10日労判429-12
- ●陸上自衛隊八戸車両整備工場事件　最高裁第三小法廷昭和50年2月25日民集29-2-143
- ◆日鉄鉱業(伊王島鉱業所)事件　長崎地裁平成6年12月13日労判673-27

【作業施設や設備、機械器具・機材、原材料などの物的な危険を防止すること】
- ●陸上自衛隊第331会計隊事件　最高裁第二小法廷昭和58年5月27日労判414-71
- ◆吉本キャビネット事件　浦和地裁昭和59年8月6日労判446-71
- ◆大和製罐・テクノアシスト相模事件　東京地裁平成20年2月13日労判955-13(熱中症や体調不良などの異常が生じた場合)
- ◆中国電力事件　広島地裁昭和49年7月19日判タ322-267(作業中の姿勢が安定していない場合)
- ◆川崎重工神戸造船所事件　神戸地裁昭和60年6月20日労判463-86(安全性を欠いていたということはできない)

【機械・設備に挟まれたり、巻き込まれたりすることの防止】
- ■トオカツフーズ事件　東京高裁平成13年5月23日判タ1072-144(機械・設備に異物が入り込まないようにする、あるいはその除去のために人が参入することのないようにするための設備の整備)
- ◆酒井製麺所事件　山形地裁昭和51年2月9日判時844-72(機械・設備に異物が

入り込まないようにする、あるいはその除去のために人が参入することのないようにするための設備の整備）
- ◆三菱重工業事件　山口地下関支部昭和45年7月9日判タ259-187（人が引き込まれることを防止するための設備の整備）
- ◆改進社事件　東京地裁平成4年9月24日労判618-15（機械・設備に挟まれることの防止）
- ◆藤島建設事件　浦和地裁平成8年3月22日労判696-56（足場の設置）
- ◆藤島建設事件　浦和地裁平成8年3月22日労判696-56（囲い、手摺り、覆いなどの設備の整備）
- ◆海南特殊機械・竹村工業・松川建設事件　東京地裁昭和62年3月27日労判497-92（囲い、手摺り、覆いなどの設備の整備）
- ◆常石造船所・宮地工作事件　広島地裁尾道支部昭和53年2月28日労判296-49（囲い、手摺り、覆いなどの設備の整備）
- ◆大和製罐・テクノアシスト相模事件　東京地裁平成20年2月13日労判955-13（熱中症や体調不良などの異常が生じた場合の転落防止設備の整備）
- ◆常石造船所・宮地工作事件　広島地裁尾道支部昭和53年2月28日労判296-49（安全帯などの使用）
- ◆三六木工事件　横浜地裁小田原支部平成6年9月27日労判681-81（適正な設備の使用）
- ◆岡崎工業・高千穂工業事件　千葉地裁平成元年3月24日判タ712-179（適正な設備の使用）
- ◆わかさ建設共同企業体事件　鹿児島地裁昭和48年6月28日判時720-86（落下防止のための適正な方法の実施）
- ◆近畿車輌事件　大阪地裁昭和34年7月27日労民集10-4-761（落下防止のための適正な方法の実施）
- ◆谷口製作所事件　東京地裁昭和52年4月28日判時871-54（設備を設置した地盤の整備）
- ◆足立建設事件　静岡地裁浜松支部平成6年4月15日労判664-67（土砂崩れを防止するための十分な土留め設備などの整備）
- ◆奥村組事件　東京地裁昭和46年9月8日判時645-49（土砂崩れを防止するための十分な土留め設備などの整備）
- ◆橋本工業・歌工務店事件　東京地裁昭和56年3月19日労判362-18（地中の物質を適正に排除して、掘削作業を行うこと）
- ◆■白根工業事件　東京地裁昭和48年9月14日判時725-65、東京高裁昭和52年5月31日判時862-33（地質などを適切に調査して、崩落や落石などの設備の整備）
- ◆鹿島建設事件　東京地裁昭和45年5月27日判時601-41（地質などを適切に調査して、崩落や落石などの設備の整備）

◆東洋精箔事件　千葉地裁平成11年1月18日労判765-77(酸素欠乏症の発症の防止)
◆●大豊運輸事件　広島高裁岡山支部昭和62年5月28日労判521-56、最高裁第一小法廷平成2年11月8日(酸素欠乏症の発症の防止)
◆東北機械製作所事件　秋田地裁昭和57年10月18日労判401-52(有機溶剤を使用する塗装作業)
◆海上自衛隊需給統制隊事件　東京地裁昭和55年3月24日判時971-64(四塩化炭素等を用いて通信機の洗浄作業)
◆神戸製鋼所事件　神戸地裁昭和47年4月27日判時677-90(ボイラーの清掃作業中のガス中毒)
●林野庁高知営林署事件　最高裁第2小法廷平成2年4月20日労判561-6(振動障害の防止)
■三菱重工業神戸造船所事件　大阪高裁平成11年3月30日労判771-62(振動障害の防止)
◆松心園事件　大阪地裁昭和55年2月18日労判338-57(腰痛の防止)
◆横浜市保母事件　横浜地裁平成元年5月23日労判540-35(頚肩腕障害の防止)
◆三井三池炭鉱事件　福岡地裁平成13年12月18日判タ1107-92(炭鉱などの鉱山に関する裁判例)
■秩父じん肺事件　東京高裁平成13年10月23日判時1768-138(炭鉱などの鉱山に関する裁判例)
●■日鉄鉱業(伊王島鉱業所)事件　最高裁第一小法廷平成11年4月22日労判760-7　福岡高裁平8年7月31日判時1585-31(炭鉱などの鉱山に関する裁判例)
◆日鉄鉱業(伊王島鉱業所)事件　長崎地裁平成6年12月13日労判673-27(炭鉱などの鉱山に関する裁判例)
●■日鉄鉱業松尾採石所ほか事件　最高裁第三小法廷平成6年3月22日労判652-6、東京高裁平成4年7月17日労判619-63(炭鉱などの鉱山に関する裁判例)
◆日鉄鉱業事件　東京地裁平成2年3月27日労判563-90(炭鉱などの鉱山に関する裁判例)
◆平和石綿工業・朝日石綿工業事件　長野地裁昭和61年6月27日労判478-53(製造業に関する裁判例)
◆日本電工事件　福島地裁郡山支部昭和59年7月19日労判440-99(製造業に関する裁判例)
◆日本陶料事件　京都地裁昭和58年10月14日労判426-64(製造業に関する裁判例)
◆佐野安船渠事件　大阪地裁昭和54年4月23日労経速1017-3(製造業に関する裁判例)

【施設・設備などの整備】
◆石川トナミ運輸事件　金沢地裁平成9年9月26日労判727-59(必要なスペースの

確保）
- ◆八尾市清協公社事件　大阪地裁昭和58年12月22日判時1119－99（必要なスペースの確保）
- ◆谷口製作所事件　東京地裁昭和52年4月28日判時871－54（作業を行う場所の地盤の整備）
- ◆愛知製鋼所・三栄組事件　名古屋地裁昭和50年12月26日判タ338－224（通路の安全の確保）
- ◆門司港運事件　福岡地裁小倉支部昭和47年11月24日判時696－235（通路の安全の確保）
- ◆鹿島建設事件　東京地裁昭和45年5月27日判時601－41（通路の安全の確保）
- ◆神戸地裁伊丹支部昭和47年4月17日（防護網などの整備）
- ◆奥村組事件　東京地裁昭和46年9月8日判時645－49（防護網などの整備）
- ◆三菱重工業事件　山口地裁下関支部昭和45年7月9日判タ259－187（防護網などの整備）
- ◆忠臣事件　東京地裁昭和45年1月27日判タ247－249（立ち入り禁止のための障壁、柵などの設備の整備）
- ◆気火ガス爆発事件　大阪地裁昭和44年4月24日判タ237－287（爆発防止のための施設の整備）
- ◆神戸製鋼所事件　神戸地裁昭和47年4月27日判時677－90（配管の色分け）
- ◆スズキ自販中部事件　津地四日市支部昭和51年2月9日判時822－89（機能や規模が適正な機械・設備などの適切な選択）
- ◆東京地裁昭和43年12月21日（機能や規模が適正な機械・設備などの適切な選択）
- ●最高裁第一小法廷昭和37年4月26日民集16－4－975（機能や規模が適正な機械・設備などの適切な選択）
- ◆海上自衛隊大村航空隊事件　東京地裁昭和54年4月23日訟務月報25－8－2096（飛行機の機種の適切な選定）
- ◆陸上自衛隊第三九普通科連隊事件　東京地裁昭和53年10月30日判タ377－119（訓練などを行う場所の適切な選定）
- ◆陸上自衛隊第一教育団事件　東京地裁昭和52年11月29日判タ365－282（訓練などを行う場所の適切な選定）
- ◆プレス機指先切断事件　東京地裁八王子支部平成4年11月25日判時1479－149（適切な安全装置を備え、正常に機能させること）
- ◆有限会社村松製作所事件　千葉地裁松戸支部昭和60年2月20日労判454－63（適切な安全装置を備え、正常に機能させること）
- ◆光工業製作所事件　横浜地裁昭和56年5月15日労判365－39（適切な安全装置を備え、正常に機能させること）
- ■秩父じん肺事件　東京高裁平成13年10月23日判時1768－138（適切な排気装置などを備え、正常に機能させること）

- ◆東洋精箔事件　千葉地裁平成11年1月18日労判765－77（適切な排気装置などを備え、正常に機能させること）
- ◆平和石綿工業・朝日石綿工業事件　長野地裁昭和61年6月27日労判478－53（適切な排気装置などを備え、正常に機能させること）
- ◆東北機械製作所事件　秋田地裁昭和57年10月18日労判401－52（適切な排気装置などを備え、正常に機能させること）
- ◆昭和電極事件　神戸地尼崎支部昭和56年10月30日労判374－46（適切な排気装置などを備え、正常に機能させること）
- ◆海上自衛隊需給統制隊事件　東京地裁昭和55年3月24日判時971－64（適切な排気装置などを備え、正常に機能させること）
- ■大阪日倫工業・日立造船事件　大阪高裁昭和53年7月21日判タ370－100（適切な排気装置などを備え、正常に機能させること）
- ◆東洋精箔事件　千葉地裁平成11年1月18日労判765－77（適切な測定具を備え、適正に測定を行うこと）
- ●■大豊運輸事件　広島高裁岡山支部昭和62年5月28日労判521－56、最高裁第一小法廷平成2年11月8日（適切な測定具を備え、適正に測定を行うこと）
- ◆三井三池炭鉱事件　福岡地裁平成13年12月18日判タ1107－92（呼吸用保護具に関する裁判例）
- ■秩父じん肺事件　東京高裁平成13年10月23日判時1768－138（呼吸用保護具に関する裁判例）
- ●■日鉄鉱業（伊王島鉱業所）事件　最高裁第一小法廷平成11年4月22日労判760－7　福岡高裁平成8年7月31日判時1585－31（呼吸用保護具に関する裁判例）
- ◆日鉄鉱業（伊王島鉱業所）事件　長崎地裁平成6年12月13日労判673－27（呼吸用保護具に関する裁判例）
- ●■日鉄鉱業松尾採石所ほか事件　最高裁第三小法廷平成6年3月22日労判652－6、東京高裁平成4年7月17日労判619－63（呼吸用保護具に関する裁判例）
- ◆株式会社山形県水産公社事件　新潟地裁昭和61年10月31日労判488－54（呼吸用保護具に関する裁判例）
- ◆平和石綿工業・朝日石綿工業事件　長野地裁昭和61年6月27日労判478－53（呼吸用保護具に関する裁判例）
- ◆日本電工事件　福島地裁郡山支部昭和59年7月19日労判440－99（呼吸用保護具に関する裁判例）
- ◆海上自衛隊需給統制隊事件　東京地裁昭和55年3月24日判時971－64（呼吸用保護具に関する裁判例）
- ◆佐野安船渠事件　大阪地裁昭和54年4月23日労経速1017－3（呼吸用保護具に関する裁判例）
- ◆大阪日倫工業・日立造船事件　大阪高裁昭和53年7月21日判タ370－100（呼吸

判例一覧

用保護具に関する裁判例）
- ■三菱重工業神戸造船所事件　大阪高裁平成11年3月30日労判771-62（振動用保護具に関する裁判例）
- ◆中国電力事件　広島地裁昭和49年7月19日判タ322-267（電気防護用保護具に関する裁判例）
- ◆合資会社伴鋳造所事件　東京地裁昭和47年11月30日判時701-109（保護帽に関する裁判例）
- ■航空自衛隊航空実験隊事件　東京高裁昭和57年10月12日判タ480-95（救命胴衣に関する裁判例）
- ◆株式会社山形県水産公社事件　新潟地裁昭和61年10月31日労判488-54（非常事態などのために必要な避難用具などを備えること）
- ◆名古屋市水道局事件　名古屋地裁昭和59年12月26日判タ550-201（非常事態などのために必要な避難用具などを備えること）
- ●航空自衛隊航空救難群芦屋分遣隊事件　最高裁第2小法廷昭和56年2月16日民集35-1-56（機械・設備などを整備して、良好な状態に維持すること）
- ◆真田陸運事件　東京地裁平成8年2月13日労判690-63（リフトのワイヤーに関する裁判例）
- ■三共自動車事件　高松高裁昭和50年3月27日判タ325-209（クレーンのワイヤーロープに関する裁判例）
- ◆平田プレス工業事件　前橋地裁昭和49年3月27日判時748-119（プレス機に関する裁判例）
- ◆愛知製鋼所・三栄組事件　名古屋地裁昭和50年12月26日判タ338-224（フォークリフトに関する裁判例）
- ◆京橋郵便局員事件　東京地裁昭和48年12月21日判時731-97（椅子に関する裁判例）
- ◆小名浜漁業協同組合事件　横浜地裁平成7年5月24日判タ908-177（船舶に関する裁判例）
- ■航空自衛隊第三航空団事件　東京高裁昭和59年7月19日判タ533-148（自衛隊の航空機に関する裁判例）
- ■航空自衛隊第六航空団事件　東京高裁昭和59年2月20日判タ517-223（自衛隊の航空機に関する裁判例）
- ◆航空自衛隊第六航空団事件　東京地裁昭和55年5月16日判時969-70（自衛隊の航空機に関する裁判例）
- ◆航空自衛隊第六航空団事件　東京地裁昭和57年3月29日判タ475-93（自衛隊の航空機に関する裁判例）
- ◆航空自衛隊第五航空団事件　東京地裁昭和53年7月24日訟務月報24-9-1744（自衛隊の航空機に関する裁判例）
- ◆株式会社ツバキ・日立工機事件　福岡地裁昭和59年6月19日労判442-97（機

械・設備などを目的外の用途に使用させない義務）

【業務の遂行に当たっての適切な人員配置】
- ●陸上自衛隊第三三一会計隊事件　最高裁第二小法廷昭和58年5月27日労判414-71
- ◆Aサプライ（知的障害者死亡事故）事件　東京地裁八王子支部平成15年12月10日労判870-50（知的障害者に関する裁判例）
- ◆後藤・奈良輪スポンジ加工業事件　東京地裁昭和37年6月20日判時304-29（年少者に関する裁判例）
- ■セイシン企業事件　東京高裁平成13年3月29日労判831-78（経験の浅い者に関する裁判例）
- ◆セイシン企業事件　東京地裁平成12年8月29日労判831-85（経験の浅い者に関する裁判例）
- ◆渡辺鋼材事件　大阪地裁昭和43年2月14日判タ221-186（経験の浅い者に関する裁判例）

【必要な場合には応援を行うことができる体制の整備】
- ■兵庫県競馬組合事件　大阪高裁昭和62年9月10日労判504-35
- ◆東洋精箔事件　千葉地裁平成11年1月18日労判765-77（酸欠事故の防止のための2人作業体制に関する裁判例）
- ◆よみうりスポーツ事件　大阪地裁平成8年1月25日判タ916-183（水泳のインストラクターの配置に関する裁判例）
- ■さくら銀行事件　東京高裁平成7年5月31日判タ896-148（業務量に応じた適切な人員の配置に関する裁判例）
- ◆空港グランドサービス事件　東京地裁平成3年3月22日労判586-19（業務量に応じた適切な人員の配置に関する裁判例）
- ◆横浜市保母事件　横浜地裁平成元年5月23日労判540-35（業務量に応じた適切な人員の配置に関する裁判例）
- ■熊野電報電話局事件　名古屋高裁昭和63年3月30日労判523-62（業務量に応じた適切な人員の配置に関する裁判例）
- ◆松心園事件　大阪地裁昭和55年2月18日労判338-57（業務量に応じた適切な人員の配置に関する裁判例）
- ◆吉本キャビネット事件　浦和地裁昭和59年8月6日労判446-71（助手の配置に関する裁判例）
- ◆島崎コンクリート事件　高知地裁昭和52年10月4日判時886-79（必要以上の人員を配置しないこと）
- ◆小名浜漁業協同組合事件　横浜地裁平成7年5月24日判タ908-177（非常時に対応できる体制の整備）
- ◆小名浜漁業協同組合事件　横浜地裁平成7年5月24日判タ908-177（適切に業務を行うことのできる能力を有する者の配置）

◆海上自衛隊大村航空隊事件　東京地裁昭和54年4月23日訟務月報25－8－2096（適切に業務を行うことのできる能力を有する者の配置）
■セイシン企業事件　東京高裁平成13年3月29日労判831－78（経験の浅い労働者などに対する安全衛生教育）
■中国研修生業務上災害事件　名古屋高裁金沢支部平成11年11月15日判タ1042－136（経験の浅い労働者などに対する安全衛生教育）
◆東洋精箔事件　千葉地裁平成11年1月18日労判765－77（経験の浅い労働者などに対する安全衛生教育）
◆改進社事件　東京地裁平成4年9月24日労判618－15（経験の浅い労働者などに対する安全衛生教育）
◆島崎コンクリート事件　高知地裁昭和52年10月4日判時886－79（経験の浅い労働者などに対する安全衛生教育）
◆後藤・奈良輪スポンジ加工業事件　東京地裁昭和37年6月20日判時304－29（経験の浅い労働者などに対する安全衛生教育）
◆木村屋総本店事件　東京地裁昭和35年1月26日判時217－24（経験の浅い労働者などに対する安全衛生教育）

【知的障害者など能力面で問題のある労働者に対する安全衛生教育】
◆Aサプライ（知的障害者死亡事故）事件　東京地裁八王子支部平成15年12月10日労判870－50
◆吉本キャビネット事件　浦和地裁昭和59年8月6日労判446－71（機械作業に関する裁判例）
◆東急車輌製造事件　横浜地裁昭和57年3月16日労判383－43（電気作業に関する裁判例）
◆株式会社山形県水産公社事件　新潟地裁昭和61年10月31日労判488－54（化学物質に関する裁判例）
◆神戸製鋼所事件　神戸地裁昭和47年4月27日判時677－90（化学物質に関する裁判例）
■●大豊運輸事件　広島高裁岡山支部昭和62年5月28日労判521－56、最高裁第一小法廷平成2年11月8日（酸素欠乏に関する裁判例）
■秩父じん肺事件　東京高裁平成13年10月23日判時1768－138（粉じん作業に関する裁判例）
●■日鉄鉱業（伊王島鉱業所）事件　最高裁第一小法廷平成11年4月22日労判760－7　福岡高裁平成8年7月31日判時1585－31（粉じん作業に関する裁判例）
●■日鉄鉱業松尾採石所ほか事件　最高裁第三小法廷平成6年3月22日労判652－6、東京高裁平成4年7月17日労判619－63（粉じん作業に関する裁判例）
◆平和石綿工業・朝日石綿工業事件　長野地裁昭和61年6月27日労判478－53（粉じん作業に関する裁判例）
◆関西保温工業事件　東京地裁平成16年9月16日労判882－29（呼吸用保護具に

関する裁判例）
◆日本海員液済会事件　大阪地裁平成18年12月25日労判936−21（呼吸用保護具に関する裁判例）
■秩父じん肺事件　東京高裁平成13年10月23日判時1768−138（呼吸用保護具に関する裁判例）
◆日本電工事件　福島地裁郡山支部昭和59年7月19日労判440−99（呼吸用保護具に関する裁判例）
■篠田鋳造所事件　名古屋高裁昭和58年12月26日労判426−40（呼吸用保護具に関する裁判例）
◆佐野安船渠事件　大阪地裁昭和54年4月23日労経速1017−3（呼吸用保護具に関する裁判例）
◆中国電力事件　広島地裁昭和49年7月19日判タ322−267（電気防護用保護具に関する裁判例）
■九州電気工事事件　福岡高裁昭和27年4月9日下級民集3−4−482（電気防護用保護具に関する裁判例）
◆小名浜漁業協同組合事件　横浜地裁平成7年5月24日判タ908−177（非常事態に対処するための方法などについての教育）
◆松心園事件　大阪地裁昭和55年2月18日労判338−57（職業性疾病を予防するための教育）
◆大晃機械工業事件　山口地裁下関支部平成13年4月23日判時1767−125（安全衛生担当者に対する安全衛生教育）
◆海上自衛隊需給統制隊事件　東京地裁昭和55年3月24日判時971−64（安全衛生教育の組織的な実施）
■松藤商事事件　福岡高裁平成9年12月9日判時1644−133（適切な作業手順を定めて行う安全衛生教育）
◆常石造船所・宮地工作事件　広島地裁尾道支部昭和53年2月28日労判296−49（適切な作業手順を定めて行う安全衛生教育）
◆島崎コンクリート事件　高知地裁昭和52年10月4日判時886−79（適切な作業手順を定めて行う安全衛生教育）
◆ワンビシ産業事件　東京地裁昭和55年3月10日労判339−52（適切な安全衛生教育用のテキストを用いて行う教育）
■航空自衛隊第六航空団事件　東京高裁昭和59年2月20日判タ517−223（調査研究に基づいて行う安全衛生教育）
◆八尾市清協公社事件　大阪地裁昭和58年12月22日判時1119−99（そのほか、適切な内容の安全衛生教育を行う義務）
◆酒井製麺所事件　山形地裁昭和51年2月9日判時844−72（そのほか、適切な内容の安全衛生教育を行う義務）
◆本田技研工業事件　東京地裁平成6年12月20日労判671−62（安全衛生教育

が十分に行われていたと判断された裁判例）
- ◆同和鑛業事件　岡山地裁昭和60年9月24日労判464-63（安全衛生教育が十分に行われていたと判断された裁判例）
- ◆川崎重工神戸造船所事件　神戸地裁昭和60年6月20日労判463-86（安全衛生教育が十分に行われていたと判断された裁判例）
- ◆山陽カンツリー事件　神戸地裁姫路支部平成11年3月31日判時1699-114（不安全な行動に対して注意すること）
- ◆セイシン企業事件　東京地裁平成12年8月29日労判831-85（日常的に不安全な行動に対して十分に注意すること）
- ◆東洋精箔事件　千葉地裁平成11年1月18日労判765-77（日常的に不安全な行動に対して十分に注意すること）
- ●■◆コック食品事件　最高裁第二小法廷平成8年2月23日労判695-13、大阪高裁平成6年1月28日民集50-2-569、大阪地裁平成4年12月24日民集50-2-258（日常的に不安全な行動に対して十分に注意すること）
- ■松藤商事事件　福岡高裁平成9年12月9日判時164-33（日常的に不安全な行動に対して十分に注意すること）
- ◆島崎コンクリート事件　高知地裁昭和52年10月4日判時886-79（日常的に不安全な行動に対して十分に注意すること）
- ◆北陸電設工業所事件　富山地裁昭和51年5月14日判時833-105（不安全な行動をとらないように注意すること）
- ■陸上自衛隊陸士長事件　東京高裁昭和49年8月29日判時758-47（不安全な行動をとらないように注意すること）
- ◆中国電力事件　広島地裁昭和49年7月19日判タ322-267（不安全な行動をとらないように注意すること）
- ◆後藤・奈良輪スポンジ加工業事件　東京地裁昭和37年6月20日判時304-29（不安全な行動をとらないように注意すること）
- ◆川崎重工神戸造船所事件　神戸地裁昭和60年6月20日労判463-86（不安全な行動に対して十分に注意していると判断された裁判例）
- ■産業廃棄物処理業社事件　福岡高裁平成13年7月31日判時1806-50（資格を有していない者の機械・設備の操作を禁止すること）
- ◆岡崎工業・高千穂工業事件　千葉地裁平成元年3月24日判タ712-179（資格を有していない者の機械・設備の操作を禁止すること）
- ◆名海運輸作業事件　名古屋地裁平成14年8月6日労判835-5（労働者間の作業の連絡・調整）

【労働者間の作業の連絡・調整】
- ◆名海運輸作業事件　名古屋地裁平成14年8月6日労判835-5
- ◆起重機取扱作業事件　福岡地小倉支部昭和54年4月27日判タ395-88
- ◆常石造船所・宮地工作事件　広島地尾道支部昭和53年2月28日労判296-49

◆愛知製鋼所・三栄組事件　名古屋地裁昭和50年12月26日判タ338−224
【必要な監視員の配置】
■極洋事件　東京高裁昭和49年9月25日判タ320−161
【事業者間の作業の連絡・調整】
◆熊谷建設ほか事件　福岡地小倉支部平成10年3月26日労判741−57
◆東邦建業事件　東京地裁平成5年11月19日交通民集26−6−1440
◆藤代組・中里建設事件　東京地裁昭和59年10月22日労判462−149
■高松地裁昭和43年1月25日
【分割発注にあたって講ずべき措置】
◆山形県水産公社事件　新潟地裁昭和61年10月31日労判488−54
【労働時間などの管理を適切に行うことによる労働災害や職業性疾病の発生の防止】
◆協和エンタープライズほか事件　東京地裁平成18年4月26日労判930−79
◆ヤマヨ運輸事件　大阪地裁平成11年3月12日労経速1701−24
■東鉄工業事件　東京高裁平成6年9月27日判タ900−244
◆サカイ引越センター事件　大阪地裁平成5年1月28日労判627−24
【有害な業務に従事する労働者の作業時間を適切に管理することによる職業性疾病の発症の防止】
■三菱重工業神戸造船所事件　大阪高裁平成11年3月30日労判771−62（振動障害に関する裁判例）
◆松心園事件　大阪地裁昭和55年2月18日労判338−57（腰痛に関する裁判例）
■秩父じん肺事件　東京高裁平成13年10月23日判時1768−138（じん肺に関する裁判例）
●■日鉄鉱業松尾採石所ほか事件　最高裁第三小法廷平成6年3月22日労判652−6、東京高裁平成4年7月17日労判619−63（じん肺に関する裁判例）
◆平和石綿工業・朝日石綿工業事件　長野地裁昭和61年6月27日労判478−53（じん肺に関する裁判例）
◆日本電工事件　福島地裁郡山支部昭和59年7月19日労判440−99（じん肺に関する裁判例）
【健康診断の実施】
◆おきぎんビジネスサービス事件　那覇地裁沖縄支部平成18年4月20日労判921−75（腰痛に関する裁判例）
◆佐川急便事件　大阪地裁平成10年4月30日労判741−26（腰痛に関する裁判例）
◆松心園事件　大阪地裁昭和55年2月18日労判338−57（腰痛に関する裁判例）
◆三菱重工業神戸造船所事件　神戸地裁平成6年7月12日労判663−29（振動障害に関する裁判例）
◆内外ゴム事件　神戸地裁平成2年12月27日労判596−69（有機溶剤中毒に関する裁判例）
■熊野電報電話局事件　名古屋高裁昭和63年3月30日労判523−62（頚肩腕障

害に関する裁判例）
◆山口地裁下関支部昭和26年10月16日（高気圧障害に関する裁判例）
■秩父じん肺事件　東京高裁平成13年10月23日判時1768－138（じん肺に関する裁判例）
●■日鉄鉱業（伊王島鉱業所）事件　最高裁第一小法廷平成11年4月22日労判760－7　福岡高裁平成8年7月31日判時1585－31（じん肺に関する裁判例）
◆平和石綿工業・朝日石綿工業事件　長野地裁昭和61年6月27日労判478－53（じん肺に関する裁判例）
◆おきぎんビジネスサービス事件　那覇地裁沖縄支部平成18年4月20日労判921－75（定期的な受診）
◆山口地裁下関支部昭和26年10月16日（医師や看護婦などの付き添い）

【医師の意見の尊重】
◆宮崎刑務所事件　宮崎地裁平成14年4月18日労判840－79
◆空港グランドサービス事件　東京地裁平成3年3月22日労判586－19
◆中国ピアノ運送事件　広島地裁平成元年9月26日労判547－6
◆大阪地方裁判所事件　大阪地裁昭和55年4月28日労判346－42

【健康状態を悪化させないために作業方法の改善、業務量の軽減などの措置】
◆おきぎんビジネスサービス事件　那覇地裁沖縄支部平成18年4月20日労判921－75（腰痛に関する裁判例）
◆空港グランドサービス事件　東京地裁平成3年3月22日労判586－19（腰痛に関する裁判例）
◆名古屋埠頭事件　名古屋地裁平成2年4月27日労判576－62（腰痛に関する裁判例）
◆中国ピアノ運送事件　広島地裁平成元年9月26日労判547－6（腰痛に関する裁判例）
◆松心園事件　大阪地裁昭和55年2月18日労判338－57（腰痛に関する裁判例）
◆大阪地方裁判所事件　大阪地裁昭和55年4月28日労判346－42（頚肩腕障害に関する裁判例）
■三菱重工業神戸造船所事件　大阪高裁平成11年3月30日労判771－62（振動障害に関する裁判例）

【健康状態を悪化させないための休憩時間や休憩場所などに関する措置】
◆空港グランドサービス事件　東京地裁平成3年3月22日労判586－19（腰痛に関する裁判例）
◆横浜市保母事件　横浜地裁平成元年5月23日労判540－35（頚肩腕障害に関する裁判例）

【労働者の健康状態に応じた適切な配置】
◆おきぎんビジネスサービス事件　那覇地裁沖縄支部平成18年4月20日労判921－75（腰痛に関する裁判例）

- ◆空港グランドサービス事件　東京地裁平成3年3月22日労判586－19（腰痛に関する裁判例）
- ◆中国ピアノ運送事件　広島地裁平成元年9月26日労判547－6（腰痛に関する裁判例）
- ■三菱重工業神戸造船所事件　大阪高裁平成11年3月30日労判771－62（振動障害に関する裁判例）
- ●■日鉄鉱業（伊王島鉱業所）事件　最高裁一小法廷平成11年4月22日労判760－7　福岡高裁平成8年7月31日判時1585－31（じん肺に関する裁判例）
- ●■日鉄鉱業松尾採石所ほか事件　最高裁第三小法廷平成6年3月22日労判652－6、東京高裁平成4年7月17日労判619－63（じん肺に関する裁判例）
- ◆平和石綿工業・朝日石綿工業事件　長野地裁昭和61年6月27日労判478－53（じん肺に関する裁判例）
- ◆日本電工事件　福島地裁郡山支部昭和59年7月19日労判440－99（じん肺に関する裁判例）
- ◆日本陶料事件　京都地裁昭和58年10月14日労判426－64（じん肺に関する裁判例）
- ■オリエンタルモーター事件　東京高裁平成19年4月26日労判940－33（その他の職業性疾病に関する裁判例）
- ◆宮崎刑務所事件　宮崎地裁平成14年4月18日労判840－79（その他の職業性疾病に関する裁判例）
- ■兵庫県競馬組合事件　大阪高裁昭和62年9月10日労判504－35（その他の職業性疾病に関する裁判例）
- ◆郵政省職員事件　横浜地裁昭和58年5月24日労判411－43（その他の職業性疾病に関する裁判例）

【労働者の配置に関して、問題がないと判断された裁判例】
- ◆おきぎんビジネスサービス事件　那覇地裁沖縄支部平成18年4月20日労判921－75
- ◆郵政省職員事件　横浜地裁昭和58年5月24日労判411－43

【業務中に労働者に事故が発生したときには、適切な治療を受けさせること】
- ◆中の島事件　和歌山地裁平成17年4月12日労判896－28
- ◆太陽神戸銀行事件　千葉地裁佐倉支部昭和58年2月4日労判408－56

【使用者として講ずべき義務の範囲を超えるとされる場合】
- ◆札幌国際観光事件　札幌地裁平成19年3月2日労判948－70（国の対策を上回る対策を先んじて講ずる義務はない）
- ■東日本旅客鉄道事件　東京高裁平成12年8月28日判時1749－38（疾病を発症させるような要因が業務に認められない疾病を発症した場合）
- ■小林商事事件　札幌高裁昭和58年4月28日労判418－95（被災者に裁量のある事項に関することについて、被災者にどのような措置を講ずるかを委ねていた場合）

- ●陸上自衛隊第三三一会計隊事件　最高裁第二小法廷昭和58年5月27日民集37-4-477（事故などを発生させた者の個人的な過失である場合）
- ●陸上自衛隊第七通信大隊事件　最高裁第三小法廷昭和58年12月6日労経速1172-5（事故などを発生させた者の個人的な過失である場合）
- ■海上自衛隊事件　東京高裁昭和57年3月23日判タ475-112（偶発的な原因によって生じたような場合）

第7章　労働災害や職業性疾病を防止する措置の構造

【結果回避義務違反】
- ◆日本化工クロム事件　東京地裁昭和56年9月28日労判372-21

【業務との相当因果関係】
- ●横浜市保育園事件　最高裁第三小法廷平成9年11月28日労判727-14（相当因果関係）
- ◆三井三池炭鉱事件　福岡地裁平成13年12月18日判タ1107-92（相当因果関係）

【職業性疾病について業務との因果関係があると判断された裁判例】
- ◆佐川急便事件　大阪地裁平成10年4月30日労判741-26（腰痛に関する裁判例）
- ◆名古屋埠頭事件　名古屋地裁平成2年4月27日労判576-62（腰痛に関する裁判例）
- ■東日本旅客鉄道事件　東京高裁平成12年8月28日判時1749-38（頚腕肩障害に関する裁判例）
- ●横浜市保育園事件　最高裁第三小法廷平成9年11月28日労判727-14（頚腕肩障害に関する裁判例）
- ◆栗山クロム事件　札幌地裁昭和61年3月19日労判475-43（がんに関する裁判例）
- ◆日本化工クロム事件　東京地裁昭和56年9月28日労判372-21（がんに関する裁判例）
- ◆三井三池炭鉱事件　福岡地裁平成13年12月18日判タ1107-92（じん肺に関する裁判例）
- ◆平和石綿工業・朝日石綿工業事件　長野地裁昭和61年6月27日労判478-53（じん肺に関する裁判例）

【業務との因果関係がないと判断された裁判例】
- ◆大蔵省近畿財務局事件　大阪地裁平成3年2月19日労判581-6（労働災害に関する裁判例）
- ◆原シート製作所事件　名古屋地裁平成7年7月21日判タ908-172（労働災害に関する裁判例）
- ◆全国労働者共済生活協同組合連合会　仙台地裁平成4年4月22日判タ798-22

4（労働災害に関する裁判例）
- ■東日本旅客鉄道事件　東京高裁平成12年8月28日判時1749-38（頚肩腕障害に関する裁判例）
- ◆全国電気通信労働組合　東京地裁平成2年9月19日労判568-6（頚肩腕障害に関する裁判例）
- ■◆川口税務署事件　東京高裁平成元年12月26日労判555-30、東京地裁昭和59年7月2日労判435-28（頚肩腕障害に関する裁判例）
- ◆静岡相互銀行事件　静岡地裁沼津支部昭和58年4月27日労判413-52（頚肩腕障害に関する裁判例）
- ■さくら銀行事件　東京高裁平成7年5月31日判タ896-148（手根管症候群に関する裁判例）
- ◆熊本営林局事件　福岡地裁田川支部平成元年8月17日労判547-44（振動障害に関する裁判例）
- ◆茨城倉庫事件　水戸地裁平成5年12月20日労判650-18（肝機能障害に関する裁判例）

【業務との因果関係に関連して、別の事情によるものであると判断した裁判例】
- ◆橋本内科医院事件　水戸地裁昭和58年12月20日判タ524-246（職業性疾病などの発生の時期が使用者の安全配慮義務を負う時期と異なると判断された裁判例）
- ◆自衛隊員白血病事件　東京地裁昭和54年12月21日判タ408-128（職業性疾病などの発生の時期が使用者の安全配慮義務を負う時期と異なると判断された裁判例）
- ◆日経新聞社・第一交通株式会社事件　福岡地裁平成9年4月25日判時1637-97（使用者の行為が労働災害などの発生を予防することとの間に因果関係がないために、損害賠償請求が認められなかった裁判例）
- ●株式会社山形県水産公社事件　最高裁第一小法廷平成5年1月21日労判652-8（使用者の行為が労働災害などの発生を予防することとの間に因果関係がないために、損害賠償請求が認められなかった裁判例）
- ◆航空自衛隊第三航空団事件　東京地裁昭和53年4月5日訟務月報24-6-1222（使用者の行為が労働災害などの発生を予防することとの間に因果関係がないために、損害賠償請求が認められなかった裁判例）
- ◆宮崎刑務所事件　宮崎地裁平成14年4月18日労判840-79（安全配慮義務違反とは無関係な疾病によると判断された裁判例）

【業務などとの因果関係について十分な立証が行われていないと判断された裁判例】
- ■秩父じん肺事件　東京高裁平成13年10月23日判時1768-138
- ◆日本碍子事件　名古屋地裁平成7年9月1日判タ849-138
- ◆ヤマハ発動機・伊藤総業・オキソ事件　静岡地裁浜松支部平成5年8月30日労判649-62
- ●日本原電敦賀発電所事件　最高裁第三小法廷平成3年12月17日労判600-6

◆日本たばこ産業事件　静岡地裁浜松支部平成3年8月26日労判595-37
◆日清鋼材事件　神戸地裁昭和59年9月27日判タ541-204

【危険の予見】
◆日本化工クロム事件　東京地裁昭和56年9月28日労判372-21
●■◆関西保温工業事件　東京地裁平成16年9月16日労判882-29、東京高裁平成17年4月27日労判897-19、最高裁第一小法廷平成18年12月14日
◆おきぎんビジネスサービス事件　那覇地裁沖縄支部平成18年4月20日労判921-75（自覚的症状のある疾病について労働者の申し出などから危険の予見可能性があったと判断された裁判例）
◆Aサプライ（知的障害者死亡事故）事件　東京地裁八王子支部平成15年12月10日労判870-50（労働者の能力などに問題があったために、危険の予見可能性があったと判断された裁判例
■産業廃棄物処理業社事件　福岡高裁平成13年7月31日判時1806-50（労働者の能力などに問題があったために、危険の予見可能性があったと判断された裁判例）
◆日本海員液済会事件　大阪地裁平成18年12月25日労判936-21（業務の内容などに危険を内包しているために、その予見可能性があったと判断された裁判例）
◆宮崎刑務所事件　宮崎地裁平成14年4月18日労判840-79（業務の内容などに危険を内包しているために、その予見可能性があったと判断された裁判例）
◆三井三池炭鉱事件　福岡地裁平成13年12月18日判タ1107-92（業務の内容などに危険を内包しているために、その予見可能性があったと判断された裁判例）
◆小名浜漁業協同組合事件　横浜地裁平成7年5月24日判タ908-177（業務の内容などに危険を内包しているために、その予見可能性があったと判断された裁判例）
◆名古屋埠頭事件　名古屋地裁平成2年4月27日労判576-62（業務の内容などに危険を内包しているために、その予見可能性があったと判断された裁判例）
●■大豊運輸事件　広島高裁岡山支部昭和62年5月28日労判521-56、最高裁第一小法廷平成2年11月8日（業務の内容などに危険を内包しているために、その予見可能性があったと判断された裁判例）

【場所・施設・機械・設備の構造や物質の性質などに危険が内包しているために、その予見可能性があったと判断された裁判例】
◆東洋精箔事件　千葉地裁平成11年1月18日労判765-77（場所・施設・機械・設備の構造に関する裁判例）
◆藤島建設事件　浦和地裁平成8年3月22日労判696-56（場所・施設・機械・設備の構造に関する裁判例）
◆石川トナミ運輸事件　金沢地裁平成9年9月26日労判727-59（場所・施設・機械・設備の構造に関する裁判例）
◆株式会社ツバキ・日立工機事件　福岡地裁昭和59年6月19日労判442-97（場所・施設・機械・設備の構造に関する裁判例）
◆八尾市清協公社事件　大阪地裁昭和58年12月22日判時1119-99（場所・施

設・機械・設備の構造に関する裁判例）
- ◆スズキ自販中部事件　津地裁四日市支部昭和51年2月9日判時822-89（場所・施設・機械・設備の構造に関する裁判例）
- ◆渡辺鋼材事件　大阪地裁昭和43年2月14日判タ221-186（場所・施設・機械・設備の構造に関する裁判例）
- ◆陸上自衛隊第三九普通科連隊事件　東京地裁昭和53年10月30日判タ377-119（場所・施設・機械・設備の構造に関する裁判例）
- ◆日本海員液済会事件　大阪地裁平成18年12月25日労判936-21（物質の性質などに関する裁判例）
- ■松藤商事事件　福岡高裁平成9年12月9日判時1644-133（物質の性質などに関する裁判例）
- ◆大晃機械工業事件　山口地裁下関支部平成13年4月23日判時1767-125（安全衛生教育や調査研究などを行っていれば、危険の予見可能性があったと判断された裁判例）
- ■航空自衛隊第六航空団事件　東京高地裁昭和59年2月20日判タ517-223（安全衛生教育や調査研究などを行っていれば、危険の予見可能性があったと判断された裁判例）
- ■日本化工クロム事件　東京地裁昭和56年9月28日労判372-21（安全衛生教育や調査研究などを行っていれば、危険の予見可能性があったと判断された裁判例）

【そのほかの労働災害に関し予見可能性があると判断された裁判例】
- ◆大和製罐・テクノアシスト相模事件　東京地裁平成20年2月13日労判955-13（墜落・転落に関する裁判例）
- ◆常石造船所・宮地工作事件　広島地裁尾道支部昭和53年2月28日労判296-49（墜落・転落に関する裁判例）
- ■トオカツフーズ事件　東京高裁平成13年5月23日判タ1072-144（挟まれ・巻き込まれに関する裁判例）

【そのほかの職業性疾病に関し予見可能性があると判断された裁判例】
- ●■◆関西保温工業事件　東京地裁平成16年9月16日労判882-29、東京高裁平成17年4月27日労判897-19、最高裁第1小法廷平成18年12月14日（アスベストによる中皮腫に関する裁判例）
- ◆平和石綿工業・朝日石綿工業事件　長野地裁昭和61年6月27日労判478-53（じん肺に関する裁判例）

【危険に関する予見可能性がなかったと判断された裁判例】
- ■ミヤマショウブプロダクツ事件　大阪高裁平成19年1月24日労判952-77（科学的な知見がないために、危険に関する予見可能性がなかったと判断された裁判例）
- ◆ミヤマショウブプロダクツ事件　大阪地裁平成18年5月15日労判952-81（科学的な知見がないために、危険に関する予見可能性がなかったと判断された裁判例）
- ■荏原製作所事件　大阪高裁平成6年4月28日労判655-22（科学的な知見がな

いために、危険に関する予見可能性がなかったと判断された裁判例）
- ■直方営林署事件　福岡高裁平成4年3月12日労判611-76（科学的な知見がないために、危険に関する予見可能性がなかったと判断された裁判例）
- ◆日経新聞社・第一交通株式会社事件　福岡地裁平成9年4月25日判時1637-97（自然災害などに関するもので、危険に関する予見可能性がなかったと判断された裁判例）
- ◆人吉営林署大塚事業所事件　熊本地裁昭和60年7月3日労判462-37（自然災害などに関するもので、危険に関する予見可能性がなかったと判断された裁判例）
- ■原口鉱業事件　福岡高裁昭和39年10月26日下級民集15-10-2058（自然災害などに関するもので、危険に関する予見可能性がなかったと判断された裁判例）
- ◆大阪地方裁判所事件　大阪地裁昭和55年4月28日労判346-42（自覚的症状のある疾病について、労働者本人の申し出がなく、危険に関する予見可能性がなかったと判断された裁判例）
- ◆本田技研工業事件　東京地裁平成6年12月20日労判671-62（業務の内容などが社会通念に照らし危険性を内包するものではないために、その予見可能性がなかったと判断された裁判例）
- ●株式会社山形県水産公社事件　最高裁第一小法廷平成5年1月21日労判652-8（業務の内容などが社会通念に照らし危険性を内包するものではないために、その予見可能性がなかったと判断された裁判例）
- ◆栗本鐵工所・末広工業所事件　大阪地裁平成8年7月29日労判700-12（労働者や第三者が想定できないような行動をしたために、使用者にとって危険に関する予見可能性がなかったと判断された裁判例）
- ◆浜岳製作所事件　横浜地裁平成7年2月23日労判676-71（労働者や第三者が想定できないような行動をしたために、使用者にとって危険に関する予見可能性がなかったと判断された裁判例）
- ◆藤元建設工業・石川島播磨工業事件　広島地裁福山支部平成5年5月10日労経速1514-11（労働者や第三者が想定できないような行動をしたために、使用者にとって危険に関する予見可能性がなかったと判断された裁判例）
- ◆朝日生命保険事件　仙台地裁昭和63年6月21日労判521-26（労働者や第三者が想定できないような行動をしたために、使用者にとって危険に関する予見可能性がなかったと判断された裁判例）
- ◆川崎重工神戸造船所事件　神戸地裁昭和60年6月20日労判463-86（労働者や第三者が想定できないような行動をしたために、使用者にとって危険に関する予見可能性がなかったと判断された裁判例）
- ◆陸上自衛隊真駒内事件　東京地裁昭和55年4月22日判タ424-134（労働者や第三者が想定できないような行動をしたために、使用者にとって危険に関する予見可能性がなかったと判断された裁判例）
- ◆陸上自衛隊中部方面事件　東京地裁昭和54年1月29日判タ387-78（労働者や

第三者が想定できないような行動をしたために、使用者にとって危険に関する予見可能性がなかったと判断された裁判例）
- ■◆大和銀行事件　福岡高裁平成4年2月25日労判610-51、福岡地裁飯塚支部平成元年12月20日労判560-74（対象となる物質の有害性が小さいために、健康障害を発症させる危険に関する予見可能性がなかったと判断された裁判例）

【結果の回避】
- ◆日本化工クロム事件　東京地裁昭和56年9月28日労働判例372-21（危険を回避するために講ずべき措置の程度）
- ■三菱重工業事件　大阪高裁昭和63年11月28日労判532-49（危険を回避するために講ずべき措置の程度）
- ◆筑豊じん肺事件　福岡地裁飯塚支部平成7年7月20日判タ898-61（危険を回避するために講ずべき措置の程度）
- ●■日鉄鉱業松尾採石所ほか事件　最高裁第三小法廷平成6年3月22日労判652-6、東京高裁平成4年7月17日労判619-63（危険を回避するために講ずべき措置の程度）
- ◆筑豊じん肺事件　福岡地裁飯塚支部平成7年7月20日判タ898-61（じん肺に関する裁判例）
- ●■日鉄鉱業松尾採石所ほか事件　最高裁第三小法廷平成6年3月22日労判652-6、東京高裁平成4年7月17日労判619-63（じん肺に関する裁判例）
- ◆日鉄鉱業事件　東京地裁平成2年3月27日労判563-90（じん肺に関する裁判例）
- ◆日本化工クロム事件　東京地裁昭和56年9月28日労働判例372-21（その他の職業性疾病に関する裁判例）
- ■三菱重工業事件　大阪高裁昭和63年11月28日労判532-49（その他の職業性疾病に関する裁判例）

【使用者が危険を回避するための措置を十分に講じたと判断した裁判例】
- ●林野庁高知営林署事件　最高裁第2小法廷平成2年4月20日労判561-6（チエンソー使用による振動障害について）
- ■直方営林署事件　福岡高裁平成4年3月12日労判611-76（チエンソー使用による振動障害について）
- ■林野庁高知営林署事件　高松高裁昭和59年9月19日労判440-39（チエンソー使用による振動障害について）
- ■奈良少年刑務所看守事件　大阪高裁平成4年10月30日訟務月報39-8-1419（刑務所の看守の護身術訓練について）
- ◆ダイエー事件　大阪地裁平成元年2月28日労判542-68（腰痛症を罹患していたスーパー従業員が食肉運搬にかかわって肩関節炎等を受傷したことについて）
- ■大阪地方裁判所事件　大阪高裁昭和56年10月23日労判375-45（裁判所事務官として主に記録運搬業務及び記帳業務に従事していた者の脊柱側溝、頚腕症候群、右上肢神経炎について）

◆大成建設、新興工業事件　福島地裁昭和49年3月25日判時744-105（労働者の墜落事故について）
◆海上自衛隊横須賀総監部第一駆潜隊事件　東京地裁昭和53年10月30日判タ380-119（潜水訓練中の自衛隊員の死亡事故について）
◆航空自衛隊第7航空団事件　東京地裁昭和53年10月27日判タ394-115（飛行中の自衛隊員の墜落事故について）

第8章　労働災害や職業性疾病の防止に関する民事責任と労働安全衛生法令などとの関係

【事業者が講ずべき機械・設備などに関する措置に関する裁判例】
◆藤島建設事件　浦和地裁平成8年3月22日労判696-56
◆三六木工事件　横浜地裁小田原支部平成6年9月27日労判681-81
◆内外ゴム事件　神戸地裁平成2年12月27日労判596-69
■三菱重工業事件　大阪高裁昭和63年11月28日労判532-49
◆常石造船所・宮地工作事件　広島地裁尾道支部昭和53年2月28日労判296-49
◆合資会社伴鋳造所事件　東京地裁昭和47年11月30日判時701-109
◆奥村組事件　東京地裁昭和46年9月8日判時645-49
◆鹿島建設事件　東京地裁昭和45年5月27日判時601-41

【使用者が講ずべきその他の措置に関する裁判例】
◆東洋精箔事件　千葉地裁平成11年1月18日労判765-77
◆藤島建設事件　浦和地裁平成8年3月22日労判696-56
◆有限会社村松製作所事件　千葉地裁松戸支部昭和60年2月20日労判454-63
◆海上自衛隊需給統制隊事件　東京地裁昭和55年3月24日判時971-64
◆起重機取扱作業事件　福岡地裁小倉支部昭和54年4月27日判タ395-88
◆門司港運事件　福岡地裁小倉支部昭和47年11月24日判時696-235
◆気火ガス爆発事件　大阪地裁昭和44年4月24日判タ237-287

【元方事業者などが講ずべき措置に関する裁判例】
◆株式会社山形県水産公社事件　新潟地裁昭和61年10月31日労判488-54
◆黒崎産業事件　神戸地裁尼崎支部昭和54年2月16日判時941-84
◆三菱重工業事件　山口地裁下関支部昭和45年7月9日判タ259-187

【機械等並びに危険物及び有害物に関する規制に関する裁判例】
◆日本電工事件　福島地裁郡山支部昭和59年7月19日労判440-99

【安全衛生教育に関する裁判例】
◆内外ゴム事件　神戸地裁平成2年12月27日労判596-69

【就業制限に関する裁判例】
■産業廃棄物処理業社事件　福岡高裁平成13年7月31日判時1806-50

【作業環境測定に関する裁判例】
◆内外ゴム事件　神戸地裁平成2年12月27日労判596−69
【健康診断に関する裁判例】
◆内外ゴム事件　神戸地裁平成2年12月27日労判596−69
■熊野電報電話局事件　名古屋高裁昭和63年3月30日労判523−62
【じん肺に関する措置】
◆日鉄鉱業事件　東京地裁平成2年3月27日労判563−90
【労働災害や職業性疾病の防止に関する使用者が民事責任として行わなければならない措置と船員法および船員労働安全衛生規則に定める危害防止基準との関係】
◆大晃機械工業事件　山口地裁下関支部平成13年4月23日判時1767−125
【労働災害や職業性疾病の防止に関する使用者が民事責任として行わなければならない措置と鉱山保安法などに定める危害防止基準との関係】
◆秩父じん肺事件　浦和地裁熊谷支部平成11年4月27日判時1694−14
【労働災害や職業性疾病の防止に関する使用者が民事責任として行わなければならない措置と労働安全衛生法などに定める努力義務などの規定との関係に関する裁判例】
◆Aサプライ（知的障害者死亡事故）事件　東京地裁八王子支部平成15年12月10日労判870−50（中高年齢者などに対する配慮に関する裁判例）
◆髙島屋工作所事件　大阪地裁平成2年11月28日労経速1413−3（健康診断結果に基づく事後措置に関する裁判例）
【労働災害や職業性疾病の防止に関する使用者が民事責任として行わなければならない措置と労働安全衛生法の趣旨などとの関係】
◆日本電信電話公社事件　青森地裁八戸支部昭和58年3月31日判時1090−16（労働安全衛生法の趣旨などに照らして、使用者が安全配慮義務を負っていると判断された裁判例）
◆松心園事件　大阪地裁昭和55年2月18日労判338−57（労働安全衛生法の趣旨などに照らして、使用者が安全配慮義務を負っていると判断された裁判例）
■鹿島建設事件　東京高裁昭和52年6月15日労判283−91（労働安全衛生法の趣旨などに照らして、使用者が安全配慮義務を負っていると判断された裁判例）
◆大興電機製作所事件　東京地裁昭和50年11月13日判時819−93（労働安全衛生法の趣旨などに照らして、使用者が安全配慮義務を負っていると判断された裁判例）
◆平田プレス工業事件　前橋地裁昭和49年3月27日判時748−119（労働安全衛生法の趣旨などに照らして、使用者が安全配慮義務を負っていると判断された裁判例）
◆鹿島建設・大石塗装事件　福岡地裁小倉支部昭和49年3月14日判タ311−228（労働安全衛生法などの規定と労働災害や職業性疾病の防止に関する使用者が民事責任として行わなければならない措置とでは趣旨が異なると判断した裁判例）

【労働災害や職業性疾病の防止に関する使用者が民事責任として行わなければならない措置と法令に基づかない指針や通達などとの関係】
◆おきぎんビジネスサービス事件　那覇地裁沖縄支部平成18年4月20日労判921－75（腰痛に関する裁判例）
◆佐川急便事件　大阪地裁平成10年4月30日労判741－26（腰痛に関する裁判例）
◆中国ピアノ運送事件　広島地裁平成元年9月26日労判547－6（腰痛に関する裁判例）
◆三菱重工業神戸造船所事件　神戸地裁平成6年7月12日労判663－29（振動障害に関する裁判例）
■三菱重工業事件　大阪高裁昭和63年11月28日労判532－49（難聴に関する裁判例）

【労働災害や職業性疾病の防止に関する使用者が民事責任として行わなければならない措置と労働基準法などに定める一般労働条件の基準との関係に関する裁判例】
◆協和エンタープライズほか事件　東京地裁平成18年4月26日労判930－79
◆平和石綿工業・朝日石綿工業事件　長野地裁昭和61年6月27日労判478－53
■九州電気工事事件　福岡高裁昭和27年4月9日下級民集3－4－482

【労働災害や職業性疾病の防止に関する使用者が民事責任として行わなければならない措置と労働基準法の趣旨などとの関係に関する裁判例】
◆日本電信電話公社事件　青森地裁八戸支部昭和58年3月31日判時1090－16
◆松心園事件　大阪地裁昭和55年2月18日労判338－57

【労働災害や職業性疾病の防止に関する使用者が民事責任として行わなければならない措置と労災補償の認定との関係】
◆日本電信電話公社事件　青森地裁八戸支部昭和58年3月31日判時1090－16
◆松心園事件　大阪地裁昭和55年2月18日労判338－57
◆大興電機製作所事件　東京地裁昭和50年11月13日判時819－93
◆日本放送協会事件　東京地裁昭和48年5月23日判タ297－146

【労災補償の認定が行われていても、業務との間に相当因果関係がないとした裁判例】
◆東日本旅客鉄道事件　東京地裁平成10年12月24日労判759－62
◆熊本営林局事件　福岡地裁田川支部平成元年8月17日労判547－44

【労働安全衛生法令に定めのない事項を実施すべき義務】
◆大晃機械工業事件　山口地裁下関支部平成13年4月23日判時1767－125
◆細倉鉱山事件　仙台地裁平成8年3月22日判時1565－20
◆日鉄鉱業（伊王島鉱業所）事件　長崎地裁平成6年12月13日労判673－27
■日鉄鉱業・長崎じん肺訴訟事件　福岡高裁平成元年3月31日労判541－50
◆郵政省職員事件　横浜地裁昭和58年5月24日労判411－43

【労働安全衛生法令に定める基準を満たした機械・設備などに関する裁判例】
◆三東工事件　東京地裁昭和45年7月6日判時614－17

869

【労働災害や職業性疾病の防止に関する使用者が民事責任として行わなければならない措置と行政指導との関係】
◆岐阜地裁昭和59年2月17日（行政指導を受けた事項）
◆平田プレス工業事件　前橋地裁昭和49年3月27日判時748-119（行政指導を受けた事項）
■九州電気工事事件　福岡高裁昭和27年4月9日下級民集3-4-482（行政指導を受けた事項）
◆東洋精箔事件　千葉地裁平成11年1月18日労判765-77（行政指導などがない事項）
■日鉄鉱業・長崎じん肺訴訟事件　福岡高裁平成元年3月31日労判541-50（行政指導などがない事項）
【事業所内部で危険性が指摘されていた事項と使用者が民事責任として行わなければならない措置】
◆村井工業事件　奈良地裁葛城支部昭和43年3月29日判時539-58

第9章　労働災害や職業性疾病の防止に関する措置を講ずべき関係者
【発注者の責任】
◆大和製罐・テクノアシスト相模事件　東京地裁平成20年2月13日労判955-13
◆鹿島建設・大石塗装事件　福岡地裁小倉支部昭和49年3月14日判タ311-228
●■大豊運輸事件　広島高裁岡山支部昭和62年5月28日労判521-56、最高裁第一小法廷平成2年11月8日
【造船業を除く製造業の元方事業者に関する裁判例】
◆大和製罐・テクノアシスト相模事件　東京地裁平成20年2月13日労判955-13）（労働災害に関する裁判例）
◆東急車輛製造事件　横浜地裁昭和57年3月16日労判383-43（労働災害に関する裁判例）
◆みくに工業事件　長野地裁諏訪支部平成3年3月7日労判588-64（職業性疾病に関する裁判例）
◆ヤンマーディゼル事件　神戸地裁尼崎支部昭和60年2月8日労判448-31（腰痛に関する裁判例）
◆愛知製鋼所・三栄組事件　名古屋地裁昭和50年12月26日判タ338-224（構内運送事業に関する裁判例）
【造船業の元方事業者に関する裁判例】
◆宇品造船所・共立工業所事件　広島地裁昭和48年9月13日判時739-98（労働災害に関する裁判例）
◆三菱重工業事件　山口地裁下関支部昭和45年7月9日判タ259-187（労働災害に関する裁判例）

- ■三菱重工業神戸造船所事件　大阪高裁平成11年3月30日労判771-62（振動障害に関する裁判例）
- ●三菱重工業事件　最高裁第一小法廷平成3年4月11日労判590-14（難聴に関する裁判例）
- ■三菱重工業事件　大阪高裁昭和63年11月28日労判532-49（難聴に関する裁判例）
- ◆三菱重工業事件　神戸地裁昭和59年7月20日労判440-75（難聴に関する裁判例）

【建設業の元方事業者に関する裁判例】
- ◆熊谷建設ほか事件　福岡地裁小倉支部平成10年3月26日労判741-57（再請負事業者の労働者に関する裁判例）
- ◆海南特殊機械・竹村工業・松川建設事件　東京地裁昭和62年3月27日労判497-92（再請負事業者の労働者に関する裁判例）
- ◆東急建設・吉田建設工業事件　東京地裁昭和56年2月10日労判358-28（再請負事業者の労働者に関する裁判例）
- ◆高松地裁昭和43年1月25日（再請負事業者の労働者に関する裁判例）
- ◆植樹園事件　東京地裁平成11年2月16日労判761-101（再請負事業者以外の建設業の元方事業者に関する裁判例）
- ■東鉄工業事件　東京高裁平成6年9月27日判タ900-244（再請負事業者以外の建設業の元方事業者に関する裁判例）
- ◆東邦建業事件　東京地裁平成5年11月19日交通民集26-6-1440（再請負事業者以外の建設業の元方事業者に関する裁判例）
- ◆岡崎工業・高千穂工業事件　千葉地裁平成元年3月24日判タ712-179（再請負事業者以外の建設業の元方事業者に関する裁判例）
- ◆藤代組・中里建設事件　東京地裁昭和59年10月22日労判462-14（再請負事業者以外の建設業の元方事業者に関する裁判例）
- ◆石川島重工業・増山組事件　福岡地裁小倉支部昭和57年9月14日労判399-55（再請負事業者以外の建設業の元方事業者に関する裁判例）
- ◆三井三池製作所・濱田組事件　神戸地裁姫路支部昭和56年4月13日労判368-37（再請負事業者以外の建設業の元方事業者に関する裁判例）
- ◆橋本工業・歌工務店事件　東京地裁昭和56年3月19日労判362-18（再請負事業者以外の建設業の元方事業者に関する裁判例）
- ◆鹿島建設・大石塗装事件　福岡地裁小倉支部昭和49年3月14日判タ311-228（再請負事業者以外の建設業の元方事業者に関する裁判例）
- ◆大成建設・柏倉建設事件　札幌地裁昭和53年3月30日判タ369-283（再請負事業者以外の建設業の元方事業者に関する裁判例）

【鉱業の元方事業者に関する裁判例】
- ◆三井三池炭鉱事件　福岡地裁平成13年12月18日判タ1107-92

- ■筑豊じん肺事件　福岡高裁平成13年7月19日判時1785-19
- ◆岩手じん肺訴訟　盛岡地裁平成13年3月30日判時1776-112
- ■長崎日鉄鉱業じん肺事件　福岡高裁平成12年7月28日判タ1108-215
- ◆北海道石炭じん肺事件　札幌地裁平成11年5月28日判時1703-3
- ◆秩父じん肺事件　浦和地裁熊谷支部平成11年4月27日判時1694-14
- ◆長崎日鉄鉱業じん肺事件　長崎地裁平成10年11月25日判時1697-3
- ◆筑豊じん肺事件　福岡地裁飯塚支部平成7年7月20日判タ898-61
- ◆三井鉱山他三社事件　千葉地裁平成5年8月9日判タ826-125

【建設工事や運送・配送などの発注者に関する裁判例】
- ■荏原製作所事件　大阪高裁平成6年4月28日労判655-22（建設工事の発注者に関する裁判例）
- ◆前田建設事件　山口地裁昭和54年1月31日判タ388-114（建設工事の発注者に関する裁判例）
- ●■大豊運輸事件　広島高裁岡山支部昭和62年5月28日労判521-56、最高裁第一小法廷平成2年11月8日（船舶による運送契約の発注者に関する判例）
- ◆真田陸運事件　東京地裁平成8年2月13日労判690-63（配送の発注者に関する裁判例）

【元方事業主などの請負事業の労働者に対する民事責任が否定された裁判例】
- ◆東京エコン建鉄・タカミ工業事件　横浜地裁平成2年11月30日労判594-128（労働災害に関する裁判例）
- ◆毛塚運輸事件　札幌地裁昭和62年8月27日労判505-59（労働災害に関する裁判例）
- ◆空港グランドサービス事件　東京地裁平成3年3月22日労判586-19（職業性疾病に関する裁判例）

【建設共同企業体の構成企業の労働者に対する民事責任】
- ◆わかさ建設共同企業体事件　鹿児島地裁昭和48年6月28日判時720-86

【船舶所有者の乗組員に対する民事責任】
- ◆大晃機械工業事件　山口地裁下関支部平成13年4月23日判時1767-125

【親会社の子会社の労働者に対する民事責任】
- ◆三井三池炭鉱事件　福岡地裁平成13年12月18日判タ1107-92

【関連会社の他方の会社の労働者に対する民事責任】
- ◆平和石綿工業・朝日石綿工業事件　長野地裁昭和61年6月27日労判478-53（一方の会社が他方の会社の1部門であって安全衛生対策について両者の協力が不可欠である場合）
- ◆株式会社ダイエー・中島木工所事件　福岡地裁久留米支部昭和53年1月27日判時919-90（両社間の業務内容、人的、物的構成、経理などの区分が明確でない場合）

【営業譲受人の責任】
- ◆黒崎産業事件　神戸地裁尼崎支部昭和54年2月16日判時941-84

判例一覧

【作業に関連する企業の責任】
◆名海運輸作業事件　名古屋地裁平成14年8月6日労判835-5
【受注した修理事業者の責任】
◆山川造船所事件　神戸地裁昭和51年12月23日判タ352-289
【特殊な就業規則に関する裁判例】
◆株式会社山形県水産公社事件　新潟地裁昭和61年10月31日労判488-54（出向者に関する裁判例）
◆大成建設、新興工業事件　福島地裁昭和49年3月25日判時744-105（出向者に関する裁判例）
◆綾瀬市シルバー人材センター（I工業所）事件　横浜地裁平成15年5月13日労判850-12（シルバー人材センターに関する裁判例）
◆三広梱包事件　浦和地裁平成5年5月28日労判650-76（シルバー人材センターに関する裁判例）
【職業紹介事業者に関する裁判例】
◆日本土地改良・日本エアロビクスセンター・東横配膳人紹介所事件　東京地裁昭和62年1月30日労判498-77
【在日米軍に勤務する労働者に関する裁判例】
◆米軍横須賀基地発電所電気工事件　横浜地裁横須賀支部平成6年3月14日判時1522-117
◆在日米軍横浜冷凍倉庫事件　横浜地裁昭和54年3月30日労判329-64
◆米国駐留軍事件　仙台地裁昭和36年4月11日訟務月報7-5-1024
【個人事業者に対する責任】
◆藤島建設事件　浦和地裁平成8年3月22日労判696-56
◆大森電設事件　札幌地裁平成4年5月14日労判612-51
◆門前町事件　金沢地裁昭和62年6月26日労判510-69
◆林兼造船・宝辺商店事件　山口地裁下関支部昭和50年5月26日判時806-76
【機械・設備などの設置・管理者の責任】
◆千代田亜鉛・東京電力事件　東京地裁昭和48年12月3日判タ310-281（設置した機械・設備などに関する裁判例）
■常石造船所・浦賀重工業（住友重機工業）事件　東京高裁昭和48年6月30日判時713-61（設置した機械・設備などに関する裁判例）
◆新出組生コン運転手事件　金沢地裁昭和49年11月20日判時782-81（道路の設置・管理者に関する裁判例）
【機械・設備などの製造者の責任】
■荏原製作所事件　大阪高裁平成6年4月28日労判655-22
◆株式会社ツバキ・日立工機事件　福岡地裁昭和59年6月19日労判442-97
【会社の代表者の責任】
◆協和エンタープライズほか事件　東京地裁平成18年4月26日労判930-79（代表

取締役が業務全般を統括管理する立場にあることを理由とする裁判例)
- ◆Aサプライ(知的障害者死亡事故)事件　東京地裁八王子支部平成15年12月10日労判870-50(代表取締役が業務全般を統括管理する立場にあることを理由とする裁判例)
- ■産業廃棄物処理業社事件　福岡高裁平成13年7月31日判時1806-50(代表取締役が業務全般を統括管理する立場にあることを理由とする裁判例)
- ◆三六木工事件　横浜地裁小田原支部平成6年9月27日労判681-81(実際の業務について指揮監督する立場にあることを理由とする裁判例)
- ◆改進社事件　東京地裁平成4年9月24日労判618-15(実際の業務について指揮監督する立場にあることを理由とする裁判例)
- ◆渡辺鋼材事件　大阪地裁昭和43年2月14日判タ221-186(実際の業務について指揮監督する立場にあることを理由とする裁判例)

【その他の従業員などの責任】
- ◆協和エンタープライズほか事件　東京地裁平成18年4月26日労判930-79(業務の責任者に関する裁判例)
- ◆Aサプライ(知的障害者死亡事故)事件　東京地裁八王子支部平成15年12月10日労判870-50(業務の責任者に関する裁判例)
- ◆よみうりスポーツ事件　大阪地裁平成8年1月25日判タ916-183(業務の責任者に関する裁判例)
- ◆門前町事件　金沢地裁昭和62年6月26日労判510-69(業務の責任者に関する裁判例)
- ◆海南特殊機械・竹村工業・松川建設事件　東京地裁昭和62年3月27日労判497-92(業務の責任者に関する裁判例)
- ■極洋事件　東京高裁昭和49年9月25日判タ320-161(業務の責任者に関する裁判例)
- ■日立造船事件　東京高裁昭和49年9月18日判時766-59(業務の責任者に関する裁判例)
- ■陸上自衛隊陸士長事件　東京高裁昭和49年8月29日判時758-47(業務の責任者に関する裁判例)
- ◆菊池酸素工業所事件　東京地裁昭和40年1月29日判時423-42(業務の責任者に関する裁判例)
- ■九州電気工事事件　福岡高裁昭和27年4月9日下級民集3-4-482(業務の責任者に関する裁判例)
- ◆起重機取扱作業事件　福岡地裁小倉支部昭和54年4月27日判タ395-88(その他の業務に従事する労働者に関する裁判例)
- ◆愛知製鋼所・三栄組事件　名古屋地裁昭和50年12月26日判タ338-224(その他の業務に従事する労働者に関する裁判例)
- ◆千代田亜鉛・東京電力事件　東京地裁昭和48年12月3日判タ310-281(その他

の業務に従事する労働者に関する裁判例)
◆わかさ建設共同企業体事件　鹿児島地裁昭和48年6月28日判時720-86(その他の業務に従事する労働者に関する裁判例)
◆N設備・鴻巣市事件　さいたま地裁平成13年12月5日労判819-5(事業の執行について従業員などに不法行為がある場合の使用者の責任)
◆明津運輸事件　東京地裁平成12年5月31日交通民集33-3-907(事業の執行について従業員などに不法行為がある場合の使用者の責任)
◆門前町事件　金沢地裁昭和62年6月26日労判510-69(事業の執行について従業員などに不法行為がある場合の使用者の責任)
◆海南特殊機械・竹村工業・松川建設事件　東京地裁昭和62年3月27日労判497-92(事業の執行について従業員などに不法行為がある場合の使用者の責任)
◆橋本工業・歌工務店事件　東京地裁昭和56年3月19日労判362-18(事業の執行について従業員などに不法行為がある場合の使用者の責任)
◆北陸電設工業所事件　富山地裁昭和51年5月14日判時833-105(事業の執行について従業員などに不法行為がある場合の使用者の責任)
◆愛知製鋼所・三栄組事件　名古屋地裁昭和50年12月26日判タ338-224(事業の執行について従業員などに不法行為がある場合の使用者の責任)
◆わかさ建設共同企業体事件　鹿児島地裁昭和48年6月28日判時720-86(事業の執行について従業員などに不法行為がある場合の使用者の責任)
◆渡辺鋼材事件　大阪地裁昭和43年2月14日判タ221-186(事業の執行について従業員などに不法行為がある場合の使用者の責任)
■九州電気工事事件　福岡高裁昭和27年4月9日下級民集3-4-482(事業の執行について従業員などに不法行為がある場合の使用者の責任)

【外部の第三者の責任】
◆山陽カンツリー事件　神戸地裁姫路支部平成11年3月31日判時1699-114

【労働者本人の責任(過失相殺)】
■松藤商事事件　福岡高裁平成9年12月9日判時1644-133
■産業廃棄物処理業社事件　福岡高裁平成13年7月31日判時1806-50
◆栗本鐵工所・末広工業所事件　大阪地裁平成8年7月29日労判700-12(労働者本人に重大な過失がある場合)
◆藤元建設工業・石川島播磨工業事件　広島地裁福山支部平成5年5月10日労経速1514-11(労働者本人に重大な過失がある場合)
◆ダイエー事件　大阪地裁平成元年2月28日労判542-68(労働者本人に重大な過失がある場合)
◆茨木産業開発事件　大阪地裁昭和62年12月24日労判510-11(労働者本人に重大な過失がある場合)
◆同和鑛業事件　岡山地裁昭和60年9月24日労判464-63(労働者本人に重大な過失がある場合)

- ◆トンネル掘削工事事件　福岡地裁直方支部昭和46年7月21日判タ269－279（労働者本人に重大な過失がある場合）
- ◆山陽カンツリー事件　神戸地裁姫路支部平成11年3月31日判時1699－114（労働者に大きな過失がある場合）
- ◆忠臣事件　東京地裁昭和45年1月27日判タ247－249（労働者に大きな過失がある場合）
- ◆N設備・鴻巣市事件　さいたま地裁平成13年12月5日労判819－5（労働者に大きな過失がある場合）

【労働者にも相当な過失があり、使用者の安全配慮義務の不履行などとあいまって災害が生じた場合】
- ◆セイシン企業事件　東京地裁平成12年8月29日労判831－85（5割の過失相殺が行われた裁判例）
- ◆明津運輸事件　東京地裁平成12年5月31日交通民集33－3－907（5割の過失相殺が行われた裁判例）
- ◆山陽カンツリー事件　神戸地裁姫路支部平成11年3月31日判時1699－114（5割の過失相殺が行われた裁判例）
- ■日立造船事件　東京高裁昭和49年9月18日判時766－59（5割の過失相殺が行われた裁判例）
- ■中国研修生業務上災害事件　名古屋高裁金沢支部平成11年11月15日判タ1042－136（4割の過失相殺が行われた裁判例）
- ■トオカツフーズ事件　東京高裁平成13年5月23日判タ1072－144（4割の過失相殺が行われた裁判例）
- ◆熊谷建設ほか事件　福岡地裁小倉支部平成10年3月26日労判741－57（3割の過失相殺が行われた裁判例）
- ■松藤商事事件　福岡高裁平成9年12月9日判時1644－133（3割の過失相殺が行われた裁判例）
- ◆岡崎工業・高千穂工業事件　千葉地裁平成元年3月24日判タ712－179（3割の過失相殺が行われた裁判例）
- ◆陸上自衛隊陸士長事件　東京高裁昭和49年8月29日判時758－47（3割の過失相殺が行われた裁判例）
- ◆東京地裁昭和43年12月21日（3割の過失相殺が行われた裁判例）

【労働者側にも責任の一端がある場合】
- ◆白根工業事件　東京地裁昭和48年9月14日判時725－65（2割の過失相殺が行われた裁判例）
- ◆大晃機械工業事件　山口地裁下関支部平成13年4月23日判時1767－125（1割の過失相殺が行われた裁判例）
- ◆石川トナミ運輸事件　金沢地裁平成9年9月26日労判727－59（1割の過失相殺が行われた裁判例）

【過失相殺の割合が明示されずに相殺が行われる場合】
- ◆綾瀬市シルバー人材センター（I工業所）事件　横浜地裁平成15年5月13日労判850-12
- ◆門司港運事件　福岡地裁小倉支部昭和47年11月24日判時696-235
- ◆三東工事件　東京地裁昭和45年7月6日判時614-17
- ◆山口地裁下関支部昭和26年10月16日

【使用者側に安全配慮義務違反が大きいなどのために、過失相殺が否定される場合】
- ■秩父じん肺事件　東京高裁平成13年10月23日判時1768-138
- ◆東洋精箔事件　千葉地裁平成11年1月18日労判765-77
- ◆産業廃棄物処理業社事件　福岡高裁平成13年7月31日判時1806-50
- ◆神戸製鋼所事件　神戸地裁昭和47年4月27日判時677-90
- ◆東京地裁昭和44年10月29日

【労働者側に過失がない場合】
- ◆三六木工事件　横浜地裁小田原支部平成6年9月27日労判681-81
- ◆北陸電設工業所事件　富山地裁昭和51年5月14日判時833-105
- ◆京橋郵便局員事件　東京地裁昭和48年12月21日判時731-97

【一人親方の労災保険への特別加入と使用者の民事責任との関係に関する裁判例】
- ◆藤島建設事件　浦和地裁平成8年3月22日労判696-56

【本人の了解を受けた措置であることと使用者の民事責任との関係に関する裁判例】
- ■航空自衛隊航空実験隊事件　東京高裁昭和57年10月12日判タ480-95

【労働組合の承認を受けて行った労働災害や健康障害を防止するための対策であることと使用者の民事責任との関係に関する裁判例】
- ◆細倉鉱山事件　仙台地裁平成8年3月22日判時1565-20

第10章　過重労働による脳・心臓疾患の発症の要因

【過重労働による脳・心臓疾患の発症のメカニズム】
- ◆和歌の海運送事件　和歌山地裁平成16年2月9日労判874-64（56歳の配送業務に従事する傭車運転手：脳内出血）
- ◆ホテル日航事件　神戸地裁平成20年4月10日（54歳のホテル販売グループ課長：脳内出血）
- ◆熊本地裁平成19年12月14日（50代のトラック運転手：脳内出血）
- ◆真備学園事件　岡山地裁平成6年12月20日労判672-42（44歳の私立高校教師：脳内出血）
- ■システムコンサルタント事件　東京高裁平成11年7月28日労判770-58（33歳のシステムエンジニア：脳内出血）
- ◆天辻鋼球製作所事件　大阪地裁平成20年4月28日労判970-66（26歳の精密機器製造会社員：脳内出血）

◆川西港運事件　神戸地裁昭和58年10月21日判時1116－105（48歳のフォークリフトの運転業務に従事していた者：脳内出血）
◆中の島事件　和歌山地裁平成17年4月12日労判896－28（58歳のホテル料理長：くも膜下出血）
◆ハヤシ事件　福岡地裁平成19年10月24日労判956－44（43歳の産業用ロボット製作会社製造部長：くも膜下出血）
◆南堺運輸事件　大阪地裁堺支部平成13年3月8日（43歳の長距離トラック運転手：くも膜下出血）
◆名神タクシー事件　神戸地裁尼崎支部平成20年7月29日（75歳のタクシー運転手：脳梗塞）
◆富士保安警備事件　東京地裁平成8年3月28日労判694－34（68歳の警備員：脳梗塞）
◆やちや酒造事件　金沢地裁平成10年7月22日判タ1006－193（65歳の酒造会社の蔵人：脳梗塞）
◆和歌の海運送事件　和歌山地裁平成16年2月9日労判874－64（56歳の配送業務に従事する傭車運転手：脳梗塞）
■榎並工務店事件　大阪高裁平成15年5月29日労判858－93（54歳の溶接工：脳梗塞）
◆高知地裁平成20年3月25日（53歳の長距離トラック運転手：脳梗塞）
◆照明制御装置設計・施工会社事件　大阪地裁平成8年10月4日（46歳の照明制御装置設計・施工者：脳梗塞）
◆建設・軌道工事請負会社事件　和歌山地裁平成14年12月10日（43歳の線路工事現場監督：脳梗塞）
●NTT東日本北海道支店事件　最高裁第一小法廷平成20年3月27日労判958－5（58歳のNTT社員：心筋梗塞）
◆札幌地裁平成19年3月23日（55歳の生鮮食品加工会社管理部長：心筋梗塞）
◆南大阪マイホームサービス事件　大阪地裁堺支部平成15年4月4日労判854－64（52歳リフォーム工事会社課長：心筋梗塞）
■住友生命保険相互会社　広島高裁岡山支部平成15年12月4日（32歳の生命保険会社営業員：心筋梗塞）
◆KYOWA事件　大分地裁平成18年6月15日労判921－21（26歳の現場作業員：心筋梗塞）
◆伊勢市消防局事件　津地裁平成4年9月24日労判630－68（52歳の消防士：狭心症）
■株式会社おつかわ事件　大阪高裁平成19年1月18日労判940－58（60歳の鞄卸売会社専務取締役：心停止（心臓性突然死を含む））
■石川島興業事件　大阪高裁平成8年11月28日判タ958－197（59歳の工場従業員：心停止（心臓性突然死を含む））

◆名糖運輸事件　大阪地裁平成13年2月19日（46歳の配送運転手：心停止（心臓性突然死を含む）
◆大阪府立病院事件　大阪地裁平成19年3月27日労判972-63（33歳の公立病院麻酔科医：心停止（心臓性突然死を含む）
■関西医科大学事件　大阪高裁平成16年7月15日労判879-22（26歳の大学病院研修医：心停止（心臓性突然死を含む）
◆スギヤマ薬品事件　名古屋地裁平成19年10月5日労判947-5（24歳のドラッグストア薬剤師：心停止（心臓性突然死を含む）
【心筋梗塞の既往症があり、合併症として高脂血症に罹患していた労働者が急性心筋虚血により死亡したケース】
●NTT東日本北海道支店事件　最高裁第一小法廷平成20年3月27日労判958-5
【高血圧症の労働者が急性心筋虚血により死亡したケース】
■株式会社おつかわ事件　大阪高裁平成19年1月18日労判940-58
【拡張型心筋症の労働者が急性心臓死したケース】
◆南大阪マイホームサービス事件　大阪地裁堺支部平成15年4月4日労判854-64
【高血圧や高脂血症の労働者が脳梗塞を発症したケース】
◆建設・軌道工事請負会社事件　和歌山地裁平成14年12月10日
【高血圧症の労働者がクモ膜下出血により死亡したケース】
◆南堺運輸事件　大阪地裁堺支部平成13年3月8日
【高血圧症の労働者が脳出血により死亡したケース】
◆システムコンサルタント事件　東京地裁平成10年3月19日労判736-94
【高血圧症の労働者が脳梗塞を発症したケース】
◆やちや酒造事件　金沢地裁平成10年7月22日判タ1006-193
【高血圧症の労働者が脳梗塞により死亡したケース】
◆富士保安警備事件　東京地裁平成8年3月28日労判694-34
【高血圧症の労働者が脳内出血により死亡したケース】
◆真備学園事件　岡山地裁平成6年12月20日労判672-42
【疲労の程度については、労働時間など客観的事実に基づいて判断】
◆ハヤシ事件　福岡地裁平成19年10月24日労判956-44
【1日平均の労働時間の長さが問題となった裁判例】
◆大阪府立病院事件　大阪地裁平成19年3月27日労判972-63
【1週間の労働時間の長さが問題となった裁判例】
■システムコンサルタント事件　東京高裁平成11年7月28日労判770-58
◆ジェイ・シー・エム事件　大阪地裁平成16年8月30日労判881-39
【1週間を超え1月未満の労働時間の長さが問題となった裁判例】
◆天辻鋼球製作所事件　大阪地裁平成20年4月28日労判970-66
◆ジェイ・シー・エム事件　大阪地裁平成16年8月30日労判881-39

◆富士保安警備事件　東京地裁平成8年3月28日労判694-34
【1月の労働時間の長さが問題となった裁判例】
◆ホテル日航事件　神戸地裁平成20年4月10日
◆スギヤマ薬品事件　名古屋地裁平成19年10月5日労判947-5
◆大阪府立病院事件　大阪地裁平成19年3月27日労判972-63
◆中の島事件　和歌山地裁平成17年4月12日労判896-28
◆和歌の海運送事件　和歌山地裁平成16年2月9日労判874-64
◆榎並工務店事件　大阪地裁平成14年4月15日労判858-105
【2月〜5月の労働時間の長さが問題となった裁判例】
◆生鮮食品加工会社事件　札幌地裁平成19年3月23日
◆やちや酒造事件　金沢地裁平成10年7月22日判タ1006-193
◆照明制御装置設計・施工会社事件　大阪地裁平成8年10月4日
【6か月の労働時間の長さが問題となった裁判例】
◆名神タクシー事件　神戸地裁尼崎支部平成20年7月29日
◆大阪府立病院事件　大阪地裁平成19年3月27日労判972-63
【1年間の労働時間の長さが問題となった裁判例】
◆ハヤシ事件　福岡地裁平成19年10月24日労判956-44
◆和歌の海運送事件　和歌山地裁平成16年2月9日労判874-64
◆システムコンサルタント事件　東京地裁平成10年3月19日労判736-94
【労働時間の範囲】
●三菱重工業長崎造船所事件　最高裁第一小法廷平成12年3月9日民集54-3-801
◆中の島事件　和歌山地裁平成17年4月12日労判896-28（ホテルの料理長が自宅において献立などの作成に要した時間）
◆富士保安警備事件　東京地裁平成8年3月28日労判694-34（警備員の巡回時間以外の時間）
◆ハヤシ事件　福岡地裁平成19年10月24日労判956-44（管理職の職場での待機時間）
◆榎並工務店事件　大阪地裁平成14年4月15日労判858-105（溶接工の手待時間）
◆ハヤシ事件　福岡地裁平成19年10月24日労判956-44（仮眠時間）
◆富士保安警備事件　東京地裁平成8年3月28日労判694-34（仮眠時間）
◆大阪府立病院事件　大阪地裁平成19年3月27日労判972-63（病院の医師の名で学会発表や論文作成を行う時間）
【通勤時間】
◆榎並工務店事件　大阪地裁平成14年4月15日労判858-105
◆スギヤマ薬品事件　名古屋地裁平成19年10月5日働判947-5
◆KYOWA事件　大分地裁平成18年6月15日労判921-21

◆ジェイ・シー・エム事件　大阪地裁平成16年8月30日労判881－39
【拘束時間】
◆名糖運輸事件　大阪地裁平成13年2月19日（長期にわたる拘束時間の長さが問題となった裁判例）
◆スギヤマ薬品事件　名古屋地裁平成19年10月5日労判947－5（約1か月間の拘束時間の長さが問題となった裁判例）
◆富士保安警備事件　東京地裁平成8年3月28日労判694－34（約1か月間の拘束時間の長さが問題となった裁判例）
◆南堺運輸事件　大阪地裁堺支部平成13年3月8日（拘束時間の長い日が多いことが問題となった裁判例）
【実業務時間】
◆南堺運輸事件　大阪地裁堺支部平成13年3月8日（連続運転時間）
◆榎並工務店事件　大阪地裁平成14年4月15日労判858－105（溶接時間）
【夜勤務】
◆ジェイ・シー・エム事件　大阪地裁平成16年8月30日労判881－39（深夜にわたる勤務）
◆やちや酒造事件　金沢地裁平成10年7月22日判タ1006－193（深夜にわたる勤務）
◆榎並工務店事件　大阪地裁平成14年4月15日労判858－105（深夜勤務と昼間勤務の連続勤務）
◆建設・軌道工事請負会社事件　和歌山地裁平成14年12月10日（深夜勤務と昼間勤務の連続勤務）
【宿日直勤務】
大阪府立病院事件　大阪地裁平成19年3月27日労判972－63
■◆石川島興業事件　神戸地裁姫路支部平7年7月31日労判688－59、大阪高裁平成8年11月28日判タ958－197
【長期に休日をとっていないことが問題となった裁判例】
◆やちや酒造事件　金沢地裁平成10年7月22日判タ1006－193
◆富士保安警備事件　東京地裁平成8年3月28日労判694－34
◆榎並工務店事件　大阪地裁平成14年4月15日労判858－105
◆天辻鋼球製作所事件　大阪地裁平成20年4月28日労判970－66
◆ジェイ・シー・エム事件　大阪地裁平成16年8月30日労判881－39
【休日の日数が少ないことが問題となった裁判例】
◆生鮮食品加工会社事件　札幌地裁平成19年3月23日
◆ハヤシ事件　福岡地裁平成19年10月24日労判956－44
◆スギヤマ薬品事件　名古屋地裁平成19年10月5日労判947－5
◆中の島事件　和歌山地裁平成17年4月12日労判896－28
◆榎並工務店事件　大阪地裁平成14年4月15日労判858－105

- ◆南大阪マイホームサービス事件　大阪地裁堺支部平成15年4月4日労判854-64
- ◆名糖運輸事件　大阪地裁平成13年2月19日

【直近の休日労働が問題となった裁判】
- ■システムコンサルタント事件　東京高裁平成11年7月28日労判770-58

【出張】
- ●NTT東日本北海道支店事件　最高裁第一小法廷平成20年3月27日労判958-5
- ■株式会社おつかわ事件　大阪高裁平成19年1月18日労判940-58

【高温環境が問題となった裁判例】
- ■株式会社おつかわ事件　大阪高裁平成19年1月18日労判940-58
- ◆KYOWA事件　大分地裁平成18年6月15日労判921-21
- ■石川島興業事件　大阪高裁平成8年11月28日判タ958-197

【低温環境が問題となった裁判例】
- ◆名糖運輸事件　大阪地裁平成13年2月19日

【高温環境と低温環境とに交互に変動することが問題となった裁判例】
- ◆住友生命保険相互会社　岡山地裁平成14年9月11日
- ◆やちや酒造事件　金沢地裁平成10年7月22日判タ1006-193

【休養を取るための設備が問題となった裁判例】
- ◆やちや酒造事件　金沢地裁平成10年7月22日判タ1006-193
- ◆富士保安警備事件　東京地裁平成8年3月28日労判694-34

【精神的緊張を伴う業務】
- ◆やちや酒造事件　金沢地裁平成10年7月22日判タ1006-193（危険回避責任がある業務）
- ◆建設・軌道工事請負会社事件　和歌山地裁平成14年12月10日（危険回避責任がある業務）
- ●NTT東日本北海道支店事件　最高裁第一小法廷平成20年3月27日労判958-5（人命や人の一生を左右しかねない重大な判断や処置が求められる業務）
- ◆スギヤマ薬品事件　名古屋地裁平成19年10月5日労判947-5（危険な物質を取り扱う業務）
- ◆住友生命保険相互会社　岡山地裁平成14年9月11日（過大なノルマがある業務）
- ◆ハヤシ事件　福岡地裁平成19年10月24日労判956-44（決められた時間（納期など）どおりに遂行しなければならないような困難な業務）
- ◆ジェイ・シー・エム事件　大阪地裁平成16年8月30日労判881-39（決められた時間（納期など）どおりに遂行しなければならないような困難な業務）
- ◆システムコンサルタント事件　東京高裁平成11年7月28日労判770-58（決められた時間（納期など）どおりに遂行しなければならないような困難な業務）
- ■株式会社おつかわ事件　大阪高裁平成19年1月18日労判940-58（顧客との大きなトラブルなどを担当する業務）

- ■システムコンサルタント事件　東京高裁平成11年7月28日労判770-58（顧客との大きなトラブルなどを担当する業務）
- ◆南大阪マイホームサービス事件　大阪地裁堺支部平成15年4月4日労判854-64（顧客との大きなトラブルなどを担当する業務）
- ◆スギヤマ薬品事件　名古屋地裁平成19年10月5日労判947-5（周囲の理解や支援のない状況下での業務）
- ◆和歌の海運送事件　和歌山地裁平成16年2月9日労判874-64（周囲の理解や支援のない状況下での業務）
- ◆住友生命保険相互会社　岡山地裁平成14年9月11日（周囲の理解や支援のない状況下での業務）
- ◆システムコンサルタント事件　東京高裁平成11年7月28日労判770-58（周囲の理解や支援のない状況下での業務）
- ◆中の島事件　和歌山地裁平成17年4月12日労判896-28（周囲の理解や支援のない状況下での業務）
- ◆ジェイ・シー・エム事件　大阪地裁平成16年8月30日労判881-39（新規の業務）
- ◆名糖運輸事件　大阪地裁平成13年2月19日（新規の業務）
- ◆真備学園事件　岡山地裁平成6年12月20日労判672-42（新規の業務）
- ◆伊勢市消防局事件　津地裁平成4年9月24日労判630-68（日常とは異なる業務）
- ◆株式会社おつかわ事件　大阪高裁平成19年1月18日労判940-58（運転業務）
- ◆名糖運輸事件　大阪地裁平成13年2月19日（運転業務）
- ◆南堺運輸事件　大阪地裁堺支部平成13年3月8日（運転業務）
- ◆川西港運事件　神戸地裁昭和58年10月21日判時1116-105（運転業務）

【業務の過重性がないと判断された裁判例】
- ◆三菱電機事件　静岡地裁平成11年11月25日労判786-46
- ◆旺文社事件　千葉地裁平成8年7月19日判時1596-93

【精神的緊張を伴う出来事】
- ■◆住友生命保険相互会社　岡山地裁平成14年9月11日、広島高裁岡山支部平成15年12月4日
- ◆榎並工務店事件　大阪地裁平成14年4月15日労判858-105
- ■石川島興業事件　大阪高裁平成8年11月28日判夕958-197

第11章　労働者の脳・心臓疾患などの発症の防止
【過重な労働による脳・心臓疾患などの発症の防止】
- ■NTT東日本北海道支店事件　札幌高裁平成18年7月20日労判922-5
- ■関西医科大学事件　大阪高裁平成16年7月15日労判879-22
- ◆建設・軌道工事請負会社事件　和歌山地裁平成14年12月10日
- ■システムコンサルタント事件　東京高裁平成11年7月28日労判770-58

◆榎並工務店事件　大阪地裁平成14年4月15日労判858-105
【労働時間などの適正な労働条件の確保に関する裁判例】
◆和菓子製造会社事件　さいたま地裁平成19年12月5日
◆KYOWA事件　大分地裁平成18年6月15日労判921-21
◆和歌の海運送事件　和歌山地裁平成16年2月9日労判874-64
◆中の島事件　和歌山地裁平成17年4月12日労判896-28
◆榎並工務店事件　大阪地裁平成14年4月15日労判858-105
【労働者の年齢、健康状態等に応じた適切な健康管理に関する裁判例】
■システムコンサルタント事件　東京高裁平成11年7月28日労判770-58
◆南堺運輸事件　大阪地裁堺支部平成13年3月8日
◆東宝タクシー事件　千葉地裁平成15年12月19日労経速1856-11
【労働時間の適正な把握】
◆京都市教育委員会事件　京都地裁平成20年4月23日労判961-13
◆和菓子製造会社事件　さいたま地裁平成19年12月5日（一般労働者についての労働時間の把握が問題となった裁判例）
◆ハヤシ事件　福岡地裁平成19年10月24日労判956-44（管理・監督者についての労働時間の把握が問題となった裁判例）
◆中の島事件　和歌山地裁平成17年4月12日労判896-28（管理・監督者についての労働時間の把握が問題となった裁判例）
【労働時間の適正な管理】
◆ジェイ・シー・エム事件　大阪地裁平成16年8月30日労判881-39（21歳の中古車流通・情報雑誌の広告制作業務のアルバイトのケース）
◆KYOWA事件　大分地裁平成18年6月15日労判921-21（26歳の現場作業員のケース）
■関西医科大学事件　大阪高裁平成16年7月15日労判879-22（26歳の医科大学病院の研修医のケース）
■榎並工務店事件　大阪高裁平成15年5月29日労判858-93（54歳の溶接工のケース）
■システムコンサルタント事件　東京高裁平成11年7月28日労判770-58（裁量労働制の労働者のケース）
◆ハヤシ事件　福岡地裁平成19年10月24日労判956-44（産業用ロボット製作会社の製造部長のケース）
■株式会社おつかわ事件　大阪高裁平成19年1月18日労判940-58（鞄卸売会社の専務取締役のケース）
◆和歌の海運送事件　和歌山地裁平成16年2月9日労判874-64（傭車運転手のケース）
【適正な職場環境の整備】
◆やちや酒造事件　金沢地裁平成10年7月22日判タ1006-193

◆富士保安警備事件　東京地裁平成8年3月28日労判694−34
【適切な給与体系】
◆南堺運輸事件　大阪地裁堺支部平成13年3月8日
【適切な健康管理】
◆和歌の海運送事件　和歌山地裁平成16年2月9日労判874−64（健康診断全般を実施していないと判断された裁判例）
■関西医科大学事件　大阪高裁平成16年7月15日労判879−22（雇入れ時の健康診断を実施していないと判断された裁判例）
◆やちや酒造事件　金沢地裁平成10年7月22日判タ1006−193（雇入れ時の健康診断を実施していないと判断された裁判例）
◆富士保安警備事件　東京地裁平成8年3月28日労判694−34（定期健康診断を実施していないと判断された裁判例）
◆真備学園事件　岡山地裁平成6年12月20日労判672−42（定期健康診断を十分に実施していないと判断された裁判例）
◆榎並工務店事件　大阪地裁平成14年4月15日労判858−105（年2回を行うべき定期健康診断を1回しか実施していないと判断された裁判例）
◆ハヤシ事件　福岡地裁平成19年10月24日労判956−44（健康診断結果の活用が適切でないと判断された裁判例）
◆榎並工務店事件　大阪地裁平成14年4月15日労判858−105（健康診断結果の活用が適切でないと判断された裁判例）
■NTT東日本北海道支店事件　札幌高裁平成18年7月20日労判922−5（研修に当たっての健康状態の把握が十分でないと判断された裁判例）
■榎並工務店事件　大阪高裁平成15年5月29日労判858−93（当日の健康状態の把握が十分でないと判断された裁判例）
◆東宝タクシー事件　千葉地裁平成15年12月19日労経速1856−11（労働者の健康状態の把握に問題がないと判断された裁判例）
【医師の意見の聴取と尊重】
◆榎並工務店事件　大阪地裁平成14年4月15日労判858−105（産業医などの選任や健康診断結果について医師の意見を聴取しなかったことなどが問題とされた裁判例）
◆真備学園事件　岡山地裁平成6年12月20日労判672−42（産業医などの選任や健康診断結果について医師の意見を聴取しなかったことなどが問題とされた裁判例）
■NTT東日本北海道支店事件　札幌高裁平成18年7月20日労判922−5（研修に参加させるに当たり主治医の意見を聴かなかったことなどが問題とされた裁判例）
◆石川島興業事件　神戸地裁姫路支部平7年7月31日労判688−59（病気休職からの復職時に主治医や産業医の意見を聴かなかったことなどが問題とされた裁判例）

【労働衛生管理体制の整備】
- ◆ハヤシ事件　福岡地裁平成19年10月24日労判956-44（衛生管理者や衛生委員会が設置されていないことが問題とされた裁判例）
- ◆榎並工務店事件　大阪地裁平成14年4月15日労判858-105（産業医が選任されていないことが問題とされた裁判例）
- ◆榎並工務店事件　大阪地裁平成14年4月15日労判858-105（衛生委員会や衛生管理者、産業医が機能していないことが問題とされた裁判例）
- ◆真備学園事件　岡山地裁平成6年12月20日労判672-42（衛生委員会や衛生管理者、産業医が機能していないことが問題とされた裁判例）
- ■関西医科大学事件　大阪高裁平成16年7月15日労判879-22（健康状態に関する組織的な連絡などがなかったことが問題とされた裁判例）

【健康状態を悪化させないための措置の実施】
- ◆住友生命保険相互会社　岡山地裁平成14年9月11日（適切な治療などを受けさせること）
- ◆和菓子製造会社事件　さいたま地裁平成19年12月5日（業務量の低減）
- ◆大阪府立病院事件　大阪地裁平成19年3月27日労判972-63（業務量の低減）
- ■株式会社おつかわ事件　大阪高裁平成19年1月18日労判940-58（業務量の低減）
- ◆KYOWA事件　大分地裁平成18年6月15日労判921-21（業務量の低減）
- ◆榎並工務店事件　大阪地裁平成14年4月15日労判858-105（業務量の低減）
- ◆建設・軌道工事請負会社事件　和歌山地裁平成14年12月10日（業務量の低減）
- ◆南大阪マイホームサービス事件　大阪地裁堺支部平成15年4月4日労判854-64（業務量の低減）
- ■システムコンサルタント事件　東京高裁平成11年7月28日労判770-58（業務量の低減）
- ◆システムコンサルタント事件　東京地裁平成10年3月19日労判736-94（業務量の低減）
- ■石川島興業事件　大阪高裁平成8年11月28日判タ958-197（業務量の低減）
- ◆川西港運事件　神戸地裁昭和58年10月21日判時1116-105（業務量の低減）
- ◆榎並工務店事件　大阪地裁平成14年4月15日労判858-105（業務方法の改善）
- ◆名糖運輸事件　大阪地裁平成13年2月19日（業務方法の改善）
- ■石川島興業事件　大阪高裁平成8年11月28日判タ958-197（業務方法の改善）
- ◆富士保安警備事件　東京地裁平成8年3月28日労判694-34（業務方法の改善）
- ◆伊勢市消防局事件　津地裁平成4年9月24日労判630-68（業務方法の改善）
- ◆川西港運事件　神戸地裁昭和58年10月21日判時1116-105（業務方法の改善）
- ◆大阪府立病院事件　大阪地裁平成19年3月27日労判972-63（適正な人員の配置や必要な体制の整備）
- ■株式会社おつかわ事件　大阪高裁平成19年1月18日労判940-58（適正な人員

- ◆中の島事件　和歌山地裁平成17年4月12日労判896-28（適正な人員の配置や必要な体制の整備）
- ◆やちや酒造事件　金沢地裁平成10年7月22日判タ1006-193（適正な人員の配置や必要な体制の整備）
- ◆照明制御装置設計・施工会社事件　大阪地裁平成8年10月4日（適正な人員の配置や必要な体制の整備）
- ●NTT東日本北海道支店事件　最高裁第一小法廷平成20年3月27日労判958-5（健康状態の悪化した労働者を宿泊を伴う研修に参加させないこと）
- ■住友生命保険相互会社　広島高裁岡山支部平成15年12月4日（入院中の労働者に業務の遂行を強要しないこと）
- ■石川島興業事件　大阪高裁平成8年11月28日判タ958-197（健康状態の悪化した労働者を休養させること）
- ◆川西港運事件　神戸地裁昭和58年10月21日判時1116-105（生活指導上の配慮をすること）
- ◆榎並工務店事件　大阪地裁平成14年4月15日労判858-105（労働者の異常な状態を上司に報告するよう指導、教育を行うこと）

【使用者に労務提供過程での健康管理に関する第一次的責任があるとする裁判例】
- ■株式会社おつかわ事件　大阪高裁平成19年1月18日労判940-58
- ■榎並工務店事件　大阪高裁平成15年5月29日労判858-93
- ◆南堺運輸事件　大阪地裁堺支部平成13年3月8日
- ◆システムコンサルタント事件　東京高裁平成11年7月28日労判770-58
- ■石川島興業事件　大阪高裁平成8年11月28日判タ958-197

【労働者にも健康管理に関する責任があると判断した裁判例】
- ■榎並工務店事件　大阪高裁平成15年5月29日労判858-93
- ■真備学園事件　岡山地裁平成6年12月20日労判672-42

第12章　労働者の脳・心臓疾患などの発症を防止する措置の構造

【基礎疾患がある場合の業務との相当因果関係】
- ●NTT東日本北海道支店事件　最高裁第一小法廷平成20年3月27日労判958-5

【喫煙、飲酒などの生活習慣がある場合に、業務と脳・心臓疾患との間に相当因果関係があると判断された裁判例】
- ◆ハヤシ事件　福岡地裁平成19年10月24日労判956-44
- ◆南大阪マイホームサービス事件　大阪地裁堺支部平成15年4月4日労判854-64
- ■榎並工務店事件　大阪高裁平成15年5月29日労判858-93
- ◆住友生命保険相互会社　岡山地裁平成14年9月11日

◆名糖運輸事件　大阪地裁平成13年2月19日
◆やちや酒造事件　金沢地裁平成10年7月22日判タ1006－193
◆川西港運事件　神戸地裁昭和58年10月21日判時1116－105
【喫煙、飲酒などの生活習慣が明確でない場合に、業務と脳・心臓疾患との間に相当因果関係があると判断された裁判例】
●NTT東日本北海道支店事件　最高裁第一小法廷平成20年3月27日労判958－5
■株式会社おつかわ事件　大阪高裁平成19年1月18日労判940号58
◆和歌の海運送事件　和歌山地裁平成16年2月9日労判874－64
◆南堺運輸事件　大阪地裁堺支部平成13年3月8日
■システムコンサルタント事件　東京高裁平成11年7月28日労判770－58
◆富士保安警備事件　東京地裁平成8年3月28日労判694－34
◆真備学園事件　岡山地裁平成6年12月20日労判672－42
◆伊勢市消防局事件　津地裁平成4年9月24日労判630－68
【喫煙、飲酒などの生活習慣がある場合に、業務と脳・心臓疾患との間に相当因果関係があると判断された裁判例】
◆ジェイ・シー・エム事件　大阪地裁平成16年8月30日労判881－39
■石川島興業事件　大阪高裁平成8年11月28日判タ958－197
【喫煙、飲酒などの生活習慣が明確でない場合に、業務と脳・心臓疾患との間に相当因果関係があると判断された裁判例】
◆スギヤマ薬品事件　名古屋地裁平成19年10月5日労判947－5
◆大阪府立病院事件　大阪地裁平成19年3月27日労判972－63
◆KYOWA事件　大分地裁平成18年6月15日労判921－21
【業務との相当因果関係がないと判断された裁判例】
◆旺文社事件　千葉地裁平成8年7月19日判時1596－93
【労働者の業務の状況から予見可能性があったと判断された裁判例】
◆ハヤシ事件　福岡地裁平成19年10月24日労判956－44
◆スギヤマ薬品事件　名古屋地裁平成19年10月5日労判947－5
◆大阪府立病院事件　大阪地裁平成19年3月27日労判972－63
■株式会社おつかわ事件　大阪高裁平成19年1月18日労判940－58
◆KYOWA事件　大分地裁平成18年6月15日労判921－21
■システムコンサルタント事件　東京高裁平成11年7月28日労判770－58
◆南堺運輸事件　大阪地裁堺支部平成13年3月8日
◆名糖運輸事件　大阪地裁平成13年2月19日
【労働者の健康状態から予見可能性があったと判断された裁判例】
●NTT東日本北海道支店事件　最高裁第一小法廷平成20年3月27日労判958－5
◆和菓子製造会社事件　さいたま地裁平成19年12月5日

◆ハヤシ事件　福岡地裁平成19年10月24日労判956-44
■住友生命保険相互会社　広島高裁岡山支部平成15年12月4日
■システムコンサルタント事件　東京高裁平成11年7月28日労判770-58
◆南堺運輸事件　大阪地裁堺支部平成13年3月8日
◆富士保安警備事件　東京地裁平成8年3月28日労判694-34
◆伊勢市消防局事件　津地裁平成4年9月24日労判630-68
◆川西港運事件　神戸地裁昭和58年10月21日判時1116-105
【予見可能性がなかったと判断された裁判例】
◆友定事件　大阪地裁平成9年9月10日労判725-32
【結果を回避するための措置を講じていないと判断された裁判例】
●NTT東日本北海道支店事件　最高裁第一小法廷平成20年3月27日労判958-5
◆和菓子製造会社事件　さいたま地裁平成19年12月5日
◆スギヤマ薬品事件　名古屋地裁平成19年10月5日労判947-5
◆大阪府立病院事件　大阪地裁平成19年3月27日労判972-63
■株式会社おつかわ事件　大阪高裁平成19年1月18日労判940-58
◆KYOWA事件　大分地裁平成18年6月15日労判921-21
◆中の島事件　和歌山地裁平成17年4月12日労判896-28
◆ジェイ・シー・エム事件　大阪地裁平成16年8月30日労判881-39
■関西医科大学事件　大阪高裁平成16年7月15日労判879-22
◆和歌の海運送事件　和歌山地裁平成16年2月9日労判874-64
■榎並工務店事件　大阪高裁平成15年5月29日労判858-93
■榎並工務店事件　大阪高裁平成14年4月15日労判858-105
◆南大阪マイホームサービス事件　大阪地裁堺支部平成15年4月4日労判854-64
◆建設・軌道工事請負会社事件　和歌山地裁平成14年12月10日
◆南堺運輸事件　大阪地裁堺支部平成13年3月8日
◆名糖運輸事件　大阪地裁平成13年2月19日
■システムコンサルタント事件　東京高裁平成11年7月28日労判770-58
◆やちや酒造事件　金沢地裁平成10年7月22日判タ1006-193
◆富士保安警備事件　東京地裁平成8年3月28日労判694-34
◆真備学園事件　岡山地裁平成6年12月20日労判672-42
◆伊勢市消防局事件　津地裁平成4年9月24日労判630-68
◆川西港運事件　神戸地裁昭和58年10月21日判時1116-105
【結果を回避するための措置が十分ではないと判断された裁判例】
◆ハヤシ事件　福岡地裁平成19年10月24日労判956-44
■石川島興業事件　大阪高裁平成8年11月28日判タ958-197
【結果を回避するための措置について問題がないと判断された裁判例】
◆東宝タクシー事件　千葉地裁平成15年12月19日労経速1856-11

◆三菱電機事件　静岡地裁平成11年11月25日労判786－46
◆友定事件　大阪地裁平成9年9月10日労判725－32
◆旺文社事件　千葉地裁平成8年7月19日判時1596－93

第13章　脳・心臓疾患などの発症の防止に関する民事責任と労働安全衛生法令などとの関係
【労働安全衛生法の目的に関する規定を根拠に使用者が講ずべき措置に関する判断をした裁判例】
◆南大阪マイホームサービス事件　大阪地裁堺支部平成15年4月4日労判854－64
【事業者の責務に関する規定を根拠に使用者が講ずべき措置に関する判断をした裁判例】
◆真備学園事件　岡山地裁平成6年12月20日労判672－42
【労働衛生管理体制に関する規定との関係】
◆ハヤシ事件　福岡地裁平成19年10月24日労判956－44（衛生管理者）
◆榎並工務店事件　大阪地裁平成14年4月15日労判858－105（産業医）
◆真備学園事件　岡山地裁平成6年12月20日労判672－42（産業医）
◆ハヤシ事件　福岡地裁平成19年10月24日労判956－44（衛生委員会）
【作業管理に関する規定を根拠に使用者が講ずべき措置に関する判断をした裁判例】
◆南大阪マイホームサービス事件　大阪地裁堺支部平成15年4月4日労判854－64
【一般健康診断の実施に関する規定との関係】
■関西医科大学事件　大阪高裁平成16年7月15日労判879－22（雇入れ時の健康診断を行っていないと判断された裁判例）
◆やちや酒造事件　金沢地裁平成10年7月22日判タ1006－193（季節労働者の雇入れ時の健康診断を行っていないと判断された裁判例）
◆富士保安警備事件　東京地裁平成8年3月28日労判694－34（定期の健康診断を実施していないと判断された裁判例）
◆真備学園事件　岡山地裁平成6年12月20日労判672－42（健康診断の実施すべき項目のすべてを行っていないと判断された次の裁判例）
◆榎並工務店事件　大阪地裁平成14年4月15日労判858－105（特定業務従事者に対する健康診断を行っていないと判断された裁判例）
◆真備学園事件　岡山地裁平成6年12月20日労判672－42（健康診断の結果の記録が行われていないと判断された裁判例）
◆榎並工務店事件　大阪地裁平成14年4月15日労判858－105（健康診断の結果についての医師などからの意見の聴取が行われていないと判断された裁判例）
◆ハヤシ事件　福岡地裁平成19年10月24日労判956－44（健康診断結果に基づく事後措置が適切に行われていないと判断された裁判例）
◆榎並工務店事件　大阪地裁平成14年4月15日労判858－105（健康診断結果に

基づく事後措置が適切に行われていないと判断された裁判例)
◆南大阪マイホームサービス事件　大阪地裁堺支部平成15年4月4日労判854-64(健康診断に関する規定を根拠に使用者が講ずべき措置に関する判断をした裁判例)

【時間外・休日労働の時間・日数との関係】
◆スギヤマ薬品事件　名古屋地裁平成19年10月5日労判947-5(法定労働時間や休日を超えて労働させたことが問題となった裁判例)
◆やちや酒造事件　金沢地裁平成10年7月22日判タ1006-193(法定労働時間や休日を超えて労働させたことが問題となった裁判例)

【時間外・休日労働協定(36協定)との関係】
◆ジェイ・シー・エム事件　大阪地裁平成16年8月30日労判881-39(36協定を締結せずに時間外労働をさせたことが問題となった裁判例)
◆榎並工務店事件　大阪地裁平成14年4月15日労判858-105(36協定を締結せずに時間外労働をさせたことが問題となった裁判例)
◆富士保安警備事件　東京地裁平成8年3月28日労判694-34(36協定を締結せずに時間外労働をさせたことが問題となった裁判例)

【変形労働時間制との関係】
◆榎並工務店事件　大阪地裁平成14年4月15日労判858-105

【みなし労働時間制との関係】
◆京都市教育委員会事件　京都地裁平成20年4月23日労判961-13

【専門業務型裁量労働制の労働者に関する裁判例】
■システムコンサルタント事件　東京高裁平成11年7月28日労判770-58

【管理・監督者に関する取扱い】
◆京都市教育委員会事件　京都地裁平成20年4月23日労判961-13
◆ハヤシ事件　福岡地裁平成19年10月24日労判956-44(産業用ロボット製作会社の製造部長のケース)

【労働者か否かが問題となる者の脳・心臓疾患の発症に関しての裁判例】
■◆関西医科大学事件　大阪高裁平成16年7月15日労判879-22、大阪地裁平成14年2月25日労判827-133(大学病院の研修医のケース)
■株式会社おつかわ事件　大阪高裁平成19年1月18日労判940号58(専務取締役のケース)
◆和歌の海運送事件　和歌山地裁平成16年2月9日労判874-64(傭車運転手のケース)

【「自動車運転者の労働時間等の改善のための規準」との関係】
◆南堺運輸事件　大阪地裁堺支部平成13年3月8日
◆和歌の海運送事件　和歌山地裁平成16年2月9日労判874-64
◆高知地裁平成20年3月25日

【労災補償に関する認定基準との関係】
◆ハヤシ事件　福岡地裁平成19年10月24日労判956-44(「脳血管疾患及び虚血

性心疾患等の認定基準」は、使用者の労民事賠償責任に関しても、その基準になると判断した裁判例）
- ◆中の島事件　和歌山地裁平成17年4月12日労判896－28（「脳血管疾患及び虚血性心疾患等の認定基準」は、使用者の労民事賠償責任に関しても、その基準になると判断した裁判例）
- ◆和歌の海運送事件　和歌山地裁平成16年2月9日労判874－64（「脳血管疾患及び虚血性心疾患等の認定基準」は、使用者の労民事賠償責任に関しても、その基準になると判断した裁判例）
- ◆富士保安警備事件　東京地裁平成8年3月28日労判694－34（「脳血管疾患及び虚血性心疾患等の認定基準」は、使用者の労民事賠償責任に関しても、その基準にはならないと判断した裁判例）
- ■株式会社おつかわ事件　大阪高裁平成19年1月18日労判940号58（労災補償の認定が行われたことを理由として、業務との因果関係を肯定した裁判例）
- ◆和歌の海運送事件　和歌山地裁平成16年2月9日労判874－64（労災補償の認定手続とは異なる判断をした裁判例）

第14章　脳・心臓疾患の発症の防止に関する措置を講ずべき関係者

【営業譲受人の責任】
- ◆照明制御装置設計・施工会社事件　大阪地裁平成8年10月4日

【会社の代表者の責任】
- ◆和菓子製造会社事件　さいたま地裁平成19年12月5日
- ■株式会社おつかわ事件　大阪高裁平成19年1月18日労判940－58
- ◆中の島事件　和歌山地裁平成17年4月12日労判896－28
- ◆南大阪マイホームサービス事件　大阪地裁堺支部平成15年4月4日労判854－64
- ◆富士保安警備事件　東京地裁平成8年3月28日労判694－34

【業務の責任者に関する裁判例】
- ◆中の島事件　和歌山地裁平成17年4月12日労判896－28

【上司に関する裁判例】
- ■NTT東日本北海道支店事件　札幌高裁平成18年7月20日労判922－5
- ■榎並工務店事件　大阪高裁平成15年5月29日労判858－93
- ■住友生命保険相互会社　広島高裁岡山支部平成15年12月4日
- ◆名糖運輸事件　大阪地裁平成13年2月19日

【担当者に関する裁判例】
- ●NTT東日本北海道支店事件　最高裁第一小法廷平成20年3月27日労判958－5

【産業医に関する裁判例】
- ■NTT東日本北海道支店事件　札幌高裁平成18年7月20日労判922－5

【労働者本人の責任】

- ◆石川島興業事件　神戸地裁姫路支部平7年7月31日労判688-59（労働者の安全配慮義務は使用者に第一的な責任があることを理由とするもの）
- ■NTT東日本北海道支店事件　札幌高裁平成18年7月20日労判922-5（労働者本人に業務を軽減することが期待できないことを理由とするもの）
- ■住友生命保険相互会社　広島高裁岡山支部平成15年12月4日（労働者本人に業務を軽減することが期待できないことを理由とするもの）
- ◆伊勢市消防局事件　津地裁平成4年9月24日労判630-68（労働者本人に業務を軽減することが期待できないことを理由とするもの）
- ◆中の島事件　和歌山地裁平成17年4月12日労判896-28（労働者本人が業務の軽減を行わなかったことに責任があると判断された裁判例）
- ◆大阪府立病院事件　大阪地裁平成19年3月27日労判972-63（労働者本人が業務の軽減を行わなかったことに責任があると判断された裁判例）
- ◆真備学園事件　岡山地裁平成6年12月20日労判672-42（労働者本人が事故や健康状態などについて使用者に申告しなかったために、労働者本人に責任があると判断された裁判例）
- ◆南大阪マイホームサービス事件　大阪地裁堺支部平成15年4月4日労判854-64（労働者本人が事故や健康状態などについて使用者に申告しなかったために、労働者本人に責任があると判断された裁判例）
- ■榎並工務店事件　大阪高裁平成15年5月29日労判858-93（労働者本人が事故や健康状態などについて使用者に申告しなかったために、労働者本人に責任があると判断された裁判例）
- ◆照明制御装置設計・施工会社事件　大阪地裁平成8年10月4日（労働者本人が事故や健康状態などについて使用者に申告しなかったために、労働者本人に責任があると判断された裁判例）

【労働者本人が自らの健康悪化を防止するための措置を講じなかったことに責任はないと判断された裁判例】

- ◆KYOWA事件　大分地裁平成18年6月15日労判921-21
- ◆伊勢市消防局事件　津地裁平成4年9月24日労判630-68

【労働者本人が自らの健康悪化を防止するための措置を講じなかったことに責任があると判断された裁判例】

- ◆川西港運事件　神戸地裁昭和58年10月21日判時1116-105
- ◆真備学園事件　岡山地裁平成6年12月20日労判672-42
- ◆南大阪マイホームサービス事件　大阪地裁堺支部平成15年4月4日労判854-64
- ■システムコンサルタント事件　東京高裁平成11年7月28日労判770-58
- ■榎並工務店事件　大阪高裁平成15年5月29日労判858-93
- ◆照明制御装置設計・施工会社事件　大阪地裁平成8年10月4日
- ■関西医科大学事件　大阪高裁平成16年7月15日労判879-22

【生活習慣を理由に損害賠償額が減額された裁判例】
◆川西港運事件　神戸地裁昭和58年10月21日判時1116-105
◆建設・軌道工事請負会社事件　和歌山地裁平成14年12月10日
◆南大阪マイホームサービス事件　大阪地裁堺支部平成15年4月4日労判854-64
◆ハヤシ事件　福岡地裁平成19年10月24日労判956-44
◆ジェイ・シー・エム事件　大阪地裁平成16年8月30日労判881-39
◆名糖運輸事件　大阪地裁平成13年2月19日
【生活習慣を理由に損害賠償額が減額されなかった裁判例】
◆石川島興業事件　神戸地裁姫路支部平7年7月31日労判688-59
【本人の私的な行為について過失相殺が否定された裁判例】
◆ハヤシ事件　福岡地裁平成19年10月24日労判956-44
【家族の死亡などについて過失相殺が認められた裁判例】
◆中の島事件　和歌山地裁平成17年4月12日労判896-28
【基礎疾患の存在を理由に損害賠償額が減額された裁判例】
●■NTT東日本北海道支店事件　最高裁第一小法廷平成20年3月27日労判958-5、札幌高裁平成21年1月30日
◆建設・軌道工事請負会社事件　和歌山地裁平成14年12月10日
◆富士保安警備事件　東京地裁平成8年3月28日労判694-34
◆南大阪マイホームサービス事件　大阪地裁堺支部平成15年4月4日労判854-64
◆伊勢市消防局事件　津地裁平成4年9月24日労判630-68
【基礎疾患の存在を理由に損害賠償額が減額されなかった裁判例】
■榎並工務店事件　大阪高裁平成15年5月29日労判858-93
◆南堺運輸事件　大阪地裁堺支部平成13年3月8日

第15章　精神障害を発症させる要因
【精神障害が発症するメカニズム】
◆富士通四国システムズ事件　大阪地裁平成20年5月26日労判973-76
【1か月当たりの労働時間が問題となった裁判例】
◆社会保険庁職員事件　甲府地裁平成17年9月27日判時1915-108
■山田製作所事件　福岡高裁平成19年10月25日労判955-59
◆富士通四国システムズ事件　大阪地裁平成20年5月26日労判973-76
◆スズキ自動車事件　静岡地裁浜松支部平成18年10月30日労判927-5
【1週間当たりの労働時間が問題となった裁判例】
◆社会保険庁職員事件　甲府地裁平成17年9月27日判時1915-108
【1日平均の労働時間が問題となった裁判例】
◆電通事件　東京地裁平成8年3月28日判時1561-4
◆川崎製鉄水島製鉄所事件　岡山地裁倉敷支部平成10年2月23日労判733-13

◆エージーフーズ事件　京都地裁平成17年3月25日労判893−18
◆協成建設工業ほか事件　札幌地裁平成10年7月16日労判744−29
【1年間の労働時間が問題となった裁判例】
◆川崎製鉄水島製鉄所事件　岡山地裁倉敷支部平成10年2月23日労判733−13
【労働時間の増加が問題となった裁判例】
◆オタフクソース事件　広島地裁平成12年5月18日労判783−15
【違法な労働時間であったことが問題となった裁判例】
◆東芝事件　東京地裁平成20年4月23日労経速2005−3
【帰宅後の労働が問題となった裁判例】
●■東加古川幼稚園事件　最高裁第三小法廷平成12年6月27日労判795−13、大阪高裁平成10年8月27日労判744−17
【拘束時間の長さが問題となった裁判例】
◆富士通四国システムズ事件　大阪地裁平成20年5月26日労判973−76
【深夜勤務が問題となった裁判例】
◆貨物自動車運送会社事件　鹿児島地裁平成15年5月19日
◆富士通四国システムズ事件　大阪地裁平成20年5月26日労判973−76
■山田製作所事件　福岡高裁平成19年10月25日労判955−59
◆アテスト(ニコン)事件　東京地裁平成17年3月31日労判894−21
【早朝からの勤務が問題となった裁判例】
◆オタフクソース事件　広島地裁平成12年5月18日労判783−15
【交代制勤務が問題となった裁判例】
◆アテスト(ニコン)事件　東京地裁平成17年3月31日労判894−21
【不規則な勤務が問題となった裁判例】
◆貨物自動車運送会社事件　鹿児島地裁平成15年5月19日
【休日が少ないことが問題となった裁判例】
◆川崎製鉄水島製鉄所事件　岡山地裁倉敷支部平成10年2月23日労判733−13
◆エージーフーズ事件　京都地裁平成17年3月25日労判893−18
●■東加古川幼稚園事件　最高裁第三小法廷平成12年6月27日労判795−13、大阪高裁平成10年8月27日労判744−17
◆協成建設工業ほか事件　札幌地裁平成10年7月16日労判744−29
【休日を取らずに連続出勤したことが問題となった裁判例】
◆アテスト(ニコン)事件　東京地裁平成17年3月31日労判894−21
■山田製作所事件　福岡高裁平成19年10月25日労判955−59
【年次有給休暇を取らかったことが問題となった裁判例】
◆オタフクソース事件　広島地裁平成12年5月18日労判783−15
【業務内容の変化が精神障害を発症させた要因であると判断された裁判例】
■◆山田製作所事件　熊本地裁平成19年1月22日労判937−109、福岡高裁平成19年10月25日労判955−59

◆アテスト（ニコン）事件　東京地裁平成17年3月31日労判894－21
◆東加古川幼稚園事件　神戸地裁平成9年5月26日労判744－22
【仕事の失敗や過重な責任の発生など】
◆前田道路事件　松山地裁平成20年7月1日労経速2013－3（本人の不正経理）
◆エージーフーズ事件　京都地裁平成17年3月25日労判893－18（売上や生産計画などの未達成）
◆スズキ自動車事件　静岡地裁浜松支部平成18年10月30日労判927－5（売上や生産計画などの未達成）
◆川崎製鉄水島製鉄所事件　岡山地裁倉敷支部平成10年2月23日労判733－13（売上や生産計画などの未達成）
◆みくまの農協（新宮農協）事件　和歌山地裁平成14年2月19日労判826－67（自然災害への対応への失敗）
◆協成建設工業ほか事件　札幌地裁平成10年7月16日労判744－29（自然災害への対応への失敗）
◆オタフクソース事件　広島地裁平成12年5月18日労判783－15（同僚の失敗）
【過重な責任が問題となった裁判例】
◆オタフクソース事件　広島地裁平成12年5月18日労判783－15
●■東加古川幼稚園事件　最高裁第三小法廷平成12年6月27日労判795－13、大阪高裁平成10年8月27日労判744－17
【精神的緊張を伴う業務】
◆貨物自動車運送会社事件　鹿児島地裁平成15年5月19日（従業員の削減や取引の打ち切りなどの業務）
◆富士通四国システムズ事件　大阪地裁平成20年5月26日労判973－76（集中力を持続させる必要がある業務）
◆社会保険庁職員事件　甲府地裁平成17年9月27日判時1915－108（気配りを要する業務）
◆オタフクソース事件　広島地裁平成12年5月18日労判783－15（密度の濃い業務）
◆電通事件　東京地裁平成8年3月28日判時1561－4（業務の多さ）
◆みくまの農協（新宮農協）事件　和歌山地裁平成14年2月19日労判826－67（自然災害などに対応する業務）
◆協成建設工業ほか事件　札幌地裁平成10年7月16日労判744－29（自然災害などに対応する業務）
【過重ではないと判断された業務】
◆日赤益田赤十字病院事件　広島地裁平成15年3月25日労判850－64（内科医の業務）
◆立正佼成会付属佼成病院事件　東京地裁平成19年3月29日労経速1973－3（小児科医の業務）
◆みずほトラストシステムズ　東京地裁八王子支部平成18年10月30日労判934－46

（コンピューターシステム開発会社のシステムエンジニアの業務）
◆富士電機E&C事件　名古屋地裁平成18年1月18日労判918−15（技術課長の業務）
◆北海道銀行事件　札幌地裁平成17年1月20日労判889−89（地方銀行員の業務）

【昇進が精神障害を発症させた要因の1つであると判断された裁判例】
■三洋電気サービス事件　東京高裁平成14年7月23日労判852−73
◆スズキ自動車事件　静岡地裁浜松支部平成18年10月30日労判927−5
◆川崎製鉄水島製鉄所事件　岡山地裁倉敷支部平成10年2月23日労判733−13
■◆山田製作所事件　熊本地裁平成19年1月22日労判937−109、福岡高裁平成19年10月25日労判955−59

【左遷されたと考えたことが精神障害を発症させた要因の1つであると判断された裁判例】
◆エージーフーズ事件　京都地裁平成17年3月25日労判893−18

【配置転換が精神障害を発症させた要因の1つであると判断された裁判例】
◆社会保険庁職員事件　甲府地裁平成17年9月27日判時1915−108

【解雇の不安が精神障害を発症させた要因の1つであると判断された裁判例】
◆アテスト（ニコン）事件　東京地裁平成17年3月31日労判894−21

【嫌がらせやいじめのトラブルが精神障害を発症させた要因であると判断された裁判例】
◆前田道路事件　松山地裁平成20年7月1日労経速2013−3
◆川崎市水道局事件　横浜地裁川崎支部平成14年6月27日労判833−61
■海上自衛隊事件　福岡高裁平成20年8月25日
◆福岡薬局事件　福岡地裁平成17年3月31日判タ1196−106
◆誠昇会北本共済病院事件　さいたま地裁平成16年9月24日労判883−38
◆U福祉会事件　名古屋地裁平成17年4月27日労判895−24
◆K省臨時職員事件　東京地裁平成18年7月26日

【セクハラが精神障害を発症させた要因であると判断された裁判例】
◆医薬品会社事件　さいたま地裁平成19年12月21日
◆福岡薬局事件　福岡地裁平成17年3月31日判タ1196−106
◆神奈川県市役所事件　横浜地裁平成16年7月8日判時1865−106
◆熊本教会・幼稚園事件　神戸地裁平成15年10月7日労判860−89
◆環境汚染研究分析調査会社事件　東京地裁平成15年6月9日
◆東京マヨネーズ等製造会社事件　東京地裁平成15年6月6日判タ1179−267
◆広島女子高生アルバイト事件　広島地裁平成15年1月16日判タ1131−131
◆岡山リサイクルショップ事件　岡山地裁平成14年11月6日労判845−73
■福岡社会福祉法人事件　福岡高裁平成12年1月28日判タ1089−217
◆奈良県市役所事件　奈良地裁葛城支部平成9年8月7日
◆東京派遣社員事件　東京地裁平成9年1月31日労判716−105
◆東京全盲会長事件　東京地裁平成3年1月30日

【親しい同僚の転勤が精神障害を発症させた要因の1つであると判断された裁判例】
■三洋電機サービス事件　東京高裁平成14年7月23日労判852-73
【信頼する先輩の配置換えが精神障害を発症させた要因の1つであると判断された裁判例】
◆オタフクソース事件　広島地裁平成12年5月18日労判783-15
【出張が精神障害発症の要素と評価していると考えられる裁判例】
◆アテスト(ニコン)事件　東京地裁平成17年3月31日労判894-21
【職場環境が精神障害発症の要素と評価していると考えられる裁判例】
◆オタフクソース事件　広島地裁平成12年5月18日労判783-15
【業務以外による心理的負荷の要因を否定する裁判例】
◆富士通四国システムズ事件　大阪地裁平成20年5月26日労判973-76
◆山田製作所事件　熊本地裁平成19年1月22日労判937-109
【業務以外による心理的負荷の要因があることを認めつつも、病気の発症や自殺に至るほどのものではないと判断した裁判例】
◆スズキ自動車事件　静岡地裁浜松支部平成18年10月30日労判927-5(自分の出来事)
◆貨物自動車運送会社事件　鹿児島地裁平成15年5月19日(自分の出来事)
◆川崎製鉄水島製鉄所事件　岡山地裁倉敷支部平成10年2月23日労判733-13(自分以外の家族・親族の出来事)
◆オタフクソース事件　広島地裁平成12年5月18日労判783-15(自分以外の家族・親族の出来事)
■電通事件　東京高裁平成9年9月26日労判724-13(自分以外の家族・親族の出来事)
◆スズキ自動車事件　静岡地裁浜松支部平成18年10月30日労判927-5(自分以外の家族・親族の出来事)
◆エージーフーズ事件　京都地裁平成17年3月25日労判893-18(自分以外の家族・親族の出来事)
◆川崎製鉄水島製鉄所事件　岡山地裁倉敷支部平成10年2月23日労判733-13(金銭関係)
◆エージーフーズ事件　京都地裁平成17年3月25日労判893-18(金銭関係)
◆社会保険庁職員事件　甲府地裁平成17年9月27日判時1915-108(他人との人間関係)
◆オタフクソース事件　広島地裁平成12年5月18日労判783-15(他人との人間関係)
■電通事件　東京高裁平成9年9月26日労判724-13(他人との人間関係)
◆エージーフーズ事件　京都地裁平成17年3月25日労判893-18(他人との人間関係)

【業務以外による心理的負荷の要因があることを認めた裁判例】
■三洋電気サービス事件　東京高裁平成14年7月23日労判852-73（自分以外の家族・親族の出来事）
◆社会保険庁職員事件　甲府地裁平成17年9月27日判時1915-108（自分以外の家族・親族の出来事）
◆アテスト（ニコン）事件　東京地裁平成17年3月31日労判894-21（金銭関係）

【心理的負荷による精神障害等に係る業務上外の判断指針】
●電通事件　最高裁第二小法廷平成12年3月24日民集54-3-1155

【本人の資質が精神障害の発症や自殺の要因であると判断した裁判例】
◆スズキ自動車事件　静岡地裁浜松支部平成18年10月30日労判927-5（本人の性格）
◆アテスト（ニコン）事件　東京地裁平成17年3月31日労判894-21（本人の性格）
■三洋電気サービス事件　東京高裁平成14年7月23日労判852-73（本人の性格）
◆川崎市水道局事件　横浜地裁川崎支部平成14年6月27日労判833-61（本人の性格）
◆みくまの農協（新宮農協）事件　和歌山地裁平成14年2月19日労判826-67（本人の性格）
◆三洋電気サービス事件　浦和地裁平成13年2月2日労判800-5（本人の性格）
●■東加古川幼稚園事件　最高裁第三小法廷平成12年6月27日労判795-13、大阪高裁平成10年8月27日労判744-17（本人の性格）
◆オタフクソース事件　広島地裁平成12年5月18日労判783-15（本人の性格）
◆川崎製鉄水島製鉄所事件　岡山地裁倉敷支部平成10年2月23日労判733-13（本人の性格）
■電通事件　東京高裁平成9年9月26日労判724-13（本人の性格）
◆アテスト（ニコン）事件　東京地裁平成17年3月31日労判894-21（生活史）

【本人の基礎疾患が精神障害の発症や自殺の要因であると判断した裁判例】
◆■積善会（十全総合病院）事件　大阪地裁平成19年5月28日労判942-25、大阪高裁平成20年8月28日
◆U福祉会事件　名古屋地裁平成17年4月27日労判895-24

【アルコールへの依存が精神障害の発症や自殺の要因の1つであると判断した裁判例】
◆川崎製鉄水島製鉄所事件　岡山地裁倉敷支部平成10年2月23日労判733-13

【精神障害を発症までの期間が比較的明確な裁判例】
◆エージーフーズ事件　京都地裁平成17年3月25日労判893-18
●■東加古川幼稚園事件　最高裁第三小法廷平成12年6月27日労判795-13、大阪高裁平成10年8月27日労判744-17

【精神障害を発症までの期間が比較的明確でない裁判例】
◆山田製作所事件　熊本地裁平成19年1月22日労判937-109
◆みくまの農協（新宮農協）事件　和歌山地裁平成14年2月19日労判826-67

◆協成建設工業ほか事件　札幌地裁平成10年7月16日労判744-29
◆川崎製鉄水島製鉄所事件　岡山地裁倉敷支部平成10年2月23日労判733-13
◆社会保険庁職員事件　甲府地裁平成17年9月27日判時1915-108
◆アテスト(ニコン)事件　東京地裁平成17年3月31日労判894-21
◆電通事件　東京地裁平成8年3月28日判時1561-4
◆日赤益田赤十字病院事件　広島地裁平成15年3月25日労判850-64
【精神障害の発症や自殺に至る過程で本人に明るさが見られる場合に触れた裁判例】
◆山田製作所事件　熊本地裁平成19年1月22日労判937-109
◆エージーフーズ事件　京都地裁平成17年3月25日労判893-18
■三洋電気サービス事件　東京高裁平成14年7月23日労判852-73
◆みくまの農協(新宮農協)事件　和歌山地裁平成14年2月19日労判826-67

第16章　精神障害の発症などの防止
【労働者の心身の健康を損なうことがないよう注意する義務】
●電通事件　最高裁第二小法廷平成12年3月24日労判779-13
◆東芝事件　東京地裁平成20年4月23日労経速2005-3
◆ボーダフォン(ジェイホン)事件　名古屋地裁平成19年1月24日労判939-61
◆アテスト(ニコン)事件　東京地裁平成17年3月31日労判894-21
◆エージーフーズ事件　京都地裁平成17年3月25日労判893-18
◆みくまの農協(新宮農協)事件　和歌山地裁平成14年2月19日労判826-67
【安全配慮義務】
◆■積善会(十全総合病院)事件　大阪地裁平成19年5月28日労判942-25、大阪高裁平成20年8月28日
◆富士通四国システムズ事件　大阪地裁平成20年5月26日労判973-76
◆みずほトラストシステムズ　東京地裁八王子支部平成18年10月30日労判934-46
◆社会保険庁職員事件　甲府地裁平成17年9月27日判時1915-108
◆川崎製鉄水島製鉄所事件　岡山地裁倉敷支部平成10年2月23日労判733-13
【事業者の責務】
◆協成建設工業ほか事件　札幌地裁平成10年7月16日労判744-29
【「労働者の心身の健康を損なうことがないよう注意する義務」と「安全配慮義務」を組み合わせた裁判例】
■山田製作所事件　福岡高裁平成19年10月25日労判955-59
◆スズキ自動車事件　静岡地裁浜松支部平成18年10月30日労判927-5
【「労働者の心身の健康を損なうことがないよう注意する義務」と「事業者の責務」を組み合わせた裁判例】
◆貨物自動車運送会社事件　鹿児島地裁平成15年5月19日

【嫌がらせやいじめを防止することが安全配慮義務の内容であるとした裁判例】
◆前田道路事件　松山地裁平成20年7月1日労経速2013-3
◆誠昇会北本共済病院事件　さいたま地裁平成16年9月24日労判883-38
◆川崎市水道局事件　横浜地裁川崎支部平成14年6月27日労判833-61
【嫌がらせハラやいじめは不法行為に該当し、使用者責任を負うとした裁判例】
◆U福祉会事件　名古屋地裁平成17年4月27日労判895-24
◆川崎市水道局事件　横浜地裁川崎支部平成14年6月27日労判833-61
【使用者には、セクハラを防止する就業環境整備義務があるとした裁判例】
◆福岡セクハラ（丙企画）事件　福岡地裁平成4年4月16日労判607-6
◆三重セクハラ（厚生農協連合会）事件　津地裁平成9年11月5日労判729-54
◆仙台セクハラ（自動車販売会社）事件　仙台地裁平成13年3月26日労判808-13
◆鹿児島セクハラ（医師会）事件　鹿児島地裁平成13年11月27日労判836-151
◆岡山リサイクルショップ事件　岡山地裁平成14年11月6日労判845-73
■下関セクハラ（食品会社営業所）事件　広島高裁平成16年9月2日労判881-29
◆派遣添乗員セクハラ・解雇事件　東京地裁平成17年1月25日労判890-42
◆京都セクハラ（消費者金融会社）事件　京都地裁平成18年4月27日労判920-66
【セクハラにより、精神障害を発症させたことが不法行為に該当し使用者責任を負うとした裁判例】
◆福岡薬局事件　福岡地裁平成17年3月31日判タ1196-106
◆神奈川県市役所事件　横浜地裁平成16年7月8日判時1865-106
◆環境汚染研究分析調査会社事件　東京地裁平成15年6月9日
◆東京マヨネーズ等製造会社事件　東京地裁平成15年6月6日判タ1179-267
◆広島女子高生アルバイト事件　広島地裁平成15年1月16日判タ1131-131
◆岡山リサイクルショップ事件　岡山地裁平成14年11月6日労判845-73
■福岡社会福祉法人事件　福岡高裁平成12年1月28日判タ1089-217
◆外国法人銀行支店長事件　東京地裁平成11年10月27日判タ1032-172
【過重な労働による精神障害の発症などを防止するため、業務の状況の把握は、報告や管理を行うことだけではなく、使用者の側から日常的に行うことが求めた裁判例】
◆■山田製作所事件　熊本地裁平成19年1月22日労判937-109、福岡高裁平成19年10月25日労判955-59
◆スズキ自動車事件　静岡地裁浜松支部平成18年10月30日労判927-5
◆社会保険庁職員事件　甲府地裁平成17年9月27日判時1915-108
◆貨物自動車運送会社事件　鹿児島地裁平成15年5月19日
◆協成建設工業ほか事件　札幌地裁平成10年7月16日労判744-29
◆川崎製鉄水島製鉄所事件　岡山地裁倉敷支部平成10年2月23日労判733-13
◆電通事件　東京地裁平成8年3月28日判時1561-4

【過重な労働による労働者の精神障害を防止するために、使用者が労働者の健康状態を十分に把握していないと判断した裁判例】
- ◆■山田製作所事件　熊本地裁平成19年1月22日労判937-109、福岡高裁平成19年10月25日労判955-59
- ◆社会保険庁職員事件　甲府地裁平成17年9月27日判時1915-108
- ◆貨物自動車運送会社事件　鹿児島地裁平成15年5月19日
- ◆みくまの農協(新宮農協)事件　和歌山地裁平成14年2月19日労判826-67
- ■三洋電気サービス事件　東京高裁平成14年7月23日労判852-73
- ◆三洋電気サービス事件　浦和地裁平成13年2月2日労判800-5
- ◆オタフクソース事件　広島地裁平成12年5月18日労判783-15
- ◆協成建設工業ほか事件　札幌地裁平成10年7月16日労判744-29

【使用者による労働者の健康状況の把握について、問題がないと判断された裁判例】
- ◆ボーダフォン(ジェイホン)事件　名古屋地裁平成19年1月24日労判939-61
- ◆みずほトラストシステムズ　東京地裁八王子支部平成18年10月30日労判934-46
- ◆日赤益田赤十字病院事件　広島地裁平成15年3月25日労判850-64

【使用者は、労働者が就業する職場環境などについて、適切に配慮しなければならないと判断した裁判例】
- ◆■山田製作所事件　熊本地裁平成19年1月22日労判937-109、福岡高裁平成19年10月25日労判955-59
- ◆社会保険庁職員事件　甲府地裁平成17年9月27日判時1915-108

【使用者は、労働者の健康状態に応じて適正な配置を行わなければならないと判断した裁判例】
- ◆■山田製作所事件　熊本地裁平成19年1月22日労判937-109、福岡高裁平成19年10月25日労判955-59
- ◆社会保険庁職員事件　甲府地裁平成17年9月27日判時1915-108
- ◆貨物自動車運送会社事件　鹿児島地裁平成15年5月19日

【労働者の配置について、問題がなかったと判断された裁判例】
- ◆みずほトラストシステムズ　東京地裁八王子支部平成18年10月30日労判934-46

【必要な支援体制の整備】
- ◆山田製作所事件　熊本地裁平成19年1月22日労判937-109
- ◆みくまの農協(新宮農協)事件　和歌山地裁平成14年2月19日労判826-67
- ●■東加古川幼稚園事件　最高裁第三小法廷平成12年6月27日労判795-13、大阪高裁平成10年8月27日労判744-17
- ◆協成建設工業ほか事件　札幌地裁平成10年7月16日労判744-29

【支援体制の整備に問題がなかったと判断された裁判例】
- ◆みずほトラストシステムズ　東京地裁八王子支部平成18年10月30日労判934-46

【業務負担の軽減】
- ◆■積善会(十全総合病院)事件　大阪地裁平成19年5月28日労判942-25、大

阪高裁平成20年8月28日
◆東芝事件　東京地裁平成20年4月23日労経速2005-3
■山田製作所事件　福岡高裁平成19年10月25日労判955-59
◆スズキ自動車事件　静岡地裁浜松支部平成18年10月30日労判927-5
◆エージーフーズ事件　京都地裁平成17年3月25日労判893-18
◆貨物自動車運送会社事件　鹿児島地裁平成15年5月19日
◆アテスト(ニコン)事件　東京地裁平成17年3月31日労判894-21
◆電通事件　東京地裁平成8年3月28日判時1561-4
【業務の配分に問題がなかったと判断された裁判例】
◆みずほトラストシステムズ　東京地裁八王子支部平成18年10月30日労判934-46
【カウンセリングなどの実施】
■積善会(十全総合病院)事件　大阪高裁平成20年8月28日
◆社会保険庁職員事件　甲府地裁平成17年9月27日判時1915-108
◆アテスト(ニコン)事件　東京地裁平成17年3月31日労判894-21
【受診やカウンセリングの実施などに問題がないと判断された裁判例】
◆みずほトラストシステムズ　東京地裁八王子支部平成18年10月30日労判934-46
◆富士電機E&C事件　名古屋地裁平成18年1月18日労判918-15
◆日赤益田赤十字病院事件　広島地裁平成15年3月25日労判850-64
【休養させること】
◆■積善会(十全総合病院)事件　大阪地裁平成19年5月28日労判942-25、大阪高裁平成20年8月28日
◆社会保険庁職員事件　甲府地裁平成17年9月27日判時1915-108
◆アテスト(ニコン)事件　東京地裁平成17年3月31日労判894-21
■三洋電気サービス事件　東京高裁平成14年7月23日労判852-73
【休養させなかったことについて問題がないと判断された裁判例】
◆みずほトラストシステムズ　東京地裁八王子支部平成18年10月30日労判934-46
◆日赤益田赤十字病院事件　広島地裁平成15年3月25日労判850-64
【家族に連絡する必要がある場合があると判断された裁判例】
■積善会(十全総合病院)事件　大阪高裁平成20年8月28日
【嫌がらせやいじめによる精神障害の発症などの防止の措置の内容】
■海上自衛隊事件　福岡高裁平成20年8月25日(労働者に対して過度に心理的負荷を蓄積させる言動の防止)
◆前田道路事件　松山地裁平成20年7月1日労経速2013-3(労働者に対して過度に心理的負荷を蓄積させる言動の防止)
◆U福祉会事件　名古屋地裁平成17年4月27日労判895-24(労働者に対して過度に心理的負荷を蓄積させる言動の防止)
◆誠昇会北本共済病院事件　さいたま地裁平成16年9月24日労判883-38(労働者に対して過度に心理的負荷を蓄積させる言動の防止)

◆川崎市水道局事件　横浜地裁川崎支部平成14年6月27日労判833−61（労働者に対して過度に心理的負荷を蓄積させる言動の防止）
◆川崎市水道局事件　横浜地裁川崎支部平成14年6月27日労判833−61（実態を把握すべきであるとした裁判例）
■海上自衛隊事件　福岡高裁平成20年8月25日（嫌がらせやいじめどを受けた労働者の精神状態を把握すべきであるとした裁判例）
■海上自衛隊事件　福岡高裁平成20年8月25日（嫌がらせやいじめを受けた労働者の心理的負担を軽減するための措置を講ずべきであるとした裁判例）
◆川崎市水道局事件　横浜地裁川崎支部平成14年6月27日労判833−61（嫌がらせやいじめを受けた労働者の心理的負担を軽減するための措置を講ずべきであるとした裁判例）
◆川崎市水道局事件　横浜地裁川崎支部平成14年6月27日労判833−61（嫌がらせやいじめを受けた労働者が職場復帰しやすいように職場環境の改善に関する措置を講ずべきであるとした裁判例）

第17章　労働者の精神障害の発症などを防止する措置の構造

【労働者の精神障害の発症について過重な労働との因果関係があると判断された裁判例】
◆富士通四国システムズ事件　大阪地裁平成20年5月26日労判973−76
◆スズキ自動車事件　静岡地裁浜松支部平成18年10月30日労判927−5
◆社会保険庁職員事件　甲府地裁平成17年9月27日判時1915−108
●■東加古川幼稚園事件　最高裁第三小法廷平成12年6月27日労判795−13、大阪高裁平成10年8月27日労判744−17
◆オタフクソース事件　広島地裁平成12年5月18日労判783−15
●電通事件　最高裁第二小法廷平成12年3月24日労判779−13
◆川崎製鉄水島製鉄所事件　岡山地裁倉敷支部平成10年2月23日労判733−13
■電通事件　東京高裁平成9年9月26日労判724−13
◆電通事件　東京地裁平成8年3月28日判時1561−4

【労働者の精神障害の発症について嫌がらせやいじめとの因果関係があると判断された裁判例】
◆U福祉会事件　名古屋地裁平成17年4月27日労判895−24
■川崎市水道局事件　東京高裁平成15年3月25日労判849−87
◆川崎市水道局事件　横浜地裁川崎支部平成14年6月27日労判833−61

【労働者の自殺について過重な労働との因果関係があると判断された裁判例】
■山田製作所事件　福岡高裁平成19年10月25日労判955−59
◆山田製作所事件　熊本地裁平成19年1月22日労判937−109
◆アテスト（ニコン）事件　東京地裁平成17年3月31日労判894−21

◆貨物自動車運送会社事件　鹿児島地裁平成15年5月19日
◆みくまの農協(新宮農協)事件　和歌山地裁平成14年2月19日労判826-67
◆日赤益田赤十字病院事件　広島地裁平成15年3月25日労判850-64
【労働者の自殺について嫌がらせやいじめとの因果関係があると判断された裁判例】
◆誠昇会北本共済病院事件　さいたま地裁平成16年9月24日労判883-38
【労働者の自殺について業務による精神障害の発症との間に因果関係があると判断された裁判例】
■川崎市水道局事件　東京高裁平成15年3月25日労判849-87
◆オタフクソース事件　広島地裁平成12年5月18日労判783-15
【労働者の精神障害の発症について、業務との因果関係がないと判断された裁判例】
◆立正佼成会付属佼成病院事件　東京地裁平成19年3月29日労経速1973-3
◆みずほトラストシステムズ　東京地裁八王子支部平成18年10月30日労判934-46
◆北海道銀行事件　札幌地裁平成17年1月20日労判889-89
◆東加古川幼稚園事件　神戸地裁平成9年5月26日労判744-22
【労働者の業務の状況から予見可能性があったと判断された裁判例】
◆富士通四国システムズ事件　大阪地裁平成20年5月26日労判973-76
■山田製作所事件　福岡高裁平成19年10月25日労判955-59
◆山田製作所事件　熊本地裁平成19年1月22日労判937-109
◆エージーフーズ事件　京都地裁平成17年3月25日労判893-18
◆誠昇会北本共済病院事件　さいたま地裁平成16年9月24日労判883-38
◆貨物自動車運送会社事件　鹿児島地裁平成15年5月19日
■電通事件　東京高裁平成9年9月26日労判724-13
【労働者の健康状態から予見可能性があったと判断された裁判例】
◆東芝事件　東京地裁平成20年4月23日労経速2005-3
◆エージーフーズ事件　京都地裁平成17年3月25日労判893-18
◆誠昇会北本共済病院事件　さいたま地裁平成16年9月24日労判883-38
◆貨物自動車運送会社事件　鹿児島地裁平成15年5月19日
◆みくまの農協(新宮農協)事件　和歌山地裁平成14年2月19日労判826-67
■三洋電気サービス事件　東京高裁平成14年7月23日労判852-73
■三洋電気サービス事件　浦和地裁平成13年2月2日労判800-5
◆アテスト(ニコン)事件　東京地裁平成17年3月31日労判894-21
■電通事件　東京高裁平成9年9月26日労判724-13
【調査をすれば、予見可能性があったと判断された裁判例】
◆オタフクソース事件　広島地裁平成12年5月18日労判783-15
【労働者の業務の状況から予見可能性がなかったと判断された裁判例】
◆みずほトラストシステムズ　東京地裁八王子支部平成18年10月30日労判934-46
【労働者の健康状態に照らし、予見可能性がなかったと判断された裁判例】
■北海道銀行事件　札幌高裁平成19年10月30日労判951-82

- ◆立正佼成会付属佼成病院事件　東京地裁平成19年3月29日労経速1973-3
- ◆ボーダフォン（ジェイホン）事件　名古屋地裁平成19年1月24日労判939-61
- ◆みずほトラストシステムズ　東京地裁八王子支部平成18年10月30日労判934-46
- ◆日赤益田赤十字病院事件　広島地裁平成15年3月25日労判850-64

【結果を回避するための措置を講じていないと判断された裁判例】
- ◆■積善会（十全総合病院）事件　大阪地裁平成19年5月28日労判942-25、大阪高裁平成20年8月28日（過重な労働による精神障害の発症などに関する裁判例）
- ◆富士通四国システムズ事件　大阪地裁平成20年5月26日労判973-76（過重な労働による精神障害の発症などに関する裁判例）
- ◆東芝事件　東京地裁平成20年4月23日労経速2005-3（過重な労働による精神障害の発症などに関する裁判例）
- ■山田製作所事件　福岡高裁平成19年10月25日労判955-59（過重な労働による精神障害の発症などに関する裁判例）
- ◆山田製作所事件　熊本地裁平成19年1月22日労判937-109（過重な労働による精神障害の発症などに関する裁判例）
- ◆スズキ自動車事件　静岡地裁浜松支部平成18年10月30日労判927-5（過重な労働による精神障害の発症などに関する裁判例）
- ◆社会保険庁職員事件　甲府地裁平成17年9月27日判時1915-108（過重な労働による精神障害の発症などに関する裁判例）
- ◆みくまの農協（新宮農協）事件　和歌山地裁平成14年2月19日労判826-67（過重な労働による精神障害の発症などに関する裁判例）
- ■三洋電気サービス事件　東京高裁平成14年7月23日労判852-73（過重な労働による精神障害の発症などに関する裁判例）
- ●■東加古川幼稚園事件　最高裁第三小法廷平成12年6月27日労判795-13、大阪高裁平成10年8月27日労判744-17（過重な労働による精神障害の発症などに関する裁判例）
- ●電通事件　最高裁第二小法廷平成12年3月24日労判779-13（過重な労働による精神障害の発症などに関する裁判例）
- ◆オタフクソース事件　広島地裁平成12年5月18日労判783-15（過重な労働による精神障害の発症などに関する裁判例）
- ◆協成建設工業ほか事件　札幌地裁平成10年7月16日労判744-29（過重な労働による精神障害の発症などに関する裁判例）
- ◆川崎製鉄水島製鉄所事件　岡山地裁倉敷支部平成10年2月23日労判733-13（過重な労働による精神障害の発症などに関する裁判例）
- ◆電通事件　東京地裁平成8年3月28日判時1561-4（過重な労働による精神障害の発症などに関する裁判例）
- ◆誠昇会北本共済病院事件　さいたま地裁平成16年9月24日労判883-38（嫌がらせやいじめによる精神障害などに関する裁判例）

◆川崎市水道局事件　横浜地裁川崎支部平成14年6月27日労判833−61（嫌がらせやいじめによる精神障害などに関する裁判例）
【結果を回避するための措置が十分ではないと判断された裁判例】
◆富士通四国システムズ事件　大阪地裁平成20年5月26日労判973−76
◆社会保険庁職員事件　甲府地裁平成17年9月27日労時1915−108
◆アテスト（ニコン）事件　東京地裁平成17年3月31日労判894−21
◆電通事件　東京地裁平成8年3月28日判時1561−4
【結果を回避するための措置について問題がないと判断された裁判例】
◆東芝事件　東京地裁平成20年4月23日労経速2005−3
■北海道銀行事件　札幌高裁平成19年10月30日労判951−82
◆北海道銀行事件　札幌地裁平成17年1月20日労判889−89
◆みずほトラストシステムズ　東京地裁八王子支部平成18年10月30日労判934−46
◆富士電機E&C事件　名古屋地裁平成18年1月18日労判918−15

第18章　精神障害などの発症の防止に関する措置と労働安全衛生法令などとの関係

【精神障害などの発症の防止に関する民事責任として行わなければならない措置と労働安全衛生法との関係】
◆内外ゴム事件　神戸地裁平成2年12月27日労判596−69
◆みずほトラストシステムズ　東京地裁八王子支部平成18年10月30日労判934−46（事業者の責務に関する規定などを根拠に使用者が講ずべき措置に関する判断をした裁判例）
◆貨物自動車運送会社事件　鹿児島地裁平成15年5月19日（事業者の責務に関する規定などを根拠に使用者が講ずべき措置に関する判断をした裁判例）
◆協成建設工業ほか事件　札幌地裁平成10年7月16日労判744−29（事業者の責務に関する規定などを根拠に使用者が講ずべき措置に関する判断をした裁判例）
◆■山田製作所事件　熊本地裁平成19年1月22日労判937−109、福岡高裁平成19年10月25日労判955−59（事業者の責務および労働安全衛生法に定める各規定との関係）
●電通事件　最高裁第二小法廷平成12年3月24日労判779−13（作業管理に関する規定を根拠に使用者が講ずべき措置に関する判断をした裁判例）
◆みずほトラストシステムズ　東京地裁八王子支部平成18年10月30日労判934−46（健康診断結果に基づき、必要があるときは、適切な措置を講じなければならないとした裁判例）
◆富士電機E&C事件　名古屋地裁平成18年1月18日労判918−15（健康診断結果に基づく事後措置に関する規定は、精神疾患に関する事項には当然に適用されるものではないとした裁判例）

【精神障害などの発症の防止に関する民事責任として行わなければならない措置と労働規準法との関係】
◆東芝事件　東京地裁平成20年4月23日労経速2005-3（36協定で定める時間を超えて、時間外労働させたことが問題となった裁判例）

【精神障害などの発症の防止に関する民事責任として行わなければならない措置と精神障害等に関する業務上外の判断指針との関係】
◆富士通四国システムズ事件　大阪地裁平成20年5月26日労判973-76（精神障害等に関する業務上外の判断指針に沿って判断するとする裁判例）
■川崎市水道局事件　東京高裁平成15年3月25日労判849-87（精神障害等に関する業務上外の判断指針を引用している裁判例）

【国家公務員災害補償法に基づき公務上の災害と認定した場合には、損害賠償責任においてもこれと矛盾した態度をとることは許されないとする裁判例】
◆社会保険庁職員事件　甲府地裁平成17年9月27日判時1915-108

第19章　精神障害の発症などの防止に関する措置を講ずべき関係者

【請負事業における責任】
◆アテスト（ニコン）事件　東京地裁平成17年3月31日労判894-21（発注者の責任）
◆アテスト（ニコン）事件　東京地裁平成17年3月31日労判894-21（請負事業者の責任）

【被災者が出向者である場合の責任】
◆協成建設工業ほか事件　札幌地裁平成10年7月16日労判744-29（出向先の責任）
◆協成建設工業ほか事件　札幌地裁平成10年7月16日労判744-29（出向元の責任）

【セクハラの加害者が出向者である場合の責任】
■福岡社会福祉法人事件　福岡高裁平成12年1月28日判タ1089-217（出向先の責任）
■福岡社会福祉法人事件　福岡高裁平成12年1月28日判タ1089-217（出向元の責任）

【管理・監督者や裁量労働者などに関する責任】
◆スズキ自動車事件　静岡地裁浜松支部平成18年10月30日労判927-5（管理・監督者ではないと判断された裁判例）
◆川崎製鉄水島製鉄所事件　岡山地裁倉敷支部平成10年2月23日労判733-13（管理・監督者ではないと判断された裁判例）
◆エージーフーズ事件　京都地裁平成17年3月25日労判893-18（労働時間の軽減に関する裁量がないと判断された裁判例）

判例一覧

【裁量労働的な労働者の精神障害の発症などに関する裁判例】
◆富士通四国システムズ事件　大阪地裁平成20年5月26日労判973-76
■電通事件　東京高裁平成9年9月26日労判724-13
【過重労働の防止に関する上司の責任】
●電通事件　最高裁第二小法廷平成12年3月24日労判779-13
■三洋電気サービス事件　東京高裁平成14年7月23日労判852-73
◆三洋電気サービス事件　浦和地裁平成13年2月2日労判800-5
◆オタフクソース事件　広島地裁平成12年5月18日労判783-15
◆電通事件　東京地裁平成8年3月28日判時1561-4
【嫌がらせやいじめの防止に関する上司の責任】
◆川崎市水道局事件　横浜地裁川崎支部平成14年6月27日労判833-61
【嫌がらせやいじめに関する同僚の責任】
◆誠昇会北本共済病院事件　さいたま地裁平成16年9月24日労判883-38
【労働者本人の責任】
●電通事件　最高裁第二小法廷平成12年3月24日労判779-13
【労働者本人の勤務態度が精神障害を発症させた要因の1つであると判断した裁判例】
◆富士通四国システムズ事件　大阪地裁平成20年5月26日労判973-76
【労働者本人の性格が精神障害を発症させた要因の1つであると判断した裁判例】
●■東加古川幼稚園事件　最高裁第三小法廷平成12年6月27日労判795-13、大阪高裁平成10年8月27日労判744-17（過重労働による精神障害の発症などに関する裁判例）
◆三洋電気サービス事件　浦和地裁平成13年2月2日労判800-5（過重労働による精神障害の発症などに関する裁判例）
◆アテスト（ニコン）事件　東京地裁平成17年3月31日労判894-21（過重労働による精神障害の発症などに関する裁判例）
■電通事件　東京高裁平成9年9月26日労判724-13（過重労働による精神障害の発症などに関する裁判例）
◆川崎製鉄水島製鉄所事件　岡山地裁倉敷支部平成10年2月23日労判733-13（過重労働による精神障害の発症などに関する裁判例）
◆川崎市水道局事件　横浜地裁川崎支部平成14年6月27日労判833-61（嫌がらせやいじめによる精神障害の発症などに関する裁判例）
◆誠昇会北本共済病院事件　さいたま地裁平成16年9月24日労判883-38（嫌がらせやいじめによる精神障害の発症などに関する裁判例）
【労働者本人の基礎疾患が精神障害を発症させた要因の1つであると判断した裁判例】
◆■積善会（十全総合病院）事件　大阪地裁平成19年5月28日労判942-25、大阪高裁平成20年8月28日
◆みくまの農協（新宮農協）事件　和歌山地裁平成14年2月19日労判826-67

【労働者本人が精神障害防止のための措置を十分行わなかったことが精神障害を発症させた要因の1つであると判断した裁判例】
- ■電通事件　東京高裁平成9年9月26日労判724－13
- ◆川崎製鉄水島製鉄所事件　岡山地裁倉敷支部平成10年2月23日労判2013－3

【労働者本人の不正行為が精神障害を発症させた要因の1つであると判断した裁判例】
- ◆前田道路事件　松山地裁平成20年7月1日労経速2013－3

【家族の責任】
- ●電通事件　最高裁第二小法廷平成12年3月24日労判779－13

【家族が労働者本人の健康状況などを使用者や医師などに連絡しなかったことが精神障害を発症させた要因の1つであると判断した裁判例】
- ■三洋電気サービス事件　東京高裁平成14年7月23日労判852－73
- ◆みくまの農協(新宮農協)事件　和歌山地裁平成14年2月19日労判826－67

【家族が精神障害防止のための措置を十分行わなかったことが精神障害を発症させた要因の1つであると判断した裁判例】
- ■三洋電気サービス事件　東京高裁平成14年7月23日労判852－73
- ◆川崎製鉄水島製鉄所事件　岡山地裁倉敷支部平成10年2月23日労判733－13
- ■電通事件　東京高裁平成9年9月26日労判724－13

【そのほかの家族の行為が問題となった裁判例】
- ◆三洋電気サービス事件　浦和地裁平成13年2月2日労判800－5

第20章　労働者の安全と健康を確保するために使用者が講ずべきそのほかの措置

【寮や宿泊施設に寄宿する労働者の安全や健康の確保】
- ◆寮生転落死事件　大阪地裁平成9年5月12日判時1626－102(寮から転落死亡)
- ◆道園会事件　東京地裁昭和59年6月26日労判443－71(寄宿舎の火災)
- ■小西縫製工業事件　大阪高裁昭和58年10月14日労判419－28(年末休暇中の寮の火災)
- ◆日産自動車事件　東京地裁昭和51年4月19日判時822－3(独身寮の入寮者の病死)

【職場などでの暴力行為の防止】
- ◆大阪市シルバー人材センター事件　大阪地裁平成14年8月30日労判837－29(シルバー人材センターの会員が就業中に副班長に殴打されて負傷したこと)
- ◆東京育毛会社事件　東京地裁平成11年4月2日労判772－84(従業員が暴行、傷害、脅迫などの危害を加えられることが予見される場合)
- ■青木鉛鉄事件　東京高裁昭和57年10月27日判時1059－71(同僚からの暴力行為)
- ◆郵政省職員事件　東京地裁昭和51年3月31日判タ344－253(アルバイト労働者

【裁量労働的な労働者の精神障害の発症などに関する裁判例】
◆富士通四国システムズ事件　大阪地裁平成20年5月26日労判973−76
■電通事件　東京高裁平成9年9月26日労判724−13
【過重労働の防止に関する上司の責任】
●電通事件　最高裁第二小法廷平成12年3月24日労判779−13
■三洋電気サービス事件　東京高裁平成14年7月23日労判852−73
◆三洋電気サービス事件　浦和地裁平成13年2月2日労判800−5
◆オタフクソース事件　広島地裁平成12年5月18日労判783−15
◆電通事件　東京地裁平成8年3月28日判時1561−4
【嫌がらせやいじめの防止に関する上司の責任】
◆川崎市水道局事件　横浜地裁川崎支部平成14年6月27日労判833−61
【嫌がらせやいじめに関する同僚の責任】
◆誠昇会北本共済病院事件　さいたま地裁平成16年9月24日労判883−38
【労働者本人の責任】
●電通事件　最高裁第二小法廷平成12年3月24日労判779−13
【労働者本人の勤務態度が精神障害を発症させた要因の1つであると判断した裁判例】
◆富士通四国システムズ事件　大阪地裁平成20年5月26日労判973−76
【労働者本人の性格が精神障害を発症させた要因の1つであると判断した裁判例】
●■東加古川幼稚園事件　最高裁第三小法廷平成12年6月27日労判795−13、大阪高裁平成10年8月27日労判744−17（過重労働による精神障害の発症などに関する裁判例）
◆三洋電気サービス事件　浦和地裁平成13年2月2日労判800−5（過重労働による精神障害の発症などに関する裁判例）
◆アテスト（ニコン）事件　東京地裁平成17年3月31日労判894−21（過重労働による精神障害の発症などに関する裁判例）
■電通事件　東京高裁平成9年9月26日労判724−13（過重労働による精神障害の発症などに関する裁判例）
◆川崎製鉄水島製鉄所事件　岡山地裁倉敷支部平成10年2月23日労判733−13（過重労働による精神障害の発症などに関する裁判例）
◆川崎市水道局事件　横浜地裁川崎支部平成14年6月27日労判833−61（嫌がらせやいじめによる精神障害の発症などに関する裁判例）
◆誠昇会北本共済病院事件　さいたま地裁平成16年9月24日労判883−38（嫌がらせやいじめによる精神障害の発症などに関する裁判例）
【労働者本人の基礎疾患が精神障害を発症させた要因の1つであると判断した裁判例】
◆■積善会（十全総合病院）事件　大阪地裁平成19年5月28日労判942−25、大阪高裁平成20年8月28日
◆みくまの農協（新宮農協）事件　和歌山地裁平成14年2月19日労判826−67

【労働者本人が精神障害防止のための措置を十分行わなかったことが精神障害を発症させた要因の1つであると判断した裁判例】
- ■電通事件　東京高裁平成9年9月26日労判724−13
- ◆川崎製鉄水島製鉄所事件　岡山地裁倉敷支部平成10年2月23日労判2013−3

【労働者本人の不正行為が精神障害を発症させた要因の1つであると判断した裁判例】
- ◆前田道路事件　松山地裁平成20年7月1日労経速2013−3

【家族の責任】
- ●電通事件　最高裁第二小法廷平成12年3月24日労判779−13

【家族が労働者本人の健康状況などを使用者や医師などに連絡しなかったことが精神障害を発症させた要因の1つであると判断した裁判例】
- ■三洋電気サービス事件　東京高裁平成14年7月23日労判852−73
- ◆みくまの農協(新宮農協)事件　和歌山地裁平成14年2月19日労判826−67

【家族が精神障害防止のための措置を十分行わなかったことが精神障害を発症させた要因の1つであると判断した裁判例】
- ■三洋電気サービス事件　東京高裁平成14年7月23日労判852−73
- ◆川崎製鉄水島製鉄所事件　岡山地裁倉敷支部平成10年2月23日労判733−13
- ■電通事件　東京高裁平成9年9月26日労判724−13

【そのほかの家族の行為が問題となった裁判例】
- ◆三洋電気サービス事件　浦和地裁平成13年2月2日労判800−5

第20章　労働者の安全と健康を確保するために使用者が講ずべきそのほかの措置

【寮や宿泊施設に寄宿する労働者の安全や健康の確保】
- ◆寮生転落死事件　大阪地裁平成9年5月12日判時1626−102(寮から転落死亡)
- ◆道園会事件　東京地裁昭和59年6月26日労判443−71(寄宿舎の火災)
- ■小西縫製工業事件　大阪高裁昭和58年10月14日労判419−28(年末休暇中の寮の火災)
- ◆日産自動車事件　東京地裁昭和51年4月19日判時822−3(独身寮の入寮者の病死)

【職場などでの暴力行為の防止】
- ◆大阪市シルバー人材センター事件　大阪地裁平成14年8月30日労判837−29(シルバー人材センターの会員が就業中に副班長に殴打されて負傷したこと)
- ◆東京育毛会社事件　東京地裁平成11年4月2日労判772−84(従業員が暴行、傷害、脅迫などの危害を加えられることが予見される場合)
- ■青木鉛鉄事件　東京高裁昭和57年10月27日判時1059−71(同僚からの暴力行為)
- ◆郵政省職員事件　東京地裁昭和51年3月31日判タ344−253(アルバイト労働者

が正職員から暴力を受けたこと）
- ◆豊商事事件　名古屋地裁昭和58年11月30日判タ520－184（顧客からの暴行）
- ●川義事件　最高裁第三小法廷昭和59年4月10日労判429－12（宿直勤務中の新入社員が、窃盗目的で来訪した元同僚に殺害されたこと）
- ■陸上自衛隊朝霞駐屯隊事件　東京高裁昭和58年12月23日判時1070－29（自衛隊員が過激派活動家によって駐とん地内で刺殺されたこと）

【職場などでの受動喫煙による健康被害の防止】
- ■神奈川ハイヤー事件　東京高裁平成18年10月12日労判943－82（タクシー運転手に関する裁判例）
- ■江戸川区事件　東京地裁平成16年7月12日労判878－5（区職員に関する裁判例）
- ◆京都簡易保険事務センター事件　京都地裁平成15年1月21日労判852－38（簡易保険事務センターに関する裁判例）
- ◆名古屋市中学校事件　名古屋地裁平成10年2月23日判タ982－174（中学校職員に関する裁判例）

【健康診断結果の通知に関する裁判例】
- ◆京和タクシー事件　京都地裁昭和57年10月7日労判404－72

【健康診断結果に基づく病者の就業制限に関する裁判例】
- ◆城東製鋼事件　大阪地裁昭和46年3月25日判時645－96

【健康診断に関する産業医の職務に関する裁判例】
- ◆三菱電機事件　静岡地裁平成11年11月25日労判786－46

【職場復帰2か月後に急性心不全で死亡したことに関する裁判例】
- ◆■石川島興業事件　神戸地裁姫路支部平成7年7月31日労判688－59、大阪高裁平成8年11月28日判タ958－197

【復職後10ヵ月で再発・増悪により再入院したことに関する裁判例】
- ◆観光日本事件　大津地裁昭和51年2月9日判時831－77

【職場復帰を果たした後、転勤を希望して単身赴任していた者が自殺したことに関する裁判例】
- ◆富士電機E&C事件　名古屋地裁平成18年1月18日労判918－15

【著者紹介】

木村　大樹（きむら　だいじゅ）
　1954年　熊本県に生まれる。
　1977年　東京大学法学部卒業。
　同　年　労働省（現厚生労働省）入省。
　以後　同省労働基準局監督課（労働基準法を担当）、労政局労働法規課（労働組合法などを担当）、職業安定局雇用政策課（労働者派遣法の制定に携わる）、長野県社会部職業安定課長、職業安定局建設・港湾対策室長、北海道商工労働観光部次長、労働基準局安全衛生部計画課長（労働安全衛生法を担当）、同局庶務課長、職業能力開発局能力開発課長などを歴任。
　2000年～2005年　ベトナム・ハノイ工業短期大学（現ハノイ工業大学）プロジェクト・リーダー。
　2005年　厚生労働省退職。
　同年以降　労働問題などに関する執筆・講演・コンサルタントなどに携わる。
　2008年～　社会保険労務士試験委員。

主な著書
「高年齢者を活かす職場作り」（社）全国労働基準関係団体連合会（2006年）
「労働者派遣の法律実務」労務行政（2006年）
「サービス残業　Q&A」（社）全国労働基準関係団体連合会（2006年）
「労働者派遣・業務請負の就業管理」（社）全国労働基準関係団体連合会（2007年）
「わかりやすい労働者派遣法」労働新聞社（2007年）
「労働者派遣・業務請負の安全衛生管理」中央労働災害防止協会（2007年）
「過重労働と健康管理　よくわかるQ&A100」中央労働災害防止協会（2008年）
「労働契約法と労働契約のルール」労働新聞社（2008年）
「非正規雇用ハンドブック」エイデル研究所（2008年）
「実務家のための労働法規22」労務行政（2008年）
「現代実務労働法」エイデル研究所（2009年）
「業務請負の適正管理」労働新聞社（2009年）

主な活動事項
労務管理、安全衛生管理、ベトナム事情、

職場の安全と健康　―会社に求められるもの―
2009年9月30日　初刷発行

著　　者	木村大樹
発 行 者	大塚智孝
印刷・製本	株式会社シナノ

発　行　者　　エイデル研究所
102-0073　東京都千代田区九段北4-1-9
TEL03(3234)4641　FAX 03(3234)4644

© Kimura Daijyu
Printed in Japan
ISBN978-4-87168-461-3 C3032